2022

COORDENADORES

GUSTAVO **TEPEDINO**

DEBORAH **PEREIRA PINTO DOS SANTOS**

PAULA **MOURA FRANCESCONI DE LEMOS PEREIRA**

ANAIS VII CONGRESSO DO IBDCIVIL

DIREITO CIVIL CONSTITUCIONAL

A CONSTRUÇÃO DA LEGALIDADE CONSTITUCIONAL NAS RELAÇÕES PRIVADAS

2022 © Editora Foco

Coordenadores: Gustavo Tepedino, Deborah Pereira Pinto dos Santos e Paula Moura Francesconi de Lemos Pereira
Autores: Aline de Miranda Valverde Terra, Ana Carla Harmatiuk Matos, Anderson Schreiber, Caitlin Mulholland, Carlos Nelson Konder, Chiara Spadaccini de Teffé, Daniel Bucar, Daniele Chaves Teixeira, Deborah Pereira Pinto dos Santos, Eduardo Nunes de Souza, Fabio Azevedo, Filipe Medon, Gabriel Rocha Furtado, Gabriel Schulman, Gisela Sampaio da Cruz Guedes, Gustavo Tepedino, Heloisa Helena Barboza, Hugo Sirena, Jéssica Andrade Modesto, João Quinelato de Queiroz, José Roberto de Castro Neves, Karina Nunes Fritz, Lívia Barboza Maia, Luciana Pedroso Xavier, Luis Felipe Salomão, Maici Barboza dos Santos Colombo, Marcella Campinho Vaz, Marcelo Junqueira Calixto, Marcos Ehrhardt Jr., Marília Lopes, Marília Pedroso Xavier, Paula Moura Francesconi de Lemos Pereira, Priscila Mathias de Morais Fichtner, Roberta Mauro Medina Maia, Rodrigo da Guia Silva, Sergio Marcos Carvalho de Avila Negri, Tatiana Lauand, Vitor Almeida e Viviane Girardi

Diretor Acadêmico: Leonardo Pereira
Editor: Roberta Densa
Assistente Editorial: Paula Morishita
Revisora Sênior: Georgia Renata Dias
Capa Criação: Leonardo Hermano
Diagramação: Ladislau Lima e Aparecida Lima
Impressão miolo e capa: FORMA CERTA

Dados Internacionais de Catalogação na Publicação (CIP) de acordo com ISBD

D598

    Direito Civil Constitucional: a construção da legalidade constitucional nas relações privadas / Aline de Miranda Valverde Terra ... [et al.] ; coordenado por Deborah Pereira Pinto dos Santos, Gustavo Tepedino, Paula Moura Francesconi de Lemos Pereira. - Indaiatuba, SP : Editora Foco, 2022.

    512 p. ; 17cm x 24cm.

    Inclui índice e bibliografia.

    ISBN: 978-65-5515-371-2

    1. Direito. 2. Direito Civil. 3. Direito Civil Constitucional. I. Terra, Aline de Miranda Valverde. II. Matos, Ana Carla Harmatiuk. III. Schreiber, Anderson. IV. Mulholland, Caitlin. V. Konder, Carlos Nelson. VI. Teffé, Chiara Spadaccini de. VII. Bucar, Daniel. VIII. Teixeira, Daniele Chaves. IX. Santos, Deborah Pereira Pinto dos. X. Souza, Eduardo Nunes de. XI. Azevedo, Fabio. XII. Medon, Filipe. XIII. Furtado, Gabriel Rocha. XIV. Schulman, Gabriel. XV. Guedes, Gisela Sampaio da Cruz. XVI. Tepedino, Gustavo. XVII. Barboza, Heloisa Helena. XVIII. Sirena, Hugo. XIX. Modesto, Jéssica Andrade. XX. Queiroz, João Quinelato de. XXI. Neves, José Roberto de Castro. XXII. Fritz, Karina Nunes. XXIII. Maia, Lívia Barboza. XXIV. Xavier, Luciana Pedroso. XXV. Salomão, Luis Felipe. XXVI. Colombo, Maici Barboza dos Santos. XXVII. Vaz, Marcella Campinho. XXVIII. Calixto, Marcelo Junqueira. XXIX. Ehrhardt Jr., Marcos. XXX. Lopes, Marília. XXXI. Xavier, Marília Pedroso. XXXII. Pereira, Paula Moura Francesconi de Lemos. XXXIII. Fichtner, Priscila Mathias de Morais. XXXIV. Maia, Roberta Mauro Medina. XXXV. Silva, Rodrigo da Guia. XXXVI. Negri, Sergio Marcos Carvalho de Avila. XXXVII. Lauand, Tatiana. XXXVIII. Almeida, Vitor. XXXIX. Girardi, Viviane. XL. Santos, Deborah Pereira Pinto dos. XLI. Tepedino, Gustavo. XLII. Pereira, Paula Moura Francesconi de Lemos. XLIII. Título.

2021-3635   CDD 347   CDU 347

Elaborado por Odilio Hilario Moreira Junior - CRB-8/9949
Índices para Catálogo Sistemático:
1. Direito Civil 347   2. Direito Civil 347

DIREITOS AUTORAIS: É proibida a reprodução parcial ou total desta publicação, por qualquer forma ou meio, sem a prévia autorização da Editora FOCO, com exceção do teor das questões de concursos públicos que, por serem atos oficiais, não são protegidas como Direitos Autorais, na forma do Artigo 8º, IV, da Lei 9.610/1998. Referida vedação se estende às características gráficas da obra e sua editoração. A punição para a violação dos Direitos Autorais é crime previsto no Artigo 184 do Código Penal e as sanções civis às violações dos Direitos Autorais estão previstas nos Artigos 101 a 110 da Lei 9.610/1998. Os comentários das questões são de responsabilidade dos autores.

NOTAS DA EDITORA:

Atualizações e erratas: A presente obra é vendida como está, atualizada até a data do seu fechamento, informação que consta na página II do livro. Havendo a publicação de legislação de suma relevância, a editora, de forma discricionária, se empenhará em disponibilizar atualização futura.

Erratas: A Editora se compromete a disponibilizar no site www.editorafoco.com.br, na seção Atualizações, eventuais erratas por razões de erros técnicos ou de conteúdo. Solicitamos, outrossim, que o leitor faça a gentileza de colaborar com a perfeição da obra, comunicando eventual erro encontrado por meio de mensagem para contato@editorafoco.com.br. O acesso será disponibilizado durante a vigência da edição da obra.

Impresso no Brasil (09.2021) – Data de Fechamento (09.2021)

2022
Todos os direitos reservados à
Editora Foco Jurídico Ltda.
Avenida Itororó, 348 – Sala 05 – Cidade Nova
CEP 13334-050 – Indaiatuba – SP

E-mail: contato@editorafoco.com.br
www.editorafoco.com.br

APRESENTAÇÃO

O VII Congresso do IBDCivil, com o tema central "A Construção da Legalidade nas Relações Privadas", ocorreu na cidade do Rio de Janeiro nos dias 26 a 28 de setembro de 2019, no Hotel Prodigy. À época, não se poderia imaginar que a pandemia da Covid-19 se espalharia pelo mundo e afetaria, de forma global e quase que concomitante, praticamente todos os países, acarretando crise sanitária, econômica e de gestão. Nesse contexto, a organização dos Anais do VII Congresso do IBDCivil, composto por 28 artigos, além de uma entrevista disponibilizada em vídeo, que foram desenvolvidos pelos palestrantes, debatedores e demais convidados, ganhou novo significado.

As transformações na estrutura de vida pessoal, social, familiar e financeira causadas pela pandemia da Covid-19 afetaram a dinâmica das relações privadas, demandando novo olhar do intérprete. Mais uma vez, a juridicidade das interações humanas indica a importância renovada da legalidade constitucional, em que os valores de liberdade, igualdade e solidariedade, imantados pela dignidade, sempre voltados para a proteção da pessoa humana, devem servir como pilares hermenêuticos para a releitura das mais diversas categorias jurídicas, a fim de resguardar os interesses socialmente relevantes.

De partida, inicia-se a obra com o diálogo informal entre os professores Pietro Perlingieri e Gustavo Tepedino, presidente do IBDCivil e um dos coordenadores da presente obra, acerca de temas de suma importância do direito privado. O vídeo da gravação da entrevista, que foi feita na Itália no verão de 2019, pode ser acessado pelo QRcode.

Na sequência, a estrutura dos Anais foi dividida em cinco eixos temáticos compostos por artigos de diversos autores sob o marco da constitucionalização do direito civil. No primeiro eixo temático, intitulado "Rumos da Legalidade Constitucional nas Relações privadas", há três reflexões apresentadas em conferências proferidas pelo professor Gustavo Tepedino, sobre a perseverante construção da legalidade constitucional; pela professora Heloisa Helena Barboza, sobre o futuro do entrelace entre direito civil e tecnologias; e pelo Ministro do Superior Tribunal de Justiça, Luis Felipe Salomão, sobre a construção da legalidade constitucional nas relações privadas.

Em seguida, a obra passa a ser dividida conforme os principais institutos e assuntos relevantes ao estudo do direito privado. No segundo eixo temático, condensam-se os trabalhos que tratam da tutela da pessoa humana e dos arranjos familiares e suas repercussões na legalidade constitucional. Nos artigos, buscou-se defender a necessidade de proteção efetiva às vulnerabilidades humanas, seja aquelas manifestadas na criança e na pessoa com deficiência no âmbito familiar, seja aquelas vivenciadas pelo consumidor em relação ao direito de proteção de dados, além da revisitação do instituto da legítima no direito sucessório.

Já no terceiro eixo temático, foram inseridos os trabalhos que versam sobre as relações patrimoniais na legalidade constitucional. No campo do direito contratual, foram explorados diversos temas, cujo relevo é crescente na atualidade. No direito imobiliário, abordam-se a irretratabilidade e a inexecução das promessas de compra e venda na chamada "Lei dos Distratos Imobiliários", bem como o impacto da economia compartilhada nesses negócios jurídicos. Na fase de extinção da relação obrigacional sem que haja cumprimento da prestação contratual, debate-se a execução pelo equivalente e a frustração do fim do contrato. Além disso, foram abordadas questões polêmicas em artigos específicos sobre *compliance* no ambiente negocial, condomínio edilício, mercado securitário e instrumentos de pactos sucessórios.

No quarto eixo temático, acerca das novas fronteiras da responsabilidade civil na legalidade constitucional, destacam-se trabalhos sobre as suas diversas aplicações, a exemplo da esfera contratual e pós-contratual. Também há estudos que buscam dar nova visão à análise do risco na responsabilidade objetiva, inclusive no campo do risco de desenvolvimento e, ainda, no campo atualíssimo dos ensaios clínicos relacionados à vacina da Covid-19.

Por fim, no quinto eixo temático, sobre Direito, tecnologia e proteção de dados pessoais, ganham destaque artigos acerca dos reflexos da aplicação da Lei Geral de Proteção de Dados, no que toca à tutela dos dados pessoais, em especial os sensíveis, a importância da anonimização de dados e os reflexos na seara da responsabilidade civil. Integram, ainda, a obra trabalhos sobre os desafios da robótica e da inteligência artificial no campo do direito da personalidade e os impactos na responsabilidade civil em face da inteligência artificial na tomada de decisões empresariais.

Ao leitor é oferecido panorama amplo sobre a incessante reconstrução do direito privado à luz da legalidade constitucional, por meio do enfrentamento de diversos temas complexos e atuais, que descortinam os desafios do jurista contemporâneo na busca pela unidade do ordenamento e na inarredável missão de proteção integral da pessoa humana. Com esses altos propósitos, mais uma vez, o Congresso do IBDCIVIL se firma como um dos mais importantes espaços de discussão e promoção da renovada dogmática civilística em prol da efetividade dos comandos constitucionais e da plena realização da pessoa humana.

ENTREVISTA COM O
PROF. PIETRO PERLINGIERI

Assista aqui Entrevista com o Prof. Pietro Perlingieri, realizada pelo Prof. Gustavo Tepedino, por ocasião do 7º Congresso do IBDCivil, ocorrido nos dias 26, 27 e 28 de setembro de 2019, no Rio de Janeiro.

No smartphone ou tablet Android compatível, abra o app Câmera integrado e aponte para o código QR

SUMÁRIO

APRESENTAÇÃO III

ENTREVISTA COM O PROF. PIETRO PERLINGIERI V

I – RUMOS DA LEGALIDADE CONSTITUCIONAL NAS RELAÇÕES PRIVADAS

A PERSEVERANTE CONSTRUÇÃO DA LEGALIDADE CONSTITUCIONAL

Gustavo Tepedino 3

DIREITO CIVIL E BIOTECNOLOGIA: VIVENDO O FUTURO

Heloisa Helena Barboza 13

A CONSTRUÇÃO DA LEGALIDADE CONSTITUCIONAL NAS RELAÇÕES PRIVADAS

Ministro Luis Felipe Salomão 29

II – TUTELA DA PESSOA HUMANA E DAS FAMÍLIAS NA LEGALIDADE CONSTITUCIONAL

DESENVOLVIMENTO SUSTENTÁVEL, SAÚDE MENTAL E VULNERABILIDADES. INTERFACES ENTRE VIDA SAUDÁVEL, BEM-ESTAR E OS PRESSUPOSTOS PARA INTERNAÇÃO FORÇADA NA JURISPRUDÊNCIA DA CORTE EUROPEIA DE DIREITOS HUMANOS

Gabriel Schulman 37

PESSOAS COM DEFICIÊNCIA, DIREITO À CONVIVÊNCIA FAMILIAR E ALIENAÇÃO DE VULNERÁVEIS

Vitor Almeida 57

O CASAMENTO INFANTIL NA NOVA CONFORMAÇÃO DO CÓDIGO CIVIL BRASILEIRO

Ana Carla Harmatiuk Matos, Hugo Sirena e Tatiana Lauand 75

ORDEM PÚBLICA E DIREITO DE FAMÍLIA: BREVE ANÁLISE A PARTIR DOS PRECEDENTES DOS TRIBUNAIS SUPERIORES BRASILEIROS

Luciana Pedroso Xavier e Marília Pedroso Xavier 91

A LEGÍTIMA NO DIREITO SUCESSÓRIO

Daniele Chaves Teixeira e Maici Barboza dos Santos Colombo 109

III – RELAÇÕES PATRIMONIAIS NA LEGALIDADE CONSTITUCIONAL

EXECUÇÃO PELO EQUIVALENTE

Aline de Miranda Valverde Terra 125

FRUSTRAÇÃO DO FIM DO CONTRATO: OS EFEITOS DOS FATOS SUPERVENIENTES NA UTILIDADE DA PRESTAÇÃO

Gisela Sampaio da Cruz Guedes e Marcella Campinho Vaz 149

***COMPLIANCE* NO AMBIENTE NEGOCIAL**

José Roberto de Castro Neves 171

PACTOS SUCESSÓRIOS: POSSIBILIDADES E INSTRUMENTALIZAÇÃO

Daniel Bucar 183

UMA APLICAÇÃO DA DISCIPLINA DO ENRIQUECIMENTO SEM CAUSA ÀS HIPÓTESES DE EXTINÇÃO CONTRATUAL: O PRAZO PRESCRICIONAL DA PRETENSÃO RESTITUTÓRIA

Eduardo Nunes de Souza e Rodrigo da Guia Silva 197

IRRETRATABILIDADE E INEXECUÇÃO DAS PROMESSAS DE COMPRA E VENDA DIANTE DA LEI 13.786/2018 (LEI DOS DISTRATOS IMOBILIÁRIOS)

Roberta Mauro Medina Maia 221

IMPACTOS DA ECONOMIA COMPARTILHADA NOS CONTRATOS IMOBILIÁRIOS

Anderson Schreiber 243

COMO COMPATIBILIZAR AS *INSURTECHS* COM AS PREMISSAS DO MERCADO DE SEGUROS, DENSAMENTE REGULADO?

Priscila Mathias de Morais Fichtner 259

CONDOMÍNIO EDILÍCIO E AUTONOMIA PRIVADA: POSSIBILIDADE E CRITÉRIOS PARA O MERECIMENTO DE TUTELA

Fabio Azevedo.. 273

IV – NOVAS FRONTEIRAS DA RESPONSABILIDADE CIVIL NA LEGALIDADE CONSTITUCIONAL

A RESPONSABILIDADE CIVIL EM ENSAIOS CLÍNICOS RELACIONADOS À VACINA DA COVID-19 À LUZ DO ORDENAMENTO JURÍDICO BRASILEIRO

Paula Moura Francesconi de Lemos Pereira 297

NOTAS SOBRE A RESPONSABILIDADE CONTRATUAL DO ALIENANTE PELA VIOLAÇÃO DAS CLÁUSULAS DE DECLARAÇÕES E GARANTIAS NOS CONTRATOS DE ALIENAÇÃO DE PARTICIPAÇÃO SOCIETÁRIA REPRESENTATIVA DE CONTROLE

Deborah Pereira Pinto dos Santos e Marília Lopes 313

REFLEXÕES SOBRE A RESPONSABILIDADE PÓS-CONTRATUAL

Karina Nunes Fritz e Viviane Girardi 331

A RESPONSABILIDADE CIVIL PÓS-CONTRATUAL E OS RISCOS DO DESENVOLVIMENTO

Marcelo Junqueira Calixto 351

DESAFIOS DA CLÁUSULA GERAL DE RISCO NA RESPONSABILIDADE CIVIL OBJETIVA

João Quinelato de Queiroz... 363

V – DIREITO, TECNOLOGIA E PROTEÇÃO DE DADOS PESSOAIS

A TUTELA DOS DADOS PESSOAIS SENSÍVEIS NA LEI GERAL DE PROTEÇÃO DE DADOS PESSOAIS

Caitlin Mulholland 387

RESPONSABILIDADE CIVIL NO TRATAMENTO DE DADOS: A INTERPRETAÇÃO DA LEI 13.709/2018 À LUZ DA UNIDADE DO ORDENAMENTO JURÍDICO

Carlos Nelson Konder 403

BREVES NOTAS SOBRE ANONIMIZAÇÃO E PROTEÇÃO DE DADOS PESSOAIS

Marcos Ehrhardt Jr. e Jéssica Andrade Modesto 415

ROBÔS COMO PESSOAS: A PERSONALIDADE ELETRÔNICA NA ROBÓTICA E NA INTELIGÊNCIA ARTIFICIAL

Sergio Marcos Carvalho de Avila Negri 441

A ETERNIZAÇÃO DA PERSONALIDADE CIVIL

Gabriel Rocha Furtado 459

RESPONSABILIDADE CIVIL E REGULAÇÃO DE NOVAS TECNOLOGIAS: QUESTÕES ACERCA DA UTILIZAÇÃO DE INTELIGÊNCIA ARTIFICIAL NA TOMADA DE DECISÕES EMPRESARIAIS

Chiara Spadaccini de Teffé e Filipe Medon 461

A INCOMPATIBILIDADE DO SISTEMA *OPT OUT* ADOTADO NO CADASTRO POSITIVO DE CRÉDITO COM A ORDENAÇÃO BRASILEIRA

Lívia Barboza Maia 487

I – RUMOS DA LEGALIDADE CONSTITUCIONAL NAS RELAÇÕES PRIVADAS

A PERSEVERANTE CONSTRUÇÃO DA LEGALIDADE CONSTITUCIONAL[1]

*Gustavo Tepedino**

Professor Titular de Direito Civil e Ex-diretor da Faculdade de Direito da Universidade do Estado do Rio de Janeiro (UERJ).

1. A PERSPECTIVA FUNCIONAL DAS RELAÇÕES JURÍDICAS. NEGÓCIOS JURÍDICOS: ESTRUTURA E FUNÇÃO. A LEGALIDADE CONSTITUCIONAL ENTRE LIBERDADE E SOLIDARIEDADE. PERSPECTIVA FUNCIONAL DOS BENS JURÍDICOS

Todo e qualquer negócio jurídico tem uma estrutura e uma função. A identificação da função que se pretende alcançar e sua compatibilidade com os valores constitucionais precedem e definem a estrutura a ser utilizada. Servem, assim, a estrutura e a função que lhe justifica, de ponto de partida para a construção da legalidade constitucional. Não será, pois, a estrutura do negócio, ou seja, o *modus operandi* (os dispositivos do Código Civil previstos para determinada tipologia ou modelo de ato), que definirá a função a ser desempenhada, mas, ao contrário, é a função que se pretende desempenhar que indicará a estrutura a ser utilizada diante de determinado arranjo negocial. Essa perspectiva funcional perpassou uma série de painéis apresentados no Congresso, associando-se à utilidade social das relações jurídicas, de modo a justificar a promoção dos interesses socialmente relevantes dos respectivos titulares de direitos.

Em tal perspectiva, redimensiona-se o debate acerca da função social, como alertou o Professor Pietro Perlingieri na entrevista transmitida na abertura do 7º Congresso do Instituto Brasileiro de Direito Civil – IBDCivil. Não se trata de investigar a função social do contrato ou a função social da propriedade, mas de todos os negócios e atividades, analisados em concreto e incidentes sobre bens jurídicos, associando-se, imediatamente, liberdade e responsabilidade, autonomia privada e solidariedade na promoção dos valores que, apreendidos pelo Constituinte, definem a identidade cultural da sociedade.

---

1. O texto sintetiza a Conferência de encerramento do 7º Congresso do Instituto Brasileiro de Direito Civil – IBDCivil – *"A constituição da legalidade constitucional nas relações privadas"*, realizado entre os dias 26 e 28 de setembro de 2019, no Rio de Janeiro.

* O autor agradece ao acadêmico Cahyo Malta, bolsista de Iniciação Científica à Pesquisa da Faculdade de Direito da UERJ, pela acurada transcrição da conferência, bem como à Danielle Tavares Peçanha, Mestranda em Direito Civil na mesma Faculdade, pela dedicada revisão dos originais e inclusão de notas bibliográficas.

Liberdade e solidariedade, portanto, caminham de modo integrado, como binômio inseparável, conforme ressaltado na conferência de abertura da Professora Maria Cristina De Cicco, que destacou a inseparabilidade dos conceitos de *dever* e *direito; liberdade* e *responsabilidade*. Nessa mesma esteira, não se pode imaginar a metodologia civil constitucional somente a partir de direitos, sem responsabilidades, devendo tal binômio funcionar necessariamente de forma integrada. Alude-se assim à construção da legalidade constitucional como equivalente à construção da Democracia no Estado Social de Direito. Os deveres sociais, éticos e jurídicos, refletem a interpenetração visceral entre liberdade e solidariedade. Daqui decorrem diversas consequências para a teoria do direito, em particular, a reformulação das categorias jurídicas em perspectiva funcional (ou dinâmica), que necessariamente requer a sua contextualização histórica e a compreensão da relatividade dos conceitos jurídicos de acordo com as circunstancias fáticas – e históricas – em que se inserem.

A análise dos institutos e categorias jurídicas em perspectiva histórica, funcional e relativizada, estabelece renovadas bases teóricas que, abandonando o dogmatismo estático do passado, impõem a reconstrução de todo o arcabouço teórico do Direito Privado. Por dogmática, vale advertir, entende-se algo essencialmente dinâmico, com base em um sistema aberto, que não se confunde com o dogmatismo, do qual se deve afastar. Por outro lado, a repercussão da perspectiva funcional se mostra particularmente intensa na teoria dos bens jurídicos. O aproveitamento racional e funcional dos bens exige esforço especial do intérprete diante do surgimento de novas funções desempenhadas pelos negócios, por conta do desenvolvimento das tecnologias,[2] suscitando instigantes controvérsias nos Tribunais brasileiros.

O Supremo Tribunal Federal examinou, por exemplo, no ano de 2017 a temática em torno do livro eletrônico,[3] com o escopo de determinar se a imunidade tributária,

---

2. Como anotado em outra sede: "Com a evolução científica e tecnológica, novas coisas passam a ser incluídas no mundo jurídico, em número impressionante, tornando-se objetos de situações subjetivas: o *software*, o *know-how*, a informação veiculada pela mídia, os papéis e valores de mercado mobiliário, os elementos utilizados na fertilização assistida, os recursos do meio ambiente, incluindo o ar, mais e mais protegido como interesse difuso, dentre outros. A cada dia surgem novos bens jurídicos, ganhando significativa importância a distinção entre bens materiais, formados por coisas corpóreas, e os bens imateriais, constituídos por coisas incorpóreas que passam a integrar, quotidianamente, o patrimônio das pessoas" (TEPEDINO, Gustavo. Teoria dos bens e situações subjetivas reais: esboço de uma introdução. *Temas de direito civil*. Rio de Janeiro: Renovar, 2006, t. II., p. 138). Cf., ainda, a lição de Pietro Perlingieri e Francesco Ruscello: "*In una società a tecnologia avanzata, in continua evoluzione, dominata dall'industria e dal commercio, dai servizi e dalle idee, sempre più di frequente si individuano nuovi beni: il software (programmi per gli elaboratori), il know-how (procedimenti e conoscenze aziendali non coperti da privative), l'informazione in sé*" (PERLINGIERI, Pietro. *Manuale di diritto civile*. Napoli: ESI, 1997, p. 170).
3. STF, Tribunal Pleno, RE 330.817/RJ, Rel. Min. Dias Toffoli, julg. 08.03.2017, publ. DJ 31.08.2017, em cuja ementa se lê: "Recurso extraordinário. Repercussão geral. Tributário. Imunidade objetiva constante do art. 150, VI, d, da CF/88. Teleologia multifacetada. Aplicabilidade. Livro eletrônico ou digital. Suportes. Interpretação evolutiva. Avanços tecnológicos, sociais e culturais. Projeção. Aparelhos leitores de livros eletrônicos (ou *e-readers*). (...) 4. O art. 150, VI, d, da Constituição não se refere apenas ao método gutenberguiano de produção de livros, jornais e periódicos. O vocábulo "papel" não é, do mesmo modo, essencial ao conceito desses bens finais. O suporte das publicações é apenas o continente (*corpus mechanicum*) que abrange o conteúdo (*corpus misticum*) das obras. O corpo mecânico não é o essencial ou o condicionante

tradicionalmente incidente sobre impressos, deveria ser aplicada também aos bens jurídicos em análise. O STF excluía até então a imunidade de uma série de acessórios que não eram exatamente previstos na Constituição como sujeitos a imunidade, como os equipamentos acessórios às publicações e a impressora. A interpretação restritiva da imunidade condiz com sua índole de excepcionalidade. No julgamento em referência, contudo, o STF decidiu, por unanimidade, que o que caracteriza o livro é o seu conteúdo, não seu invólucro, e, portanto, o livro eletrônico, independentemente da base física na qual se insere, deveria ser abarcado pela imunidade tributária constitucional.[4]

Nessa mesma linha de revisão funcional da dogmática dos bens jurídicos, o Superior Tribunal de Justiça analisou a transmissão de obras musicais e fonogramas via internet – que todos conhecem como *streaming*, na terminologia norte-americana –, em algumas de suas modalidades: *simulcasting*, *webcasting*, e *podcasting*.[5] Tal como no rádio e na televisão, a composição musical transmitida pela internet não se altera, a despeito da diversidade dos mecanismos de transmissão. Deve merecer, portanto, a mesma proteção que as demais modalidades no que tange aos direitos autorais. Assim decidiu a Segunda Seção do Tribunal, após analisar a matéria e proclamar, em boa hora, que a execução pública via *streaming* configura execução pública da obra musical. Discutia-se se tal utilização dependeria de prévia autorização do autor e se, no caso da internet, tratar-se-ia de execução pública em local de frequência coletiva, como previsto pelo art. 68, §§ 2º e 3º da Lei 9.610/98, de modo a caracterizar modalidade autônoma de transmissão (art. 31). A resposta da Corte a essas indagações foi afirmativa, após longo e democrático processo de audiência pública, proclamando que a transmissão (fluxo de mídia ou *streaming*) configura execução pública da obra. Trata-se de relevante mudança de perspectiva, que, reconhecendo a existência de novos bens jurídicos, com estruturas inusitadas, protege juridicamente a função por eles desempenhada.

---

  para o gozo da imunidade, pois a variedade de tipos de suporte (tangível ou intangível) que um livro pode ter aponta para a direção de que ele só pode ser considerado como elemento acidental no conceito de livro. A imunidade de que trata o art. 150, VI, d, da Constituição, portanto, alcança o livro digital (e-book)."
4. Conforme observado anteriormente: "Seja impresso em papel, reproduzido em áudio, estampado pelo método Braille ou codificado em arquivo digital, a obra é a mesma. Nas diversas alternativas existentes para o registro e transmissão do texto, cuida-se do mesmíssimo livro, com as ideias e informações expressas pelo autor. Por isso mesmo, toda obra existe independentemente do instrumento material que lhe serve de veículo, podendo ser transmitida por meio de suportes distintos. [...] Por desempenhar a mesma finalidade e função, o livro eletrônico é modalidade contemporânea de livro, a atrair as mesmas normas que disciplinam o livro impresso, do qual somente se distingue pelo modo de consulta e de acesso ao seu conteúdo. Nesta perspectiva, o conceito de livro não pressupõe o papel, podendo apresentar diversas formas de exteriorização, desde que se preservem a sua finalidade e função" (TEPEDINO, Gustavo. Livro (eletrônico) e o perfil funcional dos bens jurídicos na experiência brasileira. In: VICENTE; Dário Moreira; VIEIRA, José Alberto Coelho; CASIMIRO, Sofia de Vasconcelos; SILVA, Ana Maria Pereira da (Org.). *Estudos de Direito Intelectual em homenagem ao Prof. Doutor José de Oliveira Ascensão*, Coimbra: Almedina, 2015, p. 273-274).
5. STJ, 2ª S., REsp 1.559.264/RJ, Rel. Min. Ricardo Villas Bôas Cueva, julg. 08.02.2017. publ. 15.02.2017. Para análise da decisão, cf. TEPEDINO, Gustavo. Novas tecnologias e os direitos autorais. *Portal OAB/RJ*, publicado em 21.10.2019. Disponível em: https://www.oabrj.org.br/colunistas/gustavo-tepedino/novas-tecnologias-os-direitos-autorais.

2. OS BENS COMUNS. A RELATIVIZAÇÃO DA LÓGICA PROPRIETÁRIA

Tal mudança de paradigmas remete também à função desempenhada pelos *commons* (ou bens comuns), cuja disciplina tem sido gradualmente submetida a transformações profundas. Os *commmons* constituem-se em bens que, diante de sua importância vital para as pessoas, devem ser postos à disposição para aproveitamento por toda a coletividade, superando-se a tradicional lógica dicotômica entre propriedade pública e propriedade privada. Essa discussão perpassa desde o tormentoso debate em torno do aproveitamento da floresta Amazônica até o acesso aos denominados bens da vida, como a água, a energia e o conhecimento disponibilizado pela rede mundial. Neste particular, discute-se hoje a figura dos *Creative Commons*, que propiciam o franqueamento de licenças públicas a serem utilizadas e alteradas livremente – ou com restrições apenas ao seu aproveitamento comercial.

Ao propósito, o Professor Stefano Rodotà, de saudosa memória, observou, há trinta anos, que os *commons* seriam o oposto da propriedade,[6] posto que não admitem a lógica da propriedade pública nem da privada. Daqui decorre o imprescindível desenvolvimento de instrumentos institucionais de acesso, a partir da identificação de bens diretamente necessários à satisfação de necessidades vitais, os quais, portanto, devem ser admitidos como insuscetíveis de apropriação privada ou pública.[7] No atual cenário normativo, como anotou o Professor Pietro Perlingieri, há de se recorrer, em determinadas hipóteses, aos princípios constitucionais para a garantia de acesso a direitos fundamentais independentemente da sua titularidade.

Nessa direção, os Tribunais brasileiros vêm relativizando o poder do proprietário, que deixa de ser absoluto e imune a interferências externas. O Superior Tribunal de Justiça, por exemplo, analisou Ação Civil Pública[8] que se opôs à transformação, pelo Poder Público Municipal, de uma Praça, bem de uso comum do povo, para a categoria de bem dominical, com vistas a permitir a doação do imóvel ao Instituto Nacional do Seguro Social – INSS, que lá instalaria a nova agência do órgão federal. Destacou o STJ, a despeito da aparente legalidade da pretendida operação, que o pouco uso do espaço público pela população não pode servir de justificativa para o ato de desafetação, uma vez que a finalidade desses locais públicos não se resume, nem se esgota na efetiva utilização do bem pela comunidade, justificando-se pelo potencial acesso e disponibilização do espaço à coletividade do presente e do futuro. Há aqui relevante alteração de paradigma em relação à lógica proprietária tradicional.

---

6. Veja-se: "Diritti fondamentali, accesso, beni comuni disegnano una trama che ridefinisce il rapporto tra il mondo delle persone e il mondo dei beni. Questo, almeno negli ultimi due secoli, era stato sostanzialmente affidato alla mediazione proprietaria, alle modalità con le quali ciascuno poteva giungere all'appropriazione esclusiva dei beni necessari. Proprio questa mediazione viene ora revocata in dubbio. La proprietà, pubblica o privata che sia, non può comprendere ed esaurire la complessità del rapporto persona/beni. Un insieme di relazioni viene ormai affidato a logiche non proprietarie" (RODOTÁ, Stefano. *Il terribile diritto. Studi sulla proprietà privata e i beni comuni*. Bologna: Il Mulino Rodotà, 2013, p. 464).
7. Nesta perspetiva, RODOTÁ, Stefano. *Il terribile diritto. Studi sulla proprietà privata e i beni comuni*, cit., p. 469.
8. STJ, 2ª T., REsp 1.135.807/RS, Rel. Min. Herman Benjamin, julg. 15.04.2010, publ. DJ 08.03.2012.

O Tribunal afirmou, ainda, com desassombro, que a desafetação do bem público, se efetuada sem critérios sólidos e objetivos, como no caso em tela, torna-se "vandalismo estatal", considerado mais condenável que a deterioração privada, uma vez que o domínio público deveria encontrar no Estado o seu maior protetor. Ou seja, retirar da praça a natureza de publicamente acessível, *loci publici* ou *loci communes*, não pode ser considerado como ato banal por parte do governo, mas grave opção que importa consequências drásticas à coletividade.

3. NOVAS TECNOLOGIAS E TEORIA DA INTERPRETAÇÃO. NOVOS INSTITUTOS E A INDISPENSÁVEL PRESERVAÇÃO DA UNIDADE DO SISTEMA NA LEGALIDADE CONSTITUCIONAL

Diante das novas tecnologias, a perspectiva funcional dos bens ganha particular relevo do ponto de vista metodológico. Os Professores Carlos Edison do Rêgo Monteiro Filho e Milena Donato Oliva, no decorrer de suas respectivas apresentações, criticaram justamente o ainda renitente recurso aos chamados microssistemas, diante de novas figuras que se inserem diuturnamente no panorama legislativo. Isso ocorre na biotecnologia, na liberdade econômica, nos ensaios clínicos – como bem apresentou a Professora Paula Moura Francesconi de Lemos –, e em diversos campos alcançados pela robótica, cujos impactos foram analisados pelo Professor Sérgio Negri. Como destacado pela Prof. Milena Oliva, não é possível afastar todos esses setores e institutos – objeto de negociação setorial legítima no Parlamento, a partir da compreensível influência do mercado econômico –, da teoria geral e da principiologia que nos permite, incorporando os valores constitucionais às leis infraconstitucionais, definir padrões de comportamento compatíveis com a cultura da sociedade e com a axiologia que preside o sistema.

Os temas tratados ao longo do Congresso demonstraram a notável evolução tecnológica e seus diversos impactos nos diversos setores da vida, como no controle de cadastros de crédito, na proteção dos dados pessoais, nas renovadas modalidades de contratos de seguro. Afinal, se o direito é essencialmente cultura, o sistema jurídico equivale ao conjunto de matizes axiológicos, e não apenas econômicos, que refletem a identidade da sociedade. Assim é que a Lei Geral de Proteção de Dados, o Projeto de Lei que estabelece diretrizes para o uso dos sistemas de Inteligência Artificial (PL 21/2020, em tramitação no Congresso Nacional), a Bioética, o Direito à Saúde, e todos os demais diplomas legislativos que tratam analiticamente de segmentos específicos do ordenamento, devem ser reconduzidos à unidade do sistema, por intermédio da utilização dos princípios e valores constitucionais e da sua incorporação à interpretação infraconstitucional.

4. SISTEMA JURÍDICO E AVOCAÇÃO DE PARÂMETROS ÉTICOS: A AFIRMAÇÃO DE CÓDIGOS DE *COMPLIENCE* E DE AUTORREGULAÇÃO

Tudo isso remete à arguta preocupação com componente ético que há de conduzir essa unidade. A Professora Ana Frazão bem lembrou, ao tratar da responsabilidade civil decorrente do uso de inteligência artificial, que o direito não dará conta, sozinho, de atender as preocupações sociais. Vale dizer, é preciso que no plano ético se possa prevenir danos com critérios altruístas e humanistas, intervindo tal parâmetro, de modo permanente, não apenas em momentos patológicos das relações jurídicas, em que incide a responsabilidade civil sob a perspectiva do ressarcimento, mas, principalmente, a partir da ótica da precaução e da prevenção. Ao propósito, estendendo-se a preocupação com a ética, de uma maneira geral, também ao momento fisiológico – e não apenas patológico – das relações jurídicas, mecanismos de *compliance* e de autorregulação, considerados códigos éticos, pessoais ou institucionais, têm procurado estabelecer normas de conduta que possibilitem a afirmação da autonomia privada com a redução da judicialização e da demanda por intervenções legislativas nem sempre adequadas, que superam a capacidade regulatória do legislador.

5. **VALORES ÉTICOS E JURÍDICOS NAS NOVAS FIGURAS JURÍDICAS: A INDÚSTRIA DE COMPARTILHAMENTO; AS RELAÇÕES EXISTENCIAIS E A INDISPENSÁVEL REVISÃO DOGMÁTICA; A BIOÉTICA E O BIODIREITO**

A mesma ênfase na necessidade de se introjetar consistente carga ética na teoria da interpretação, sublinhada pelos Ministros e Professores Luís Roberto Barroso e Luiz Fux, diz respeito à indústria de compartilhamento que traz à tona, como pontuado pelo Professor Anderson Schreiber, a necessidade de se perseguir a economia sustentável, capaz de garantir a tão almejada racionalidade no uso dos bens e do tempo disponíveis nas agendas cada vez mais frenéticas da vida cotidiana.

A adequação do tempo é cada dia mais indispensável e se conecta com a necessidade de funcionalização dos interesses jurídicos. Torna-se, portanto, imperiosa a adequação dos instrumentos hermenêuticos, forjados no âmbito das relações patrimoniais, a tantas situações existenciais que se multiplicam e se intensificam na veloz efetivação das liberdades propiciadas pelas novas tecnologias.

A Professora Thamis Dalsenter chamou a atenção para a frequente inadequação na utilização de instrumentos e categorias extraídos das relações patrimoniais para a disciplina de situações existenciais, tendo-se por indispensável, no momento presente, a consolidação de base teórica apropriada para as relações existenciais atinentes ao corpo, à integridade psicofísica e a situações de vulnerabilidade da pessoa humana. Nessa seara, há que se definir o tratamento adequado para a valoração do consentimento, do discernimento, da validade e da eficácia de situações jurídicas em que os valores da pessoa humana, e não da propriedade privada, tornam-se proeminentes e, portanto, devem servir de parâmetro interpretativo. O aludido tratamento inadequado de situações jurídicas existenciais, cumpre frisar, não se verifica somente no cenário brasileiro.

Ilustrativamente, o Tribunal Superior do Trabalho, em 2005, chamado a decidir se o empregador teria direito ao controle direto da correspondência pessoal de internet do trabalhador, concluiu que, no caso, deveria prevalecer o exercício do direito de propriedade do empregador.[9] O Tribunal, na ocasião, legitimou o acesso (e consequente controle) do empregador ao conteúdo do correio eletrônico de seu empregado com base na titularidade dominical do computador. Estabelecido o delicado conflito entre a privacidade do empregado e o direito do empregador a controlar a própria correspondência em ambiente de trabalho, afirmou-se que "o que está em jogo, antes de tudo, é o exercício do direito de propriedade do empregador sobre o computador capaz de acessar a internet e sobre o próprio provedor". Daqui a conclusão segundo a qual "pode o empregador monitorar e rastrear a atividade do empregado no ambiente de trabalho, em e-mail corporativo, isto é, checar suas mensagens, tanto do ponto de vista formal quanto sob o ângulo material ou de conteúdo". Felizmente, a orientação hoje tem-se alterado decididamente.

Também se tornou notória, em 2005, nos Estados Unidos, a história da médica Sharon Irons, que engravidou após coletar, durante sexo oral, o sêmen do também médico Richard Phillips, seu namorado, realizando a chamada inseminação artificial caseira. A Corte de Apelação de Illinois (Chicago) aceitou a alegação da ré de que teria havido espécie de doação do material genético, acarretando "transferência absoluta e irrevogável do título de propriedade entre doador e doadora". Por esse motivo, Phillips não teve reconhecido direito algum sobre a decisão acerca da concepção e do nascimento do filho. No entender da Corte, mesmo que se pudesse caracterizar aquele ato como suposto (contrato de) *depósito*, e não doação, as partes não teriam acordado quanto à necessidade de devolução do bem mediante solicitação. Ou seja, entendeu-se na ocasião que o plantonista teria firmado tacitamente contrato de doação do seu sêmen e, portanto, Sharon, proprietária a título gratuito e definitivo do material genético, faria o que bem quisesse com ele. Essa decisão torna cristalina a dificuldade, não apenas no Brasil, ao longo dos anos, na distinção hermenêutica entre relações de cunho patrimonial e aquelas existenciais.

Ainda no plano da ética e, mais especificamente, da bioética, a Professora Heloisa Helena Barboza lembrou como são cada vez mais regulares no Brasil e no mundo os experimentos humanos – inclusive procedimentos de inseminação artificial caseira. Sobre o tema, não são poucas as interpretações de matérias relacionadas à bioética em que as pessoas se portam como se estivessem negociando a venda de produtos banais, sem atentar para a peculiaridade das relações existenciais, as quais devem ser guiadas por valores e princípios constitucionais.

É preciso, portanto, construir base teórica com fundamento nos princípios constitucionais, e o bom exemplo dessa aplicação principiológica das relações existenciais foi trazida pelo Professor Pietro Perlingieri, na singela hipótese de passagem forçada. Consoante destacado pelo Professor, no direito italiano há uma figura[10] que

---
9. TST, 1ª T., RR 61300-23.2000.5.10.0013, julg. 18.05.2005.
10. *Code Civile*, "*Disposizioni generali – Delle servitu' prediali*
    Art. 1027 *Contenuto del diritto. La servitù prediale consiste nel peso imposto sopra un fondo per l'utilità di un altro fondo appartenente a diverso proprietario (1072, 1100).*

em muito se aproxima do que entendemos por 'passagem forçada', introduzida para estimular a produtividade, isto é, em favor do maior desenvolvimento da produção agrícola. No Código Civil brasileiro, o artigo 1.285,[11] sugere que o dono do prédio que não tiver acesso à via pública, nascente ou porto, mediante pagamento de indenização cabal, pode constranger o vizinho a lhe garantir passagem, cujo rumo será judicialmente fixado, se necessário. Tomando como base o raciocínio do Relator de Acórdão proferido no âmbito da Corte Constitucional Italiana, poder-se-ia dizer que, em hipótese de vulnerabilidade – como no caso, por exemplo, de pessoa com deficiência –, mostra-se razoável aplicar raciocínio análogo para fins de estender o direito à passagem para facilitar a sua locomoção.

Toda a acalorada discussão em torno dos direitos das pessoas com deficiência é permeada pela tentativa de compatibilizar autonomia e discernimento, ampliando-se a autonomia assegurada às pessoas na medida do seu gradual amadurecimento e discernimento, mesmo no caso dos menores de idade. As restrições à liberdade de agir dos mais vulneráveis, por isso mesmo, devem ser razoáveis e ponderadas de acordo com sua concreta capacidade, para que, dessa forma, seja possível conciliar autonomia e proteção, sem sacrificar desnecessariamente qualquer um desses vetores.

6. CONFLITO DE INTERESSES E PONDERAÇÃO. OCASO DA SUBSUNÇÃO E COMPATIBILIZAÇÃO DAS TÉCNICAS REGULAMENTAR E DE CLÁUSULAS GERAIS, INCORPORANDO OS PRINCÍPIOS E VALORES CONSTITUCIONAIS. PRINCÍPIO DA SEGURANÇA JURÍDICA E FUNDAMENTAÇÃO DAS DECISÕES. NOTAS CONCLUSIVAS

Nas palavras da Professora Heloisa Helena Barboza, 'o futuro chegou'. E cabe a todos nós, efetivamente, interpretar a ordem jurídica e a realidade social. Nesse contexto, a discussão sobre técnica regulamentar e cláusulas gerais, no sentido de se reclamar o recurso à subsunção como medida que aparentemente poderia favorecer a segurança jurídica, deve ser superada. A rigor, as cláusulas gerais e os princípios refletem o direito contemporâneo e, portanto, a vida contemporânea, que seria insuscetível de regulamentação específica em todas as suas manifestações. Seja no âmbito dos princípios, seja no domínio das regras, sempre será necessário ponderar os diversos interesses em colisão no caso concreto.

Art. 1028 Nozione dell'utilità. L'utilità può consistere anche nella maggiore comodità o amenità del fondo dominante. Può del pari essere inerente alla destinazione industriale del fondo (1073 e seguente)."

11. Código Civil, "Art. 1.285. O dono do prédio que não tiver acesso à via pública, nascente ou porto, pode, mediante pagamento de indenização cabal, constranger o vizinho a lhe dar passagem, cujo rumo será judicialmente fixado, se necessário.
    § 1º Sofrerá o constrangimento o vizinho cujo imóvel mais natural e facilmente se prestar à passagem.
    § 2º Se ocorrer alienação parcial do prédio, de modo que uma das partes perca o acesso à via pública, nascente ou porto, o proprietário da outra deve tolerar a passagem.
    § 3º Aplica-se o disposto no parágrafo antecedente ainda quando, antes da alienação, existia passagem através de imóvel vizinho, não estando o proprietário deste constrangido, depois, a dar uma outra."

O método da ponderação e a utilização da razoabilidade visam justamente compatibilizar os interesses em conflito à luz dos valores constitucionais. Portanto, mostram-se indispensáveis tanto a técnica regulamentar quanto o recurso às cláusulas gerais, desde que se lhes incorporem os valores constitucionais, afastando-se de seu espectro de incidência a prevalência de valores subjetivos do intérprete, alheios ao debate democrático.

Bem demonstra os diversos problemas em termos de interpretação de regras e cláusulas gerais a recente apreensão de livros, contendo o propalado *beijo gay*, na 19ª edição da Bienal do Livro, ocorrida no Rio de Janeiro entre 30 de agosto e 8 de setembro de 2019. Amplamente divulgada pela imprensa, a discussão refere-se ao livro que continha ilustração de um beijo entre pessoas do mesmo sexo. Em razão dessa prosaica imagem, o Prefeito do Rio de Janeiro determinou a retirada do material da Bienal do Livro. A apreensão, vale dizer, foi determinada pelo Poder Judiciário do Estado do Rio de Janeiro, que autorizou a retirada do material, por intermédio da Municipalidade. Não tardou, felizmente, a reforma da decisão, por decisão do Supremo Tribunal Federal, em nome dos princípios da igualdade e da liberdade de expressão. Vê-se, nesse caso, que, a despeito da previsão constitucional dos princípios da liberdade de expressão e da igualdade, e sem prejuízo da não recepção, pela Constituição da República de 1988, dos dispositivos da Lei de Imprensa que autorizavam a censura, verdadeiro abismo separou as visões dos dois Tribunais. Daqui a insuficiência da valoração subjetiva de cada magistrado para fundamentar suas decisões e a necessidade de se perquirir, como corretamente o fez o Supremo, o sentido pretendido pelo Constituinte.

Convém repetir que, em tal hipótese, a discussão não diz respeito à ausência de regra específica ou da técnica empregada pelo legislador, mas da equivocada prevalência dos valores religiosos e morais do intérprete, em detrimento dos valores constitucionais. Por tudo isso, deve-se afastar de nostálgica tentativa de, em busca da maior uniformidade das decisões, defender-se o retorno da técnica regulamentar, a qual, só por si, não dá alento à segurança jurídica. Pelo contrário, muitas vezes o apego ao texto legal, isoladamente considerado, é maneira de o magistrado se esquivar da devida fundamentação da decisão, valendo-se da literalidade de uma regra qualquer, por mais pedestre que seja sua posição na hierarquia constitucional. Ao contrário, é a fundamentação democrática das decisões que, como preconiza o art. 93, inciso IX,[12] da Constituição da República, permite o controle social da atuação do Judiciário e o aperfeiçoamento da interpretação jurídica.[13]

---

12. Constituição da República, "Art. 93. Lei complementar, de iniciativa do Supremo Tribunal Federal, disporá sobre o Estatuto da Magistratura, observados os seguintes princípios: (...) IX – todos os julgamentos dos órgãos do Poder Judiciário serão públicos, e fundamentadas todas as decisões, sob pena de nulidade, podendo a lei limitar a presença, em determinados atos, às próprias partes e a seus advogados, ou somente a estes, em casos nos quais a preservação do direito à intimidade do interessado no sigilo não prejudique o interesse público à informação".
13. V. TEPEDINO, Gustavo. Legislar por regras ou por princípios. *Portal OAB/RJ*, publicado em 16.09.2019. Disponível em: https://www.oabrj.org.br/colunistas/gustavo-tepedino/legislar-regras-ou-principios, em que

A ampliação da utilização dos princípios na atividade judicial deve ser assim compreendida como consequência do dever do magistrado de aplicar o direito, e não opção metodológica. Como ressaltado pelo Ministro Luiz Fux, embora não tendo sido eleito pelo voto popular, o magistrado assume o cargo com o dever de cumprir as leis e a Constituição da República. Seu maior dever é fazer prevalecer os princípios constitucionais. A preservação, portanto, do princípio da segurança jurídica há de resultar, em uma palavra, da conjugação da sempre imprescindível técnica regulamentar, que se destina a tantas situações específicas – indicando parâmetros específicos de contenção ao magistrado –, com as não menos indispensáveis cláusulas gerais e princípios jurídicos, de largo espectro, os quais, ampliando o poder da magistratura, adquirem densidade normativa a partir do dever inderrogável de fundamentação, que justificará a decisão judicial a partir da incorporação conscienciosa, em cada regra, da tábua axiológica constitucional.

Muito obrigado.

---

se lê: "De fato, a tão almejada segurança jurídica não se obtém nem com o apego servil à técnica regulamentar, nem com a atribuição ao magistrado de absoluta liberdade de valoração principiológica. No primeiro caso, pautado pelo silogismo próprio da subsunção, o magistrado se esquiva do dever de fundamentação e do controle social de suas decisões, transferindo a sua responsabilidade para o legislador, a quem seria dada a última palavra quanto às escolhas morais da sociedade. Trata-se de procedimento a ser repelido, por criar falsa segurança, com base em ilusória neutralidade, já que a letra da lei, por mais clara que possa parecer, mostra-se insuficiente a normatizar a vida real, com todas as nuances e complexidade suscitadas pela realidade fática."

DIREITO CIVIL E BIOTECNOLOGIA: VIVENDO O FUTURO[1]

Heloisa Helena Barboza

Doutora em Direito pela UERJ e em Ciências pela ENSP/FIOCRUZ. Especialista em Ética e Bioética pelo IFF/FIOCRUZ. Professora Titular de Direito Civil da Faculdade de Direito da Universidade do Estado do Rio de Janeiro (UERJ). Procuradora de Justiça do Estado do Rio de Janeiro (aposentada). Advogada.

1. INTRODUÇÃO

Os temas a serem abordados no presente trabalho, no âmbito da proposta de construção da legalidade constitucional nas relações privadas, dizem respeito a algumas situações cada vez mais frequentes que imbricam, reciprocamente, biotecnologia e direito civil. Não é sem boa dose de angústia que o título adotado inclui a referência ao futuro que já está sendo vivenciado, visto que tal referência induz, de imediato, a se aguardar a apresentação de temas pertinentes à ficção, da qual o Direito não cogita. A outra conclusão, contudo, não poderiam levar os temas, na verdade fatos, a serem apresentados com o intuito final de provocar a reflexão jurídica que tais situações já estão a exigir. Felizmente o professor Pietro Perlingieri, ao proferir a conferência de abertura do VII Congresso do Instituto Brasileiro de Direito Civil (IBDCivil), afirma literalmente que "um novo futuro se iniciou", amparando a pretensão, se não a ousadia, de tratar das consequências jurídicas decorrentes das novas situações do futuro que efetivamente já se faz presente.

Com base em pesquisa bibliográfica, que inclui documentos diversos, dentre os quais notícias, uma vez que muitos dos fatos ainda carecem de doutrina jurídica especializada, foram elaboradas as considerações que se seguem a partir de fatos relacionados a questões humanas de natureza existencial que estão postas em jogo pelos progressos biotecnocientíficos, que parecem inesgotáveis. O ineditismo de várias situações desafia a legalidade constitucional voltada para a proteção do ser humano em sua dignidade. Indispensável, por conseguinte, que especialmente os avanços da biotecnologia sejam conhecidos e compreendidos pelo Direito, para que a proteção do ser humano seja efetiva. Nessa linha, serão mencionados, como exemplo para reflexão, alguns fatos que invadem o humano naquilo que parecia natural e imutável, se não sagrado ou inexpugnável. O momento é exatamente de construção da legali-

---

1. Texto elaborado com base na palestra proferida no 7º Congresso do IBDCivil, realizada 26 de setembro de 2019, no Rio de Janeiro. Agradeço a Vitor Almeida pela leitura atenta, revisão final e preciosos comentários e sugestões.

dade constitucional nas relações privadas, as quais sofrem profundas interferências em suas bases fundantes, à medida em que o próprio ser humano em sua estrutura biopsíquica está em processo de transformação, de modo antes não cogitado.

Procura-se, de modo breve e a título de contribuição, expor alguns fatos e apreciá-los à luz do vigente Direito Civil no Brasil, interpretado e aplicado conforme a Constituição da República, de modo a se verificar o "quê" (e "como") é preciso construir juridicamente para que as relações privadas se mantenham fieis e voltadas para a observância do cânone máximo de proteção do ser humano em sua dignidade.

2. BIOTECNOLOGIA: INTERFERÊNCIAS NO SER HUMANO

Impõem-se de início alguns breves apontamentos sobre a biotecnologia, termo que possui vários conceitos e definições e ampla abrangência. No que tange aos seres vivos, de acordo com a Convenção sobre Diversidade Biológica, assinada no Rio de Janeiro, em 05 de junho de 1992[2], para os propósitos da Convenção, "biotecnologia significa qualquer aplicação tecnológica que utilize sistemas biológicos, organismos vivos, ou seus derivados, para fabricar ou modificar produtos ou processos para utilização específica" (art. 2). Conforme o já citado art. 2, "diversidade biológica significa a variabilidade de organismos vivos de todas as origens, compreendendo, dentre outros, os ecossistemas terrestres, marinhos e outros ecossistemas aquáticos e os complexos ecológicos de que fazem parte; compreendendo ainda a diversidade dentro de espécies, entre espécies e de ecossistemas".

Parece mais apropriada ao objetivo do presente trabalho a perspectiva sociológica. Glauco Arbix[3] tece considerações sobre biotecnologia que permitem a compreensão da amplitude do termo em toda sua profundidade, merecendo transcrição:

> [...] não há como esconder a inquietação que permeia qualquer debate sobre biotecnologia, dadas suas íntimas e perigosas relações com a vida, a saúde, o meio ambiente, o desenvolvimento, a prosperidade e o bem-estar das pessoas. O dossiê preparado por *Novofs Estudos*[4] é exemplo desse mundo pleno de contrastes e desafios. Uma revolução inacabada está em curso. Nem sempre silenciosa. Irreverente às vezes. Insistentemente polêmica. E consistentemente atraente. A biotecnologia contemporânea é um ponto de encontro, onde distintos personagens conversam de modo inovador sobre os mais diversos temas. Com os olhos no futuro e energia suficiente para sacudir os parâmetros das ciências e disciplinas que ousam estudá-la, tanto por seus impactos sobre a ética e a moral, quanto por suas consequências no terreno da ciência, da sociologia ou da economia.

O entendimento exposto pelo citado autor pode ser tomado como um conceito de biotecnologia, como se vê:

---

2. Promulgada pelo Decreto n. 2.519, de 16 de março de 1998. Disponível: http://www.planalto.gov.br/ccivil_03/decreto/D2519.htm. Acesso em: 11 nov. 2019.
3. ARBIX, Glauco. Biotecnologia sem fronteiras. *Novos estudos* – CEBRAP, n. 78, p. 5-10, São Paulo, jul. 2007. Disponível em http://www.scielo.br/scielo.php?script=sci_arttext&pid=S0101-33002007000200001&lng=en&nrm=iso. Acesso em: 10 set. 2019.
4. Refere-se o autor ao periódico no qual o artigo em parte transcrito foi publicado.

A biotecnologia contemporânea é um ponto de encontro onde distintos personagens conversam de modo inovador sobre os mais diversos temas. Ao manipular seres vivos para produzir bens e serviços, envolve tecnologias de diversos níveis, como os processos de fermentação e as técnicas de manipulação genética, e se apresenta como um paradigma técnico-científico essencialmente transdisciplinar.

Destacam-se nessa compreensão aspectos da biotecnologia que interessam ao presente estudo: a manipulação de seres vivos e as técnicas de manipulação genética. Contudo, as manipulações de seres vivos, animais e organismos, voltadas para a produção de bens e serviços em muito se ampliaram e, em particular, a partir de meados do século XX voltaram para os seres vivos humanos, aumentando a inquietação indicada por Glauco Arbix no tocante às implicações ético-jurídicas das referidas técnicas.

É possível identificar nesse cenário, no qual se unem técnica e saber, a manifestação do biopoder preconizado por Michel Foucault, em versão do século XXI, visto que o fato de viver cai no campo de controle do saber, agora francamente unido à tecnologia, e de intervenção do poder, manifestado através de seus múltiplos dispositivos[5], o qual se exerce sobre seres vivos, no nível da própria vida, agora biológica. A biopolítica insere a vida e seus mecanismos no domínio dos cálculos explícitos, e o poder-saber torna-se o agente de transformação da vida humana[6]. Trata-se na contemporaneidade de transformação literal da vida humana.

Quando se chega ao limiar da manipulação dos seres vivos humanos, temos mais uma realização do que Michel Foucault já havia destacado sobre a aliança do poder com o saber, de um poder que municia o saber, e de um saber que depende cada vez mais desse poder. É o que se constata nas ciências em geral. Após a industrialização da ciência, apontada por Boaventura de Sousa Santos[7], as ciências dificilmente mantêm sua autonomia ou conseguem se afastar dos conflitos de interesse. Servem de exemplo desse tipo de situação, que se manifesta de diversas formas, os financiamentos para pesquisa, os quais muitas vezes, estão nas mãos dos grandes poderes econômicos. Assim sendo, a aliança saber-poder se fortalece a cada momento.

É indispensável que se tenha em mente a existência constante dessa poderosa aliança, que constitui a questão de fundo para as reflexões que se fazem necessárias sobre as literais "manipulações", no sentido de interferências profundas no ser

---

5. O termo dispositivo é usado na concepção foucaultiana. O poder para Foucault não é regularmente constituído, como um Estado, mas o conjunto heterogêneo que engloba os elementos do dispositivo, a saber: discursos, instituições, organizações arquitetônicas, decisões regulamentadoras, leis, enunciados científicos, filosóficos; o dispositivo é a rede que se estabelece entre esses elementos de forma estratégica, e tem natureza de um jogo, em que se alteram posições e funções. O dispositivo tem uma função estratégica dominante, na medida em que responde a uma urgência, em dado momento histórico, tendo, portanto, um tipo de gênese. Há uma manipulação, uma intervenção racional e organizada nas relações entre os elementos do dispositivo, para que se desenvolvam na direção desejada. Assim, o dispositivo está sempre inscrito num jogo de poder, e ligado a configurações de saber que o sustentam, mas que são simultaneamente por ele sustentadas. FOUCAULT, Michel. *Microfísica do poder*. 18. ed. Rio de Janeiro: Graal, 2003, p. 244-245.
6. FOUCAULT, Michel. *História da sexualidade 1*: a vontade de saber. 17. ed., Trad. Maria Tereza da Costa Albuquerque e J. A. Guillon Albuquerque. Graal: São Paulo, 2006, p. 155.
7. Cf. SANTOS, Boaventura de Sousa. *Um discurso sobre as ciências*. 13. ed. Porto: Afrontamento, 2002, passim.

humano, em dimensões inquietantes, que transpassam os limites biológicos. É imperioso que essa aliança do saber-poder, que se manifesta pela biotecnologia, como a (bio)tecnociência competente para interferir na vida humana, esteja efetivamente a serviço da humanidade e à preservação da dignidade humana, e não de qualquer outro interesse que não seja o rigoroso respeito aos valores morais internacionalmente consagrados.

Cabe, nesse passo, verificar os efeitos provocados no Direito Civil através de casos de interferência em processos humanos. De início, merecem citação as técnicas de reprodução humana assistida. Praticadas no Brasil há décadas, visto que o primeiro "bebê de proveta" latino-americano nasceu no Brasil em 1984[8], a matéria foi tratada pelo Direito durante tempo demasiado como tema para curiosos. Por razões diversas, de todo interessantes, mas cuja análise não é pertinente a este trabalho, a utilização da reprodução assistida tornou-se mais frequente e popular, despertando a atenção do mundo jurídico, em particular do Direito Civil, onde talvez se situem as questões de maior grau de complexidade dentre as provocadas pela reprodução assistida, as quais atingem a um só tempo diferentes relações privadas. Na verdade, as interferências nos processos, até então naturais, de nascimento e morte pouco a pouco entraram na pauta acadêmica e, mais lentamente, na dos tribunais. O legislador, todavia, mantém desde então posição de silêncio e resistência a esses temas, que carecem de legislação formal, de há muito reclamada. Cerca de dezoito Projetos de Lei sobre reprodução assistida tramitam na Câmara desde 1997[9]. A análise das razões da resistência ao debate do assunto escapa aos estreitos limites deste artigo.

Fato é que a técnica de fertilização *in vitro,* sobre todas as outras, pode ser tomada como marco inicial de ruptura do processo natural de procriação, visto que a concepção, entendida como a junção do gameta masculino com o feminino, ocorre fora do corpo de uma mulher. A partir da possibilidade de se fazer um embrião humano em laboratório, através da introdução do espermatozoide no óvulo em laboratório, dando início à reprodução celular, momento que corresponde à concepção, uma série de outros procedimentos se tornaram possíveis.

Observe-se que as técnicas de reprodução assistida, tanto as intracorpóreas, caso da inseminação artificial, no qual a fertilização ocorre no interior do corpo de uma mulher, quanto as extracorpóreas, hipótese da fertilização *in vitro*, dispensam o contato sexual, fato que ensejou a procriação por pessoas que não poderiam ter filhos, por causas variadas, como infertilidade, problemas de saúde diversos, idade avançada, ou por serem do mesmo sexo. Tais possibilidades são cercadas de questões

---

8. O primeiro bebê de proveta nascido na América Latina foi brasileiro. Em 1984, em São José dos Pinhais, no Paraná, nasceu Anna Paula Caldeira. Sua mãe, que já havia tido cinco filhos e optou pela Laqueadura, decidiu engravidar de seu segundo marido. Para isso se submeteu ao tratamento em fase experimental com o médico Milton Nakamura. Em 2018, Anna Paula completou 34 anos. Disponível em https://materprime.com.br/historia-da-fertilizacao-in-vitro/. Acesso em: 30 out. 2019.
9. Ver relação dos Projetos de Lei em: https://www.camara.leg.br/proposicoesWeb/fichadetramitacao?idProposicao=118275. Acesso em: 30 out. 2019.

jurídicas, que acontecem cada vez mais no cotidiano, com indagações que vão se sobrepondo, embora muitas delas não sejam discutidas em profundidade.

Os exemplos são muitos e de situações variadas, dentre as quais algumas merecem referência como a gravidez de mulheres idosas, como ocorreu com a mulher indiana que, aos setenta anos e após cinquenta e cinco anos de casada, deu à luz uma menina, por meio de fertilização *in vitro* com óvulos de uma mulher mais jovem, repetindo o que acontecera meses antes com outra indiana de setenta anos que dera à luz a gêmeos, também se valendo de fertilização *in vitro*[10]. Também na Índia uma mulher que perdera o filho aos vinte e sete anos, vítima de câncer de cérebro, diante da dificuldade de lidar com a perda, usou o material genético armazenado por seu filho e de uma gestante de "aluguel" para conseguir ter netos. Os gêmeos, menino e menina, nasceram em 2018[11]. Em 2016, uma mulher venceu uma verdadeira batalha judicial no Reino Unido para ter acesso aos óvulos congelados de sua falecida filha e, assim, poder dar à luz ao próprio neto.[12]

Na linha das novidades decorrentes das técnicas de reprodução assistida, teve grande repercussão internacional a divulgação de fotos do primeiro homem grávido. Tratava-se, em verdade, de um americano transexual masculino, que desejava ter filhos com sua esposa, mulher que não podia engravidar; como o marido ainda não havia retirado o útero, através de inseminação artificial veio a dar à luz a três filhos, uma menina e dois meninos gêmeos[13]. No Brasil, em 11 de setembro de 2019, nasceu Antonella, filha de um transexual masculino brasileiro, no interior de São Paulo, que realizou o sonho da família através de inseminação "caseira"[14]. Cabe esclarecer que a denominação atribuída a esse tipo de inseminação é a expressão literal do método empregado: trata-se de inseminação feita sem qualquer assistência ou orientação médica. entre pessoas leigas e em ambientes domésticos e em hotéis[15]. A prática envolve basicamente a coleta do sêmen de um doador e sua inseminação imediata em uma mulher com uso de seringa ou outros instrumentos, como cateter. Encontram-se no *YouTube* vídeos orientando como proceder para obter sucesso na inseminação caseira.[16]

---

10. Disponível em: https://m.folha.uol.com.br/equilibrioesaude/2008/12/476992-indiana-de-70-anos-faz-fertilizacao-e-e-mae-pela-primeira-vez.shtml. Acesso em: 05 dez. 2019.
11. Disponível em: https://g1.globo.com/mundo/noticia/mulher-usa-semen-do-filho-morto-para-se-tornar-avo.ghtml. Acesso em: 05 dez. 2019.
12. Disponível em: http://g1.globo.com/mundo/noticia/2016/06/mulher-de-60-anos-vence-batalha-na-justica-para-usar-ovulos-de-filha-morta-e-gerar-o-proprio-neto.html. Acesso em: 15 dez. 2019.
13. Disponível em: https://br.blastingnews.com/curiosidades/2017/08/veja-como-esta-o-primeiro-homem-gravido-do-mundo-001961407.html. Acesso em: 15 dez. 2019.
14. Disponível em: https://g1.globo.com/sp/campinas-regiao/noticia/2019/09/11/nasce-antonella-filha-do-homem-trans-de-itapira-que-engravidou-para-realizar-o-sonho-da-familia.ghtml. Acesso em: 15 dez. 2019.
15. Disponível em: http://www.blog.saude.gov.br/index.php/53303-inseminacao-artificial-caseira-riscos-e--cuidados. Acesso em: 15 dez. 2019.
16. Ver como exemplo: https://www.youtube.com/watch?v=fTbjdmNYeNE. Acesso em: 15 dez. 2009.

Igualmente utilizando a inseminação "caseira", um casal de lésbicas no Rio de Janeiro teve um filho do irmão de uma delas[17]. Constata-se haver oferta de sêmen pela *internet* para realização da inseminação "caseira", havendo homens que reiteradamente o fazem, com o intuito de "ajudar pessoas a terem filhos"[18]. Embora tenha se popularizado, essa prática não é regulamentada, mas cresce nas redes sociais e anúncios, sendo procurada por mulheres que não querem arcar com os custos da fertilização *in vitro*, a despeito de os médicos alertarem para os riscos, como a transmissão de doenças.[19]

Em situação paralela à inseminação "caseira" encontra-se a gestação por substituição. Existem empresas especializadas que oferecem serviços de "barriga de aluguel"[20], principalmente para casais homoafetivos que precisam de uma mulher para fazer a gestação, com garantia de sigilo e boa saúde para a gestante. Contudo, muitas também são as ofertas feitas diretamente pelas "prestadoras de serviço", isto é, mulheres que se oferecem para fazer a gestação, oscilando os preços de cinco a cem mil reais.[21]

Há um aspecto da reprodução assistida que, em geral, não é debatido: o interesse do filho. Aquele que é o centro das atenções dos que utilizam as técnicas de reprodução assistida é o grande esquecido. Cabe lembrar que a Constituição da República (art. 227) estabelece como dever da família, da sociedade e do Estado assegurar à criança e ao adolescente e ao jovem, com absoluta prioridade, o direito à convivência familiar, dentre outros direitos reconhecidos expressamente como direitos fundamentais pela Lei 8.069/1990[22], que dispõe sobre a proteção integral à criança e ao adolescente, que alcança o amparo à gestante, desde a fase do planejamento reprodutivo[23]. Por outro lado, a Lei Maior (art. 226, § 7º) reconhece o direito ao planejamento familiar, que se traduz na autonomia reprodutiva[24] e inclui o direito de ter filhos, com natureza de direito fundamental, fundado nos princípios da dignidade da pessoa humana e

---

17. Disponível em: https://paisefilhos.uol.com.br/quero-engravidar/casal-de-lesbicas-faz-inseminacao-caseira-e-uma-das-maes-relata-tive-um-filho-do-meu-irmao/. Acesso em: 20 set. 2019.
18. Disponível em: https://www.bbc.com/portuguese/geral-42145205. Acesso em: 20 set. 2019
19. Disponível em: https://www.terra.com.br/vida-e-estilo/saude/os-brasileiros-que-doam-semen-para-inseminacoes-caseiras,b52cccdd60f6cf2310d465cd8c636966hex63bjg.html. Acesso em: 15 set. 2019. Disponível em: https://eurio.com.br/noticia/3195/inseminacao-caseira-conheca-a-pratica-que-vem-dividindo-opinioes.html. Acesso em: 20 set. 2020.
20. Disponível em: https://biotexcom.pt/?gclid=Cj0KCQjwtsv7BRCmARIsANu-CQcWs5p0GxGpidVJo941GB-sILY_0z78CL9lTSyD2qoAy-aW9iXczo60aAjh4EALw_wcB. Acesso em: 20 set. 20019. Disponível em: https://www.metropoles.com/brasil/mulheres-negociam-barriga-de-aluguel-em-grupos-de-facebook-e-whatsapp. Acesso em: 20 set. 2020.
21. Disponível: https://www.bbc.com/portuguese/brasil-42573751. Acesso em: 20 set. 2020.
22. Lei 8.069/1990, Título II, capítulo III.
23. Lei 8.069/1990: "Art. 8º É assegurado a todas as mulheres o acesso aos programas e às políticas de saúde da mulher e de planejamento reprodutivo, às gestantes, nutrição adequada, atenção humanizada à gravidez, ao parto e ao puerpério e atendimento pré-natal, perinatal e pós-natal integral no âmbito do Sistema Único de Saúde".
24. Sobre o assunto ver BARBOZA, Heloisa Helena. A reprodução humana como direito fundamental. In: DIREITO, Carlos Alberto Menezes; TRINDADE, Antônio Augusto Cançado; PEREIRA, Antônio Celso Alves (Org.). *Novas perspectivas do direito internacional contemporâneo*. Rio de Janeiro: Renovar, 2008, p. 777-801.

da paternidade responsável[25], a qual encontra uma de suas expressões no princípio do melhor interesse da criança e do adolescente. Assim sendo, torna-se imperativa a ponderação dos interesses em jogo, uma vez que não se pode preterir a proteção integral daquele que vai nascer. Questão complexa que se desenrola em paralelo diz respeito à proteção dos embriões humanos crioconservados, cuja natureza jurídica é objeto de tormentoso debate doutrinário[26].

A reprodução assistida no Brasil não goza de proteção legal adequada, uma vez que não há legislação sobre o assunto, à exceção de três acanhados dispositivos existentes no Código Civil [27], que se limitam a incluir na vetusta presunção de paternidade do marido os filhos havidos através das técnicas de reprodução assistida. Em que pese a boa intenção do legislador, os citados dispositivos mais problemas do que soluções trouxeram à matéria, já complexa e intrincada. O Conselho Federal de Medicina (CFM), há quase trinta anos, vem estabelecendo normas éticas para a utilização das técnicas de reprodução assistida, as quais são periodicamente revistas. Tais normas, embora estejam longe de contemplar toda problemática jurídica gerada pela reprodução assistida, têm sido de grande valia, inclusive para solução dos conflitos que se apresentam, com crescente dificuldade. Como já destacado, o legislador brasileiro permanece em silêncio.

Outro exemplo de situação que ainda carece de regulação mais eficaz é a dos transexuais, que só em data recente entraram efetivamente na pauta jurídica no Brasil, tendo sido o tema durante muito tempo rejeitado e criticado. Após longa luta, finalmente os transexuais conseguiram algum amparo jurídico para a mudança de sexo, admitida e praticada pela medicina desde 1997, conforme regulamentação do Conselho Federal de Medicina[28] e do Ministério da Saúde, que, em 2007, instituiu, no âmbito do Sistema Único de Saúde (SUS), o Processo Transexualizador, a ser implantado nas unidades federadas.[29]

---

25. Seja consentido remeter a BARBOZA, Heloisa Helena. Paternidade Responsável: o cuidado como dever jurídico. In: PEREIRA, Tânia da Silva; OLIVEIRA, Guilherme de (Org.). *Cuidado e Responsabilidade*. São Paulo: Atlas, 2011, p. 85-96.
26. Cf. BARBOZA, Heloisa Helena. Proteção jurídica do embrião humano. In: CASABONA, Carlos Maria Romeo; QUEIROZ, Juliane Fernandes (Org.). *Biotecnologia e suas implicações ético-jurídicas*. Belo Horizonte: Del Rey, 2005, p. 248-270.
27. Código Civil, art. 1.547, incisos III, IV e V.
28. A Resolução CFM n. 1.482/1997, autorizava, a título experimental, a realização de cirurgia de transgenitalização do tipo neocolpovulvoplastia, neofaloplastia e ou procedimentos complementares sobre gônadas e caracteres sexuais secundários como tratamento dos casos de transexualismo, que foi revogada. Após subsequentes Resoluções em 2002 e 2010, a matéria encontra-se regulamentada pela Resolução CFM n. 2.265, de 19 de setembro de 2019, que dispõe sobre o cuidado específico à pessoa com incongruência de gênero ou transgênero, ampliando a compreensão e conferindo nova perspectiva à questão de gênero. Disponível em: https://portal.cfm.org.br/index.php?option=com_normas&tipo%5B%5D=R&uf=&numero=&ano=&assunto=1707&texto=. Acesso em: 15 dez. 2019.
29. A instituição mencionada se deu pela Portaria n. 1.707, de 18 de agosto de 2008, posteriormente revogada. Disponível em: http://bvsms.saude.gov.br/bvs/saudelegis/gm/2008/prt1707_18_08_2008.html. Acesso em: 19 dez. 2019. A matéria foi regulamentada pela Portaria MS n. 2.803, de 19 de novembro de 2013, que redefine e amplia o Processo Transexualizador no Sistema Único de Saúde (SUS). Disponível em: http://bvsms.saude.gov.br/bvs/saudelegis/gm/2013/prt2803_19_11_2013.html. Acesso em: 15 dez. 2019.

O referido amparo jurídico somente foi concedido, de modo efetivo, em 01 de março de 2018 pelo Supremo Tribunal Federal (STF), que entendeu ser possível a alteração de nome e gênero no assento de registro civil mesmo sem a realização de procedimento cirúrgico de redesignação de sexo, no julgamento da Ação Direta de Inconstitucionalidade (ADI) 4275.[30]

Nessa linha, o Conselho Nacional de Justiça editou o Provimento n. 73, em 28 de junho de 2018, que dispõe sobre a averbação da alteração do prenome e do gênero nos assentos de nascimento e casamento de pessoa transgênero no Registro Civil das Pessoas Naturais (art. 1º). De acordo com o art. 4º, § 1º, do citado Provimento, o atendimento do pedido apresentado ao registrador independe de prévia autorização judicial ou da comprovação de realização de cirurgia de redesignação sexual e/ou de tratamento hormonal ou patologizante, assim como de apresentação de laudo médico ou psicológico. Sem dúvida o Provimento muito contribui, se não para a solução dos problemas das pessoas transgênero, pelo menos para aliviar os tormentosos caminhos judiciais que até então enfrentavam para obter sua requalificação civil.

Todavia os problemas das pessoas transgênero não cessaram com a citada decisão, nem com o Provimento mencionado. Em setembro de 2019, o STF acolheu o pleito da população LGBT[31], no sentido de criminalizar a homofobia e a transfobia, em razão da omissão do Congresso Nacional sobre a matéria. O silêncio de Poder Legislativo afronta a Constituição da República, uma vez que condutas homo/transfóbicas violam frontalmente direitos fundamentais dos integrantes da população LGBT. Destaque-se que os legisladores brasileiros não editaram nenhuma lei em favor dos heterodiscordantes, nem mesmo diante dos assustadores números de mortes decorrentes da homo/transfobia – uma morte a cada dezesseis horas[32], que colocam o Brasil na lastimável liderança mundial de assassinatos de transexuais.[33]

Em mais uma decisão histórica, no julgamento conjunto do Mandado de Injunção n. 4733 (Rel. Min. Edson Fachin, julg. 13 jun. 2019) e da Ação Direta de Inconstitucionalidade por Omissão n. 26 (Rel. Min. Celso de Mello, julg. 13 jun. 2019)[34], o Plenário do STF, por maioria, aprovou a tese proposta pelo Min. Celso de Mello formulada sob três pontos: a) o primeiro estabelece que até que o Congresso

---

30. Disponível em: https://jurisprudencia.stf.jus.br/pages/search?base=acordaos&sinonimo=true&plural=true&page=1&pageSize=10&queryString=ADI%204275&sort=_score&sortBy=desc. Acesso em: 20 dez. 2019.
31. Neste trabalho será dotada a sigla LGBT por ser a mais tradicional, embora várias outras siglas tenham sido subsequentemente adotadas por essa população a fim de dar visibilidade a outras sexualidades heterodiscordantes, tais como LGBTT, LGBTQ, LGBTQI, LGBTQI+, entre outras.
32. Disponível em: https://noticias.uol.com.br/cotidiano/ultimas-noticias/2019/02/20/brasil-matou-8-mil-lgbt-desde-1963-governo-dificulta-divulgacao-de-dados.htm. Acesso em: 19 dez. 2019.
33. Disponível em: http://especiais.correiobraziliense.com.br/brasil-lidera-ranking-mundial-de-assassinatos-de--transexuais; https://www.metropoles.com/brasil/direitos-humanos-br/brasil-tem-o-maior-indice-de-pessoas-mortas-por-transfobia; http://dapp.fgv.br/dados-publicos-sobre-violencia-homofobica-no-brasil-29-anos-de-combate-ao-preconceito/; https://antrabrasil.org/category/violencia/. Acesso em: 20 dez. 2020.
34. Disponível em: https://jurisprudencia.stf.jus.br/pages/search?base=acordaos&sinonimo=true&plural=true&page=1&pageSize=10&queryString=ADO%2026&sort=_score&sortBy=desc. Acesso em: 20 set. 2019.

Nacional edite lei específica, as condutas homofóbicas e transfóbicas, reais ou supostas, se enquadram nos crimes previstos na Lei 7.716/2018 e, no caso de homicídio doloso, constitui circunstância que o qualifica, por configurar motivo torpe; b) o segundo ponto, determina que a repressão penal à prática da homotransfobia não alcança e nem restringe o exercício da liberdade religiosa, salvo se configurar discurso de ódio; c) o terceiro reconhece que o conceito de racismo ultrapassa aspectos estritamente biológicos ou fenótipos e alcança a negação da dignidade e da humanidade de grupos vulneráveis.

Sem dúvida houve grandes avanços no campo jurídico quanto à proteção da população LGBT, em pontos específicos, embora de grande valor, como visto. Contudo, melhor seria haver legislação formal e mais abrangente para proteção mais ampla, que evitasse percalços na vida cotidiana, notadamente na área da administração pública. Seria muito valiosa a determinação legal no sentido de se promover a alteração cadastral, para fins de exercício de direitos, diante de decisões judiciais e/ou certidões de nascimento com o nome e sexo adotados após alteração pelo interessado(a). O reconhecimento da requalificação civil já motivou a retirada pensão por morte [35], mas a recíproca não tem se mostrado verdadeira, tornando necessária a judicialização da questão.

Iguais dificuldades tem sido verificadas para implementação da decisão do STF relativa à criminalização da homo/transfobia, o que torna necessária a capacitação das polícias e órgãos de Justiça, uma vez que a causa real de conduta criminosa muitas vezes é de difícil identificação por pessoas não preparadas para tanto, e muitas notícias-crime acabam qualificadas como perturbação da ordem pública ou como "briga de vizinhos" e sequer são registradas, o que contribui para o problema da subnotificação de tais crimes.[36]

Como se constata, há sobreposição de complexas questões, que se agravam a cada momento no dinâmico contexto social, para as quais o Direito não tem respostas adequadas e ou aptas a minorar a angústia das pessoas nelas envolvidas. A problemática relativa à reprodução assistida e à população LGBT decorre das progressivas e contínuas interferências na vida humana, mas diretamente no corpo humano, fruto da biotecnologia. Ambos os temas apresentados como exemplo para iniciar a reflexão proposta já são "antigas novidades"[37]. Situações mais recentes e desafiadoras estão presentes no exterior e no Brasil. Contudo, o Direito brasileiro ainda lhes dedicou a

---

35. Disponível em: https://examedaoab.jusbrasil.com.br/noticias/502895788/filho-transexual-de-militar-perde-pensao-apos-mudanca-de-genero; https://www.jota.info/paywall?redirect_to=//www.jota.info/justica/filho-de-militar-perde-pensao-apos-mudanca-de-genero-15092017. Acesso em: 19 dez. 2020.
36. Disponível em: https://oglobo.globo.com/celina/um-ano-depois-quais-foram-os-efeitos-da-criminalizacao-da-lgbtfobia-no-brasil-1-24429181; https://canalcienciascriminais.com.br/um-ano-da-criminalizacao-da-lgbtfobia-entre-lacunas-e-implicacoes/. Acesso em: 30 jun. 2020.
37. Merece destaque o crescimento significativo das fertilizações in vitro no Brasil, conforme o 13º Relatório do Sistema Nacional de Produção de Embriões da Anvisa. Disponível em: https://app.powerbi.com/view?r=eyJrIjoiYmYxM2M1MTctNGE5ZC00ODdhLTk3ZTktYTBhMzBkMjhjYjM1IiwidCI6Im12N2FmMjNmLWMzZjMtNGQzNS04MGM3LWI3MDg1ZjVlZGQ4MSJ9. Acesso em: 30 maio 2020.

necessária atenção, para que sejam conhecidas e pensadas em profundidade, razão pela qual permanecem no campo das "curiosidades científicas", que despertam interesse e fascinam muitas pessoas, que não se detêm a verificar o que elas trazem de benefícios ou malefícios para o ser humano.

3. PARA ALÉM DO HUMANO: DESAFIOS À LEGALIDADE CONSTITUCIONAL

As mencionadas situações mais recentes e desafiadoras que estão a reclamar profunda reflexão não entraram ainda na pauta jurídica, não obstante já estejam há algum tempo em estudo por outros campos do saber. Novamente se constatam interferências da biotecnociência ou biotecnologia no ser humano, agora atuando de modo mais incisivo na sua própria constituição biológica: há intervenção para além do humano, uma interferência potencializada, ou pelo menos que possibilita a superação dos limites biológicos.

Três exemplos serão citados para apresentar o futuro já vivenciado, ainda que no campo experimental. Não há qualquer intenção de fazer-se aqui debate, mas abordar de forma muito breve e sucinta a matéria com o intuito de contribuir minimamente para a investigação dos efeitos jurídicos que provocam ou podem provocar e, principalmente, para o encaminhamento de soluções. O primeiro tema diz respeito à denominada edição genética; o segundo à questão dos híbridos humanos; o terceiro aos transumanos, provavelmente o mais preocupante. Trata-se efetivamente de ir além do humano, de romper as barreiras do biológico, já instabilizadas pelas interferências acima comentadas.

A notícia divulgada em novembro de 2018 sobre o nascimento das gêmeas chinesas Lulu e Nana abalou o mundo científico, em razão de terem sido submetidas à denominada "edição genética do genoma", para que nascessem imunizadas contra a AIDS. O fato teve enorme repercussão, por duas razões: a primeira, pelo fato de as gêmeas chinesas serem tidas como os primeiros bebês geneticamente modificados no mundo; a segunda, certamente mais grave, porque essa prática não havia sido cientificamente aprovada pela comunidade científica, uma vez que não pôde ser comprovada, por não ter sido publicada em nenhuma revista científica especializada, permitindo a submissão à análise de outros especialistas.[38]

As meninas foram concebidas por inseminação artificial, e após a fertilização o médico se valeu da técnica CRISPR[39]. A China foi o primeiro país a modificar genes de embriões humanos (não viáveis) e de macacos com a CRISPR. No caso, a técnica foi utilizada para entrar no sistema imunológico humano. Não obstan-

---

38. Disponível em: https://brasil.elpais.com/brasil/2018/11/26/ciencia/1543224768_174686.html#:~:text=Em%20um%20v%C3%ADdeo%20postado%20no,e%20do%20pai%2C%20Mark%E2%80%9D. Acesso em: 20 set. 2019.
39. A equipe científica injetou os reagentes CRISPR no embrião para inibir o gene CCR5. O objetivo era modificar o gene que o vírus usa como porta para entrar no sistema imunológico humano. Não obstan-

te o médico tenha agido com o intuito de proteger as gêmeas[40], que nasceram saudáveis, há grande probabilidade de encurtamento de sua expectativa de vida. O procedimento foi muito criticado, porque não se conhecem as consequências dele decorrentes.[41]

O professor Julian Savulescu, diretor do Centro Uehiro de Ética Prática da Universidade de Oxford, qualificou a experiência como "monstruosa", uma vez que os embriões eram saudáveis, sem doenças conhecidas. Além disso, a "edição genética em si é experimental e ainda está associada a mutações indesejadas, capazes de causar problemas genéticos em etapas iniciais e posteriores da vida, inclusive o desenvolvimento de câncer". Destacou ainda que o fato de existirem não apenas outros modos mais eficazes de prevenir a AIDS, a começar pelo sexo protegido, como também tratamentos eficazes para a doença. Para o professor, a "experiência expõe crianças normais e saudáveis aos riscos da edição genética em troca de nenhum benefício necessário real", além de contradizer "décadas de consenso ético e diretrizes sobre a proteção dos participantes humanos em testes de pesquisa", sendo os bebês "usados como cobaias genéticas", numa "roleta russa genética".[42]

A técnica CRISPR é considerada simples e de baixo custo, mas se tornou tão precisa e sofisticada que as implicações éticas de seu uso também ganharam nova proporção. Segundo especialistas, essa técnica será rotina em cerca de dez anos, mas até lá há uma série de questões éticas e técnicas que ainda precisam ser resolvidas, como os limites éticos da manipulação de embriões humanos[43]. Essa técnica já vinha sendo estudada por vários geneticistas no mundo.

O caso das gêmeas alertou a Organização Mundial de Saúde (OMS), que se manifestou para deixar claro que os desafios éticos e técnicos desses procedimentos não tem precedentes, não sabendo o que pode acontecer. Há possibilidade de consequências danosas, mas também pode haver benefícios, como o de se encontrar um aliado na luta contra doenças graves, como Alzheimer e câncer. Indispensável, porém, a realização de estudos e pesquisas, além de responsável controle ético. Em 2019, a OMS criou um comitê consultivo de especialistas para desenvolver padrões globais

---

40. O geneticista explica ser o pai das gêmeas portador do vírus HIV, causador da AIDS e que buscou "abrir uma igualdade de oportunidades para ter famílias saudáveis". Como noticiado, Lulu e Nana podem não ser os únicos bebês submetidos à edição genética, pois seis outros casais, nos quais o homem é soropositivo, também aceitaram o programa promovido pelo citado geneticista. Disponível em: https://brasil.elpais.com/brasil/2018/11/26/ciencia/1543224768_174686.html#:~:text=Em%20um%20v%C3%ADdeo%20postado%20no,e%20do%20pai%2C%20Mark%E2%80%9D. Acesso em: 20 set. 2019.
41. Disponível em: https://www.bbc.com/portuguese/geral-48479434. Acesso em: 20 set. 2019.
42. Disponível em: https://brasil.elpais.com/brasil/2018/11/26/ciencia/1543224768_174686.html#:~:text=Em%20um%20v%C3%ADdeo%20postado%20no,e%20do%20pai%2C%20Mark%E2%80%9D. Acesso em: 20 set. 2019.
    A equipe científica injetou os reagentes CRISPR no embrião para inibir o gene CCR5. O objetivo era modificar o gene que o vírus usa como porta para entrar no sistema imunológico humano.
43. Disponível em: https://jornal.usp.br/atualidades/edicao-genetica-de-humanos-sera-rotina-em-10-anos-dizem-especialistas/. Acesso em: 10 set. 2019.

de governança e supervisão da edição do genoma humano[44]. É de todo importante que o Brasil observe e/ou participe esses padrões globais, para que se preservem os valores constitucionais.

No que respeita ao tema dos híbridos humanos, cumpre destacar de início que não se trata de possibilidade distante da realidade científica brasileira. No mundo globalizado economicamente e que se desenvolve numa relação tempo-espaço medida em cliques, não há exagero em se afirmar que o desenrolar dos fatos e das pesquisas ocorre de modo simultâneo. Como noticiado, em 2019 cientistas espanhóis criaram um híbrido de humano e macaco na China[45]. A criatura não chegou a nascer pois a gestação foi interrompida pelos próprios cientistas. As denominadas quimeras, resultantes da junção de células humanas e de animais para fins de reprodução, até então consideradas não viáveis, foram criadas na tentativa produzir órgãos para transplantes. No Japão pesquisas foram realizadas no mesmo sentido, tendo sido permitido o desenvolvimento desses seres híbridos[46]. Este tipo de pesquisa encontrava-se proibida internacionalmente. Contudo, constata-se que não apenas elas estão sendo desenvolvidas, como também se permite que sejam completamente gestadas e acompanhadas por dois anos[47]. Estará a humanidade preparada para essa "criação", ainda que os propósitos sejam os mais elevados, como o de criar órgãos?

O terceiro tema tem maior probabilidade de atingir de imediato grande número de pessoas, se na verdade já não o faz, que é a possibilidade de integração biológica do homem com a máquina: o denominado transumanismo. Como esclarece José Eustáquio Diniz Alves, o transumano estará mais próximo de um ciborgue: meio humano, meio máquina. E poderá resultar da aceleração da evolução, engendrada pela própria racionalidade humana. Segundo o autor, "transumano é uma concepção de um ser humano melhorado e aperfeiçoado, ou de um ser *pós-humano* e *pós-sapiens*". De acordo com teóricos transumanistas, ele está em gestação e poderá vir à luz pelo avanço da ciência e da tecnologia, através das áreas de genética, nanotecnologia, robótica e neurociência, que possibilitarão ultrapassar "os limites impostos ao ser humano por seu próprio corpo biológico natural".[48]

Muitas situações de inclusão de um mecanismo tecnológico no corpo são de há muito vivenciadas sem maior alarde, servindo de exemplo o marca-passo, que melhora a qualidade de vida de pessoas, quando não permite sua própria sobrevida. Nessa linha, constata-se a existência de várias "peças de reposição", numa fusão do

---

44. Disponível em: https://www.paho.org/bra/index.php?option=com_content&view=article&id=5890:painel-de-especialistas-da-oms-abre-caminho-para-forte-governanca-internacional-para-edicao-do-genoma-humano&Itemid=838. Acesso em: 20 jun. 2020.
45. Disponível em: https://oglobo.globo.com/sociedade/cientistas-revelam-criacao-de-primeiro-hibrido-humano-macaco-na-china-23852729. Acesso em: 10 set. 2019.
46. Disponível em: https://g1.globo.com/ciencia-e-saude/noticia/2019/07/31/japao-aprova-nascimento-de--embrioes-hibridos-de-humanos-e-animais.ghtml. Acesso em: 10 set. 2019.
47. Disponível em: https://www.bbc.com/portuguese/geral-49190089. Acesso em: 10 set. 2019.
48. Disponível em: http://www.ihu.unisinos.br/78-noticias/572333-transumano-a-uniao-do-ser-humano-com--os-robos-e-a-inteligencia-artificial. Acesso em: 20 set. 2020.

humano com a máquina. Essa possibilidade vem ganhando dimensões que muito se aproximam, senão concretizam ciborgues, isto é, seres humanos equipados com partes robóticas, com o objetivo de lhe emprestar mais força, agilidade, sentidos mais aguçados e até em data recente maior comodidade e funcionalidades.

Milhares de suecos implantaram um *microchip* normalmente entre o indicador e o polegar, para substituir a chave e a carteira[49]. Os pequenos *chips* com dados, que parecem inofensivos e úteis, podem ter várias outras finalidades. Uma mulher, que é *hacker*, implantou cinquenta *chips* em seu corpo, cada um deles com uma finalidade, para torná-lo melhor[50]. Alguns desses *chips* se comunicam com o celular e computador e outros já estão em teste para fazer *download/upload* para aumentar a capacidade de memória humana. Esses avanços biotecnológicos têm avanço exponencial e são fatos já verificados e não possibilidades futuras.

Na Inglaterra o sistema de saúde pública está promovendo implante para cegos de olhos biônicos, que tem um *chip* colocado atrás do glóbulo ocular, o que permite às pessoas com cegueira ter algum tipo de visão.[51]

O denominado *biochip*[52], não obstante sua utilidade para alguns fins, provoca questionamentos a depender do objetivo desejado. O Hospital Geral de Massachusetts, nos Estados Unidos, começou a recrutar voluntários para testar um implante cerebral que permite a uma pessoa com paralisia dos membros (tetraplegia) e outras debilitações motoras graves controlar computadores e aparelhos e dispositivos robotizados[53]. O noticiário sobre o tema indica, porém, que este seria um objetivo inicial de um plano mais amplo para integração homem-máquina, que já se encontra em fase de testes. Empresas de tecnologia, que vêm o Brasil como o "próximo mercado", já implantaram *chips* em seus funcionários para substituir crachás, chaves e a necessidade de senhas em computadores e equipamentos eletrônicos. O *chip* funciona como um código de barras e permite que leitores digitais identifiquem o nome, a área

---

49. Disponível em: https://www.uol.com.br/tilt/noticias/redacao/2018/05/14/suecos-implantam-microchips--para-substituir-chave-e arteira.htm#:~:text=Milhares%20de%20suecos%20implantam%20microchips%20para%20substituir%20chave%20e%20carteira,Imagem%3A%20Getty%20Images&text=Abertos%20ao%20compartilhamento%20de%20dados,simplificar%20algumas%20facetas%20da%20rotina. Acesso em: 25 set. 2019.
50. Disponível em: http://g1.globo.com/tecnologia/noticia/2016/11/transumana-a-hacker-que-implantou--50-chips-e-imas-no-proprio-corpo-para-torna-lo-melhor.html. Acesso em: 25 set. 2019.
51. Disponível em: https://catracalivre.com.br/saude-bem-estar/cegos-voltam-enxergar-com-olho-bionico-inglaterra-banca-testes/#:~:text=O%20governo%20brit%C3%A2nico%20saiu%20na,%2C%20de%20Manchester%2C%20na%20Inglaterra.&text=O%20%E2%80%9Colho%20bi%C3%B4nico%E2%80%9D%20experimental%20ser%C3%A1,doen%C3%A7a%20heredit%C3%A1ria%20que%20causa%20cegueira. Acesso em: 25 set. 2019.
52. Veja sobre o assunto: https://www.elprocus.com/what-is-a-biochip-and-types-of-biochips/; https://www.portalsaofrancisco.com.br/biologia/biochip; https://www.uol.com.br/tilt/noticias/redacao/2018/11/16/biochip-entenda-a-tecnologia-por-tras-do-chip-humano.htm; https://www.elprocus.com/what-is-a-biochip-and-types-of-biochips/. Acesso em: 15 out. 2019.
53. Disponível em: https://www.inovacaotecnologica.com.br/noticias/noticia.php?artigo=interface-cerebro--computador-sera-testada-voluntarios&id=010110090610#.X3tPKWhKg2w. Acesso em: 15 out. 2019.

de trabalho e até mesmo o cartão de crédito dos funcionários que decidem comprar algo para lanchar na cantina da empresa.[54]

Os transumanos, que já interagem com as máquinas, já tem um símbolo: H+ ou h+, que se refere à concepção de um humano melhorado, aperfeiçoado. O transumanismo no nível acima mencionado beira à ficção, mas já está integrado a vários setores das atividades voltadas para a tecnologia, sendo discutido por outros campos do saber, como a filosofia, há bastante tempo.

Segundo José Eustáquio Diniz Alves, os defensores da modificação do humano, através da quebra das barreiras biológicas, afirmam que o transumano será mais inteligente, por meio da criação de implantes neurais que permitam a interação com computadores pelo pensamento, e o uso de drogas capazes de manipular o cérebro humano, melhorando sua cognição, memória e concentração. A fusão do cérebro com a tecnologia e inteligência artificial abriria um campo de evolução inimaginável. Há quem diga que é indispensável que se caminhe ou evolua muito nesse campo do transumanismo, para que os humanos possam lidar bem com a inteligência artificial.[55]

Nesse rumo, ao escapar dos limites biológicos, os seres humanos terão condições de ultrapassar a morte, o que parece em princípio uma vitória, mas constitui uma das maiores indagações postas ao ser humano.

Todos os fatos apresentados, que de há muito deixaram de ser ficção científica, incidem diretamente nas relações jurídicas que são objeto de estudo precipuamente pelo Direito Civil, como tudo o mais que respeita diretamente ao humano, desde o nascimento até a morte. Entretanto, o Direito Civil brasileiro, em particular o que está codificado, notadamente na parte de família e sucessões é estruturado sobre fatos naturais, em situações biológicas, o que gera uma série de dificuldades para sua interpretação e aplicação, quando se trata de situações novas como as aqui apresentadas. Em verdade, todo o direito é atingido, quando a pessoa humana está em jogo. O transumano desafia o conceito de pessoa humana, como até agora formulado. Um ser humano que tem um *biochip* implantado, capaz de fazer *download* ou *upload* de memória ou dados, está ou não compreendido no conceito de pessoa?

A concepção do ser humano como pessoa é fundamental para o Direito, constitui uma categoria estruturante e fundante para o ordenamento jurídico, sendo sua proteção o núcleo essencial da ordem constitucional vigente. Como manter a igualdade entre seres que terão possivelmente superpoderes e as pessoas que não têm qualquer aparato tecnológico implantado em seus corpos? Há uma nova situação dos humanos que já está em curso.

---

54. Disponível em: https://www.bbc.com/portuguese/internacional-41033209. Acesso em: 15 out. 2019.
55. ALVES, José Eustáquio Diniz. *Transumano*: a união do ser humano com os robôs e a inteligência artificial. Disponível em: http://www.ihu.unisinos.br/78-noticias/572333-transumano-a-uniao-do-ser-humano-com-os-robos-e-a-inteligencia-artificial. Acesso em: 20 set. 2020.

É imperativo que a legalidade constitucional seja revisitada para que, com amparo da filosofia, da ética, da bioética, e outros saberes, como a sociologia, haja a adequada proteção para seres humanos submetidos à edição genética e para os indivíduos h+. Essa tutela é indispensável para seu reconhecimento e acolhimento no seio de cada conjunto social, sem violação dos altos valores consagrados pela Constituição da República.

A CONSTRUÇÃO DA LEGALIDADE CONSTITUCIONAL NAS RELAÇÕES PRIVADAS[1]

Ministro Luis Felipe Salomão

Doutor honoris causa em Ciências Sociais e Humanas pela Universidade Cândido Mendes. Professor honoris causa da Escola Superior da Advocacia – RJ. Professor universitário. Professor Emérito da Escola da Magistratura do Rio de Janeiro e da Escola Paulista da Magistratura. Ministro do Superior Tribunal de Justiça e do Tribunal Superior Eleitoral. Autor de diversos artigos e livros jurídicos, além de palestrante no Brasil e no exterior. Foi Promotor de Justiça, Juiz de Direito e Desembargador.

Bom dia a todos. Espero que estejam aproveitando não só o seminário, mas esta cidade maravilhosa. Vi o programa, realmente é espetacular a qualidade das palestras e dos expositores. Fico honrado em poder participar deste painel com um tema tão novo e impactante para o Direito Civil como é "o efeito das novas tecnologias".

Em primeiro lugar, agradeço a honra do convite a meu querido e dileto amigo Tepedino, que organiza com tanto cuidado este seminário, um marco para o Rio de Janeiro, colocando-o num patamar que ele merece em termos de estudo acerca do Direito Civil, fruto principalmente da Escola da UERJ, celeiro do qual ele cuidou para que tenha essa projeção hoje no Brasil.

Cumprimento todos da Mesa nas pessoas das Professoras Ludmila Oliveira e Ana Frazão, do Sérgio Negri, da Livia Leal e do Gabriel Furtado. É para mim um enorme prazer dividir este painel com os senhores.

Vou ao ponto que me pediram para apresentar: o impacto das novas tecnologias na atividade do Poder Judiciário. Aprofundarei o tema, simbolizando essas mudanças. É um truísmo dizer que estamos passando por grandes transformações neste momento. Tudo, da hora em que acordamos até quando vamos dormir, está sofrendo alterações. Este pensamento de Norberto Bobbio é bem interessante para o que vamos abordar e enquadra-se no momento que estamos vivendo:

> A história é um labirinto. Acreditamos saber que existe uma saída, mas não sabemos onde está. Não havendo ninguém do lado de fora que nos possa indicá-la, devemos procurá-la nós mesmos. O que o labirinto ensina não é onde está a saída, mas quais são os caminhos que não levam a lugar algum.

---

1. Conferência proferida no VII Congresso do IBDCivil, realizado no Rio de Janeiro, nos dias 26, 27 e 28 de setembro de 2019.

Nessa jornada sobre a evolução da tecnologia e seu impacto no Direito, resolvi tratar dos direitos da personalidade, porque sofrem significativa influência com o avanço, principalmente, da era da comunicação.

Voltando um pouco à Grécia antiga, lembro a magnífica e até hoje presente Antígona, de Sófocles, que, na verdade, é um misto de alusão à força da mulher, à sua altivez, com um debate sobre o que é divino, a obrigação moral e a lei dos homens. A personagem que dá nome ao título da tragédia grega desafiou o Imperador Creonte, que havia decretado que Polinice, irmão de Antígona, ficaria insepulto. Ela tinha dois irmãos e concordou que um fosse enterrado, o outro ficaria insepulto. Na Grécia antiga, acreditava-se que ficar insepulto era ser condenado por toda a eternidade, porque a alma ficaria penando sem um enterro digno. Como o corpo ficaria exposto aos urubus e ratos, ela desafia o édito de Creonte, resgata o corpo e o enterra. A discussão sobre o que é moral e legal é estabelecida na obra de Sófocles e tem a ver com os direitos da personalidade, do que vamos tratar adiante.

Começamos nossa jornada lá na Grécia. Agora, vamos para Gutenberg e a prensa, em 1440. Nessa linha do tempo – até então se falava nos copistas –, com uma só penada, Gutenberg distribui a Bíblia por toda a face da Terra. Com a tecnologia de então, ele muda uma prática bastante limitada. Tudo represado, ele abre as comportas.

Vem a Idade Média, com o centro na propriedade privada. Logo depois, no século XVI, o Renascimento, com o retorno ao Humanismo, ao homocentrismo. Mais à frente, a humanidade enfrenta de novo o tema dos direitos da personalidade e dos avanços da tecnologia, quando acontece a Independência dos Estados Unidos, em 1776, forjada na liberdade, no direito à igualdade e à liberdade, no império da lei, uma história fascinante e praticamente concomitante à Revolução Francesa – não se sabe qual influenciou mais a humanidade, mas a bandeira era justamente o resguardo aos direitos da personalidade e a prevalência dos direitos e das garantias fundamentais. Depois, veio a Revolução Industrial: máquina a vapor, telefone. Tudo passa por uma grande influência até chegarmos, nesse interregno, às duas grandes guerras – que também causaram um enorme influxo de descobertas, de novas tecnologias – e, em 1948, à Declaração Universal dos Direitos Humanos, que estabeleceu um marco: o homem é o centro das coisas. De fato, os direitos fundamentais são muito importantes.

Nessa brevíssima jornada, há três pontos curiosos que eu gostaria de destacar. O primeiro ocorreu em 1890, com o famoso artigo de Louis Brandeis chamado "The Right to Privacy", talvez o primeiro texto que tratou do direito à privacidade, bastante comentado pela doutrina ainda nos dias atuais. É um texto escrito em conjunto com Samuel Warren, que depois confessou que foi uma sugestão do Brandeis – ambos eram sócios na advocacia. Brandeis foi juiz da Suprema Corte; Warren foi um brilhante advogado e teve um fim trágico, acabou suicidando-se. Acredita-se que Brandeis ficou muito incomodado quando foi casar uma filha sua e, por causa do telégrafo, descoberto naquela época, divulgaram as notícias sobre a festa de casamento, as quais foram publicadas no dia seguinte nos jornais. Aquilo inquietou muito Brandeis, que acabou escrevendo sobre o direito à privacidade, o direito à individualidade.

Posteriormente, para afirmar-se, a Corte Constitucional alemã, que tem uma forte tradição na defesa das liberdades, com base nas Cortes Constitucionais europeias da década de 50, julgou um caso também muito intrigante, narrado no livro "Mefisto", de Klaus Mann, que faz uma abordagem sobre seu cunhado dizendo que este serviu aos nazistas quando aceitou a direção do Teatro Nacional alemão. Esse julgamento é histórico, porque lá começou a polêmica sobre biografias não autorizadas. Ali se discutiu exatamente se poderia haver a biografia do cunhado, que se revoltou com a equiparação dele ao "Mefisto" e proibiu a circulação do livro, o que acabou fazendo prevalecer aquela ideia. Só quando ele morreu é que foi liberado o "Mefisto", de Klaus Mann. Muito instigadora essa trama. O romance "Esra" segue a mesma linha: liberdade da arte, direito à intimidade.

Damos um salto para o caso *Watergate* (1972), que diz respeito à invasão de privacidade de determinado partido. Houve um grampo ilegal de um telefonema que acabou derrubando um presidente da república americano. Discutiram-se muito os limites da violação à privacidade – naquele caso, por uma notícia jornalística, que depois virou filme. Portanto, esse debate não é novo.

Mais recentemente, na Espanha, aconteceu o chamado "La Manada", caso de um estupro coletivo de uma jovem – não menor de idade, mas jovem. Em rede social, houve exposição dos réus e dos juízes que julgaram a causa. Argumentaram intensamente sobre o uso de *hashtags* e das redes sociais para difundir um julgamento: até que medida aquilo feria a privacidade da vítima, que foi duplamente, várias vezes estuprada, porque aquela imagem repercutia nas redes sociais.

São questões muito relevantes que nos permitem avançar nessa linha cronológica para dizer como o Judiciário enfrenta esses assuntos atualmente. É outro truísmo dizer que o Judiciário sofre de uma judicialização patológica. Por um lado – é endêmico –, preocupa muito essa patologia; por outro lado, é um sinal de vitalidade, de que a democracia funciona. No Brasil, os Direitos Fundamentais são levados ao Judiciário, principalmente devido à Constituição de 1988. Estamos falando de 80 milhões de processos em tramitação, 30 milhões de novos casos por ano, um processo para cada dois habitantes. Eu nem precisaria mencionar esses números, mas, se compararmos com Portugal, por exemplo – um processo para cada 11 mil habitantes –, percebemos que há algo errado no que diz respeito a essa patologia.

Como o Judiciário vem enfrentando essas matérias? Como chega, para nós, essa judicialização excessiva? São várias correntes. Os civilistas precisam fazer uma interface com o Direito Constitucional. Quando há colisão de direitos fundamentais, o que prepondera é a doutrina da ponderação de valores em conflito. É o que o juiz utiliza para solucionar os casos complexos de conflito aparente entre direitos fundamentais – o direito à publicidade, o direito à intimidade –, o que seguramente propicia uma discussão muito mais intensa em relação às novas tecnologias. Brandeis enfrentou isso com o telégrafo; imagine agora, que, pelo telefone, transmitem-se vídeos instantaneamente do lugar onde se está.

Ronald Dworkin fala do "juiz Hércules" para solucionar os casos complexos. A teoria de Alexy estabelece um somatório de regras, mas alguns pontos são uníssonos na doutrina em torno desse enfrentamento. De acordo com o princípio da unidade da Constituição, não há antinomias, o juiz precisa solucionar com as ferramentas que tem. E não há hierarquia entre direitos de natureza constitucional. Com todo o respeito, essa história de dizer que o direito à publicidade prevalece sobre o direito da intimidade é uma bobagem muito grande, porque toda a doutrina nacional e estrangeira defende que não há hierarquia entre direitos constitucionais. A predominância, sim, é sempre do interesse público.

Por fim, o princípio da razoabilidade, que é bastante subjetivo. Como diz o processualista Eduardo Juan Couture, o intérprete é um intermediário entre o texto e a realidade. É com isso que o Judiciário maneja a solução no caso concreto.

Voltarei a falar das ferramentas que o Judiciário usa para solucionar esses temas, pois estão chegando agora à Segunda Seção. Pretendo cumprir meu horário rigorosamente, mas falarei de forma rápida sobre alguns desses tópicos. Vou adiantar um pouco para dizer que é impossível pensar na solução desses conflitos de tecnologia com a cabeça que tínhamos antes. As coisas realmente mudaram e estão mudando bastante.

Volto ao começo da exposição. Falamos de uma intensa transnacionalização de todas as questões que envolvem a vida em sociedade, principalmente do Direito. Falamos de transnacional, pós-nacional, mundo globalizado, mundo cosmopolita. Estamos falando de ordens jurídicas para enfrentar essas questões transnacionais para além da soberania de cada Estado. Alguns doutrinadores constitucionalistas alemães, como Friedrich August von Hayek e Teubner Gunther, referem-se a essa nova ordem de solução de conflitos. Exemplo maior disso são as criptomoedas. Como resolver esse problema? Qual a regulação das criptomoedas? Não há um banco central para elas. Resguardada a questão da possível lavagem de dinheiro que elas podem gerar, é o fato que tem de ser regulado pelo sistema. Não há Judiciário para regular criptomoeda, salvo se encontrarmos uma fórmula de intercâmbio mundial sobre esse assunto.

O sistema de *compliance* – a Ana é uma profunda conhecedora dessa matéria. Nos dias de hoje, todas as corporações privadas e públicas já têm autocontrole, uma fórmula própria para resolver ou prevenir situações relacionadas ao *compliance*. A Justiça Desportiva é uma autorregulação das suas questões também. Nada vai mais ao Judiciário. Câmaras de arbitragem e mediação são hoje exemplo de soluções inovadoras de conflito.

Vivemos um processo de desjudicialização muito grande. Divórcio, inventário e, agora, a MP da liberdade econômica, que se transformou em lei. A doutrina fala de *Lex Mercatoria*, de Justiça Desportiva, de Lei Digital, da autorregulação da internet.

Fala-se também de "*I can*", e o maior exemplo disso, a *Lex Humana*, é a questão do clima e do meio ambiente.

Lá fora, eu comentava com o Tepedino sobre a proteção de dados, que vai desafiar fundamentalmente um debate sobre o centro do problema, as formas de consentimento: como serão consideradas válidas, para efeito de negócio jurídico consensual, da forma como tradicionalmente concebemos.

Outro ponto que será muito discutido, pensando na jurisprudência, é o ônus da prova, a quem compete o ônus da prova quanto à higidez da anuência no contrato celebrado que envolva resguardo de proteção de dados. Nesse tópico, relativamente às novas tecnologias, volto o filme para dizer o que está sendo encaminhado ao Judiciário e como estamos enfrentando essas questões. Peço a tolerância da Mesa, três ou quatro minutos para eu concluir.

Eu conversava outro dia com um professor de uma universidade alemã, e ele me dizia que há uma preocupação muito grande com a possibilidade de falência de algumas dessas redes sociais que detêm uma quantidade enorme de dados. O que acontece se houver uma falência transnacional de uma empresa dessas? Como ficam os dados? Hoje existe gente pesquisando personalidade jurídica para robôs, um dos temas que a Mesa enfrentará. Como se faz essa personalidade jurídica? Com os algoritmos, que podem gerar responsabilidade civil. Aqui mesmo no Brasil, há uma ampla pesquisa sendo desenvolvida sobre discriminação na celebração de contratos por intermédio da utilização de algoritmos e como conhecer a matemática desses algoritmos.

Voltando-se mais para o aspecto humano, outros temas expressivos são os que envolvem reprodução *in vitro*, eutanásia e esterilização feminina. Nesse contexto, o Superior Tribunal de Justiça, que foi criado pela Constituição de 1988, cumpre seu papel. Inúmeros diplomas legais foram lapidados e estão sendo interpretados pelo STJ. Um desses novos desafios é seguramente lidar com as questões referentes às novas tecnologias sob o ângulo dos novos precedentes, do sistema de precedentes que foi instaurado com o novo CPC, precedentes vinculantes, o que acresce à missão do STJ.

Os temas novos são tantos que o tempo não me permitiria exaurir: obsolescência programada; indenizatória por tempo perdido; assédio em coletivo; superendividamento; *spam*; responsabilidade civil em rede social – qual o limite; direito ao esquecimento; rompimento do vínculo entre o nome e o resultado de busca apresentado – julgamento recente da Terceira Turma; legitimação adequada para as ações coletivas. Enfim, eu teria muitos itens ainda a abordar, mas os privaria de ouvir o que realmente importa, o que o restante da Mesa apresentará.

Muito obrigado pela atenção.

II – TUTELA DA PESSOA HUMANA E DAS FAMÍLIAS NA LEGALIDADE CONSTITUCIONAL

DESENVOLVIMENTO SUSTENTÁVEL, SAÚDE MENTAL E VULNERABILIDADES. INTERFACES ENTRE VIDA SAUDÁVEL, BEM-ESTAR E OS PRESSUPOSTOS PARA INTERNAÇÃO FORÇADA NA JURISPRUDÊNCIA DA CORTE EUROPEIA DE DIREITOS HUMANOS

Gabriel Schulman

Doutor em Direito pela Universidade do Estado do Rio de Janeiro (UERJ). Mestre em Direito pela Universidade Federal do Paraná (UFPR). Especialista em Direito da Medicina (Universidade de Coimbra). Professor na Universidade Positivo onde coordena o Grupo de Pesquisa, "Pessoa, Mercado e Tecnologia". Integra a Comissão de Saúde da OAB. É membro do Instituto Brasileiro de Estudos de Responsabilidade Civil (IBERC) e do IBIOS. Advogado, Sócio de Trajano Neto e Paciornik Advogados.

> Estou feliz em ter voltado
> pois o outro eu era
> um ser revoltado
> Que nada tinha a ver comigo
> Eu me caibo inteirinho dentro de mim.
>
> Samuel Barros Magalhães[1]

1. DESENVOLVIMENTO SUSTENTÁVEL, SAÚDE MENTAL E VULNERABILIDADE

A saúde mental é aspecto central dos Objetivos do Desenvolvimento Sustentável (ODS) estabelecidos na Agenda2030. O ODS n. 3 consiste em "Assegurar uma vida saudável e promover o bem-estar para todas e todos, em todas as idades"[2]. De modo específico, o tema se relaciona a duas metas da Agenda2030. A meta 3.4 define como objetivo "Até 2030, reduzir em um terço a mortalidade prematura por doenças não transmissíveis via prevenção e tratamento, e *promover a saúde mental e o bem-estar*" e a meta 3.5 concerne a "Reforçar a prevenção e o tratamento do abuso de substâncias, incluindo o abuso de drogas entorpecentes e uso nocivo do álcool".

---

1. MAGALHÃES, S. DO EU PARA MIM. Conselho Federal da Psicologia. *Prêmio Inclusão Social. Arte Cultura e Trabalho*. Usuário (s) autor (es) de texto (s) (poesias, contos, poemas e demais expressões literárias). Brasília: CFP, 2016, p. 8. A Publicação registra as produções literárias de usuárias e usuários contemplados na Categoria D ("usuário/s autor/es de texto/s – poesias, contos, poemas e demais expressões literárias") do Prêmio Inclusão Social.
2. ONU. *Objetivos de desenvolvimento sustentável*. Disponível em: https://nacoesunidas.org/pos2015/ods3/. Acesso em: 12 maio 2020.

Estas metas estão diretamente relacionadas ao adequado cuidado conferido para a saúde mental, que contraste com uma realidade permeada por estigmas, violações e abusos. Como destaca a ONU, de maneira inédita reconhece-se "a promoção da saúde mental e bem-estar, e a prevenção e tratamento do abuso de substâncias, como prioridades de saúde na agenda de desenvolvimento global"[3]. Em tal horizonte, a proteção jurídica às pessoas com sofrimento psíquico (usuários da saúde mental) corresponde um desafio de profunda relevância, ao que destoa a indevida falta de atenção que tem recebido.

É interessante destacar também que a saúde mental possui "interseções e influências com a maior parte dos objetivos de desenvolvimento sustentável"[4], de modo que está relacionado com diversas projeções (ou capas)[5] da vulnerabilidade, inclusive, com a erradicação da pobreza[6], desnutrição, acesso ao trabalho, igualdade de gênero[7], empoderamento feminino[8].

Como salientam Patel e Thornicroft,[9]

In order to ensure inclusive and equitable quality education and promote lifelong learning opportunities for all, we will have to recognise that mental health problems, especially developmental disorders such as attention-deficit/hyperactivity disorder, are often associated with educational

---

3. ONU. *Mental health included in the UN Sustainable Development Goals*. Disponível em: https://www.who.int/mental_health/SDGs/en//. Acesso em: 08 maio 2020.
4. MILLS, C. From 'Invisible Problem' to Global Priority: The Inclusion of Mental Health in the Sustainable Development Goals. *Development and Change*, v. 49, p. 843-866. 06 March 2018. Votruba, N. We can't make progress without investing in mental health. *World Economic Forum*. 26 nov. 2018. Disponível em: https://nacoesunidas.org/pos2015/ods3/. Acesso em: 08 maio 2020. No original: "Mental disorders affect most societal sectors, and, while not clearly recognized in the SDGs, mental health intersects with and influences most of the other SDGs. Poverty eradication (SDG 1), nutrition (SDG 2), health (SDG 3), education (SDG 4), women's empowerment (SDG 5), decent work (SDG 8), sustainable cities (SDG 11), sustainable consumption (SDG 12), climate change and disaster recovery (SDG 13), peaceful and just societies (SDG 16) and partnerships (SDG 17) – all of these are linked to mental health".
5. Sobre a terminologia e o tema, confira-se: LUNA, F. Vulnerabilidad: la metáfora de las capas. *Jurisprudencia Argentina*, (IV), p. 60-67, 2008.
6. Lund C, Brooke-Sumner C, Baingana F, Baron EC, Breuer E, Chandra P, et al. Social determinants of mental disorders and the sustainable development goals: a systematic review of reviews. Lancet Psychiatry, v. 5, p. 357-369, 2018.
7. Herrman H. Sustainable Development Goals and the Mental Health of Resettled Refugee Women: A Role for International Organizations. Front Psychiatry, v. 10, p. 608. 30 Ago 2019 Aug 30. Fisher J, Herrman H, Cabral de Mello M, Chandra P. *Women's mental health, in Global mental health* (2013). New York: Oxford University Press USA p. 354–84.
8. MOSEDALE, Sarah. Assessing women's empowerment: towards a conceptual framework. *Journal of International Development*, New York, n. 17, 2005.
9. Thornicroft, G, Patel, V. Including mental health among the new sustainable development goals. The case is compelling. *British Medical Journal*, Editorial, v. 349, p. 5189, 2014. Confira-se também: Patel, V., S. Saxena, H, Frankish, N. Boyce. Sustainable Development and Global Mental Health: A Lancet Commission', *The Lancet*, v, 387, p. 1143–1145, 2006. Votruba N, Thornicroft G. The importance of mental health in the Sustainable Development Goals. BJPsych Int, v. 12, n. 1, 2015.
Patel, V., S. Saxena, H. Frankish and N. Boyce (2016) 'Sustainable Development and Global
Mental Health: A Lancet Commission', The Lancet 387: 1143-45, Patel, V., S. Saxena, H. Frankish and N. Boyce (2016) 'Sustainable Development and Global Mental Health: A Lancet Commission', The Lancet 387: 1143-45.

underachievement and that these blight long term economic prospects. Moreover, educational stressors are risk factors for suicidality among school and college students. Mental health is also relevant to the goal of ending hunger, achieving food security, improving nutrition, and promoting sustainable agriculture. Mental illnessin mothers is a risk factor for child undernutrition, and poor diet among people with severe mental illness contributes to their worse physical health.

A reforma psiquiátrica, incorporada no Brasil por meio da Lei de Saúde Mental (Lei 10.216/2001), assinalou importante avanço, notadamente ao enfatizar a importância dos direitos fundamentais do paciente, bem como por marcar a excepcionalidade da internação. A proteção ganhou maior reforço ainda com a Convenção de Nova York da Pessoa com Deficiência, com status constitucional, sobre a qual se volta a tratar adiante.

A condição de vulnerabilidade do usuário de serviços de saúde mental é marcante, e reiteradamente reafirmada pelas Corte Europeia de Direitos Humanos e pela Corte Interamericana de Direitos Humanos[10]. Essa compreensão foi exaltada no caso Rooman vs. Bélgica[11], em que se concluiu que se salientou a importância dos aspectos linguísticos para a verificação da adequação do tratamento psiquiátrico forçado. Durante longos anos o paciente ficou preso sem acesso ao alemão, língua oficial da minoria à qual pertencia Rooman.

A CEDH exaltou a ilegalidade de internações com finalidade não terapêutica. Salientou-se também que a internação forçada sem o tratamento adequado constitui violação ao art. 3º da Convenção Europeia dos Direitos do Homem por caracterizar tratamento desumano e degradante, com exceção aso períodos em que estava disponível tratamento em seu idioma. A disposição da Convenção é equivalente o art. 15 da Convenção Internacional sobre os Direitos das Pessoas com Deficiência (Convenção de Nova York) da qual o Brasil é signatário.

Um dos aspectos centrais a destacar diz respeito a vinculação entre a legalidade da internação e sua finalidade de proteção da pessoa. No caso Rooman, a falta de adequado tratamento, inclusive o aspecto linguístico foi central para avaliar a ilegalidade da internação, na compreensão da Corte. Aliás, em voto divergente, destacou-se ainda que a diferença de acesso à saúde pela condição de René Rooman de integrar uma minoria é fator discriminatório relevante, a ser apreciado.

Como registra o acórdão do caso Rooman vs. Bélgica a jurisprudência da Corte, especialmente nos últimos quinze anos, o inequívoco um vínculo estreito entre a

---

10. Entre outros: Corte Interamericana de Direitos Humanos. *Caso Ximenes Lopes vs. Brasil.* 2006. Disponível online em http://www.corteidh.or.cr/docs/casos/articulos/seriec_149_por.pdf. Acesso em: 1º fev. 2020. Como se extrai do acórdão "os fatos deste caso se veem agravados pela situação de vulnerabilidade em que se encontram as pessoas portadoras de deficiência mental, bem como pela especial obrigação do Estado de oferecer proteção às pessoas que se encontram sob o cuidado de centros de saúde que integram o Sistema Único de Saúde do Estado". De modo similar, European Court of Human Rights. Caso ervenka v. República Tcheca. Application 62507/12. Estrasburgo (França): 13.01.2017. Disponível em: https://hudoc.echr.coe.int/eng# {"itemid":["001-167125"]}. Acesso em: 04 ago. 2019.
11. European Court of Human. *Case Rooman v. Bélgica.* Application n. 18052/11. Estrasburgo (França): 31.05.2006. Disponível em: http://hudoc.echr.coe.int/eng?i=001-189902. Acesso em: 12 maio 2020.

"legalidade" da detenção de pessoas que sofrem de transtornos mentais e a adequação do tratamento previsto para sua condição mental. Embora esse requisito ainda não tenha sido estabelecido nos primeiros julgamentos proferidos nessa área a jurisprudência atual indica claramente que a administração de uma terapia adequada se tornou um requisito da "legalidade" da privação de liberdade.

Destaca a Corte Europeia, que o simples acesso a profissionais de saúde, consultas e fornecimento de medicamentos não é suficiente para que um tratamento seja considerado adequado e para legitimar a internação forçada.

Em contraste com tais conclusões, tradicionalmente, o direito traduz a doença mental pelo signo da incapacidade civil, por meio do procedimento de interdição.[12] Segundo a divisão entre capazes e incapazes, fixa-se o reconhecimento ou negação jurídica da vontade. Dessa forma, embora a incapacidade civil tenha sido desenhada para finalidades patrimoniais termina por repercutir de forma expansiva e atinge inclusive as decisões no campo da saúde. Em outras palavras, uma avaliação da aptidão para atos patrimoniais converte-se em uma autorização.

A definição da capacidade e incapacidade termina por revelar uma inadequada vocação expansiva de modo que se define ao se "medir" a racionalidade, termina-se por estabelecer também modelos aceitos ou não e a própria possibilidade de escolha de projetos de vida em relação às pessoas vulneráveis. A atividade primordial dos fluxos que atravessam a realidade do Direito Civil aplicado passa a ser, com isso, a da determinação de quem controla esses projetos de vida – indivíduo ou sociedade, sujeito de direitos ou Estado, parte ou julgador.

No *Case NA x Lithuania*,[13] julgado em 31.05.2016, destacou-se que a constatação de doença mental, ainda que grave, não leva a conclusão imediata da incapacidade. O paciente apresentava esquizofrenia severa, inclusive tentou suicídio ateando fogo a si próprio. Destacou-se a falta de fundamentação do serviço social, que se limitou a concordar com o pedido de incapacidade. A administração da propriedade pela mãe foi definida em audiência da qual A.N. não participou. Em 2007, no mesmo dia de sua hospitalização forçada no Šiauliai Psychiatric Hospital, um advogado foi designado. Após o período de internação buscou auxílio legal, todavia, teve seu pedido rejeitado pela incapacidade e pelo decurso do prazo legal para atacar a decisão de incapacidade. A Corte também negou o pedido de acesso aos procedimentos interdição ao fundamento de que A.N. não era capaz.

O aprofundamento do desenvolvimento sustentável demanda inclusive o repensar crítico da relação quase automática estabelecida entre diagnóstico de saúde

---

12. DELGADO, Pedro Gabriel. *As razões da tutela*. Psiquiatria, Justiça e Cidadania do Louco no Brasil. São Paulo: Te Corá, 1992. Não se usou neste artigo o termo curatela, para marcar uma nova leitura da interdição, justamente porque os casos analisados revelaram uma visão retrógrada, compatível com a ênfase patrimonial, a formalidade e a posição secundária da pessoa concreta e seus valores.
13. European Court of Human. Case A.N. v. Lithuania. Application n. 17280/08. Estrasburgo (França): 31.05.2006. Disponível em: http://hudoc.echr.coe.int/eng?i=001-163344. Acesso em: 12 ago. 2020.

mental e restrições a uma série de direitos. Ilustrativamente, em relação à decisão que fixa incapacidade civil, é importante notar seu caráter provisório e a necessidade de que seja sob medida, evidenciou a corte.

A superação do etiquetamento em relação às doenças mentais[14] implica que a doença mental não se traduz na incapacidade, muito menos se pode promover a inadequada vocação expansiva que se observa em relação à incapacidade civil. Em termos práticos, significa que não faz qualquer sentido, a não ser na metáfora kafkiana,[15] negar acesso à pessoa interditada às decisões que fundamentaram sua interdição. A própria legislação local, mencionada, registra que os prazos para recursos sobre incapacidade não correm contra a pessoa incapaz, e a internação forçada não pode passar de 48 horas, salvo com confirmação judicial.

A negativa de acesso à documentação pela pessoa interditada, sobre a interdição demonstra a expansão indevida dos efeitos da incapacidade civil, e no extremo oposto, o caráter essencial do reconhecimento a todos, da capacidade legal, como consagra a Convenção de Convenção da ONU sobre os Direitos das Pessoas com Deficiência (CDPD), art. 12, item 2.

Neste sentido, o acórdão do caso em análise noticia Memorando do Ministério da Justiça da Letônia, posterior à convenção destacou a insuficiência do padrão capaz/incapaz, diante da necessidade de restrições personalizadas e proporcionais. Conforme o acórdão da Corte Europeia, a nova legislação local da Lituânia permite também rever a interdição anualmente, e criou-se uma comissão específica para reanálises.

Em 2016, a legislação local inclui a gradação de capacidades. Outro aspecto interessante é a definição de que as restrições estabelecidas judicialmente devem ser acompanhadas da definição dos mecanismos do apoio necessário, o que se alinha com a perspectiva de apoio à tomada de decisão ao invés de negação. Tal compreensão se harmoniza com as salvaguardas preconizadas na Convenção de Convenção da ONU sobre os Direitos das Pessoas com Deficiência (CDPD)[16].

Outra falha destacada é que a representação judicial na hospitalização forçada, porque seu advogado não fez qualquer tipo de contato, nem o visitou. Essa falha demonstra alguns aspectos importantes a serem ressaltados: (i-) a proteção da pessoa com restrição de capacidade é caracterizada por um formalismo vazio que não atende à vulnerabilidade; (ii-) a confusão entre interdição e internação que termina por subtrair da pessoa com sofrimento psíquico a chance de participar; (iii-) a

---

14. GOFFMAN, Erving. *Estigma*: la identidad deteriorada. Trad. Leonor Guinsberg. Biblioteca de sociología. Buenos Aires: Amorrortu, 2006, p. 11. RONZANI, Telmo Mota; NOTO, Ana Regina; SILVEIRA, Pollyanna Santos da. *Reduzindo o estigma entre usuários de drogas*: guia para profissionais e gestores. Juiz de Fora: Editora UFJF, 2015, p. 6-7.
15. KAFKA, Franz. *O processo*. São Paulo: Companhia das Letras, 2005.
16. ARAUJO, Luiz Alberto David; RUZYK, Carlos Eduardo Pianovski. A perícia multidisciplinar no processo de curatela e o aparente conflito entre o Estatuto da pessoa com deficiência e o Código de Processo Civil: reflexões metodológicas à luz da teoria geral do direito. *Revista de Direitos e Garantias Fundamentais*, v. 18, n. 1, p. 227-256, Vitória, jan./abr. 2017.

capacidade legal deve ser protegida e a máxima participação assegurada por todos os meios possíveis. Por fim destacou-se que a restrição de direitos fundamentais de grupos particularmente vulneráveis, vítima de discriminação no passado, exige uma atenção redobrada.

O caso *Case NA x Lithuania*, lustra em que medida se relaciona razão e controle, para suprimir o reconhecimento jurídico da possibilidade decisória e muitas vezes, inclusive sem participar do próprio processo de análise, seja de sua condição de decidir, seja da necessidade de um tratamento forçado. Em questão, a interdição como negação da possibilidade de dizer, como o não-espaço, como a restrição não da vontade, porém do acesso, a fomentar a necessidade de uma criteriosa avaliação do papel ocupado pela internação psiquiátrica. A proteção do corpo pelo direito e reconhecimento dos direitos da personalidade opõem-se aos padrões de disposição socialmente aceitos, às práticas admitidas como acertadas (racionais), aos ditames dos bons costumes.[17]

Tome-se ainda o Caso Gajcsi vs. Hungary[18], julgado em 03/01/2007, que versa sobre a internação forçada para tratamento do cidadão húngaro László Gajcsi, iniciada em 1999. Do acórdão da Corte Europeia de Direitos Humanos observa-se a legislação húngara exige revisão periódica das internações e também fixa os prazos (entre 30 e 60 dias). Destacou-se ainda que o simples cumprimento da legislação local é insuficiente, quando não se mostrar apto a afastar arbitrariedades em hospitalização forçada[19]. De acordo com as normas do país, a internação forçada demanda prova de periculosidade, o que além de ser bastante questionável, sequer foi objeto de análise, a caracterizar sua ilegalidade.

Como explica Foucault, o isolamento na internação psiquiátrica originalmente não se presta ao papel de cuidar ou tratar[20]. Constitui um mecanismo de segregação[21], em relação ao qual o cuidado surgiu como uma contingência, não um propósito. Nesse sentido, Foucault destaca a internação como mecanismo de controle do perigoso,[22] em jogo não o tratar, mas o temor.

Da análise dos precedentes da Corte Europeia de Direitos Humanos, o que se observa é marcante dificuldade das autoridades públicas lidarem com situações de

---

17. É exemplar a redação do Código Civil ao definir que "Art. 13. Salvo por exigência médica, é defeso o ato de disposição do próprio corpo, quando importar diminuição permanente da integridade física, ou contrariar os bons costumes".
18. European Court of Human Rights. *Case Gajcsi v. Hungary*. Application n. 34503/03. Estrasburgo (França): 03.10.2006. Disponível em: https://hudoc.echr.coe.int/eng#{"fulltext":[34503/03"], "documentcollection id2":["GRANDCHAMBER","CHAMBER"],"itemid":["001-77036"]}. Acesso em: 08 Ago. 2017.
19. Neste mesmo sentido: European Court of Human Rights. Caso ervenka v. República Tcheca. Application n. 62507/12. Estrasburgo (França): 13.01.2017. Disponível em: http://hudoc.echr.coe.int/eng?i=001-167125. Acesso em: 04 maio. 2020.
20. FARIAS, Cristiano Chaves de; ROSENVALD, Nelson. *Curso de direito civil: parte geral e LINDB*. 13. ed. rev., ampl. e atual. São Paulo: Atlas, 2015. v. 1, p. 281.
21. GOFFMAN, Erving. *Manicômios, prisões e conventos*. Trad. Dante Moreira Leite. São Paulo: Perspectiva, 2001. p. 28.
22. FOUCAULT, Michel. *Os anormais*. São Paulo: Martins Fontes, 2001. p. 101.

saúde em geral (não apenas saúde mental), como ilustra o *Case Jasinskis v. Latvia*.[23] Valdis após beber com os amigos em um bar na Letônia, foi empurrado, bateu a cabeça e perdeu a consciência por vários minutos. Apesar de apresentar arranhões, ao chegar ao local a polícia não aguardou a ambulância e, supondo embriaguez, o manteve por 14 horas em uma cela para sobriedade. Somente no dia seguinte, porque Valdis não acordava, foi chamada uma ambulância na delegacia que, ao supor fingimento, descartou o atendimento. Na madrugada seguinte faleceu com severos danos cerebrais, fratura do crânio e edema cerebral. A Corte Europeia de Direitos Humanos destacou a violação ao direito à vida, a irregularidade na investigação ser realizada pelo mesmo distrito em que os fatos ocorreram. Em diversos julgamentos, a corte sublinha que é necessário distinguir a constatação de doença mental, da incapacidade civil, haja vista que são projeções distintas.

Os diálogos entre saúde e direito são essenciais para o desenvolvimento sustentável, o que não pode ser confundido com a apropriação dos saberes de um pelo outro, nem deve ser empregado como subterfúgio para distorções. Dito de maneira objetiva para o tema sob análise, ao juiz não cabe clinicar, nem definir ou impor arbitrariamente tratamentos. Por outro lado, sua análise do direito deve ter um olhar pautado pela empatia, pela visão transformadora que demanda a Agenda2030, para as mudanças que se espera no mundo.

A perspectiva adequada da inter-relação consiste em um diálogo construtivo, com colaboração mútua dos saberes, de modo a colher, na saúde, os elementos e conhecimentos necessários para estabelecer, segundo os filtros jurídicos, quando um tratamento deve ou não ser assegurado (ou mesmo imposto). A multicitada expressão "judicialização" e, notadamente, a locução "judicialização da saúde" são associadas a diferentes significados[24,25,26,27], entre os quais, o incremento da presença do Judiciário como meio de resolução de conflitos, a interferência (indevida) em questões eminentemente políticas, a intervenção do Poder Judiciário nos processos decisórios, a figura do juiz protagonista, a presença devida ou indevida nas políticas públicas de saúde. No presente texto, procura-se problematizar os fundamentos da imposição de internação forçada (habitualmente designada involuntária ou compulsória) com especial crítica às práticas estabelecidas no campo penal, por meio das *medidas de*

---

23. European Court of Human. Case Jasinskis v. Latvia (Letônia). Application n. 45744/08. Estrasburgo (França): 21.12.2010. Disponível em: https://hudoc.echr.coe.int/eng#{"itemid":["001-102393"]}. Acesso em: 04 ago. 2017.
24. SADEK, Maria Tereza. Judiciário e arena pública: um olhar a partir da ciência política. In: GRINOVER, Ada Pellegrini; WATANABE, Kazuo (Org.). *O controle jurisdicional de políticas públicas*. Rio de Janeiro: Forense, 2011.
25. Conselho Federal de Medicina. *Diretrizes para um modelo de assistência integral em saúde mental no Brasil*. Brasília: CFM, AMB, FENAM, ABP, 2014.
26. PINHEIRO, Clara Virginia de Queiroz; AGUIAR, Isabella Maria Augusto; MENDES, Layza Castelo Branco. O sofrimento psíquico e as novas modalidades de relação entre o normal e o patológico: uma discussão a partir da perspectiva freudiana. Interação em Psicologia, UFPR, v. 12, p. 299-305, 2008.
27. Organização Mundial de Saúde. *Relatório Mundial da Saúde*. Saúde mental: nova concepção, nova esperança. Lisboa (Portugal): OMS, Abril de 2002, p. 97.

segurança, de forma a demonstrar que o direito parece indevidamente absorver a saúde nesta seara (grifo nosso).

2. VULNERABILIDADE E INVISIBILIDADE. É PRECISO CAMINHAR NA NOITE

A partir dos casos examinados, é possível avançar em algumas reflexões sobre a vulnerabilidade no campo da saúde mental.

A proteção das pessoas usuárias de serviços de saúde mental é um campo ao qual tanto o direito quanto a saúde não conferem a adequada importância[28]. Tal circunstância contrasta com a severidade da medida de internação forçada e com a vulnerabilidade dos usuários de serviços de saúde mental[29]. Nesse sentido, a Organização Mundial da Saúde (OMS) registra que "as condições de vida nos hospitais psiquiátricos em todo o mundo são deficientes, resultando em violações dos direitos humanos e em cronicidade".[30]

Se, por um lado, não se pretende defender generalizações, de outro giro, não se pode ignorar as inúmeras violações de direitos humanos denunciadas em sede de internações forçadas[31]. Sob o prisma jurídico, a imposição de tratamento é absolutamente excepcional, sujeita a um amplo conjunto de requisitos, de tal forma que somente pode ser cogitada de forma remota[32-33]. Nessa linha, o disposto na Lei de Saúde Mental (Lei n. 10.216/2001), cujo art. 4º é claro ao advertir que: *"A internação, em qualquer de suas modalidades, só será indicada quando os recursos extra-hospitalares se mostrarem insuficientes"*.[34] Esta redação é repetida no art. 23-A, § 6º da Lei n. 11.343/2006, consoante a redação estabelecida pela Lei n. 13.840/2019.[35]

---

28. Conselho Federal de Medicina. *Diretrizes para um modelo de assistência integral em saúde mental no Brasil*. Brasília: CFM, AMB, FENAM, ABP, 2014.
29. PINHEIRO, Clara Virginia de Queiroz; AGUIAR, Isabella Maria Augusto; MENDES, Layza Castelo Branco. O sofrimento psíquico e as novas modalidades de relação entre o normal e o patológico: uma discussão a partir da perspectiva freudiana. Interação em Psicologia, UFPR, v. 12, p. 299-305, 2008.
30. Organização Mundial da Saúde. *Relatório Mundial da Saúde*. Saúde mental: nova concepção, nova esperança. Lisboa (Portugal): OMS, Abril de 2002, p. 97.
31. SILVA, Marcus Vinicius de Oliveira. (Org.) *A Instituição Sinistra*: mortes violentas em hospitais psiquiátricos no Brasil. Brasília: CFP, 2001.
32. SCHULMAN, Gabriel. *Internações forçada, saúde mental e drogas*. Indaiatuba: Foco, 2020.
33. Recentes mudanças legislativas autorizaram a internação forçada de forma específica em relação ao uso abusivo de drogas (Lei n. 11.343/2006, na redação conferida pela Lei 13.840/2019) e o exame forçado de pacientes para verificação da gripe Covid19, coronavírus (Lei n. 13.979/2020), sem menção à possibilidade de internação.
34. Na mesma linha a Portaria de Consolidação n. 03/2017, do Ministério da Saúde, art. 65 e a Portaria n. 2.391/2002, do Ministério da Saúde.
35. Vale recordar que "diante da normatividade constitucional, somente é admissível a imposição de internação quando esgotadas todas as demais alternativas de tratamento, embora a recíproca não seja verdade. Mesmo se inexistentes alternativas diversas à internação, a medida não se impõe, continua a ser excepcional, a depender de outros requisitos, entre os quais, naturalmente o mais elementar consubstancia-se na recomendação por parte da equipe multidisciplinar de atenção à saúde". SCHULMAN, Gabriel. *Internações forçada, saúde mental e drogas*. Indaiatuba: Foco, 2020. p. 196.

Na prática, contudo, as internações forçadas são, muitas vezes, empregadas de modo negligente, distante dos parâmetros seja do direito, seja da saúde[36]-[37]. A internação forçada, em tais casos, é ilegal e caracteriza crime de tortura, como já estabeleceu o Conselho de Direitos Humanos da Assembleia Geral das Nações Unidas.[38]

Desta forma, como tivemos a oportunidade expor anteriormente[39], a ilegalidade da internação pode decorrer do seu emprego desnecessário, sem função terapêutica, sem respaldo de equipe de saúde ou ainda, no que tange ao modo como é implementada – *e.g.* com desrespeito a direitos fundamentais do paciente, sem projeto terapêutico singular. Neste texto, procura-se confrontar tais aspectos para concluir a necessidade de reavaliar o modo como são definidas as internações forçadas, numa análise que coloca em questão a harmonização entre saúde e direito.

3. DIREITOS FUNDAMENTAIS E SAÚDE MENTAL. A FUNDAMENTAÇÃO JURÍDICA DAS INTERNAÇÕES FORÇADAS E SUA INSUFICIÊNCIA

Examina-se, de modo especial, a proteção dos direitos humanos na saúde como preconiza a OMS[40], bem como os impactos da incorporação ao direito brasileiro da Convenção Internacional sobre os Direitos das Pessoas com Deficiência e seu Protocolo Facultativo, assinados em Nova York, em 30 de março de 2007, abreviada como CDPD.

Mas qual a conexão da Convenção com o tema? Em primeiro, é importante ressaltar que esta convenção possui *status* constitucional. É que, de acordo com a Constituição, art. 5º, § 3º, os tratados e convenções internacionais acerca de direitos humanos, desde que aprovados pelo Senado Federal e pela Câmara dos Deputados, em dois turnos, por três quintos dos votos dos respectivos membros, recebem *status* de emenda constitucional. O único tratado que atendeu a todos estes requisitos foi justamente a CDPD, incorporada ao direito brasileiro por meio do Decreto n. 6.949/2009.

Em segundo, a Convenção reformula diversos aspectos da concepção da saúde mental, entre os quais a afirmação da capacidade civil para todas as pessoas (art. 12), a valorização da atenção multidisciplinar[41], a afirmação do *consentimento como direito*

---

36. Conselho Federal de Psicologia. *Inspeções aos manicômios*. Relatório Brasil 2015. Brasília: CFP, 2015, p. 152.
37. Organização Mundial de Saúde. *Relatório Mundial da Saúde*. Saúde mental: nova concepção, nova esperança. Lisboa (Portugal): OMS, Abril de 2002, p. 97.
38. Naciones Unidas. Asamblea General. Consejo de Derechos Humanos. Informe del *Relator Especial sobre la tortura y otros tratos o penas crueles, inhumanos o degradantes*. Relatório A-HRC-22-53. ONU: Nova York (Estados Unidos), 1º fev. 2013. Disponível em: http://www.ohchr.org/Documents/HRBodies/HRCouncil/RegularSession/Session22/A-HRC-22-53_sp.pdf. Acesso em: 20 ago. 2017.
39. SCHULMAN, Gabriel. Internações forçadas e saúde mental: entre tratamento e punição. In: SANTOS, Alethele de Oliveira. (Org.). *Coletânea direito à saúde*. Institucionalização. CONASS, 2018, v. 1, p. 248-259.
40. World Health Organization. WHO. *Policies and practices for mental health in Europe* – meeting the challenges. Copenhagen (Dinamarca): WHO, 2008, p. 157.
41. ARAUJO, Luiz Alberto David; RUZYK, Carlos Eduardo Pianovski. A perícia multidisciplinar no processo de curatela e o aparente conflito entre o Estatuto da pessoa com deficiência e o Código de Processo Civil: reflexões metodológicas à luz da teoria geral do direito. *Revista de Direitos e Garantias Fundamentais*, v. 18, n. 1, p. 227-256, Vitória, jan./abr. 2017.

fundamental e a superação do modelo de substituição da vontade do paciente usuário da saúde mental em prol de uma perspectiva emancipatória; A prática, no entanto, parece estar bastante distante. Isabel Teresa Pinto Coelho Diniz identifica em seus estudos sobre decisões judiciais nas ações de internação compulsória pelo uso de crack que "práticas discursivas (orais ou escritas), utilizadas pelos juízes nos casos de internação compulsória de usuários de drogas, possuem fundamentos morais, ligados mais aos padrões sociais, do que propriamente científicos"[42].

A partir da análise de decisões judiciais[43] e da compreensão da doutrina[44], identificou-se que as internações forçadas usualmente embasam-se em dois possíveis percursos. No direito criminal envolve a chamada inimputabilidade, ou seja, a pessoa é considerada como inapta para responder pelo crime e então é imposta uma medida de segurança. Fora da esfera penal, o embasamento das internações pode ser assim sintetizado: à medida em que a pessoa possui uma doença mental, é incapaz civilmente ("interditada" dirão alguns), logo, não tem discernimento para decidir sobre seu tratamento. Como núcleo comum, o não reconhecimento da vontade e/ou da aptidão para se determinar. Ambas as fundamentações jurídicas ocultam – ou revelam – graves distorções, as quais se passa a apreciar[45].

É grave equívoco tomar como base a incapacidade civil para concluir por restrições ao consentimento para atos na esfera da saúde. A conclusão de que a instituição de curatela imponha a limitação da vontade em outras esferas esbarra na natureza distinta dos institutos e da disparidade de finalidades. A curatela se volta, precipuamente, a restringir atos patrimoniais e de qualquer modo precisa ser feita de maneira personalizada[46], inclusive no tocante às restrições que impõe.

---

42. DINIZ, Isabel Teresa Pinto Coelho. *A interface entre os saberes jurídico e psiquiátrico acerca da internação compulsória de usuários de crack no Rio de Janeiro e região metropolitana entre 2010 e 2015*. Tese (Doutorado em Saúde Pública e Meio Ambiente) – Escola Nacional de Saúde Pública Sergio Arouca, Fundação Oswaldo Cruz, Rio de Janeiro, 2018. p. 296.
43. STJ. *Habeas Corpus* n. 394.072. 6ª. Turma. Rel.: Min. Maria Thereza de Assis Moura. DJe 30.05.2017.
44. DINIZ, Debora; PENALVA, Janaina. *Medidas de Segurança Loucura e direito penal*: uma análise crítica das medidas de segurança (Série *Pensando o direito*, n. 35/ 2011). Rio de Janeiro/Brasília: Ministério da Justiça, Secretaria de Assuntos Legislativos do Ministério da Justiça, Julho de 2011, p. 13. KARAM, Maria Lúcia. Aplicação da pena: por uma nova atuação da justiça criminal, *Revista Brasileira de Ciências Criminais*, ano 2, n. 6, p. 117-132, abr.-jun. 1994. p. 124. Tribunal de Justiça do Mato Grosso. Apelação n. 25919/2010. Rel.: Des. Rui Ramos Ribeiro, 1ª. Câmara Criminal, Julgado em 22.03.2011, Publicado no Diário de Justiça do Estado em 06.04.2011. CARRARA, Sergio. *Crime e loucura*: o aparecimento do manicômio judiciário na passagem do século (Coleção Saúde e Sociedade) Rio de Janeiro: EdUERJ; São Paulo: EdUSP, 1998, p. 31. JACOBINA, Paulo Vasconcelos. *Direito penal da loucura e reforma psiquiátrica*. Brasília: ESMPU (Escola Superior do Ministério Público da União), 2008, p. 110. Organização Mundial de Saúde. *Relatório Mundial da Saúde*. Saúde mental: nova concepção, nova esperança. Lisboa (Portugal): OMS, Abril de 2002, p. 98. São Paulo. Defensoria Pública. *Teses institucionais*. Execução Criminal. Disponível em: https://www.defensoria.sp.def.br/dpesp/Default.aspx?idPagina=6245. Acesso em: 05 mar. 2017.
45. Para uma leitura mais profundada: SCHULMAN, Gabriel. *Internações forçada, Saúde Mental e Drogas*. Indaiatuba: Foco, 2020.
46. ABREU, Célia Barbosa. *Curatela e interdição civil*. Rio de Janeiro: Editora Lumen Juris, 2009. NEVARES, Ana Luiza Maia; SCHREIBER, Anderson. Do sujeito à pessoa: uma análise da incapacidade civil. In: TEPEDINO, Gustavo; TEIXEIRA, Ana Carolina Brochado; ALMEIDA, Vitor. (Coord.). *O direito civil entre o sujeito e a pessoa*: estudos em homenagem ao Professor Stefano Rodotà. Belo Horizonte: Fórum, 2016. p. 39-56.

Como esclarece Foucault, estabeleceu-se, com efeito, um liame da "loucura ao crime e do crime à loucura",[47] útil à higiene pública. Essa sistemática é reforçada pela valorização da psiquiatria como forma de determinação científica das condutas que permitem diagnosticar o indivíduo perigoso. Para o autor, há uma tautologia no valor conferido às avaliações periciais, de modo que a percepção judicial da loucura se legitima pela participação do perito, e tal participação é legítima por ocorrer na esfera judicial.[48]

Na medida em que "o crime vai se patologizando",[49] o controle da loucura é função dos juízes e sua detecção prévia, assim como o potencial de novos atos por meio do crivo da *periculosidade* passam a ser centrais. A inimputabilidade, fundamento das internações forçadas determinadas por juízes no âmbito de processos criminais, orienta-se pelo disposto no Código Penal, art. 26:

> É isento de pena o agente que, por doença mental ou desenvolvimento mental incompleto ou retardado, era, ao tempo da ação ou da omissão, inteiramente incapaz de entender o caráter ilícito do fato ou de determinar-se de acordo com esse entendimento.

Por força do princípio constitucional da culpabilidade[50], uma vez preenchidos os pressupostos referidos na legislação penal, a pessoa é considerada inapta à punição. O saber do direito afirma que a pessoa não pode ser punida e deve ser tratada. Surge então uma questão central: a quem cabe o protocolo de tratamento? Permita-se explicar de maneira singela, caso a leitora/leitor deste texto estivesse doente, recorria a um médico ou um magistrado? A despeito da facilidade da resposta, na prática, constata-se que a definição é feita, muitas vezes, a partir de critérios exclusivamente jurídicos e abstratos, de forma incompatível com o fundamento de oferecer cuidados em saúde.

Para ilustrar, vale citar três distorções que ajudam a dimensionar o quadro de incoerência que se está a denunciar: 1) definição da modalidade de tratamento com base no tipo penal que compõe a acusação; 2) estabelecimento da duração do tratamento com base na pena em abstrato; 3) alta hospitalar subordinada à autorização judicial.

Em outras palavras, no âmbito das medidas de segurança, ao mesmo tempo em que o direito reconhece não ser possível punir, declara a pessoa acusada como não culpável (o que se designa tecnicamente de "absolvição imprópria"), porém se estabelece um tratamento distante de qualquer critério da saúde. Para melhor compreensão, vale confrontar a redação do Código Penal, art. 97: "Se o agente for inimputável, o juiz determinará sua internação (art. 26). Se, todavia, o fato previsto como crime for punível com detenção, poderá o juiz submetê-lo a tratamento ambulatorial". Dessa maneira, uma interpretação literal deste dispositivo, sugere que a definição do tratamento não seria dada por equipe médica, mas pelo tipo de crime

---

47. FOUCAULT, Michel. *Os anormais*. São Paulo: Martins Fontes, 2001, p. 102.
48. FOUCAULT, Michel. *Os anormais*. São Paulo: Martins Fontes, 2001, p. 10-11, 23, 35.
49. FOUCAULT, Michel. *Os anormais*. São Paulo: Martins Fontes, 2001, p. 33.
50. KARAM, Maria Lúcia. Aplicação da pena: por uma nova atuação da justiça criminal, *Revista Brasileira de Ciências Criminais*, ano 2, n. 6, p. 117-132, abr.-jun. 1994. p. 124.

do qual a pessoa foi acusada, o que permite afirmar que a *absolvição imprópria*, como se designa no direito penal a situação em que se conclui pela "insanidade mental", é mais *imprópria* do que uma absolvição (grifo nosso).

Para ilustrar o que se expõe, confira-se decisão judicial proferida pelo Tribunal de Justiça do Mato Grosso (TJMT), a qual aponta que a eleição da modalidade de tratamento dependeria do tipo de pena aplicada ao crime do qual, consinta-se repetir, a pessoa foi absolvida: "Sendo o apelante inimputável, e condenado a pena privativa de liberdade, de reclusão, impõe-se a internação. Somente na hipótese de detenção é que fica a critério do juiz a estipulação, ou não, da medida menos gravosa – de tratamento ambulatorial"[51].

O STJ adota a mesma compreensão: "Esta Corte Superior de Justiça possui entendimento consolidado no sentido de que, apenas é cabível a imposição de medida de segurança de tratamento ambulatorial se o fato previsto como crime for punível com detenção. Agravo regimental desprovido"[52]. No Tribunal de Justiça do Distrito Federal e dos Territórios, afirmou-se que "Se o fato é previsto como crime punível com detenção, a sentença poderá submetê-lo a tratamento ambulatorial, limitado ao tempo máximo da pena abstrata culminada", a demonstrar, em grave distorção, que a duração do tratamento também está vinculada a pena[53].

Ora, em que área da saúde o tipo de crime é que define a forma como o paciente precisa receber cuidados? Ou se faz preciso reescrever os livros da saúde e estabelecer uma correspondência entre tipos penais e tratamentos, ou, no campo jurídico, deve-se superar a herança punitiva e respeitar os parâmetros da saúde. No tocante à duração da medida, como afirma Carrara, "não se pode exigir de uma doença que respeite os prazos legais, embora seja exatamente isso que faz o Código Penal".[54] O que explica, porém, não justifica, a previsão legal é uma visão punitivista, que aponta para a internação como uma medida que busca, sobretudo, segregar e aplicar uma pena, ainda que sob (falsa) alegação de tratar[55]. Como sublinha a OMS:

---

51. Tribunal de Justiça do Mato Grosso. Apelação n. 25919/2010. Rel.: Des. Rui Ramos Ribeiro, 1ª. Câmara Criminal, DJe 06.04.2011.
52. STJ. AgRg no REsp 1779990 MG 2018/0303259-0, Relator: Ministro Felix Fischer, 5ª Turma: DJe 30.04.2019.
53. Tribunal de Justiça do Distrito Federal e dos Territórios. Apelação n. 20151410081235APR, Acórdão 1187691, Relator: J.J. COSTA CARVALHO, 1ª Turma Criminal, DJE: 29.07.2019.
54. CARRARA, Sergio. *Crime e loucura*: o aparecimento do manicômio judiciário na passagem do século. (Coleção Saúde e Sociedade) Rio de Janeiro: EdUERJ; 1998, p. 31.
55. JACOBINA, Paulo Vasconcelos. *Direito penal da loucura e reforma psiquiátrica*. Brasília: ESMPU (Escola Superior do Ministério Público da União), 2008, p. 110. Organização Mundial de Saúde. *Relatório Mundial da Saúde*. Saúde mental: nova concepção, nova esperança. Lisboa (Portugal): OMS, Abril de 2002, p. 98. São Paulo. Defensoria Pública. *Teses institucionais*. Execução Criminal. Disponível em: https://www.defensoria.sp.def.br/dpesp/Default.aspx?idPagina=6245. Acesso em: 05 mar. 2017. Paraná. Justiça Federal do Paraná. *Ata da 56ª Reunião do Comitê Executivo Estadual para monitoramento das demandas de assistência à saúde*. 29.07.2016. Disponível em: www.jfpr.jus.br/saude/ata_56.php. Acesso em: 12 out. 2016. HALL, Wayne; CARTER, Adrian. Advocates need to show compulsory treatment of opioid dependence is effective, Safe and Ethical. *Bulletin of the World Health Organization* 91.2, fev. 2013, p. 146. WANG, Daniel. Wei Lang; COLUCCI, Erminia Should compulsory hospitalization be part of suicide prevention strategies?. *BJPsych Bulletin*, v. 41, p. 169-171, 2017. WERB, Dan et al. The effectiveness of compulsory drug treatment: a

Muitos hospitais conservavam a estrutura carcerária de origem, quando tinham sido construídos nos tempos coloniais. Os doentes eram chamados de detidos e ficavam a maior parte do dia ao cuidado de carcereiros, cujos supervisores eram chamados de capatazes, enquanto as enfermarias eram chamadas de cercas. Usavam-se quartos para isolamento na maioria dos hospitais.[56]

Mas se o direito assim prevê, então a lei deve ser seguida? O argumento legalista é equivocado. Para começar, a melhor interpretação é de que a legislação penal foi revogada pela Lei de Saúde Mental (Lei n. 10.216/2001)[57], assim como pela Lei Brasileira de Inclusão (Lei n. 13.146/2015)[58]. Com mais ênfase, devem ser respeitados os limites constitucionais, inclusive com os acréscimos da já citada Convenção Internacional sobre os Direitos das Pessoas com Deficiência, que reforça a proteção da pessoa com sofrimento psíquico de modo geral.

Em reforço, é preciso observar que as internações sem fundamento na saúde, são desprovidas de base legal, e violam os princípios da bioética, os quais, são reconhecidos como desdobramentos dos princípios constitucionais, como propõe Heloisa Helena Barboza.[59]

Por todos esses fundamentos, inclusive a Convenção de NY, considera-se inconstitucional a aplicação de tratamento sem finalidade de tratar, a punição sem que haja culpabilidade. A Medicina não é instrumento para punir. Além disso, o simples fato de haver uma sentença judicial não torna a imposição de um tratamento legal, nem legitima a imposição abstrata de sua duração.

---

systematic review. *The International Journal on Drug Policy*, n. 28, p. 1-9, 2016. Brasil. Ministério Público Federal. *Parecer sobre medidas de segurança e hospitais de custódia e tratamento psiquiátrico sob a perspectiva da Lei n. 10.216/2001*. Brasília: MPF, 2011.

56. Organização Mundial de Saúde. *Relatório Mundial da Saúde*. Saúde mental: nova concepção, nova esperança. Lisboa (Portugal): OMS, Abril de 2002, p. 98.
57. Nesse sentido: São Paulo. Defensoria Pública. *Teses institucionais*. Execução Criminal. Disponível em: https://www.defensoria.sp.def.br/dpesp/Default.aspx?idPagina=6245. Acesso em: 05 mar. 2017. PARANÁ. Justiça Federal do Paraná. *Ata da 56ª Reunião do Comitê Executivo Estadual para monitoramento das demandas de assistência à saúde*. 29.07.2016. Disponível em: www.jfpr.jus.br/saude/ata_56.php. Acesso em: 12 out. 2016. HALL, Wayne; CARTER, Adrian. Advocates need to show compulsory treatment of opioid dependence is effective, Safe and Ethical. *Bulletin of the World Health Organization* 91.2, fev. 2013, p. 146. WANG, Daniel. Wei Lang; COLUCCI, Erminia Should compulsory hospitalization be part of suicide prevention strategies? *BJPsych Bulletin*, v. 41, p. 169-171, 2017. WERB, Dan et al. The effectiveness of compulsory drug treatment: a systematic review. *The International Journal on Drug Policy*, n. 28, p. 1-9, 2016. Brasil. Ministério Público Federal. *Parecer sobre medidas de segurança e hospitais de custódia e tratamento psiquiátrico sob a perspectiva da Lei n. 10.216/2001*. Brasília: MPF, 2011. Brasil. Ministério Público Federal. *Parecer sobre medidas de segurança e hospitais de custódia e tratamento psiquiátrico sob a perspectiva da lei n. 10.216/2001*. Brasília: MPF, 2011. DORNELLES, Renata Portella. *O círculo alienista: reflexões sobre o controle penal da loucura*. Dissertação (Mestrado em Direito). Universidade de Brasília (UnB), Brasília, 2012, p. 134. PALAZZO, Francesco. *Introduzione al principe del diritto penale*. Torino (Itália): G. Giappichelli Editore, 1999, p. 64. FOUCAULT, Michel. *Os anormais*. São Paulo: Martins Fontes, 2001, p. 10-11.
58. Para um estudo aprofundado sobre a lei, cf. BARBOZA, Heloisa Helena et. al. *O Código Civil e o Estatuto da Pessoa com Deficiência*. Rio de Janeiro: Processo, 2019.
59. BARBOZA, Heloisa Helena. Princípios do Biodireito. In: BARBOZA; Heloisa Helena; BARRETO; Vicente; MEIRELLES; Jussara. (Org.). *Novos Temas de Biodireito e Bioética*. Rio de Janeiro: Renovar, 2002, v. 1, p. 49-81. A exigência da ética compõe a própria concepção do Código Civil. REALE, Miguel. Visão Geral do Novo Código Civil. *Revista da EMERJ*: Anais dos Seminários EMERJ. Debate o Novo Código (fev.-jun.2002), EMERJ, Rio de Janeiro, Parte I, p. 38-44, 2003. p. 40.

A postura comumente adotada nas internações forçadas contradiz ainda toda compreensão amplamente defendida de que a concessão de tratamentos médicos exige robusta comprovação da necessidade e eficácia. Por sua vez, as internações forçadas têm sido determinadas até mesmo sem laudo ou mesmo prescrição.[60]

A saúde baseada em evidências e a adequação do tratamento ao paciente são filtros fundamentais, injustificadamente ignorados quando se trata de internações forçadas. Cumpre ressaltar que a Organização Mundial da Saúde já deixou claro que a eficácia dos tratamentos forçados é matéria em aberto[61], e que precisa ser enfrentada[62]. Para Werb, a literatura sobre o tema ainda é limitada, especialmente no campo da atenção ao uso de drogas[63]. Em sintonia com o exposto, conforme posição do Ministério Público Federal, apresentada em importante parecer[64], a legislação de saúde mental promoveu derrogação (revogação parcial da legislação) criminal. É também o que se extrai da Resolução n. 5/2004 do Conselho Nacional de Política Criminal e Penitenciária (CNPC)[65], que "Dispõe a respeito das Diretrizes para o cumprimento das Medidas de Segurança, adequando-as à previsão contida na Lei n. 10.216, de 06 de abril de 2001 – a lei de saúde mental".

O que se observa, em muitos casos, é que a internação surge como um mecanismo jurídico alheio aos critérios da saúde; a argumentação terapêutica busca apenas preencher a necessidade de fundamentação jurídica de medidas que, na realidade, buscam segregar. Como aponta Dornelles, sobre o caso de uso abusivo de drogas, "não raro, os dependentes são submetidos à medida de segurança de internação como forma de garantir também a sua hospitalização".[66]

Sob o prisma jurídico, o que se nota é também um conjunto de distorções que tornam a internação ilegítima. Se, por definição, não se pode punir os inimputáveis[67], não há possibilidade de imposição de privação de liberdade; apenas admite-se a internação com finalidade terapêutica, logo, coerente com os protocolos de atenção à saúde.

---

60. Paraná. Justiça Federal do Paraná. *Ata da 56ª Reunião do Comitê Executivo Estadual para monitoramento das demandas de assistência à saúde*. 29.07.2016. Disponível em: www.jfpr.jus.br/saude/ata_56.php. Acesso em: 12 out. 2016.
61. HALL, Wayne; CARTER, Adrian. Advocates need to show compulsory treatment of opioid dependence is effective, Safe and Ethical. *Bulletin of the World Health Organization* 91.2, fev. 2013, p. 146.
62. WANG, Daniel. Wei Lang; COLUCCI, Erminia Should compulsory hospitalization be part of suicide prevention strategies? *BJPsych Bulletin*, v. 41, p. 169-171, 2017.
63. WERB, Dan et al. The effectiveness of compulsory drug treatment: a systematic review. *The International Journal on Drug Policy*, n. 28, p. 1-9, 2016.
64. Brasil. Ministério Público Federal. *Parecer sobre medidas de segurança e hospitais de custódia e tratamento psiquiátrico sob a perspectiva da lei n. 10.216/2001*. Brasília: MPF, 2011.
65. BRASIL. Ministério da Justiça. Conselho Nacional de Política Criminal e Penitenciária (CNPCP). Resolução n. 05/2004. Disponível em: www.justica.gov.br/seus-direitos/politica-penal/cnpcp-1/resolucoes/resolucoes-arquivos-pdf-de-1980-a-2015/resolucao-no-05-de-04-de-maio-de-2004.pdf. Acesso em: 03 mar. 2017.
66. DORNELLES, Renata Portella. *O círculo alienista*: reflexões sobre o controle penal da loucura. Dissertação (Mestrado em Direito). Universidade de Brasília (UnB), Brasília, 2012, p. 134.
67. PALAZZO, Francesco. *Introduzione al principe del diritto penale*. Torino (Itália): G. Giappichelli Editore, 1999, p. 64.

A presença de um laudo, por sua vez, não resolve toda a questão. É preciso uma análise qualificada, não um simples ato formal. Do contrário, verifica-se o retorno à tautologia identificada por Foucault, em que o saber médico se justifica pelo jurídico e vice-versa[68], ou seja, a medida dita terapêutica é admitida porque há ordem judicial, e a ordem judicial é legítima porque há um laudo.

Além disso, uma questão relevante diz respeito à alta hospitalar (desinternação), a qual se considera que, por ser uma definição médica, não pode depender de apreciação judicial[69]. Observa-se, todavia, a subversão desta lógica. Em inspeção do Conselho Federal de Psicologia (CFP) em internações de usuários de drogas no Hospital de Custódia e Tratamento Psiquiátrico (HCTP), concluiu-se que: "para entrar eles não precisam de ordem judicial, mas para sair sim"[70]. A imprensa noticia que a "Justiça mantém internações psiquiátricas mesmo após alta médica e paciente fica até 3 anos". O jornal O Estado de São Paulo identificou:

> centenas de casos do tipo por meio de pesquisas em Diários Oficiais de todo o País e entrevistas com 30 promotores, defensores públicos, representantes de hospitais psiquiátricos e outros especialistas em 20 Estados. Destes, 15 confirmaram o problema: São Paulo, Santa Catarina, Paraná, Rio Grande do Sul, Acre, Pará, Minas Gerais, Bahia, Espírito Santo, Alagoas, Tocantins, Rio Grande do Norte, Piauí, Mato Grosso e Paraíba.[71]

De acordo com o disposto na Resolução do Conselho Federal de Medicina (CFM) n. 2.057/2013, art. 43, "quem determina a natureza e o tipo de tratamento a ser ministrado é o médico assistente do paciente, que poderá prescrever alta hospitalar no momento em que entender que este se encontra em condições". No mesmo sentido, a opinião descrita no Parecer CFM n. 01/2011. Igualmente, a Resolução CFM n. 2.057/2013 estabelece que compete ao "diretor técnico médico comunicar tal fato ao juiz, para as providências que entender cabíveis". A melhor compreensão é de que a alta dispensa a avaliação judicial e será, tão somente, comunicada ao juiz. Não bastasse tal situação, diante da falta de critérios e desfuncionalização das internações, terminam por durar décadas[72].

O teor do Enunciado n. 48 da II Jornada de Direito da Saúde do Conselho Nacional de Justiça (CNJ): "As altas de internação hospitalar de paciente, inclusive de idosos e toxicômanos, independem de novo pronunciamento judicial, prevalecendo o critério técnico profissional do médico"[73]. A Resolução CFM n. 2.057/2013, art.

---

68. FOUCAULT, Michel. *Os anormais*. São Paulo: Martins Fontes, 2001, p. 10-11.
69. BARDARO, Rosália; MAPELLI Júnior, Reynaldo. Saúde mental – Legislação e normas aplicáveis. In: MATEUS, Mário Dinis (Org.). *Políticas de saúde mental*: baseado no curso Políticas públicas de saúde mental, do CAPS Luiz R. Cerqueira. São Paulo: Instituto de Saúde, 2013. p. 376-399. p. 397.
70. Conselho Federal de Psicologia. *Inspeções aos manicômios*. Relatório Brasil 2015. Brasília: CFP, 2015, p. 37.
71. TOLEDO, Luiz Fernando; CAMBRICOLI; Fabiana. Justiça mantém internações psiquiátricas mesmo após alta médica e paciente fica até 3 anos. *O Estado de S. Paulo*, 23 jul. 2017.
72. O STF definiu o limite de 30 anos, com base na pena máxima para restrição de liberdade. STF. *Habeas Corpus* n. 84.219. Rel.: Min. Marco Aurélio. 1ª Turma. DJ: 23.09.2005.
73. Conselho Nacional de Justiça. *Enunciados da II Jornada de Direito da Saúde do CNJ*. Disponível em: www.cnj.jus.br/files/conteudo/destaques/arquivo/2015/05/96b5b10aec7e5954fcc1978473e4cd80.pdf. Acesso em: 20 abr. 2016.

5º, § 2º, dispensa a avaliação judicial também para a "saída temporária de paciente de estabelecimento de saúde para observação evolutiva e da adaptação em família". Ainda que a norma do CFM seja infralegal, neste caso mostra-se absolutamente adequada, e reforça o aspecto que se procura alertar sobre uma frequente apropriação da internação pelo direito, que termina por converter a internação forçada em medida que é qualquer coisa, menos terapêutica, e o fato de emanar do direito não a torna legítima, nem ao menos legal.

A distorção decorrente da apropriação da saúde, fácil notar, estabelece-se tanto na definição de que se deve internar, quanto na alta. Não bastasse, muitas vezes, tem-se exigido, para finalizar o tratamento forçado, uma conclusão "médica" de que cessou a "periculosidade", o que, grosso modo, equivale a indagar se a pessoa voltará ou não a praticar um ato contrário a lei.

Na visão de Pavarini, é o mesmo que exigir do profissional da saúde uma "bola de cristal"[74]. Em sintonia, Lemos aponta que se exige um exercício de futurologia[75]. Como se sabe, na saúde, lida-se com diagnósticos, mas o que se pede é um prognóstico. Não há, na Classificação Internacional de Doenças (CID)-10, nenhuma menção a periculosidade. Por trás da construção da periculosidade, revela-se uma perigosa aproximação entre crime e patologia. Não se trata de aliar a saúde ao direito, mas de subverter a saúde para justificar medidas de restrição de direitos fundamentais.

Em contraposição, colhe-se na jurisprudência a seguinte construção:

> Verificando-se que o apelante praticou crime apenado com reclusão (homicídio simples), impõe-se a aplicação de internação, nos termos do art. 97 do Código Penal, sobretudo quando a averiguação da periculosidade do agente respaldar essa medida. Recurso que se nega provimento[76].

Ante as inúmeras incongruências, o Ministério da Justiça e Ministério da Saúde defenderam o "fim dos exames de cessação de periculosidade", "inserção da política de saúde penitenciária no SUS", "que a conversão de tratamento ambulatorial em internação ocorra somente sob critérios clínicos", "articulação interinstitucional permanente das áreas da saúde, justiça e direitos humanos, por meio de um grupo técnico composto pelas três esferas governamentais". São premissas que ainda não foram alcançadas.[77]

Ademais, segundo levantamento sobre o sistema penitenciário brasileiro, um laudo psiquiátrico demora, em média, 10 meses, ao passo que o dito exame

---

74. PAVARINI, Massimo. Il folle che delinque: rapsodia sul margine. *Rivista sperimentale di freniatria*, v. 135, Fascicolo: 3, p. 145-154, 2011, p. 150.
75. LEMOS, Clécio. Quatro críticas à medida de segurança: da insegurança da medida à desmedida do sistema. In: MIRANDA, Angelica Espinosa; RANGEL, Claudia; COSTA-MOURA, Renata (Org). *Questões sobre a população prisional no Brasil*: saúde, justiça e direitos humanos. Vitória: UFES, Proex, 2016. [recurso digital]).
76. Tribunal de Justiça do Estado de Rondônia, Apelação 0000158-29.2015.822.0006, Rel. Des. Marialva Henriques Daldegan Bueno 2ª Câmara Criminal, DJe 29.07.2019.
77. BRASIL. Ministério da Saúde. Ministério da Justiça. Reforma Psiquiátrica e Manicômio Judiciários: *Relatório Final do Seminário Nacional para a Reorientação dos Hospitais de Custódia e Tratamento Psiquiátrico*: Brasília: MS – MJ, 2002, p. 19.

de cessação de periculosidade, não bastasse todas as impropriedades destacadas, tarda 32 meses.[78]

Ao fim e ao cabo, em muitos casos se conclui que a prisão é melhor do que o tratamento forçado, porque, ao menos, há um tempo de pena máximo, admite-se a imposição de regime aberto ou mesmo semiaberto.

Sobre o quadro descrito, permita-se sugerir uma singular leitura do texto constitucional, quando define em seu art. 5º, inc. III, que "ninguém será submetido a tortura nem a tratamento desumano ou degradante". Propõe-se que a expressão "tratamento" seja interpretada inclusive no significado de saúde. Logo, o texto constitucional permite extrair que ninguém pode ser submetido a tratamento em saúde de forma desumana. A postura em contrário viola, de modo imperdoável, os ditames da ética médica. Reafirma-se, assim, a inconstitucionalidade da internação ou qualquer outra imposição de tratamento que não tenha como função única o bem-estar do paciente.

No que tange à construção que fundamenta a internação a partir da incapacidade civil, vale tecer algumas breves considerações, ainda que o tema exija um maior aprofundamento. A interdição (designada contemporaneamente de curatela) ocupa-se de avaliar a aptidão para atos patrimoniais e não guarda relação com a avaliação da internação. Aqui, a interação entre a saúde presta um serviço importante ao sublinhar que um quadro clínico pode apresentar sintomas e características muito distintos.

Resta superada a equivocada correlação entre o diagnóstico de uma "doença mental" com a incapacidade civil[79], como já decidiu, inclusive, a Corte Interamericana de Direitos Humanos[80], assim como estar interditado não é pressuposto nem justificativa para internações, muito menos uma consequência. Tratam-se de projeções distintas. Na compreensão das aptidões e deficiências, abandonou-se o modelo de *status*, que enxerga na doença mental a negação absoluta da vontade, ou mesmo do modelo biomédico que toma a doença como um sinal de anormalidade[81].

Contemporaneamente, à luz da Classificação Internacional de Funcionalidade, Incapacidade e Saúde publicada pela Organização Mundial da Saúde[82], da CDPD e da Lei Brasileira de Inclusão da Pessoa com Deficiência (Lei 13.146/2015), a avaliação da deficiência será biopsicossocial, realizada por equipe multiprofissional e interdisciplinar, observando os impedimentos e/ou limitações nas funções e nas estruturas do corpo, *os fatores socioambientais*, psicológicos e sociais, a limitação no

---

78. DINIZ, Debora. *A custódia e o tratamento psiquiátrico no Brasil*: Censo 2011. Brasília: Letra Editora Universidade de Brasília, 2013, p. 17.
79. Confira-se ALMEIDA, Vitor. *A Capacidade civil das pessoas com deficiência e os perfis da curatela*. Belo Horizonte, Fórum, 2019.
80. Corte Interamericana de Direitos Humanos. *Caso Ximenes Lopes x Brasil. 2006*. Disponível online em: http://www.corteidh.or.cr/docs/casos/articulos/seriec_149_ por.pdf. Acesso em: 1º fev. 2015.
81. DHANDA, Amita. Legal capacity in the disability rights convention strangle hold of the past or lodestar for the future? *Syracuse Journal of International Law & Commerce*, v. 34, p. 429-462, Spring 2007, p. 432.
82. Organização Mundial da Saúde. Classificação Internacional de Funcionalidade, Incapacidade e Saúde (CIF). (Trad. Amélia Leitão). Lisboa (Portugal): OMS, 2004.

desempenho de atividades, a restrição de participação em situações da vida social e os fatores ambientais (grifo nosso). Portanto, a análise da deficiência deve perpassar a dimensão intrínseca e extrínseca ao indivíduo. O foco passa a ser a funcionalidade e as potencialidades da pessoa, e não mais suas limitações.[83]

Nos casos concretos, seguindo as orientações da área da saúde, cabe ao juiz, em conjunto com equipe multidisciplinar, mediante prestação negativa, dar máxima concretização à autonomia do indivíduo, a partir da análise dos fatores individuais e das barreiras externas a que ele está submetido, delineando a medida terapêutica a ser aplicada fundamentado nos princípios do respeito pela dignidade inerente, da autonomia individual, da liberdade de fazer as próprias escolhas e da independência das pessoas, em consonância com os princípios da CDPD (Decreto 6.949/2009, artigo 3, a).

A judicialização de demandas que objetivam o deferimento de internações forçadas possui respaldo, por vezes, no paternalismo estatal, este entendido como a interferência do Estado na autonomia e esfera existencial de determinado jurisdicionado em decorrência de vulnerabilidades por este experimentadas, interferência esta justificada pela persecução de sua saúde, segurança e bem-estar[84]. Todavia, é tênue a linha que separa o paternalismo da violação à direitos que suprimem a dignidade humana. Se de um lado o Estatuto da Pessoa com Deficiência elenca como princípios o respeito pela dignidade inerente, a autonomia individual, a liberdade de fazer as próprias escolhas e a independência das pessoas, de outro, a formação da cognição judicial que defere a internação forçada carece da análise biopsicossocial, não individualizando o tratamento a ser realizado em cada caso concreto e, consequentemente, compulsoriamente tolhe a esfera decisória do indivíduo sob respaldo de proteger-lhe contra si mesmo.

Neste sentido, recente decisão do Tribunal de Justiça do Estado de São Paulo deferiu a internação forçada de uma mulher que realiza uso problemático de substâncias químicas fundamentando sua decisão, dentre outros, no argumento de que "nessas hipóteses graves [de dependência química], o dependente torna-se incapaz de avaliar e escolher o que é melhor para si, perdendo, assim, os seus valores e dignidade, o que passaria a justificar a intervenção do Poder Judiciário para determinar a internação forçada."[85]

Ao fim e ao cabo, a internação forçada nas chamadas instituições totais, nomenclatura utilizada por Goffman[86], viola os princípios basilares de proteção à pessoa

---

83. ALENCAR, Cícero; ASSIS, Daniel; MUSSE, Luciana. Da interdição civil à tomada de decisão apoiada: uma transformação necessária ao reconhecimento da capacidade e dos direitos humanos da pessoa com deficiência. *Revista de Estudos Empíricos em Direito*, v. 3, n. 2, jul. 2016, p. 230.
84. PEREIRA, Ana; BRAZZALE, Flávia. Paternalismo estatal, autonomia e Estatuto da Pessoa com Deficiência. *Revista de Ciências Jurídicas Pensar*, v. 22, n. 1, jan./abr. 2017, p. 3-33.
85. TJSP; Remessa Necessária Cível 1005505-87.2019.8.26.0066; Relator (a): Djalma Lofrano Filho; Órgão Julgador: 13ª Câmara de Direito Público; Foro de Barretos – 1ª Vara Cível; Data do Julgamento: 20.03.2020; Data de Registro: 20.03.2020.
86. GOFFMAN, Erving. *Manicômios, prisões e conventos*. 7. ed. São Paulo: Editora Perspectiva, 2001, p. 16.

com deficiência desde o momento do deferimento judicial até a aplicação da medida terapêutica,

Breves considerações acerca da aplicação da medida terapêutica são necessárias. O Relatório da Inspeção Nacional em Comunidades Terapêuticas realizado pelo Conselho Federal de Psicologia em parceria com o Ministério Público Federal e com o Mecanismo Nacional de Prevenção e Combate à Tortura, aponta que uma característica comum às instituições analisadas é a restrição do convívio social e o isolamento dos internos.[87]

O paradigma do isolamento vivenciado nas instituições terapêuticas vai na contramão do direito estabelecido no Artigo 2º, II da Lei da Reforma Psiquiátrica (lei 10.206/2001), segundo o qual a inserção na família, no trabalho e na comunidade deve fazer parte do tratamento da pessoa com deficiência. Goffman aponta que "a barreira que as instituições totais colocam entre o internado e o mundo externo assinala a primeira mutilação do eu."[88], de modo que a alteração substancial na rotina do indivíduo, a desconexão forçada com elementos que faziam parte de sua formação moral e cultural, a completa ausência da possibilidade de realizar pequenas escolhas durante o dia, tais como o horário em que se levanta, quais alimentos irá ingerir nas refeições, enfim, a disciplina minuciosamente orquestrada, com o passar do tempo, ocasiona a mortificação do eu, situação que dificilmente poderá ser revertida após a alta do paciente.[89]

4. CONSIDERAÇÕES FINAIS. VULNERABILIDADE COMO PRESSUPOSTO PARA PROTEÇÃO, E NÃO PARA VIOLAÇÃO

Para atingir-se a promoção da saúde e do bem-estar, inclusive da saúde mental, é preciso recordar o pressuposto dos ODS, de "não deixar ninguém para trás". A falta de atenção à saúde mental "é identificada como uma barreira global ao desenvolvimento sustentável".

As interlocuções entre a saúde e o direito intensificaram-se e são objeto frequente de atenção de ambas as áreas. No campo jurídico, há grande destaque para a "judicialização da saúde", termo que exige um cuidado por ter múltiplos significados e

---

87. *Relatório da Inspeção Nacional em Comunidades Terapêuticas* – 2017. Conselho Federal de Psicologia; Mecanismo Nacional de Prevenção e Combate à Tortura; Procuradoria Federal dos Direitos do Cidadão; Ministério Público Federal. Brasília/DF: CFP, 2018, p. 57.
88. GOFFMAN, Erving. *Manicômios, prisões e conventos*. 7. ed. São Paulo: Editora Perspectiva, 2001, p. 24.
89. "Embora alguns dos papéis possam ser restabelecidos pelo internado, se e quando ele voltar para o mundo, é claro que outras perdas são irrecuperáveis e podem ser dolorosamente sentidas como tais. Pode não ser possível recuperar, em fase posterior do ciclo vital, o tempo não empregado no progresso educacional ou profissional, no namoro, na criação dos filhos. Um aspecto legal dessa perda permanente pode ser encontrado no conceito de "morte civil": os presos podem enfrentar, não apenas uma perda temporária dos direitos de dispor do dinheiro e assinar cheques, opor-se a processos de divórcio ou adoção, e votar, mas ainda podem ter alguns desses direitos permanentemente negados". GOFFMAN, Erving. *Manicômios, prisões e conventos*. 7. ed. São Paulo: Editora Perspectiva, 2001, p. 25.

porque sugere um caráter pejorativo aos pedidos judiciais da saúde, sem levar em conta as falhas e lacunas do sistema.

É preciso, no entanto, diferenciar o diálogo necessário, da apropriação pelo direito de questões da saúde. Não se justifica que a definição sobre a "necessidade", modalidade e duração de internações forçadas seja fixada segundo parâmetros abstratos do direito criminal, sem qualquer coerência com os protocolos da saúde. Em um momento em que a devida comprovação da eficácia dos tratamentos, da adequação ao paciente singular e a avaliação de custo benefício são requisitos usuais para incorporação e fornecimento de tratamentos, são frequentemente desprezadas na imposição de internação.

É indispensável resgatar a interlocução entre saúde e direito, para que nenhuma das áreas se converta em refém da outra. É evidente a incoerência em afastar a punição, mas tomar o Código Penal como baliza para estabelecer tratamentos. Revela-se urgente uma revisão das violações de direitos humanos nas internações forçadas, inclusive na esfera penal, sob pena da permanência de uma situação de notória e constante violação de direitos humanos. Vale recordar a lição de Guimarães Rosa, "As coisas mudam no devagar depressa dos tempos".

PESSOAS COM DEFICIÊNCIA, DIREITO À CONVIVÊNCIA FAMILIAR E ALIENAÇÃO DE VULNERÁVEIS

Vitor Almeida

Doutor e Mestre em Direito Civil pela Universidade do Estado do Rio de Janeiro (UERJ). Professor Adjunto de Direito Civil da Universidade Federal Rural do Rio de Janeiro (ITR/UFRRJ). Professor dos cursos de especialização do CEPED-UERJ, PUC-Rio e EMERJ. Vice-diretor do Instituto de Biodireito e Bioética (IBIOS). Membro do Instituto Brasileiro de Estudos de Responsabilidade Civil (IBERC). Pós-doutorando em Direito Civil pela Universidade do Estado do Rio de Janeiro (UERJ).

1. CONSIDERAÇÕES INICIAIS

O Estatuto da Pessoa com Deficiência – EPD (Lei n. 13.146/2015) foi pródigo ao afirmar em diversas passagens os direitos inerentes à uma vida familiar livre de discriminações e em igualdade de oportunidades com as demais pessoas, embebido das diretrizes emanadas da Convenção Internacional dos Direitos das Pessoas com Deficiência (CDPD), internalizada no ordenamento brasileiro com *status* de emenda constitucional, nos termos do § 3º do art. 5º da Lei Maior. Em seu preâmbulo, a CDPD afirma que "a família é o núcleo natural e fundamental da sociedade e tem o direito de receber a proteção da sociedade e do Estado e de que as pessoas com deficiência e seus familiares devem receber a proteção e a assistência necessárias para tornar as famílias capazes de contribuir para o exercício pleno e equitativo dos direitos das pessoas com deficiência" (item *x*). O reconhecimento da relevância do núcleo familiar na formação da personalidade de um indivíduo encontra especial significado no caso das pessoas com deficiência, eis que contribui para o exercício da capacidade em igualdade de oportunidade e encontra pleno amparo no movimento de inclusão social desse grupo historicamente estigmatizado, na linha do que foi encampado pela lei protetiva em conformidade com os desígnios convencionais/constitucionais.

Nessa linha, o direito à convivência familiar, amplamente previsto em sede constitucional e infraconstitucional, é fartamente reconhecido à pessoa com deficiência, seja como necessário à sua inclusão social, mas principalmente como indispensável ao inerente cuidado devotado aos vulneráveis por força da solidariedade constitucional. É de se afirmar, portanto, que eventuais disputas familiares, que envolvem, não raras vezes, questões argentárias ou puramente egoístas, acabam por afastar do convívio a pessoa vulnerável dos demais parentes em razão de postura individualista e abusiva que interfere de modo provocado ou induzido na integridade psicofísica do parente vulnerável alienado e viola seu direito fundamental à convivência familiar, o que deve ser de todo combatido pelo Direito.

Diante de tal cenário, parece salutar refletir sobre a extensão e o alcance da Lei n. 12.318/2010, conhecida como lei da alienação parental, aos demais sujeitos vulneráveis no âmbito familiar e que também sofrem com o afastamento induzido ou provocado dos demais parentes. A mencionada Lei trata do combate aos atos de alienação parental, ou seja, da interferência na formação psicológica da criança ou do adolescente promovida ou induzida por um dos genitores, pelos avós ou por aqueles que detêm a autoridade, a guarda ou a vigilância, com a finalidade de repudiar um dos genitores ou causar prejuízo ao estabelecimento ou à manutenção de vínculos com este, nos termos do seu art. 2º. Nada obsta, no entanto, que se verifique na realidade dinâmica das famílias, em giro contrário, que filhos adultos ou cônjuges/companheiros, entre outros parentes próximos, também exerçam atos comissivos ou omissivos dolosos de interferência nociva no convívio familiar, sobretudo, em situações em que se aproveita da situação de vulnerabilidade ou da própria situação de curatela para afastamento provocado ou induzido entre pais idosos e seus demais filhos em razão de litígio entre irmãos ou mesmo entre irmãos e parentes próximos. Viola-se o direito fundamental à convivência familiar e a própria dignidade do sujeito alienado, eis que afeta os vínculos afetivos formados ao longo da vida e, por conseguinte, ofende sua integridade psicofísica.

À luz de tais considerações, busca-se definir o conteúdo do direito à convivência familiar das pessoas com deficiência, em especial a partir da função das entidades familiares de servirem ao livre desenvolvimento da personalidade de seus integrantes, como espaço adequado de cuidado e solidariedade. Por conseguinte, como medida de afirmação e efetividade da convivência familiar, defende-se a extensão, no que couber, da extensão da lei da alienação parental aos demais casos de interferências promovidas ou induzidas que visem o afastamento de parentes com acentuada vulnerabilidade, a exemplo das pessoas com deficiência, submetidas ou não à curatela, em nítido prejuízo à manutenção do sadio convívio familiar, em consonância com o melhor interesse de cada grupo específico e suas intrínsecas vulnerabilidades. Almeja-se, com base em tais objetivos e a partir de pesquisa bibliográfica e documental, analisar o fenômeno da alienação de pessoas com deficiência mental ou intelectual em situação de curatela e os instrumentos de proteção em prol da efetividade do direito à convivência familiar e do direito à integridade psicofísica à luz da legalidade constitucional.

2. O DIREITO À CONVIVÊNCIA FAMILIAR DAS PESSOAS COM DEFICIÊNCIA E A FUNÇÃO INSTRUMENTAL DA FAMÍLIA NO DESENVOLVIMENTO DA PERSONALIDADE

O equilíbrio entre a preservação da autonomia e a atenção à vulnerabilidade da pessoa com deficiência sempre foi delicado, especialmente no campo das relações familiares tal sopesamento adquire ares ainda mais intrincados, eis que são vínculos íntimos e afetivos e, indiscutivelmente, constitutivos do desenvolvimento da personalidade do próprio ser. Tal sintomática assertiva é reforçada com a preocupação deliberada do legislador pátrio ao elaborar o Estatuto da Pessoa com Deficiência – Lei n. 13.146/2015 – com os altos propósitos de assegurar e promover, em condições de igualdade, o exercício dos direitos e das liberdades fundamentais por pessoa com deficiência, visando à sua inclusão social e cidadania, e, por consequência, o reconhecimento de sua plena capacidade civil em todos os aspectos da vida, especialmente no campo da vida familiar.

Notadamente, os incisos do art. 6º do EPD revelam de forma nítida o objetivo da lei inclusiva em afirmar e garantir a capacidade civil das pessoas com deficiência para casar-se e constituir união estável (inciso I), exercer direitos sexuais e reprodutivos (inciso II), exercer o direito de decidir sobre o número de filhos e de ter acesso a informações adequadas sobre reprodução e planejamento familiar (inciso III), conservar sua fertilidade, sendo vedada a esterilização compulsória (inciso IV), exercer o direito à família e à convivência familiar e comunitária (inciso V) e exercer o direito à guarda, à tutela, à curatela e à adoção, como adotante ou adotando, em igualdade de oportunidades com as demais pessoas (inciso VII).

Tais dispositivos descortinam o espírito do estatuto protetivo em assegurar que as pessoas com deficiência possam livremente escolher o arranjo familiar de acordo com as suas preferências e desejos, calcado ou não em um modelo de conjugalidade. Nesse sentido, reconhece que as pessoas com deficiência podem ainda exercer os encargos da guarda, tutela e curatela[1], desde que não se encontrem submetidas à curatela, o que limita, a depender do caso, o exercício das funções ali indicadas, eis que sempre necessário observar os demais valores constitucionais em jogo, a exemplo dos princípios do melhor interesse da criança e do adolescente e da pessoa idosa (arts. 227 e 230, CR).

A preocupação do legislador com as relações familiares é fortalecida mesmo nos casos em que a pessoa com deficiência extraordinariamente é submetida à curatela, uma vez que expressamente prevê que tal medida não alcança a sexualidade e o matrimônio (art. 85 § 1º). Uma interpretação sistemática da lei permite afirmar que a curatela, em regra, não alcança nenhum dos direitos existenciais relacionados à vida familiar indicados, de forma exemplificativa, no elenco previsto no art. 6º do EPD[2]. À

---

1. Cf. ALMEIDA, Vitor; YOUNG, Beatriz Capanema. *A pessoa com deficiência como curador*: entre o direito a exercer a curatela e o melhor interesse do curatelado. No prelo.
2. "A interpretação sistemática da Lei revela que o elenco de hipóteses ali contido não é exaustivo. Foram, porém, contempladas as situações nas quais mais fortemente se faziam presentes a desigualdade e a discriminação das pessoas com deficiência, inclusive nos textos legais. A presença de uma deficiência era pressuposto bastante para retirar das pessoas a capacidade jurídica para estabelecer relações existenciais, tomando-se sempre como argumento o caso das deficiências mais severas, as quais eram e ainda são generalizadas para impedir, de modo difuso, o exercício de direitos existenciais, notadamente os relacionados à vida familiar". BARBOZA, Heloisa Helena; ALMEIDA, Vitor. Art. 6º. In: BARBOZA, Heloisa Helena; ALMEIDA, Vitor (Org.). *Comentários ao Estatuto da Pessoa com Deficiência à luz da Constituição da República*. Belo Horizonte: Fórum, 2018, p. 61.

luz do texto constitucional, nem poderia ser outra a conclusão, eis que a pluralidade e a não hierarquia das entidades familiares são pressupostos indispensáveis para evitar a discriminação e a preponderância entre os modelos de família, o que deve ser de todo afastado. Com isso, em regra, a curatela é restrita aos atos de natureza patrimonial e negocial, e, portanto, não alcança os direitos existenciais vinculados ao direito à família, salvo quando expressamente a sentença que definir os contornos da curatela eventualmente restringir alguma situação existencial de natureza familiar e sempre em proteção da dignidade da pessoa com deficiência.

A importância dos laços familiares no desenvolvimento da personalidade das pessoas com deficiência é realçada em outras passagens do vigente marco normativo de proteção das pessoas com deficiência. Desse modo, o art. 114 do EPD, por exemplo, conferiu nova redação ao art. 1.777 do Código Civil para reforçar a preservação do direito à convivência familiar, de modo a afastar o recolhimento dos curatelados em estabelecimentos que os afaste desse convívio. Cabe sublinhar a relevância do direito à convivência familiar, realçado em diversos dispositivos do EPD. Assim, além da sua menção no art. 6º, inciso V, é dever do Estado, da sociedade e da família assegurar à pessoa com deficiência, com prioridade, a efetivação do direito à convivência familiar, conforme estampado no art. 8º[3]. Preocupou-se, ainda, nos termos do art. 31, que o direito à moradia digna da pessoa com deficiência seja, preferencialmente, efetivado no seio da família natural ou substituta, com seu cônjuge ou companheiro.[4]

Mas, sem dúvida, o alcance do direito à família, como preferiu o legislador mencionar na primeira parte do inciso V do art. 6º, merece ser mais bem explorado. À propósito, em linha de unidade sistemática do ordenamento, cabe interpretá-lo à luz das disposições da Convenção Internacional das Nações Unidas sobre os Direitos das Pessoas com Deficiência e seu protocolo facultativo (CDPD), que foram ratificados pelo Congresso Nacional através do Decreto Legislativo 186, de 09 de julho de 2008, e promulgados pelo Decreto 6.949, de 25 de agosto de 2009. A par disso, as disposições da CDPD encontram-se formalmente incorporadas, com força, hierarquia e eficácia constitucionais, ao plano do ordenamento positivo interno do Estado brasileiro, nos termos do art. 5º, §3º, da Constituição Federal. A internalização à ordem constitucional brasileira da CDPD como emenda constitucional revolucionou o tratamento da questão, ao colocá-la no patamar dos direitos humanos e ao adotar o denominado modelo social da deficiência.[5]

---

3. O direito à convivência familiar é novamente mencionado no art. 39 do EPD como um dos objetivos perseguidos pelos serviços, programas, projetos e benefícios no âmbito da política pública de assistência social à pessoa com deficiência e sua família.
4. "Art. 31. A pessoa com deficiência tem direito à moradia digna, no seio da família natural ou substituta, com seu cônjuge ou companheiro ou desacompanhada, ou em moradia para a vida independente da pessoa com deficiência, ou, ainda, em residência inclusiva".
5. Cf. BARBOZA, Heloisa Helena; ALMEIDA JUNIOR, Vitor de Azevedo. Reconhecimento e inclusão das pessoas com deficiência. *Revista Brasileira de Direito Civil* – RBDCivil, v. 13, p. 17-37, Belo Horizonte, jul./set., 2017.

Logo em seu preâmbulo, a CDPD ressalta que a família é o "núcleo natural e fundamental da sociedade e tem o direito de receber a proteção da sociedade e do Estado e de que as pessoas com deficiência e seus familiares devem receber a proteção e a assistência necessárias para tornar as famílias capazes de contribuir para o exercício pleno e equitativo dos direitos das pessoas com deficiência". No entanto, o núcleo dos direitos ligados à vida familiar na CDPD encontra-se previsto em seu art. 23 que trata do "respeito pelo lar e pela família". Determina, portanto, o dever dos Estados Partes na adoção de "medidas efetivas e apropriadas para eliminar a discriminação contra pessoas com deficiência, em todos os aspectos relativos a casamento, família, paternidade e relacionamentos, em igualdade de condições com as demais pessoas". Deve ser assegurado, dessa forma, "o direito das pessoas com deficiência, em idade de contrair matrimônio, de casar-se e estabelecer família, com base no livre e pleno consentimento dos pretendentes"; "os direitos das pessoas com deficiência de decidir livre e responsavelmente sobre o número de filhos e o espaçamento entre esses filhos e de ter acesso a informações adequadas à idade e a educação em matéria de reprodução e de planejamento familiar, bem como os meios necessários para exercer esses direitos"; e, que as "pessoas com deficiência, inclusive crianças, conservem sua fertilidade, em igualdade de condições com as demais pessoas" (art. 23, 1, *a*, *b* e *c*).

É de se afirmar, portanto, que as disposições contidas no EPD seguem as prescrições emanadas da CDPD no tocante à liberdade das pessoas com deficiência em exercer os atos relacionados à vida familiar. E nem poderia ser diferente, tendo em vista a supremacia das normas da Convenção que foram internalizadas com *status* de emenda constitucional, como já afirmado. É nítido que o objetivo central da CDPD é respeitar as decisões da pessoa com deficiência no que tange à aspectos genuínos ligados à família, seja o casamento, a união estável, a autonomia reprodutiva, a maternidade, a paternidade e a convivência familiar de forma ampla e responsável, sem discriminações ou limitações legais incompatíveis com a capacidade.

A CDPD preocupou-se em sopesar os direitos de todos os integrantes da comunidade familiar, de modo a preservar os interesses merecedores de tutela de todos os envolvidos, sem descurar do respeito ao direito à família que é garantido à pessoa com deficiência. Desse modo, prevê que os direitos e as responsabilidades "das pessoas com deficiência, relativos à guarda, custódia, curatela e adoção de crianças ou instituições semelhantes" devem ser igualmente reconhecidos, em busca do delicado equilíbrio entre os direitos fundamentais de cada membro da entidade familiar. Em casos de colisão de interesses, fundamental o critério da prevalência do superior interesses das crianças (e adolescentes)[6] apontado pela CDPD, e, em sintonia com

---

6. Cabe lembrar que a Convenção sobre os Direitos da Criança foi adotada pela Assembleia Geral da ONU em 20 de novembro de 1989. O Congresso Nacional brasileiro aprovou, pelo Decreto Legislativo 28, de 14 de setembro de 1990, a Convenção sobre os Direitos da Criança, a qual entrou em vigor internacional em 02 de setembro de 1990, na forma de seu artigo 49, inciso 1. O Governo brasileiro ratificou a referida Convenção em 24 de setembro de 1990, tendo a mesmo entrado em vigor para o Brasil em 23 de outubro de 1990, na forma do seu artigo 49, incisos 2. O Decreto n. 99.710, de 21 de novembro de 1990, promulgou a referida

a Constituição de 1988, para o encaminhamento mais adequado da questão, sem sacrificar totalmente os direitos asseguradas à pessoa com deficiência, cabendo aos Estados Partes prestar a devida assistência para o adequado exercício das responsabilidades na criação dos filhos (art. 23, 2).

Cabe frisar que no caso de adoção o Estatuto da Criança e do Adolescente (Lei n. 8.069/90) estabelece no art. 197-A, inciso VI, incluído por força da Lei n. 12.010/2009, a necessidade de apresentar atestado de sanidade física e mental dos postulantes à adoção domiciliados no Brasil por ocasião da propositura da petição inicial de habilitação dos pretendentes. A restrição imposta por tal dispositivo parece contrariar o disposto no art. 6º, inciso VII, do EPD, especialmente em interpretação conforme à CDPD, uma vez que o art. 23, item 2, estabelece que os Estados Partes devem assegurar os direitos e as responsabilidades das pessoas com deficiência relativos à adoção de crianças e prestar a devida assistência para que tais pessoas possam exercer suas responsabilidades na criação dos filhos. Mais razoável seria em caso de curatela de pessoas com deficiência mental ou intelectual averiguar as restrições impostas ao curatelado e os limites da curatela. É de ser afirmar completamente equivocado o termo e a exigência de atestado de "sanidade física" na medida em que deficiência de natureza física não impede ninguém de cuidar e criar seu filho, cabendo em situações específicas a assistência e o apoio necessários.

Nessa linha, o direito à família e à convivência familiar, ambos previstos no art. 6º, inciso V, do EPD, parecem encontrar seu conteúdo mínimo e, assim, os parâmetros de seu alcance no art. 23 da CDPD. Ao lado do art. 8º, que prevê especificamente o direito à sexualidade, à paternidade, à maternidade e à convivência familiar, atuam como *cláusula geral de promoção da autonomia familiar* da pessoa com deficiência, de modo a permitir a constituição e manutenção dos vínculos familiares que melhor se adequem ao seu projeto existencial de vida e ao desenvolvimento de sua personalidade. A interpretação sistemática da CDPD e do EPD, portanto, reforça a ideia de respeito à autonomia da pessoa com deficiência na vida familiar, sem discriminação e preconceitos, e, acima de tudo, da importância da família no desenvolvimento da sua personalidade.

Em paralelo ao respeito à autonomia na vida familiar, amplamente reconhecido às pessoas com deficiência, como visto, indispensável proteger as situações de vulnerabilidade no ambiente familiar, prevenindo casos de abandono, negligência e abusos praticados pelos demais integrantes da família. A CDPD determina que os Estados Partes adotem as salvaguardas apropriadas e efetivas para prevenir abusos em relação ao exercício da capacidade legal (art. 12.4), o que inclui a autodeterminação no que tange à vida familiar. Reconhece, outrossim, que alguns integrantes da

---

Convenção. Nos termos do ser art. 1, para "efeitos da presente Convenção considera-se como criança todo ser humano com menos de dezoito anos de idade, a não ser que, em conformidade com a lei aplicável à criança, a maioridade seja alcançada antes". A Lei n. 8.069/90 (Estatuto da Criança e do Adolescente), no seu art. 2º, considera "criança, para os efeitos desta Lei, a pessoa até doze anos de idade incompletos, e adolescente aquela entre doze e dezoito anos de idade".

família são mais frequentemente atingidos no contexto familiar, como as mulheres e as meninas que estão "expostas a maiores riscos, tanto no lar como fora dele, de sofrer violência, lesões ou abuso, descaso ou tratamento negligente, maus-tratos ou exploração" (Preâmbulo, *q*). Assegura, ainda, que "as crianças com deficiência terão iguais direitos em relação à vida familiar" e, para tanto, "os Estados Partes fornecerão prontamente informações abrangentes sobre serviços e apoios a crianças com deficiência e suas famílias" para evitar ocultação, abandono, negligência e segregação.

Para o alcance da igualdade e da não discriminação, a Lei Brasileira de Inclusão[7] se preocupa com a vulnerabilidade da pessoa com deficiência e determina no art. 5º sua proteção contra toda forma de negligência, discriminação, exploração, violência, tortura, crueldade, opressão e tratamento desumano ou degradante, seja no ambiente intrafamiliar ou comunitário. O parágrafo único do art. 5º do EPD reconhece, a propósito, que crianças, adolescentes, mulheres e pessoas idosas são especialmente vulneráveis para fins de aplicação do *caput*. Depreende-se, portanto, que a CDPD e o EPD caminham na mesma direção de promover a autonomia e a capacidade, notadamente para fins de exercício dos direitos ligados à vida familiar, mas não descura da vulnerabilidade que lhe é inerente e que situações de negligência, abandono, abusos de toda ordem[8], ocultação e discriminação podem ocorrer no interior dos agrupamentos familiares e serem praticados por aqueles a quem o ordenamento imputa o dever de protegê-los.

O reconhecimento do direito à família e à convivência familiar, nos termos do EPD e da CDPD, é justificado igualmente pelo objetivo de inclusão social e respeito à dignidade das pessoas com deficiência. Com base no modelo social, é indispensável retirar ou suavizar as barreiras socialmente impostas às pessoas com deficiência,

---

7. A Lei n. 13.146/2015 é conhecida como Lei Brasileira de Inclusão (LBI) ou Estatuto da Pessoa com Deficiência (EPD). No presente trabalho utiliza-se indistintamente ambas as nomenclaturas.
8. O jornalista Joseph Shapiro, após longa investigação, constatou que há uma epidemia silenciosa de abuso sexual que atinge as pessoas com deficiência intelectual: "*We found that there is an epidemic of sexual abuse against people with intellectual disabilities. These crimes go mostly unrecognized, unprosecuted and unpunished. A frequent result was that the abuser was free to abuse again. The survivor is often re-victimized multiple times*". Disponível em: https://www.npr.org/2018/01/08/570224090/the-sexual-assault-epidemic-no-one-talks-about. Acesso em: 28 mar. 2020. Tradução nossa: "Descobrimos que existe uma epidemia de abuso sexual contra pessoas com deficiência intelectual. Esses crimes passam na maior parte do tempo sem serem reconhecidos, sem serem executados e impunes. Um resultado frequente foi que o agressor estava livre para abusar novamente. O sobrevivente é frequentemente vitimizado várias vezes". A respeito da violência obstétrica, Aline de Miranda Valverde Terra e Ana Carla Harmatiuk Matos constatam que há "um grupo de mulheres ainda mais indefesas, hipervulneráveis, que se encontram em situação de maior desamparo e que sofrem de forma mais intensa e cruel com práticas violentas e hostis ligadas à gestação: as mulheres com deficiência. [...] Esse contingente populacional, dado as sobreposições de gênero e deficiência, vivencia especificidades que tornam ainda mais evidente a sua precarização (BUTLER, 2015, p. 46-47). Essa realidade decorre, em alguma medida, da histórica adoção de um regime das incapacidades baseado no modelo médico da deficiência, que não apenas negava capacidade e autonomia à pessoa com deficiência, resultando na sua objetificação e completa desconsideração de seus desejos e vontades, como também entendia a deficiência como um "problema" exclusivamente da pessoa que a apresentava, impondo-lhe – no mais das vezes – o intransponível ônus de se adaptar à sociedade". TERRA, Aline de Miranda Valverde; MATOS, Ana Carla Harmatiuk. Violência obstétrica contra a gestante com deficiência. *Pensar* – Revista de Ciências Jurídicas, v. 24, p. 1-13, 2019.

especialmente para o exercício de direitos relacionados à constituição familiar, como o casamento, a união estável, a maternidade e a paternidade. Antes da convivência comunitária, a família representa a comunidade intermediária e *locus* privilegiado de formação do ser e desenvolvimento das suas potencialidades, além de propiciar uma rede de apoio e suporte crucial para as necessidades humanas. A família, portanto, desempenha função essencial no livre desenvolvimento da personalidade de seus membros, notadamente para as pessoas vulneráveis, que necessitam do apoio, amparo, cuidado, assistência, respeito e consideração, que se efetivam nos vínculos familiares.

Nessa linha, a instrumentalização das famílias à autorrealização individual modifica sua tradicional vocação de instituição como fim si mesma, afigurando-se, atualmente, como o grupo social intermédio hábil a proporcionar o desenvolvimento dos membros da comunidade[9]. A concepção instrumental das entidades familiares é fundamental para que as pessoas com deficiência possam efetivamente exercer o direito à família e à convivência familiar a partir das suas diferenças e de acordo com suas necessidades. Assim, a partir de uma visão mais democrática das famílias, persegue-se o ideal da igualdade e da liberdade com a diminuição do discurso autoritário e patriarcal e, por conseguinte, emerge a valorização da socioafetividade[10]. Desse modo, a ideia de família-instrumento serve como chave de leitura para definir os contornos da proteção das pessoas com deficiência nas relações familiares que devem ser guiadas pela promoção da capacidade, em igualdade de condições, sem discriminações e em nome da sua dignidade.

3. A ALIENAÇÃO DA PESSOA COM DEFICIÊNCIA NO CONTEXTO FAMILIAR E EM SITUAÇÃO DE CURATELA

A plena capacidade civil das pessoas com deficiência, como visto, foi assegurada no art. 6º do EPD, inclusive para os atos de autonomia existencial, consoante afirmado nos incisos do mencionado dispositivo. No entanto, permitiu o legislador que em situações extraordinárias a pessoa com deficiência fosse submetida à curatela "proporcional às necessidades e às circunstâncias de cada caso" e "no menor tempo possível" (art. 84, § 3º), afetando tão somente os seus atos de natureza patrimonial e negocial. A incapacidade de pessoa com deficiência mental ou intelectual, quando admissível, será sempre relativa, pois findou no direito brasileiro a incapacidade absoluta de pessoa maior de idade. É de se ressaltar ainda que, nos termos do art. 4º, III, do Código Civil, é considerada relativamente incapaz a pessoa que não possa exprimir sua vontade, temporária ou permanentemente, de forma consciente e autônoma, relativa a determinados atos patrimoniais/negociais, mas que, eventualmente,

---

9. BODIN DE MORAES, Maria Celina. A família democrática. In: *Na medida da pessoa humana*: estudos de direito civil-constitucional. Rio de Janeiro: Renovar, 2010, p. 207-234.
10. Sobre o assunto, cf. CALDERON, Ricardo Lucas. *Princípio da afetividade no direito de família*. Rio de Janeiro: Renovar, 2013.

podem atingir os existenciais, desde que como salvaguarda para prevenir abusos e impedir que direitos sejam violados. Como se vê, cuida-se de critério genérico e que afasta o viés discriminatório do regime anterior do Código Civil.[11]

A curatela, nessa perspectiva, transforma-se em instrumento de proteção e apoio da pessoa com deficiência declarada como relativamente incapaz, mas que se volta, como sua função precípua, à conquista da autonomia perdida ou fortemente mitigada da pessoa com deficiência, em razão do impedimento de longo prazo intelectual ou mental que em interação com as barreiras sociais impedem a plena participação social com as demais pessoas. Sua flexibilidade permite moldar, à luz das circunstâncias do caso concreto, o apoio da forma mais apropriada – se representação ou assistência, de acordo com o projeto terapêutico personalizado e individualizado.[12]

A definição da curatela, isto é, dos poderes do curador e das restrições impostas ao curatelado, deve ser feita diante de cada caso concreto, uma vez que a curatela constitui medida extraordinária, devendo constar da sentença as razões de sua definição, preservados os interesses do curatelado (art. 85, §2º). Nos casos em que o juiz não fixar os poderes de representação como mecanismo de apoio, a regra recairá sobre a assistência, a qual é mais compatível com a imperiosa exigência de preservação da autonomia das pessoas com deficiência, ainda que submetidas a regime de apoio. Com o chamado *giro funcional da curatela*, preserva-se a capacidade civil da pessoa com deficiência ao máximo possível, no que diz respeito, sobretudo, a seus interesses existenciais, como prevê o art. 6º do EPD, bem como em relação à sua excepcionalidade enquanto medida protetiva[13]. Apesar da restrição do alcance da curatela aos atos patrimoniais e negociais, nos termos do art. 85, *caput*, do EPD, é admissível estendê-la as situações existenciais, apenas em caráter excepcional, em decorrência e por força da cláusula geral da dignidade da pessoa humana, através de decisão judicial, sempre proferida para proteção ou benefício, e no interesse da pessoa com deficiência.[14]

A funcionalização da curatela, à luz dos comandos da CDPD e do EPD, evidencia que ela deve promover os princípios constitucionais de dignidade humana e solidariedade social, com o máximo respeito à sua autonomia, sobretudo nos aspectos existenciais da vida, que inclui os direitos relacionados à vida familiar. Em diversos casos, as potencialidades afetivas do incapaz se mantêm idôneas e devem ser preservadas. Fundamental, nesse sentido, promover o direito à convivência familiar da pessoa com deficiência com todos os parentes com quem manteve vínculos de

---

11. Seja consentido remeter a ALMEIDA, Vitor. *A capacidade civil das pessoas com deficiência e os perfis da curatela*. Belo Horizonte: Fórum, 2018, p. 229-251.
12. Idem, ibidem, p. 195-229.
13. Idem, ibidem, p. 229-258.
14. Neste sentido, foi aprovado o Enunciado 637 do Centro da Justiça Federal que: "Admite-se a possibilidade de outorga ao curador de poderes de representação para alguns atos da vida civil, inclusive de natureza existencial, a serem especificados na sentença, desde que comprovadamente necessários para proteção do curatelado em sua dignidade".

afetividade e de afinidade ao longo da construção da sua trajetória mesmo após o comprometimento psíquico que permitiu a excepcionalidade do recurso à curatela. Cabe ao curador na busca pelo resgate da autonomia do curatelado preservar o seu convívio familiar de forma ampla de modo a permitir o desenvolvimento da personalidade e respeitar sua autonomia existencial afirmada ao longo da vida.

Não é incomum que em razão de disputas entre familiares, por motivos econômicos ou puramente egoístas, a pessoa submetida à curatela acabe afastada de seus parentes com vínculos mais íntimos e duradouros ao longo da construção da subjetividade. Não raro, inclusive, observam-se interferências indevidas em liames mais próximos da relação de parentesco como filhos, netos, irmãos e até mesmo cônjuges ou companheiros visando obter algum proveito econômico ou mesmo influenciá-lo na formulação de testamento ou disposição de bens em vida, mediante captação dolosa da vontade, bem como por razões individualistas e em benefício próprio. Diante de tal cenário, constata-se que a vulnerabilidade de determinadas pessoas no ambiente familiar propicia a sua manipulação por terceiros, eclipsando a real vontade do vulnerável de modo a prejudicar suas escolhas no seio familiar.

Indiscutível, portanto, que não são apenas crianças e adolescentes que sofrem interferência em sua formação para repudiar ou prejudicar o vínculo com um dos genitores por meio de práticas induzidas ou promovidas. Tais ações que visam a manipulação do indivíduo em formação também alcançam outros sujeitos vulneráveis, eis que fragilizados por razões da idade avançada ou por impedimentos de longo prazo de natureza mental ou intelectual que em interação com as barreiras socialmente impostas impedem a plena e equitativa participação em igualdade de condições com as demais pessoas, de que são bons exemplos as pessoas idosas e com deficiência.

A rigor, o induzimento ou promoção de atos que importem no repúdio ou efetivo prejuízo à convivência com algum parente próximo por parte de quem deveria cuidar e promover o melhor interesse do vulnerável configura verdadeira violência psicológica e violação de direitos fundamentais, como a convivência familiar e a integridade psicofísica. Impedir ou criar obstáculos ao desfrute de elos de afetividade familiar por interesses escusos ou egoístas reforçam a vulnerabilidade do sujeito que deveria ser protegido e amputa ainda mais sua autonomia em terreno tão íntimo em que se enquadra o campo familiar. Ademais, demonstra a violação do dever de cuidado que é imputado a quem juridicamente é responsável pelo familiar vulnerável. Em especial, para fins dos objetivos traçados para o presente trabalho, cabe investigar o papel do curador nos atos de alienação familiar da pessoa com deficiência intelectual ou mental, idosa ou não, submetida à curatela.

Cioso da prática de violência intrafamiliar, o legislador constituinte determinou, em seu art. 226, § 8º, que o "Estado assegurará a assistência à família na pessoa de cada um dos que a integram, criando mecanismos para coibir a violência no âmbito de suas relações". A rigor, a chamada violência intrafamiliar comporta diversas formas de abuso que acontecem entre os membros de uma família, o que denota as relações de poder e de assimetria no interior dos agrupamentos familiares e prejudicam e inferiorizam, sobretudo, os familiares vulneráveis. Nesse contexto, a violência pode ser física, psicológica, sexual e mesmo em forma de negligência e de abandono e geralmente decorre de relações de subordinação e dominação em razão dos laços familiares pautados, entre outros, em temor reverencial, cuidado e dependência econômica. A violência intrafamiliar, portanto, "é um fenômeno complexo que desconhece qualquer fronteira de classe social, cultura e nível de desenvolvimento econômico, e pode ocorrer tanto no domínio íntimo do lar como no domínio público e em qualquer etapa da vida" e que pode decorrer, entre outros, de dificuldades "financeiras, desemprego, problemas com a justiça, abuso de álcool e drogas".[15]

Na linha da diretriz constitucional estampada no art. 226, § 8º, impõe-se que os atos de alienação no âmbito da família não sejam limitados somente às crianças e adolescentes, mas igualmente alcancem outras pessoas vulneráveis no interior dos agrupamentos familiares, uma vez que a família é a base da sociedade e merece especial proteção e todas as formas de violência intrafamiliar devem ser combatidas. Destaca-se, nesse sentido, a promulgação da Lei n. 11.340, de 07 de agosto de 2006, conhecida como Lei Maria da Penha, que criou mecanismos para coibir a violência doméstica e familiar contra a mulher, nos termos do § 8º do art. 226 da Lei Maior, e a promulgação da Lei n. 13.104, 09 de março de 2015, conhecida como Lei do Feminicídio, que alterou o art. 121 do Código Penal para prever o feminicídio como circunstância qualificadora do crime de homicídio contra a mulher por razões da condição do sexo feminino, que envolve violência doméstica e familiar (art. 121, § 2º, VI, § 2º, I), e o incluiu no rol dos crimes hediondos (art. 1º, I, da Lei n. 8.072/90). Tais diplomas evidenciam a recente preocupação do legislador em combater a violência doméstica e familiar contra a mulher em razão da vulnerabilidade de gênero.

O Estatuto do Idoso, preocupado com a vulnerabilidade social da pessoa idosa, assegura, em seu art. 4º, que nenhum idoso será vítima de qualquer tipo de violência e determina que os casos de suspeita ou confirmação de violência praticada contra idoso serão objeto de notificação compulsória pelos serviços de saúde públicos e privados (art. 19)[16]. Por sua vez, o EPD protege a pessoa com deficiência contra toda forma de violência, nos termos do art. 5º, e considera especialmente vulneráveis a criança, o adolescente, a mulher e o idoso, com deficiência (par. único). Na mesma linha do Estatuto do Idoso, o EPD estabelece que os casos de suspeita ou de confirmação de violência praticada contra a pessoa com deficiência serão objeto de notificação compulsória pelos serviços públicos e privados à autoridade policial e ao Ministério Público, além dos Conselhos dos Direitos da pessoa com Deficiência

---

15. PADOVANI, Ricardo da Costa; WILLIAMS, Lúcia Cavalcanti de Albuquerque. Histórico de violência intrafamiliar em pacientes psiquiátricos. *Psicologia Ciência e Profissão*, ano 28, v. 3, p. 520-535, set., 2008.
16. A Lei n. 12.461/2011 incluiu o § 1º ao art. 19 e definiu que, para os efeitos desta Lei, considera-se violência contra o idoso qualquer ação ou omissão praticada em local público ou privado que lhe cause morte, dano ou sofrimento físico ou psicológico.

(art. 26)[17]. Inegável, portanto, que o ordenamento brasileiro já dispõe de arsenal razoável para combater todas as formas de violência intrafamiliar contra as pessoas vulneráveis, em que pese os desafios da efetividade dos marcos legais mencionados.

O direito das famílias contemporâneo vive momento pendular ao transitar por dois valores constitucionais de igual patamar hierárquico. Se, por um lado, deve-se assegurar a liberdade nas escolhas existenciais que propiciem o desenvolvimento pleno da personalidade de cada pessoa integrante da família, por outro, a tutela das vulnerabilidades é imprescindível a fim de que as relações familiares se desenvolvam em ambiente de igualdade de direitos e deveres[18], harmônico e de proteção contra qualquer forma de violência. O princípio da dignidade e da solidariedade familiar amparam o dever de cuidado como necessário para a tutela das vulnerabilidades no cenário democrático das famílias, em que se torna legítima a interferência do Estado para coibir os abusos e as violências no interior dos arranjos familiares.

No cenário de maior liberdade na constituição e desconstituição familiar, impulsionada por meio da Emenda Constitucional n. 66/2010, e de proteção das vulnerabilidades no contexto familiar, em especial de crianças e adolescentes, assentada na proteção constitucional integral e prioritária que lhes é assegurada (art. 227), que é promulgada a Lei n. 12.318, de 26 de agosto de 2010, conhecida como lei da alienação parental. A confusão entre conjugalidade e parentalidade sempre foi comum e em diversas situações os filhos tornam-se instrumentos de vingança, sendo levados a odiar e rejeitar quem decidiu pôr fim à relação conjugal. Observa-se que com "a dissolução da união, os filhos ficam fragilizados, com sentimentos de orfandade psicológica. Este é um terreno fértil para plantar a ideia de abandonada pelo genitor"[19]. A rigor, tal prática sempre existiu, mas somente recebeu atenção mais recentemente. Nos anos oitenta do século passado, a alienação parental foi inicialmente definida como síndrome por força da construção teórica do psiquiatra americano Richard Gardner[20]. Posteriormente, despertou interesse da área da Psicologia e do Direito.

---

17. O parágrafo único do art. 26 do EPD define que, "para os efeitos desta Lei, considera-se violência contra a pessoa com deficiência qualquer ação ou omissão, praticada em local público ou privado, que lhe cause morte ou dano ou sofrimento físico ou psicológico".
18. TEPEDINO, Gustavo. O conceito de família entre autonomia existencial e tutela de vulnerabilidades. *Tribuna do Advogado*, ano LXV, n. 555, fev., 2016. Disponível em: https://www.oabrj.org.br/tribuna/ordem-age-garantir-tributacao-menor-advogados/conceito-fam-ilia-entre-autonomia-existencial. Acesso em: 28 maio 2020.
19. DIAS, Maria Berenice. Alienação parental: um crime sem punição. In: DIAS, Maria Berenice (Coord.). *Incesto e alienação parental*: realidades que a justiça insiste em não ver. 2. ed., rev., atual e ampl. São Paulo: Ed. RT, 2010, p. 15.
20. "A primeira definição da Síndrome da Alienação Parental – SAP foi apresentada em 1985, por Richard Gardner, professor de psiquiatria clínica no Departamento de Psiquiatria Infantil da Universidade de Columbia, nos Estados Unidos da América, a partir da sua experiência como perito judicial. A síndrome geralmente tem seu início a partir das disputas judiciais pela guarda dos filhos, uma vez que os processos de separação em geral tendem a despertar sentimentos de traição, rejeição, abandono e angústia – quando surge o medo de não ter mais valor para o outro". MADALENO, Ana Carolina Carpes; MADALENO, Rolf. *Síndrome da alienação parental*: a importância de sua detecção com seus aspectos legais e processuais. Rio de Janeiro: Forense, 2013, p. 41.

Inegavelmente, a alienação parental é um fenômeno jurídico contemporâneo potencializado em razão do aumento de separações e divórcios em que há alto grau de litigiosidade[21]. Doutrina autorizada sustenta, com base na doutrina da proteção integral que molda o conjunto de direitos e deveres enfeixados pela autoridade parental, que "seria perfeitamente factível a identificação e a sanção de práticas alienadoras", independentemente de lei específica. No entanto, em um país de forte matriz positivista, a edição da Lei de Alienação Parental tem importante função pedagógica e fornece segurança jurídica, na medida em que tipifica condutas antijurídicas com as consequentes sanções correlatas[22]. Mesmo assim, há que se frisar que o ordenamento jurídico pátrio já tinha instrumentos jurídicos disponíveis para combater a alienação parental.[23]

A Lei n. 12.318/2010 prevê, exemplificativamente, os atos alienadores[24] e suas sanções, bem como alguns trâmites processuais especiais. Nos termos do art. 2º, "considera-se ato de alienação parental a interferência na formação psicológica da criança ou do adolescente promovida ou induzida por um dos genitores, pelos avós ou pelos que tenham a criança ou adolescente sob a sua autoridade, guarda ou vigilância

---

21. "A Síndrome de Alienação Parental é um acontecimento frequente na sociedade atual, que se caracteriza por um elevado número de separações e divórcios. [...] A situação que desencadeia a Síndrome de Alienação Parental está relacionada com a separação e o divórcio, mas traços de comportamento alienante podem ser identificados no cônjuge alienador durante os anos tranquilos da vida conjugal. Essa predisposição, entretanto, é posta em marcha a partir do fator separação (gatilho ou fato desencadeante). Não resta dúvida que a Síndrome de Alienação Parental é uma forma de maltrato ou abuso, para a qual os operadores do direito devem estar atentos". TRINDADE, Jorge. Síndrome de Alienação Parental (SAP). In: DIAS, Maria Berenice (Coord.). *Incesto e alienação parental*: realidades que a justiça insiste em não ver. 2. ed., rev., atual e ampl., São Paulo: Ed. RT, 2010, p. 22.
22. O art. 6º da Lei 12.318 traz, uma vez constatada a prática de alienação parental, medidas processuais que podem ser distinguidas em medidas de proteção às crianças e aos adolescentes e medidas punitivas ao genitor alienante: "Art. 6º Caracterizados atos típicos de alienação parental ou qualquer conduta que dificulte a convivência de criança ou adolescente com genitor, em ação autônoma ou incidental, o juiz poderá, cumulativamente ou não, sem prejuízo da decorrente responsabilidade civil ou criminal e da ampla utilização de instrumentos processuais aptos a inibir ou atenuar seus efeitos, segundo a gravidade do caso: I – declarar a ocorrência de alienação parental e advertir o alienador; II – ampliar o regime de convivência familiar em favor do genitor alienado; III – estipular multa ao alienador; IV – determinar acompanhamento psicológico e/ou biopsicossocial; V – determinar a alteração da guarda para guarda compartilhada ou sua inversão; VI – determinar a fixação cautelar do domicílio da criança ou adolescente; VII – declarar a suspensão da autoridade parental".
23. TEIXEIRA, Ana Carolina Brochado; RODRIGUES, Renata de Lima. Alienação parental: aspectos materiais e processuais. *Civilistica.com*, Rio de Janeiro, ano 2, n. 1, jan./mar., 2013, p. 4-5. Disponível em: http://civilistica.com/alienacao-parental/. Acesso em: 28 maio 2020.
24. "Art. 2º. [...] Parágrafo único. São formas exemplificativas de alienação parental, além dos atos assim declarados pelo juiz ou constatados por perícia, praticados diretamente ou com auxílio de terceiros: I – realizar campanha de desqualificação da conduta do genitor no exercício da paternidade ou maternidade; II – dificultar o exercício da autoridade parental; III – dificultar contato de criança ou adolescente com genitor; IV – dificultar o exercício do direito regulamentado de convivência familiar; V – omitir deliberadamente a genitor informações pessoais relevantes sobre a criança ou adolescente, inclusive escolares, médicas e alterações de endereço; VI – apresentar falsa denúncia contra genitor, contra familiares deste ou contra avós, para obstar ou dificultar a convivência deles com a criança ou adolescente; VII – mudar o domicílio para local distante, sem justificativa, visando a dificultar a convivência da criança ou adolescente com o outro genitor, com familiares deste ou com avós".

para que repudie genitor ou que cause prejuízo ao estabelecimento ou à manutenção de vínculos com este". Com efeito, a prática da alienação parental se configura a partir de diversas atitudes que visam o afastamento da criança ou do adolescente do outro genitor, por meio de manipulação, implantação de falsas memórias, criação de dificuldades de convivência familiar, entre outros, mas que objetivem que o filho repudie o genitor alienado.

A rigor, aponta a doutrina que a alienação parental configura, nos termos do art. 187 do Código Civil[25], abuso do direito e que não há óbices à sua aplicação no campo das situações jurídicas existenciais[26]. Nessa linha, "o abuso do direito, ligado à prática de alienação parental, viola diretamente o princípio do melhor interesse da criança – independente dos danos causados ao genitor alienado, pois o que se busca [...], na esteira do art. 227 da Constituição Federal, é a tutela diferenciada da população infantojuvenil".[27]

Desse modo, os atos de alienação parental consistem em exercício abusivo da autoridade parental (art. 1.637, CC), a qual se revela, a partir da sua compreensão atual, como situação jurídica complexa, que enfeixa uma série de direitos, deveres e poderes conferidos aos pais para a criação, educação e assistência de seus filhos menores (art. 229, CF)[28]. Tais práticas calcadas em condutas alienadoras por parte do genitor alienante "impedem o estabelecimento ou a manutenção de laços sadios de afeto entre o filho menor e o genitor alienado, violando, por consequência, o direito fundamental à convivência familiar entre eles"[29]. O abuso da autoridade parental se verifica na medida em que o genitor alienante ao exceder os limites impostos pela ordem jurídica "compromete o exercício da autoridade parental pelo genitor alienado, invadindo um espaço de liberdade que não lhe é conferido, causando inevitáveis danos aos filhos, que crescem sem a referência biparental, mesmo tendo ambos os pais vivos e dispostos a cumprir os deveres oriundos do poder familiar".[30]

---

25. "Art. 187. Também comete ato ilícito o titular de um direito que, ao exercê-lo, excede manifestamente os limites impostos pelo seu fim econômico ou social, pela boa-fé ou pelos bons costumes".
26. Cf. TEIXEIRA, Ana Carolina Brochado; RODRIGUES, Renata de Lima. Alienação parental: aspectos materiais e processuais. *Civilistica.com*, Rio de Janeiro, ano 2, n. 1, jan./mar., 2013, p. 6. Disponível em: http://civilistica.com/alienacao-parental/. Acesso em: 28 maio 2020; SOUZA, Eduardo Nunes de. Abuso do direito: novas perspectivas entre a licitude e o merecimento de tutela. *Revista Trimestral de Direito Civil*, n. 50, p. 84-91, Rio de Janeiro: Padma, abril/jun., 2012.
27. TEIXEIRA, Ana Carolina Brochado; RODRIGUES, Renata de Lima. Alienação parental: aspectos materiais e processuais. *Civilistica.com*, Rio de Janeiro, ano 2, n. 1, jan./mar., 2013, p. 7. Disponível em: http://civilistica.com/alienacao-parental/. Acesso em: 28 maio 2020.
28. TEIXEIRA, Ana Carolina Brochado. *Família, guarda e autoridade parental*. 2. ed. Rio de Janeiro: Renovar, 2009, p. 97.
29. TEIXEIRA, Ana Carolina Brochado; RODRIGUES, Renata de Lima. Alienação parental: aspectos materiais e processuais. *Civilistica.com*, Rio de Janeiro, ano 2, n. 1, jan./mar., 2013, p. 9. Disponível em: http://civilistica.com/alienacao-parental/. Acesso em: 28 maio 2020.
30. TEIXEIRA, Ana Carolina Brochado; RODRIGUES, Renata de Lima. Alienação parental: aspectos materiais e processuais. *Civilistica.com*, Rio de Janeiro, ano 2, n. 1, jan./mar., 2013, p. 9. Disponível em: http://civilistica.com/alienacao-parental/. Acesso em: 28 maio 2020.

Inicialmente pensada para relações paterno-filiais, a alienação no âmbito das relações familiares também pode alcançar outros sujeitos vulneráveis. Assim, como visto, pessoas idosas e com deficiência vulneráveis também podem ser manipuladas por terceiros, familiares ou não, atuando em prol da sua vontade e em prejuízo do melhor interesse dos vulneráveis e do direito constitucional à convivência familiar. Desse modo, mesmo diante do silêncio da Lei n. 12.318/2010 e da ausência de previsão expressa no Estatuto do Idoso e no EPD, nada obsta que uma interpretação assentada no melhor interesse dos vulneráveis e no combate à violência intrafamiliar permita que, de forma análoga, a prática de alienação seja aplicada de forma extensiva, desde que respeitadas às intrínsecas vulnerabilidades. Uma vez identificada que a alienação protege a integridade psicofísica do sujeito vulnerável alienado como forma de garantir o direito fundamental à convivência familiar e comunitária, a aplicação por extensão da lei da alienação parental aos demais familiares vulneráveis parece não encontrar óbice. Pelo contrário, é medida que se justifica pela atual compreensão de uma das vocações da família constituir na tutela das vulnerabilidades e do mandamento constitucional de obrigação do Estado de coibir a violência familiar.

Por isso, ainda que não conste expressamente o termo "alienação" no Estatuto do Idoso, nada impede que de forma análoga, como já dito, tal prática seja enquadrada nas situações de risco elencadas no art. 43 e a interpretação de violência contra o idoso se ampare nos termos do § 1º do art. 19, o qual considera qualquer ação ou omissão praticada em local público ou privado que lhe cause morte, dano ou sofrimento físico ou psicológico, o que demonstra que tais atos não se restringem aos maus-tratos e ao abandono[31]. O próprio texto constitucional reconhece a vulnerabilidade geracional no início e no fim da vida ao estabelecer no art. 229 que os "pais têm o dever de assistir, criar e educar os filhos menores, e os filhos maiores têm o dever de ajudar e amparar os pais na velhice, carência ou enfermidade". Tal prática tem sido denominada de *alienação parental inversa* e decorre da violação do direito da pessoa idosa ao convívio familiar (art. 10, § 1º, V, do Estatuto do Idoso), além de ofender a sua integridade psicofísica e configurar constrangimento ou violência psicológica, como já afirmado.[32]

---

31. Conforme defende Claudia Gay Barbedo: "[...] o idoso, a criança e o adolescente estão no mesmo polo de fragilidade. O idoso, em razão da idade, que traz dificuldades inerentes, pode facilmente estar na condição de vítima. A criança e o adolescente, na condição de seres humanos em desenvolvimento, são pessoas fáceis de serem enganadas. Diante disso, justifica-se a possibilidade de extensão da Lei de Alienação Parental ao idoso". BARBEDO, Claudia Gay. A possibilidade de extensão da Lei da Alienação Parental ao idoso. In: COELHO, Ivone M Candido (Coord.). *Família contemporânea*: Uma visão interdisciplinar. Porto Alegre: IBDFAM e Letra & Vida, 2011. p. 148. MITRE, Jaquelina Leite da Silva. *Alienação parental de idoso por analogia à alienação parental da criança e do adolescente*. Disponível em: https://www.migalhas.com.br/depeso/310635/alienacao-parental-de-idoso-por-analogia-a-alienacao-parental-da-crianca-e-do-adolescente. Acesso em 29 maio 2020.
32. O Projeto de Lei n. 9446/2017 foi apensado ao Projeto de Lei n. 4562/2016 e visa alterar a Lei 10.741, de 1º de outubro de 2003, que dispõe sobre o Estatuto do Idoso e dá outras providências, para dispor sobre o abandono afetivo do idoso por seus familiares, e a Lei 12.318, de 26 de agosto de 2010, que dispõe sobre a alienação parental e altera o art. 236 da Lei 8.069, de 13 de julho de 1990.

Igualmente não consta nenhuma menção ao termo "alienação" no EPD, o que não impede o mesmo raciocínio de aplicação por extensão da lei da alienação parental aos casos de pessoas com deficiência, estejam ou não submetidas à curatela, eis que o fundamento reside na vulnerabilidade e não na restrição judicial da capacidade. Como já realçado, o EPD foi pródigo ao afirmar o direito à família e à convivência familiar da pessoa com deficiência (art. 6º, V, e art. 8º) e a protege contra todas as formas de violência ao compreendê-la, para fins de aplicação da lei, como "qualquer ação ou omissão, praticada em local público ou privado, que lhe cause morte ou dano ou sofrimento físico ou psicológico". Uma interpretação sistemática do EPD, à luz da CDPD, permite afirmar que o combate à alienação de pessoas com deficiência decorre do amplo reconhecimento do direito à convivência familiar e da proteção contra qualquer forma de violência. Nesse quadrante, EPD e Estatuto do Idoso comungam dos mesmos valores e perseguem o mesmo escopo protetivo, além de, em diversas situações, atuarem conjuntamente, eis que o âmbito de incidência coincide nos casos de pessoas idosas com deficiência. Uma aplicação coordenada e conjunta só reforça a extensão em forma análoga da alienação parental para os demais sujeitos vulneráveis no espaço familiar.

O EPD reconhece a plena capacidade dessas pessoas, nos termos do art. 6º, mas nada impede que em alguns casos a vulnerabilidade seja acentuada a ponto de permitir a configuração da prática da alienação, mormente nos casos em que apresenta uma capacidade restringida ou comprometida a exigir a curatela como mecanismo de suporte e apoio. Nem sempre a decretação da curatela combate a alienação. Por vezes, a instituição de curatela para um dos filhos, por exemplo, reforça tal prática. Por isso, a curatela compartilhada prevista no art. 1.775-A do Código Civil pode ser um instrumento útil de combate a alienação de pessoas curateladas. Além disso, mesmo quando não comportar a curatela compartilhada por não atender ao melhor interesse do curatelado, é de se cogitar em medidas para assegurar a convivência familiar, inclusive por meio eventualmente do regime de visitação que pode ser fixado para o filho que não é o curador.

Insista-se, portanto, que nem sempre a decretação da curatela é uma medida de combate ao fenômeno da alienação, uma vez que em muitos casos o próprio curador é o responsável pelos atos de alienação e, por conseguinte, provoca o afastamento do curatelado alienado da sua rede familiar. Embora a curatela se restrinja aos atos de patrimoniais e negociais, nos termos do art. 85 do EPD, o papel do curador alcança a função de resgate da autonomia do curatelado (art. 758, CPC) e lhe é imputado o dever de cuidado, na medida em que tal encargo enfeixa poderes e deverem funcionalizados ao melhor interesse da pessoa relativamente incapaz. Uma vez caracterizada a prática de atos de alienação por parte do curador alienante nada impede a substituição do curador alienante por outro que atenda aos interesses do curatelado (art. 755, § 1º, do CPC), além de outras medidas previstas na Lei n. 12.318/2010 de caráter punitivo ao alienador como a estipulação de multa e o acompanhamento psicológico e/ou biopsicossocial, bem como eventual responsabilização civil.[33]

Pessoas com deficiência, idosas ou não, portanto, também podem ser, em determinadas situações, facilmente manipuladas por terceiros, como, por exemplo, enfermeiros, cuidadores ou pessoas que detenham certa autoridade em função do cuidado e da dependência que tais relações geram. Como se constata, os alienadores no caso de pessoas idosas ou/e com deficiência podem não se restringir aos parentes, cônjuges e companheiros. Nos casos em que a pessoa com deficiência estiver em situação de risco, suscetível à alienação, mas não for caso de curatela, o parágrafo único do art. 10 do EPD o considera vulnerável, devendo o Poder Público adotar medidas para sua proteção e segurança. O Ministério Público e a Defensoria Pública, na função de *custos vulnerabilis*, tem o dever de atuar em prol das pessoas com deficiência vulneráveis de modo a evitar qualquer forma de violência, inclusive a psicológica em forma de alienação familiar.

Como se vê, os dilemas são delicados e de difícil solução, mas o enfrentamento é de todo necessário para uma tutela das famílias condizente com a pluralidade e com a redução das desigualdades no interior dos agrupamentos familiares. Em leitura sistemática, portanto, cabe ao curador promover os laços afetivo-familiares da pessoa com deficiência, permitindo o exercício mais amplo do seu direito à família, salvo de toda sorte de discriminações, de modo a assegurar o seu direito à convivência familiar com todos os parentes quando possível e em benefício da pessoa com deficiência, submetida ou não à curatela. A curatela não exige o afastamento da pessoa com deficiência do ambiente familiar ou dos parentes mais próximos ou pessoas com vínculo de afinidade e de afetividade, mas reforça sua necessidade de amparo afetivo para o resgate da sua dignidade. Nessa linha, refletir sobre as formas de alienação de sujeitos vulneráveis, como as pessoas idosas e as pessoas com deficiência, permite a proteção da integridade psicofísica e o direito à convivência familiar, ambos de índole constitucional, em favor do cuidado que deve permear as interações familiares hodiernas.

---

33. Em interessante julgado, o Tribunal de Justiça de Santa Catarina entendeu pela condenação à título de danos morais por atos análogos à alienação parental em razão do estado de vulnerabilidade e doença da genitora, eis que uma das irmãs afastou a outra do convívio com mãe sem autorização judicial: "Apelação cível. Ação de indenização por danos morais. Relação familiar dissidente das partes, irmãs entre si, em relação à genitora. Elementos análogos à alienação parental em razão do estado de vulnerabilidade e doença da genitora. Ponderação dos deveres, direitos e pressupostos das relações familiares. Utilização arbitrária de abusos análogos a medidas restritivas, sem amparo em decisão judicial. Responsabilidade civil. Pressupostos configurados. Dano moral reconhecido. Recurso desprovido. Incontroverso entre as partes, apenas que a genitora sofria de uma série de problemas de saúde, incluindo a degenerativa doença de Alzheimer. Diante do contexto, é de certa forma compreensível a distorção de percepções entre as partes sobre as vontades da genitora. É que a doença, específica, debilita o enfermo de tal forma que, sabidamente, é comum que este seja facilmente sugestionável ou convencido. Disto, é de se mitigar as acusações mútuas, de que as partes, cada uma, considera-se a legítima defensora dos reais interesses da genitora. Tendo em vista o estado de vulnerabilidade da genitora e a patologia específica, o caso não deixa de se parecer com aquele da alienação parental, ao inverso. Em verdade, o que se observa são medidas, próprias daquelas protetivas do Direito de Família, como interdição, tomadas de forma arbitrária e ao arrepio da Lei e dos ditames que regem as relações familiares. O ato de privar a irmã do contato com a genitora, sponte sua, independentemente de autorização judicial e dadas as circunstâncias do caso, gera dano moral indenizável". TJSC, Ap. Cível n. 0006690-70.2012.8.24.0005, Primeira Câmara de Direito Civil, Rel. Des. Domingos Paludo, julg. 25 ago. 2016.

4. CONSIDERAÇÕES FINAIS

O direito à família e à convivência familiar constituem importantes instrumentos de emancipação da pessoa com deficiência, submetida ou não à curatela, os quais permitem que o direito ao livre desenvolvimento da personalidade, ancorado na cláusula geral de proteção da dignidade humana, seja concretizado em ambiente adequado às aspirações individuais de boa vida familiar. A solidariedade amalgamada no contexto familiar propicia, em parte, o amparo e o cuidado necessários para a superação das barreiras socialmente impostas e das vulnerabilidades cotidianamente vivenciadas. A negação ao *status* familiar e aos elos afetivos afronta diretamente a natureza humana e não encontra respaldo na legalidade constitucional.

A vulnerabilidade, portanto, é comum a espécie humana, mas fere e viola somente a dignidade de alguns, que somente será respeitada no cuidado com o outro vulnerado a partir do seu reconhecimento como agente de igual competência e valor, bem como com a promoção de sua autonomia para atuar na vida social e familiar de forma independente e empoderada[34]. Fundamental, portanto, compreender a vulnerabilidade da pessoa com deficiência no contexto familiar para protegê-la sem aniquilar sua autonomia para decidir sobre os rumos da sua vida, especialmente no que tange aos vínculos familiares.

Uma leitura sistemática do Estatuto do idoso e do EPD à luz da legalidade constitucional impõe que as práticas de alienação de pessoas vulneráveis idosas e/ou com deficiência sejam arduamente combatidas, eis que o direito à convivência familiar, a proteção à integridade psicofísica e a coibição de qualquer forma de violência, sobretudo quando em situação de risco, permite uma aplicação extensiva, no que couber, da lei de alienação parental (Lei n. 12.318/2010).

A prática de atos alienadores em desfavor de pessoas vulneráveis no contexto familiar independe da sujeição à curatela, mesmo porque em diversas situações se percebe que tal instituto é desvirtuado e serve como mecanismo para induzimento e promoção do afastamento da pessoa curatelada do convívio com os demais parentes próximos. Por isso, a curatela compartilhada surge como relevante mecanismo de combate às práticas de alienação entre parentes em proveito da condição de vulnerabilidade de sujeitos com autonomia reduzida ou vontade menosprezada dentro do contexto familiar. A defesa por uma aplicação extensiva das ferramentas de proteção contra práticas alienadoras encontra fundamento legal, como visto, bem como decorre da primordial necessidade de uma democratização das famílias e da redução das assimetrias de poder no espaço, por excelência, de desenvolvimento da autonomia existencial.

---

34. BAQUERO, Rute Vivian Angelo. Empoderamento: instrumento de emancipação social? – uma discussão conceitual. *Revista Debates*, Porto Alegre, v. 6, n. 1, p. 173-187, jan./abr., 2012.

O CASAMENTO INFANTIL NA NOVA CONFORMAÇÃO DO CÓDIGO CIVIL BRASILEIRO

Ana Carla Harmatiuk Matos

Doutora e Mestre em Direito pela Universidade Federal do Paraná e Mestre em Derecho Humano pela Universidad Internacional de Andalucía. Tutora in Diritto na Universidade di Pisa-Italia. Professora na Graduação, Mestrado e Doutorado em Direito da Universidade Federal do Paraná. Vice-Presidente do IBDCivil. Diretora Regional-Sul do IBDFAM. Advogada militante em Curitiba. Conselheira Estadual da OAB-PR. Curitiba/PR. E-mail: adv@anacarlamatos.com.br.

Hugo Sirena

Doutorando em Direito pela Universidade Federal do Paraná. Mestre em Direito das Relações Sociais pela Universidade Federal do Paraná. Bacharel em Direito pela Universidade Federal do Paraná Licenciado em Letras Português/Inglês pela Pontifícia Universidade Católica do Paraná. Advogado. Professor de Direito de Família na Unibrasil. Professor da pós-graduação da ABDCONST. E-mail: hugo@mosadvocacia.com.br.

Tatiana Lauand

Doutoranda e Mestre em Direito pela Universidade Federal do Paraná. Especialista em Direito Constitucional. Professora da pós-graduação da ABDCONST e da FAE Business School. Autora dos livros Adoção à brasileira e Quem diz o direito de família no Brasil. Advogada. E-mail: tatianalauand@gmail.com.

1. NOTAS INTRODUTÓRIAS

Soa como um truísmo indicar que o Direito de Família é o ramo mais dinâmico de toda a ciência jurídica, pelo fato de refletir – e disciplinar – as relações mais íntimas do ser humano. O seio familiar é o espaço essencial do sujeito, a antessala da sociedade, que forja o âmago do indivíduo; e é exatamente por esse motivo que os conflitos com esse pano de fundo se mostram exasperados e densos.

A ciência jurídica, na condição de um sofisticado mecanismo de pacificação dos problemas concretos do cotidiano, atua, exatamente, na busca pela resolução dos conflitos sociais[1]. E quando as contendas são empachadas de vínculos pessoais, sentimentos e históricos afetivos, o desafio de disciplinar as conexões interpessoais ganha em complexidade. Eis aí, então, o grande desafio do Direito de Família: objetificar – e assossegar – a essência da subjetividade humana.

---

1. Segundo a observação de Antonio Pinto Monteiro, a "missão do direito é a de servir a vida". *Cláusulas limitativas de exclusão de responsabilidade civil.* Introdução. p. 16.

O grande problema que se diagnostica, pela própria natureza da ciência jurídica, é o fato de o Direito estar sempre um (ou alguns) passo(s) atrás do fenômeno social. Somente após as mudanças experimentadas plenamente na arena dos relacionamentos inter-humanos é que a dinâmica jurídica entra em cena para a solução da realidade posta. Entre sístoles e diástoles do convívio (*rectius*, conflito?) social, o Direito regula a pressão arterial da comunidade.

Como não poderia deixar de ser, esse fenômeno foi evidenciado por um dos temas mais sensíveis do Direito de Família dos últimos tempos: o casamento infantil[2]. A transformação no assunto dividiu posicionamentos e, em especial, veio acompanhando as principais mudanças sociais concretizadas. A mentalidade coletiva acerca desse fato vem sendo forjada a partir de uma realidade preocupante e delicada.

Alguns números sustentam a relevância do tema do casamento infantil, que justifica o debruçar sobre ele: de acordo com dados de 2015, obtidos pela Organização Não Governamental Promundo, o Brasil ocupa a quarta posição mundial no número de casamentos contraídos por menores de dezoito anos[3] – são mais de três milhões de mulheres nesta condição. Indo mais a fundo, este mesmo estudo indica que quase novecentas mil mulheres se casaram com até 15 anos de idade no país, enquanto que existiriam quase cem mil uniões civis ou religiosas formadas por meninos ou meninas com idade entre dez e quatorze anos.[4]

A fotografia desta realidade chama um perscrutar mais detido. É preciso que se fie uma maior atenção ao assunto, dado o contexto de interesses vulneráveis envolvidos e a necessidade de proteção potencializada dos menores – este, corolário fundamental do ordenamento jurídico pátrio.

Apesar da gravidade do tema, escancarada pelos dados referidos, o casamento infantil (sobre)viveu, por muito tempo, à sombra do *status* de tema para concursos ou de assunto para estudos teóricos. Pouca ou nenhuma atenção era dedicada à altura de sua relevância. O "dar de ombros" era a regra, mesmo com a pulsante reclamação de uma disciplina mais adequada e condizente à seriedade do tema.

Pois o colorido desta realidade foi novamente realçado em 2019, com a promulgação da Lei 13.811/2019, que conferiu nova redação ao art. 1.520, do Código Civil, para o fim de suprimir as exceções legais permissivas do casamento infantil. A partir de sua entrada em vigor, então, passou-se a indicar, de maneira peremptória, que "não será permitido, em qualquer caso, o casamento de quem não atingiu a idade núbil, observado o disposto no art. 1.517 deste Código".

Aos primeiros olhares, a previsão parece suficientemente clara e conclusiva. Pelo seu teor, não haveria questionamentos paralelos ou laterais a serem formulados.

---

2. União matrimonial daqueles que ainda não alcançaram a idade núbil mínima, qual seja, dezesseis anos completos.
3. Disponível em: https://promundoglobal.org/wp-content/uploads/2015/07/SheGoesWithMe InMyBoat _ChildAdolescentMarriageBrazil_PT_web.pdf. Acesso em: 03 jan. 2020.
4. Idem, ibidem.

Contudo, a realidade é sempre mais complexa do que o texto legislativo propõe, o que faz com controvérsias de zonas cinzentas possam constantemente emergir. Assim, apenas para que se fique com alguns singelos exemplos: a partir de então, casamentos de menores de dezesseis anos serão considerados nulos ou anuláveis? Aquelas uniões já formalizadas sofrem alguma implicação pela nova redação do disposto legal? A vedação ao casamento alcança a realidade das uniões estáveis? Como fica a hipótese de convalidação posterior de casamento de menor que não atingiu idade núbil[5], se a sua possibilidade legal não sofreu qualquer modificação pela nova Lei 13.811/2019? As mudanças experimentadas pelo Código Penal (especialmente, o art. 217-A) já não haviam derrogado tacitamente a previsão do art. 1.520, do Código Civil? Se sim, qual a pertinência de sua nova redação ou quais as principais modificações efetivamente trazidas?

Como se vê, as indagações potencializam um leque de situações que reclamam uma análise mais detida. É preciso, sim, verticalizar o assunto, para que não se satisfaça com a aparente suficiência do texto legal. A sua superficialidade e a sua singeleza são desafiadas pelo emaranhado real e pela complexa trama do convívio cotidiano. Por isso, algumas linhas dedicadas sobre o assunto necessitam atenção.

2. AS MUDANÇAS LEGISLATIVAS

A teoria geral do Direito Civil dá conta do tema das capacidades. Por ele, define-se a aptidão dos sujeitos a titularizar direitos e deveres na ordem civil, para além de exercê-los por si ou por interposta pessoa. Diferentemente do que acontece com a personalidade, que se apresenta enquanto atributo pleno inerente a todo e qualquer pessoa, a capacidade de exercício dos direitos privados sofre gradações de acordo com as condições do sujeito[6].

Assim, tem-se que, em termos esquemáticos, toda pessoa (dotada de personalidade jurídica) é capaz de direitos e deveres (reflexo da capacidade de direito), mas esta mesma pessoa não necessariamente poderá, *per si,* de fato, plenificar na prática tais titularidades. Entra em cena, então, a distinção entre os plenamente capazes, os relativamente incapazes[7] e os absolutamente incapazes[8].

Se os absolutamente incapazes deverão sempre ser representados para o exercício dos atos cotidianos (sob pena de invalidade irrestrita), e os plenamente capazes podem praticar suas condutas de vida sem interposta pessoa, há uma zona intermediária que oscila entre estas duas extremidades. Neste segmento, os relativamente

---

5. Código Civil: "Art. 1.553. O menor que não atingiu a idade núbil poderá, depois de completá-la, confirmar seu casamento, com a autorização de seus representantes legais, se necessária, ou com suprimento judicial".
6. Por todos, vide AMARAL, Francisco. *Direito Civil* – Introdução. Capítulo I.
7. Código Civil: "Art. 4º São incapazes, relativamente a certos atos ou à maneira de os exercer: I – os maiores de dezesseis e menores de dezoito anos; II – os ébrios habituais e os *viciados* em tóxico; III – aqueles que, por causa transitória ou permanente, não puderem exprimir sua vontade; IV – os pródigos".
8. Código Civil: "Art. 3º São absolutamente incapazes de exercer pessoalmente os atos da vida civil os menores de 16 (dezesseis) anos".

incapazes estariam aptos ao exercício pleno de determinados atos da vida civil, mas absolutamente obstados da prática de outros. Como exemplo, a uma pessoa na faixa etária entre dezesseis e dezoito anos não é permitida a celebração de um contrato sem assistência, mas é possibilitada a lavratura de testamento[9] ou a celebração de casamento[10].

Atendo-se a este último exemplo – do matrimônio –, uma questão sensível está na possibilidade (ou não) de menores de dezesseis anos, ainda antes do atingimento da idade núbil, portanto, contrair casamento.

Pela sistemática do ordenamento pátrio, a conclusão imediata – e lógica – seria a de que menores de dezesseis anos não poderiam se unir em matrimônio sob qualquer hipótese. Contudo, o Código Civil de 2002 trouxe, ao longo de seus quase vinte anos de vigência, importante – e polêmica – previsão excepcional, admitindo "o casamento de quem ainda não alcançou a idade núbil, para evitar imposição ou cumprimento de pena criminal ou em caso de gravidez"[11]. Um dispositivo reflexivo de um período histórico e cultural bastante marcado, que foi absolutamente resignificado nos últimos tempos. Mas antes de se compreender a nova dinâmica legislativa do tema, é imprescindível lapidar a fotografia deste passado nada remoto.

Extraordinariamente, como se indicou, admitia-se a união matrimonial de menores absolutamente incapazes. E isso em umbilical consonância à legislação penal vigente e a um contexto temporal específico. Explica-se.

Até o ano de 2005, era hipótese de extinção da punibilidade o casamento da vítima com o agente de uma determinada conduta criminosa[12]. Assim, por exemplo, se alguém mantivesse relação sexual com uma pessoa menor de quatorze anos (hoje, tipificado como estupro de vulnerável, conforme art. 217-A, da lei penal), poderia ter a sua punibilidade extinta caso contraísse núpcias com a sua vítima. O mesmo valeria caso o matrimônio fosse celebrado em virtude de gravidez, mesmo se tratando de nubente em idade inferior ao mínimo legal permitido ao casamento.

Para essas condições, era reconhecida a legitimidade do casamento. Ainda que como exceção à regra do limite etário ao matrimônio (dezesseis anos, conforme art. 1.517, do Código Civil), era declaradamente válido o casamento, nestas condições, desde que voltado a atender a um dos dois requisitos: extinguir punibilidade ou suprir caso de gestação.

Essa leitura é proveniente de uma realidade eminentemente patriarcal e opressora, que afugentava especialmente meninas. Como forma de *"limpar a honra"* da família ou de evitar uma exposição considerada *"ultrajante"* perante a sociedade,

---

9. Código Civil: "Art. 1.860 (...). Parágrafo único. Podem testar os maiores de dezesseis anos".
10. Código Civil: "Art. 1.517. O homem e a mulher com dezesseis anos podem casar, exigindo-se autorização de ambos os pais, ou de seus representantes legais, enquanto não atingida a maioridade civil".
11. Redação do art. 1.520, revogada, em 2019, pela Lei 13.811.
12. Art. 107, VII, do Código Penal, revogado pela Lei 11.106/2005.

convencionava-se o enlace matrimonial como alternativa[13]. Dessa forma, o casamento era via de sustentação de gravidez e até mesmo meio para esvaziar condutas criminosas. Obrigando-se agente e vítima a se casarem, a racionalidade média era a de que não mais se justificariam questionamentos judiciais de toda ordem: o problema estaria "*solucionado*".

Com o advento da Lei 11.106/2005, restou revogada a previsão penal que estabelecia o casamento entre vítima e agente como meio de extinção de punibilidade (art. 107, VII, do Código Penal). Assim, em uma primeira perspectiva, ter-se-ia uma derrogação tácita do art. 1.520, do Código Civil, considerando que o casamento já não mais ostentava o condão de "evitar imposição ou cumprimento de pena criminal". Contudo, é preciso uma análise mais detida (e vertical) da situação.

Verdadeiramente, a conclusão automática seria a de que o art. 1.520, do CC/2002, já estaria parcial e tacitamente revogado, a partir das revisões da lei penal. E isso faria, por consequência, com que uma mudança legislativa deste dispositivo se mostrasse desnecessária. Em termos esquemáticos: premissa primeira – o art. 1.520 admitia o casamento antes do atingimento da idade núbil desde que tal ato servisse como meio de extinção da punibilidade (em caso de cometimento de estupro presumido, por exemplo); premissa segunda – a hipótese de extinção de punibilidade calcada no matrimônio foi revogada pelo Código Penal; síntese – essa abertura de casamento infantil não mais restaria chancelada.

No entanto, pela antiga redação – superada apenas em 2019 – há argumentos favoráveis à celebração de casamento infantil com consentimento dos envolvidos[14]. Mesmo que inserido em contexto violento, virtualmente seria plausível a perpetuação de matrimônio envolvendo menores, a partir de alguns fundamentos básicos:

a) os crimes sexuais estavam originalmente submetidos a ações penais de natureza privada. Desta forma, caberia apenas à vítima provocar a queixa deflagradora da medida criminal. Caso isso não acontecesse no prazo processual estabelecida, poder-se-ia levar à extinção da punibilidade pela decadência[15].

Sob a ótica do casamento entre vítima e agressor, a não apresentação de queixa guardava o potencial de se traduzir em uma espécie de perdão tácito, reconhecendo, ao menos em tese, que o matrimônio agiria como uma anistia à conduta típica. Mesmo que se questionando a própria capacidade da paciente em remir o crime praticado contra si, admitia-se uma leitura neste sentido, como forma de, se não justificar, ao menos explicar as possibilidades de admissão legal do casamento infantil, nos ter-

---

13. Essa racionalidade é diagnosticada, inclusive, por pesquisa empírica, como se pode apurar. Vide o já referido relatório da Organização Promundo: https://promundoglobal.org/wpconten t/uploads/2015/07/SheGoesWithMeInMyBoat_ChildAdolescentMarriageBrazil_PT_web.pd. Acesso em: 03 jan. 2020.
14. Vide: TARTUCE, Flávio. *A Lei 13.811/2019 e o casamento do menor de 16 anos* – Primeiras reflexões. Disponível em: https://www.migalhas.com.br/coluna/familia-e-sucessoes/298911/a-lei-13811-2019-e-o-casamento--do-menor-de-16-anos-primeiras-reflexoes. Acesso em: 06 jan. 2020.
15. Redação originária do art. 225, do Código Penal, revogada em 2009.

mos da redação original do art. 1.520, do Código Civil. Então, sob esse viés, não se vislumbrava a revogação tácita deste dispositivo;

b) além do aspecto criminal, havia ainda a própria questão civil da vontade da vítima absolutamente incapaz. E isso porque, em que pese, sob a teoria abstrata, qualquer ato praticado por pessoas abaixo dos dezesseis anos é considerado nulo, a defesa da manutenção do art. 1.520 encontrava coro na redação do Enunciado n. 138, da I Jornada de Direito Civil, para o qual "a vontade dos absolutamente incapazes, na hipótese do inc. I do art. 3º, é juridicamente relevante na concretização de situações existenciais a eles concernentes, desde que demonstrem discernimento bastante para tanto".

Desta feita, no campo hipotético, tratando-se o casamento de uma questão pessoal e existencial, íntima do indivíduo, poder-se-ia cogitar atribuir eventual relevância à vontade de um absolutamente incapaz para a prática de tal ato. E se, verdadeiramente, havendo "discernimento bastante para tanto", o menor (ou, via de regra, *a* menor) optasse por contrair núpcias, como forma de extinguir a punibilidade ou, ainda, para dar suporte à gravidez, tratar-se-ia de um ato válido, cujos efeitos deveriam ser juridicamente chancelados. Mais um argumento, então, favoravelmente à perpetuação da previsão do art. 1.520, pós reforma da legislação criminal;

c) por fim, um terceiro argumento, desta vez de Direito de Família, apregoava a preferência e o prestígio pelo melhor interesse do núcleo familiar e, em especial, da potencial criança advinda da gravidez (mesmo que concebida de forma violenta presumida ou real). Por exemplo: a chancela de um casamento desejado seria, em tese, menos danosa que o afastamento deste do seio familiar, condenando quem sofreu a violência ao desamparado e ao ônus de manter sua família sem qualquer suporte[16].

Os argumentos voltados favoravelmente à vigência plena da antiga redação do art. 1.520, do Código Civil, apresentavam, em primeiro momento, pujança acentuada. Contudo, paulatinamente foram sendo extirpados:

a) na esfera penal, os crimes sexuais deixaram a esfera privada para se submeter à ação penal pública. De início, a ação era pública e condicionada apenas em casos de crime cometido "com abuso do pátrio poder, ou da qualidade de padrasto, tutor ou curador" (art. 225, do Código Penal). Mais tarde, em 2009, com o advento da Lei 12.015, a ação penal pública passou a contemplar todas as hipóteses de crimes sexuais, restringindo a desnecessidade de queixa aos tipos nos quais a vítima "é menor de 18 anos ou pessoa vulnerável" (art. 225, parágrafo único, do Código Penal)[17].

Mais recentemente, a Lei 13.718/2018, trazendo nova redação ao mesmo art. 225, submeteu, indistintamente, todos os crimes contra a liberdade sexual e crimes

---

16. TARTUCE, Flávio. Ibidem.
17. Vide: GOMES, Fernanda Maria Alves. Até que enfim: ação penal pública incondicionada para os crimes sexuais. Disponível em: https://www.migalhas.com.br/depeso/288441/ate-que-enfim-acao-penal-publica--incondicionada-para-os-crimes-sexuais. Acesso em: 10 jan. 2020.

sexuais contra vulneráveis à ação penal pública incondicionada[18]. Dessa maneira, o legislador buscou proteger de maneira acentuada as vítimas de estupros, assédios e outros tipos de cunho sexual. E por mais que, do ponto de vista da criminologia crítica, o Direito Penal não necessariamente é a melhor resposta às mazelas e às expressões de violência na sociedade[19], trata-se de um importante de um retumbante passo em busca da preservação da integridade física e mental das vítimas – que, em sua maioria, são mulheres, menores de idade – em face de seus agressores – que, em sua maioria, são homens, conhecidos e/ou parentes das próprias vítimas)[20].

A clara opção legislativa, neste particular, parece depor contra a previsão do então vigente art. 1.520, do Código Civil. Se a exceção do *Codex* civilista era ratificada pelo projeto jurídico penal, a modificação vertical deste deve gerar reflexos claros naquela. Por isso, sob essa perspectiva, a revogação tácita ganharia formas bastante acentuadas;

b) a restrição geral ao casamento dos que não atingiram idade núbil e suas respectivas exceções repousam sobre o tema das incapacidades matrimoniais, e não sobre os impedimentos. Esse esclarecimento é fundamental para que a matéria seja tratada de forma devida, dentro do contexto adequado. E quando se observa o assunto sob este viés, o posicionamento contrário à prorrogação da vigência do antigo art. 1.520, do Código Civil, é reforçado.

As hipóteses de impedimentos para o casamento são ressalvas pontuais, estabelecidas para circunstâncias também particularizadas[21]. Restringe-se o matrimônio entre segmentos específicos, a partir de relações previamente reconhecidas ou vínculos anteriormente consolidados.

Diferentemente disto, a incapacidade para o casamento incide de maneira indistinta perante todos os que não alcançaram a idade núbil. Desta forma, em uma leitura *contrario sensu* ao estipulado no art. 1.517, do Código Civil, se "o homem e a mulher com dezesseis anos podem casar", os homens e mulheres que não atingiram tal faixa etária não podem casar. Trata-se de uma interpretação lógica, que se amolda perfeitamente à racionalidade legislativa do tema.

---

18. Essa perspectiva, inclusive, apenas reforçou entendimento sumulado do STF, segundo o qual "no crime de estupro, praticado mediante violência real, a ação penal é pública incondicionada" (Súmula 608).
19. SANTOS, Juarez Cirino dos. *Direito Penal* – parte geral, p. 6 e ss.
20. Dados coletados pelo Fórum Brasileiro de Segurança Pública dão conta de que quase 76% dos estupros são praticados por pessoas conhecidas das vítimas, especialmente pais, padrastos, tios, irmãos e avós. Vide: http://www.forumseguranca.org.br/publicacoes/13-anuario-brasileiro-de-seguranca-publica/. Acesso em: 10 jan. 2020; e https://www.huffpostbrasil.com/entry/violencia-sexual-dados-estupro_br_5d7c00b0e4b-077dcbd5e0acb. Acesso em: 10 jan. 2020.
21. Código Civil: "Art. 1.521. Não podem casar: I – os ascendentes com os descendentes, seja o parentesco natural ou civil; II – os afins em linha reta; III – o adotante com quem foi cônjuge do adotado e o adotado com quem o foi do adotante; IV – os irmãos, unilaterais ou bilaterais, e demais colaterais, até o terceiro grau inclusive; V – o adotado com o filho do adotante; VI – as pessoas casadas; VII – o cônjuge sobrevivente com o condenado por homicídio ou tentativa de homicídio contra o seu consorte".

Mais do que isso, essa restrição específica deve ser inserida no tema geral da capacidade civil. Nele, estabelecem-se como absolutamente incapazes todos os menores de dezesseis anos, cujos atos, se praticados *per si*, sem interposta pessoa, restam maculados pelo vício da nulidade absoluta. Este é, inclusive, o entendimento já consolidado pelo Supremo Tribunal Federal, quando da análise do tema, sob a égide da redação antiga do art. 1.520, do Código Civil:

> "Penal. Recurso Extraordinário. Estupro. Posterior convivência entre autor e vítima. Extinção da punibilidade com base no art. 107, VII, do Código Penal. Inocorrência, no caso concreto. Absoluta incapacidade de autodeterminação da vítima. Recurso Desprovido.
>
> O crime foi praticado contra criança de nove anos de idade, absolutamente incapaz de se autodeterminar e de expressar vontade livre e autônoma. Portanto, inviável a extinção da punibilidade em razão do posterior convívio da vítima – a menor impúbere violentada – com o autor do estupro (...)"[22].

Complementarmente, é preciso que se indique – como pontuado pelo próprio *decisum* referido – que o embarreiramento ao casamento dos menores de dezesseis anos não se confunde com o tema da legitimidade, que também se mostra pontual e específico, aplicável apenas para situações tópicas[23].

c) por fim, o argumento de Direito de Família suscitado é, na verdade, uma leitura deturpada desse ramo da ciência jurídica. E isso porque, em essência, o Direito de Família não se presta a prestigiar condutas criminosas, ainda mais se voltadas à macula de menores vulneráveis. Por isso, em uma análise qualificada do tema, o que está em jogo não é a escolha entre preservar um núcleo familiar iniciado de forma corrompida e a punibilidade de um agente criminosa; de fato, a perspectiva deve ser sempre a de proteção do melhor interesse dos incapazes, associado à promoção da afetividade e à preservação benéfica da diversidade de núcleos familiares plurais[24].

Todos esses elementos combinados levam à sucumbência do argumento favorável à preservação de efeitos da antiga redação do art. 1.520, do Código Civil. Ao final, então, pode-se concluir que, genuinamente, o dispositivo legal perdera a sua aplicabilidade. Apesar da sua permanência formal no ordenamento, já não mais se cogitava falar em autorização de casamento de menor incapaz como meio de extinção de punibilidade ou para fins específicos de prestigiar estado de gravidez.

Em que pese se alcance esta conclusão, é fato que, *mui* recentemente, este dispositivo sofreu modificação sensível. Como mencionado, a partir de 2019, a sua redação passou a ostentar uma vedação absoluta ao casamento infantil, *in verbis*: "não será permitido, em qualquer caso, o casamento de quem não atingiu a idade núbil, observado o disposto no art. 1.517 deste Código". A partir disso, então, é preciso questionar: se a leitura mais adequada era a de que o art. 1.520, do Código Civil,

---
22. STF. RE 418.376/MS. Rel. Originário Min. Marco Aurélio; Rel. para o Acórdão Min.: Joaquim Barbosa. DJ: 09.02.2006.
23. Fls. 06 e ss., do RE 418.376.
24. DIAS, Maria Berenice. *Direito das Famílias*, p. 76 e ss.

havia sido tacitamente revogado, para impedir qualquer possibilidade de casamento infantil, o que a nova redação acarretou de inovação? Em outras palavras, a novel previsão legislativa trouxe consigo alguma modificação prática ao tema?

Como mencionado, a singeleza aparente da questão sucumbe face às indagações paralelas que permanecem carentes de um enfrentamento. Muitos temas secundários (em abordagem, não em importância) são correlatos ao assunto do casamento infantil, como, por exemplo, aqueles já indicados acima: casamento daqueles que não alcançaram a idade núbil, nesta nova formatação do Código Civil, é considerado nulo ou anulável? As uniões já realizadas experimentam algum efeito jurídico desta nova redação legislativa? Apesar de se tratar de norma restritiva, é possível fazer uma interpretação extensiva de sua determinação, para vedar as uniões estáveis entre pessoas menores de dezesseis anos? Há antinomia entre a proibição do art. 1.520, do *Codex* Civil, e a previsão de convalidação de casamento celebrado por menor, nos termos do art. 1.553, do mesmo Código Civil de 2002?[25]

As questões postas acima trazem um reflexo direto do casamento infantil, particularmente na nova roupagem assumida pelo tema. Assim, parece imprescindível que se enfrente cada uma delas de maneira segmentada, para que consiga vislumbrar o mais adequado cenário construído pela redação recém aprovada do art. 1.520, do Código Civil.

De fato, parece ter havido um cisma entre as racionalidades vigente e revogada. Por isso, para responder às perguntas, é preciso ir a fundo no tema do casamento infantil, depurando suas nuances, a partir dos temas de incapacidade, legitimidade, alcance hermenêutico, antinomias e invalidades.

3. A NOVA REALIDADE DO CASAMENTO INFANTIL

O Projeto de Lei 7.119/2017 – originário da Lei 13.811/2019, que modificou a redação do art. 1.520, do Código Civil – foi idealizado pela então Deputada Federal Laura Carneiro. Com parecer favorável exarado pela Comissão de Constituição e Justiça do Congresso Nacional, o projeto legislativo teve como pilar central o argumento de que "a correlação entre o casamento precoce e a gravidez na adolescência, o abandono escolar, a exploração sexual e outros males são mais que atestados pela literatura especializada e demanda dos governos e parlamentos uma resposta enérgica no que concerne à proteção da dignidade das crianças e jovens"[26]. Dessa forma, a proposta visa à "eliminação de brechas legais para o casamento infantil", considerando, exatamente, as exceções virtuais de casamento antes de idade núbil para os fins escusos da gravidez e extinção da punibilidade.

---
25. Dada a limitação espacial do presente estudo, foram questionados apenas estes pontuais problemas reflexos ao casamento infantil. Poder-se-ia cogitar a abordagem de tantos outros desdobramentos.
26. Vide: https://www.camara.leg.br/proposicoesWeb/prop_mostrarintegra;jsessionid=35EABA A4EC397 B565A2D2D63B71C3FB5.proposicoesWebExterno1?codteor=1533566&filename=PL+7119/2017. Acesso em: 03 jan. 2020.

Apesar da revogação tácita, portanto, a preocupação do legislador estava em apresentar um impedimento peremptório formal ao casamento infantil. E, aqui, a proposta parece clara e evidente, mas não tão óbvia assim são as conclusões acerca das já pontuadas decorrências laterais. Por isso, ratificando o que fora mencionado, os principais temas do novel contexto do casamento infantil serão enfrentados de forma topicalizada, a partir da matriz legislativa apresentada no projeto recém aprovado.

3.1 Matrimônio abaixo da idade núbil: nulidade ou anulabilidade?

A leitura isolada do dispositivo lapidado pelo novel art. 1.520, do Código Civil, pode apresentar uma compreensão equivocada de racionalidade. Para tanto, há que ler o excerto legal sistematicamente. E se essa análise integrativa é fundamental para qualquer disposto legislativo, quando se trata de invalidades a situação ganha ainda mais em importância.

Tomando este cenário como premissa, de plano é preciso indagar: se o art. 1.520, do Código Civil, estabelece que "não será permitido, em qualquer caso, o casamento de quem não atingiu a idade núbil", qual a consequência jurídica da eventual celebração de um matrimônio nessas condições? Em outras palavras, partindo do pressuposto de que há um claro vício jurídico no casamento infantil, qual o grau de defeito deste ato: nulidade absoluta ou relativa?

Tratando-se o casamento de um ato jurídico em sentido amplo, é possível aplicar o critério ponteano da tripartição de planos de existência, validade e eficácia[27] para a apuração dos desdobramentos jurídicos do matrimônio de sujeito em idade abaixo do mínimo legal (dezesseis anos, neste caso).

Para que haja casamento – e, consequentemente, para que preencha os requisitos da existência do ato jurídico –, é preciso que os seguintes elementos estejam cumpridos: agentes, vontade e forma. E isso porque, de fato, em sendo um ato de natureza solene, se não houver nubentes, expressando, "perante o juiz, a sua vontade de estabelecer vínculo conjugal, e o juiz os declara casados", não se consuma o matrimônio proposta. Desta forma, a entrada ao mundo jurídico, de modo a reconhecer que o ato do casamento se torne jurídico, pressupõe o preenchimento desses requisitos. *Contrario sensu*, é possível constatar: se houver nubentes, mas não houver juiz, não há casamento (uma troca de alianças em casa, exemplo, sem formalidades, apenas entre um casal de namorados não oficializa matrimônio); se houver juiz, mas não houver nubentes, não há casamento; se houver juiz e noivos, mas o ato não se revestir do rito específico – proclamas, formalização das vontades, entre outros –, também não há casamento.

---

27. Para uma compreensão mais didática da estruturação elaborada por Pontes de Miranda, vide, por todos, MELLO, Marcos Bernardes. *Teoria do Fato Jurídico,* especialmente p. 113 e ss.

Como sabido, o casamento infantil passa a existir se, da mesma maneira, preencher os três requisitos: agentes, vontade e forma. A partir de então, toma o *status* de ato jurídico, passando a se apurar a respectiva validade.

Os atos jurídicos são considerados nulos se estiverem maculados com vício insanável, afrontando norma de ordem pública; os atos são, porém, anuláveis quando os interesses infringidos forem apenas os particulares dos sujeitos envolvidos, o que faz com que sejam, portanto, defeitos passíveis de saneamento[28].

No ponto do casamento de menores que não atingiram a idade núbil, há previsão expressa indicado se tratar de ato anulável (art. 1.550, do Código Civil[29]). Contudo, parece salutar questionar se essa estipulação sofreu alguma modificação – ou, eventualmente, revogação tácita – pela entrada em vigor do novo art. 1.520, do mesmo *Codex*.

Em um primeiro momento, a vedação inaugurada pelo Lei 13.811/2019 parece ganhar ares de incondicionalidade. Ou seja, ao cravar a proibição "em qualquer caso", o dispositivo aparenta tornar o casamento infantil nulo de pleno direito. No entanto, tal leitura que pode ser aparente num primeiro momento, não deve prevalecer.

Para que se compreenda mais adequadamente o tema, é preciso partir de um pressuposto básico: as regras gerais de invalidades, especialmente aquelas concernentes à nulidade absoluta, não se justapõem ao direito de família[30]. As especificidades do ramo jurídico familiar reclamam, por consequência, uma aplicabilidade também particular, a partir de um regramento inserido no próprio contexto do direito de família. Assim, por mais que à primeira vista se tenha determinações legais que possam induzir, genericamente, vícios absolutos à prática de atos de natureza familiar, estes só serão definidos como tais se houver taxação específica neste sentido.

Dito isto, é possível voltar à análise da revogação tácita – ou não – do art. 1.550, I, do Código Civil. E, de plano, não há nada que aponte para uma nulidade absoluta do casamento infantil.

De fato, há um vício latente, no sentido de se aplicarem restrições ao matrimônio daqueles que não completaram a idade núbil. Entretanto, tal vício alcança apenas o interesse dos envolvidos, apenas poderá ser reclamado por aqueles habilitados para tanto (art. 1.552, do Código Civil). E todas essas características conduzem a anulabilidade do casamento infantil.

Por isso, ainda que tenha havido uma vedação genérica ao casamento dos menores de dezesseis anos, proibindo-o "em qualquer caso", a sua prática gera apenas

---

28. TARTUCE, Flávio. *Manual de Direito Civil*, p. 280 e ss.
29. Código Civil: "Art. 1.550. É anulável o casamento: I – de quem não completou a idade mínima para casar".
30. Vide posicionamento do IBDFAM – Instituto Brasileiro de Direito de Família, sobre o tema do casamento infantil. *Notas à Lei 13.811-2019 sobre o casamento de quem não tem idade núbil*. http://www.ibdfam.org.br/noticias/6959/Notas+%C3%A0+lei+n.+13.811+2019+sobre+casamento+ de+quem+n%C3%A3o+tem+i-dade+n%C3%BAbil. Acesso em: 03 jan. 2020.

um ato anulável, passível de convalidação (característica que, *en passant*, já parece responder à última indagação adiante)[31].

3.2 Retroatividade dos efeitos da nova redação do art. 1.520 do CC/2002

Como se teve a oportunidade de mencionar, a racionalidade inaugurada pela novel redação do art. 1.520, do Código Civil, não guarda paralelo com os termos revogados do mesmo dispositivo. É preciso encarar as modificações trazidas pela Lei 13.811/2019 com olhares renovados, de modo a perceber a sua exata extensão e seu preciso contorno.

Uma segunda indagação pertinente, derivada dessa nova conformação do casamento infantil, diz respeito ao eventual alcance da proibição aos casamentos já consolidados. Em outras palavras, por um exemplo: se um casamento é celebrado, em 2017, por uma menina, de treze anos de idade à época do matrimônio, com um homem maior de idade, que a engravidou, a partir do aceitar inequívoco de ambos e o consentimento de seus pais, teria essa união se tornado inválida com o advento da nova redação do art. 1.520, do Código Civil?

Trabalhando com o exemplo hipotético ora apresentado, a pergunta guarda apelo e mínima coerência, na medida em que os elementos concretos remontam um cenário bastante complexo. Senão, veja-se: (i) o casamento foi celebrado para suprir estado de gravidez, o que, formalmente, se enquadrava em uma das exceções da antiga redação do art. 1.520, apesar das considerações sobre revogação tácita já pontuadas; (ii) havendo consentimento dos pais, teoricamente a vontade da menor absolutamente incapaz estaria suprida, tornando o ato uma conduta com potencial de validade; (iii) a proibição do casamento infantil "em qualquer caso" entrou em vigor apenas depois da consumação do matrimônio, o que, teoricamente, manteria aquela prática em uma condição excepcional de validade.

De fato, todos esses subsídios apontam a uma mesma conclusão, que passa, essencialmente, pela vedação à retroatividade dos efeitos do art. 1.520, do Código Civil. Mas ainda que assim não fosse, há um elemento adicional que ratifica a estabilização das relações matrimoniais confirmadas anteriormente ao advento da Lei 13.811/2019: o ato jurídico perfeito.

Conforme sinaliza a melhor doutrina, entende-se por ato jurídico perfeito uma conduta regularmente praticada, com o preenchimento pleno de seu suporte fático,

---

31. Apesar da construção conclusiva apresentada, há importantes vozes destoantes, que sinalizam uma invalidade absoluta do casamento dos que não atingiram a idade núbil. Por todos, cita-se a posição de Rolf Madaleno, para que, verdadeiramente, a nova racionalidade do art. 1.520, do Código Civil, sinaliza um matrimônio nulo de pleno direito. E isso porque, em essência, para o autor, a vedação do referido dispositivo traduzir-se-ia como um impedimento peremptório ao matrimônio, "no embalo de um movimento internacional (...) para não aceitar que crianças e adolescentes sejam alvos de abusos e que tenham que casar em razão de gravidez ou para evitar a condenação criminal por algum tipo de crime como o estupro". In: MADALENO, Rolf. Casamento de menor de 16 anos: nulidade ou anulação. Lei 13.811/2019. *Revista Brasileira de Direito de Família e Sucessões*. n. 32. Belo Horizonte: Magister.

com potencial de gerar – ou de já estar gerando – efeitos jurídicos[32]. Não há necessidade de que o ato já esteja produzindo seus efeitos; basta apenas que os elementos imprescindíveis à sua consumação tenham sido todos praticados. Assim, plenificada a conduta, não poderá lei posterior modificá-la ou prejudicar a sua realização, especialmente pelo fato de que, formalmente, "a lei em vigor terá efeito imediato e geral, respeitados o ato jurídico perfeito, o direito adquirido e a coisa julgada"[33].

Desta maneira, retomando o exemplo ora trabalhado, ainda que na atual conjuntura se esteja diante de um casamento viciado, a sua consumação anterior ao advento do novo art. 1.520, do Código Civil, impede a sua reformulação. Ato contínuo, ter-se-á por regular a prática do ato, sob a perspectiva da vigência formal da antiga redação; deve-se, de todo modo, porém, fazer a ressalva da revogação tácita do então vigente art. 1.520, do Código Civil, para questionar sobre a pertinência da aplicação das excepcionalidades de validação do casamento infantil.

De qualquer sorte, em uma palavra, a nova redação do dispositivo não comprometerá matrimônio celebrados anteriormente à sua entrada em vigor, sendo vedada a retroatividade de seus efeitos.

3.3 O alcance da restrição do casamento infantil às uniões estáveis

Para que se responda à indagação sobre o alcance da restrição do casamento infantil, no sentido de se apurar se há – ou não – abrangência das uniões estáveis, deve-se lançar uma premissa fundamental básica: norma restritiva não admite interpretação extensiva[34].

Apenas com base nesta asserção, a conclusão deste ponto é alcançada com relativa tranquilidade, podendo ser resumida em uma sentença objetiva: não há reflexo às uniões estáveis da restrição matrimonial do art. 1.520, do Código Civil.

À primeira vista, soa demasiado intrigante tal percepção. Contudo, o estranhamento é depurado a partir do momento em que se fincam alguns pilares essenciais:

(i) primeiramente, deve-se pontuar que casamento e união estável não são institutos idênticos. Por mais que se reconheça a similitude de ambos em muitos aspectos – como, por exemplo, o condão de gerar família, a conformação aliada a regime de bens semelhantes, entre outros –, é fato que os elementos não se confundem – um tem o propósito de reformular estado civil, enquanto o outro não; um apresenta formalidades de celebração que o outro não comporta; um pode ser declarado formalmente mediante instrumento particular, com realização de efeitos retroativos à data do efetivo início da relação, enquanto o outro reflete apenas consequências jurídicas prospectivas, a partir da sua formalização perante autoridade competente etc.;

(ii) a união estável é essencialmente um ato-fato, constituído pela mera prática ostensiva de vida em comum, enquanto que o casamento demanda manifestação formal e inequívoca de vontade

---

32. TARTUCE, Flávio. Ibidem, p. 44.
33. Art. 6º, LINDB.
34. Trata-se de regra essencial da hermenêutica jurídica, plenamente aplicável às circunstâncias do tema ora debatido.

para constituição. E a restrição ao casamento infantil passa, exatamente, pelas privações experimentadas pelos absolutamente incapazes quanto à possibilidade de exprimir, livre e autonomamente, sua vontade. Ora, sendo a união estável uma realidade que independe de manifestação volitiva, as restrições impostas àqueles que não alcançaram a idade núbil não podem atingir atos conformados independentemente da vontade;

(iii) por fim, retoma-se a premissa já lançada de que uma norma restritiva não permite uma hermenêutica de caráter expansivo. Sendo assim, se se proíbe a realização de casamento infantil de maneira peremptória – dispositivo legal de caráter eminentemente limitativo –, não se deve promover uma interpretação extensiva do seu teor, aplicando, por analogia, a restrição a figuras distintas.

Como se não bastasse, a questão da formalidade de celebração – presente no casamento, mas ausente na união estável – é outro ponto importante para restringir o alcance do art. 1.520. E isso porque, de fato, pressupondo o cumprimento de um rito específico, o casamento passa por um controle estatal solene que permite uma limitação objetiva das suas potencialidades. Por outro lado, tratando-se de união estável, são a prática e a realidade cotidiana que constituem esses vínculos, sendo ilógico pressupor a aplicabilidade de uma vedação formal onde, de fato, a solenidade é absolutamente prescindível.

Por isso, parece acertado indicar que a interpretação do dispositivo exarado pelo art. 1.520, do Código Civil, deve se dar em termos reducionistas, não podendo, portanto, alcançar uniões estáveis mantidas por quem ainda não atingiu idade núbil.

Complementarmente, há uma crítica fundamental a ser feita neste aspecto: na prática, existe um número grandioso de casos de uniões estáveis entre adolescentes no país. E este dado concreto parece ser negligenciado pela mudança legislativa do art. 1.520, do Código Civil, na medida em que desconsiderou aspectos centrais do debate, como as questões de gênero, de situação socioeconômica, dentre outros. Desta maneira, a mudança legislativa deveria ser seguida de políticas públicas que visem a coibir as violações aos direitos infantojuvenis, proporcionando condições mínimas de exercício pleno das suas condições afetivas, conjugais e familiares[35].

3.4 Antinomia entre a proibição do art. 1.520 e a convalidação de casamento do art. 1.553 do CC/2002

Dentro deste contexto, um último ponto aparentemente antinômico é trazido à tona: como referido, o novo art. 1.520, do Código Civil, veda, peremptoriamente, o casamento de menores que ainda não alcançaram a idade núbil (dezesseis anos); contudo, neste mesmo *Codex*, o art. 1.553, cuja redação não sofreu qualquer modificação desde sua entrada em vigor, estabelece que "o menor que não atingiu a idade núbil poderá, depois de completá-la, confirmar seu casamento, com a autorização de seus representantes legais, se necessária, ou com suprimento judicial". Mas como

---

35. Nesse sentido: MATOS, Ana Carla Harmatiuk; DE OLIVEIRA, Ligia Ziggiotti. Paradoxos entre autonomia e vulnerabilidades: efeitos jurídicos da união estável entre adolescentes. In: TEIXEIRA, Ana Carolina Brochado; DADALTO, Luciana (Org.). *Autoridade parental*: Dilemas e desafios contemporâneos. Ibidem.

seria possível a confirmação de um matrimônio por alguém que está impossibilitado de casar?

Ora, do ponto de vista lógico, para que se confirme um casamento, é imprescindível que ele tenha sido realizado, ou seja, parece absolutamente irracional ratificar um casamento nessas condições. Então, a partir disso, indaga-se: se a nova redação do art. 1.520 proíbe, "em qualquer caso", o casamento dos menores de dezesseis anos, a redação do art. 1.553 não restaria prejudicada ou tacitamente revogada? Não haveria uma contradição entre o impedimento do art. 1.520 e a confirmação do art. 1.553?

À primeira vista, sim. Entretanto, trata-se de uma antinomia apenas aparente. Como se demonstrará, os dispositivos são perfeitamente compatíveis e podem vigorar conjuntamente.

De início, é preciso lançar mão da ideia de que "a permissão para casamento fora da idade núbil merece interpretação orientada pela dimensão substancial do princípio da igualdade jurídica, ética e moral entre o homem e a mulher, evitando-se, sem prejuízo do respeito à diferença, tratamento discriminatório".[36] A partir disso, pode-se compreender que, verdadeiramente, o matrimônio infantil traz consigo uma carga hermenêutica importante, com efeitos a serem ponderados casuisticamente.

Assim, por mais que haja vedação expressa ao casamento infantil, os três enfrentamentos anteriormente realizados neste artigo desembocam neste quarto, para indicar que não há qualquer contradição entre os dispositivos dos arts. 1.520 e 1.553: (i) o casamento celebrado por absolutamente incapaz é anulável, o que faz com que ele seja passível de convalidação – quer pelos representantes legais dos nubentes, quer pelo mero decurso do tempo; (ii) a irretroatividade dos efeitos do art. 1.520 protege relacionamentos já formatados, pelo que não pode haver qualquer modificação em sua estrutura, mesmo a novel redação vedando o casamento infantil "em qualquer caso"; (iii) como se viu, as uniões estáveis, por se tratarem de ato-fato, não se submetem à restrição do art. 1.520; dessa forma, se um casamento envolvendo quem ainda não atingiu idade núbil tiver sido celebrado sem registro civil, exatamente por conta da proibição do referido dispositivo legal, o matrimônio será convolado em união estável, sendo, portanto, validado como entidade familiar.[37]

A confirmação do casamento infantil poderá se dar pelos próprios nubentes tão logo atinjam a idade núbil, cumprindo, em essência, o rito disposto pelo art. 1.553, do Código Civil. E exatamente por isso, não há, a nosso ver, qualquer antinomia ou contradição entre tal excerto legal e o recém aprovado art. 1.520.

---

36. Enunciado 329, IV Jornada de Direito Civil
37. IBDFAM – Instituto Brasileiro de Direito de Família. Notas à Lei 13.811-2019 sobre o casamento de quem não tem idade núbil. http://www.ibdfam.org.br/noticias/6959/Notas+%C3%A0+lei+n.+13.811+2019+sobre+casamento+de+quem+n%C3%A3o+tem+idade+n%C3%BAbil. Acesso em: 03 jan. 2020.

4. CONCLUSÕES

Apresentadas as principais ideias que nortearam na presente reflexão, é possível realizar um compilado das conclusões centrais alcançadas, em termos esquemáticos:

a) é preciso segmentar as duas racionalidades existentes entre a antiga redação do art. 1.520, do Código Civil, e a sua atual disposição;

b) a redação superada pela Lei 13.811/2019 estabelecia duas exceções à possibilidade do casamento infantil, quais sejam, a extinção da punibilidade e a sustentação de gravidez. Contudo, as modificações da legislação penal e a própria essência do direito de família indicaram uma revogação tácita do referido dispositivo, apesar da sua vigência formal;

c) o novel disposto do art. 1.520 foi concebido como parte de "um movimento global de proteção à infância e juventude". Para tanto, dispôs-se que "não será permitido, em qualquer caso, o casamento de quem não atingiu a idade núbil, observado o disposto no art. 1.517 deste Código";

d) a partir desse panorama genérico de vedação do casamento infantil, foram selecionadas quatro questões laterais para análise aprofundada de suas disposições;

e) o casamento infantil, na nova conformação da legislação civil, é anulável, passível, portanto, de convalidação;

f) a nova redação do art. 1.520, do Código Civil, não alcança relações matrimoniais já consolidadas, especialmente como meio de proteção do ato jurídico perfeito;

g) não se permite interpretação extensiva da norma restritiva do art. 1.520, pelo que as uniões estáveis não sofrem da mesma limitação imposta aos casamentos infantis;

h) não há antinomia entre a proibição do art. 1.520 e a convalidação de casamento do art. 1.553, do Código Civil, eis que se permite a confirmação de matrimônio infantil, dada a sua mera anulabilidade.

ORDEM PÚBLICA E DIREITO DE FAMÍLIA: BREVE ANÁLISE A PARTIR DOS PRECEDENTES DOS TRIBUNAIS SUPERIORES BRASILEIROS

Luciana Pedroso Xavier

Doutora e Mestre pela UFPR. Professora de Direito Civil da UFPR. Presidente da Diretoria Paranaense do Instituto Brasileiro de Direito Contratual – IBDCONT. Advogada. Contato: luciana@pxadvogados.com.br.

Marília Pedroso Xavier

Professora da graduação e da Pós-graduação *strictu sensu* da Faculdade de Direito da Universidade Federal do Paraná – UFPR. Doutora em Direito Civil pela Universidade de São Paulo – USP. Mestre e Graduada em direito pela UFPR. Coordenadora de Direito Privado da Escola Superior de Advocacia do Paraná. Membro da Diretoria Paranaense do Instituto Brasileiro de Direito de Família. Diretora do Instituto Brasileiro de Direito Contratual – IBDCONT. Advogada. Mediadora. Autora da obra "Contrato de Namoro: amor líquido e direito de família mínimo" publicada pela Editora Fórum. Contato: marilia@pxadvogados.com.br.

"O direito de família tem sido cognominado o mais humano dos direitos, porque lida com as mais íntimas relações humanas, nas quais flagra de modo ímpar as grandezas e as pequenezas do ser humano".
Sérgio Rezende de Barros[1].

1. INTRODUÇÃO

O direito de família brasileiro contemporâneo vive uma fase de efervescência. A partir de uma ambiência em que emergem nos últimos anos inúmeras legislações tidas como revolucionárias[2], bem como julgados notoriamente paradigmáticos[3], é certo que este campo é especialmente dado à toda a sorte de polêmicas.

Desse modo, é bem perceptível na doutrina familiarista a preocupação em prestigiar visões interdisciplinares, abarcando contribuições de outras áreas do saber,

---

1. Texto básico da palestra proferida no dia 29 de agosto de 2003, na XII Jornada de Direito de Família, realizada no Auditório da Assembleia Legislativa do Estado do Rio Grande do Sul, sob patrocínio do Instituto dos Advogados do Rio Grande do Sul. Disponível em: http://www.srbarros.com.br/pt/direitos-humanos-e-direito-de-familia.cont. Acesso em: 11 jun. 2020.
2. Nesse sentido pode-se citar, sem detrimento de outras, as simbólicas legislações sobre Alienação Parental (12.318/2010), Alimentos Gravídicos (11.804/2008), e sobre Guarda Compartilhada (13.058/2012).
3. Certamente o julgado que mais reverberou foi o seguinte: BRASIL. Supremo Tribunal Federal – STF. Julgamento conjunto da ADI 4277 e da ADPF 132. Tribunal Pleno, 05 de maio de 2011. DJe-198, 14 de outubro de 2011.

tais como a psicologia. Até mesmo novas vias procedimentais têm sido pensadas em contraste com a cultura da judicialização excessiva[4].

Eis que, para melhor captar a essência dos conflitos familiares, ganharam relevo nos últimos anos autores que prestigiam a riqueza dos fatos em detrimento do formalismo e da letra fria da lei. Geralmente, o embate trazido por eles coloca em xeque realidades efetivamente vividas pelas pessoas, mas que são colocadas sob um manto de invisibilidade e silêncio pela legislação (em especial o Código Civil de 2.002)[5].

A partir dessa perspectiva, chama atenção o fato de que o direito de família é tratado até mesmo por estes autores críticos somente com preocupações meramente locais. É curioso notar que as mencionadas obras pouco (ou nada) tratam sobre os eventuais contornos que os institutos clássicos teriam quando inseridos em situações que envolvam necessariamente as normas de direito internacional privado.

Ora, em um mundo cada vez mais globalizado, chega a ser ingênuo e insuficiente ignorar o elastecimento das fronteiras e o intenso fluxo de pessoas. Tais fenômenos igualmente geram novas realidades que o direito de família não pode ignorar.

Chama atenção, dentre outras situações, a comumente chamada de barriga de aluguel onerosa. Apesar dos imperativos do Conselho Federal de Medicina vedando tal hipótese,[6] o turismo procriativo tem sido cada vez mais praticado. O regime jurídico brasileiro não está devidamente preparado para tratar de questões levantadas a partir da gestação por substituição, tais como a determinação da maternidade e da filiação, a fixação da nacionalidade da criança e a transcrição do registro civil.[7] Não se pode defender uma postura hipócrita e comodista de que a proibição dessa prática encerra o debate.

Esse verdadeiro eclipse não se opera com outros institutos de direito civil, como o contrato. Este vem recebendo cada vez mais definições que partem de uma compreensão transnacional. Assim, passa a ser o instrumento jurídico apto a propiciar o trânsito jurídico de mercadorias e serviços. Enzo Roppo, autor italiano bastante prestigiado no direito brasileiro, bem retrata isso: "O contrato europeizou-se. Hoje não é possível pensar no contrato em termos puramente domésticos, na lógica restrita do ordenamento nacional único. Hoje é possível, e mesmo obrigatório, falar sobre um direito europeu dos contratos"[8].

---

4. O maior exemplo é o recém aprovado pelo Senado PL 7.169/2014 (nova lei de Mediação), que aguarda no momento a sanção presidencial.
5. Estão inseridas nesse rol as seguintes obras: FACHIN, Luiz Edson. *Teoria Crítica do Direito Civil À luz do Novo Código Civil brasileiro*. 2. ed. rev. e atual. Rio de Janeiro: Renovar, 2003; DIAS, Maria Berenice. *Manual de direito das famílias*. 9. ed. rev., atual. e ampl. São Paulo: Ed. RT, 2013; LÔBO, Paulo Luiz Netto. *Famílias*. São Paulo: Saraiva, 2008; AZEVEDO, Álvaro Villaça. *Direito de Família*. São Paulo: Atlas, 2013.
6. Resolução CFM 2013/2013, publicada no D.O.U. de 09 de maio de 2013, Seção I, p. 119. Disponível em: http://www.portalmedico.org.br/resolucoes/CFM/2013/2013_2013.pdf. Acesso em: 12 jun. 2020.
7. ARAUJO, N., VARGAS, D., MARTEL, L.C.V. *Gestação de substituição*: regramento no direito brasileiro e seus aspectos de direito internacional privado. Direito Internacional Contemporâneo, Curitiba, 2014.
8. ROPPO, Enzo. *O contrato*. Trad. Ana Coimbra e M. Januário C. Gomes. Coimbra: Almedina, 2009.

Vale dizer que isso também se dá por conta do movimento de integração europeia ter sido, no seu início, de índole fundamentalmente econômica. Para muitos autores, dentre os quais destacamos Rosário Valpuesta[9], a União Europeia nada mais seria que uma união essencialmente econômica, a qual protege o mercado apenas e na exata medida em que o fortalece. Não é de se estranhar que, apesar do desenvolvimento da matéria no campo obrigacional, uma certa harmonização do direito de família europeu está bem longe de se tornar realidade[10].

Por isso, a opção feita neste estudo pretende evitar distanciamentos tão abissais entre a teoria e a prática. O artigo partirá da análise de casos concretos que tratem do instituto da ordem pública em homologação de sentenças estrangeiras que versem sobre direito de família.

Cabe explanar que até 2004 era de competência exclusiva do Supremo Tribunal Federal (STF) processar e julgar ações relativas à homologação de sentença estrangeira, mas, por força da Emenda Constitucional 45/2004, a competência passou a ser do Superior Tribunal de Justiça (STJ). Assim, os entendimentos dos dois tribunais superiores brasileiros serão analisados.

A metodologia empregada foi, principalmente, a pesquisa de julgados utilizando os verbetes "homologação de sentença estrangeira", "adoção", "partilha de bens", "guarda", "visitação", "filhos menores", "divórcio", "separação", "acordo", "artigo 17 da LICC", "artigo 17 da LINDB", "decisão prolatada pelo judiciário brasileiro", "menor residente no Brasil" e "bens imóveis localizados no Brasil".

É também relevante esclarecer que o Decreto-lei 4.657/42, mais conhecido como "Lei de Introdução ao Código Civil" (LICC) foi editado pela Lei 12.376/2010 levando a alteração do nome da norma para "Lei de Introdução às Normas do Direito Brasileiro" (LINDB). Por isso serão feitas referências às duas nomenclaturas no decorrer do presente estudo por conta da época em que a decisão foi proferida.

Antes de adentrar na análise concreta dos casos selecionados, far-se-á um aprofundamento teórico sobre os precedentes judiciais e seus desdobramentos. A pertinência dessa metodologia não poderia ter sido maior tendo em vista o prestígio recebido no novo Código de Processo Civil. Espera-se que este estudo lance luzes sobre o que efetivamente vem sendo decidido e as razões para isso.

Importa salientar, apenas, que o tema do sequestro internacional de crianças e adolescentes, por conta de sua amplitude, foi excluído desta análise visto que excederia os limites inerentes a esse estudo.

---

9. Rosário Valpuesta. Encontro com a professora Rosario Valpuesta. *Conferência proferida aos alunos do Programa de Pós-graduação da Faculdade de Direito da Universidade Federal do Paraná,* 19 ago. 2008.
10. MEULDERS-KLEIN, Marie-Thérèse. Towards a uniform european family law? A political approach: general conclusions. A Political Approach. In: ANTOKOLSKAIA, M. (Coord.). *Convergence and Divergence of Family Law in Europe,* 2007, p. 271-281.

2. BREVES NOÇÕES A RESPEITO DOS PRECEDENTES JUDICIAIS

Longe de ser tomada como ideia umbilicalmente ligada apenas à esfera jurídica, a confiança em precedentes é parte da vida em geral. Luiz Guilherme Marinoni oferece interessante exemplo de precedente não jurídico exercido quase que diariamente nos bancos acadêmicos: é o caso do professor que permite a entrada de um aluno atrasado no dia de prova. A partir dali, passam a se tornar frequentes os atrasos de diversos estudantes. O docente que pretende agir em conformidade com seu próprio precedente deverá aceitar essa conduta ou alertar os alunos que seu comportamento será diferente a partir de então[11].

Do exemplo acima citado é possível extrair alguns elementos relevantes dos precedentes. Nota-se que um argumento a partir de decisões anteriores tem relação com o passado e com o futuro. A visão tradicional a respeito dos precedentes trata do primeiro caso: se o professor permitiu o atraso na primeira oportunidade deverá agir do mesmo modo nas próximas oportunidades. O precedente, aqui, olha para o passado de modo a decidir uma forma de conduta no presente. Ocorre, porém, que o precedente tem uma dimensão futura igual ou ainda mais relevante: a decisão tomada hoje servirá como parâmetro para o futuro.[12] "O hoje não é apenas o amanhã de ontem, mas é também o ontem de amanhã".[13] A afirmação de Schauer procura demonstrar que ao se firmar um precedente o sujeito se compromete com o futuro.

Deste modo, tem-se que um precedente é um posicionamento com força suficiente para condicionar e orientar as decisões futuras. No âmbito jurídico, o emprego do conceito de precedentes costuma estar ligado à prática de decisões judiciais, no sentido de que o que uma corte decidiu no passado deve orientar os julgadores de hoje. Esta noção geralmente é sintetizada pelo brocado *"stare decisis et non quieta movere"*, ou pela expressão *"treat like cases alike"*.

Em um dos mais recentes entendimentos a respeito do tema, a teoria dos precedentes vem sendo apresentada como uma metodologia ligada "inseparavelmente a uma teoria da argumentação que seja capaz de tornar racional o processo de aplicação do Direito"[14]. Neste mesmo sentido, Frederick Schauer sustenta a possibilidade de utilização dos precedentes como parâmetro de interpretação da legislação[15].

Observa-se, assim, que a noção de precedente não é absolutamente distinta da chamada "jurisprudência" no Brasil. Diversamente do sentido de "ciência do Direito" difundido nas experiências jurídicas estrangeiras, por jurisprudência entende-se um conjunto de decisões judiciais, independentemente de coerência ou consistência.

---

11. MARINONI, Luiz Guilherme. *Precedentes obrigatórios*. São Paulo: Ed. RT, 2010, p. 104.
12. SCHAUER, Frederick. Precedent. *Stanford Law Review*, v. 39, p. 572.
13. "Today is not only yesterday's tomorrow; it is also tomorrow's yesterday." SCHAUER, Frederick. Precedent. *Stanford Law Review*, v. 39, p. 572.
14. BUSTAMANTE, Thomas da Rosa. *Teoria do precedente judicial*: a justificação e a aplicação de regras jurisprudenciais. São Paulo: Noeses, 2012, p. 541.
15. SCHAUER, Frederick. *Thinking like a lawyer*. Cambridge: Harvard University Press, 2009.

Judith Martins-Costa adverte que formam a "jurisprudência" brasileira decisões diametralmente opostas e incoerentes. Assim, chega-se ao absurdo de termos decisões que se fundamentam em uma mesma teoria doutrinária mas oferecem soluções diferentes[16].

Em razão dessas e outras decisões contraditórias, a doutrina brasileira vem buscando outras formas para definir um conjunto ordenado de decisões. Para tanto, fala-se em "jurisprudência pacífica" e em "decisões reiteradas". Fato é, porém, que a necessidade de se buscar estas expressões só existe em razão da ausência de compromisso dos tribunais em respeitar as decisões anteriores.

As defesas para a manutenção desta postura costumam girar em torno de três justificativas: a independência do magistrado, a desobediência judicial para estimular a reforma do Direito e uma forma de evitar o engessamento do sistema.

3. CRÍTICAS JÁ SUPERADAS CONTRA A TEORIA DOS PRECEDENTES

Muitas das críticas realizadas à teoria dos precedentes no Brasil já foram feitas nos países da *common law*. O tempo também permitiu uma análise mais apurada de cada uma sem que a doutrina de respeito às decisões fosse descartada. A primeira a ser aqui considerada é a de que impor o respeito aos precedentes restringe a independência do juiz.

Observa-se, porém, que sustentar a independência do juiz nos moldes brasileiros significa, no fundo, defender ampla discricionariedade judicial.[17] O juiz tem liberdade para interpretar a prova, mas o ordenamento não lhe confere essa mesma liberdade na interpretação da legislação. Deve haver, ao contrário, coerência entre aquilo que é decidido de modo a evitar o desrespeito ao direito fundamental à igualdade. Em outras palavras, a independência judicial não merece prevalecer sobre o direito à igualdade, compreendido no sentido de que se deve "tratar todas as pessoas igualmente circunstanciadas de forma igual".[18]

O segundo dos principais argumentos contra a vinculação dos juízes aos precedentes é o de que a autonomia judicial contribui para o desenvolvimento do Direito, ao forçar os tribunais superiores a rever suas próprias decisões. Com isso, a revogação de precedentes seria mais comum e o direito não sofreria o temido engessamento. Vista por outro ângulo, esta crítica questiona se o desrespeito aos precedentes pelos tribunais inferiores influencia a reconsideração das decisões por parte dos tribunais

---

16. Por todos ver essa instigante pesquisa: MARTINS-COSTA, Judith. Notas sobre o *dies a quo* do prazo prescricional. In: MIRANDA, Daniel Gomes de; CUNHA, Leonardo Carneiro da; ALBUQUERQUE JÚNIOR, Renato Paulino de (Org.). *Prescrição e decadência*: Estudos em Homenagem a Agnelo Amorim Filho. 5 ed. Salvador: JusPodovim, 2013, v. 5, p. 297.
17. KOZICKI, Katya; PUGLIESE, William Soares. O direito à igualdade nas decisões judiciais. *Liberdade, igualdade e fraternidade: 25 anos da Constituição brasileira*. Belo Horizonte: D'Plácido, 2013, p. 385-403.
18. KOZICKI, Katya; PUGLIESE, William Soares. O direito à igualdade nas decisões judiciais. *Liberdade, igualdade e fraternidade: 25 anos da Constituição brasileira*. Belo Horizonte: D'Plácido, 2013, p. 399.

superiores[19]. Além disso, cabe considerar se esta técnica é válida diante da perda de uniformidade e de eficiência de um sistema precedentalista[20].

A experiência estrangeira demonstra que a crítica não procede. Em primeiro lugar, porque a decisão divergente causa insegurança e desvirtua a uniformidade do sistema, gerando o aumento do número de litígios[21]. Em segundo lugar, "os tribunais inferiores podem estimular a mudança de opinião das cortes supremas sem divergir. Isso pode ser feito por meio da concordância crítica, ou seja, uma decisão que adota o precedente, mas ao mesmo tempo expõe deficiências do precedente e incentiva o tribunal superior a rever seu posicionamento"[22]. Vale destacar, ainda, que um terceiro argumento que contribui para o abandono da tese da divergência judicial é o de que o incentivo a esta prática pode resultar no abuso de discricionariedade[23], considerado acima.

Por trazer prejuízos e incertezas ao sistema, a divergência judicial não se mostra uma crítica razoável para afastar o respeito aos precedentes. O benefício da reforma judicial, que procura justificar toda a crítica, é meramente especulativo, "pelo que não representa um fator decisivo no afastamento da teoria dos precedentes"[24].

Estas considerações trazem consigo a última crítica costumeiramente endereçada à teoria dos precedentes: a suposição de que ao vincular os juízes às decisões dos tribunais superiores impede-se o desenvolvimento do Direito. Essa afirmação pauta-se em duas premissas falsas. A primeira supõe que os precedentes não admitem qualquer tipo de reforma ou discussão. A segunda pressupõe que todas as regras jurídicas devem estar em constante mudança.

---

19. PUGLIESE, William Soares. *Teoria dos precedentes e interpretação legislativa*. Dissertação de mestrado. Curitiba: UFPR, 2011, p. 73.
20. "The salient question is narrower: Does the chance that lower court disobedience will successfully encourage the Supreme Court to rethink its established position justify such behavior, notwithstanding the likely loss of efficiency and uniformity?" (CAMINKER, Evan H. Why must inferior courts obey superior court precedents?, p. 860).
21. "Unless and until the Supreme Court entertains an appeal and resolves the intramural squabble, the inferior court's defiance will thwart uniform federal law interpretation and its attendant values. If the Supreme Court reviews and reverses (reaffirming its precedent), the inferior court's disobedience will have raised the costs of adjudication and tarnished the Court's stature by challenging its competence for nothing. Only if the Supreme Court actually reviews and affirms the inferior court decision (thus overruling its precedent) will these process costs be justifiable" (CAMINKER, Evan H. *Why must inferior courts obey superior court precedents?*, p. 862).
22. PUGLIESE, William Soares. *Teoria dos precedentes e interpretação legislativa*. Dissertação de mestrado. Curitiba: UFPR, 2011, p. 74.
23. Acerca da discricionariedade do juiz, sustenta Benjamin Cardozo: "[t]he judge, even when he is free, is still not wholly free. He is not to innovate at pleasure. He is not a knight-errant, reaming at will in pursuit of his own ideal of beauty or of goodness. He is to draw his inspiration from consecrated principles. He is not to yield to spasmodic sentiment, to vague and unregulated benevolence. He is to exercise a discretion informed by tradition, methodized by analogy disciplined by system, and subordinated do the primordial necessity of order in the social life" (CARDOZO, Benjamin N. *The nature of the judicial process*, p. 141).
24. PUGLIESE, William Soares. *Teoria dos precedentes e interpretação legislativa*. Dissertação de mestrado. Curitiba: UFPR, 2011, p. 74.

A premissa de que a *common law* não admite alteração de seus precedentes é inverídica[25]. Mesmo na Inglaterra, onde os precedentes já foram imutáveis[26], as cortes têm o poder de revogar seus precedentes. Para fazê-lo, basta que demonstre que a alteração é necessária para evitar a injustiça e para o desenvolvimento do Direito[27].

Nesse âmbito, deve-se destacar a importância da produção doutrinária[28], que tem como uma de suas funções apontar as decisões incompatíveis com a realidade e sugerir soluções para os novos problemas da sociedade[29]. Note-se, ainda, que a *common law* possui diversas técnicas que permitem a revogação ou o distanciamento de um precedente[30]. São elas: *overruling, prospective overruling, transformation* e *overriding*.[31]

O *overruling* e o *prospective overruling* são instrumentos para a retirada de um precedente do ordenamento. Por meio delas, o tribunal reconhece o erro de uma decisão anterior e lhe nega vigência. As demais técnicas não retiram um precedente do ordenamento, mas estabelecem distinções fáticas entre o caso julgado anteriormente e a nova questão apreciada pelo tribunal.

Não é o caso, aqui, de expor as técnicas uma a uma. Cabe afirmar, porém, que essas técnicas evitam o chamado engessamento sem autorizar uma simples derrocada do precedente. São consideradas técnicas justamente por terem requisitos específicos de utilização, o que permite a construção do Direito de modo ordenado e coerente[32]. Não se sustenta, portanto, a crítica de que a teoria dos precedentes impede o desenvolvimento do Direito.

Já a segunda premissa (na qual a crítica do engessamento se funda) sustenta que as regras jurídicas devem estar sempre sujeitas à alteração. De fato, o Direito precisa estar atento às mudanças da sociedade, mas isso não significa afirmar que

---

25. "Dessa forma, a *stare decisis* é tanto uma fonte de certeza quanto de flexibilidade no direito. Os novos casos geralmente devem ser decididos como o foram os casos antigos, assim se promovendo a certeza. Ao mesmo tempo, não sendo uma norma rígida, a *stare decisis* permite a mudança quando as políticas subjacentes pareçam exigi-lo" (VANDEVELDE, Kenneth J. *Pensando como um advogado*. Trad. Gilson Cesar Cardoso de Souza. São Paulo: Martins Fontes, 2004. p. 38).
26. "Não obstante, nem mais no berço do *common law*, em que a força dos precedentes um dia chegou a ser absoluta, insiste-se na imutabilidade dos precedentes. Lembre-se que, por largo período de tempo (1889-1966), na Inglaterra, a *House of Lords* entendeu estar irremediavelmente obrigada a respeitar as suas decisões passadas" (MARINONI, Luiz Guilherme. *Precedentes obrigatórios*, p. 190).
27. Ver MARINONI, Luiz Guilherme. *Precedentes obrigatórios*, p. 191.
28. Entendida, aqui, nos termos propostos por RODRIGUES JUNIOR, Otavio Luiz. Dogmática e crítica da jurisprudência (ou da vocação da doutrina em nosso tempo). *Revista dos Tribunais* (São Paulo. Impresso), v. 891, p. 65-106, 2010.
29. Ver também SILVA, Virgílio Afonso da. *Direitos fundamentais*: conteúdo essencial, restrições e eficácia. 2. ed. São Paulo: Malheiros, 2010.
30. Melvin Eisenberg utiliza a expressão "overturning" para explicitar o gênero das técnicas de revogação dos precedentes. Em tradução literal, trata-se da "derrubada" ou da "reviravolta" de uma decisão. (V. EISENBERG, Melvin Aron. *The nature of the common law*, p. 104 e ss.).
31. Para aprofundar nestas questões, ver a abrangente exposição de MARINONI, Luiz Guilherme. *Precedentes obrigatórios*, p. 326-456 e VANDEVELDE, Kenneth J. *Pensando como um advogado*, p. 135 e segs.
32. PUGLIESE, William Soares. *Teoria dos precedentes e interpretação legislativa*. Dissertação de mestrado. Curitiba: UFPR, 2011, p. 77.

todas as regras jurídicas podem ou dever ser alteradas constantemente. Um mínimo de certeza é importante para que se tenha segurança.

4. O FUNDAMENTO DOS PRECEDENTES

Em um estudo empírico, Brenner e Spaeth[33] identificam os argumentos mais comuns na doutrina e na jurisprudência para seguir a teoria do *stare decisis*. A primeira é a eficiência, no sentido de que dar novas soluções para os mesmos casos consome muito tempo e esforço. Além da justificativa utilitarista, identifica-se um argumento mais próximo do realismo jurídico, no sentido de que os precedentes são seguidos para reforçar o papel e o peso dos tribunais.

Outras três razões para seguir precedentes têm relação com o direito à igualdade: i) a aderência ao precedente assegura a continuidade do direito; ii) a teoria dos precedentes é mais justa porque trata os casos iguais de forma igual; e iii) o *stare decisis* fomenta a legitimidade das decisões[34].

Essas contribuições da teoria dos precedentes para a organização do ordenamento jurídico são explicadas com acuidade por Melvin A. Eisenberg. Segundo o autor, um sistema pautado pelos precedentes possui congruência social e consistência sistêmica.[35] Estas duas características formam o que Eisenberg denomina "dupla coerência", ou seja, um sistema em que os conflitos sejam resolvidos de acordo com os valores precípuos da sociedade e que fortaleça a relação entre as regras. Como resultado dessa dupla coerência, atinge-se também o ideal de estabilidade[36].

Observe-se que a exposição dos fundamentos da teoria dos precedentes não se utiliza de nenhuma lei ou outro elemento de autoridade. Sua explicação se dá pela necessidade de coerência, nada mais. Ocorre que, despida da definição técnica de Eisenberg, "a tese defendida pela teoria dos precedentes nada mais é a de que o Poder Judiciário decida os casos iguais de maneira igual, como uma medida de igualdade entre todos aqueles submetidos a um mesmo ordenamento jurídico"[37].

Esta necessidade também se faz presente no Brasil. Ainda que a fonte principal do direito brasileiro seja a legislação, o papel das decisões judiciais não pode ser deixado de lado. Até porque, mesmo que não se queira admitir, a Constituição brasileira outorga aos tribunais superiores a função de intérpretes e garantes da uniformidade interpretativa da própria Constituição e da legislação.

---

33. BRENNER, Saul; SPAETH, Harold J. *Stare indecisis*: the alteration of precedent on the Supreme Court, 1946-1992. Cambridge: Cambridge University Press, 1995.
34. BRENNER, Saul; SPAETH, Harold J. *Stare indecisis*: the alteration of precedent on the Supreme Court, 1946-1992. Cambridge: Cambridge University Press, 1995, p. 3-5.
35. EISENBERG, Melvin Aron. *The nature of the common law*. Cambridge: Harvard University Press, 1988, p. 44.
36. EISENBERG, Melvin Aron. *The nature of the common law*. Cambridge: Harvard University Press, 1988, p. 44-50.
37. KOZICKI, Katya; PUGLIESE, William Soares. O direito à igualdade nas decisões judiciais. *Liberdade, igualdade e fraternidade: 25 anos da Constituição brasileira*. Belo Horizonte: D'Plácido, 2013, p. 397.

No caso do Superior Tribunal de Justiça, Marinoni sustenta que "fundamentalmente, o STJ tem a missão de definir o sentido da lei federal e de garantir a sua uniformidade no território nacional"[38]. Como será visto no próximo tópico, essa missão não tem sido cumprida minimamente a contento, de modo que faltam certezas basilares para guiar o jurisdicionado.

5. PROBLEMATIZAÇÕES EM TORNO DO CONCEITO DE ORDEM PÚBLICA

A possibilidade de se afirmar que não há uma única definição de "ordem pública" é decorrente de sua essência, pois refere-se a valores de uma sociedade, sejam eles morais, econômicos ou sociais, o que efetivamente varia no tempo (de cultura para cultura). Logo, impacta diretamente nas tradições jurídicas de cada localidade.

Jacob Dolinger entende que ordem pública é a tradução do sentimento de toda uma nação[39]. No mesmo sentido, para Strenger, este instituto vem a ser o "conjunto de princípios implícita ou explicitamente conhecidos na ordenação jurídica, os quais, considerados fundamentais, excluem a aplicação do direito estrangeiro"[40]. O princípio da ordem pública também é visto como uma forma de proteger a ordem jurídica nacional e, por consequência, os princípios fundamentais da legislação.

Já o Justice norte-americano Joseph Story, considerado por muitos autores o pioneiro da concepção moderna de ordem pública, entende que este instituto faz com que nenhum Estado precise abrir mão de seus interesses ou ter postura contrárias à sua segurança ou com seu entendimento do que seja justo. Ou seja, esse princípio impede que seja imposto à outras nações aquilo que é aceito em um determinado Estado[41].

Conforme exposto nessas definições, fica claro que a aplicação do instituto da ordem pública é extremamente contextual, posto que depende de um caso concreto para que a autoridade judiciária defina se aquela situação específica constitui um óbice ao emprego do direito internacional, provocando o consequente indeferimento da homologação da sentença estrangeira[42].

Isso se deve ao fato de que o princípio da ordem pública é excessivamente relativo, instável[43], fazendo com que não seja possível estabelecer um rol taxativo daquilo que é atentatório à ordem pública nacional[44].

---

38. MARINONI, Luiz Guilherme. *O STJ enquanto corte de precedentes*. São Paulo: Ed. RT, 2013, p. 119.
39. DOLINGER, Jacob. *Direito internacional privado*: parte geral. 10. ed. Rio de Janeiro: Forense, 2012. p. 313.
40. STRENGER, Irineu. Aplicação de normas de ordem pública nos laudos arbitrais. *Revista dos Tribunais*. ano 75, v. 606. p. 09, abril 1986.
41. DOLINGER, Jacob. *Direito internacional privado*: parte geral. 2. ed. Rio de Janeiro: Renovar, 1997, p. 351.
42. DOLINGER, Jacob. *A evolução da ordem pública no direito internacional privado*. Tese de Concurso à Cátedra de Direito Internacional Privado da Universidade do Estado do Rio de Janeiro, 1979. p. 137.
43. SAVATIER, René. *Cours de droit international privé*. Paris: Librarie Générale de Droit et de Jurisprudence, 1947. p. 218.
44. NIBOYET, J.-P. *Notions sommaires de droit international privé en vue de l'examen de licence*. Paris: Recueil Sirey, 1937. p. 136.

A relatividade deste instituto deriva das diferenças de costumes e dos valores morais de cada nação. Já a instabilidade é decorrente das constantes mudanças dos valores que cada sociedade sofre com o tempo, fazendo com que seja necessário que o julgador adeque a ordem pública de acordo com as variações dos princípios que formam aquela comunidade, demonstrando a sua contemporaneidade. Assim, percebe-se que cada ordenamento tem uma concepção para o instituto da ordem pública em decorrência das diversas tradições jurídicas.

Conforme demonstrado, não há uma única definição para o princípio da ordem pública e em decorrência disso o problema enfrentado consiste, principalmente, em definir quais são as matérias presentes nas sentenças alienígenas que ofendem a ordem pública brasileira e, por consequência, não podem ser homologadas pelo Superior Tribunal de Justiça (STJ). Aqui há uma óbvia intenção de salvaguardar os valores nacionais. Cabe, portanto, descobrir afinal quais valores são esses.

6. OS TRIBUNAIS SUPERIORES BRASILEIROS E A ORDEM PÚBLICA NO DIREITO DE FAMÍLIA

Como afirmado anteriormente, cabe ao Superior Tribunal de Justiça o papel de uniformizar a jurisprudência, servindo como um grande norte para todas as instâncias inferiores. Daí a importância de extrair de seus julgados parâmetros seguros e idôneos que possam guiar toda a atividade judicial ao longo do vasto território nacional.

Conforme estabelece o artigo 12, § 1º, da Lei de Introdução às Normas do Direito Brasileiro e o artigo 89, I, do Código de Processo Civil, é de competência exclusiva das autoridades brasileiras conhecer ações relativas a imóveis localizados no território brasileiro.

Com base na legislação pátria, o Superior Tribunal de Justiça entende, invariavelmente, que as sentenças estrangeiras que dispõem sobre imóveis situados no Brasil não devem ser homologadas no que diz respeito à partilha de bens nacionais, tendo como precedentes do STF as Sentenças Estrangeiras de n. 2.396[45] e 3.532[46].

Nos casos em que a autoridade estrangeira delibera sobre imóveis brasileiros há um claro insulto à soberania nacional, uma vez que a lei pátria esclarece e determina que a única autoridade competente para ponderar sobre esses bens é a autoridade brasileira, como frisa o Senhor Ministro Felix Fischer em seu voto no caso da SEC 4.789:

---

45. BRASIL. Supremo Tribunal Federal. Sentença Estrangeira 2.396. Relator Min. Thompson Flores. Tribunal Pleno. Julgado em 29.11.1978.
46. BRASIL. Supremo Tribunal Federal. Sentença Estrangeira 3.532. Relator Min. Moreira Alves. Tribunal Pleno. Julgado em 21.03.1985.

A competência exclusiva, por sua vez, afasta em caráter absoluto a competência da Justiça estrangeira para conhecer de ações relativas a imóveis situados no Brasil, bem como proceder a inventário e partilha de bens aqui situados[47].

Na SEC 7.171 a sentença homologada decretou o divórcio do casal, a partilha dos bens comuns, pensão alimentícia à requerente e aos seus filhos, porém ao estabelecer a partilha dos bens do casal, o juiz americano dispôs sobre bens localizados em São Paulo. Em seu voto, a Excelentíssima Senhora Ministra Nancy Andrighi deixa claro que é de competência exclusiva do judiciário brasileiro dispor sobre bens imóveis situados no Brasil e, por consequência, a decisão do juiz americano ofende a soberania nacional e a autoridade do Poder Judiciário brasileiro, impossibilitando a homologação, conforme determina:

> Segundo a sentença estrangeira, "qualquer participação em propriedades que o requerido tenha em São Paulo, Brasil, [...] deverá ser transferida à requerente" (fl. 12/16).
>
> Ocorre, contudo, que o art. 12, § 1º, da LINDB taxativamente prevê que "só à autoridade judiciária brasileira compete conhecer das ações relativas a imóveis situados no Brasil".
>
> Portanto, a deliberação do juiz estrangeiro acerca de bem imóvel situado no Brasil, além de sua incompetência para tanto, implica em inegável ofensa à autoridade do Poder Judiciário brasileiro, ferindo, por conseguinte, a soberania nacional. Há, assim, clara e irrefutável ofensa ao disposto nos arts. 15, a, e 17 da LINDB e arts. 5º, I, e 6º da Resolução 9/2005/STJ[48].

Contudo, existem diversas sentenças estrangeiras que tratam sobre partilha de bens, incluindo bens localizados no território brasileiro, que foram homologadas, primeiramente pelo Supremo Tribunal Federal[49] e, conforme essa consolidação, tornou-se entendimento também no Superior Tribunal de Justiça.

A guisa de exemplo, a SEC 421[50] versava sobre um pedido de homologação de divórcio proferido pela justiça boliviana que também abordava a partilha de bens do casal incluindo imóveis situados no Brasil. Nesse caso, foi alegada a contrariedade ao artigo 12, § 1º, da LICC (sic) visto que remetia a imóveis brasileiros e que, consequentemente, apenas a autoridade brasileira poderia conhecer tal ação. Essa tese, porém, não foi aceita.

A lei é clara e expressa quando estipula que é de competência exclusiva da justiça brasileira conhecer ações relativas a imóveis localizados no Brasil e dispor sobre eles. Todavia, no presente caso, a disposição dos bens foi feita mediante acordo entre as

---

47. BRASIL. Superior Tribunal de Justiça. Sentença Estrangeira Contestada 4.789. Relator Min. Felix Fischer. Corte Especial. Julgado em 12.04.2010.
48. BRASIL. Superior Tribunal de Justiça. Sentença Estrangeira Contestada 7.171. Relatora Min. Nancy Andrighi. Corte Especial. Julgado em 20.11.2013.
49. BRASIL. Supremo Tribunal Federal. Sentença Estrangeira 3.408. Relator Min. Marco Aurélio. Julgado em 09.10.1985 e BRASIL. Supremo Tribunal Federal. Sentença Estrangeira Contestada 7.146. Relator Min. Ilmar Galvão. Julgado em 02.08.2002.
50. BRASIL. Superior Tribunal de Justiça. Sentença Estrangeira Contestada 421. Relator Min. Felix Fischer. Corte Especial. Julgado em 16.05.2007.

partes e a única atitude do judiciário boliviano sobre a partilha de bens foi ratificar o estipulado entre elas.

Por isso, para corroborar sua afirmação de que não há contrariedade à ordem pública quando as sentenças alienígenas apenas ratificam acordo feito entre os ex--cônjuges que versam sobre imóveis localizados em território brasileiro, o Ministro Felix Fisher, durante seu voto, cita uma passagem do precedente do STF, a SEC 7.146: "não viola a soberania nacional o provimento judicial estrangeiro que ratifica acordo, celebrado pelos antigos cônjuges, acerca de bens imóveis localizados no Brasil"[51].

Nesse mesmo sentido, ressaltou-se na SE 3.408 que tinha como objeto o divórcio do casal, a partilha de bens e a homologação feita por autoridade estrangeira do acordo feito entre as partes que tratava sobre a separação dos bens do casal, incluindo aqueles situados em território nacional:

> É de frisar que a regra concernente à competência exclusiva do Judiciário brasileiro para conhecer ações relativas a imóveis localizados no Brasil – artigos 12 da Lei de Introdução ao Código Civil e 89 do Código de Processo Civil – deve ser aplicada com a cabível cautela, já que a existência de conflito de interesses sobre o bem leva a uma conduta completamente diferente quando, no divórcio, as próprias partes chegam a um acordo, ultrapassando qualquer impasse. Assim, à luz da jurisprudência desta Corte, tratando-se de composição, não se aplica a regra alusiva à atuação única e exclusiva da autoridade judicante brasileira.[52]

Assim sendo, entende-se, conforme decisões reiteradas do Supremo Tribunal Federal e de Justiça[53], que não há uma ofensa à ordem pública ou à soberania nacional quando a sentença estrangeira apenas aceita, ratifica, o acordo feito entre as partes que abordam os imóveis situados no território nacional, posto que não dispõe sobre eles.

Por isso, não há, de maneira alguma, uma violação ao artigo 12, §1º, da Lei de Introdução às Normas do Direito Brasileiro e ao artigo 89, I, do Código de Processo Civil, muito menos à ordem pública e à soberania nacional, quando a sentença estrangeira apenas corrobora o acordado entre as partes no que tange a partilha de imóveis, incluindo imóveis brasileiros.

Isto posto, fica claro que quando a sentença estrangeira homologanda dispõe sobre imóveis situados em território brasileiro ofende a ordem pública e a soberania nacional e, por consequência, não será homologada. Por outro lado, quando a sentença estrangeira apenas ratifica acordo firmado entre as partes que versam sobre a partilha de bens situados no Brasil, não há uma ofensa ao princípio da ordem pública, nem à soberania nacional, uma vez que não está conhecendo ações relativas à imóveis brasileiros.

---

51. BRASIL. Supremo Tribunal Federal. Sentença Estrangeira Contestada 7.146. Relator Min. Ilmar Galvão. Julgado em 02.08.2002.
52. BRASIL. Supremo Tribunal Federal. Sentença Estrangeira 3.408. Relator Min. Marco Aurélio. Julgado em 09.10.1985.
53. SE 2.396, SE 7.027-8, 3.633, 3.888, 4.844 e 3.408 e Sentença Estrangeira Contestada 4.512. Na Sentença Estrangeira 3.408.

Quando tratamos de guarda e visitação de menores residentes no Brasil em sentenças estrangeiras é claro e uniforme o posicionamento do STJ, a saber: a prole, quando menor de idade, residente no Brasil, compete exclusivamente à justiça brasileira decidir sobre sua guarda e visitação, de acordo com precedentes do STF e atuais decisões do STJ, conforme Sentenças Estrangeiras Contestadas (SEC) de n. 4.694[54], 4.951[55], 7.420[56], 4.789[57], 5.635[58], além da Sentença Estrangeira (SE) 4.783[59].

O artigo 7º da Lei de Introdução às Normas do Direito Brasileiro estabelece que a lei do país no qual a pessoa está domiciliada será aplicada para determinar as regras relativas ao direito de família. Além disso, conforme o artigo 88, I, do Código de Processo Civil, a competência é da autoridade brasileira quando o réu estiver domiciliado no Brasil, independentemente de sua nacionalidade.

Com fulcro nestes artigos, é de entendimento harmônico do STJ que quando o menor estiver residindo no Brasil a competência para julgar sobre sua guarda ou visitação é da justiça brasileira. Por isso, não há que se falar em homologação das sentenças estrangeiras que versem sobre o tema, conforme afirma o Excelentíssimo Senhor Ministro Nelson Jobim em seu voto na SEC 4.720: "só fato de o menor e sua genitora possuírem domicílio no Brasil afasta a competência da justiça norte-americana para decidir, com exclusividade, sobre as condições de guarda e visitação do menor"[60].

Nesse seguimento, na SEC 5.635 pleiteava-se a homologação de sentença estrangeira em que se deu o provimento administrativo de acordo extrajudicial de guarda compartilhada na Alemanha. Porém, nesse exemplo, o casal mantinha residência no Brasil desde 2004 e, após o rompimento do relacionamento, a justiça brasileira concedeu à mãe a guarda do menor. Nesse sentido, afirma a Excelentíssima Senhora Ministra Laurita Vaz que:

> [...] é inconteste a concorrência da jurisdição brasileira, na medida que mãe e filho, hoje, residem no Brasil, fazendo incidir o art. 7º da LICC, que dispõe: "A lei do país em que domiciliada a pessoa determina as regras sobre o começo e o fim da personalidade, o nome, a capacidade e os direitos de família." [...] Nos termos do verbete sumular 383 desta Corte: "A competência para processar

---

54. BRASIL. Supremo Tribunal Federal. Sentença Estrangeira Contestada 4.694. Relator Min. Ilmar Galvão. Plenário. Julgado em 10.12.1993.
55. BRASIL. Supremo Tribunal Federal. Sentença Estrangeira Contestada 4.951. Relator Min. Carlos Velloso. Plenário. Julgado em 05.09.1996.
56. BRASIL. Supremo Tribunal Federal. Sentença Estrangeira Contestada 4.720. Relator Min. Nelson Jobim. Plenário. Julgado em 16.12.2005.
57. BRASIL. Superior Tribunal de Justiça. Sentença Estrangeira Contestada 4.789. Relator Min. Felix Fischer. Corte Especial. Julgado em 12.04.2010.
58. BRASIL. Superior Tribunal de Justiça. Sentença Estrangeira 5.635. Relatora Min. Laurita Vaz. Corte Especial. 18.04.2012.
59. BRASIL. Superior Tribunal de Justiça. Sentença Estrangeira 4.783. Relator Min. César Asfor Rocha. Pendente de Julgamento.
60. BRASIL. Supremo Tribunal Federal. Sentença Estrangeira Contestada 4.720. Relator Min. Nelson Jobim. Plenário. Julgado em 16.12.2005.

e julgar as ações conexas de interesse de menor é, em princípio, do foro do domicílio do detentor de sua guarda."[61]

Fica claro que o simples fato de o menor residir no Brasil afasta completamente a autoridade da justiça estrangeira de transigir sobre o assunto. Por óbvio que se uma decisão estrangeira que aborda temas previstos em leis nacionais prevalecesse sobre a lei brasileira haveria uma grave ofensa à soberania nacional.

Uma vez mais se evidencia o motivo pelo qual as decisões de indeferimento das sentenças alienígenas que têm esse posicionamento são uniformes, pois como poderia o STJ homologar decisões que vão contra os valores essenciais da ordem jurídica brasileira?

Ademais, mediante a análise de julgados é possível afirmar que as sentenças estrangeiras que versam sobre a guarda de filhos menores favorecem de forma evidente os seus nacionais, sendo irrefutável uma certa desvantagem dos genitores de outras nacionalidades.

A fim de exemplificação, no caso da SEC 5.526[62] foi feito o pedido de homologação da sentença estrangeira proferida pela justiça norueguesa que concedeu ao genitor da menor, de nacionalidade norueguesa, a guarda da criança.

Já na SEC 8.451[63], a sentença proferida pelo 18º Senado Cível para causas de família em Celle, República Federal da Alemanha, indeferiu o pedido de restituição das filhas ao pai, cidadão brasileiro, concedendo à mãe, alemã, a guarda de ambas as crianças.

No mesmo sentido, na SEC 5.778[64] buscava-se a homologação da sentença americana que versava sobre o divórcio do casal, além da busca e apreensão e guarda dos filhos menores do casal, e no momento da prolação da decisão foi outorgada ao pai, americano, a custódia dos filhos do casal.

Com base nesse fato, poderia a justiça brasileira se comportar de outra forma, visto que seus nacionais não são beneficiados com a guarda dos seus próprios filhos por justiças alienígenas?

Além disso, as decisões também se mostram invariáveis quando a sentença estrangeira trata sobre matéria já discutida nos órgãos do judiciário brasileiro.

Como estabelecido no precedente do STF, na SEC 4.694, pelo Excelentíssimo Senhor Ministro Ilmar Galvão:

---

61. BRASIL. Superior Tribunal de Justiça. Sentença Estrangeira Contestada 5.653. Relatora Min. Laurita Vaz. Corte Especial. Julgado em 18.04.2012.
62. BRASIL. Superior Tribunal Federal. Sentença Estrangeira Contestada 5.526. Relatora Min. Ellen Gracie. Tribunal Pleno. Julgado em 22.04.2004.
63. BRASIL. Superior Tribunal de Justiça. Sentença Estrangeira Contestada 8.451. Relator Min. João Otávio de Noronha. Corte Especial. Julgado em 15.05.2013.
64. BRASIL. Superior Tribunal Federal. Sentença Estrangeira Contestada 5.778. Relator Min. Celso de Mello. Julgado em 12.05.2000.

[...] se já existe sentença de juiz do Brasil sobre o tema em questão, não há como se dar prevalência à sentença norte-americana sobre a brasileira, sob pena de incorrer em ofensa à soberania nacional, o que contraria o art. 216 do Regimento Interno.[65]

Da mesma forma é de entendimento do Superior Tribunal de Justiça que a existência de uma sentença prolatada por autoridade judiciária brasileira constitui um óbice à homologação da sentença proferida por autoridades de fora do nosso território nacional.

Outro exemplo é a SEC 819 em que foi requerida a homologação de sentença proferida pelo Tribunal de Agen, França, que autoriza ao pai a ter seu filho em sua companhia na França durante as férias escolares. Nesse processo de homologação de sentença estrangeira o Excelentíssimo Senhor Ministro Relator Humberto Gomes de Barros sustenta que "homologar a sentença estrangeira, seria esvaziar o processo em curso na Justiça mineira, em flagrante ofensa à soberania nacional"[66].

Nesses casos, o indeferimento da homologação não é pautado no argumento de mera litispendência - dois litígios conduzidos, ao mesmo tempo, perante dois tribunais competentes, que têm as mesmas partes e a mesma causa de pedir –, mas entende se tratar de matéria soberanamente julgada no Brasil. Enfatiza, no mesmo sentido, Nelson Nery Júnior:

> Enquanto a autoridade brasileira for competente, na forma do CPC 88, I a III e art. 89, I e II, e não houver homologação de sentença estrangeira no Brasil (art. 102, I, h, da Constituição Federal), renasce para o Estado Brasileiro o poder de julgar a causa já ajuizada (não induz litispendência), ou já julgada (não se reconhece coisa julgada) em outro país. [...]
>
> A justiça brasileira é indiferente a que se tenha ajuizado ação em outro país estrangeiro, que seja idêntica a outra que aqui tramite. O juiz brasileiro deve ignorá-la e permitir o regular prosseguimento da ação. [...] Mesmo que a ação já tenha sido decidida no país estrangeiro, com o trânsito em julgado, tal circunstância deve ser ignorada pelo juiz brasileiro[67].

Por essa perspectiva, não há que se falar em homologação das sentenças estrangeiras quando a autoridade nacional já se manifestou sobre a mesma matéria com as mesmas partes, pois, caso a sentença alienígena imperasse sobre a decisão nacional, haveria uma inegável ofensa à ordem pública brasileira.

Mesmo nas situações em que a competência seja concorrente, quer dizer, que não seja exclusivamente brasileira, como no caso do menor residente no Brasil onde a única autoridade competente é a brasileira, se já existir coisa julgada no território nacional sobre a mesma lide, não poderá ocorrer a homologação, pois haveria uma violação da *res judicata*, como relata o parecer do Ministério Público Federal na SEC 819:

---

65. BRASIL. Supremo Tribunal Federal. Sentença Estrangeira Contestada 4.694. Relator Min. Ilmar Galvão. Tribunal Pleno. Julgado em 10.12.1993.
66. BRASIL. Superior Tribunal de Justiça. Sentença Estrangeira Contestada 819. Relator Min. Humberto Gomes de Barros. Corte Especial. Julgado em 30.06.2006.
67. NERY JUNIOR, Nelson. *Código de Processo Civil comentado*. 4. ed., São Paulo: Ed. RT, 1999, p. 394 e 395.

Assim, quanto à superveniência da sentença brasileira, merece destacar que o simples fato de o menor e sua mãe terem atualmente domicílio no Brasil é suficiente para que seja admitida a concorrência das Jurisdições brasileira e alemã para decidir sobre a guarda do menor.

Logo, havendo novo título sobre a guarda do menor, proferido pela Justiça brasileira, o que tornou superada a situação decidida pela Justiça estrangeira, a pretendida homologação importaria em ofensa ao princípio da soberania nacional.[68]

Dessa maneira, é evidente que tanto nos casos em que o menor que mora no território brasileiro, como nas situações em que já existe decisão proferida por nossas autoridades, não se pode homologar as sentenças estrangeiras sobre o mesmo tema, pois implicaria numa ofensa à ordem pública e à soberania nacional.

7. CONSIDERAÇÕES FINAIS

A análise jurisprudencial, nos moldes como empreendida neste estudo, tem especial sentido e relevo no direito de família. Nesse ramo, as decisões emanadas atuam como uma espécie de "termômetro mais sensível das alterações da sociedade"[69].

Mais do que isso, não raro as mudanças desse ramo do direito começam justamente nos meandros do Poder Judiciário e somente em seguida é que passam para a lei (quanto já estariam mais estabilizados). Daí alguns autores falarem da existência de um verdadeiro "direito judicial de família". As realidades fáticas vividas e invisíveis para lei geral conflitos sociais e são levadas ao juiz, o qual não pode se eximir de decidir alegando inexistência de suporte legislativo. Logo, acabam invariavelmente criando novos horizontes[70].

Assim, muito mais do que em outras searas do direito privado, é por obra da construção dos juízes que o direito de família se modifica e se adapta. Isso gera um ambiente decisional que tido como "frouxo", em que a uniformização seja mais árdua, porém necessária. Some-se a isso o fato de termos nessa área a ampla utilização de uma gama de expressões abertas e lacônicas como "bem estar do menor", em "objetivos da família"[71].

Dessa mesma lógica de textura aberta é o conceito de ordem pública, tido como instável e relativo. Com isso, abrem-se as portas para as ameaças da discricionariedade exacerbada.

A partir da leitura de todas as decisões abaixo referenciadas, nota-se um desconhecimento deste conceito e seus ditames por parte dos tribunais julgadores. Apesar

---

68. BRASIL. Superior Tribunal de Justiça. Sentença Estrangeira Contestada 819. Relator Min. Humberto Gomes de Barros. Corte Especial. Julgado em 30.06.2006.
69. WAMBIER, Teresa Arruda Alvim. Precedentes e evolução do direito. In: WAMBIER, Teresa Arruda Alvim (Org.). *Direito jurisprudencial*. São Paulo: Ed. RT, 2012, p. 18.
70. MUNIZ, Francisco José Ferreira. *O direito de família na solução dos litígios*. Conferência proferida no XII Congresso Brasileiro de Magistrados (Belo Horizonte, 14 a 16 de novembro de 1991). Curitiba, 1992, p. 8.
71. WAMBIER, Teresa Arruda Alvim. Precedentes e evolução do direito. In: WAMBIER, Teresa Arruda Alvim (Org.). *Direito jurisprudencial*. São Paulo: Ed. RT, 2012, p. 55 e 66.

de ser por vezes invocado como um escudo para impedir a aplicação da lei estrangeira no direito pátrio, sua utilização é desprovida de parâmetros adequados de fundamentação. Logo, aparece muito mais como uma "carta coringa" do baralho. Isso porque em alguns casos não fica sequer evidenciado qual é o valor nacional colocado em xeque e a razão disso. Infelizmente os julgadores não trazem efetivamente a motivação exata da exclusão da ordem legal estrangeira, explicando os elementos principiológicos que foram utilizados e a explicitação do núcleo moralmente relevante da sociedade.

Os direitos humanos igualmente não são tratados a contento. Uma investigação interessante aqui seria captar se os direitos humanos têm sido interpretados nacionalmente, sendo equivocadamente relativizados ou não. Como são somente citados de forma esparsa e retórica, não é possível aprofundar a discussão[72].

A própria tese de Tatyana Friedrich que afirma que ordem pública reformula-se para adotar um caráter positivo e promocional dos Direitos Humanos parece ser mais prospectiva do que a realidade concreta contemporânea nos tribunais[73].

Uma outra conclusão interessante é a valorização da autonomia privada dos cônjuges. Isso está alinhado como as ideias defendidas por Erik Jayme. Este autor reforça a autonomia face a leis imperativas (pois estas são aplicadas geralmente sem respeitar as necessidades do indivíduo). No caso do divórcio, Jayme entende que o direito internacional privado deveria dar maior autonomia de vontade aos cônjuges para que escolha a lei aplicável ao seu divórcio[74].

Essa valorização da vontade das partes é coerente com o transcurso operado do modelo transpessoal ao eudemonista de família. Também, encontra assento na doutrina do Direito de Família Mínimo, que defende uma intervenção estatal mínima nessa seara, ocorrendo em caráter excepcional apenas quando se configurarem situações de vulnerabilidade[75]. O excesso de regras cogentes[76] na regulação do direito de família já ocorreu no passado e fazia com que parcela da doutrina afirmasse que esse ramo jurídico pertencia ao direito público[77], tamanha a estatização da matéria.

---

72. CARVALHO RAMOS, André de. A interpretação internacional dos Direitos Humanos: choque ou diálogo com o Supremo Tribunal Federal? In: BAPTISTA, Luiz Olavo; FERRAZ JUNIOR, Tércio Sampaio (Org.). *Novos caminhos do direito no Século XXI – Direito Internacional, Filosofia jurídica e Política, Dogmática Jurídica e Direitos Fundamentais*. Curitiba: Juruá, 2012, p. 282.
73. FRIEDRICH, Tatyana Scheila. *Normas imperativas do direito internacional privado – Lois de Police*. Belo Horizonte: Forum, 2007.
74. JAYME, Erik. O direito internacional privado no novo milênio: a proteção da pessoa humana em face da globalização. In: ARAUJO, Nadia de; MARQUES, Claudia Lima (Org.). *O novo direito internacional*. Estudos em homenagem a Erik Jayme. Rio de Janeiro: Renovar, 2005. p. 3-20.
75. XAVIER, Marilia Pedroso. *Contrato de namoro: amor líquido e direito de família mínimo*. Programa de Pós-graduação em Direito da Universidade Federal do Paraná, 2011.
76. Afirmava Pontes de Miranda: "A grande maioria das normas de direito de família é composta de normas cogentes. Só excepcionalmente, em matéria de regime de bens, o Código Civil deixa margem à autonomia da vontade". PONTES DE MIRANDA, Francisco Cavalcanti. *Tratado de direito privado*. 3. ed. Rio de Janeiro: Borsoi, 1971, v. 7, p. 189.
77. Por todos, ver a seguinte obra, que coloca a estatização como um dos novos rumos do direito de família: LEITE, Eduardo de Oliveira. *Direito civil aplicado*: direito de família. São Paulo: Ed. RT, 2005. v. 5, p. 33.

Por outro lado, uma valorização da autonomia privada também pode trazer um rol próprio de desafios. Um deles é utilizar as normas de direito de família à la carte, privilegiando posicionamentos individualistas em detrimento do *ethos* da sociedade. Novamente lembramos das hipóteses de barriga de aluguel e do turismo para burlar proibições. O que dizer do recente caso julgado Tribunal Europeu de Direitos Humanos que condenou a França a reconhecer a paternidade de criança nascida nos Estados Unidos através de barriga de aluguel onerosa em razão dos pais franceses terem problemas de fertilidade[78]?

Talvez a maior certeza que se pode ter ao concluir este trabalho é que não se pode ignorar as novas realidades geradas pelo abrandamento das fronteiras e o intenso fluxo de pessoas. Os desafios não são poucos, mas o cenário é muito promissor nessa seara.

---

78. GAUDEMET-TALLON, Hélène. Individualisme et mondialisation: aspects de droit international privé de la famille. *A commitment to private international law*: essays in honour of Hans van Loon: Cambridge, United Kingdom: Intersentia, 2013, p. 181-194.

A LEGÍTIMA NO DIREITO SUCESSÓRIO

Daniele Chaves Teixeira
Doutora e Mestre em Direito Civil pela UERJ. Professora em cursos de pós-graduação *lato sensu*. Advogada e parecerista.

Maici Barboza dos Santos Colombo
Doutoranda em Direito Civil pela USP, Mestre em Direito Civil e Especialista em Direito Civil Constitucional pela UERJ. Advogada e professora.

1. INTRODUÇÃO

O direito sucessório brasileiro é bastante rígido quanto à preservação do princípio da intangibilidade da legítima, o qual limita a liberdade testamentária do autor da herança quando há herdeiros necessários.

No entanto, essa rigidez não parece se coadunar com o perfil contemporâneo das famílias brasileiras. Assim, se faz necessário o surgimento de novos institutos e a reinterpretação dos antigos, atentando-se à despatrimonialização e à funcionalização dos institutos de Direito Civil[1], em especial no direito sucessório, frente à legalidade constitucional.

A legislação sucessória, sobretudo o Código Civil vigente e, portanto, também o regramento sobre a intangibilidade da legítima, ainda reflete um modelo hierarquizado de família, preocupado com a preservação do casamento e com o patrimônio familiar, revelando um grande descompasso com os valores constitucionais vigentes, e nisso reproduzindo a essência do Código Civil de 1916.

É de fundamental importância observar também que a sucessão legítima como um todo e, mais ainda, a proteção aos herdeiros necessários, devem caminhar *pari passu* com as profundas mudanças incidentes nas relações sociais em geral e, especificamente, nas relações de família, ao longo do último século, e que culminaram na tutela jurídica constitucional concretizada pelo legislador constituinte de 1988.

---

1. "'Despatrimonialização' individua-se uma tendência normativa-cultural; se evidencia que no ordenamento se operou uma opção, que lentamente, se vai concretizando, entre personalismo (superação do individualismo) e patrimonialismo (superação da patrimonialidade fim a si mesma, do produtivismo, antes, e do consumismo, depois, como valores. [...] Não é suficiente, portanto, insistir na afirmação da importância dos 'interesses da personalidade no direito privado'; é preciso predispor-se a reconstruir o Direito Civil não com uma redução ou um aumento da tutela das situações patrimoniais, mas com uma tutela qualitativamente diversa" (PERLINGIERI, Pietro. *Perfis do Direito Civil*. Trad. Maria Cristina de Cicco. Rio de Janeiro: Renovar, 1999, p 33).

Diante disso, o objetivo do presente artigo é promover um olhar renovado sobre as regras do direito sucessório, em especial quanto aos reflexos do princípio da intangibilidade da legítima, a fim de refletir sobre eventuais distorções causadas pelo engessamento desse ramo do direito civil, repleto de normas cogentes que, não raras vezes, inviabilizam ou dificultam a tutela concreta das vulnerabilidades dos herdeiros.

2. O DIREITO SUCESSÓRIO EM PERSPECTIVA

Antes de abordar especificadamente o instituto da legítima, deve-se estar ciente que a função do direito sucessório é estabelecer o destino das situações jurídicas do autor da herança transmissíveis em consonância com os ditames constitucionais.

A Constituição Federal de 1988 pouco trata, em termos expressos, do direito das sucessões; somente em seu extenso art. 5º, no inciso XXX, ao garantir o direito de herança, e no inciso XXXI do mesmo artigo, ao determinar a aplicação, em benefício do cônjuge ou dos filhos brasileiros, da lei sucessória mais favorável, em relação aos bens de estrangeiro situados no País.

Na compreensão de Marcelo Truzzi Otero, é relevante a inserção do direito de propriedade e do direito de herança no rol dos direitos e das garantias individuais elencados na CF, pelas importantes consequências oriundas deste fato, em especial "a impossibilidade de sua supressão, ainda que por emenda constitucional, em evidente demonstração da relevância do direito sucessório em nosso ordenamento"[2]. Na visão de Ana Luiza Maia Nevares, a sucessão hereditária no ordenamento jurídico brasileiro "constitui uma garantia fundamental dos cidadãos, conforme opção levada a cabo pelo legislador constituinte brasileiro, no inciso XXX do art. 5º, da Constituição Federal de 1988"[3]. Afirma ainda a autora: "sua abolição não pode ser objeto de emenda constitucional, consoante o disposto no art. 60, § 4º, inciso IV da Carta Magna, cumprindo à legislação ordinária disciplinar o fenômeno sucessório de acordo com os valores constitucionais"[4].

Embora o direito de herança seja um direito fundamental no ordenamento brasileiro, pode-se afirmar que poucas mudanças foram registradas quanto ao direito das sucessões no Código Civil de 2002, diferentemente do que ocorreu em outras áreas do direito civil[5].

---

2. OTERO, Marcelo Truzzi. *Justa causa testamentária*: inalienabilidade, impenhorabilidade e incomunicabilidade sobre a legítima do herdeiro necessário. Porto Alegre: Livraria do Advogado, 2012, p. 19.
3. NEVARES, Ana Luiza Maia. *A tutela sucessória do cônjuge e do companheiro na legalidade constitucional*. Rio de Janeiro: Renovar, 2004, p. 33.
4. NEVARES, Ana Luiza Maia. *A tutela sucessória do cônjuge...*, cit., p. 33.
5. Nevares, Ana Luiza Maia. *A função promocional do testamento*: tendências do direito sucessório. Rio de Janeiro: Renovar, 2009, p. 7-8.

A herança é o patrimônio do falecido[6] que se traduz em universalidade de direito[7]. Pode assim seu conteúdo aumentar ou diminuir, sem que a sua configuração unitária se modifique[8]. No âmbito da definição da herança, observa-se a existência de novas modalidades de bens jurídicos na sociedade contemporânea,[9] que merecem a atenção e renovação do direito sucessório. Isso porque assiste-se à crescente desmaterialização tecnológica de bens, como ocorre com livros e músicas digitais, com as criptomoedas e com os perfis monetizados de redes sociais.[10] Sendo assim, revestidos de patrimonialidade e transmissibilidade, os bens virtuais devem também compor o conceito de herança para fins sucessórios.[11]

Em uma perspectiva estrutural, a sucessão *mortis causa* pode se dar a título universal, quando há a transmissão do patrimônio do *de cujus* ou de quota-parte deste; ou a título singular, quando bens ou direitos determinados são transferidos ao sucessor[12]. O sucessor a título universal denomina-se herdeiro e aquele que sucede a título singular, legatário[13].

A disciplina normativa da sucessão, ou seja, as regras que determinarão quem e quanto receber, pode ter sua origem na lei – quando então será denominada de sucessão legítima; ou em ato de disposição de vontade do autor da herança, materializado em codicilo ou testamento – denominada, nesse caso, de sucessão testamentária[14-15].

Quando houver herdeiros necessários, a sucessão legítima assumirá caráter obrigatório e incidirá sobre a transmissão dos bens integrantes da legítima (também denominada de reserva legal ou legitimária), composta pela metade indisponível do patrimônio do *de cujus*.[16] O autor da herança poderá exercer sua liberdade testamentária, portanto, quanto à metade disponível, se houver herdeiros necessários, ou sobre todo o seu patrimônio, somente se não houver herdeiros necessários.[17] Daí

---

6. GOMES, Orlando. *Sucessões*. 14. ed. rev., atual. e aum., de acordo com o Código Civil de 2002 e a Lei n. 11.441, de 04 de janeiro de 2007 por Mario Roberto Carvalho de Faria. Rio de Janeiro: Forense, 2007, *cit.*, p. 7.
7. WALD, Arnold. *Curso de Direito Civil brasileiro*: direito das sucessões. São Paulo: Ed. RT, 1992, p. 21.
8. GOMES, Orlando. *Sucessões*, cit., p. 7.
9. TEIXEIRA, Daniele Chaves. *Planejamento sucessório*: pressupostos e limites. 2 ed. Belo Horizonte: Fórum, 2019, p. 48.
10. LEAL, Livia Teixeira. Tratamento jurídico do conteúdo disposto na internet após a morte do usuário e a denominada herança digital. In: TEIXEIRA, Daniele Chaves. *Arquitetura do Planejamento Sucessório*. 2. ed. rev. ampl. atual. Belo Horizonte: Fórum, 2019, p. 223-238.
11. LEAL, Livia Teixeira. cit., p. 236.
12. GOMES, Orlando. *Sucessões*. 14. ed. rev., atual. e aum., de acordo com o Código Civil de 2002 e a Lei n. 11.441, de 04 de janeiro de 2007, por Mario Roberto Carvalho de Faria. Rio de Janeiro: Forense, 2007, p. 6.
13. GOMES, Orlando. *Sucessões*, cit., p. 7.
14. Art. 1.786, CC. A sucessão dá-se por lei ou por disposição de última vontade.
15. NEVARES, Ana Luiza. O princípio da intangibilidade da legítima. In: MORAES, Maria Celina Bodin de (Coord.). *Princípios do Direito Civil contemporâneo*. Rio de Janeiro: Renovar, 2006, p. 495.
16. Art. 1.789, CC. Havendo herdeiros necessários, o testador só poderá dispor da metade da herança.
17. NEVARES, Ana Luiza. O princípio da intangibilidade da legítima, cit., p. 496.

extrai-se que a sucessão legítima e a sucessão testamentária podem conviver, conforme a natureza da parcela patrimonial objeto da transmissão.[18]

Segundo Pontes de Miranda, o fundamento da legítima está na existência do vínculo familiar[19]. Isso porque são considerados pela lei como herdeiros necessários pessoas presumidamente próximas ao *de cujus*: os ascendentes, os descendentes e o cônjuge.

A qualificação sucessória do companheiro é objeto de divergências doutrinárias[20] porquanto o Supremo Tribunal Federal ainda não se posicionou relativamente ao alcance da declaração de inconstitucionalidade decidida no julgamento dos Recursos Extraordinários 878.694 e 646.721 sobre a distinção legal dos regimes sucessórios da união estável e do casamento. Entretanto, o art. 1.850 do CC[21] somente permite que o testador afaste os colaterais da sucessão, não mencionando a possibilidade de exclusão do companheiro sobrevivente, de onde se pode então fundamentar a sua condição de herdeiro necessário.

A abertura da sucessão ocorre no momento da morte do *de cujus*, conforme o art. 1.784 do CC[22], quando então os herdeiros[23] adquirem a propriedade e a posse dos direitos integrantes da herança,[24] consagrando-se o princípio da *saisine*. Entretanto, a herança não se funde imediatamente ao patrimônio destes. Ao contrário, a massa transmitida permanece segregada para a solução de débitos que lhe são pertinentes, a fim de preservar os direitos dos credores do espólio. Somente com a partilha ou adjudicação[25] do remanescente cessa o estado de indivisão da herança.

Trata-se de hipótese de "afetação patrimonial estatuída pelo CC para tutelar os interesses dos credores do *de cujus* e, após a sua satisfação, possibilitar a partilha entre os herdeiros do saldo positivo, se houver"[26]. A herança vai se extinguir posteriormente na partilha do saldo remanescente ou no pagamento dos credores do *de cujus*[27]. Assim, com a partilha, "os bens conferidos a cada herdeiro passam a integrar

---

18. Outras são as hipóteses em que pode haver convivência entre sucessão legítima e testamentária. Cf. art. 1.788, CC.
19. PONTES DE MIRANDA. *Tratado de Direito Privado*. Rio de Janeiro: Borsoi, 1968, t. LV, p. 202.
20. Nesse trabalho, adota-se a posição doutrinária que parece ser majoritária no sentido afirmativo à consideração do companheiro como herdeiro necessário.
21. Art. 1.850 CC. Para excluir da sucessão os herdeiros colaterais, basta que o testador disponha de seu patrimônio sem os contemplar.
22. Art. 1.784 CC. Aberta a sucessão, a herança transmite-se, desde logo aos herdeiros legítimos e testamentários.
23. Deve-se atentar ao fato de que os legatários, sucessores a título singular, não podem imitir-se imediatamente na posse do bem herdado, conforme art. 1.923, § 1º do Código Civil.
24. BEVILAQUA, Clovis. *Código Civil dos Estados Unidos do Brasil comentado*. 5. ed. Rio de Janeiro: Francisco Alves, 1944, v. VI, p. 6-7.
25. Art. 1.796, CC. No prazo de 30 (trinta) dias, a contar da abertura da sucessão, instaurar-se-á inventário do patrimônio hereditário, perante o juízo competente no lugar da sucessão, para fins de liquidação e, quando for o caso, de partilha da herança (BRASIL. Lei 10.406, cit.).
26. OLIVA, Milena Donato. *Patrimônio separado: herança, massa falida, securitização de créditos imobiliários, incorporação imobiliária, fundos de investimento imobiliário, trust*. Rio de Janeiro: Renovar, 2009, p. 283.
27. BEVILAQUA, Clovis. *Código Civil dos Estados Unidos do Brasil comentado*, cit., p. 229.

seu patrimônio geral, não mais subsistindo a universalidade patrimonial segregada"[28]. Na verdade, a herança forma universalidade de direito independente daquela traduzida pelo patrimônio geral dos herdeiros. Por isso, a herança é patrimônio especial destinado prioritariamente à tutela dos credores do falecido.

É importante destacar que fenômeno sucessório não se limita à transferência do patrimônio do *de cujus* aos herdeiros. Além de haver outros direitos sucessórios acessórios ao direito de herança, como o direito à concorrência pertencente ao cônjuge e ao companheiro, que os permite herdar em conjunto com os herdeiros de primeira classe (descendentes) e de segunda classe (ascendentes), o fenômeno sucessório abrange também a transmissão dos débitos, de modo que a sucessão *causa mortis* caracteriza-se: tanto pela transferência do patrimônio do falecido[29] quanto pela transmissão dos débitos deste aos herdeiros, cuja responsabilidade limita-se às forças da herança[30-31].

3. O DIREITO À INTANGIBILIDADE DA LEGÍTIMA DO ORDENAMENTO BRASILEIRO

Com a Constituição Federal de 1988, a família se transforma da *família institucional*, com um fim em si mesma, para a *família instrumento*, na qual prevalece o melhor desenvolvimento da personalidade de seus membros. As mudanças levadas a efeito pelas normas constitucionais atingiram os pilares do direito de família, estabelecendo a partir de então a igualdade dos gêneros, a igualdade entre os filhos e a pluralidade das entidades familiares como princípios basilares da disciplina normativa das relações familiares.

No entanto, a radical viragem do direito de família não foi acompanhada na mesma intensidade pelo direito sucessório, que, reproduziu, em boa medida, um sistema rígido de normas cogentes, sobretudo quanto à intangibilidade da legítima.

A limitação da liberdade de testar é tradição no direito brasileiro. Ainda sob a vigência das Ordenações Filipinas, no direito pré-codificado, a legítima recaía sobre 2/3 do patrimônio do falecido – razão por que a parte disponível era denominada de "terça" –, e favorecia os filhos do autor da herança então considerados legítimos.[32] Em 1907, por meio do Decreto 1.839, também conhecido como "Lei Feliciano Pena",

---

28. OLIVA, Milena Donato. *Patrimônio separado*, cit., p. 284-285.
29. WALD, Arnold. *Curso de Direito Civil brasileiro*: direito das sucessões, cit., p. 20.
30. OLIVA, Milena Donato. *Patrimônio separado*, cit., p. 287.
31. Art. 1.792, CC. O herdeiro não responde por encargos superiores às forças da herança; incumbe-lhe, porém, a prova do excesso, salvo se houver inventário que a escuse, demonstrando o valor dos bens herdados.
32. Ordenações Filipinas, Quarto livro: Quando no testamento o pai não faz menção ao filho, ou o filho do pai, e dispõem somente da terça. [...] "E, dispondo o pai, ou mãi, em seu testamento de todos os seus bens e fazenda, não fazendo menção e seu filho legítimo, sabendo que o tinha, ou deserdando-o, não declarando a causa legítima, porque o deserda, tal testamento he por direito nenhum e de nenhum vigor, quanto a instituição, ou deserdação nelle feita, mas os legados conteúdos no dito testamento serão em todo o caso firmes e valiosos, em quanto abranger a terça da herança." (SALGUEIRO, Angela dos Santos Aguiar et. al. Disponível em: http://www1.ci.uc.pt/ihti/proj/filipinas/l4p912.htm. Acesso em: 17 ago. 2020.)

o *quantum* reservado à legítima foi reduzido para metade dos bens da herança,[33] disposição que foi mantida no direito codificado tanto do Código Civil de 1916,[34] quanto do Código Civil de 2002.[35]

O princípio da intangibilidade da legítima, embora persistente no direito positivo brasileiro, encontra críticos desde a elaboração do Projeto do Código Civil de 1916, tendo, no entanto, prevalecido a norma restritiva.[36] Os argumentos contrários ao modelo adotado situam-se, não raras vezes, em dogmas liberais-individualistas, que defendem a valorização da autodeterminação patrimonial.[37]

Contemporaneamente, parte da doutrina defende a permanência da legítima no direito brasileiro, pois, como afirma Ana Luiza Maia Nevares, "a reserva hereditária realiza um princípio ainda mais amplo, que é a dignidade da pessoa humana, fundamento da República, enunciado no art. 1º, III[38], da Carta Magna"[39]. Por meio de uma aplicação efetiva desse princípio constitucional, que é considerado cardeal do ordenamento, se "busca atingir através de uma medida de ponderação que oscila entre dois valores, ora propendendo para a liberdade, ora para a solidariedade"[40].

Portanto, uma vez inserida no ordenamento jurídico, a função[41] da legítima deve necessariamente contemplar os princípios e valores constitucionais, regulamentando os interesses do autor da herança e dos seus familiares qualificados como herdeiros necessários. Apesar de a legítima não estar tutelada constitucionalmente, pois somente o direito de herança está consagrado expressamente no art. 5º, XXX, CF[42], pode-se identificar os seus pilares na Constituição Federal, na forma dos princípios

---

33. Art. 2º O testador que tiver descendente ou ascendente succesivel só poderá dispor de metade de seus bens, constituindo a outra metade a legitima daquelles, observada a ordem legal.
34. Art. 1.721. O testador que tiver descendente ou ascendente sucessível, não poderá dispor de mais da metade de seus bens; a outra pertencerá de pleno direito ao descendente e, em sua falta, ao ascendente, dos quais constitui a legítima, segundo o disposto neste Código (arts. 1.603 a 1.619 e 1.723).
35. Art. 1.846. Pertence aos herdeiros necessários, de pleno direito, a metade dos bens da herança, constituindo a legítima.
36. PEREIRA, Caio Mário da Silva. *Instituições de Direito Civil*. rev. e atual. por Carlos Roberto Barbosa. 26. ed. Rio de Janeiro: Forense, 2019. v. VI, p. 171.
37. Ibidem, p. 171.
38. Art. 1º A República Federativa do Brasil, formada pela união indissolúvel dos Estados e Municípios e do Distrito Federal, constitui-se em Estado Democrático de Direito e tem como fundamentos:
    IV – dignidade da pessoa humana;
39. NEVARES, Ana Luiza. O princípio da intangibilidade da legítima, cit., p. 537.
40. Complementando a citação BODIN DE MORAES, Maria Celina. O princípio da solidariedade. In: M. M. PEIXINHO et al (Org.). *Os princípios da Constituição de 1988*. Rio de Janeiro: Lumen Juris, 2001, p. 190.
41. "Na identificação da função, dever-se-á considerar os princípios e valores do ordenamento que a cada vez permitem proceder à valoração do fato. Ao valorar o fato, o jurista identifica a sua função, isto é, constitui a síntese global dos interesses sobre os quais o fato incide" (PERLINGIERI, Pietro. *O direito civil na legalidade constitucional*. Rio de Janeiro: Renovar, 2008, p. 642).
42. Art. 5º, CF. Todos são iguais perante a lei, sem distinção de qualquer natureza, garantindo-se aos brasileiros e aos estrangeiros residentes no País a inviolabilidade do direito à vida, à liberdade, à igualdade, à segurança e à propriedade, nos termos seguintes: XXX – É garantido o direito de herança;

da proteção à família (art. 226, CF)[43]; da solidariedade (3º, I, CF)[44]; de garantia da propriedade privada (5º, XXII, CF)[45] e da livre iniciativa (1º, IV, CF)[46].

A parte legítima deve ser calculada com base no art. 1.847[47] do Código Civil. Primeiramente, "calcula-se a herança líquida, ou seja, abate-se do total de bens existentes ao falecer o testador as dívidas e as despesas do funeral"[48] para, em seguida, anular as doações inoficiosas; esta etapa ocorre depois de se pagar as dívidas, quando tal ato não foi ainda realizado em vida pelo *de cujus*. Assim, o art. 549 CC estabelece que é nula a doação quanto à parte que exceder a de que o doador, no momento da liberalidade, poderia dispor em testamento. Essa limitação ocorre em doações realizadas a terceiros, e não aos herdeiros necessários[49].

Ademais, a lei civil estabelece a igualdade formal entre os herdeiros necessários de mesma classe e, como consequência disso, determina a igualdade dos quinhões da legítima como princípio a ser observado na partilha por meio do instituto da colação[50]. Assim, os bens que tenham sido doados ao herdeiro necessário devem ser descontados da legítima, sob pena de sonegação.[51]

Portanto, os efeitos da proteção à legítima não se restringem à limitação da liberdade testamentária do autor da herança. Também atos *inter vivos* podem ser eivados de invalidade (anulabilidade ou nulidade) caso representem violação à parte indisponível do autor da herança.

É importante consignar que o princípio da intangibilidade da legítima não é absoluto. Identificada a sua função na tutela dos interesses dos herdeiros necessários, mediante a ponderação com a liberdade testamentária mitigada do autor da herança, a redução ou a privação da legítima será lícita nos casos de clausulação ou nos casos de exclusão do herdeiros por indignidade ou deserdação.[52]

---

43. Art. 226, CF. A família, base da sociedade, tem especial proteção do Estado.
44. Art. 3º, CF. Constituem objetivos fundamentais da República Federativa do Brasil:
    I – construir uma sociedade livre, justa e solidária.
45. Art. 5º, CF. Todos são iguais perante a lei, sem distinção de qualquer natureza, garantindo-se aos brasileiros e aos estrangeiros residentes no País a inviolabilidade do direito à vida, à liberdade, à igualdade, à segurança e à propriedade, nos termos seguintes:
    XXII – é garantido o direito de propriedade;
46. Art. 1º, CF. A República Federativa do Brasil, formada pela união indissolúvel dos Estados e Municípios e do Distrito Federal, constitui-se em Estado Democrático de Direito e tem como fundamentos:
    IV – os valores sociais do trabalho e da livre iniciativa;
47. Art. 1.847 CC. Calcula-se a legítima sobre o valor dos bens existentes na abertura da sucessão, abatidas as dívidas e as despesas do funeral, adicionando-se, em seguida, o valor dos bens sujeitos a colação
48. NEVARES, Ana Luiza. *O princípio da intangibilidade da legítima*, cit., p. 506.
49. NEVARES, Ana Luiza. O princípio da intangibilidade da legítima, cit., p. 506-507.
50. Art. 2.003, CC. A colação tem por fim igualar, na proporção estabelecida neste Código, as legítimas dos descendentes e do cônjuge sobrevivente, obrigando também os donatários que, ao tempo do falecimento do doador, já não possuírem os bens doados.
51. Art. 2.002, CC. Os descendentes que concorrerem à sucessão do ascendente comum são obrigados, para igualar as legítimas, a conferir o valor das doações que dele em vida receberam, sob pena de sonegação.
52. Sobre o tema da deserdação, Cf. COLOMBO, Maici Barboza dos Santos. A deserdação como instrumento de planejamento sucessório. In: TEIXEIRA, Daniele Chaves. *Arquitetura do Planejamento Sucessório*. t. II. Prelo.

As cláusulas restritivas de inalienabilidade, incomunicabilidade e impenhorabilidade limitam o exercício de faculdades proprietárias associadas à disponibilidade do bem e somente são permitidas se houver justa causa indicada em testamento.[53] Embora não esteja a salvo de críticas, essa exceção à intangibilidade da legítima se justifica por se tratar de medida excepcional que pretende reforçar a tutela do herdeiro necessário, garantindo-lhe a preservação do patrimônio.

Já a indignidade[54] e a deserdação[55] fundamentam-se no rompimento da solidariedade familiar, ou seja, atingem o pilar do princípio da intangibilidade da legítima. Ambos os institutos visam à punição do sucessor que comete atos de ingratidão previamente tipificados em lei, contra o autor da herança ou, em alguns casos, contra algum de seus familiares próximos. A indignidade atinge qualquer modalidade de sucessor, enquanto a deserdação é própria apenas para afastar o herdeiro necessário.[56]

A deserdação é deflagrada por um ato de autonomia do autor da herança, na medida em que depende de cláusula testamentária para se verificar, enquanto a indignidade é pleiteada pelos interessados que se beneficiem do afastamento do sucessor após a abertura da sucessão.[57]

Tanto a indignidade quanto a deserdação demonstram que a proteção à legítima pode ser excepcionada se o herdeiro necessário praticar ato negativamente valorado segundo a principiologia e a axiologia constitucionais e confirmam que a base justificadora da legítima no ordenamento jurídico vigente é a solidariedade familiar.

Outra observação importante quanto ao exercício da liberdade testamentária do autor da herança diz respeito à determinação dos bens que comporão os quinhões de cada herdeiro, o que se denomina de liberdade testamentária qualitativa, em contraposição à liberdade testamentária quantitativa, relativa ao limite da disposição frente à proteção da legítima.

A liberdade testamentária qualitativa encontra fundamento no art. 2.014 do Código Civil[58] e, para que seja merecedora de tutela em concreto, deve conciliar o desejo do autor da herança com os legítimos interesses dos herdeiros,[59] não podendo acarretar desigualdade quantitativa de quinhões. Isso porque a legítima é informada pela igualdade formal entre os herdeiros necessários de mesma classe, de modo que não é lícito desigualar quinhões ao se indicar bens que, apesar de terem o mesmo

---

53. Art. 1.848, CC. Salvo se houver justa causa, declarada no testamento, não pode o testador estabelecer cláusula de inalienabilidade, impenhorabilidade, e de incomunicabilidade, sobre os bens da legítima.
54. Arts. 1.814 a 1.818, CC.
55. Arts. 1.961 a 1.965, CC.
56. O herdeiro facultativo pode ser afastado pelo autor da herança livremente, conforme ar. 1.850 do Código Civil.
57. COLOMBO, Maici Barboza dos Santos. A deserdação como instrumento de planejamento sucessório. In: TEIXEIRA, Daniele Chaves. *Arquitetura do Planejamento Sucessório*. t. II. Prelo.
58. Art. 2.014, CC. Pode o testador indicar os bens e valores que devem compor os quinhões hereditários, deliberando ele próprio a partilha, que prevalecerá, salvo se o valor dos bens não corresponder às quotas estabelecidas.
59. NEVARES, Ana Luiza Maia. *A função promocional do testamento*. Rio de Janeiro: Renovar, 2009. p. 185-220.

valor nominal, possam ter valores reais, fruição ou liquidez desiguais. Ou seja, mesmo na partilha realizada pelo autor da herança, a máxima igualdade entre os herdeiros deve ser observada.[60]

4. UMA VISÃO PROSPECTIVA PARA O DIREITO SUCESSÓRIO BRASILEIRO[61]

No direito sucessório, especialmente na compreensão da legítima, o excesso de abstração pode causar inúmeras distorções na aplicação da lei ao caso concreto e que contrariam o propósito do instituto de promover a proteção da família. Nesse sentido, destaca-se a necessidade de se contemplar a vulnerabilidade em concreto dos herdeiros que dependiam do autor da herança, mais do que o mero vínculo familiar, a fim de, com isso, atender-se à igualdade material, imperiosa em decorrência da dignidade humana.

Atualmente, o critério para a instituição da reserva legitimária reside tão somente no vínculo familiar, ou seja, na ligação jurídico-abstrata que o herdeiro mantém com o autor da herança. Conforme essa leitura, o merecimento à legítima e, portanto, à restrição da liberdade de testar do autor da herança, se justifica apenas pela continuação do patrimônio na família, sem que haja um questionamento sobre a real necessidade dos herdeiros que com ela são favorecidos e sobre o caráter instrumental da família no desenvolvimento da personalidade de seus integrantes.

Tendo isso em vista, foi proposto o Projeto de Lei 3.799/2019, pela Senadora Soraya Thronicke, baseado no Anteprojeto elaborado pelo Instituto Brasileiro de Direito de Família (IBDFam), cujo teor pretende a reforma do livro de Direito das Sucessões do Código Civil. Com relação à legítima, o referido projeto propõe a inclusão de parágrafo único ao art. 1.846 do Código Civil brasileiro com a seguinte redação:

> O testador poderá destinar um quarto da legítima a descendentes, ascendentes, a cônjuge ou companheiro com deficiência. Considera-se com deficiência toda a pessoa que tem impedimento de longo prazo de natureza física, mental, intelectual ou sensorial, o qual, em interação com uma ou mais barreiras, pode obstruir sua participação plena e efetiva na sociedade em igualdade de condições com as demais pessoas.[62]

---

60. O Código de Processo Civil estabelece os princípios que devem ser observados quanto à partilha de bens no inventário: "art. 648. Na partilha, serão observadas as seguintes regras: I – a máxima igualdade possível quanto ao valor, à natureza e à qualidade dos bens; II – a prevenção de litígios futuros; III – a máxima comodidade dos coerdeiros, do cônjuge ou do companheiro, se for o caso."
61. Item pertencente ao artigo a seguir citado. Foi devidamente atualizado pelas autoras nessa edição. (TEIXEIRA, Daniele Chaves; COLOMBO, Maici Barboza dos Santos. Faz sentido a permanência do princípio da intangibilidade da legítima no ordenamento jurídico brasileiro? In: TEIXEIRA, Daniele Chaves. *Arquitetura do planejamento sucessório*. 2. ed. rev. ampl. atual. Belo Horizonte: Fórum, 2019. p. 155-170).
62. BRASIL. Senado Federal. Projeto de Lei 3.799/2019. Altera o Livro V da Parte Especial da Lei 10.406, de 10 de janeiro de 2002, e o Título III do Livro I da Parte Especial da Lei 13.105, de 16 de março de 2015, para dispor sobre a sucessão em geral, a sucessão legítima, a sucessão testamentária, o inventário e a partilha. Autoria: Senadora Soraya Thronicke. Disponível em: https://www25.senado.leg.br/web/atividade/materias/-/materia/137498. Acesso em: 13 jul. 2020.

A proposta é inspirada no direito argentino, que prevê a destinação, pelo testador, de um terço da legítima a herdeiros com deficiência,[63] de modo a ampliar a liberdade do testador em favor desse grupo vulnerável.[64]

Dessa forma, é imperiosa a revisitação da liberdade de testar, antes analisada sob a ótica voluntarista-contratual e agora com papel determinante na tutela das vulnerabilidades em concreto.[65] Assegurar ao autor da herança maior liberdade em função da proteção às pessoas com deficiência endossa a solidariedade entre os membros da família e reafirma o valor da dignidade humana em concreto ao mesmo tempo em que amplia a liberdade de testar do autor da herança.[66]

Outra medida proposta pelo Projeto de Lei é a sucessão de cônjuges e companheiros como herdeiros facultativos, de modo que eles poderiam ser afastados pela não contemplação em testamento. Nada obstante, diante da comprovação da insuficiência de recursos, poderia ser atribuída cota ao cônjuge ou companheiro que assim a reivindicasse judicialmente:

> Art. 1.850. Para excluir da sucessão os herdeiros colaterais, o cônjuge ou o companheiro, basta que o testador disponha de seu patrimônio sem os contemplar.
>
> Parágrafo único. O cônjuge ou o companheiro que comprovar insuficiência de recursos ou de patrimônio para sua subsistência poderá reivindicar do monte quota hereditária não superior àquela que receberia na sucessão legítima, conforme as seguintes condições:
>
> I. A quota hereditária do cônjuge e do companheiro prevista no caput será imputada na reserva hereditária, sendo mantida em sua integralidade a quota disponível do autor da herança, e será paga em dinheiro ou em bens do acervo hereditário, cabendo a escolha aos herdeiros.
>
> II. Na hipótese de pagamento da quota hereditária do cônjuge ou do companheiro em bens da herança, aplicar-se-ão os princípios e as regras da partilha.
>
> III. O juiz, de forma fundamentada, quantificará a quota do cônjuge ou do companheiro, de acordo com as suas necessidades e as dos herdeiros concorrentes.

---

63. Código Civil argentino, artículo 2448: Mejora a favor de heredero con discapacidad. El causante puede disponer, por el medio que estime conveniente, incluso mediante un fideicomiso, además de la porción disponible, de un tercio de las porciones legítimas para aplicarlas como mejora estricta a descendientes o ascendientes con discapacidad. A estos efectos, se considera persona con discapacidad, a toda persona que padece una alteración funcional permanente o prolongada, física o mental, que en relación a su edad y medio social implica desventajas considerables para su integración familiar, social, educacional o laboral.
64. Cf. NEVARES, Ana Luiza. A proteção da legítima deve ser mantida, excluída ou diminuída do ordenamento jurídico brasileiro? *Revista Ibdfam Família e Sucessões*, v. 25, p. 77-94. jan./fev. 2018.
65. Na lição de Heloísa Helena Barboza, "tendo em vista a orientação constitucional, deve-se refletir sobre a proteção da autonomia, em geral pensada em termos absolutos, frente a situações especiais, como a de pessoas incapazes e vulneráveis." (BARBOZA, Heloisa Helena Gomes. Reflexões sobre a autonomia negocial. In: TEPEDINO, Gustavo; FACHIN, Luiz Edson (Coord.). *O direito e o tempo*: embates jurídicos e utopias contemporâneas – Estudos em homenagem ao Professor Ricardo Pereira Lira. Rio de Janeiro: Renovar, 2008, p. 407).
66. Consigne-se que Ana Luiza Maia Nevares critica o fato de que a proteção da pessoa com deficiência nesses dispositivos dependa da vontade do testador, devendo, sob a ótica da autora, ser realizada por meio de norma cogente. (NEVARES, Ana Luiza. A proteção da legítima deve ser mantida, excluída ou diminuída do ordenamento jurídico brasileiro? *Revista Ibdfam Família e Sucessões*, v. 25, p. 88. jan./fev. 2018).

A medida pretende atender a realidades plurais, ao considerar que, em regra, dada a inserção da mulher no mercado de trabalho e a previsão constitucional de igualdade de gêneros e entre os cônjuges, favorecem a independência financeira na relação de conjugalidade, de modo a reduzir eventual vulnerabilidade de um ou outro cônjuge ou companheiro. No entanto, caso seja constatada de fato a vulnerabilidade, conferem-se meios para que o cônjuge desfavorecido não permaneça desassistido. Assim constou na justificativa do referido Projeto de Lei:

> Em que pese à possibilidade de exclusão do cônjuge e do companheiro da sucessão, estes poderão, não obstante, reivindicar do monte quota hereditária não superior àquela que receberiam na sucessão legítima, se comprovarem insuficiência de recursos ou de patrimônio para sua subsistência. Dessa forma, a sucessão necessária do cônjuge e do companheiro passa a não estar mais assentada exclusivamente no vínculo conjugal, mas na condição do sobrevivente na família e em sua dependência em relação ao autor da herança, não sendo seus direitos sucessórios concedidos *a priori* pela lei, sem uma análise da situação em concreto. Na hipótese de o cônjuge ou o companheiro comprovarem insuficiência de recursos ou de patrimônio para sua subsistência, a quota que vierem a receber, mediante decisão fundamentada do juiz de acordo com as suas necessidades e as dos herdeiros concorrentes, será imputada na legítima dos herdeiros necessários, sendo mantida a quota disponível em sua integralidade.[67]

É importante notar que, segundo o Projeto de Lei, o cônjuge e o companheiro não estão afastados da sucessão legítima, mas tão somente deixam de ostentar a condição de herdeiros necessários, sendo possível que o autor da herança não os contemple em testamento. Considera-se que o testador, na condição de consorte, esteja atento às necessidades de seu cônjuge ou companheiro, mas, se, ainda assim, o sobrevivente provar a necessidade, será possível, judicialmente, a reivindicação de cota hereditária.

Decerto que a igualdade de gêneros ainda não alcançou plena concretização na sociedade brasileira contemporânea. Basta acessar os dados do Instituto Brasileiro de Geografia e Estatística (IBGE) para constatar que, no ano de 2018, os salários das mulheres, em qualquer cargo e posição, ainda correspondem a somente 76,5% do valor recebido por um homem.[68] Some-se, a isso, a imposição de jornada dupla de trabalho e o desemprego após a maternidade, conforme foi denunciado em matéria do Jornal El País, embasada em pesquisa da Fundação Getúlio Vargas (FGV), segundo a qual metade das mulheres entre 25 e 35 anos de idade perderam o emprego até dois

---

67. BRASIL. Senado Federal. Projeto de Lei 3.799/2019. Altera o Livro V da Parte Especial da Lei 10.406, de 10 de janeiro de 2002, e o Título III do Livro I da Parte Especial da Lei 13.105, de 16 de março de 2015, para dispor sobre a sucessão em geral, a sucessão legítima, a sucessão testamentária, o inventário e a partilha. Autoria: Senadora Soraya Thronicke. Disponível em: https://www25.senado.leg.br/web/atividade/materias/-/materia/137498. Acesso em: 13 jul. 2020.
68. PERET, Eduardo. Mulher estuda mais, trabalha mais e ganha menos do que o homem. *Agência IBGE notícias*, 8 jun. 2018. Disponível em: https://agenciadenoticias.ibge.gov.br/agencia-noticias/2012-agencia-de-noticias/noticias/20234-mulher-estuda-mais-trabalha-mais-e-ganha-menos-do-que-o-homem.html. Acesso em: 17 ago. 2020.

anos após terem filhos.⁶⁹ E é certo também que a inclusão do cônjuge como herdeiro necessário no Código Civil de 2002 representou um relevante ganho no direito das mulheres, eis que a expectativa de vida maior faz com que sejam elas quem, em sua maioria, herdam na sucessão devida pela conjugalidade."

Contudo, o Projeto de Lei não pretende desassistir o cônjuge e o companheiro ao exclui-los do rol de herdeiros necessários. Da forma como prevista, possibilitando-se a atribuição de cota ao cônjuge ou companheiro com insuficiência de recursos, atende-se à realidade plural decorrente dessa fase de transição social, em que já se verificam situações consideráveis em que cônjuges e companheiros logram independência financeira – diferentemente da família patriarcal do século passado –, mas ainda com severos resquícios de desigualdade."

Deve-se considerar ainda como importante argumento em favor da relativização da sucessão do cônjuge e do companheiro a efemeridade das relações de casamento e de união estável, das quais decorrem com mais frequência as famílias recompostas. Deferida maior liberdade ao autor da herança, essas circunstâncias específicas do relacionamento poderão ser contempladas sem, contudo, implicar a desassistência daqueles que provarem a insuficiência de recursos financeiros."

Ambos os dispositivos do Projeto de Lei (o parágrafo único do art. 1.846 e o art. 1.850) ampliam a margem de liberdade do testador, em favor das necessidades concretas dos membros da família, mas sem que haja alterações substanciais ao princípio da intangibilidade da legítima, que permanece em favor de descendentes e ascendentes e na proporção de metade dos bens do acervo hereditário."

A ampliação da liberdade de testar seria viável por meio de pactos sucessórios. Contudo o ordenamento jurídico brasileiro não permite que a herança de pessoa viva seja objeto de contrato.⁷⁰ Percebe-se uma desconfiança do legislador em relação aos pactos sucessórios, embora, em geral, eles não privem os herdeiros de seus direitos sucessórios sem seu consentimento. Nesse âmbito, são neutros em relação à proteção dos membros da família. Essa neutralidade não beneficia o herdeiro, que já era parte do pacto, e concordou em renunciar, inteiramente ou em parte, a seus direitos de forma irrevogável.⁷¹"

Sobre o tema, consta no Anteprojeto proposto pelo IBDFAM que não foi possível avançar nas propostas que relativizavam os pactos sucessórios, também denominados de *pacta corvina*: "foi apresentada sugestão legislativa no sentido de se admitir a renúncia prévia à herança manifestada no pacto antenupcial ou em contrato de

---

69. BEDINELLI, Talita. Demissão após maternidade: "não cometi nenhum erro. Eu só gerei uma vida." *El País*, São Paulo, 27 ago. 2017. Disponível em: https://brasil.elpais.com/brasil/2017/08/14/politica/1502721247_786237.html. Acesso em: 17 ago. 2020.
70. Art. 426, CC. Não pode ser objeto de contrato a herança de pessoa viva.
71. BONOMI, Andrea. Testamentary freedom or forced heirship? Balancing party autonomy and the protection of family members. In: ANDERSON, Mirian; ARROYO I AMAYUELAS, Esther (Ed.). *The law of succession*: testamentary freedom. European perspectives. Amsterdam: European Studies in Private Law, 2011, p. 26-27.

convivência, mas o dissenso que emergiu dos debates impediu a incorporação da proposta ao texto projetado."[72] Depreende-se, portanto, que a desconfiança sobre a moralidade dos pactos sucessórios no Brasil está de tal forma arraigada na cultura jurídica e que até mesmo a relativização encontra óbices na doutrina especializada.

5. NOTAS CONCLUSIVAS

As presentes reflexões, longe da pretensão de esgotamento do tema, pretenderam apenas situar o princípio da intangibilidade da legítima no direito sucessório brasileiro, enumerando-se alguns de seus principais efeitos para a sucessão *causa mortis*. Foram levantadas algumas críticas à legítima e sua adequação funcional no ordenamento jurídico contemporâneo e, ao final, foram apresentados alguns principais pontos que são objeto de possível alteração pelo Projeto de Lei 3799/2019, da Senadora Soraya Thronicke, elaborado pelo IBDFam.

Diante de todo o exposto, percebe-se que o tratamento dado pelo Código Civil ao direito sucessório foi aquém do que demandam as exigências da família contemporânea, o que exige intensos esforços da doutrina para a reinterpretação dos institutos jurídicos nessa seara, sobretudo no que tange ao direito à legítima. Ao intérprete é essencial compreender a legítima para além da limitação quantitativa da liberdade testamentária, tendo o domínio acerca de seus reflexos não apenas para o direito sucessório, mas também para os atos de transmissão *inter vivos*.

---

72. IBDFAM. *Anteprojeto de direito das sucessões*. Disponível em: http://www.ibdfam.org.br/conteudo/anteprojeto_sucessoes. Acesso em: 03 jul. 2018.

III – RELAÇÕES PATRIMONIAIS NA LEGALIDADE CONSTITUCIONAL

EXECUÇÃO PELO EQUIVALENTE[1]

Aline de Miranda Valverde Terra

Doutora e Mestre em Direito Civil pela UERJ. Professora do Departamento de Direito Civil da UERJ e da PUC-Rio. Professora Permanente dos Programas de Pós-graduação em Direito da UERJ (Mestrado e Doutorado) e da PUC-Rio (Mestrado Profissional). Sócia de Aline de Miranda Valverde Terra Consultoria Jurídica.

1. INTRODUÇÃO

Ao celebrar um contrato, as partes se comprometem a adimplir suas obrigações, satisfazendo o interesse da contraparte consubstanciado na realização do resultado útil programado. Por vezes, todavia, alguma intercorrência impede o desfecho perseguido pelos sujeitos, a conduzir ao inadimplemento absoluto da prestação. Nesse cenário, algumas alternativas são conferidas ao credor, a exemplo da resolução da relação obrigacional e da execução pelo equivalente. Este estudo se volta, especialmente, ao exame deste segundo remédio.

Para tanto, procura-se investigar, de início, se a execução pelo equivalente conduz à extinção ou à modificação da relação obrigacional, o que assume especial relevância tendo em vista a diversidade de efeitos que uma ou outra solução oferece. Pretende-se, ainda, analisar como se calcula o valor a ser considerado como o equivalente pecuniário da prestação (aquele correspondente ao valor da prestação no momento da celebração do negócio ou o vigente à época em que a prestação deveria ter sido adimplida), bem como a relação entre o pagamento do equivalente e a indenização por perdas e danos. Neste particular, torna-se indispensável perquirir se é possível, ou não, cumular o recebimento do equivalente com o montante prefixado em cláusula penal compensatória ou com os valores estabelecidos em cláusula limitativa de responsabilidade, e se a existência de cláusula de não indenizar impede o credor de exigir o equivalente.

Como se nota, cuida-se, a execução pelo equivalente, de instrumento repleto de controvérsias, cuja análise, que oferece inegável relevância prática, passa a ser desenvolvida a seguir.

---

1. Parte deste artigo foi originalmente publicada em TERRA, Aline de Miranda Valverde. Execução pelo equivalente como alternativa à resolução: repercussões sobre a responsabilidade civil. *Revista Brasileira de Direito Civil* – RBDCivil, v. 18, p. 49-73, Belo Horizonte, out./dez. 2018.

2. OS REMÉDIOS DO CREDOR: EXECUÇÃO ESPECÍFICA E EXECUÇÃO POR TERCEIRO EM CASO DE MORA, E EXECUÇÃO PELO EQUIVALENTE E RESOLUÇÃO DIANTE DE INADIMPLEMENTO ABSOLUTO

Contratar é, por si só, uma situação de risco.[2] Ao contratar, as partes ignoram as vicissitudes que podem atingir o contrato e desconhecem se seu desfecho lhes será favorável ou não. Por isso mesmo, a materialização dos riscos que orbitam o negócio assombra diuturnamente os contratantes, que podem ter seus interesses não satisfeitos por razões alheias à sua conduta.

O inadimplemento absoluto se qualifica como específico risco contratual, que se caracteriza pela inutilidade da prestação para o credor ou pela impossibilidade de recebê-la,[3] por fato imputável ao devedor,[4] e cuja configuração confere ao credor o direito potestativo de escolher entre as possibilidades previstas no artigo 475 do Código Civil: "pedir a resolução do contrato, se não preferir exigir-lhe o cumprimento, cabendo, em qualquer dos casos, indenização por perdas e danos".

Não raro, afirma-se em doutrina que o art. 475 franqueia ao credor a escolha entre resolução e cumprimento *in natura*, vale dizer, execução específica.[5] Referido entendimento baseia-se, ao que parece, em dois equívocos que andam juntos: a con-

---

2. Afirmam António Pinto Monteiro e Júlio Gomes que "contratar é, desde logo, planificar, antecipar o futuro e, mesmo, de certo modo, 'trocar' o presente pelo futuro ou, vice-versa, assumir uma desvantagem presente em troca de uma vantagem futura" (MONTEIRO, António Pinto; GOMES, Júlio. A 'hardship clause' e o problema da alteração das circunstâncias. In: VAZ, Manuel Afonso; LOPES, J. A. Azeredo (Coord.). *Juris et de jure*: nos vinte anos da Faculdade de Direito da Universidade Católica Portuguesa – Porto. Coimbra: Coimbra Editora, 1998. p. 19).
3. Já observava Agostinho Alvim que o foco da análise deve estar, sobretudo, na impossibilidade de o credor receber a prestação, e não apenas na impossibilidade de o devedor prestar: "Com efeito, se admitirmos, como vulgarmente se diz, que o inadimplemento absoluto é a impossibilidade de ser cumprida a obrigação pelo devedor, veremos que esta fórmula é verdadeira para grande número de casos, mas não para todos. Assim, se o devedor deixou perecer a coisa certa que deveria entregar, a execução da obrigação tornou-se impossível para ele. Mas a fórmula deixa de ser exata, na hipótese de prestação de fato pessoal. Realmente, se o escultor não quer fazer a obra prometida, poder-se-á dizer que o cumprimento da obrigação se tornou impossível para ele, isto é, que o devedor está impossibilitado de cumprir, como no primeiro exemplo? É evidente que não está. Bastará que o queira fazer. O credor, esse sim é que está impedido de receber. Portanto, o inadimplemento absoluto é precisamente a impossibilidade de receber; e a mora, a persistência dessa possibilidade" (ALVIM, Agostinho. *Da Inexecução das obrigações e suas consequências*. 3. ed. Rio de Janeiro: Editora Jurídica e Universitária Ltda, 1965. p. 59).
4. No âmbito da responsabilidade contratual, o critério de imputabilidade lastreado na conduta culposa afigura-se ainda preponderante, embora se observe crescente adoção do critério objetivo de imputação, lastreado em normas que atribuem ao devedor a assunção de risco, de dever de segurança ou de garantia. Dessa forma, constitui inadimplemento imputável, ao lado dos comportamentos comissivos ou omissivos que ensejam a responsabilidade subjetiva do devedor (art. 392), todas as hipóteses de responsabilidade objetiva previstas em lei, bem como aquelas em que o contratante assume expressamente o risco da não verificação do resultado pretendido. Em suma, como esclarece Judith Martins-Costa, "muitas vezes não importa saber quem é *culpado* pelo inadimplemento, mas apenas quem é o *responsável* por ele" (MARTINS-COSTA, Judith. *Comentários ao novo Código Civil*: do inadimplemento das obrigações. Rio de Janeiro: Forense, 2004. v. 5, t. 2. p. 89). Na mesma direção: ASSIS, Araken de. *Resolução do contrato por inadimplemento*. 4. ed. rev. e atual. São Paulo: Ed. RT, 2004. p. 117 et seq.
5. V., por todos, BESSONE, Darcy. *Do contrato*. Rio de Janeiro: Forense, 1960. p. 325.

fusão entre os suportes fáticos que ensejam a execução específica e a resolução, e a questionável interpretação da expressão "preferir exigir-lhe o cumprimento". Veja-se.

Diante da inexecução imputável da prestação devida pode o credor perseguir a satisfação do crédito por meio de medidas coercitivas aplicadas pelo Estado-juiz, a seu requerimento, no exercício da função jurisdicional. Cuida-se, aqui, da responsabilidade que acompanha o débito, como a sombra que segue o corpo.[6]

De acordo com a concepção corrente, de regra, todo aquele que assume obrigação responde, em caso de inadimplemento absoluto ou relativo, com seu patrimônio. Essa responsabilidade não se confunde, com efeito, com a responsabilidade civil, como já advertia Larenz. De acordo com o autor, "al hablar entonces de responsabilidad no queremos indicar la de la persona por los perjuicios causados (con la consecuencia de una obligación de indemnizar), sino que aludimos a la affección de su património, a la intervención de los acreedores por vía ejecutiva".[7]

"A *faculdade* de executar", lembra Orlando Gomes, "está compreendida no direito a exigir o cumprimento da obrigação, ínsito ao *crédito*. [...] Se ao credor não fossem assegurados *meios coercitivos* para exigir o cumprimento da obrigação, o *direito de crédito* teria escasso valor".[8] Três são os mecanismos de satisfação coativa do crédito: execução específica, execução por terceiro e execução pelo equivalente, também designada execução genérica.

A execução específica é remédio conferido ao credor somente em caso de mora, em que o próprio devedor ainda pode cumprir utilmente a prestação devida, não já na hipótese de inadimplemento absoluto. Qualificar uma inexecução como mora ou inadimplemento absoluto não é, por conseguinte, uma escolha do credor; é uma qualificação que decorre do fato objetivo de a prestação ter ou não se tornado, para o credor, inútil ou impossível de ser recebida. E mesmo a definição de inutilidade da prestação também é passível de controle, já que não é o credor quem define, arbitrariamente, o que é útil para si; embora o conceito de utilidade tenha certo viés subjetivo, a exigir que seja apreciada em relação ao concreto credor da relação obrigacional e não em relação a um credor qualquer abstratamente considerado, a essa avaliação subjetiva devem se somar dados objetivamente extraídos da específica relação jurídica.[9] Busca-se identificar, assim, a utilidade objetivada, aferida a partir da operação econômica em causa, isto é, a partir do que as partes dispuseram

---

6. LARENZ, Karl. *Derecho de obligaciones*. Trad. Jaime Santos Briz. Madrid: Editorial Revista de Derecho Privado, 1958. t. 1. p. 34.
7. LARENZ, Karl. *Derecho de obligaciones*. t. 1, cit., p. 33.
8. GOMES, Orlando. *Obrigações*. 16. ed. Rio de Janeiro: Forense, 2005. p. 208, grifos no original.
9. É também a lição de Ruy Rosado de Aguiar Junior: "Os dados a considerar, portanto, são de duas ordens: os elementos *objetivos*, fornecidos pela regulação contratual e extraídos da natureza da prestação, e o elemento *subjetivo*, que reside na necessidade existente no credor em receber uma prestação que atenda à carência por ele sentida, de acordo com a sua legítima expectativa" (AGUIAR JÚNIOR, Ruy Rosado. *Extinção dos contratos por incumprimento do devedor (resolução)*. Rio de Janeiro: Aide Editora, 1991. p. 133). Na mesma direção, confira-se MARTINS-COSTA, Judith. *Comentários ao novo Código Civil*: do inadimplemento das obrigações. v. 5, t. 2, cit., p. 254.

no comum regulamento de interesses. E na avaliação dos elementos subjetivos e objetivos alguns critérios devem nortear o intérprete na identificação da noção de utilidade da prestação, a exemplo da boa-fé objetiva[10] e do interesse do sinalagma.[11] Com efeito, se a qualificação da inexecução como mora ou inadimplemento absoluto não é escolha arbitrária do credor, a utilização dos instrumentos de tutela a eles disponibilizados também não o é. Há, portanto, instrumentos próprios para a mora, a exemplo da execução específica e da execução por terceiros, e remédios próprios para o inadimplemento absoluto, como a execução pelo equivalente e a resolução.

Pela execução específica, o credor recebe a exata prestação contratada diretamente do devedor, satisfazendo plena e integralmente seu interesse com a obtenção da mesma utilidade, do mesmo resultado prático que teria obtido caso o devedor tivesse cumprido espontânea e pontualmente a prestação – excluídos, obviamente, os custos e desgaste do processo de execução. A execução *in natura* satisfaz, como leciona Calvão da Silva, "o interesse primário do devedor, proporcionando-lhe não uma qualquer vantagem mas *a* vantagem bem determinada e por si esperada, finalidade de ser da própria obrigação".[12] A execução específica é, na síntese do autor, o prolongamento e a projeção do cumprimento no processo executivo.[13]

A execução por terceiro, a seu turno, tem lugar quando, a despeito da inexecução, a prestação, de regra fungível, e ainda possível e útil para o credor, é executada por pessoa diversa do devedor,[14] nos termos do art. 249 do Código Civil.[15] Não se afasta, todavia, a possibilidade de o credor pleitear a execução por terceiro mesmo

---

10. Como aponta Emilio Betti, "Il criterio della buona fede serve a valutare se vi sia stato, o meno, il soddisfacimento dell'interesse della controparte, nei casi in cui si fa questione se la prestazione esiga od offra ancora per il creditore quella utilità che essa è destinata ad apportargli. (...) Qui l'apprezzamento se l'inadempienza abbia scarsa importanza, o se la prestazione tardiva sia ancora nell'interesse dell'altra parte, è sì rimesso alla iniziativa della parte interessata; ma l'apprezzamento non è arbitrario, bensì controllabile. Il giudice potrà controllarlo; e qui, sempre alla stregua della buona fede, sarà da apprezzare se un adempimento tardivo o parziale (...) sia pur sempre tale da apportare una utilità, o non sia più tale da soddisfare l'interesse del creditore" (BETTI, Emilio. *Teoria generale delle obbligazioni*. Milão: Giuffrè, 1953. v. 1. p. 105).
11. Nesse sentido, afirma Judith Martins-Costa, a *inutilidade* pode ser mensurada, objetivamente, "à vista de suas repercussões no *equilíbrio* entre as prestações; na *funcionalidade* do contrato, implicada no concreto *programa negocial*, que organiza os riscos e vantagens, os custos e os benefícios de cada parte; na *relação de proporcionalidade*; na própria *licitude*, considerada à vista da cláusula geral do art. 187" (MARTINS-COSTA, Judith. *Comentários ao novo Código Civil*: do inadimplemento das obrigações. v. 5, t. 2, cit., p. 256, grifos no original). Na lição de Larenz, configura-se o inadimplemento absoluto quando a prestação resultar, enfim, economicamente distinta (LARENZ, Karl. *Derecho de obligaciones*. t. 1, cit., p. 303).
12. SILVA, João Calvão da. *Cumprimento e sanção pecuniária compulsória*. Coimbra: Livraria dos Advogados Editora, 1987. p. 141, grifo no original.
13. SILVA, João Calvão da. *Cumprimento e sanção pecuniária compulsória*, cit., p. 144.
14. "Se o devedor se recusa, formalmente, a cumprir o avençado, importará isso em inadimplemento absoluto? (...) É preciso distinguir. Se se trata de fato pessoal, obrigação dita infungível, a recusa do devedor equivale ao inadimplemento absoluto. É o caso, por exemplo, do escritor que se nega a produzir o trabalho encomendado. Mas, se a obrigação é fungível, podendo o credor mandar realizar o trabalho por outrem, neste caso o inadimplemento tem caráter de mora" (ALVIM, Agostinho. *Da inexecução das obrigações e suas consequências*, cit., p. 58). No mesmo sentido, PONTES DE MIRANDA. *Tratado de Direito Privado*. 3. ed. (reimpressão). Rio de Janeiro: Borsoi, 1984, t. 23, p. 178.
15. "Art. 249. Se o fato puder ser executado por terceiro, será livre o credor manda-lo executar à custa do devedor, havendo recuso ou mora deste, sem prejuízo de indenização cabível. Parágrafo único. Em caso de

diante da inexecução de prestação infungível, hipótese em que não se pode deixar de reconhecer que ele está a admitir certa fungibilidade superveniente entre a prestação devida e a nova prestação. É, pois, o interesse do credor que torna possível a execução por terceiro, e não a original qualificação da prestação a cargo do devedor. Nesse cenário, portanto, diante do pedido de execução específica pelo credor e da recalcitrância do devedor, não poderá o juiz, de ofício, determinar a execução por terceiro, que dependerá, sempre, de pedido expresso do credor.

Verifica-se, assim, que o bem da vida perseguido pelo credor pode ser obtido por dois meios diferentes: pela execução específica, em que é o próprio devedor quem executa a prestação, ou pela execução por terceiro, pela qual outro sujeito executa a prestação devida pelo devedor e satisfaz o interesse concreto e objetivo do credor. Pense-se em contrato de fornecimento periódico de insumos em que o devedor enfrente problema temporário, e não possa entregar por certo período o objeto contratado; o credor, por outro lado, não pode deixar de receber o insumo na data ajustada, sob pena de perder toda a sua produção, ou de se tornar inadimplente em contratos celebrados com terceiros. Nesse caso, o credor poderá obter de terceiro a prestação pelo período da inexecução, sem prejuízo de, superado o obstáculo, o devedor voltar a fornecer os insumos nos termos contratados.

A distinção entre execução específica e execução por terceiro pode ser vislumbrada nos arts. 497 e 499 do Código de Processo Civil:[16]

> Art. 497. Na ação que tenha por objeto a prestação de fazer ou de não fazer, o juiz, se procedente o pedido, concederá a tutela específica ou determinará providências que assegurem a obtenção de tutela pelo resultado prático equivalente.
>
> Art. 499. A obrigação somente será convertida em perdas e danos se o autor o requerer ou se impossível a tutela específica ou a obtenção de tutela pelo resultado prático equivalente.

Preliminarmente, convém sublinhar que o "equivalente" a que o legislador processual se refere não se confunde com a execução pelo equivalente objeto deste estudo; a confusão decorre, em grande medida, do fato de o legislador brasileiro empregar o mesmo significante (a palavra "equivalente") com significados diversos.

A doutrina processual diverge quanto à extensão da expressão "resultado prático equivalente": enquanto alguns autores entendem nela estar contida "a possibilidade de o juiz dar conteúdo diverso ao fazer ou ao não fazer pedido, ou melhor, *impor*

---

urgência, pode o credor, independentemente de autorização judicial, executar ou mandar executar o fato, sendo depois ressarcido."

16. O Código de Defesa do Consumidor já dispunha de dispositivo semelhante, o art. 84 ("na ação que tenha por objeto o cumprimento da obrigação de fazer ou não fazer, o juiz concederá a tutela específica da obrigação ou determinará providências que assegurem o resultado prático equivalente ao do adimplemento"), que serviu de inspiração para que, por meio da Reforma Legislativa de 1994, se conferisse ao art. 461 do Código de Processo Civil de 1973 a seguinte redação, praticamente igual àquela do artigo consumerista: "Na ação que tenha por objeto o cumprimento de obrigação de fazer ou não fazer, o juiz concederá a tutela específica da obrigação ou, se procedente o pedido, determinará providências que assegurem o resultado prático equivalente ao do adimplemento."

outro fazer ou não fazer, desde que capaz de conferir resultado prático equivalente àquele que seria obtido em caso de adimplemento da '*obrigação originária*'"[17], outros sustentam que "o juiz deve ater-se rigorosamente aos limites do pedido feito pelo autor na inicial, sempre tendo em mira o *resultado final* a que ele tinha direito".[18]

Seja como for, parece possível extrair do Código de Processo Civil que execução específica é diferente de execução por terceiro, qualificando-se esta última como espécie de medida voltada à obtenção do resultado útil perseguido pelo credor. A diferenciação entre ambas já era bem delimitada por Eduardo Talamine, ainda sob a égide do Código de Processo Civil de 1973:

> No art. 461, "tutela específica" distingue-se de "obtenção do resultado prático equivalente" por consistir na busca pelo "resultado final" não mediante meios substitutivos da conduta do demandado, mas *através da própria conduta do demandado*. A "especificidade", nesse caso, vai além do resultado final, abrangendo o *meio* para sua consecução. Já no "resultado prático equivalente" o resultado final (*específico*) é obtido através de terceiros.[19]

Alexandre Câmara, após explicar que, via de regra, o que importa ao credor nas obrigações de fazer é o resultado final, razão pela qual o juiz deverá condenar o inadimplente a cumprir sua obrigação e, se ele não o fizer, deverá "tornar possível a obtenção de resultado prático equivalente ao que se teria se a obrigação fosse cumprida pelo devedor",[20] fornece o seguinte exemplo, que não deixa dúvidas sobre a distinção entre as duas espécies de execução: "tendo alguém contratado os serviços de outrem para que este pintasse um muro de branco, e restando inadimplente o devedor, deverá o juiz, ao julgar a demanda ajuizada pelo credor, condenar o réu a pintar o muro. Em não sendo, ainda assim, prestado o fato, deverá o juiz determinar que um terceiro realize a prestação à custa do devedor (...) com o que se alcançará resultado equivalente (...)."[21]

Em definitivo, e no que importa para este estudo, a execução por terceiro, medida que promove a tutela pelo resultado prático equivalente, coloca-se ao lado da

---

17. E exemplifica o autor: "Assim, por exemplo, se é requerida a cessação da poluição, e o juiz verifica que basta a instalação de certa tecnologia para que ela seja estancada (um filtro, por exemplo), *outro fazer* deve ser imposto" (MARINONI, Luiz Guilherme. *Técnica processual e tutela dos direitos*. São Paulo: Ed. RT, 2004. p. 136, grifos no original).
18. DINAMARCO, Cândido Rangel. *A reforma do Código de Processo Civil*. São Paulo: Malheiros, 1995. p. 154, grifos no original.
19. TALAMINI, Eduardo. *Tutela relativa aos deveres de fazer e de não fazer*: CPC, arts. 461 e 461-A, CDC, art. 84. 2. ed. São Paulo: Ed. RT, 2003. p. 231 e 232, grifos no original. A distinção se torna ainda mais clara com a explicação Cândido Dinamarco, que, após afirmar ser sempre o objetivo "a obtenção do *resultado prático* que deveria ter sido produzido mediante o *adimplemento*, ou seja, mediante a conduta do obrigado", na hipótese de o fazer fungível não ser cumprido nem mesmo em processo de execução, "a atividade do obrigado fica substituída pela do credor, que realiza a obra à sua custa e depois reembolsa-se. Busca-se o *resultado final*, como se vê, embora por meios diferentes do adimplemento" (DINAMARCO, Cândido Rangel. *A reforma do Código de Processo Civil*, cit., p. 153-154, grifos no original).
20. CÂMARA, Alexandre. *Lições de direito processual civil*. 20. ed. Rio de Janeiro: Editora Lumen Juris, 2010, v. I, p. 95.
21. CÂMARA, Alexandre. *Lições de direito processual civil*, cit., p. 95-96.

execução específica como remédio à mora do devedor, e satisfaz o concreto interesse perseguido pelo credor com a celebração do contrato.

De outro lado, se a prestação se tornou impossível para o devedor ou inútil para o credor, a execução específica e a execução por terceiro se afiguram inapropriadas, já que incapazes de conferir ao credor aquilo a que se propõem. Com efeito, diante de inadimplemento absoluto, outros instrumentos de tutela serão disponibilizados ao credor, que poderá optar entre resolver a relação obrigacional, com o retorno ao *status quo ante* dinâmico,[22] ou exigir o cumprimento, não *in natura* – e aqui está o segundo equívoco apontado anteriormente –, mas pelo equivalente pecuniário da prestação, isto é, o seu valor em dinheiro, sem prejuízo, em ambas as hipóteses, da indenização pelas eventuais perdas e danos experimentados.[23]

Ora, se execução específica e resolução se baseiam em suportes diferentes (mora e inadimplemento absoluto respectivamente), não é possível admitir que a opção facultada ao credor pelo art. 475 seja entre esses dois remédios. Ou se está diante de mora, que admite a execução específica e não autoriza a resolução, ou se está diante de inadimplemento absoluto, que autoriza a resolução e não admite a execução es-

---

22. Conforme já se afirmou em outra sede, "evidentemente, o pretendido retorno ao *status quo ante* não é estático, mas dinâmico: procura-se colocar o credor na situação econômico-jurídica em que estaria, no presente, caso o contrato jamais tivesse sido celebrado. Vale dizer, não se quer simplesmente devolver o credor para a situação em que estava antes de celebrar o contrato, mas conduzi-lo à posição hipotética em que poderia estar caso não tivesse celebrado o indigitado contrato, e houvesse ingressado, por exemplo, em outra relação contratual que se lhe apresentava, ou mesmo dado continuidade a negócio que já desenvolvia" (TERRA, Aline de Miranda Valverde; GUEDES, Gisela Sampaio da Cruz. Efeito indenizatório da resolução por inadimplemento. In: TERRA, Aline de Miranda Valverde; GUEDES, Gisela Sampaio da Cruz (Coord.). *Inexecução das obrigações:* pressupostos, evolução e remédios. Rio de Janeiro: Processo, 2020. p. 401).

23. À mesma conclusão chega Araken de Assis, que, ao analisar as opções conferidas ao credor pelo artigo 475, pondera que, "embora seja uma vantagem, e nítida, a liberdade de opção, em geral existente, somente aproveita ao parceiro inocente no caso de inadimplemento *relativo*. O inadimplemento absoluto, que denota falta *irrecuperável*, torna a demanda de cumprimento de plano inviável" (ASSIS, Araken de. *Resolução do contrato por inadimplemento*. 4. ed. rev. e atual. São Paulo: Ed. RT, 2004. p. 32). Em outra obra, o autor, ao discorrer acerca dos limites à liberdade de escolha do credor, expõe com mais clareza sua orientação e afirma, categoricamente: "[...] há limites práticos que condicionam a escolha. Por exemplo, o inadimplemento absoluto torna irrecuperável a prestação, e, portanto, inútil ao credor trilhar o caminho da demanda de cumprimento, exceto para pedir uma prestação pecuniária equivalente" (ASSIS, Araken; ANDRADE, Ronaldo Alves de; ALVES, Francisco Glauber Pessoa. *Comentários ao Código Civil brasileiro*. Rio de Janeiro: Forense, 2007. v. 5. p. 611). Essa, também, é a lição de Pontes de Miranda: "A execução em natura ou específica é a que mais perfeitamente reestabelece o estado anterior, ou estabelece o estado que corresponde à justiça. Somente onde a execução específica não se pode obter, ou onde ela não satisfaz, é que se busca a execução no valor, ou, mais claramente, a execução forçada pela retirada e entrega do valor correspondente. (...) A execução em natura é, portanto, logicamente, a regra. Se a execução forçada não pode ser em natura, tem de ser por execução de valor" (PONTES DE MIRANDA. *Tratado de direito privado*. 2. ed. Rio de Janeiro: Borsoi, 1959. t. 25. p. 197-198). Confira-se, ainda, Fernando Noronha: "Quando tem por objetivo dar ao credor o que lhe é devido (obrigações de fazer ou não fazer e obrigações de entrega da coisa), tradicionalmente fala-se em *execução específica*, ou *direta*; quando, por não ser possível dar ao credor o que lhe é devido, se intenta dar-lhe um equivalente pecuniário da prestação, tradicionalmente fala-se em *execução pelo equivalente*, ou *genérica*. (...) Tanto nos casos em que se visa dar ao credor exatamente aquilo que lhe era devido (execução específica), como naqueles em que se procura atribuir-lhe um valor pecuniário correspondente (execução pelo equivalente), normalmente acontece ter o credor danos adicionais, resultantes do inadimplemento" (NORONHA, Fernando. *Direito das obrigações*. 4. ed. rev. e atual. São Paulo: Saraiva, 2013. p. 172-174).

pecífica. *Tertium non datur.* Se, de um lado, a resolução é remédio extremo, que só se justifica diante de inadimplemento absoluto, de outro, como se poderia executar o que se impossibilitou, ou para que exigir o que se tornou inútil? Para que o credor possa escolher, potestativamente, entre dois instrumentos de tutela, é imprescindível que ambos tenham o mesmo suporte fático. E o instrumento que se baseia no mesmo suporte fático da resolução é a execução pelo equivalente. Logo, a escolha a ser feita pelo credor, com base no art. 475, é entre a resolução e o cumprimento *pelo equivalente*.[24-25]

A execução pelo equivalente é expressamente conferida ao credor nas situações de perda da coisa por culpa do devedor nas obrigações de dar, nos termos do artigo 234 do Código Civil, bem como diante da perda da coisa nas obrigações de restituir, conforme estabelece o artigo 239, *in verbis*:

> Art. 234. Se, no caso do artigo antecedente, a coisa se perder, sem culpa do devedor, antes da tradição, ou pendente a condição suspensiva, fica resolvida a obrigação para ambas as partes; se a perda resultar de culpa do devedor, responderá este pelo equivalente e mais perdas e danos.
>
> Art. 239. Se a coisa se perder por culpa do devedor, responderá este pelo equivalente, mais perdas e danos.

A perda da coisa, no entanto, é apenas uma das situações – prevista expressamente pelo legislador – que conduz à impossibilidade da prestação e, consequentemente, ao inadimplemento absoluto, devendo-se aplicar a todas as demais hipóteses de

---

24. Assim já decidiu a 2ª Seção do Superior Tribunal de Justiça: "Assim, ao credor é permitido exigir do devedor o exato cumprimento daquilo que foi avençado. Se houver mora, além da execução específica da prestação, o credor pode pleitear eventuais perdas e danos. Na hipótese de inadimplemento definitivo, o credor poderá escolher entre a execução pelo equivalente ou a resolução da relação jurídica contratual. Em ambas alternativas, poderá requerer, ainda, o pagamento de perdas e danos" (STJ, 2ª Seção, Rel. Min. Nancy Andrighi, EREsp 1.280.825, julg. 27.6.2018).
25. Araken de Assis, ao discorrer acerca dos limites à liberdade de escolha do credor, afirma, categoricamente: "[...] há limites práticos que condicionam a escolha. Por exemplo, o inadimplemento absoluto torna irrecuperável a prestação, e, portanto, inútil ao credor trilhar o caminho da demanda de cumprimento, exceto para pedir uma prestação pecuniária equivalente" (ASSIS, Araken; ANDRADE, Ronaldo Alves de; ALVES, Francisco Glauber Pessoa. *Comentários ao Código Civil brasileiro*. v. 5, cit., p. 611). Confira-se, no mesmo sentido, Ruy Rosado de Aguiar Júnior: "Se a prestação se tornou impossível por culpa do devedor, o credor pode optar entre pedir a resolução do contrato ou o adimplemento, pelo equivalente (art. 389 do Código Civil). [...] Se o incumprimento definitivo, por perda do interesse na prestação, resultar de culpa do devedor, o credor não exigirá a execução em espécie, que já não lhe traz nenhuma utilidade, mas poderá optar entre manter o contrato e obter o equivalente (art. 236 do Código Civil) ou requerer a resolução (art. 475 do Código Civil), sempre com perdas e danos" (AGUIAR JÚNIOR, Ruy Rosado. *Comentários ao novo Código Civil*: da extinção do contrato. In: TEIXEIRA, Sálvio de Figueiredo (Coord.). Rio de Janeiro: Forense, 2011. v. 6, t. 2. p. 388-389). A indicar a execução específica e a execução pelo equivalente como espécies de ação de cumprimento, confira-se MARINO, Francisco Paulo de Crescenzo. Perdas e danos. In: LOTUFO, Renan; NANNI, Giovanni Ettore (Coord.). *Obrigações*. São Paulo: Atlas, 2011. p. 664. Calvão da Silva, a seu turno, reserva a expressão "ação de cumprimento" para aquelas hipóteses em que se tem em mira a realização da prestação originariamente devida, embora reconheça que há aqueles que se utilizam da expressa de forma mais ampla, a nela incluir também o cumprimento pelo equivalente: "Por isso, falar-se de *exacto* ou/e *específico* cumprimento não passa de pleonasmo, pleonasmo que não existe, contudo, para quem adopte a terminologia de 'cumprimento pelo equivalente' para significa a realização do dever de indemnizar que surge em vez do primário dever de prestar" (SILVA, João Calvão da. *Cumprimento e sanção pecuniária compulsória*, cit., p. 144, nota 265).

inadimplemento absoluto a mesma disciplina jurídica.[26] A propósito, foi exatamente o que fez o legislador ao disciplinar a impossibilidade da prestação por culpa de um dos devedores solidários, no art. 279, determinando que "subsiste para todos o encargo de pagar o equivalente; mas pelas perdas e danos só responde o culpado".

Os dispositivos revelam o que já se advertiu linhas acima: a responsabilidade que segue ao inadimplemento é gênero, do qual a responsabilidade civil é espécie. A responsabilidade franqueia ao credor diversos instrumentos coercitivos dirigidos à tutela da sua posição jurídica: (a) em caso de mora, (a.1) a execução específica, a autorizá-lo a perseguir a coisa em espécie das mãos do próprio devedor ou (a.2) a execução por terceiro, que lhe proporcionará o mesmo resultado útil almejado com o contrato, mas executado por terceiro, ou, (b) diante da impossibilidade ou inutilidade da prestação para o credor, (b.1) a execução pelo equivalente ou (b.2) a resolução da relação obrigacional, atuando, ainda, simultaneamente, em qualquer desses casos ("a" e/ou "b"), a responsabilidade civil, se houver perdas e danos.[27]

A execução específica, por terceiro ou pelo equivalente bem como a resolução são instrumentos de tutela que se colocam automaticamente à disposição do credor diante do inadimplemento relativo ou absoluto, respectivamente; a responsabilidade civil, no entanto, só lhe será franqueada se do inadimplemento (relativo ou absoluto) advierem prejuízos. Resta evidente, portanto, que a execução pelo equivalente – assim como a execução específica, por terceiro e a resolução – não se confunde com a indenização pelas perdas e danos. Trata-se de verbas com funções diferentes, embora complementares.

É de se notar, ainda, que o legislador não conferiu ao credor, nos artigos 234, 239 e 279, a possibilidade de optar entre a execução pelo equivalente e a resolução (como o fez no art. 475) porque nem sempre a obrigação decorre de uma relação contratual. Quando não há contrato, simplesmente não há o que resolver. Apenas diante do inadimplemento absoluto de obrigação contratual é que se abrirá ao credor a opção entre executar pelo equivalente ou resolver a relação obrigacional.[28] Opor-

---

26. "Do mesmo modo, não tem o credor o direito a exigir outra prestação que não a devida. A inadimplência não o investe no direito à sua substituição. Nestas condições, o devedor não pode oferecer o equivalente, nem o credor pode exigi-lo. A *execução sob forma genérica* só se justifica quando impossível a *execução direta*, por tornar-se a prestação inútil para o credor [...]" (GOMES, Orlando. *Obrigações*, cit., p. 210-211, grifos no original).

27. Assim, também, Judith Martins-Costa e Cristiano de Souza Zanetti: "No direito dos contratos, a regra é a execução específica. O credor pode, assim, exigir que o devedor cumpra exatamente aquilo a que se obrigou. Se houver mora, o credor poderá exigir a execução específica da prestação mais as perdas e danos decorrentes da inobservância do tempo, lugar ou modo pactuados, conforme se infere da leitura dos arts. 389, 394 e 395 do Código Civil (LGL\2002\400). Se houver inadimplemento definitivo, o credor poderá optar entre a execução pelo equivalente e, observados os pressupostos necessários, a resolução da relação jurídica contratual, além de poder exigir, em qualquer caso, o pagamento das perdas e danos que lhe causou o devedor, de acordo com o previsto no art. 475 do Código Civil (LGL\2002\400)" (MARTINS-COSTA, Judith; ZANETTI, Cristiano de Souza. Responsabilidade contratual: prazo prescricional de dez anos. *Revista dos Tribunais*, v. 979, p. 4-5, maio 2017).

28. Como observa Francisco Marino ao tratar da execução pelo equivalente franqueada pelo artigo 234, quando a obrigação de dar se insere em relação contratual, permite-se ao credor, nos termos específicos do artigo 475, "pleitear a resolução do contrato, cumulada com perdas e danos, ou pleitear a *manutenção* do contrato,

tuna, ao propósito, é a lição de Ruy Rosado de Aguiar Júnior, que distingue todas as possibilidades conferidas ao credor frente ao incumprimento do devedor:

> Ocorrendo o incumprimento, abrem-se ao credor diversas alternativas legais, conforme a natureza do incumprimento. Diante de uma impossibilidade superveniente, absoluta ou relativa, não imputável ao devedor, a obrigação se extingue *ipso jure*, liberando ambas as partes. *Na impossibilidade superveniente, absoluta ou relativa, por culpa do devedor, cabe ao credor ou manter o contrato, requerendo o equivalente e mais indenização por perdas e danos, ou resolvê-lo, mediante o exercício do seu direito formativo* (art. 1.092, parágrafo único do Código Civil), igualmente com direito à indenização. *No caso de ser possível a prestação, mas já sem interesse do credor, por inutilidade decorrente da demora ou do cumprimento imperfeito, sem culpa do devedor, a obrigação pode ser resolvida mediante exercício do direito formativo. Se houver demora, com culpa do devedor (mora) ou cumprimento imperfeito culposo, pode o credor escolher entre manter o contrato, requerendo não a prestação em espécie, que não mais lhe interessa, mas o seu equivalente, ou resolver a relação.* Sendo possível a prestação e ainda de interesse do credor recebê-la, estamos diante de simples caso de demora (sem culpa) ou de mora, ou de cumprimento imperfeito, quando tem o credor a seu dispor a ação de adimplemento, que surge desde o vencimento e que persiste até o cumprimento da prestação, podendo receber a coisa com retardo ou aceitar o cumprimento imperfeito que o devedor lhe oferece, sempre com direito a perdas e danos.[29]

Das lições de Ruy Rosado de Aguiar Júnior ainda é possível extrair outra inevitável conclusão: na execução pelo equivalente não se extingue a relação obrigacional, a exemplo do que se passa na resolução, mas também não se busca obter o programa contratual originalmente pactuado, como ocorre por meio da execução *in natura* (e que, repita-se à exaustão, só é possível em caso de mora). Na execução pelo equivalente, mantém-se o contrato, mas se modifica a relação obrigacional originalmente pactuada, e o credor persegue a realização de um programa contratual remodelado, como se examinará a seguir.

3. A MODIFICAÇÃO DA RELAÇÃO OBRIGACIONAL NA EXECUÇÃO PELO EQUIVALENTE

O inadimplemento absoluto impede o cumprimento do programa contratual original, e confere ao credor o direito potestativo de optar entre a resolução e a execução pelo equivalente.

---

cabendo-lhe, neste caso, o direito ao equivalente pecuniário da coisa perdida, acrescido de indenização pelo inadimplemento (perdas e danos)" (MARINO, Francisco Paulo de Crescenzo. Responsabilidade contratual: efeitos. In: LOTUFO, Renan; NANNI, Giovanni Ettore (Coord.). *Teoria geral dos contratos*. São Paulo: Atlas, 2011. p. 414, grifo no original).

29. AGUIAR JÚNIOR, Ruy Rosado. *Extinção dos contratos por incumprimento do devedor (resolução)*, cit., p. 95, grifou-se. Em obra posterior, o mesmo autor ratifica o entendimento já esposado: "Se a prestação se tornou impossível por culpa do devedor, o credor pode optar entre pedir a resolução do contrato ou o adimplemento, pelo equivalente (art. 389 do Código Civil). [...] Se o incumprimento definitivo, por perda do interesse na prestação, resultar de culpa do devedor, o credor não exigirá a execução em espécie, que já não lhe traz nenhuma utilidade, mas poderá optar entre manter o contrato e obter o equivalente (art. 236 do Código Civil) ou requerer a resolução (art. 475 do Código Civil), sempre com perdas e danos" (AGUIAR JÚNIOR, Ruy Rosado. *Comentários ao novo Código Civil*: da extinção do contrato. v. 6, t. 2, cit., p. 388-389).

Optando pela resolução, extingue-se a relação obrigacional e em seu lugar surge uma relação de liquidação, voltada ao retorno ao *status quo ante*, no âmbito da qual se produzem os efeitos (a) liberatório, que libera as partes de cumprirem as prestações ainda não adimplidas; (b) restitutório, que impõe a ambas as partes a restituição, uma a outra, de tudo o que já houverem recebido por força da relação obrigacional;[30] e (c) indenizatório, que atribui ao devedor a indenização por eventuais perdas e danos experimentadas pelo credor.[31]

Elegendo a execução pelo equivalente, todavia, mantém-se a relação obrigacional, e substitui-se o objeto[32] original por seu equivalente pecuniário. Nesse cenário, altera-se o programa contratual e o nexo de sinalagmaticidade[33] passa a ser estabelecido entre a prestação devida pelo credor e a quantia equivalente à prestação que incumbia inicialmente ao devedor. Há, com efeito, mera modificação da relação obrigacional[34] – que, portanto, não se extingue.

---

30. É preciso, todavia, distinguir a amplitude do efeito restitutório no âmbito de contratos de duração. A execução de um tal contrato pressupõe, necessariamente, certo arco temporal, já que o interesse de uma ou ambas as partes não pode ser satisfeito mediante a realização de ato pontual, mas requer que a prestação seja continuada ou periódica. O sinalagma se articula em uma sequência de prestações correspectivas cuja execução é distribuída ao longo do tempo com base no interesse dos contratantes. Dessa forma, se por determinado período o contrato é executado regularmente, o inadimplemento superveniente não altera o sinalagma relativo às prestações pregressas. No período em que o contrato é executado, o interesse das partes resulta plenamente satisfeito, e o inadimplemento posterior não compromete o equilíbrio entre as prestações até então adimplidas, razão pela qual a resolução não afeta os efeitos já produzidos. A regra se aplica, todavia, apenas aos contratos em que as prestações de ambos os contratantes sejam de execução continuada ou periódica; basta que uma das duas prestações seja de execução instantânea para que a resolução produza efeitos retroativos, sob pena de configurar-se situação de manifesto desequilíbrio entre as partes: se no momento da resolução a prestação instantânea já tivesse sido executada, seu credor ficaria em situação de vantagem, já que a conservaria consigo mesmo tendo cumprido apenas parcialmente a prestação periódica ou continuada que lhe incumbia; diversamente, caso referida prestação instantânea ainda não houvesse sido executada quando da resolução, aquele a quem incumbia restaria favorecido, pois não estaria obrigado a restituir a prestação periódica até então executada em seu favor, a despeito de nada ter contraprestado.
31. TERRA, Aline de Miranda Valverde. *Cláusula resolutiva expressa*. Belo Horizonte: Fórum, 2017. p. 167 et. seq.
32. Refere-se, evidentemente, ao objeto mediato da relação obrigacional, relativo "ao bem sobre o qual recaem os poderes dos agentes do negócio jurídico". O objeto imediato, a seu turno, "consiste no efeito jurídico esperado, que traduz o comportamento esperado pelos agentes" (TEPEDINO, Gustavo et al. *Código Civil Interpretado Conforme a Constituição da República*. 2. ed. rev. e atual. Rio de Janeiro: Renovar, 2007. v. 1. p. 219).
33. O nexo de sinalagmaticidade está presente nos contratos bilaterais. Na definição de Karl Larenz, contratos bilaterais são, em sentido amplo, *contratos de intercâmbio*: as partes trocam prestações dotadas, para cada uma delas, de igual valor, de modo que cada uma recebe por sua prestação o valor correspondente da contraprestação. O princípio fundamental dos contratos bilaterais, afirma o autor, é o *do ut des*, segundo o qual cada contratante se obriga à sua prestação, unicamente, em razão de o outro se obrigar à contraprestação. A bilateralidade do contrato não decorre, portanto, da mera presença de obrigações atribuídas a ambas as partes; imprescindível é a existência de relação de interdependência entre as prestações, de sorte que uma obrigação seja a razão jurídica da outra. As duas prestações estão entre si em conexão causal: cada um dos contratantes se obriga a prestar apenas para obter a prestação da contraparte (LARENZ, Karl. *Derecho de obligaciones*. t. 1, cit., 266-267).
34. "Face ao que acaba de dizer-se, compreende-se bem a modificação que por vezes sofre a relação obrigacional enquanto subsiste, nomeadamente a modificação objetiva operada pela conversão do dever de prestar em dever de indenizar. Mas ainda aqui o objetivo é satisfazer, da melhor forma possível, o interesse do credor" (SILVA, João Calvão da. *Cumprimento e sanção pecuniária compulsória*, cit., p. 70-71).

Trata-se, em definitivo, a execução pelo equivalente, de tutela conservatória da relação, com a manutenção de vínculo sinalagmático. A relação obrigacional não perde a sua identidade, não obstante a modificação do objeto do direito do credor.[35] Esse é, precisamente, o entendimento de José Carlos Brandão Proença:

> Supondo que António trocou o seu cavalo "Rápido" (a que atribui o valor de 6000€) pelo cavalo "Fiel" de Bernardo (que vale 9000€) e que este provocou, com negligência, a morte do "Fiel", terá António, para obter a indemnização, pela não entrega do "Fiel", que entregar o "Rápido"? Adotando as conceções que, desde a entrada em vigor do BGB, têm sido teorizadas pela dogmática alemã, é possível começar por defender a manutenção do vínculo sinalagmático e afirmar que o credor continua a dever a sua contraprestação a partir do momento em que exija ao devedor a indemnização substitutiva correspondente à *prestação* impossibilitada. Esta chamada *"teoria da sub-rogação"* (*"Austauschtheorie"*), cuja aplicação não reveste tanto interesse nas contraprestações monetárias (se o "Fiel" tivesse sido comprado por 9000€ para ser revendido por 12000€ era economicamente indiferente para António entregar o preço e receber 12000€ ou não o entregar e receber, como diferença, a quantia de 3000€), procura ainda o "cumprimento do contrato", não o vendo numa fase de liquidação ou de inexorável rutura sinalagmática".[36]

Com efeito, no exemplo oferecido por José Carlos Brandão Proença, há modificação objetiva qualitativa da relação jurídica, que decorre da sub-rogação real.[37] Sublinhe-se, inclusive, que o fato de a obrigação de dar o cavalo "Fiel" ter sido substituída pela obrigação de dar a quantia em dinheiro equivalente ao seu valor não importa em requalificação do contrato, vale dizer, não há uma transmudação da permuta em compra e venda. A quantia em dinheiro a ser entregue por Bernardo não corresponde, por conseguinte, ao preço do cavalo "Rápido", mas ao valor, repita-se, do cavalo "Fiel".

Tome-se, ainda, como exemplo do que se afirma, a seguinte situação: o dono de grande terreno avaliado em 100 moedas celebra contrato de compra e venda com confissão de dívida pelo qual vende o imóvel para incorporador, que confessa dever ao alienante 100 moedas. Após o registro do memorial de incorporação com a identificação das unidades autônomas, a escritura de compra e venda com confissão de dívida é substituída por escritura pela qual se ajusta que o incorporador entregará ao credor, em lugar das 100 moedas, as futuras unidades autônomas 1 a 10 do empreendimento imobiliário a ser construído no terreno em 36 meses. Na hipótese de as obras sequer se iniciarem ao final do prazo ajustado, resta configurado o inadimplemento

---

35. Afirma Antunes Varela, ao tratar do débito e da responsabilidade: "Não é a diversidade de *objeto* entre o *direito* inicial à *prestação* e a *acção creditória*, mesmo quando esta tenha por fim a indemnização por equivalente, que constitui obstáculo lógico instransponível à integração dos dois poderes na mesma *relação obrigacional*" (VARELA, João de Matos Antunes. *Das obrigações em geral*. 10. ed. rev. e atual. Coimbra: Almedina, 2005. v. 1. p. 157, grifos no original). Veja-se, ainda, SILVA, João Calvão da. *Cumprimento e sanção pecuniária compulsória*, cit., p. 71.
36. PROENÇA, José Carlos Brandão. *Lições de cumprimento e não cumprimento das obrigações*. 2. ed., rev. e atual. Porto: Universidade Católica Editora, 2017. p. 345-355, grifos no original.
37. Sobre a sub-rogação real, confira-se DANTAS, San Tiago, *Programa de Direito Civil*: teoria geral. Rio de Janeiro: Forense, 2001. p. 206.

absoluto, e o credor poderá optar entre a resolução e a execução pelo equivalente.[38] No primeiro caso, ser-lhe-á restituído o terreno; no segundo, haverá sub-rogação real e, como contrapartida ao terreno transferido, o credor receberá o valor pecuniário das 10 unidades autônomas referidas. Destaque-se, por oportuno, que a execução pelo equivalente não "repristina" a obrigação de pagar as 100 moedas: a quantia a ser paga pelo incorporador corresponde ao valor atual das 10 unidades autônomas, e não às 100 moedas objeto da confissão de dívida.[39]

A sub-rogação real não importa novação objetiva; não há acordo entre as partes dirigido à extinção da relação obrigacional original, que ficaria substituída por nova, nem tampouco extinção de seus acessórios, como cláusula penal, juros e garantias. A opção do credor por executar pelo equivalente não corresponde, em definitivo, a qualquer forma de extinção do débito diverso do pagamento. Trata-se de exceção à regra da identidade da prestação – que proíbe o credor de cobrar do devedor coisa diversa da pactuada – diante da perturbação da relação original, fenômeno que conduz à produção de importantes efeitos, como se passa a examinar.

4. EFEITOS DA PRESERVAÇÃO DA RELAÇÃO OBRIGACIONAL

O fato de restar configurado o inadimplemento absoluto não conduz, necessariamente, à correspondente perda do interesse do credor na relação obrigacional. Diversas são as razões que podem levar o credor a preferir a manutenção da relação obrigacional à resolução, ainda que com seu objeto modificado. E isso decorre, sobretudo, dos efeitos que a preservação do vínculo jurídico lhe proporciona.

A execução pelo equivalente se mostra particularmente útil diante de contraprestações não pecuniárias (como já evidenciado na lição de José Carlos Brandão Proença, acima transcrita), quando o credor deseja executar a prestação que lhe incumbe, a despeito do inadimplemento absoluto do devedor, ou quando já a executou e não quer recebê-la de volta.

Nessa direção, se está configurado o inadimplemento absoluto e o credor ainda não adimpliu sua prestação, caso deseje fazê-lo, o único caminho que lhe resta é exigir o cumprimento pelo equivalente. Isso porque, se optar pela resolução da relação obrigacional, o efeito liberatório desobrigará as partes das prestações que lhes incumbem, o que impede o credor de executar sua prestação. De outro lado, não se poderia admitir que, após o inadimplemento absoluto do devedor, o credor executasse sua prestação para, em seguida, resolver a relação obrigacional. Neste caso, parece possível vislumbrar renúncia tácita ao direito de resolver, assentada na adoção, pelo credor, de comportamento incompatível com o exercício do direito potestativo

---

38. A rigor, o inadimplemento resta configurado mesmo antes dos 36 meses, cuidando-se de hipótese de inadimplemento anterior ao termo, podendo o credor se valer daqueles remédios antes do advento do termo ajustado. Confira-se, ao propósito, TERRA, Aline de Miranda Valverde. *Inadimplemento anterior ao termo*. Rio de Janeiro: Renovar, 2009.
39. A ponderação é relevante pois os montantes podem ser diferentes, como se analisará no item 5, infra.

resolutivo. Ora, ao executar a prestação após a configuração do inadimplemento absoluto, o credor demonstra inegável interesse na manutenção do vínculo obrigacional, o que se afigura inconciliável com eventual resolução da relação: ou o credor resolve a relação obrigacional e conserva consigo a prestação que deveria executar, ou mantém a relação obrigacional, executa sua prestação e persegue o equivalente pecuniário da prestação que lhe era devida.

Em definitivo, a opção pela execução pelo equivalente não confere ao credor a faculdade de cumprir ou não cumprir a prestação que lhe incumbe. Considerando-se preservada a relação obrigacional – posto modificada –, inquestionável a presença de nexo de sinalagmaticidade entre o equivalente e a prestação a ele atribuída, razão pela qual para receber o equivalente deverá executar *in natura* o que se lhe impõe. E isso em nada agrava sua posição jurídica: por se tratar, justamente, de relação sinalagmática, poderá o credor se valer da exceção de contrato não cumprido, recusando-se a cumprir sua prestação antes de receber o equivalente.[40]

Há, todavia, uma hipótese em que o credor poderá não executar sua prestação: caso ela consista em pagar quantia em dinheiro. Nesse caso, evidentemente, poderá haver compensação entre o valor devido pelo credor e o equivalente da prestação a cargo do devedor, transferindo-se ao credor apenas o valor a maior a que faz jus. Se, no entanto, o credor já houver pago o que lhe incumbia, restará ao devedor entregar, efetivamente, o valor total equivalente à prestação inadimplida. Note-se, no entanto, que, se a prestação do credor envolver a entrega de coisa ou obrigação de fazer, não é possível convertê-la em dinheiro e proceder à compensação, sendo inafastável o dever de entregar à contraparte exatamente o que lhe é devido, *in natura,* tendo em vista o princípio da identidade da prestação, sem prejuízo, como já se destacou, da alegação de exceção de contrato não cumprido. Portanto, se o credor não quiser prestar, não poderá se valer da execução pelo equivalente, restando-lhe apenas a via resolutiva.

De outro lado, se o credor já executou sua prestação e não quer recebê-la de volta, deverá também optar pela execução pelo equivalente, uma vez que, se optar pela resolução, o efeito restitutório o obrigará, de um lado, a devolver ao devedor o que já houver recebido e, de outro, a receber o que já houver prestado.[41] A rigor, nesse caso, não desejando receber de volta o que já prestara *antes de configurado o inadimplemento absoluto* – porque lhe incumbia adimplir em primeiro lugar –, o credor até pode se valer da resolução e exigir não a restituição *in natura,* como é a regra, mas sim a *restituição* do equivalente. O recebimento do equivalente neste caso exsurge, pois, como alternativa quando, desejando resolver a relação obrigacional depois de já ter prestado (porque, repita-se, o contrato lhe impunha adimplir em primeiro lugar), a recuperação da prestação *in natura* não atender aos interesses do

---

40. Sobre exceção de contrato não cumprido, confira-se LOPES, Miguel Maria Serpa. *Exceções substanciais*: exceção de contrato não cumprido (*exceptio non adimpleti contractus*). Rio de Janeiro: Freitas Bastos, 1959.
41. Sobre o efeito restitutório da resolução, confira-se TERRA, Aline de Miranda Valverde. *Cláusula resolutiva expressa,* cit., p. 183 et. seq.

credor – o que deve ser aferido subjetivamente, isto é, tendo em vista as circunstâncias concretas do credor, e objetivamente, à luz da boa-fé objetiva. No entanto, o que ele, credor, receberá a título de equivalente é diferente do que receberia na *execução* pelo equivalente: na resolução, restitui-se o valor pecuniário equivalente à *prestação que o credor executou em favor do devedor*; na execução pelo equivalente, paga-se o valor pecuniário equivalente *à prestação que o devedor deveria ter executado em favor do credor*. Os montantes são, evidentemente, diversos.

Qualquer que seja a opção do credor diante do inadimplemento absoluto, sempre lhe será conferida a possibilidade de pleitear indenização pelas perdas e danos, desde que efetivamente provados. No entanto, o dano a ser ressarcido também difere consoante a opção pela resolução ou pela execução pelo equivalente: optando-se pela resolução, indeniza-se com base no interesse negativo; optando-se pela execução pelo equivalente, indeniza-se com base no interesse positivo, como se examinará com mais profundidade no item 6, infra.

Ademais, tendo em vista a já mencionada identidade normativa entre direito de crédito e direito ao equivalente, com a consequente manutenção da relação obrigacional, preservam-se todas as disposições contratuais. Mantêm-se, assim, as garantias do crédito. Nesse cenário, a execução pelo equivalente pode oferecer maior segurança para o credor em comparação à resolução, tendo em vista a controvérsia ainda existente no que tange à manutenção ou não das garantias diante do remédio resolutivo.[42]

5. QUANTO VALE O EQUIVALENTE DA PRESTAÇÃO?

A execução pelo equivalente conduz, como já se apontou, à sub-rogação objetiva, consistente na substituição do objeto devido pelo devedor pelo seu valor pecuniário. O montante a ser entregue ao credor deve ser exatamente o valor do bem no momento em que a prestação deveria ter sido executada, correspondente, portanto, ao valor pelo qual o bem teria sido incorporado ao patrimônio do credor caso tivesse havido adimplemento, não já o valor que o bem ostentava no momento da celebração do contrato. Isso porque, cuidando-se de execução coercitiva do contrato, deve-se

---

42. A favor da manutenção das garantias mesmo diante da resolução, confira-se: "Significa, em suma, que a extensão da obrigação assumida se mantém qualquer que seja a opção do credor: seja pela execução pelo equivalente, seja pela resolução. Isso porque a resolução não extingue simplesmente a relação obrigacional, mas a substitui pela relação de liquidação, no âmbito da qual o credor deverá, em vez de receber a prestação, receber tudo o que houver prestado. Com efeito, se durante a relação obrigacional as garantias encerram acessório do crédito decorrente da prestação, e quiçá também do valor devido a título de perdas e danos – se houver previsão expressa no título constitutivo da garantia a este respeito –, com a resolução as garantias se transmudam em acessório do crédito decorrente da restituição e também da indenização, de modo a assegurar ao credor o recebimento de todas as verbas devidas, conferindo-lhe a segurança necessária durante a fase patológica da relação contratual" (TERRA, Aline de Miranda Valverde. A operatividade da cláusula resolutiva expressa. In: MENEZES, Joyceane Bezerra de; TEPEDINO, Gustavo (Coord.). *Autonomia privada, liberdade existencial e direitos fundamentais*. Belo Horizonte: Fórum, 2019. p. 637).

proporcionar ao credor o benefício econômico que ele teria auferido se o contrato tivesse sido adimplido pontual e integralmente.

Nessa direção, caso o bem tenha se desvalorizado entre o momento da celebração do contrato e o momento em que o devedor deveria ter adimplido a prestação, o equivalente deverá considerar a desvalorização, já que seria por esse valor a menor que o bem passaria a integrar o patrimônio do credor. De outro lado, caso o bem tenha se valorizado, o equivalente também deverá refletir essa valorização (aliás, para o credor cuja obrigação é pagar quantia em dinheiro, essa é – ao lado da indenização pelo interesse positivo – uma das principais vantagens de optar pela execução pelo equivalente em vez de escolher a resolução). O critério adotado permite que o credor, recebendo o equivalente, possa buscar no mercado prestação análoga àquela que lhe deveria ter sido entregue, a fim de lhe proporcionar as mesmas vantagens que o bem original lhe proporcionaria.[43]

Pode ocorrer, todavia, de o devedor incorrer em mora no pagamento do equivalente, como, de fato, geralmente se verifica. Nesse caso, se houver variação do valor do bem após a data da conversão no equivalente, o devedor a ela estará sujeito, e deverá pagar o maior valor atingido pelo bem durante a sua mora. Note-se bem: o devedor pagará a maior estimativa que o bem tiver alcançado durante a sua mora, ou seja, após a conversão no equivalente, ainda que na data do efetivo pagamento o bem já ostente valor inferior, não se fazendo sequer necessário que o credor prove que teria adquirido outro bem similar no mercado se tivesse recebido o equivalente pecuniário no momento de sua maior valorização.

Embora o Código Civil não trate dessa questão relativa à variação do valor do bem durante a mora do devedor, aplica-se, por analogia, a segunda parte do art. 400 do Código Civil, segundo a qual a mora do credor o sujeita a receber a coisa "pela estimação mais favorável ao devedor, se o valor oscilar entre o dia estabelecido para

---

43. Caso interessante foi analisado pelo Tribunal de Justiça do Estado de São Paulo em que, em contrato de promessa de compra e venda de lote de terreno, diante do inadimplemento absoluto em razão da impossibilidade de execução da prestação por culpa do loteador, o promitente comprador requereu não a resolução da relação obrigacional, com o retorno das partes ao *status quo ante*, mas a execução da prestação pelo seu equivalente em dinheiro, isto é o equivalente monetário da outorga da escritura definitiva, com o pagamento do valor atualizado do terreno: "Indenização - Contrato de compromisso de venda e compra de imóvel loteado – Prova do pagamento do preço – Contrato irregularmente resolvido de pleno direito pela loteadora, sem prévia intimação do promissário comprador, em desacordo com as normas cogentes da L. 6.766/79 – Ausência de prova da exigibilidade de repasse de custeio de implantação de obras de infraestrutura, de resto referidas de modo genérico e potestativo no contrato padrão – Lote de terreno indevidamente alienado para terceiros de boa-fé, que ocupam e construíram suas casas no local – Impossibilidade de obtenção do contrato definitivo de venda e compra que se converte em perdas e danos, independente de prévia resolução do contrato por parte da promissária compradora – Autora viúva meeira do promissário comprador, que por força do regime de bens do casamento, do princípio da *saisine* e como condômina, tem legitimidade concorrente para postular indenização (...) Ação procedente em parte, para condenar a ré ao pagamento do valor atual do lote, apurável em liquidação por arbitramento – Danos morais devidos à autora. Recurso provido em parte" (TJSP, 1ª CDPriv., Rel. Des. Francisco Loureiro, AC 1015154-93.2014.8.26.0602, julg. 30.08.2016).

o pagamento e o da sua efetivação".[44] Cuida-se, em verdade, de atribuir ao devedor todos os riscos de sua mora, a exemplo do que também estabeleceu o legislador no art. 399 do Código Civil.

Retomando-se o exemplo trazido por José Carlos Brandão Proença, imagine-se que o cavalo "Fiel", que valia 9000€ no momento da celebração do contrato, tenha passado a valer 10000€ no momento em que deveria ter sido feita a tradição. O equivalente devido a António será 10000€, já que é o valor pelo qual o bem seria incorporado ao seu patrimônio. Imagine-se, agora, que Bernardo não tenha feito o pagamento do valor espontaneamente, que António tenha ajuizado ação, que meses depois, o cavalo tenha atingido um valor máximo de 12000€, mas que, no momento do efetivo pagamento, o cavalo valha apenas 11000€. Nesse caso, o credor receberá os 12000€ a título de equivalente, por aplicação analógica do art. 400 do Código Civil. De outro lado, se nesse interregno o cavalo tiver se desvalorizado, passando a valer 7000€, nenhuma repercussão teria sobre o valor a ser pago ao credor, que receberá os mesmos 10000€ que o animal valia quando deveria ter sido feita a tradição.

O mesmo se passa no exemplo da compra e venda com confissão de dívida: caso no momento em que as unidades 1 a 10 devessem ser entregues seu valor já estivesse estimado em 12 moedas cada uma em razão de melhorias feitas na região pela Prefeitura, o incorporador deverá entregar 120 moedas como equivalente pecuniário. Na hipótese de o credor só vir a receber o valor anos depois, no âmbito de ação de execução, quando cada imóvel já estiver valendo 13 moedas, será esse o valor a ser considerado como o equivalente. Se, ao contrário, os imóveis tiverem se desvalorizado após a data ajustada para o pagamento, passando a valer 8 moedas cada um, arcará o devedor com esse prejuízo, entregando ao credor as 120 moedas.

De todo modo, uma vez recebido o equivalente, se já não houver no mercado bem exatamente igual ao objeto da prestação inadimplida para aquisição pelo credor, a responsabilidade civil se encarregará de compensá-lo por essa restrição. O credor fará jus ao valor da prestação no momento em que deveria ter sido adimplida (ou a sua mais alta estimação se o devedor ficar em mora no pagamento do equivalente), e será indenizado pelas perdas e danos suportados por não poder adquirir objeto similar no mercado. Apenas o pagamento conjunto do equivalente e das perdas e danos é capaz de colocar o credor, economicamente, na posição em que estaria se o contrato tivesse sido adimplido.

---

44. Como já advertia Agostinho Alvim sob a égide do Código Civil de 1916, "o Código, no art. 957, onde trata da mora do devedor, não se refere à questão da mais alta ou mais baixa estimação. Não obstante, o assunto tem aí oportunidade e entendemos que o devedor em mora está obrigado a pagar a coisa pela mais alta estimação. Uma vez que há dispositivo com relação à mora do credor, a reciprocidade está naturalmente indicada para a do devedor. É um caso de analogia" (ALVIM, Agostinho. *Da inexecução das obrigações e suas consequências*. 3. ed., Rio de Janeiro: Editora Jurídica e Universitária Ltda., 1965, p. 117).

6. EXECUÇÃO PELO EQUIVALENTE E RESPONSABILIDADE CIVIL: SEPARANDO O JOIO DO TRIGO. REPERCUSSÕES DA DISTINÇÃO EM RELAÇÃO ÀS CLÁUSULAS PENAL COMPENSATÓRIA, DE NÃO INDENIZAR E LIMITATIVA DE RESPONSABILIDADE

A execução pelo equivalente confere ao credor o valor pecuniário correspondente ao objeto da relação obrigacional. E esse valor não se confunde, como já se destacou, com eventual montante indenizatório ao qual o credor também faça jus. Dito de outro modo, a execução pelo equivalente produz o efeito sub-rogatório do objeto pelo seu valor pecuniário e, a seu lado, a responsabilidade civil promove o ressarcimento das eventuais perdas e danos. A distinção de ambos os efeitos assume importância prática indiscutível.

Pense-se na cláusula penal compensatória, incidente em casos de inadimplemento absoluto, e cujo valor não pode exceder o da obrigação principal, nos termos do art. 412 do Código Civil.[45] Tomando de empréstimo, mais uma vez, o exemplo oferecido por José Carlos Brandão Proença, imagine-se que no contrato celebrado entre António e Bernardo houvesse cláusula penal compensatória no valor de 9000€ para o caso de inadimplemento absoluto de Bernardo. Caso António já houvesse procedido à tradição de seu cavalo "Rápido" (9000€), se se entendesse que o valor de "Fiel" (6000€) compunha o dano sofrido, ele estaria englobado pela cláusula penal, razão pela qual se o credor optasse pela execução pelo equivalente só faria jus aos 9000€ prefixados. De outro lado, se optasse pela resolução, além da multa compensatória, recebia de volta o cavalo "Rápido".

Já no exemplo da compra e venda de terreno com confissão de dívida, se houvesse cláusula penal compensatória no valor de 100 moedas e se entendesse que o valor das unidades não entregues encerraria perdas e danos, o credor receberia, em caso de execução pelo equivalente, apenas as 100 moedas referidas na cláusula penal, não recuperando o terreno e tampouco o valor das unidades autônomas. Escolhendo, contudo, a resolução, poderia receber tanto as 100 moedas previstas na cláusula penal quanto a restituição do terreno.

Vê-se, portanto, que a primeira solução (multa compensatória sem recebimento do equivalente, mesmo já tendo prestado) não merece prosperar, visto que encerraria flagrante prejuízo a António e ao credor das unidades autônomas e lhes conferiria tutela menos efetiva se comparada com o remédio resolutório (restituição da prestação e multa compensatória). Com efeito, a autonomia e a diversidade entre os instrumentos coativos de tutela de que pode dispor o credor, por força da respon-

---

45. O dispositivo é alvo de duras críticas pela doutrina: "O novo Código mantém um princípio que no regime de 1916 já não tinha justificativa. E, na sistemática atual, menos cabimento traz. A manutenção é fruto da pura força da inércia. Uma vez que estava, ficou. Somente se as partes são interessadas em reforçar o cumprimento da obrigação com uma pena convencional. E, do mesmo modo que são livres de inseri-la ou não, no texto ou em apartado, devem ter o arbítrio de graduá-las nos limites de suas conveniências, estimando-a em cifra mais ou menos elevada" (PEREIRA, Caio Mário da Silva. *Instituições do direito civil*. 22. ed. Rio de Janeiro: Forense, 2009. v. 2. p. 153).

sabilidade que se segue ao inadimplemento do débito, impõem o reconhecimento da possibilidade de cumulação da execução pelo equivalente com a responsabilidade civil, cuja indenização está prefixada na cláusula penal.

Nessa linha, há de se reconhecer que, optando o credor pela execução pelo equivalente, as perdas e danos decorrentes do inadimplemento absoluto prefixados na cláusula penal não abrangem o valor da prestação inadimplida, assim como não abrangem a prestação por ele executada no caso de resolução. Configurado o inadimplemento absoluto, o credor fará jus ao equivalente da prestação devida ou à restituição do que prestou (conforme opte pela execução pelo equivalente ou pela resolução), e mais a multa compensatória. E não se diga que o credor estará recebendo em duplicidade: trata-se, o equivalente e a multa compensatória, de verbas inconfundíveis, devidas ao credor a títulos diversos, pelo que merecem tratamento autônomo, de acordo com a disciplina jurídica que lhes é própria.

A possibilidade de cumulação da cláusula penal compensatória com o equivalente da prestação não é obstada pela dicção do art. 410, segundo o qual, "quando se estipular a cláusula penal para o caso de total inadimplemento da obrigação, esta converter-se-á em alternativa a benefício do credor". Segundo se afirma, a alternativa que se coloca ao credor é entre o cumprimento *in natura* da prestação e a multa compensatória, de modo que, ou o credor exige a execução específica, ou exige apenas a cláusula penal compensatória, não podendo cumular os dois pedidos.[46] De fato, esse pareceu o escopo do legislador.

Todavia, o dispositivo perde sentido quando se atenta para o fato de que, cuidando-se de cumprimento *in natura,* sequer se está diante de suporte fático da cláusula penal compensatória, já que de inadimplemento absoluto não se trata, mas de mora, afigurando-se cabível apenas a atuação da cláusula penal moratória. Se, como já se observou, a qualificação do descumprimento como inadimplemento relativo ou absoluto não encerra escolha arbitrária do credor, e se cumprimento *in natura* e multa compensatória são remédios específicos de cada uma daquelas modalidades de inadimplemento, não há que se falar, propriamente, em "alternativa" para o credor, como estabelecido no art. 410. Mais uma vez, é a qualificação do descumprimento que indicará se o credor poderá se valer da execução específica ou da cláusula penal compensatória.

---

46. De acordo com Serpa Lopes, "o credor, porém, não é obrigado a pedir a cláusula penal. Pode optar pela execução *in natura* da prestação, salvo nos seguintes casos: a) se a execução específica se tornar impossível; b) se a cláusula penal fôr simplesmente moratória, caso em que o credor tem o direito, não de escolher entre execução e pena, mas de cumular as duas coisas; c) nos casos especiais em que a cláusula penal represente o objeto principal do contrato, e não uma cláusula acessória (...), o que sucede nas estipulações feitas em benefício de terceiro, e geralmente naquelas obrigações, nas quais o credor não tem interesse pecuniário direto, mas o busca estipulando a penal" (LOPES, Miguel Maria de Serpa. *Curso de direito civil.* Rio de Janeiro: Livraria Freitas Bastos, 1957. v. 2, p. 207).

Com efeito, se há mora, incide a cláusula penal moratória; convertendo-se a mora em inadimplemento absoluto,[47] passa a incidir a cláusula penal compensatória, independentemente de o credor optar pela execução pelo equivalente ou pela resolução – sem prejuízo de cumular-se com a cláusula penal moratória incidente até aquele momento da transformação da mora em inadimplemento.[48]

Ainda sobre o ponto, uma observação se impõe. A rigor, em razão de a forma de cálculo da indenização em caso de resolução e em caso de execução pelo equivalente ser diversa – com base no interesse negativo e com base no interesse positivo, respectivamente –, as partes deveriam estabelecer cláusulas penais compensatórias diferentes, uma prefixando a indenização pelo interesse negativo, e outra pelo interesse positivo, o que raramente acontece. Quando as partes estabelecem uma única cláusula penal compensatória, ela deve ser utilizada tanto em caso de execução pelo equivalente quanto de resolução, *a não ser que seja possível identificar, pela interpretação da cláusula e do contrato, que ela se dirige a apenas uma dessas hipóteses*. Nesse caso, verificando-se que a cláusula penal se volta para a hipótese de resolução, deverá o credor, optando pela execução pelo equivalente, liquidar suas perdas e danos.

A distinção entre execução pelo equivalente e indenização revela, ainda, sua importância prática indiscutível quando se analisam as cláusulas de não indenizar[49] e limitativas de responsabilidade.[50] As primeiras eximem o devedor de pagar indenização pelo

---

47. Sobre o caráter transformista da mora, confira-se ASSIS, Araken de. *Resolução do contrato por inadimplemento*, cit., p. 123.
48. "Enquanto o credor entrevê na relação obrigacional um resultado útil, realizando gestões, em regra, para satisfação do seu crédito, mostram-se exigíveis as prestações vencidas e cumuladas com a cláusula penal moratória. Uma vez deflagrado o inadimplemento absoluto, quando o credor, frustrado em sua expectativa de adimplemento, vale-se da alternativa oferecida pelo art. 411 do Código Civil, e pretende a multa compensatória, não é mais possível, a partir da data da rescisão, a acumulação entre as multas moratórias e compensatória. Cabe-lhe as prestações vencidas, com a multa moratória respetiva, até a data da rescisão contratual, e a pré-liquidação das perdas e danos, consistente na cláusula penal compensatória" (TEPEDINO, Gustavo. Notas sobre a cláusula penal compensatória. *Temas de Direito Civil*. Rio de Janeiro: Renovar, 2006. t. II. p. 53).
49. "Temos compreendido a cláusula de exclusão de responsabilidade ou cláusula de não indenizar como *cláusula destinada a excluir antecipadamente a responsabilidade em que, sem ela, incorreria o devedor, pelo não cumprimento (ou pela mora ou cumprimento defeituoso) da obrigação*" (MONTEIRO, Antônio Pinto. Fixação contratual dos direitos do credor. Um olhar luso-brasileiro. In: MENEZES, Joyceane Bezerra de; TEPEDINO, Gustavo (Coord.). *Autonomia privada, liberdade existencial e direitos fundamentais*, cit., p. 24, grifos no original).
50. De acordo com Pinto Monteiro, cláusula limitativa de responsabilidade é "*aquela que é destinada a restringir ou a limitar antecipadamente, de modo vário, a responsabilidade em que, sem ela, incorreria o devedor, pelo não cumprimento (ou pela mora ou cumprimento defeituoso) da obrigação*. Essa limitação pode dizer respeito, designadamente, aos *fundamentos* ou *pressupostos* da responsabilidade ou aos seus efeitos ou *consequências*. No primeiro caso, assume especial relevo a cláusula respeitante ao *grau de culpa*; no segundo caso, o destaque vai para a cláusula limitativa do *montante da indenização*. Através desta última, que constitui a modalidade mais generalizada de cláusulas limitativas da responsabilidade, acordam antecipadamente as partes que o devedor só responderá *até* uma determinada quantia, que funciona assim como *limite máximo* da indenização. Esse *plafond* estabelecido pela cláusula limitativa da indenização significa que o devedor só responde *até* ao limite consagrado, ficando por reparar o dano na parte excedente. Se a indenização, avaliada nos termos legais, for porém inferior ao *plafond* acordado, a cláusula limitativa será então indiferente, devendo o lesante à totalidade da indenização" (MONTEIRO, Antônio Pinto. Fixação contratual dos direitos do credor. Um olhar luso-brasileiro. In: MENEZES, Joyceane Bezerra de; TEPEDINO, Gustavo (Coord.). *Autonomia privada, liberdade existencial e direitos fundamentais*, cit., p. 26, grifos no original).

inadimplemento, mas não o autorizam, por óbvio, a inadimplir a prestação; diante do inadimplemento, não poderá o credor se valer da responsabilidade civil para perseguir o ressarcimento das perdas e danos, mas poderá, de outro lado, perseguir a execução específica[51] ou mesmo a execução por terceiro. Não sendo possível a tutela específica, se se entender que a execução pelo equivalente é, na verdade, instrumento voltado à quantificação da indenização por perdas e danos, restaria ao credor apenas resolver a relação obrigacional, obtendo a restituição do que já houvesse prestado. Não lhe seria facultado, com efeito, escolher entre a execução pelo equivalente e a resolução, já que o pagamento do equivalente, repita-se, sendo (equivocadamente) concebido como um dos componentes da indenização franqueada pela responsabilidade civil, estaria obstado pela cláusula de não indenizar. Esse, todavia, não parece o melhor entendimento.

Compreendendo-se a execução pelo equivalente como substituição da prestação devida pelo seu valor pecuniário atual, a encerrar instrumento de tutela diverso da responsabilidade civil, torna-se possível conferir ao credor a possibilidade de, preferindo manter a relação obrigacional mesmo diante do inadimplemento absoluto, cumprir sua prestação e executar a que lhe era devida pelo equivalente, sem afrontar, assim, a cláusula de não indenizar.

O mesmo raciocínio se aplica, evidentemente, para as cláusulas limitativas de responsabilidade: reconhecendo-se a autonomia do equivalente em relação às perdas e danos, eventual opção do credor pela execução pelo equivalente não o impedirá de perseguir o pagamento integral do valor da prestação a despeito da cláusula limitativa. Afigura-se possível, portanto, que o credor some ao eventual montante máximo de indenização previsto na referida cláusula o valor equivalente da prestação devida.

A propósito, cumpre sublinhar que, no que tange à prescrição, a pretensão ao recebimento do equivalente e das perdas e danos está sujeita ao mesmo prazo prescricional de 10 anos, como pacificou o Superior Tribunal de Justiça ao julgar o EREsp 1.280.825. De acordo com a Relatora, Ministra Nancy Andrighi, diante do inadimplemento, pode o credor pleitear execução específica, caso se trate de mora, ou, se se tratar de inadimplemento absoluto, execução pelo equivalente ou resolução, a corroborar a distinção entre os instrumentos de tutela ora invocada. E prossegue em seu voto:

> Há, desse modo, três pretensões potenciais por parte do credor, quando se verifica o inadimplemento contratual, todas interligadas pelos mesmos contornos fáticos e pelos mesmos fundamentos jurídicos, sem qualquer distinção evidente no texto normativo. Tal situação exige do intérprete a aplicação das mesmas regras para as três pretensões. [...] Considerando a logicidade e a integridade da legislação civil, por questão de coerência, é necessário que o credor esteja sujeito ao mesmo prazo para exercer as três pretensões que a lei põe à sua disposição como possíveis reações ao inadimplemento.[52]

A indenização devida pelas perdas e danos em caso de execução pelo equivalente deve se basear no chamado "interesse positivo". Ensina Paulo Mota Pinto que o

---
51. MONTEIRO, António Pinto. *Cláusulas limitativas e de exclusão de responsabilidade*. Coimbra: Almedina, 2003. p. 191.
52. STJ, 2ª Seção, Rel. Min. Nancy Andrighi, EREsp 1.280.825, julg. 27.6.2018.

"interesse" a que se refere aquela expressão "é a situação hipotética em que estaria o lesado sem o evento lesivo".[53] O interesse positivo corresponde, então, à situação em que o credor estaria caso o devedor tivesse cumprido perfeitamente sua obrigação. Trata-se, pois, do interesse no cumprimento, consubstanciado no dano surgido em razão do não cumprimento da obrigação,[54] na "vantagem proveniente do contrato, na mais valia que aproveita o contratante".[55] O credor que reclama indenização pelo interesse positivo demanda a execução do contrato, conquanto o faça pelo equivalente, caso a execução da prestação tenha se tornado impossível ou se lhe afigure inútil.

Ao interesse positivo se contrapõe o interesse negativo, correspondente ao dano sofrido com a celebração do contrato. O lesado deve, nesses termos, ser colocado na situação em que estaria caso o contrato não tivesse sido celebrado, sendo-lhe ressarcidas as despesas realizadas para a conclusão do negócio e tornadas inúteis, bem como os lucros que perdeu por ter desviado seus recursos e sua atividade de outras aplicações, de outros contratos, para celebrar o contrato inadimplido.[56] O interesse negativo engloba, com efeito, o prejuízo que o lesado evitaria se não tivesse confiado que a manifestação de vontade do ofensor produziria o efeito que dela se esperava: o adimplemento da obrigação. A indenização devida por ocasião da resolução se restringe, de regra,[57] ao interesse negativo.[58]

---

53. PINTO, Paulo Mota. *Interesse contratual positivo e interesse contratual negativo*. Coimbra: Coimbra Editora, 2008. v. 2. p. 886.
54. PINTO, Paulo Mota. *Interesse contratual positivo e interesse contratual negativo*. v. 2, cit., p. 871.
55. ASSIS, Araken de. Dano positivo e negativo na dissolução do contrato. *Revista do Advogado*, n. 44, out. 1994. p. 21.
56. PINTO, Paulo Mota. *Interesse contratual positivo e interesse contratual negativo*. v. 2, cit., p. 876-877.
57. Não se afasta, contudo, eventualmente, diante das peculiaridades do caso concreto, a indenização pelo interesse positivo, conforme já se teve a oportunidade de pontuar: "Além disso, há hipóteses, ainda que excepcionais, que até mesmo o efeito ressarcitório se pautará pelo interesse positivo. É o que por vezes se verifica nos contratos de execução diferida no tempo – que se distinguem dos contratos de execução instantânea e dos contratos de trato sucessivo –, nos quais a parte prejudicada pelo descumprimento pode fazer jus à parcela do interesse positivo, quando, por exemplo, já tiver executado boa parte do contrato e a sua própria prestação, ainda inacabada, tornar-se inaproveitável. Imagine-se a seguinte situação: certo laboratório contrata conhecido farmacêutico para desenvolver determinada vacina. Quando as pesquisas se encontram avançadas, o laboratório descumpre o contrato de forma absoluta. Se o farmacêutico optar pela resolução do contrato, indenizá-lo apenas pelo interesse negativo pode representar solução injusta, dependendo das circunstâncias. Suponha-se que, por uma questão técnica, o farmacêutico não consiga aproveitar o trabalho realizado até então, oferecendo-o a outro laboratório concorrente. Nesse caso, talvez seja possível flexibilizar a regra geral para admitir que sua indenização abarque parcela do interesse positivo, porque indenizá-lo apenas pelo interesse negativo não será suficiente para repará-lo por todo esforço em vão, tendo em vista a impossibilidade de o mercado reabsorver a pesquisa já desenvolvida" (TERRA, Aline de Miranda Valverde; GUEDES, Gisela Sampaio da Cruz. Efeito indenizatório da resolução por inadimplemento, cit., p. 407). Na mesma direção, no Direito português, Brandão Proença afirma que, conquanto entenda cabível, de regra, a indenização pelo interesse negativo, ressalva a não definitividade de sua posição, "até porque certo casuísmo poderá infirmar estas conclusões (não será justo privar o credor dos danos positivos, quando se viu comprometida uma revenda, uma troca já acordada ou uma prestação de serviços?) e, sobretudo, pensamos que a jurisprudência poderá flexibilizar o critério defendido, quando assim for exigido pelos interesses em presença" (PROENÇA, José Carlos Brandão. *A resolução do contrato no Direito Civil*: do enquadramento e do regime. Coimbra: Coimbra Editora, 2006. p. 196).
58. Embora o tema seja controvertido, no Brasil, a doutrina se inclina por admitir a indenização pelo interesse negativo: MARTINS-COSTA, Judith. Responsabilidade civil contratual. Lucros cessantes. Interesse positivo e interesse negativo. Distinção entre lucros cessantes e lucros hipotéticos. Dever de mitigar o próprio

Essa diferença entre os montantes indenizatórios devidos em caso de execução pelo equivalente e em caso de resolução decorre, na realidade, da própria diversidade de escopo dos dois instrumentos de tutela: enquanto na resolução o credor pretende se exonerar da obrigação a que se comprometeu e reposicionar seu patrimônio no estado em que se encontraria se não tivesse celebrado o contrato, na execução pelo equivalente o credor busca se colocar na situação de vantagem em que estaria se tivesse havido o adimplemento. E a indenização devida em ambos os casos segue a mesma lógica, como se extrai do exemplo formulado por Jorge Leite Areias Ribeiro de Faria:

> Suponhamos que A, proprietário de um cavalo, que vale 600, o troca pelo automóvel de B, que vale 500. A venderia o automóvel a C por 800 e, se não tivesse celebrado o contrato, teria tido a oportunidade de vender o cavalo a D por 700. Entretanto, antes da entrega do carro, B tem um acidente e o carro fica totalmente destruído. B teve culpa no acidente. Atente-se agora na diferença de resultados práticos, consoante se trilha uma ou outra via. Se o credor optasse pelo direito à indemnização, receberia 800, mas entregaria o cavalo, de valor igual a 600. Se ele optasse pela resolução, não faria eventualmente a entrega do cavalo (assim, se ainda não tivesse realizado a contraprestação) e receberia 100 (o lucro que deixou de obter pela vinculação ao contrato resolvido).[59]

Resta, assim, evidente, na hipótese de o credor optar pela execução pelo equivalente, a necessidade de promover a indenização pelos danos provocados pelo inadimplemento absoluto com base no interesse positivo, cumulando-se os valores devidos a título de equivalente e a título de perdas e danos a fim de que o credor seja efetivamente reconduzido à posição em que estaria se o contrato tivesse sido adimplido pelo devedor nos termos pactuados.

7. CONCLUSÃO

Como se demonstrou ao longo deste estudo, configurado o inadimplemento absoluto, confere-se ao credor o direito de escolher entre demandar o cumprimento do contrato pelo equivalente ou resolver o vínculo obrigacional, nos termos do artigo 475 do Código Civil, sem prejuízo, em ambos os casos, do direito de pleitear indenização pelas perdas e danos eventualmente experimentados.

Com efeito, optando pela execução pelo equivalente, substitui-se o objeto da relação obrigacional pelo seu valor no momento em que a prestação deveria ter sido executada. Incorrendo o devedor em mora em relação ao pagamento do equivalente e valorizando-se, nesse interregno, o bem, deverá suportar a diferença, entregando ao credor o maior valor atingido durante sua mora. Isso importa em mera modificação

---

dano. Dano moral e pessoa jurídica. In: LOTUFO, Renan; NANNI, Giovanni Ettore; MARTINS, Fernando Rodrigues. *Temas relevantes do Direito Civil contemporâneo*: reflexões sobre os 10 anos do Código Civil. São Paulo: Atlas, 2012. p. 564; GUEDES, Gisela Sampaio da Cruz. *Lucros cessantes*: do bom senso ao postulado normativo da razoabilidade. São Paulo: Ed. RT, 2011. p. 139-140; PONTES DE MIRANDA. *Tratado de direito privado*. t. 25. Cit., p. 244-355. Em sentido contrário, a favor, portanto, de a indenização se pautar pelo interesse positivo na resolução, confira-se: AGUIAR JÚNIOR, Ruy Rosado. *Comentários ao novo Código Civil*: da extinção do contrato. v. 6, t. 2, cit., p. 704.

59. FARIA, Jorge Leite Areias Ribeiro de. *Direito das obrigações*. Coimbra: Almedina, 2001. v. 2. p. 428-429.

– e não extinção – da relação obrigacional, razão pela qual a prestação imputada ao credor conserva nexo de sinalagmaticidade com o equivalente e, por isso, o credor deve executá-la in natura para que possa requerer o pagamento do equivalente, podendo se valer, neste caso, da exceção de contrato não cumprido a fim de se proteger de eventual recusa do devedor em realizar o pagamento.

Ademais, o reconhecimento de que a relação obrigacional é preservada permite reconhecer a manutenção de todas as disposições contratuais, inclusive as garantias do crédito, que poderão ser executadas pelo credor para a satisfação do equivalente.

Demonstrou-se, ainda, que a execução pelo equivalente e a responsabilidade civil encerram instrumentos de tutela diversos, com funções diferentes embora complementares. Significa dizer que o equivalente não encerra verba indenizatória, abarcada pela responsabilidade civil. Isso conduz, necessariamente, à conclusão de que o valor equivalente não se encontra abrangido por eventuais cláusulas penal compensatória e limitativa de responsabilidade, e tampouco seu pagamento será obstado pela presença de cláusula excludente do dever de indenizar.

Por fim, a execução pelo equivalente permite ao credor pleitear indenização pelos danos sofridos com base no interesse positivo, tendo em vista que almeja ser colocado na posição em que estaria se o contrato houvesse sido cumprido consoante ajustado.

Por todo o exposto, embora seja possível concluir que a execução pelo equivalente revela grande proveito para aquele credor que deseja cumprir a obrigação de dar coisa certa ou de fazer que lhe é imposta, ou então que não deseja recebê-la de volta quando já a tenha adimplido, fato é que, mesmo quando ao credor incumbe obrigação de pagar quantia certa, a execução pelo equivalente pode lhe ser mais útil do que a resolução. Isso porque, além de serem mantidas todas as demais obrigações e cláusulas contratuais ajustadas (como as garantias do crédito), a execução pelo equivalente permite ao credor receber do devedor o valor equivalente à prestação apurado no momento em que ela deveria ter sido cumprida, sem prejuízo da indenização com base no interesse positivo, ao contrário do que ocorre quando há a resolução, quando a indenização se pauta pelo interesse negativo.

FRUSTRAÇÃO DO FIM DO CONTRATO: OS EFEITOS DOS FATOS SUPERVENIENTES NA UTILIDADE DA PRESTAÇÃO

Gisela Sampaio da Cruz Guedes

Doutora e Mestre em Direito Civil pela UERJ. Professora Adjunta do Departamento de Direito Civil da Universidade do Estado do Rio de Janeiro – UERJ. Advogada, parecerista e árbitra.

Marcella Campinho Vaz

Mestre em Direito Civil pela UERJ. Advogada.

1. INTRODUÇÃO

No plano *abstrato*, os efeitos advindos da crise instaurada pela pandemia da Covid-19 revelaram-se excepcionais, inevitáveis e imprevisíveis,[1] mas isso não significa que todos os contratos sofreram seus impactos.[2] Há, porém, relações contratuais *concretas* que, de fato, foram diretamente impactadas pela pandemia e, por isso mesmo, preenchidos certos pressupostos, estão aptas a atrair alguns dos regimes previstos no nosso sistema cujos efeitos variam dependendo das circunstâncias, podendo levar à suspensão dos deveres prestacionais, à revisão do conteúdo do contrato ou mesmo à sua resolução.

Dentro do segundo grupo – dos contratos impactados pela pandemia –, estão também os contratos que tiveram o seu próprio fim frustrado, quer dizer, embora as

---

1. No nosso sistema, apesar de existirem algumas opiniões em contrário, a imprevisibilidade, a rigor, não deveria ser considerada característica essencial para a qualificação de um caso fortuito ou de força maior, bastando o evento ser extraordinário e inevitável, que são os requisitos que despontam do art. 393 do Código Civil. Se o evento for previsível, mas, ainda assim, for inevitável, o devedor não deve responder pelo descumprimento.
2. Com efeito, no plano abstrato, a pandemia da Covid-19 pode ser qualificada como evento excepcional, apta a preencher os requisitos normalmente exigidos para que sejam acionados mecanismos de exclusão de responsabilidade, como a inevitabilidade, que é uma das características do caso fortuito ou de força maior. Não é à toa que diversas autoridades brasileiras já a reconheceram como tal. No entanto, esse diagnóstico conceitual em abstrato não é suficiente, por si só, para atrair o regime do caso fortuito ou da força maior, nem para autorizar a resolução ou a revisão contratual por onerosidade excessiva, ou mesmo para aplicar a teoria da frustração do fim do contrato, pois a aplicação desses mecanismos depende da concorrência de outros pressupostos relevantes, cuja análise há de ser feita caso a caso, podendo variar conforme a redação dos instrumentos contratuais. Dito de outra forma, para aplicar qualquer um desses regimes, a análise tem de ser feita no plano concreto – e não no abstrato –, isto é, verificando-se o impacto real da pandemia naquele concreto programa contratual.

prestações contratuais tenham permanecido plenamente possíveis de serem cumpridas, o contrato perdeu a sua razão de ser, por não ser mais possível alcançar seu fim em decorrência da alteração das circunstâncias originalmente existentes quando de sua formação. Significa dizer, por outras palavras, que a própria causa concreta do contrato se desnaturou em razão de um fator exógeno, completamente alheio às partes contratantes.

Não é de hoje, contudo, que a influência dos efeitos de um evento superveniente suscita controvérsias relevantes no campo das prestações contratuais. Daí desponta a importância de mecanismos juridicamente disponíveis para regular discussões provindas de eventos dessa natureza, tais como a teoria da frustração do fim do contrato, que irá permitir a extinção do dever prestacional, e a consequente liberação das partes, quando restar verificada a frustração do propósito buscado com a contratação.

Ao tutelar a perda da utilidade prestacional por fatos supervenientes, a figura da frustração do fim do contrato, de aplicação residual,[3] reforça a ideia – já assente no Brasil – de que o contrato precisa ser resolvido toda vez em que ocorre uma alteração no seu suporte fático que ocasione uma desvinculação entre a prestação contratada e o interesse das partes com a relação contratual estabelecida.

Tome-se o exemplo do empresário do ramo de vendas de eletrônicos que, pouco tempo antes da decretação da pandemia como calamidade pública, celebrou contrato de locação cujo objetivo era locar um espaço dentro de um movimentado aeroporto do Rio de Janeiro para expor seus produtos em painel eletrônico. Contando com o número expressivo de pessoas que recorrentemente transita nesses locais, de idade compatível com o uso do objeto anunciado, estipula-se uma locação de quatro meses, com a expectativa de a publicidade aumentar as vendas dos novos produtos até o final do ano.

Com o reconhecimento do estado de calamidade pública, decretação de quarentena em diversos estados brasileiros, incluindo o Rio de Janeiro, e suspensão de diversos voos no país, pelo menos no auge da pandemia, a passagem de pessoas pelos terminais dos aeroportos tornou-se situação excepcional, ainda que eles tenham permanecido abertos. Nesse exemplo hipotético, não há, propriamente, um desequilíbrio contratual causado por uma impossibilidade no cumprimento da prestação. A prestação, de parte a parte, não se tornou de impossível ou gravoso cumprimento. No entanto, para o locatário do espaço de divulgação de propagandas, a relação lo-

---

3. Como explica a doutrina: "As situações que já se encaixam em outras figuras ou institutos jurídicos, possuindo disciplina legal predeterminada, mas que, ao mesmo tempo, podem ser enquadradas na frustração da finalidade do contrato, devem permanecer reguladas pelas regras já existentes, por já fazerem parte da cultura jurídica e, também, por não serem legítimos casos de frustração. Para fins didáticos, podemos segmentá-las como hipóteses de *frustração do fim do contrato lato sensu*, enquanto a real, a técnica e a verdadeira frustração do contrato pode ser denominada *frustração do fim do contrato stricto sensu*" (COGO, Rodrigo Barreto. *A frustração do fim do contrato*. Rio de Janeiro: Renovar, 2012, p. 240).

catícia, e as prestações a ela vinculadas, permanecem com as mesmas características e suscitando o mesmo interesse? E os interesses do locador do espaço, como ficam?

Nesses casos, a teoria da frustração do fim do contrato ajuda a conferir uma tutela mais justa e efetiva dos interesses em jogo, mas fica a dúvida se a sua "importação" para o Brasil é mesmo necessária ou se o Direito brasileiro já tem outros mecanismos para tutelar esse tipo de situação. Como apenas recentemente essa teoria tem sido mais discutida no Brasil, antes de adentrar nessa discussão, vale a pena relembrar sua origem, que remonta às teorias alemãs do século XIX, bem como a relevantes precedentes ingleses do século XX.

2. ANTECEDENTES HISTÓRICOS

A teoria da frustração do fim do contrato encontra seus antecedentes históricos na doutrina da *frustration* do direito inglês, bem como na teoria da base objetiva do negócio, desenvolvida na Alemanha por Karl Larenz.

Na Inglaterra, a doutrina da *frustration* remonta a um conjunto de diferentes casos relacionados à ascensão de Eduardo VII ao trono britânico, que recebeu a alcunha de *coronation cases*.[4] Os referidos precedentes desenvolveram-se a partir do anúncio, pela corte inglesa, de que um grande cortejo estava sendo programado para ser realizado nas ruas de Londres antes da cerimônia de coroação. Após a divulgação do evento, tão logo a corte inglesa revelou por onde passaria o cortejo, os proprietários dos imóveis situados nas proximidades passaram a anunciar, nas suas janelas, a possibilidade de locar a varanda de seus apartamentos para quem desejasse assistir de camarote o cortejo.

Diversos contratos de locação foram firmados com características muito específicas, como preço acima de mercado, objeto bem delimitado (na maioria dos casos, a locação era da varanda, e não do imóvel como um todo), mas sem apontar a cerimônia de coroação como razão determinante do negócio. Um dos casos, que ficou bem conhecido, envolvia a locação de um barco para assistir a revista da Marinha Real – *Herne Bay Steamboat Co. v. Hutton*, que será comentado mais à frente.

Dois dias antes da cerimônia, o então futuro rei teve uma crise de apendicite – à época, duvidava-se até que ele sobreviveria –, razão pela qual a cerimônia foi desmarcada. Acontece que os referidos contratos tinham como propósito possibilitar que os locatários assistissem ao desfile – não lhes interessava simplesmente usufruir das varandas, no dia acordado, se não fosse para acompanhar o cortejo. O anúncio do adiamento, sem indicação de nova data, gerou para a Corte Inglesa uma série de discussões relacionadas aos contratos firmados. Há dois casos mais emblemáticos

---

4. No direito inglês, a *doctrine of frustration* abrange não só a figura da frustação do fim do contrato, ora em análise, mas também a impossibilidade superveniente (*impossibility*) e a onerosidade excessiva (*impracticability*). Daí serem os *coronation cases* o marco na jurisprudência inglesa da aplicação da *doctrine of frustration* em sua vertente reconhecida como *frustration of purpose*.

levados a juízo que foram intensamente discutidos: o *Krell v. Henry*[5] e o *Herne Bay Steamboat Co. v. Hutton*.[6]

O primeiro foi um verdadeiro marco na jurisprudência inglesa, pois se reconheceu a possibilidade de extinção do contrato em situações em que, embora possível o cumprimento da prestação, a alteração das circunstâncias afetou a base do negócio. No caso, Krell, proprietário de um apartamento com vista privilegiada para parte do trajeto do cortejo, após tratativas verbais com Henry, locou seu imóvel para que este o utilizasse nos dois dias programados para o cortejo. O preço acordado foi de US$ 75, cujo pagamento foi diferido em duas parcelas: US$25 foram pagos no ato da contratação e os US$50 restantes deveriam ser pagos na data programada para o efetivo uso do imóvel. Embora com o adiamento da coroação Henry tenha registrado o seu desinteresse na locação, Krell reivindicou judicialmente o pagamento dos US$50 remanescentes. Em sua defesa, Henry sustentou que o contrato foi firmado na "condição implícita" – pois não houve qualquer referência expressa acerca da finalidade do contrato – de que haveria a procissão, tanto que o preço acordado entre as partes foi muito superior ao valor de mercado.

A demanda foi julgada improcedente, sendo Henry liberado do pagamento do valor remanescente. Entre outras questões, a Corte Inglesa considerou que (i) a realização do cortejo naquele percurso e nos dias ajustados para a locação foi de fato um fator determinante para a celebração do contrato; (ii) o adiamento da procissão frustrou a execução do contrato; e (iii) o adiamento da cerimônia não foi um risco considerado pelas partes na gestão de riscos empreendida pelo contrato. A partir dessas conclusões, o Tribunal liberou as partes de suas obrigações, desvinculando-as do contrato que foi extinto.

O precedente *Herne Bay Steamboat Co. v. Hutton*, apesar de semelhante, não seguiu a mesma sorte, porque algumas peculiaridades do caso levaram a Corte Inglesa a conclusões diferentes. Tratava-se de um contrato de locação de barco que tinha como objetivo levar um grupo de pessoas para assistir a revista da Marinha Naval e aproveitar um dia de cruzeiro em volta da frota. Com a suspensão do desfile, *Hutton* decidiu não zarpar com o barco, mas, ainda assim, a companhia proprietária do barco não aceitou reembolsar o valor ajustado. Nesse caso, a Corte Inglesa levou em consideração que (i) locar um barco para assistir a revista da Marinha Real não era a finalidade primordial do contrato; e (ii) o fato de o futuro rei Eduardo VII não passar em revista era irrelevante para os fins do contrato, estando, por isso, dentre os riscos suportados exclusivamente pelo locatário. Deu-se, aqui, solução diversa, sendo o pedido de reembolso rejeitado pela Corte Inglesa, que se atentou para as peculiaridades do bem locado – um barco – e para o fato de que a finalidade do passeio

---

5. *Krell v. Henry*. 2 K.B. 740 (1903). Inglaterra.
6. *Herne Bay Steam Boat Co. v. Hutton*. 2 K.B 68 (1903). Inglaterra.

não foi considerada por ambos os contratantes e, consequentemente, não constituiu a base do contrato.[7]

Na Alemanha, o teoria da frustração do fim do negócio ganhou relevância por meio da teoria da base objetiva do negócio jurídico, de Karl Larenz, a qual, por sua vez, foi construída a partir das duras críticas dirigidas pelos alemães à teoria da pressuposição, de Bernhard Windscheid, que, em sua origem, buscou solucionar uma gama muito heterogênea de hipóteses – "tanto aquelas mais afeitas ao campo subjetivo, nas quais o pressuposto é o motivo determinante do negócio, quanto as mais objetivas, por assim dizer, em que o pressuposto é a causa concreta do negócio jurídico".[8]

Posteriormente à teoria da pressuposição, Paul Oertmann criou a *teoria da base do negócio jurídico*, que foi desenvolvida e aprimorada por Karl Larenz, para quem a base do negócio deveria ser entendida em um duplo sentido, distinguindo-se entre base subjetiva e objetiva. A base subjetiva, na visão de Larenz, é "a representação mental ou a expectativa pela qual ambos os contratantes se deixaram guiar ao concluir o contrato. É o motivo comum determinante". Já a base objetiva "é o 'conjunto de circunstâncias e estado geral das coisas, cuja existência ou subsistência é objetivamente necessária para que o contrato, segundo o significado das intenções de ambos os contraentes, possa subsistir como regulamentação dotada de sentido'".[9]

Para Larenz, enquanto a base subjetiva do negócio desapareceria na hipótese de erro recíproco nos motivos, a quebra da base objetiva estaria caracterizada quando houvesse ou uma destruição na relação de equivalência entre as prestações ou uma frustração da finalidade do contrato, sendo possível compreender que "o conceito objetivo de base do negócio jurídico se vincula com a finalidade real do contrato e procura responder à questão de saber se a intenção geral dos contratantes pode ainda efetivar-se, em face das modificações econômicas sobrevindas".[10] Assim, o ponto central da teoria da base objetiva do negócio está em que o contrato permaneça sempre dotado de sentido, o qual deixa de existir quando a sua finalidade objetiva,

---

7. Como explica Rodrigo Barreto Cogo: "E não era a base do contrato, porque a locação de embarcações era feita continuamente, todos os dias, pelo locador, de modo que a finalidade de organizar a embarcação para facilitar a contemplação da revista da frota era unilateral, somente do locatário, ou seja, não era a finalidade comum de ambos os contratantes. A *Herne Bay Steam Boat Co.* não havia locado o barco para a contemplação da revista naval, mas, como fazia regularmente, para que o locatário pudesse utilizá-lo para navegar. Já no caso *Krell v. Henry*, o locado havia anunciado a locação das salas com as janelas para que se assistisse ao desfile da coroação, de sorte que essa era a finalidade comum de ambas as partes. A ocorrência do cortejo real seria, portanto, a base do contrato" (COGO, Rodrigo Barreto. *A frustração do fim do contrato*, cit., p. 181).
8. AZEVEDO, Antonio Junqueira de. (Parecer) Remissão interessada de dívida. Erro sobre o motivo determinante. Análise do negócio jurídico por suas bases subjetiva e objetiva. Frustação do fim do negócio jurídico e consequente enriquecimento sem causa. *Novos estudos e pareceres de Direito Privado*. São Paulo: Saraiva, 2009, p. 56.
9. AZEVEDO, Antônio Junqueira de. *Negócio jurídico e declaração negocial* (noções gerais e formação da declaração negocial). São Paulo, 1986, p. 224.
10. COUTO E SILVA, Clóvis V. A teoria da base do negócio jurídico no Direito brasileiro. *Revista dos Tribunais*. v. 655, p. 9. São Paulo: Ed. RT, maio 1990.

expressa em seu conteúdo, se torna inalcançável, ainda que possível a prestação. Daí, seguindo a terminologia de Larenz, a frustração do fim do contrato configura uma das formas pelas quais há a perturbação da base do negócio em sentido objetivo.[11]

A partir dessa compreensão, houve o ingresso da figura da frustração do fim do contrato no Direito alemão e sua difusão para outros países integrantes do sistema romano-germânico, principalmente por meio do desenvolvimento da teoria pela doutrina e jurisprudência dos respectivos países.

Atualmente, a frustração do fim do contrato é aplicada por diversos ordenamentos jurídicos para resolver problemas específicos, cuja solução não foi possível por meio da aplicação dos tradicionais institutos jurídicos, já usualmente utilizados pelos respectivos sistemas. Observa-se, inclusive, sua positivação legal em alguns países. Na Alemanha, por exemplo, para positivar o entendimento já consolidado em jurisprudência e doutrina, incluiu-se no BGB, com a reforma do direito das obrigações, disciplina legal expressa tratando da hipótese de perturbação da base do negócio.[12] Mais recentemente, na Argentina, previu-se a figura da frustração do fim do contrato expressamente no artigo 1.090 do Código Civil y Comercial de La Nación.[13]

No Brasil, apesar da ausência de previsão legal expressa, os defensores da teoria da frustação do fim do contrato têm buscado o seu fundamento nos princípios da função social do contrato e da boa-fé objetiva.

3. A APLICABILIDADE DA TEORIA NO BRASIL

A teoria da frustração do fim do contrato pode ser definida como um mecanismo, de aplicação residual, que atua no momento de crise no cumprimento das prestações, gerada pela perturbação de um fator externo, alheio à vontade das partes contratantes. Essa perturbação se dá quando determinada circunstância se apresenta após

---

11. COGO, Rodrigo. Pandemia Covid-19, revisão e resolução contratual: a relevância da Frustração do Fim do Contrato. *Direito e pandemia*. n. esp. Brasília, maio 2020, p. 94. Disponível em: http://s.oab.org.br/revista-direito-pandemia.pdf. Acesso em: 12 ago. 2020.
12. "Section 313. Interference with the basis of the transaction. (1) If circumstances which became the basis of a contract have significantly changed since the contract was entered into and if the parties would not have entered into the contract or would have entered into it with different contents if they had foreseen this change, adaptation of the contract may be demanded to the extent that, taking account of all the circumstances of the specific case, in particular the contractual or statutory distribution of risk, one of the parties cannot reasonably be expected to uphold the contract without alteration. (2) It is equivalent to a change of circumstances if material conceptions that have become the basis of the contract are found to be incorrect. (3) If adaptation of the contract is not possible or one party cannot reasonably be expected to accept it, the disadvantaged party may revoke the contract. In the case of continuing obligations, the right to terminate takes the place of the right to revoke".
13. "Articulo 1090. Frustración de la finalidad. La frustración definitiva de la finalidad del contrato autoriza a la parte perjudicada a declarar su resolución, si tiene su causa en una alteración de carácter extraordinario de las circunstancias existentes al tiempo de su celebración, ajena a las partes y que supera el riesgo asumido por la que es afectada. La resolución es operativa cuando esta parte comunica su declaración extintiva a la otra. Si la frustración de la finalidad es temporaria, hay derecho a resolución sólo si se impide el cumplimiento oportuno de una obligación cuyo tiempo de ejecución es esencial" (Ley 26.994/2014).

a contratação e enseja a impossibilidade em se alcançar o próprio fim do contrato, muito embora a execução da prestação, em si mesma considerada, ainda seja possível. Nas palavras de Rodrigo Barreto Cogo, "trata-se de hipótese na qual a prestação é plenamente possível, mas o contrato perdeu seu sentido, sua razão de ser, por não ser mais possível alcançar seu fim, seu escopo, sua função (concreta) em decorrência da alteração das circunstâncias".[14]

Para compreender a abrangência desse mecanismo, deve-se, antes de mais nada, identificar o que se entende por fim contratual. Como explica Antônio Junqueira de Azevedo, "a expressão 'fim do negócio jurídico' designa justamente a causa (função) concreta que objetivamente resulta do negócio jurídico, individualmente considerado".[15]

Essa causa concreta, também denominada função econômico-individual, indica "o valor e a dimensão que as próprias partes tenham dado à operação em sua globalidade, isto é, o valor individual que uma determinada operação negocial assume para as partes, considerando-se a sua concreta manifestação".[16] Como bem disciplina Pietro Perlingieri, a causa concreta é "ora o interesse perseguido, ora a síntese dos efeitos essenciais tal qual emerge do concreto interesse que a operação contratual é destinada a satisfazer".[17]

Deve-se evitar que a causa, enquanto função econômico-individual, seja confundida com os motivos internos de uma das partes, ainda que conhecidos pela contraparte, pois isso seria admitir a relevância de qualquer motivo individual e subjetivo, o que não faz sentido tanto mais diante do disposto no artigo 140 do Código Civil. Com efeito, os motivos internos "se apresentam como uma razão ocasional ou acidental do negócio, e nunca faltam como impulso originário, mas não têm nenhuma importância jurídica. Por isso o jurista deve relegá-los para o plano psicológico".[18]

Exemplo acadêmico interessante, que ilustra bem a diferença entre os motivos internos e a causa concreta do contrato, é o do painel solar: desejando economizar na conta de luz, o proprietário de uma casa compra um sistema de aquecimento de água por energia solar, que funcionaria por meio da instalação de painéis solares no telhado de sua casa. Antes, porém, dos painéis solares serem instalados, o Poder Público anuncia a construção de uma grande obra, que inevitavelmente obstruirá a incidência dos raios solares na residência do comprador. Tem-se aqui um típico caso de frustração do fim contratual.

---

14. COGO, Rodrigo Barreto. *A frustração do fim do contrato*, cit., p. 168-169.
15. AZEVEDO, Antônio Junqueira de. (Parecer) Remissão interessada de dívida. Erro sobre o motivo determinante. Análise do negócio jurídico por suas bases subjetiva e objetiva. Frustração do fim do negócio jurídico e consequente enriquecimento sem causa, cit., p. 56.
16. PERLINGIERI, Pietro. *Manuale di diritto civile*. 4. ed. Nápoles: Edizioni Scientifiche Italiane, 2005, p. 374, em tradução livre.
17. PERLINGIERI, Pietro. *Manuale di diritto civile*, cit., p. 374.
18. PEREIRA, Caio Mário da Silva. *Instituições de direito civil*. 26. ed. Rio de Janeiro: Forense, 2013, v. 1, p. 424.

O fim propriamente perseguido com o negócio era a captação de energia solar, ainda que para o adquirente houvesse um outro motivo, de foro íntimo, para a contratação: o desejo de economizar energia elétrica e, assim, poupar despesas. Esse último, note-se, figura como motivo de foro íntimo, que não foi objeto de consideração pelos contraentes na determinação do conteúdo contratual e não tem importância jurídica, já que não foi elevado à categoria de razão determinante. Daí porque não poderia a parte pretender a extinção da relação contratual, por frustração do seu fim, pelo simples fato de o adquirente ter arranjado, por exemplo, uma forma mais efetiva de economizar energia elétrica. Frustra-se, nessa hipótese, tão somente o motivo interno e subjetivo, irrelevante para a análise do caso.

Para que determinada circunstância assuma relevância na alteração do fim do contrato a ponto de merecer a tutela do ordenamento, é preciso que se "dê dimensão objetiva ao interesse invocado pela parte e a relevância que este tem para a posição contratual dela própria".[19] Imprescindível, portanto, que a finalidade do contrato, para fins de averiguação da causa concreta do negócio, seja conhecida e tenha sido levada em consideração pelas partes contratantes na determinação do seu conteúdo,[20] tendo em conta o tipo de negócio e as circunstâncias que contextualizavam a sua celebração.

Nesses termos, o fim do contrato é frustrado quando alguma circunstância exógena, fora do controle das partes, torna a prestação contratada inútil e sem sentido, de modo a não satisfazer mais o interesse do credor, "seja porque é impossível alcançar o fim pretendido, seja porque o fim foi alcançado por outros meios".[21] Assim, a figura da frustração do fim do contrato busca tutelar a relação negocial quando houver alteração no suporte fático do contrato que gere uma desvinculação entre a prestação e o interesse prático e objetivo que as partes almejam extrair do contrato, devendo-se falar em frustração do fim quando for inviável alcançar o resultado prático da prestação, independentemente de desequilíbrio contratual, inadimplemento, cumprimento imperfeito e mesmo ainda sendo possível a concretização da prestação.

No Brasil, apesar de não existir dispositivo legal que regule de forma expressa a teoria da frustração do fim do contrato, sua relevância vem sendo reconhecida pela

---

19. KONDER, Carlos Nelson. Causa do contrato x função social do contrato: estudo comparativo sobre o controle da autonomia negocial. *Revista Trimestral de Direito Civil*. Rio de Janeiro: v. 43, p. 54. Renovar, jul./set. 2010.
20. Ainda que, conforme aponta Larenz, não se exija que a finalidade esteja expressamente prevista (LARENZ, Karl. *Base del negocio jurídico y cumplimiento de los contratos*. Madri: Revista de Derecho Privado, 1956, p. 170).
21. DÍEZ PICAZO, Luis. Prefácio da obra SANZ, Vicente Espert. *La frustración del fin del contrato*. Madri: Tecnos, 1968, p. 11. Ressalta-se que, como assenta Rodrigo Barreto Cogo, "a obtenção do fim por meio diverso do contratado leva, na maioria das vezes, à uma situação de impossibilidade da prestação e não propriamente de frustração do fim do contrato, pois o que ocorre é a perda do substrato da prestação, ou seja, da pessoa ou coisa na qual a prestação seria executada" (COGO, Rodrigo. Pandemia Covid-19, revisão e resolução contratual: a relevância da Frustração do Fim do Contrato, cit., p. 106). No item 5 deste artigo, ao se analisar os pressupostos de aplicação da teoria da frustração do fim, o assunto será retomado.

doutrina nacional – ainda mais após a crise instaurada pela pandemia da Covid-19 –, a qual fundamenta sua aplicação, primordialmente, nos princípios da função social do contrato (artigo 421 do Código Civil[22]) e da boa-fé objetiva (artigo 422 do Código Civil[23]).

Segundo Rodrigo Barreto Cogo, defensor da corrente que sustenta que o instituto encontra guarida no princípio da função social do contrato, o contrato que não pode mais atingir a sua finalidade revela-se negócio que não atende à sua função social, tendo em vista que "não permite mais que ele funcione como um instrumento de troca que proporcione a satisfação dos interesses dos contratantes, não sendo lícito exigir o seu cumprimento".[24] Nessa linha, por proposta do referido autor, foi aprovado o Enunciado 166 da III Jornada de Direito Civil do Conselho da Justiça Federal, de acordo com o qual "a frustração do fim do contrato, como hipótese que não se confunde com a impossibilidade da prestação ou com a excessiva onerosidade, tem guarida no direito brasileiro pelo art. 421 do Código Civil".

Essa construção, no entanto, não está livre de críticas, tendo em vista a compreensão de que o princípio da função social do contrato no ordenamento brasileiro funciona não como um mecanismo de tutela de interesses privados, instigador das trocas, mas, sim, como instrumento que impõe aos contraentes o dever de atender, além dos próprios interesses individuais perseguidos pelo regulamento contratual, a interesses extracontratuais socialmente relevantes, dignos de tutela e relacionados ou atingidos pelo contrato.[25] Veja que, como explica a doutrina, "se a promoção da função social em um dado caso concreto resultar na proteção de uma das partes, tal benefício será efeito colateral da necessidade de coibir determinadas práticas contratuais nocivas à sociedade".[26]

Mais consentâneo com o ordenamento jurídico nacional parece ser fundamentar o instituto da frustração do fim do contrato no princípio da boa-fé objetiva, já que é assente o entendimento de que a prestação precisa ser útil para o credor – não só no início da relação, no momento de formação do contrato, como também ao longo de sua execução. Como ensina Fernando Noronha, "a boa-fé exige que se dê o contrato por sem efeito quando a finalidade que as partes tinham em vista, e nele pressuposta, se torna definitivamente irrealizável, não obstante as prestações a que ambas de obrigaram, em si mesma, continuarem

---

22. "Art. 421. A liberdade contratual será exercida nos limites da função social do contrato. Parágrafo único. Nas relações contratuais privadas, prevalecerão o princípio da intervenção mínima e a excepcionalidade da revisão contratual".
23. "Art. 422. Os contratantes são obrigados a guardar, assim na conclusão do contrato, como em sua execução, os princípios de probidade e boa-fé".
24. COGO, Rodrigo Barreto. *A frustração do fim do contrato*, cit., p. 328.
25. TEPEDINO, Gustavo. Crise de fontes normativas e técnicas legislativa na parte geral do Código Civil de 2002. *Temas de direito civil*. Rio de Janeiro: Renovar, 2006, t. 2, p. 20.
26. TERRA, Aline de Miranda Valverde. Autonomia contratual: da estrutura à função. *Revista Jurídica Eletrônica da Universidade Federal do Piauí*. v. 2. n. 2. p. 98. Piauí, jul./dez. 2015.

objetivamente possíveis".[27] De outra forma, a relação contratual perde seu sentido frente à lógica das contratações.

Além disso, deve-se ter em vista que o adimplemento contratual é hoje compreendido, para fins de merecimento de tutela pelo ordenamento jurídico, não como um mero mecanismo de satisfação dos interesses do credor, mas como instrumento de realização da função concreta do negócio, identificada, muitas vezes, como a própria causa do ajuste estabelecido entre as partes contratantes. Assim, "se o contrato – e o adimplemento – se destina à satisfação da função concreta do negócio e tal função se torna inatingível, não há fundamento jurídico para a manutenção da eficácia do contrato. Afinal, não se pode exigir o cumprimento de prestações que não mais servem à finalidade visada pelas partes ao celebrar a avença".[28]

Daí ser questionável até mesmo a real necessidade de se importar para o Brasil a teoria em análise, já que seus efeitos poderiam ser observados mesmo na ausência de um específico mecanismo que os regulasse, seja por meio da aplicação do princípio da boa-fé objetiva, seja diante da compreensão da tutela do contrato vinculada à realização de sua função concreta. A manutenção de relações contratuais cuja finalidade fosse objetivamente frustrada por circunstâncias alheias à vontade das partes já iria de encontro ao sistema jurídico brasileiro, ainda que a teoria da frustração do fim do contrato não fosse acolhida pelo nosso sistema.

A necessidade de "importação" dessa teoria para o Brasil é, por isso mesmo, de todo questionável, mas não se pode negar que, em alguma medida, ela ajuda a organizar e esclarecer os pressupostos necessários à verificação da frustração, de modo que seu âmbito de aplicação seja corretamente compreendido. É essa correta compreensão que demonstrará a relevante diferença entre a frustração do fim do contrato, que atua na própria eficácia do negócio, e uma simples decepção ou arrependimento ocasionado pela eventual não obtenção do resultado almejado com o ajuste contratado.[29]

---

27. NORONHA, Fernando. *O direito dos contratos e seus princípios fundamentais*. São Paulo: Saraiva, 1994, p. 200.
28. MARINHO, Maria Proença. *Frustração do fim do contrato*. Dissertação apresentada como requisito parcial para a obtenção do título de Mestre em Direito Civil pela Universidade do Estado do Rio de Janeiro, sob a orientação do Prof. Dr. Carlos Nelson de Paula Konder. Rio de Janeiro, 2019, p. 91.
29. Como ressalta Giovanni Ettore Nanni, "não é lícito ter a falsa impressão do instituto jurídico em tela a partir do mero significado do vocábulo frustração. Isso porque não é a singela decepção advinda da não obtenção do resultado almejado com determinado contrato que se autoriza a sua extinção pela frustração de seu fim. O tema é técnico, que exige rigorosa obediência aos seus requisitos a fim de propiciar a configuração do instituto. Trata-se de figura excepcional, que demanda a cautela inerente a tal situação" (NANNI, Giovanni Ettore. "Frustração do fim do contrato". In: TERRA, Aline Valverde; GUEDES, Gisela Sampaio da Cruz Costa (Coord.). *Inexecução das obrigações:* pressupostos, evolução e remédios. Rio de Janeiro: Processo, 2020, p. 218-219).

4. PRESSUPOSTOS DE APLICAÇÃO DA TEORIA

Não há, em doutrina, unanimidade quanto aos pressupostos da teoria da frustração do fim do contrato, muito por conta da limitada produção bibliográfica que existe no Brasil.[30] É possível, no entanto, traçar certas similaridades nas poucas

---

30. Rodrigo Barreto Cogo elenca cinco requisitos: "a) que o contrato seja bilateral ou unilateral, de cunho patrimonial, comutativo ou aleatório, de execução diferida ou continuada; b) que a finalidade do contrato integre o conteúdo; c) que o contrato perca o seu sentido, a sua razão de ser pela impossibilidade de se atingir o seu fim; d) que ocorra evento posterior à contratação que não estava dentro da álea do contrato e era alheio à atuação culposa das partes; e) que inexista mora do contratante frustrado" (*A frustração do fim do contrato*, cit., p 196-197). Giovanni Ettore Nanni faz menção a seis: (*i*) "que se trate de contrato bilateral, no qual se estabelecem obrigações recíprocas", comutativo, "sendo admissível, excepcionalmente," que seja aleatório, "de execução diferida ou continuada, isto é, contrato de duração"; (*ii*) que o contrato tenha "um fim, que integre o seu conteúdo"; (*iii*) que, "[u]ma vez presente o fim do contrato, deve suceder, por fato superveniente, a frustração de tal propósito, inibindo que se alcance o escopo almejado"; (*iv*) que "o evento não pode integrar a álea do contrato avençado"; (*v*) que "o evento superveniente deve originar de fato externo, alheio à conduta das partes"; e, enfim, (*vi*) "que o contratante protagonista do pleito de reconhecimento de frustração do fim do contrato, cuja ineficácia deverá ser declarada por pronunciamento jurisdicional – judicial ou arbitral – não esteja em mora" (Frustração do fim do contrato, cit., *passim*). Felipe Rocha Deiab, por sua vez, reputa imprescindível: (*i*) "[e]xteriorização e relevância da causa final"; (*ii*) "[i]ncidência nos contratos onde estiver presente a nota da correspectividade (bilaterais)"; (*iii*) "[i]ncidência nos contratos de execução diferida e nos contratos de duração"; e (*iv*) "[i]nimputabilidade da frustração do fim do contrato à parte que a suscita" ("O alargamento do conceito de impossibilidade no Direito das Obrigações: a inexigibilidade e a frustração do fim do contrato". *Revista Quaestio Iuris*. v. 05, n. 02. p. 154-157. Rio de Janeiro, 2012). No direito estrangeiro, Augusto M. Morello enuncia três pressupostos, quais sejam: "a) que el contrato sea bilateral; b) que tenga un fin; c) que se frustre dicho fin" (*Ineficacia y frustracion del contrato*. Buenos Aires: Libreria Editora Platense-Abeledo Perrot, 1975, p. 89). Mosset Iturraspe defende a presença de nove pressupostos: "(a) existe contrato válido; (b) é própria do momento dinâmico do contrato, ou seja, ocorre durante a sua execução; (c) é estranha aos contratos de cumprimento instantâneo, aplicando-se aos contratos de longa duração, na sua etapa de cumprimento ou execução; (d) não afeta os elementos essenciais do contrato, mas alcança os seus fins, sejam eles subjetivos ou motivos determinantes, sejam os objetivos a propósitos jurídico-econômicos perseguidos; (e) deve-se à alteração das circunstâncias presentes no momento da contratação, sobre o que as partes nada pactuaram; (f) o fato que ocasionou a alteração das circunstâncias é externo e alheio à vontade dos contratantes; (g) a situação superveniente origina um impedimento grave para o adimplemento de uma das partes, um rigor injusto, que se traduz em excessiva onerosidade; (h) desaparece o sentido funcional do contrato, violenta-se a sua economia, quebra-se o sinalagma, desnaturando a obrigação originalmente contratada; (i) essa alteração grave e não prevista faz necessário o reajuste, a readaptação do contrato para restabelecer o equilíbrio querido inicialmente, ou, se não for conveniente, a extinção do negócio; (j) a tarefa de readaptação pode ser confiada a pessoas idôneas (juízes e árbitros, quando as próprias partes não tiverem antecipado o caminho para a revisão particular)" (*La frustración del contrato y la pesificación*, p. 68-69 apud COGO, Rodrigo Barreto. *A frustração do fim do contrato*, cit., p. 193-194). Juan Manuel Aparicio apresenta seis: "a) El punto de partida es que la idea de frustración se aplica a un contrato que tiene existencia y es válido; b) Debe tratarse de un contrato bilateral, que es por antonomasia un contrato oneroso y de cambio, en cuanto la frustración afecta o compromete el sinalagma funcional, es decir, la normal y efectiva realización de la función de intercambio; c) La cuestión primordial de la figura es la asignación de un fin al contrato. Ello plantea el interrogante de precisar qué debe entenderse por fin del contrato; d) La variación de las circunstancias no debe repercutir en el contrato porque alguna de las partes se encuentre en mora. Asimismo, ha de producirse por acontecimientos o transformaciones sobrevinientes que sean ajenos a la voluntad de las partes y no presumibles; e) Esa variación debe afectar a un contrato en curso de ejecución, sin que ésta se encuentre agotada, alterando entonces esa etapa funcional; f) Dicha variación no debe formar parte del riesgo asumido en el contrato por quien la alega" (La frustración del fin del contrato. *Revista de Derecho Privado y Comunitario*. 2014-1, Problemática contractual. Contratos en general. Santa Fe: Rubinzal-Culzoni Editores, jul. 2014, p. 173-174). Já Vicente Espert Sanz acreditava ser necessário três pressupostos: (i) que o contrato fosse bilateral; (ii) que o contrato tivesse um fim; (iii) que este fim fosse frustrado (*La frustración del fin del contrato*. Madri: Tecnos, 1968, p. 169).

obras já publicadas e, a partir daí, extrair determinados requisitos condicentes com a própria estrutura e função do instituto.

O primeiro pressuposto diz respeito ao campo de aplicação da teoria. Para além de um contrato válido, diz-se, tradicionalmente, que a sua aplicação se resume aos contratos bilaterais, onerosos, comutativos e de execução diferida ou de duração – e, a bem da verdade, são eles mesmo os campos mais férteis para a incidência do instituto –, em razão da *correspectividade* das prestações e da mútua perseguição de um resultado *econômico certo* pelas partes e da fluência do tempo no programa contratual, características desses negócios jurídicos. No entanto, não parece haver óbices, no fundamento (a boa-fé objetiva) e nos aspectos estrutural e funcional da teoria da frustração, a que ela seja aplicável, excepcionalmente, a outras categorias, como aos contratos unilaterais e aleatórios.

Os contratos bilaterais, por traduzirem relação em que a obrigação de uma das partes é a razão de ser da obrigação da contraparte, revelam, de fato, terreno fértil para a ocorrência da frustração do fim do contrato, permitindo, com maior facilidade, que se questione se a parte não prejudicada pela frustração pode ou não exigir a prestação a que, em tese, faria jus, se não tivesse ocorrido o fato superveniente.[31] Contudo, defende-se a aplicação da teoria também aos contratos unilaterais, apesar de que, muitas vezes, a disciplina deles já apresenta outras soluções para problemas relacionados à perda de sentido ou da razão de ser do contrato, ao admitir, por exemplo, a resilição da relação mediante mera declaração de vontade de uma das partes.[32] Reconhece-se, assim, excepcionalmente, a aplicação da teoria no campo dos contratos unilaterais, nos casos em que a resilição unilateral não está autorizada por lei.

Os contratos comutativos também se manifestam como a seara mais propícia à aplicação da teoria da frustração do fim, porque, como as prestações se encontram previamente definidas, as partes têm ciência do que esperar uma da outra e do próprio negócio estabelecido, de modo que a sua finalidade é mais facilmente identificável. Isso não impede, todavia, a aplicação da teoria da frustração do contrato em contratos aleatórios "se o evento superveniente estiver fora da álea do contrato ou, ainda, se houver demonstração de que os riscos (ou a sua real extensão) não foram corretamente informados".[33]

---

31. COGO, Rodrigo Barreto. *A frustração do fim do contrato*, cit., p. 198.
32. "Caso diverso ocorre com os contratos unilaterais, pois nestes geralmente é facultado àquele que não tem obrigações, ou mesmo àquele que as tem, extinguir a relação contratual mediante o exercício de um direito potestativo. É o que se verifica, por exemplo, no mandato, que pode ser revogado pelo mandante ou renunciado pelo mandatário, sem que, para isso, seja necessária a via judicial. A simples retirada da vontade já é o bastante. Por isso, os casos de frustração do fim do contrato ocorrerão mais excepcionalmente nos contratos unilaterais, pois eles já vêm dotados de possibilidades para solucionar o problema da perda de sentido ou da razão de ser do contrato" (COGO, Rodrigo Barreto. *A frustração do fim do contrato*, cit., p. 198).
33. COGO, Rodrigo. Pandemia Covid-19, revisão e resolução contratual: a relevância da Frustração do Fim do Contrato, cit., p. 96.

Assim, sendo um instituto que atua no plano da eficácia, desconstituindo-a, a teoria da frustração do fim é aplicável à quase totalidade dos contratos, devendo-se ressalvar, em especial, os contratos instantâneos de execução imediata. Nesse ponto, revela-se imprescindível que o contrato seja de duração,[34] ou, ao menos, instantâneo de execução diferida no tempo,[35] características essenciais para a incidência da teoria, já que é o fato de a execução do contrato se estender no tempo que sujeita a utilidade de suas prestações à alteração das circunstâncias, fato necessário para que a frustração ocorra.

Nesse sentido, exige-se como segundo pressuposto, para o cabimento do instituto da frustração do fim, que a execução contratual já esteja em curso, ou sequer tenha se iniciado, não sendo possível sua aplicação a negócios cujos efeitos já tenham se exaurido integralmente. Em outras palavras, não pode um contratante suscitar a frustração do fim do contrato quando já se houver adimplido a obrigação de que ele era credor, pois, nesses casos, o seu interesse útil já estará satisfeito. Por isso, os contratos de duração e os contratos instantâneos de execução diferida revelam-se, do ponto de vista lógico, os únicos adequados para aplicação da teoria.

Requer-se, igualmente, que as prestações originalmente pactuadas ainda sejam possíveis, a despeito da frustração da finalidade do negócio. Esse terceiro pressuposto, por sinal, é um ponto nodal na distinção entre a teoria da frustração do fim contratual e a impossibilidade superveniente da prestação. Assim é que, no clássico exemplo do rebocador que é contratado para desencalhar um navio preso numa geleira que, pela força da maré, acaba sendo desencalhado, não se tem propriamente uma situação de frustração do fim do contrato, mas antes de impossibilidade superveniente da prestação sem culpa do devedor, pois se revela de todo impossível desencalhar um navio que não se encontra mais encalhado. Da mesma maneira, no exemplo do tratamento para engravidar, já pago ao especialista, em que se descobre, antes de iniciá-lo, que a paciente já está grávida há um mês, não há que se falar em frustração do fim do contrato, mas, sim, em impossibilidade da prestação.

Apesar disso, a frustração do fim do contrato pode decorrer tanto da impossibilidade de se alcançar o fim do negócio, quanto da obtenção desse por outra maneira, ainda que parte da doutrina enxergue, somente na primeira hipótese, a possibilidade de incidência da teoria.[36] Como explica Rodrigo Barreto Cogo, para se saber se, na segunda hipótese, o caso é de impossibilidade ou de frustração, é preciso avaliar se o fato de prestar em si depende do estado do credor ou da coisa na qual a prestação será realizada:

---
34. Os contratos de duração dividem-se em (i) contratos de execução periódica ou de trato sucessivo, "que se executam mediante prestações periodicamente repetidas", e (ii) contratos de execução continuada, "aqueles em que a prestação é única, mas ininterrupta" (GOMES, Orlando. *Contratos*. 25. ed. Rio de Janeiro: Forense, 2002, p. 79).
35. Os chamados "contratos a prazo", os quais se distinguem dos contratos instantâneos de execução imediata exatamente porque o cumprimento da prestação se protrai no tempo.
36. NANNI, Giovanni Ettore. Frustração do fim do contrato, cit., p. 232-234.

"[P]ara sabermos se, diante da consecução da finalidade por forma diversa da contratada, estamos frente a um caso de impossibilidade ou de frustração do fim do contrato, devemos avaliar se o fato de prestar em si depende do estado do credor ou do estado da coisa na qual a prestação será realizada. Por um lado, para desencalhar, precisa estar encalhado; para consertar, é necessário que esteja estragado; para ensinar música, é preciso audição. Nesses casos, 'existe um obstáculo invencível ao cumprimento da obrigação seja de ordem natural ou jurídica'; a prestação não pode ser feita sem um determinado estado das coisas. Por outro lado, para fazer um produto encomendado, não é preciso que não se tenha o mesmo produto; para instalar um sistema – geralmente – não é necessário que não se tenha o mesmo sistema; a prestação pode ser realizada, embora possa não merecer ser mais prestada".[37]

Em síntese, a frustração da finalidade do contrato de que se cogita pode derivar ora da impossibilidade de se atingi-la (como se dá no exemplo da compra e venda de painel solar), ora do atingimento por modo diverso (como no exemplo do ancião que contrata técnico de informática para instalar um antivírus no seu computador, mas o próprio técnico descobre que o neto do ancião, que tinha uma licença extra de outro antivírus, já o havia instalado no computador do avô[38]), contanto que, em ambos os cenários, as prestações ainda sejam possíveis, pois, do contrário, incidirão os artigos 234, 238, 248 e 250 do Código Civil, na medida em que a aplicação desta teoria há de ser, necessariamente, residual e já existe previsão normativa para a impossibilidade superveniente da prestação em obrigações de dar, de fazer e de não fazer.

O quarto requisito da teoria é que a finalidade do contrato integre o próprio conteúdo do negócio. Graças às diversas excursões da doutrina em distinguir motivo psicológico (ou causa subjetiva) de causa (concreta e abstrata),[39] pode-se afirmar que a finalidade, no âmbito dessa teoria, como acima já comentado, equivale à causa concreta, que traduz a função econômico-individual do negócio, a indicar o valor e o alcance que as partes conferiram à operação.[40] Nesse sentido, não se exige que a finalidade esteja expressamente prevista no negócio para que integre seu conteúdo, podendo ela ser deduzida, objetivamente, a partir do caso concreto e da própria natureza do contrato, não sendo necessário adentrar na seara subjetiva dos motivos para descobrir se foi considerada por ambos os contratantes. Do mesmo modo, como

---

37. COGO, Rodrigo Barreto. *A frustração do fim do contrato*, cit., p. 240.
38. É comum que as hipóteses de obtenção do fim por meio diverso não configurem propriamente uma frustração do fim do contrato, mas, sim, uma situação de impossibilidade da prestação, já que muitas vezes ocorre a perda do substrato da prestação. O exemplo do navio encalhado na geleira que se desprende naturalmente não é de frustração, mas de impossibilidade da prestação, porque não é possível desencalhar um navio que já não se encontra mais preso nas geleiras. Já o exemplo do ancião que contrata o técnico de informática, este sim é de frustração, porque apesar de o neto já ter instalado um antivírus, a prestação do técnico ainda seria possível, porque um segundo antivírus poderia ser instalado no mesmo computador. Embora essa prestação seja possível, tornou-se inútil para o credor, porque esse já se encontra satisfeito com a instalação de um único antivírus. O exemplo do ancião também não é totalmente imune a críticas, porque foi ele que permitiu o acesso do neto, mas é melhor para ilustrar a aplicação da teoria do que o exemplo do navio encalhado.
39. V., por todos, MORAES, Maria Celina Bodin de. A causa do contrato. *Civilistica.com*. a. 2, n. 4. Rio de Janeiro, out./dez. 2013. Disponível em: http://civilistica.com/wp-content/uploads1/2015/02/Bodin-de-Moraes-civilistica.com-a.2.n.1.2013-4.pdf. Acesso em: 12 ago. 2020.
40. PERLINGIERI, Pietro. *Manuale di diritto civile*, cit., p. 374.

ressalta Rodrigo Barreto Cogo, "o fato de a finalidade ser conhecida por ambas as partes não significa que tenha sido tomada em consideração por ambos os contratantes para que partilhem o risco de sua não consecução".[41]

Retome-se o já mencionado caso *Krell v. Henry*. Para o deslinde da controvérsia, a Corte Inglesa levou em consideração a razão de ser do contrato e, mais, que os proprietários de apartamentos voltados para as ruas pelas quais passaria a parada anunciaram, publicamente, que alugariam suas varandas, única e exclusivamente, durante o período da cerimônia e por um preço, significativamente, superior ao usual. Daí ser essencial recorrer a certos elementos objetivos quando necessário identificar a finalidade que de fato integra o conteúdo do contrato, tais como o uso e os costumes das contratações, o preço estipulado e o tipo contratual escolhido pelas partes. Nesse sentido, já ensinava Ruy Rosado de Aguiar Jr.:

> "O próprio contrato, pela natureza das prestações pactuadas, das condições das partes, das demais cláusulas e condições que involucram o negócio, fornece elementos objetivos seguros para a formulação de um juízo sobre a força e os efeitos da modificação superveniente em relação ao contrato, quanto à equivalência e ao seu escopo natural. Para isso, não há que recorrer à vontade presumida das partes, perquirindo sobre as cláusulas que teriam redigido se conhecessem a atual realidade, seja para modificar as recíprocas obrigações, seja para estipular cláusula resolutória, porquanto, assim como a lesão enorme atua sobre o contrato independentemente da vontade do lesado até contra ela, como é do nosso Direito, assim também a apreciação dos efeitos modificadores sobre o contrato há de se fazer tendo em vista os elementos objetivos que dele se possam extrair".[42]

A identificação da finalidade que integra o conteúdo do contrato deve ser feita à luz do princípio da boa-fé objetiva, por meio do qual será possível ponderar "se, a partir de um comportamento padrão de conduta, poder-se-ia afirmar que o cocontratante conheceu ou deveria ter conhecido o propósito prático do contrato, tomando-o igualmente como seu".[43] Assim, em caso de dúvidas quanto à finalidade do contrato, é necessário recorrer às circunstâncias em que o negócio foi formado, atentando-se aos elementos objetivos e à boa-fé que, de forma geral, incide nas relações contratuais.

Todos esses cenários acima refletem, ainda, outro pressuposto crucial da teoria, o quinto requisito: que a frustração do contrato resulte de um fato superveniente à celebração do contrato, mas anterior – como já se anteviu – à sua consumação. Além disso, é necessário que esse fato superveniente seja exógeno ao contrato, quer dizer, alheio às partes contratantes e inimputável ao comportamento (culposo) de uma

---

41. COGO, Rodrigo. Pandemia Covid-19, revisão e resolução contratual: a relevância da frustração do fim do contrato, cit., p. 103.
42. AGUIAR JUNIOR, Ruy Rosado de. *Extinção dos contratos por incumprimento do devedor*. Rio de Janeiro: Aide, 1991, p. 151.
43. COGO, Rodrigo. Pandemia Covid-19, revisão e resolução contratual: a relevância da frustração do fim do contrato, cit., p. 104.

delas.[44] Se houver relação de causalidade entre o fato e o comportamento de um dos contraentes, tratar-se-á, em realidade, de impossibilidade superveniente imputável, a qual deverá ser tutelada pela disciplina do inadimplemento das obrigações, nos termos dos artigos 389 e seguintes do Código Civil.

Da mesma forma, de acordo com o sexto pressuposto, o contratante não pode estar em mora – ora compreendida como o cumprimento a destempo, fora do lugar convencionado, ou de maneira diversa da pactuada – para beneficiar-se da teoria da frustração do contrato. O artigo 399 do Código Civil[45] estabelece que o devedor em mora responde pela impossibilidade superveniente da prestação, ainda que esta resulte de caso fortuito ou força maior. Da mesma forma, por aplicação analógica do referido dispositivo, deverá responder também pela frustração do fim do contrato. A parte, nessa situação, somente poderá escusar-se se conseguir demonstrar que a impossibilidade ou a frustração da prestação sobreviria da mesma forma, ainda que não estivesse configurada a sua mora.[46]

Como sétimo e último pressuposto, impende, por fim, perquirir se o evento que provocou a frustração do fim do negócio não compunha a álea do contrato, seja por determinação legal, seja por convenção das partes. Isto é, nem mesmo pode existir, para o tipo contratual, previsão legal que aloque o risco de ocorrência do referido fato, de antemão, a uma das partes, como ocorre no artigo 613 do Código Civil;[47] tampouco pode um dos contratantes tê-lo assumido no exercício da autonomia privada. Nessas hipóteses, o julgador deverá sempre respeitar a assunção/distribuição do risco estabelecida pelo legislador ou pelas próprias partes, malgrado o evento fosse inevitável e extraordinário.

Dessa forma, pode-se reconduzir a verificação da teoria da frustração do fim do contrato ao preenchimento dos seguintes requisitos: (i) o contrato há de válido e eficaz, bilateral ou unilateral, de cunho patrimonial, comutativo ou aleatório, de duração ou instantâneo de execução diferida; (ii) cuja execução esteja em curso, ou sequer tenha se iniciado; (iii) as prestações a que se obrigaram as partes hão de ser, ainda, possíveis de serem cumpridas; (iv) a finalidade deve integrar o conteúdo do negócio; (v) a frustração do fim do contrato deve resultar de um fato superveniente, não imputável à atuação (culposa) dos contraentes; (vi) ou à mora deles; e (vi) e risco do evento que a provocou não pode ser atribuído a qualquer dos contratantes, legal ou convencionalmente.

---

44. A atuação de prepostos ou de pessoas subordinadas ao contratante que dá causa à frustração equipara-se, evidentemente, à atuação deste próprio (não é, pois, alheia, nem exógena às partes).
45. "Art. 399. O devedor em mora responde pela impossibilidade da prestação, embora essa impossibilidade resulte de caso fortuito ou de força maior, se estes ocorrerem durante o atraso; salvo se provar isenção de culpa, ou que o dano sobreviria ainda quando a obrigação fosse oportunamente desempenhada".
46. Trata-se de hipótese legal de relevância negativa da causa virtual. Permita-nos remeter a CRUZ, Gisela Sampaio da. *O problema do nexo causal na responsabilidade civil*. Rio de Janeiro: Renovar, 2005, p. 207-266.
47. Dispõe o artigo 613: "sendo a empreitada unicamente de lavor (art. 610), se a coisa perecer antes de entregue, sem mora do dono nem culpa do empreiteiro, este perderá a retribuição, se não provar que a perda resultou de defeito dos materiais e que em tempo reclamara contra a sua quantidade ou qualidade".

5. EFEITOS DA FRUSTRAÇÃO DO FIM DO CONTRATO

Diante dos pressupostos de aplicação da teoria, resta caracterizada a frustração do fim do contrato, que irá atuar no plano da eficácia do negócio,[48] afetando a relação contratual na parte objetivamente atingida pela referida perda.[49] Sobre o assunto, Ruy Rosado de Aguiar Jr. já explicava que "o contrato, uma vez celebrado, pode ser atingido por diversos fatos supervenientes, alguns deles produzindo a frustração do fim que se pretendia alcançar com o acordo, isto é, por uma causa superveniente de ineficácia".[50] Assim, tornando-se a finalidade do contrato inalcançável, a relação obrigacional fica desprovida de sentido e eficácia, devendo ser extinta.

Constatada a frustração do fim do contrato, ficam as partes liberadas do cumprimento de suas obrigações, o que não significa, contudo, que elas poderão deixar de observar eventuais deveres de conduta que lhe sejam aplicáveis. De fato, o efeito liberatório fruto da extinção da relação contratual não exime as partes contratantes de observar os deveres de conduta expressamente previstos no contrato, bem como os deveres impostos heteronomamente pela boa-fé objetiva, ainda que fiquem liberadas da observância de todos os deveres prestacionais devidos uma à outra.[51]

Permanecem igualmente hígidas as prestações e respectivas contraprestações realizadas antes do evento que originou a frustração. Nesse sentido, basta lembrar dos contratos de trato sucessivo, que se resolvem, normalmente, para o futuro, haja vista que, se por determinado período as prestações forem executadas regularmente, a frustração superveniente do fim do contrato não alterará o sinalagma relativo àquelas pregressas. No entanto, tendo em vista a vedação ao enriquecimento sem causa disciplinada no art. 884 do Código Civil,[52] caso uma prestação tenha sido realizada

---

48. COGO, Rodrigo Barreto. *A frustração do fim do contrato*, cit., p. 266. No mesmo sentido, Antonio Junqueira de Azevedo ressalta que, quando há frustração do fim do negócio, "a consequência, em todas as hipóteses, é a ineficácia, com a ressalva de que, no desaparecimento da relação de equivalência, deve-se admitir sua restauração, mediante proposta da parte" (AZEVEDO, Antônio Junqueira de. (Parecer) Remissão interessada de dívida. Erro sobre o motivo determinante. Análise do negócio jurídico por suas bases subjetiva e objetiva. Frustração do fim do negócio jurídico e consequente enriquecimento sem causa, cit., p. 57).
49. "La ineficacia no afectará, en ocasiones, a la relación contractual íntegra, sino tan sólo a una determinada cláusula cuya base ha desaparecido" (LARENZ, Karl. *Base del negocio jurídico y cumplimiento de los contratos*, cit., p. 185).
50. AGUIAR JÚNIOR, Ruy Rosado de. Extinção dos contratos. In: LOPEZ, Teresa Ancona; AGUIAR JÚNIOR, Ruy Rosado de (Coord.). *Contratos empresariais*. São Paulo: Saraiva, 2009, p. 422. Também nessa linha, Antônio Junqueira de Azevedo assenta que a impossibilidade de obtenção do fim último visado pelo contrato constitui situação em que a função social do contrato deve levar à ineficácia superveniente (AZEVEDO, Antônio Junqueira de. Natureza jurídica do contrato de consórcio. Classificação dos atos jurídicos quanto ao número de partes e quanto aos efeitos. Os contratos relacionais. A boa-fé nos contratos relacionais. Contratos de duração. Alteração das circunstâncias e onerosidade excessiva. Sinalagma e resolução contratual. Resolução parcial do contrato. Função social do contrato. *Revista dos Tribunais*. v. 832. p. 115-137. São Paulo: Ed. RT, fev. 2005).
51. TERRA, Aline de Miranda Valverde. *Cláusula resolutiva expressa*. Belo Horizonte: Fórum, 2017, p. 180.
52. De acordo com o qual, "aquele que, sem justa causa, se enriquecer à custa de outrem, será obrigado a restituir o indevidamente auferido, feita a atualização dos valores monetários". Como explica a doutrina, "o enriquecimento carece de causa quando o direito não o aprova ou consente, porque não existe uma relação ou um facto que, de acordo com os princípios do sistema jurídico, justifique a deslocação patrimonial; sempre

sem a respectiva contraprestação antes da circunstância que gerou a impossibilidade de se alcançar o fim do contrato, o devedor será liberado de realizar a respectiva contraprestação (por efeito da ineficácia ocasionada pela frustração do fim), mas deverá restituir a prestação antes recebida.[53] Daí haver, nesses casos, também um efeito restitutório fruto da frustração do propósito contratual.

Situação mais complexa, ainda no campo dos efeitos patrimoniais, revela-se quando uma das partes, antes do evento que gera a frustração, houver dispendido valor considerável para executar o objeto de sua prestação contratual, mas que não chega a gerar benefícios ou enriquecimento para a contraparte. Imagine-se, por exemplo, um contrato de compra e venda de máquinas personalizadas, no âmbito do qual o fabricante realiza um projeto específico para a construção das máquinas – que, exatamente por suas especificidades, é inaproveitável para outro cliente – e as constrói antes de um evento extraordinário gerar a frustração do fim contratual, o qual extingue a relação obrigacional. As partes ficam liberadas de suas respectivas prestações, mas os gastos incorridos pelo fabricante são perdidos ou devem ser, de alguma forma, ressarcidos? Existe aqui um dever de indenizar propriamente dito?

A princípio, a resposta para essa pergunta deve ser negativa. Assim como na resolução por inadimplemento, a teoria da frustração do fim do contrato provoca um efeito liberatório e também um efeito restituitório, mas, ao contrário da resolução por inadimplemento, nos casos de frustração não caberia falar, a princípio, em efeito ressarcitório, porque o fim do contrato é frustrado por um fator exógeno, completamente alheio às partes contratantes, o que é inclusive um dos pressupostos de aplicação da teoria. Diante da frustração do fim do contrato, não há "ato ilícito" configurado, nem conduta culposa de qualquer das partes, então não teria muito sentido cogitar a produção de um efeito ressarcitório.

A análise dessa questão passa, porém, por uma apreciação dos riscos do negócio, que, no que diz respeito à superveniente impossibilidade de se alcançar o fim contratual, se revela comum e alheio à vontade das partes da relação, já que os efeitos da frustração do fim, como visto, apenas se verificam quando o risco dessa frustração não concerne a nenhuma das partes. Por outras palavras, não sendo os contratantes culpados pelo evento superveniente – pressuposto básico de aplicação da teoria – e não tendo o risco sido alocado para nenhuma das partes contratualmente, o risco da frustração do fim deve ser repartido entre elas. Além disso, ausente a configuração de

---

que aproveita, em suma, a pessoa diversa daquela a quem, segundo a lei, deveria se beneficiar". (COSTA, Mário Júlio de Almeida. *Direito das obrigações*. 7. ed. Coimbra: Almedina, 1998, p. 431).

53. Nesse sentido, explica-se que a extinção da relação "não é imputável a nenhuma das partes, pois deriva de uma alteração de circunstâncias estranha à vontade delas; parece justo, por conseguinte, que a obrigação de restituição seja contida dentro dos limites do enriquecimento injustificado" (SERRA, Adriano Paes da Silva Vaz. Resolução ou modificação dos contratos por alteração das circunstâncias. *Boletim do Ministério da Justiça*. v. 68. p. 371-372. Lisboa, jul. 1957).

"ato ilícito", atécnico seria falar em efeito ressarcitório no que se refere à frustração do fim do contrato.

Assim, tratando-se de risco comum, parece injusto que a totalidade dos gastos assumidos por um dos contratantes seja integralmente atribuída a uma ou outra parte, pois isto seria admitir um tratamento desproporcional frente a uma situação de risco partilhado.[54] Mostra-se necessário, então, garantir soluções que admitam uma justa repartição dos gastos entre as partes, que deverão, naturalmente, levar em consideração as circunstâncias do caso concreto.

Como as circunstâncias que alteram o fim do contrato estão sempre vinculadas a eventos posteriores ao início da relação contratual, sendo normalmente verificadas após o seu aperfeiçoamento, afastam-se os efeitos relacionados à nulidade ou à anulabilidade do negócio, situações que dizem respeito a circunstâncias contemporâneas à formação do contrato.

Não parece igualmente apropriada, em princípio, a possibilidade de revisão contratual, já que no mais das vezes a perda da finalidade contratual não seria solucionada com a mera modificação ou adaptação do contrato. Rodrigo Barreto Cogo ressalta, porém, que "em nome do princípio da conservação dos negócios jurídicos, se houver alguma possibilidade de revisão, entendemos que não há óbice ao seu reconhecimento".[55] Para isso, ressalta-se que seria imprescindível que ambas as partes concordassem e negociassem a alteração a ser promovida por eventual revisão contratual.

Questiona-se, nesse ponto, a possibilidade de haver uma mera suspensão da exigibilidade das prestações de contrato cujo fim tenha sido temporariamente frustrado, o que, em situações extraordinárias, mas temporárias (como a pandemia da Covid-19), pode ser recorrente. Nesses casos, a manutenção da relação contratual pode ser interessante às partes que quiserem postergar a consecução do fim do contrato temporariamente frustrado para quando os efeitos do evento superveniente forem minimizados ou superados, embora, evidentemente, o próprio decurso do tempo pode tornar o contrato definitivamente frustrado.

---

54. Há quem sustente que, nesses casos, "a parte prejudicada pela frustração do fim do contrato reembolse as despesas e os investimentos realizados pelo outro contraente" (DEIAB, Felipe Rocha. O alargamento do conceito de impossibilidade no Direito das Obrigações: a inexigibilidade e a frustração do fim do contrato, cit., p. 172). Isso, assim como a inexistência de qualquer dever de indenizar, não parece ser consentâneo com o partilhamento dos riscos da frustração do fim negocial.
55. COGO, Rodrigo Barreto. *A frustração do fim do contrato*, cit., p. 269. O autor, em outro trabalho sobre o tema, exemplifica uma hipótese em que a revisão, em tese, pode ter lugar: o caso de frustração parcial do fim do contrato. Segundo ele, "um negócio jurídico pode ter múltiplas finalidades comuns aos contratantes, de forma que, frustrando-se apenas parte delas e sendo divisíveis as obrigações e o próprio contrato, poderia fazer sentido manter o negócio jurídico na parte não atingida pela frustração. O exame caso a caso será fundamental para avaliar se a manutenção de parte do negócio jurídico se mostra razoável, atendendo a ambas as partes. Trata-se de um exercício semelhante ao da análise da oferta equitativa prevista no art. 479 do Código Civil, aplicável às hipóteses de excessiva onerosidade" (Pandemia Covid-19, revisão e resolução contratual: a relevância da Frustração do Fim do Contrato, cit., p. 114).

Fazendo um paralelo com o regime reconhecido pela doutrina brasileira da impossibilidade temporária da prestação, que, além de excluir a mora, enseja a suspensão da exigibilidade da prestação e mantém o vínculo contratual até que a causa da impossibilidade se afaste, ou até que se extingam os interesses do credor e do devedor na prestação,[56] é possível cogitar que a frustração transitória de se atingir o fim do contrato permita também a manutenção da relação contratual, suspendendo-se a exigibilidade das prestações. Sendo essa uma possibilidade viável na relação concreta, e mantendo o credor interesse nas prestações pactuadas, caberá às partes negociar os termos em que essa relação se dará, prevendo questões relativas, por exemplo, aos gastos incorridos para assegurar que a finalidade possa ser atingida após o evento superveniente.[57] Assim, podendo ainda se atingir, quando os efeitos do evento forem superados, o resultado almejado com o contrato, e ainda estando presente o interesse do credor, a suspensão da exigibilidade das prestações, em conjunto com a revisão dos termos pactuados, pode ser uma alternativa às partes, a qual existirá até que os efeitos do evento sejam superados ou o interesse do credor despareça.

6. CONCLUSÃO

A crise ocasionada pela pandemia da Covid-19 trouxe à tona diversas questões interessantes relacionadas ao direito contratual, notadamente porque as medidas restritivas adotadas para a contenção do vírus geraram situações críticas de manifesto desequilíbrio entre as partes contratantes, impossibilidade definitiva e temporária das prestações, bem como o comprometimento da sua utilidade.

Basta lembrar do exemplo apresentado no início deste artigo, envolvendo a locação de um espaço no aeroporto, em que, apesar de as prestações contratadas serem absolutamente possíveis de serem cumpridas, deixou de fazer sentido para o locatário a manutenção do contrato, pois a finalidade levada em consideração pelas partes na determinação do conteúdo contratual – a divulgação de um produto a número relevante de pessoas que passa pelo aeroporto –, restou frustrada com a brusca interrupção/diminuição da circulação de pessoas nesses locais.

No entanto, para afirmar contundentemente a ocorrência da frustração do fim no caso, é imprescindível analisar a existência de todos os seus pressupostos. Apesar de consistir em uma teoria relativamente nova, ainda pouco desenvolvida no sistema jurídico brasileiro e que sequer recebeu a devida atenção da jurispru-

---

56. SILVA, Jorge Cesa Ferreira da. *Inadimplemento das obrigações*. São Paulo: Ed. RT, 2007, p. 39.
57. Como explica Rodrigo Barreto Cogo, "em contratos de longo prazo ou com data de cumprimento futuro (cujo interesse do credor ainda persista após a data designada) que tiveram a finalidade contratual afetada, autoriza-se a suspensão do cumprimento das prestações por ambas as partes, aproveitando-se, portanto, o cumprimento até então realizado, mas impondo, em contrapartida, o acertamento entre as partes quanto as despesas a incorrer durante a paralisação das prestações e que visam assegurar que a finalidade possa ser atingida tão logo o evento superveniente seja superado" (Pandemia Covid-19, revisão e resolução contratual: a relevância da Frustração do Fim do Contrato, cit., p. 114).

dência nacional, acredita-se que as discussões envolvendo a figura da frustração do fim contratual passarão a ser recorrentes, na medida em que os efeitos da pandemia forem se refletindo de forma concreta nas relações contratuais. Daí a importância da correta compreensão da teoria, cuja importação para o Direito brasileiro, apesar de não ser absolutamente necessária – afinal, não há qualquer novidade ao se afirmar que a prestação precisa satisfazer o interesse útil do credor –, facilita seu emprego, principalmente por estruturar os seus pressupostos de aplicação, bem como seus possíveis efeitos nas esferas contratual e patrimonial das partes.

COMPLIANCE NO AMBIENTE NEGOCIAL

José Roberto de Castro Neves

Doutor em Direito Civil pela Universidade do Estado do Rio de Janeiro (UERJ). Mestre em Direito pela Universidade de Cambridge, Inglaterra. Professor de Direito Civil da Pontifícia Universidade Católica (PUC-Rio) e da Fundação Getúlio Vargas. Advogado.

1. INTRODUÇÃO

"Confiança é bom, mas controle é melhor", teria dito o ditador Stalin. Evidentemente, seria melhor se vivêssemos em um mundo no qual bastasse a confiança entre as pessoas. Talvez ainda cheguemos lá. Talvez jamais. Haverá sempre quem, por algum motivo, busque burlar as regras ditadas pela sociedade, ou almas desconfiadas que, tal como São Tomé, precisem ver para crer.

Enquanto aguardamos o tempo em que a confiança se revele suficiente, ficamos condenados ao controle. No ambiente negocial, a falta de monitoramento já causou (e ainda causa) abomináveis consequências. Não é difícil imaginar, por exemplo, que o uso de pessoas jurídicas sediadas em jurisdições de frouxa fiscalização seja uma forma simples de burlar normas. Na medida em que, em regra, a regularidade de uma pessoa jurídica é aferida segundo a lei do país no qual ela foi constituída, um meio de escapar do controle – tanto fiscal quanto do objeto da atividade – consiste em celebrar negócios valendo-se de pessoas jurídicas com sedes em países mais "maleáveis" quanto a sua atuação.

Com efeito, dependendo da jurisdição, há cuidados maiores ou menores com a atividade da pessoa jurídica. São conhecidos os denominados "paraísos fiscais", nos quais as autoridades locais pouco ou nada regulam a atividade das pessoas jurídicas nele constituídas. Há, ainda, como evitar que se conheça o verdadeiro proprietário das ações dessas sociedades. Abre-se, dessa forma, uma avenida para ocultação de patrimônio, lavagem de dinheiro, entre outros variados tipos de fraude. Mas esse é apenas um dos males decorrentes da falta de controle.

Para garantir a paz social, estamos condenados a obedecer e a seguir regras. Alguma forma de sanção ou reprimenda é o destino de quem viola esses preceitos sociais ou legais. Na sofisticação do Estado, a fim de reprimir e evitar o desrespeito às normas legais, desenvolveu-se o conceito de verificação precedente de adequação de conduta. Pretende-se, com isso, prevenir algo errado, estabelecendo *ex ante* determinadas regras de conduta. Dessa forma, observa-se se a pessoa se encontra em conformidade com certos procedimentos para evitar que, no futuro, cometa algum ilícito.

A ideia de *compliance* – proveniente do verbo inglês *to comply*, traduzido como "conformidade" – significa estar de acordo com uma regra, uma instrução interna, um comando. As pessoas, sejam elas físicas ou jurídicas, devem seguir determinados padrões, que evitarão ou, ao menos, dificultarão uma conduta considerada errada.

Acredita-se que, se uma pessoa agiu corretamente, seguindo boas práticas, a tendência é a de que ela não cometerá ilegalidades. Ao revés, aquele que realiza uma série de atos irregulares e ilegais, atuando sem transparência, terá mais probabilidade, até mesmo pelo hábito, de seguir uma conduta reprovável. Em outros termos, *compliance* é o "ato de cumprir, de estar em conformidade e executar regulamentos internos e externos, impostos às atividades da instituição, buscando mitigar o risco atrelado à reputação e ao regulatório/legal".[1]

Em 2002, Steven Spielberg dirigiu um filme de ficção científica, estrelado por Tom Cruise, chamado de "*Minority Report*", o qual retrata a atuação do departamento da polícia de "Pré-Crime", exatamente porque consegue antever os ilícitos por meio de informações colhidas de videntes (os "*precogs*"). O pano de fundo do longa metragem é a discussão sobre o livre arbítrio, mas também como uma forma de prevenir o crime antes que ele ocorra. A ideia de *compliance* é a mesma.

Pelo *compliance*, busca-se estabelecer regras de comportamento e condutas. Na medida em que se observam esses preceitos, dificulta-se a ocorrência de atos indesejados. Cria-se, na verdade, uma "autorregulação regulada", de modo que há a correlação entre "as práticas empresariais e os parâmetros de cumprimento normativo ditados pelas autoridades públicas".[2] Há quem entenda, no entanto, que seria uma fragmentação normativa, porquanto a empresa estaria submetida a uma série de normas internas e externas.[3] De todo modo, um avanço que permite aos *players* maiores condições de atuação em um mercado guiado pela seriedade.

Imagine-se uma empresa com muitos funcionários. Interessa a ela que não sejam cometidos atos indevidos por essa gama de pessoas que atuam em seu nome. Para facilitar esse controle, a empresa estabelece normas de *compliance*, cuja observância se impõe a todos. Estabelece-se, por exemplo, que os funcionários não podem receber presentes de clientes ou, ainda, que estão proibidos de trabalhar quando ingerem bebidas alcóolicas. Ao determinar que essas regras sejam observadas, há um gerenciamento de possíveis riscos, diminuindo a chance de algo inadequado ocorrer.

---

1. MANZI, Vanessa Alessi. *Compliance no Brasil*. São Paulo: Saint Paul, 2008, p. 15.
2. SUNDFELD, Carlos Ari. *Compliance*: uma reflexão sobre os sistemas de controle nos setores público e privado. *FGV, Cadernos FGV Projetos*, ano 11, n. 28, nov. 2016, p. 93.
3. NASCIMENTO, Victor Hugo Alcade do. *Os desafios do compliance contemporâneo*. São Paulo: Ed. RT, 2019, v. 1003, p. 51-75.

2. AS RAÍZES DO *COMPLIANCE* E O SEU IMPACTO MUNDIAL

Os Estados Unidos foram o país precursor dessa forma de prevenir ilegalidades. Não apenas internamente – pois criou, para pessoas jurídicas estabelecidas naquele país, uma série de regras de transparência –, mas também nas relações internacionais.

Com a intensificação do processo de globalização, entre as décadas de 70 e 90, e, consequentemente, com o crescimento das transações comerciais internacionais, passaram a ser mais frequentes casos de corrupção no âmbito internacional. O desenvolvimento tecnológico faz nascer novos canais de transferência de informações antes não imaginados. Surgem novos riscos. Os americanos perceberam que não era suficiente promover apenas a regulação interna, na medida em que, mesmo as sociedades americanas, quando atuavam no exterior, valiam-se das regras locais "menos cuidadosas".

Pensando nisso, em 1977, os Estados Unidos promulgaram a *"Foreign Corrupt Practices Act"* – normalmente designada por suas iniciais: FCPA –, como "parte da reação da opinião pública ao escândalo de propinas pagas pela *Aircraft Corporation* para funcionários públicos estrangeiros, de vários países aliados, à época da Guerra Fria"[4], popularmente conhecido como "escândalo Lockheed", e, sobretudo, como resposta ao "escândalo Watergate" – um esquema de espionagem na sede do partido democrata em Washington, pelo partido republicano, durante a campanha eleitoral de 1972 –, levando à renúncia o presidente Richard Nixon, sem saída após evidências de que sabia das operações ilegais e tentou atrapalhar as investigações.

A norma visa a dar transparência aos registros de companhias americanas, mesmo que elas atuem, por subsidiárias, no exterior. Em outras palavras, exige-se que subsidiárias de sociedades americanas – ainda que seu controle seja submetido a jurisdições de outros países – apresentem às autoridades americanas seus números e livros, com toda transparência e rigor a que elas estariam sujeitas se fossem sediadas e constituídas na América. Ao fim, a norma tem por objetivo coibir a prática de corrupção entre partes que, de algum modo, se relacionem com os Estados Unidos. Em caso de violação, a FCPA prevê cominação de multa e, em casos extremos, penas privativas de liberdade.

Mais tarde, em 1991, a *United States Sentencing Commission* – uma agência independente do governo dos Estados Unidos responsável por indicar diretrizes para a aplicação de sanções por parte das autoridades norte-americanas – publicou o *Supplementary Report On Sentencing Guidelines for Organizations*, na qual estabelece a base para a implementação de programas de *compliance*, por meio de alguns requisitos que devem ser observados.

---

4. PAGOTTO, Leopoldo. Esforços globais anticorrupção e seus reflexos no Brasil. In: DEL DEBBIO, Alessandra; MAEDA, Bruno Carneiro; AYRES, Carlos Henrique da Silva (Coord.). *Temas anticorrupção e compliance*. Rio de Janeiro: Elsevier, 2013, p. 42.

Dessa forma, todas as sociedades devem estar, como se diz, em "conformidade". A partir da experiência norte-americana, surgiram, na comunidade internacional, regras de *compliance*, como reflexo da preocupação da comunidade internacional. São exemplos a Convenção sobre Combate de Corrupção de Funcionários Públicos Estrangeiros em Transações Comerciais Internacionais, da Organização para a Cooperação e o Desenvolvimento Econômico (OCDE), de 1997; a Convenção Penal sobre Corrupção do Conselho da Europa, de 1999; e a Convenção Interamericana contra a corrupção, da Organização dos Estados Americanos (OEA), de 1996.[5] Desde então, há a promoção internacional – ainda que de forma incipiente – para a adoção de medidas mais consistentes, pelos países signatários, no combate à corrupção, garantindo, inclusive, a cooperação internacional e a recuperação de ativos.

O grande salto, em todo o mundo, em matéria de atenção às regras de *compliance* se deu por conta de um evento histórico. Na manhã de 11 de setembro de 2001, 19 sequestradores tomaram quatro aviões comerciais americanos, dois Boeing 757 e dois Boeing 767, que haviam acabado de decolar dos aeroportos de Newark, Washington D.C. e Boston (deste último, saíram dois aviões). Os sequestradores, numa missão suicida, chocaram duas aeronaves contra as Torres Gêmeas, construção icônica em Nova York, e uma contra o Pentágono, sede do Departamento de Defesa dos Estados Unidos, em Washington. A quarta aeronave, por conta da rebelião dos passageiros, caiu numa fazenda, na Pensilvânia. Todos os aviões estavam cheios de passageiros. Quase três mil pessoas morreram em decorrência do ataque.

Estarrecido e chocado, o mundo percebeu sua fragilidade. Como seria possível evitar que um grupo fanático se organizasse para cometer atos graves dessa magnitude?

Verificou-se que o atentado fora concebido e executado por um grupo fundamentalista islâmico, que, a partir de então, ganhou fama mundial. As autoridades americanas compreenderam que, para conceber e levar a cabo um plano daquela dimensão, era necessário ter bastante dinheiro. Restava no ar a indagação: como os terroristas circularam com tanto dinheiro dentro dos Estados Unidos, sem que as autoridades americanas tivessem ciência?

Estava clara a necessidade de estabelecer regras mais severas acercaa da movimentação de patrimônio. Percebeu-se que havia, no mundo, um poderoso e obscuro canal por onde o dinheiro poderia circular sem qualquer controle.

Muitos países, até na desenvolvida Europa, como a Suíça e Luxemburgo, possuíam um modelo bancário no qual havia pouquíssima fiscalização. Esses "paraísos fiscais", com o uso disseminado de "empresas de papel", livres de regulamentação, permitiam que todo tipo de atividade ilegal encontrasse abrigo para depósito e movimentação de valores. Corrupção, terrorismo, tráfico de drogas e armas, ocultação de

---

5. Todos ratificados pelo Brasil, sendo incorporados ao ordenamento jurídico interno pelos respectivos Decretos: Decreto 3.678, de 30.11.2000; Decreto 5.687, de 31.01.2006 e Decreto 4.410, de 07.10.2002.

patrimônio, entre outros desvios. Tudo isso era protegido pela falta de transparência e inspeção. Pelo mesmo canal, circulava toda a riqueza oriunda de atividades ilegais ocorridas no planeta.

Depois do atentado de 11 de setembro, os Estados Unidos decidiram tomar providências a fim de tornar mais difícil a sobrevivência de pessoas que se valessem desses "buracos negros" de contabilidade. As pessoas deveriam demonstrar que estavam "em conformidade" com os padrões, sob pena de não negociarem com os americanos. Era necessário demonstrar a origem lícita do dinheiro e os propósitos dos negócios.

Essa iniciativa desencadeou colossais mudanças. O mundo inteiro passa a se preocupar com o dinheiro "frio", aquele sem origem comprovada.[6] Esse cuidado acabava por dificultar todo tipo de negócio ilícito. Países como a Suíça, um importante centro bancário mundial, alteraram radicalmente a sua política, exigindo transparência no seu sistema financeiro, como única forma de garantir sua sobrevivência no comércio internacional.[7] Instituições financeiras ao redor do globo passaram a exigir precisas informações de seus clientes, para se assegurar de que não guardavam dinheiro "sujo", sob pena de encerrar as contas.

Um grande aliado desse desejo de controlar e conhecer a atividade das pessoas foi a extraordinária revolução da transferência de informações, decorrente dos avanços tecnológicos, que vivemos na atualidade.

A tecnologia permitiu que fossem identificados, com facilidade e rapidez, transferências de dinheiro, nos mais distantes cantos do planeta. Atualmente, é muito difícil que uma operação financeira, independentemente de onde ela ocorra, não seja identificada, tendo em vista que as transferências bancárias se dão por meio virtual e, de alguma forma, esse dado fica armazenado. O avanço tecnológico, na prática, permitiu que se descobrissem contas não declaradas e transferências sem explicação.

No Brasil recente, o reconhecimento de contas bancárias no exterior, cuja fonte era ilícita, garantiu que se pudesse avançar em investigações, como a "Operação Lava-Jato", levada adiante pelo Ministério Público, a fim de desbaratar esquemas de corrupção, recuperando enormes quantias aos cofres públicos.

Dessa forma, a tradicional visão no ambiente corporativo do *"too big to fail"*, *"too big to jail"* ou ainda, segundo Andrew Bailey[8], *"too big to prosecute"* – segundo a qual empresas com muita influência política e econômica estariam cobertas por um

---

6. Indo ao encontro com essa preocupação global de ajuste de condutas corporativas, a Organização das Nações Unidas editou, em 2003, a "Convenção das Nações Unidas contra a Corrupção" – ratificada pelo Brasil em 2005 (Decreto Legislativo 348).
7. Em 2014, a Suíça se uniu ao processo de troca automática de informações financeiras e fiscais da Organização para a Cooperação e o Desenvolvimento Econômico (OCDE), contribuindo para o término do sigilo bancário que vigia naquele país.
8. O então chefe do órgão regulador britânico *Prudential Regulation Authority* à época da multa bilionária aplicada ao HSBC por lavagem de dinheiro vinculada a tráfico de drogas ilícitas.

"manto" que as tornaria ilesas de eventuais fracassos (v.g. falência), imunes a qualquer punição e livres de processos judiciais – encontra-se superada. Aos poucos, porém de forma irreversível, no âmbito do comércio internacional, a atenção às regras de *compliance* passou a ser não apenas recomendável, porém mandatória. Muitas empresas, para celebrar negócios, exigem que a contraparte apresente provas de que se vale de regras de conformidade, tudo a fim de se proteger de eventuais alegações de conivência ou coparticipação em condutas ilícitas.

3. O *COMPLIANCE* NO BRASIL: *QUAE SERA TAMEN*

No Brasil, infelizmente, estamos, na maior parte das vezes, atrasados. Nosso legislador age, não raro, de forma reflexiva. Desde o período colonial, o Brasil assistiu casos de corrupção ou de práticas "menos cuidadosas", para dizer o mínimo. Até a liberdade, como apontado pelos inconfidentes, chegou tardiamente. A influência do *compliance* internacional para o impulsionamento de uma regulamentação pelo Brasil foi significativa. Em um primeiro momento, as empresas multinacionais sediadas aqui, habituadas ao modelo de *compliance* dos seus respectivos países, introduzem em suas filiais brasileiras regulamentos internos de alinhamento de conduta. Não havia, porém, qualquer dever em sua adoção.

Vestígios tardios do *compliance* em "terras tupiniquins" surgem no âmbito das instituições financeiras, com a Resolução 2.554 do Banco Central do Brasil (BACEN), de 24.09.1998, a qual prevê "a implantação e a implementação de controles internos voltados para as atividades por elas desenvolvidas, seus sistemas de informações financeiras, operacionais e gerenciais e o cumprimento das normas legais e regulamentares a elas aplicáveis". A Resolução 2.554/98 é um reflexo das regras importadas do Comitê Basileia para Supervisão Bancária de 1975 e da SEC ("*Securities and Exchange Comission*"), órgão norte-americano responsável pela regulação do mercado de capitais.

Em 1998, mais um passo é dado na legislação brasileira de combate à corrupção, com a promulgação da Lei 9.613/98 – alterada pela Lei 12.683/12 –, popularmente conhecida como "Lei de Prevenção à Lavagem de Dinheiro". Já era possível identificar mecanismos de *compliance*, como a identificação de clientes e manutenção periódica de cadastro (art. 10, I); o registro de toda transação em moeda nacional ou estrangeira, títulos e valores mobiliários, títulos de crédito, metais, ou qualquer ativo passível de ser convertido em dinheiro (art. 10, II); a criação de políticas, procedimentos e controles internos, compatíveis com seu porte e volume de operações (art. 10, III); e a comunicação – independentemente de requisição por parte do órgão competente – sobre operações suspeitas (art. 11).

Mesmo diante dos escândalos históricos de corrupção no Brasil, foi apenas após a promulgação da Lei 12.846/13, regulamentada pelo Decreto 840/15, que o mecanismo do *compliance* é positivado de forma expressa pelo legislador brasileiro, como método a ser considerado na aplicação de sanções. A partir de então, o *compliance* passa a ser pauta frequente nas empresas, como meio de gerenciamento de riscos e, por consequência, um requisito fundamental para o "perfil limpo" da empresa perante o mercado.

4. A LEI ANTICORRUPÇÃO: UMA NOVA PERSPECTIVA DAS RELAÇÕES NEGOCIAIS "EM CONFORMIDADE"

Foi apenas em 01.08.2013 que entrou em vigor a Lei 12.846, também chamada de "Lei da Empresa Limpa" ou "Lei Anticorrupção", dispondo sobre "a responsabilização administrativa e civil de pessoas jurídicas pela prática de atos contra a administração pública, nacional ou estrangeira". Evidentemente, como trata o artigo 3º da regra,[9] essa responsabilização em nada afeta a situação individual dos dirigentes e administradores dessas pessoas, que seguem sujeitos a sanções.

A Lei "inclui outros atos lesivos contra a Administração Pública, como, por exemplo, fraudar uma licitação, perturbar a realização de um procedimento licitatório público, afastar licitamente por meio de fraude ou oferecimento de vantagem de qualquer tipo e manipular o equilíbrio econômico-financeiro dos contratos celebrados com a Administração".[10]

Além de estabelecer padrões de conduta e indicar os atos lesivos à administração pública, notadamente a corrupção e a simulação, a Lei indica severas sanções aos infratores, com multas elevadas, que comprometem a própria vida da pessoa jurídica:

"Art. 6º Na esfera administrativa, serão aplicadas às pessoas jurídicas consideradas responsáveis pelos atos lesivos previstos nesta Lei as seguintes sanções:

I – multa, no valor de 0,1% (um décimo por cento) a 20% (vinte por cento) do faturamento bruto do último exercício anterior ao da instauração do processo administrativo, excluídos os tributos, a qual nunca será inferior à vantagem auferida, quando for possível sua estimação"

O artigo 7º da Lei 12.846/13, ao fornecer os elementos que devem ser levados em consideração para fins de aplicar as sanções previstas na lei, trata do *compliance*. Diz a regra:

"Art. 7º Serão levados em consideração na aplicação das sanções: (...)

VIII – a existência de mecanismos e procedimentos internos de integridade, auditoria e incentivo à denúncia de irregularidades e a aplicação efetiva de códigos de ética e de conduta no âmbito da pessoa jurídica"

---

9. "Art. 3º A responsabilização da pessoa jurídica não exclui a responsabilidade individual de seus dirigentes ou administradores ou de qualquer pessoa natural, autora, coautora ou partícipe do ato ilícito. § 1º A pessoa jurídica será responsabilizada independentemente da responsabilização individual das pessoas naturais referidas no caput. § 2º Os dirigentes ou administradores somente serão responsabilizados por atos ilícitos na medida da sua culpabilidade".
10. BLOK, Marcela. A nova lei anticorrupção e o compliance. *Revista de Direito Bancário e do Mercado de Capitais*, v. 65, p. 263-318, São Paulo, 2014.

Como se vê, a norma legal ressalva que a existência de procedimentos internos de controle funciona para se reduzir as sanções previstas na Lei. Contudo, não foi introduzida a possibilidade de isenção total da responsabilidade da pessoa jurídica diante da existência de mecanismos e de procedimentos adequados de *compliance*, que acabaram por fracassar (*"failure to prevent bribery"*), tal como o prevê o UK Bribery Act.[11]

O legislador certamente levou em consideração que a pessoa jurídica que adotou esse cuidado, preocupada em não cometer irregularidades, não tinha interesse em agir ilicitamente. Se um de seus funcionários ou representantes, sem o consentimento da pessoa jurídica, agiu mal, ela responde, até mesmo por culpa *in elegendo*, porém com a sanção atenuada.

Pouco depois da promulgação da Lei 12.846/13, verificou-se a necessidade de se editar um decreto a fim de especificar quais os programas de *compliance* que deveriam ser considerados como atenuantes da sanção prevista em lei. Isso porque, evidentemente, não era razoável admitir que a mera existência de um programa de integridade, mesmo pobre e malfeito, pudesse funcionar como fator de redução. Era preciso indicar qual o conteúdo deles. Diante disso, adveio o Decreto 840, de 18.03.2015, com vistas a tratar do tema.

> "Art. 41. Para fins do disposto neste Decreto, programa de integridade consiste, no âmbito de uma pessoa jurídica, no conjunto de mecanismos e procedimentos internos de integridade, auditoria e incentivo à denúncia de irregularidades e na aplicação efetiva de códigos de ética e de conduta, políticas e diretrizes com objetivo de detectar e sanar desvios, fraudes, irregularidades e atos ilícitos praticados contra a administração pública, nacional ou estrangeira.
>
> Parágrafo Único. O programa de integridade deve ser estruturado, aplicado e atualizado de acordo com as características e riscos atuais das atividades de cada pessoa jurídica, a qual por sua vez deve garantir o constante aprimoramento e adaptação do referido programa, visando garantir sua efetividade."

Em seguida, houve, ainda, a publicação da Portaria Controladoria Geral da União 909, de 07.04.2015, que, da mesma forma, tinha o propósito de estabelecer os critérios e parâmetros a serem seguidos pelas pessoas jurídicas, a fim de que os procedimentos de *compliance* fossem considerados como sérios e consistentes, à semelhança do *Sentencing Guidelines for Organizations*.

No entanto, seguir os ditames de *compliance* não é mandatório. Em regra, as empresas não estão obrigadas a editar regulamentos internos a fim de instaurar programas de integridade. Há, todavia, importantes exceções. Além das instituições financeiras,[12] as companhias abertas "emissoras da categoria A" estão sujeitas ao *com-*

---

11. *UK Bribery Act*, de 01.07.2011, é a Lei Anticorrupção do Reino Unido que regulamenta a responsabilização das pessoas jurídicas com sede no Reino Unido por atos de corrupção, assim como daqueles que realizarem negócios com essas pessoas jurídicas. Para muitos, trata-se do mais rigoroso sistema legal contra a corrupção.
12. O Banco Central do Brasil editou a Resolução 4.595, de 28.08.2017, na qual "dispõe sobre a política de conformidade (*compliance*) das instituições financeiras e demais instituições autorizadas a funcionar pelo Banco Central do Brasil", sujeitando às instituições financeiras às regras de *compliance*.

pliance, a partir de mecanismos e procedimentos internos de integridade adotados pelo emissor para prevenir, detectar e sanar desvios, fraudes, irregularidades e atos ilícitos, nos termos da Instrução 480 da Comissão de Valores Mobiliários – CVM.

O movimento de seguir a conformidade, no Brasil, apesar de tardio, foi forte. As sociedades estruturadas, notadamente aquelas com ações negociadas em bolsa, adotaram, sem exceção, programas de conformidade. O mercado se reorganizou.

Em função disso, atualmente, há uma exigência, em maior ou menor grau, de que as pessoas jurídicas sejam "limpas". Não se quer celebrar negócios com quem esteja relacionado a alguma irregularidade ou ofereça riscos de burlar a lei. Esse cuidado, portanto, ocorre, até mesmo, por questões comerciais. A honestidade passou a ser um ativo importante e um elemento considerado ao escolher com quem contratar. Diante dessa realidade, deixar de seguir métodos e procedimentos internos de integridade tornou-se a exceção.

Nesse contexto, as partes passaram a adotar o conceito de conhecer melhor a contraparte, numa prática que os americanos alcunharam de *"know your client"* ou *"know your customer"* (ou, ainda, simplesmente KYC).

Esse modelo foi, num primeiro momento, abraçado por instituições financeiras, que buscavam evitar que elas servissem como "lavanderia", isto é, como forma de transformar o dinheiro de origem suja em algo lícito – daí a metáfora, pois se "limparia" o dinheiro. Os bancos passaram a procurar compreender a origem do dinheiro que neles era depositado e qual o destino. Não se admitia que clientes deixassem quantias em dinheiro apenas por pouco tempo nos bancos, desaparecendo em seguida, pois isso era uma forma de esconder patrimônio. Exigiu-se dos possíveis clientes uma série de informações.

Esse cuidado revelava-se pertinente. Afinal, a instituição financeira, em última análise, poderia ser conivente e, em alguma medida, cúmplice do ato irregular. Imagine-se, para dar um exemplo singelo, que uma pessoa usasse sua conta no banco para comprar grande quantidade de drogas ilícitas. A instituição financeira que fizesse isso teria uma vantagem financeira se cobrasse alguma forma de comissão, pois promoveu a operação (de certa forma, embora involuntariamente, a instituição auxiliou o negócio ilícito). Assim, diante do risco de se envolver em atos ilegais, bancos, ao redor do mundo, passaram a adotar regras mais restritas para conhecer seus clientes.

Embora muitas pessoas ainda entendam como invasiva essa política de exposição ao potencial contratante, trata-se de modelo hoje dominante em diversos setores e representa um sinal dos tempos.

Rapidamente, outros ramos de negócios passaram a se valer desses mesmos resguardos. Até mesmo a advocacia, uma atividade na qual se é contratado para defender os interesses de uma pessoa (eventualmente com algum problema ou dificuldade), o cuidado em conhecer o cliente e saber a origem do dinheiro que remunerava o profissional do direito passou a ser um fator considerado.

Pode haver um exagero nesses cuidados? Vale refletir sobre o risco de negociar com a pessoa "suja". O que aumenta se ela não segue ou esteja em desconformidade com as boas regras de governança?

Não raro, antes de celebrar um negócio, uma parte solicita a outra que preencha uma declaração, na qual registre suas boas práticas. Comumente, contratantes assinam o que os americanos designaram como *"Representations and Warranties"*, pois há referências de determinadas situações (como, por exemplo, a de que a parte não está envolvida em nenhuma atividade ilegal e não pratica corrupção) e, em seguida, oferecem-se garantias de que as "representações" correspondem a verdade.

No caso de se violar essas *"Reps and Warranties"*, haverá um inadimplemento contratual que pode ensejar, até mesmo, a rescisão do contrato, na forma do artigo 475 do Código Civil,[13] arcando a parte culpada com as perdas e danos. Evidentemente, a consequência para o contrato do descumprimento da "representação" dependerá de uma análise do caso concreto, caso as partes não tenham previsto expressamente no instrumento os efeitos dessa violação.

De toda sorte, mesmo que as partes de um negócio não tenham oferecido, entre si, referências de um comportamento honesto, há, acima disso, a regra geral de boa-fé, que impõe a todos uma conduta leal e transparente. Diante disso, se uma das partes enfrenta uma situação "complexa", que pode constranger ou prejudicar a contraparte, cabe a ela esclarecer o fato, antes de celebrar o contrato.

Permita-se ilustrar com um exemplo. Um investidor pretende contratar certa empreiteira, para, então, participar de uma licitação. Ocorre que essa empreiteira responde a um processo porque foi acusada de não gerir adequadamente o dinheiro público, em um outro caso, desconhecido pelo investidor. Deve a empreiteira noticiar o fato – a existência do processo judicial no qual sua idoneidade é questionada – ao investidor, mesmo que essa informação não tenha sido solicitada. A existência do processo pode maleficiar a pretensão negocial do investidor, de forma que o silêncio da empreiteira, a sua omissão, tem a possibilidade de gerar danos.

O dever de prestar informações dessa natureza existe pelo simples fato de o ordenamento jurídico demandar que as partes atuem de boa-fé, na forma do artigo 422 do Código Civil.[14-15]

Mais especificamente, sobre esse tema de negociar com pessoas que não atentam para regras de conformidade ou mesmo "sujas", na medida em que respondem por atos ilícitos dessa natureza (como, por exemplo, corrupção), cumpre responder a seguinte pergunta: Judas está proibido de contratar? Em outras palavras, uma pes-

---

13. "Art. 475. A parte lesada pelo inadimplemento pode pedir a resolução do contrato, se não preferir exigir-lhe o cumprimento, cabendo, em qualquer dos casos, indenização por perdas e danos".
14. "Art. 422. Os contratantes são obrigados a guardar, assim na conclusão do contrato, como em sua execução, os princípios de probidade e boa-fé".
15. Nesse sentido: MARTINS-COSTA, Judith. *A boa-fé no direito privado*: critérios para a sua aplicação. São Paulo: Marcial Pons, 2015, p. 218-227.

soa que cometeu ou mesmo que esteja cometendo uma irregularidade se encontra proibida de contratar?

Permita-se um exemplo: um empresário corruptor, assim reconhecido pela Justiça, tenta contratar um músico para tocar na festa de casamento de sua filha. Esse músico está proibido de aceitar a oferta de contratar?

Para responder a essa indagação, cumpre, preliminarmente, identificar a diferença entre o mundo jurídico e o mundo comercial. Do ponto de vista jurídico, a pessoa que não segue regras de *compliance* (e mesmo o corruptor) não está incapacitado para os atos da vida civil. Contudo, comercialmente, pode não ser interesse do músico – ou de qualquer outra pessoa – ver-se envolvido com alguém "sujo". Isso pode criar uma rejeição social, com consequências indefinidas.

Mais especificamente, deve-se promover a análise da natureza e peculiaridade do contrato oferecido pela pessoa "suja". Essa apreciação passa, inclusive, pela remuneração. Era razoável que a parte soubesse ou desconfiasse que se contribuía para algo "errado", pois, afinal, estaria "limpando o dinheiro"?

Imagine-se o joalheiro que seja abordado por um político, com a proposta de compra de joias caríssimas, em valor astronômico e incompatível com a remuneração de um político. Para piorar, o político oferece fazer o pagamento em dinheiro vivo e exige que não haja qualquer registro do negócio, ocultando a operação da receita federal. O joalheiro, claramente, contribuiu para que se desse a ocultação de patrimônio. A hipótese, inclusive, se encontra prevista na Lei 9.613/98, alterada pela Lei 12.683/12:

> "Art. 1º Ocultar ou dissimular a natureza, origem, localização, disposição, movimentação ou propriedade de bens, direitos ou valores provenientes, direta ou indiretamente, de infração penal.
>
> Pena: reclusão, de 3 (três) a 10 (dez) anos, e multa.
>
> § 1 Incorre na mesma pena quem, para ocultar ou dissimular a utilização de bens, direitos ou valores provenientes de infração penal
>
> I – os converte em ativos lícitos;
>
> II – os adquire, recebe, troca, negocia, dá ou recebe em garantia, guarda, tem em depósito, movimenta ou transfere;
>
> III – importa ou exporta bens com valores não correspondentes aos verdadeiros."

O joalheiro do exemplo se protegeria caso declarasse à Receita Federal o negócio com o político. Ficaria mais seguro se exigisse que o pagamento se desse por meio de uma transferência bancária, para uma conta evidentemente declarada e não em dinheiro em espécie. Por fim, para ficar no campo da absoluta segurança, o tal joalheiro poderia optar por não realizar o negócio de vulto com uma pessoa pública, que possivelmente não teria patrimônio ou ganhos compatíveis com o vulto do negócio.

Imagine-se, por fim, a situação de um despachante que prometa conseguir rapidamente uma certidão pública, escapando da demora normal para obtenção desses documentos. Os honorários cobrados são exorbitantes. Parece justo imaginar que parte da remuneração cobrada será destinada a arcar com a propina do funcionário público que cobrou ilicitamente para prestar rapidamente seu serviço? A mera suspeita desse fato, no sentido de que se estaria cometendo um ilícito, pode servir para que se desista de contratar o tal despachante.

Há, pois, uma fronteira entre a mera realização de um negócio e a cumplicidade. Se existe uma justificada preocupação com a origem do dinheiro, natural que se atente também ao seu destino.

5. CONSIDERAÇÕES FINAIS: A EXCEÇÃO SE TORNOU A REGRA

O mundo sempre estará mudando. Práticas antigas são, com o tempo, proscritas. Outros modelos passam a vigorar, não raro com um vigor irresistível. Como no icônico e visionário romance de George Orwell, *1984* – escrito em 1949, quando a Europa ainda catava os cacos da Segunda Grande Guerra –, estamos, hoje, sujeitos a uma vida supervisionada pelo Grande Irmão. Quem não estivem em conformidade com os padrões de governança, perde as oportunidades de se colocar nas relações comerciais e sociais.

PACTOS SUCESSÓRIOS: POSSIBILIDADES E INSTRUMENTALIZAÇÃO

Daniel Bucar

Doutor e Mestre em Direito Civil pela UERJ. Especialista em Direito Civil pela Scuola di Specializzazione in Diritto Civile pela Università degli Studi di Camerino – Itália. Pesquisador visitante do Max Planck Institut für Ausländisches und Internationales Privatrecht – Alemanha. Professor Titular de Direito Civil do IBMEC/RJ. Procurador do Município do Rio de Janeiro. Advogado. O autor agradece a relevante contribuição de Caio Ribeiro Pires para a pesquisa, sugestões e revisão do presente trabalho.

1. NOTA INTRODUTÓRIA

É sabido que o Direito, frente às atuais mudanças sociais, apresenta dificuldade para se adaptar à realidade, cujo desafio é refletido na atividade dos atores envolvidos em sua elaboração e interpretação. Tal descompasso, ocasiona paradoxos frente à profundidade das mudanças necessárias, que também é reclamada no direito sucessório.

Com efeito, se há um tempo a morte constituía um verdadeiro tabu na sociedade brasileira, refletido na baixíssima utilização do testamento[1], representa, na atualidade, momento de reflexão jurídica quanto à destinação do patrimônio, cuja preocupação é resultado da acumulação de riqueza e novos arranjos familiares[2].

Assim, encontra-se em ascendência a utilização do planejamento sucessório por sua potencialidade funcional com o objetivo permitir, no campo das sucessões, uma maior autonomia privada e a busca de transmissão patrimonial sem a intervenção estatal do inventário público e obrigatório[3]. No entanto, permanecem rígidas as estruturas provenientes da pseudoneutralidade sucessória, fruto de uma segurança jurídica abstrata e formal, que dentre seus pilares encontra a proibição dos pactos sucessórios proveniente do art. 426, CC.

Ciente de que não comporta o direito sucessório digressões retóricas a noções imprecisas, o presente estudo busca apresentar, nos espaços concedidos pelo ordenamento, a instrumentalização, pela disciplina dos negócios jurídicos e contratos, da liberdade merecedora de tutela no Direito das Sucessões. De igual modo, também

---

1. HIRONAKA, Giselda Maria Fernandes Novaes e CAHALI, Francisco José. *Direito das sucessões*. 5. ed. rev. São Paulo: Ed. RT, 2014, p. 263-264.
2. TEIXEIRA, Daniele Chaves. *Planejamento sucessório: pressupostos e limites*. Belo Horizonte: Fórum, 2017. p. 35-46.
3. Quanto à obrigatoriedade do inventário, TEPEDINO, Gustavo; NEVARES, Ana Luiza Maia; MEIRELES, Rose Melo Vencelau. *Fundamentos do Direito Civil*. Rio de Janeiro: Editora Forense, 2020, v. 7, p. 253

busca esboçar um limite (restritivo, como sabidamente desenham-se as proibições) aos pactos na seara enunciada.

2. PACTOS SUCESSÓRIOS: UMA PROIBIÇÃO, TRÊS FUNDAMENTAÇÕES

Os pactos sucessórios, segundo conceito doutrinário "(...) *são aqueles em que o objeto do acordo convencional é a sucessão de um dos pactuantes ou terceiro. Podem ser aquisitivos (de sucedendo) ou renunciativos (de non sucedendo)*"[4]. A doutrina contemporânea dedicada ao tema faz divisão do pacto aquisitivo entre as espécies institutivo e dispositivo: o primeiro constitui-se quando uma das partes, o disponente, institui a outra, o beneficiário, como seu herdeiro ou lhe atribui um legado, enquanto o segundo ocorre na disposição entre duas pessoas sobre a sucessão de um terceiro, não participante da avença[5].

Embora presentes na doutrina tais conceituações, o instituto é refutado sob o argumento de proibição severa, geral e abstrata por majoritária doutrina[6]. Fundamenta-se a certeza desta proibição no art. 426, CC (repetição do disposto no art. 1.089 da lei civil de 1916) que dispõe: "não pode ser objeto de contrato a herança de pessoa viva" [7-8]. No mesmo sentido, parece ser o entendimento do Superior Tribunal de Justiça, o qual, em quatro oportunidades e até o presente momento, tomou, como pressuposto da decisão, a manutenção do interdito dos pactos, declarado por Tribunais estaduais[9].

O estudo das razões para a proibição de "contrato sobre herança de pessoa viva" indica que, embora colocadas de diferentes formas, decorrem de três diferentes or-

---

4. BEVILÁQUA, Clóvis. *Direito das Sucessões*. Campinas: Red Livros, 2000, p. 317.
5. SILVA, Rafael Cândido da. *Pactos sucessórios: ensaio sobre a perspectiva funcional da autonomia privada na sucessão causa mortis*. Dissertação (mestrado em direito). Faculdade de Direito da Universidade Estadual do Rio de Janeiro, Rio de Janeiro, 2017, p. 80.
6. WALD, Arnoldo. *Direito das Sucessões*. 15. ed. São Paulo: Saraiva, 2012, v. 6, p. 46; VENOSA, Silvio. *Direito civil*: direito das sucessões. 13. ed. São Paulo: Atlas, 2013; TARTUCE, Flávio. *Manual de direito civil*: volume único. Rio de Janeiro: Forense, 2011, p. 232; PEREIRA, Caio Mário da Silva. *Instituições de direito civil*. Atual. Carlos Roberto Barbosa Moreira. 21. ed. Rio de Janeiro: Forense, 2014, v. VI, Direito das Sucessões, p. 169; PONTES DE MIRANDA, Francisco Cavalcanti. *Direito das sucessões*: sucessão em geral, sucessão legítima. Atual. Giselda Maria Fernandes Novaes Hironaka e Paulo Luiz Netto Lôbo. São Paulo: Ed. RT, 2012, t. LV, p. 154; GOMES, Orlando, atualizado por Mario Roberto Carvalho de Faria. *Sucessões*. 15. ed. Rio de Janeiro: Forense, 2012, p. 90; BEVILÁQUA, Clóvis. *Direito das sucessões*. Campinas: Red Livros, 2000, p. 319-321.
7. Excepcionando a proibição do pacto, Silvio Venosa advoga a possibilidade de doação *post mortem* estipulada entre cônjuges no pacto antenupcial, a qual, embora suprimida do atual diploma e presente no art. 314, CC 16, não encontraria óbice no atual ordenamento jurídico por ser a morte mera consequência, já subordinada a doação apenas ao casamento (VENOSA, Silvio. *Direito civil*: direito das sucessões. 13. ed. São Paulo: Atlas, 2013, p. 50). Já Clóvis Bevilaqua entendia pela exclusão de direitos sucessórios entre cônjuges no pacto antenupcial (BEVILÁQUA, Clóvis. *Direito das Sucessões*. Campinas: Red Livros, 2000, p. 321).
8. A única exceção, importante lembrar, é a disposição dos bens integrantes do patrimônio em vida, cuja possibilidade é expressamente prevista no art. 2.018, CC.
9. REsp 1591224/MA, Rel. Ministro João Otávio de Noronha, julgado em 26/04/2016; REsp 1472945/RJ, Rel. Ministro Ricardo Villas Bôas Cuevas, julgado em 23.10.2014; REsp 1225861/RS, Rel. Ministra Nancy Andrighi, julgado em 22.04.2014; REsp 646.259/RS, Rel. Ministro Luis Felipe Salomão, julgado em 22.06.2010.

dens: os bons costumes, os sujeitos envolvidos no fenômeno hereditário e o objeto negociado.

A primeira delas diz respeito a uma proibição de espécie moral, na qual o direito adentra por meio da ainda sobreviva cláusula geral dos bons costumes (prevista, inclusive, na disciplina dos negócios jurídicos, conforme art. 122, CC, a impossibilitar determinadas condições). Repousa a justificativa em tradição romana contrária ao chamado *votum captandae mortis*, ou seja, a possibilidade de especular sobre a morte de eventual autor de herança, seu não cuidado por eventuais herdeiros que conheceriam seu destino sucessório e, até mesmo, o receio da prática criminal endereçada a tornar a expectativa em um direito sem maiores delongas.

Quanto aos sujeitos envolvidos na relação jurídica sucessória, alega-se uma justificativa baseada na condição de autor da herança e outra naquela de herdeiro. A primeira seria a incongruência do contrato ou renúncia, irrevogável, com o sistema dual de delação sucessória (expressamente dividido em sucessão legal e testamentária, sem admitir aquela contratual) onde a disposição de última vontade concedida ao testador é, de forma imprescindível, passível de mudança até o momento de sua morte. A segunda razão repousaria no receio do legislador quanto a disposições, por eventual herdeiro, pródigas ou eivadas de premente inexperiência neste âmbito.

Finalmente, afirma-se a impossibilidade de contratação da herança pelo fato de que esta só passa a existir quando aberta a sucessão, o que ocorre, precisamente, no momento da morte de seu eventual autor. Dito de outra forma, o objeto seria inexistente até que um dos possíveis contratantes venha a falecer, em momento futuro e incerto ao ponto de tornar a avença impraticável, razão final para conveniência de proibição.

Traçada a existência de uma proibição à pactuação de heranças de pessoas vivas, o porquê de sua inclusão na topografia legislativa segundo a doutrina, faz-se necessário confrontar cada um desses argumentos com o ordenamento jurídico em que está inserido, principalmente frente ao seu centro: a Constituição da República. Após a realização de tal digressão, será possível perquirir efeitos que justifiquem o merecimento de tutela dos pactos sucessórios frente a espaço em que a incidência da regra se tornaria injustificada.

3. AUTONOMIA PRIVADA E DIREITO DAS SUCESSÕES: UMA ANÁLISE FUNCIONAL DO "INTERDITO AOS PACTOS"

O primeiro argumento para a vedação repousa em aversão moral, proveniente do direito romano. Esta concepção, contudo, merece reflexão, seja em sede de contexto histórico, seja por justificativa do próprio direito vigente. O direito romano baseou-se, durante grande parte de sua vigência, na plena liberdade de testar, a qual era costumeiramente exercida, a ponto de considerar-se a morte *ab intestato* verdadeira desonra para o autor da herança. Diante de tais fatos, a organização familiar desenvolvia-se centrada na expectativa do recebimento do patrimônio causa mortis pela via testamentária, o que propiciava ambiente de desconfianças, tentativas de agrado, disputas e o dúbio sentimento de quem poderia amar ou odiar, a depender do que esperava de eventual falecido[10].

Nesta organização, proibir-se especular sobre a morte parece razoável regulamento na busca de acautelar conflitos ou crimes ainda maiores. Porém, não é o que se verifica nos tempos atuais: ao contrário, alcançada alguma igualdade entre homens e mulheres no mercado de trabalho, pensadas as relações familiares como local para o livre desenvolvimento da personalidade (consequentemente, tornando-se comum o divórcio e a existência de mais de um casamento ao longo da vida) e o maior acesso a bens, a procura é pela liberdade ao disciplinar as relações patrimoniais. Concernente a tal posição, afirma a doutrina especializada sobre o tema:

> "A rigidez – com a autonomia restrita a ser exercida na parte disponível – do sistema sucessório brasileiro está em descompasso com a sociedade contemporânea, o que torna necessária a análise de uma adequação do direito das sucessões as exigências sociais. Questiona-se se não estaria no momento de se verificar a justificação de sua vedação completa, ou se seria o caso de se admitir alguma exceção. Os fundamentos da doutrina para justificar o art. 426 do CC podem estar em desacordo com a sociedade e com a legislação sucessória brasileira. Resta pacífico que sua vedação é um dogma do direito romano que poderia ter sido flexibilizado na redação do Código Civil de 2002, mas, como se percebe, não ocorreram maiores debates entre os civilistas[11].

Mais do que isso, frente à pluralidade de entidades familiares inseridas nos mais diferentes contextos socioeconômicos, o que se assiste é a uma maior preocupação em destinar bens para o momento da morte. Isto decorre da necessidade de gerenciar prováveis conflitos, melhor alocar seus usos e até mesmo, privilegiar aquele que mais necessitam de proteção dentro de um círculo social concreto, em justificado detrimento de outros. Não por outras razões, justifica-se a notoriedade, tanto no meio acadêmico quanto nas discussões práticas, do planejamento sucessório, estudado para oferecer ferramentas que conduzam o direito das sucessões no sentido dos supracitados anseios sociais.

Justamente neste momento a manutenção da proibição dos livres acordos relativos ao direito sucessório, consubstanciados em contratos, asfixia tais anseios, de modo anacrônico e paradoxal à realidade[12]. A situação ora retratada não demonstra uma ampla aceitação social da proibição que o Código Civil incorporou, mas o contrário.

Também não coaduna o art. 426 do Código Civil com a contemporânea teoria dos bons costumes, a qual opta por não considerar, do modo preliminar e arbitrário, tal cláusula geral, eivada de preconceitos. Pelo contrário, uma atual concepção dos bons costumes aponta para sua compreensão através da teoria da tríplice autonomia

---

10. HIRONAKA, Giselda Maria Fernandes Novaes. *Morrer e suceder: passado e presente da transmissão sucessória concorrente*. 2. ed. São Paulo: Ed. RT, 2014, p. 289-294.
11. TEIXEIRA, Daniele Chaves. *Planejamento sucessório*: pressupostos e limites. Belo Horizonte: Fórum, 2017, p. 176.
12. SILVA, Rafael Cândido da. Pactos sucessórios: ensaio sobre a perspectiva funcional da autonomia privada na sucessão *causa mortis*. Dissertação (mestrado em direito), 2017, p. 129-130; 136.

privada existencial, a qual, em brevíssima síntese, afirma ser apenas possível emprestar sentido jurídico ao ato de autonomia existencial que "atente a bons costumes", na lesão, risco real a interesse público ou risco de lesão à coletividade no direito apoiados[13].

Qualquer disposição, por partes dotadas de discernimento, sobre seus eventuais direitos sucessórios não se encaixa na referida formulação[14]. Argumento que já era considerado vulnerável para defesa do dispositivo por Clóvis Bevilaqua[15], a concessão de relevância a esta justificativa moral do art. 426, CC apenas reforça sua disfuncionalidade, anacronismo e falta de amparo na totalidade do ordenamento.

Porém, há de se reconhecer pertinência quanto aos dois outros grupos de argumentos. Ainda assim, não para fins de confirmação da ampla e genérica hipótese de proibição dos pactos sucessórios, mas para a delimitação de espaço preciso em que esta atua.

De fato, a autonomia testamentária, afora os limites da legítima e das hipóteses do art. 1801, CC[16], é inspirada por forte liberdade, não se lhe aplicando, em larga medida, princípios contratuais contemporâneos, como, por exemplo a contradição de comportamento anterior (neste sentido os arts. 1.858 e 1.969, CC). Assim admitir pactos sucessórios, revestidos da disciplina jurídica do contrato, onde é possível prever sua irrevogabilidade, poderia, aos mais desatentos, importar óbice justificador da proibição, por subverter a lógica da autonomia testamentária.

Porém, ser o contrato irrevogável, ou não, é apenas um de seus aspectos, que, embora relevante, não poderia justificar um desmerecimento *a priori* dos pactos ora em estudo. Com efeito, a unidade do ordenamento jurídico permite a adaptação dos regramentos para o caso concreto, de acordo com a complexa disciplina jurídica incidente, de forma que a proibição parece ser um ato desmensurado.

A *ratio* legislativa, ao tratar da liberdade no Direito das Sucessões aparenta considerar de suma importância que qualquer disposição neste campo possa ser modificada. Se assim for, entretanto, a incidência de uma ampla proibição enunciada em isolado dispositivo não se coaduna com a ampla permissão ao contrato e outros

---

13. CASTRO, Thamis Dalsenter Viveiros de. A função da cláusula de bons costumes no Direito Civil e a teoria tríplice da autonomia privada existencial. *Revista Brasileira de Direito Civil*. v. 14, p. 99-125, Belo Horizonte, outubro/dezembro, 2017.
14. Ainda sobre este primeiro argumento, supostamente fundante da proibição, registre-se o descompasso da justificativa com o ordenamento jurídico atual, o qual amplamente permite negócios jurídicos embasados na morte. O principal, e mais cotidiano, deles seria a contratação de seguro de vida. Ademais, a proibição sem hipótese de sanção seria desnecessária em ordenamento que apresenta remédios específicos ao amplo espectro que envolve desde o abandono ao autor da herança até o crime contra este: a deserdação e a indignidade (arts. 1.814 a 1.818, CC).
15. BEVILÁQUA, Clóvis. *Direito das sucessões*. Campinas: Red Livros, 2000, p. 319.
16. Art. 1.801: Não podem ser nomeados herdeiros nem legatários: I – a pessoa que, a rogo, escreveu o testamento, nem o seu cônjuge ou companheiro, ou os seus ascendentes e irmãos; II – as testemunhas do testamento; III – o concubino do testador casado, salvo se este, sem culpa sua, estiver separado de fato do cônjuge há mais de cinco anos; IV – o tabelião, civil ou militar, ou o comandante ou escrivão, perante quem se fizer, assim como o que fizer ou aprovar o testamento.

negócios jurídicos *inter vivos*, inclusive sob a égide da atipicidade, a apontar para liberdade contratual (art. 425, CC).

Referida hermenêutica torna o ordenamento jurídico assistemático; basta adequação do regulamento contratual referente ao caso concreto não previsto em lei harmonizar-se aos dispositivos essenciais ao que tange o direito das sucessões para melhor solucionar a questão. No entanto, em sentido contrário, alguns dos mais recentes estudos sobre o tema afirmam irrevogável o instrumento[17].

Por fim, a superação da concepção estritamente estrutural presente na proibição de o negócio jurídico versar sobre objeto inexistente é resultado de uma análise do argumento à luz da funcionalidade e unidade do ordenamento.

Com efeito, o patrimônio que compõe a herança apresenta suas peculiaridades e contratar especificamente a respeito dele, efetivamente, deporia contra todo o sistema sucessório. Tal assertiva encontra-se, contudo, embaraçada pela construção doutrinária de que a *saisine* é peça fundante do Direito das Sucessões brasileiro, quando, em verdade, é questionável sua própria existência. Para efeitos da questão aqui estudada, essencial evidenciar que os herdeiros apenas recebem o patrimônio líquido se e quando extinto o passivo, o que decorre por conta da necessária precedência do pagamento das dívidas do falecido (art. 642 a 646, CPC).

A liquidação dos débitos, com efeito, evidencia um momento anterior à transferência patrimonial aos herdeiros, o qual é gerido de forma destacada, com a finalidade precípua de adimplir créditos do *de cujus* e transmitir apenas o acervo líquido. Clarividente aqui a opção legislativa, existente desde o Código Bevilaqua, de privilegiar o pagamento de credores, utilizadas as forças da herança ao revés do recebimento imediato pelos herdeiros e responsabilidade *intra vires hereditatis* diferente do sistema francês, típico de *saisine*[18].

Diante disto, a permissão para que os herdeiros contratem um pacto dispositivo entre si[19], ou até mesmo institutivo[20], poderia ser geradora de impasses a liquidação do inventário e pagamento dos credores, na ânsia do herdeiro receber a sua parte na posição de credor, quando não se apresentar como instrumento fértil para fraudes e simulações. Justamente, em razão de os herdeiros contratarem, especificamente, com valores ou porcentagens determinadas, sobre a "herança da pessoa viva" o conflito é

---

17. SILVA, Rafael Cândido da. *Pactos sucessórios*: ensaio sobre a perspectiva funcional da autonomia privada na sucessão causa mortis. Dissertação (mestrado em direito). Faculdade de Direito da Universidade Estadual do Rio de Janeiro, Rio de Janeiro, 2017, p. 89.
18. VILLELA, Anne Marie *"La Transmission d'hérédité en droit français et en droit brésilien"*. Paris: Libraires Techniques. 1971, p. 74-81.
19. Caso concreto seria o de um irmão que, diante de débito que apresenta com outro irmão, realizar contrato com o seu credor em que o cede o seu quinhão por este apresentar justo valor pelo débito, acrescido de alguma atualização.
20. Aqui pode se indagar da mãe que realiza doação a um de seus filhos, com expressa disposição de que o valor sairá da sua parte disponível e após, institui, por meio de contrato com seu outro filho, a *sucessão causa mortis* daquela mesma quantia, pela via do testamento, a ser descontada da parte disponível da herança.

iminente entre eventuais credores do falecido e a expectativa do maior, e mais eficaz, adimplemento possível por aqueles.

Não se trata aqui de estipular inventivas presunções de má-fé, mas sim concluir que o contrato sobre o patrimônio hereditário que existirá quando da morte de eventual autor seria um comprometedor da eficácia do objetivo pretendido pelo ordenamento jurídico, pelas expectativas pouco transparentes e maiores complicações na liquidação. Afinal, estruturas creditícias existentes em um pacto desta espécie, em análise funcional, apresentam seu adimplemento vinculado a uma expectativa de recebimento hereditário, já existente em vida do autor da herança.

Parece ser esta a hipótese de verdadeira incidência do art. 426, CC, pois, além de se compatibilizar com a interpretação restritiva que deve incidir sobre esta espécie de norma, também demonstra completa coerência com a supressão do art. 314, Código Civil de 1916 no novo diploma. O que se veda é convencionar uma quantia certa a ser doada, a qual deverá ser descontada da herança do doador, posto que apenas será eficaz o contrato quando ocorrer a abertura da sucessão.

No mesmo sentido, o entendimento de que "(...) o patrimônio é de livre disposição pelo seu titular. Assim, não poderiam dele dispor eventuais sucessores, pois, até a aquisição do direito hereditário, a futura herança pode, licitamente, sofrer substanciais alterações (...)"[21].

Assim, a partir do último grupo de argumentos detectado para justificativa da proibição de pactos sucessórios existente no art. 426, CC, encontrou-se alguma razão diante da unidade do ordenamento para que esta vigore, não no espaço total e abstrato, mas sim reduzido: efetivamente, contratar sobre o "objeto futuro" (herança) não por uma proibição advinda do formalismo técnico dos negócios jurídicos, mas sim pelo prejuízo iminente que tais atividades apresentariam ao sistema de primazia da liquidação sucessória e pagamentos dos credores é um interdito funcional e coerente. Assim, dispor sobre quantias certas do patrimônio hereditário, como já exemplificado, seria às partes vedado.

Mas isto não exclui a possibilidade de todo pacto sucessório: possível observar a inocorrência da proibição funcionalizada, principalmente, no pacto sucessório renunciativo (*non sucedendo*), sobre o qual passa-se a melhor debruçar. Aqui, o que será enviesado é a possibilidade de um herdeiro, durante a vida do autor da herança despir-se de tal posição, conforme acordo entre estas partes.

Não se está, especificamente, a contratar sobre nenhuma parte do patrimônio que compõe a herança, mas sim sobre a qualidade que o faz adquirir os bens[22], substituir

---

21. HIRONAKA, Giselda Maria Fernandes Novaes e CAHALI, Francisco José. *Direito das sucessões*. 5. ed. rev. São Paulo: Ed. RT, 2014, p. 42.
22. Realizar o negócio jurídico sobre parte desta qualidade, incidiria na proibição de contratar sobre o próprio patrimônio da herança. Por tal razão, não há do que se cogitar da possibilidade de pacto sucessório apenas quanto a porção disponível, não encoberta pela intangibilidade da legítima: renuncia-se à condição de herdeiro, possibilidade aventada pelos fundamentos que serão delineados, o faz por inteiro. Ademais, nova-

o *de cujus*. Admitir esta possibilidade encontra-se no cerne da questão da autonomia sucessória; não pode o Estado, a partir de proibição pouco delineada como a do art. 426, CC, vedar tais pactos, pois trata-se aqui de situação jurídica dúplice, onde aspectos patrimoniais e existenciais confundem-se plenamente.

Subsiste acordo sobre o patrimônio familiar, em regulamentação econômica essencial para um melhor desenvolver das personalidades envolvidas, por diferentes razões que dizem respeito apenas à sua autonomia privada[23]. Aqui possível invocar, novamente, o principal limite em desfavor de certos pactos sucessórios: o pagamento de credores, como anteriormente aludido.

Questão que envolve, pelo menos parcialmente, a autonomia existencial das partes negocialmente envolvidos, apenas com consequências a elas mesmas não poderá ser limitada. O ato seria configurado como paternalismo estatal indefensável.

Portanto, a proibição, a qual já foi combatida por anacrônica e assistemática em sua dominante acepção, mais do que isso, é óbice ao exercício de uma liberdade funcionalizada, refletida em negócios dialéticos e solidários. Em última análise, por ser a vida econômico-patrimonial parte integrante da convivência familiar, descartar a possibilidade de tais arranjos é desarrazoado impedimento ao planejamento familiar previsto no art. 226, § 7º, CF, o qual inclui também a responsabilidade como um dos seus atributos[24]. Ao fim – e de volta aos argumentos da transformação social que fazem o instrumento estudado merecedor de tutela – não poderá a referida mudança esperar a *lege ferenda*.

Estabelecido o espaço funcionalizado de atuação do art. 426, Código Civil, ainda se faz necessário delinear as possibilidades oferecidas, através da disciplina dos contratos e negócios jurídicos, de modo a tornar tais pactos efetivados com alguma segurança jurídica.

4. O PLANEJAMENTO SUCESSÓRIO NA INSTRUMENTALIZAÇÃO DOS PACTOS: ENTRE O NEGÓCIO DIRETO E INDIRETO

Afirmada a possibilidade de pactuação sobre o direito sucessório, nos limites e moldes supracitados, pretende-se, agora, fixar o tema dentro da crescente demanda pelo planejamento sucessório, o qual consiste em "instrumento jurídico que permite a adoção de uma estratégia voltada para transferência eficaz e eficiente do patrimônio

---

mente, o ordenamento jurídico já apresenta suficiente instrumento para deixa de qualquer parte disponível: a disposição testamentária.

23. Na prática cotidiana, tal situação torna-se candente nos casos de pessoas divorciadas que, após um período de relacionamento, decidem se casar e buscam uma regulamentação específica para seus patrimônios, a evitar disputas entre estas e filhos do casamento anterior em processos de inventário.
24. FRANK, Felipe. *Autonomia Sucessória e pacto* antenupcial: problematizações sobre o conceito de sucessão legítima e sobre o conteúdo e os efeitos sucessórios das disposições pré-nupciais. Tese (Doutorado na Universidade Federal do Paraná). Curitiba, 2017, p. 186.

de uma pessoa após a morte"[25]. Realizar os procedimentos que o efetivam para fins de melhor definir a destinação de seus bens, e não o pagamento direto a herdeiros, como acima explanado, parece importante potencialidade funcional do instrumento estudado.

Os pactos de *non sucedendo*, quando contratados, apresentam-se como instrumentos possíveis de regulação das distorções provocadas pela sucessão legítima, até mesmo mais eficientes que o testamento, posto que debatidos e assumidos dentro da relação familiar, a criar maior relação de autonomia e solidariedade-responsabilidade recíproca. Mais do que isto podem suscitar o merecimento de tutela de questões, as quais não podem ser alcançadas pelo testamento: regulamentação de conflitos judiciais, que se concretizam em prejuízo à coexistência familiar e ao aproveitamento dos bens, assumir que, dentro de determinada relação afetiva, a condição de herdeiro e sua característica também patrimonial não se aplicam e, até mesmo, ratificar o entendimento de que aquele patrimônio poderá apresentar função social prevalente.

Frente a seu merecimento de tutela e não proibição automática já enunciada, defende-se a possibilidade de pactos diretos para a implementação *post mortem*. Porém, não é esta a realidade que cerca a doutrina, anteriormente apresentada, e a jurisprudência, como visto.

Pensado este contexto da pragmática do cotidiano forense, cogita-se da possibilidade da utilização de outros instrumentos jurídicos eficazes, previstos no ordenamento, pois seus efeitos são aqueles pretendidos pelas partes e otimizadores de seus interesses merecedores de tutela que as apontaram o planejamento sucessório, os quais serão efetuados de modo a não coincidir com a visão acrítica, geral e abstrata, que sofrem os negócios jurídicos bilaterais em direito das sucessões. Eis aqui, a utilização da teoria do negócio jurídico indireto, disseminada por Túlio Ascarelli.

Sua efetivação consiste em adotar um negócio com objetivos diferentes daqueles que poderiam se auferir diretamente da estrutura do negócio adotado, obtidos através da forma e disciplina deste. Nas palavras do autor:

> "(...)em todos os sistemas jurídicos são muito frequentes os negócios indiretos. As partes estabelecem entre si um negócio jurídico, é certo, mas o objetivo prático final a que elas visam não é, de fato, o que normalmente decorre do negócio por ela adotado, e sim um objetivo diferente muitas vezes análogo ao de outro negócio, mas frequentemente sem forma típica própria num determinado ordenamento (...) Existe, portanto, um negócio indireto porque as partes recorrem a ele para atingirem, por seu intermédio, e de modo indireto, objetivos diferentes dos que se poderiam induzir da estrutura do negócio adotado"[26].

---

25. TEIXEIRA, Daniele Chaves. *Planejamento sucessório: pressupostos e limites*. Belo Horizonte: Fórum, 2017, p. 57.
26. ASCARELLI, Tullio. Contrato misto, negócio indireto, negotium mixtum cum donatione. In: TEPEDINO, Gustavo, FACHIN, Luiz Edson (Org.). *Doutrinas essenciais, obrigações e contratos*. São Paulo: Ed. RT, 2011. v. III, contratos: princípios e limites, p. 445.

Diferente da simulação, aqui é declarado exatamente o que se quer, sem vícios de duas vontades (uma simulada, outra dissimulada). Adotar o mecanismo nem mesmo configura a fraude a lei imperativa do art. 426, Código Civil: as proposições que aqui serão feitas a consideram, na forma funcionalizada, como anteriormente evidenciado.

Em verdade, a adoção de tais técnicas no planejamento sucessório pretende reforçar sua segurança jurídica, ao utilizar-se daquilo que o ordenamento permite expressamente para efetivar as funções que animam o pacto sucessório: autonomia e solidariedade na concreta transferência dos bens aos herdeiros.

Assim, serão apresentadas algumas possibilidades de instrumentalizar a contratação com reflexos no direito das sucessões (tanto do modo direto, quanto indireto), no planejamento horizontal (sucessão entre cônjuges e companheiros) e vertical (de ascendentes para descendentes, ou ao contrário).

4.1 Utilização de pactos para o fim de planejamento sucessório horizontal

Talvez a maior razão de procura do instrumento no cotidiano, ao que concerne o estado das pessoas, seja exatamente a questão da conjugalidade em sentido amplo (cônjuges ou companheiros, o que se pode auferir da ampla igualdade entre a união estável e casamento reconhecida pelo Supremo Tribunal Federal ao julgar o RE 878.694). Em outras palavras, a questão proposta por pessoas quanto à sua vida civil é sobre a possibilidade de se excluírem das respectivas sucessões na condição de herdeiros, normalmente de forma recíproca.

A polêmica advém de opção legislativa adotada pelo Código Civil, no sentido de elevar o cônjuge (e, ao que tudo indica, também o será o companheiro[27]) ao rol de herdeiros necessários do art. 1.845, o qual participa da sucessão do falecido em relação aos seus bens particulares (art. 1.829, inciso I, CC[28]).

Não obstante a inovação trazida pelo legislador de 2002, fundamentada, sobretudo, na solidariedade familiar, não se pode deixar de registrar as críticas e perplexidades trazidas por famílias recompostas aos escritórios de advocacia, que bem concretiza a problemática: o crescente número de pessoas divorciadas, com filhos advindos de relação anterior, que apresentam sustento e patrimônio próprios, que casam ou estabelecem união estável, mas que desejam evitar comunhão ou condomínios potencializadores de conflitos em suas sucessões. Em outras palavras, não desejam ser herdeiros um do outro, embora também sofram limitações com a proibição dos testamentos conjuntivos (art. 1.863, CC).

Talvez, a forma mais direta e quase sintomática de regulamentar tal anseio, principalmente quando ele é pensado no momento anterior ao casamento, seja a aposição de cláusula *non sucedendo* no próprio pacto antenupcial. Até mesmo no aspecto sistemático é a disposição completamente ambientada, posto que a liberdade é a tonalidade maior do instituto conforme o art. 1.639, CC, a partir do qual "abraça, com isso, o Direito Civil brasileiro o princípio da liberdade de escolha do regime de bens, conferindo aos esposos o direito de eleger o regramento norteador das relações econômicas que afloram da comunhão de vida"[29].

Independente da diferenciação de ser negócio jurídico existencial, peculiar por sua relação com o direito de família ou um contrato com regramento e função diferenciada (inclusive por apresentar-se na zona das situações jurídicas patrimoniais com grande influência de aspectos existenciais), o referido instrumento é campo fértil para demonstração de não incidência da proibição prevista no art. 426, CC. Assim, pois inexiste qualquer interesse social contrário (a renúncia ao patrimônio hereditário não prejudica credores do possível falecido), não são feridos os bons costumes, ao contrário, as partes regulamentam entre si questão essencial para vivência de uma relação afetiva digna e solidária, além de estar contratada a condição de herdeiro, não parte ou cota em si do patrimônio hereditário.

Parece que aqui, sobretudo em situação de recomposição de famílias, em que cada cônjuge traz consigo bens próprios, é possível se cogitar em um pacto merecedor de tutela.

4.2 Dificuldades na utilização de pactos para o fim de planejamento sucessório vertical

Efetivamente, menores possibilidades de pactuação poderão ser desenvolvidas entre ascendentes e descendentes. Isto porque o estado de pai, mãe, filho (a) não será constituído por meio de negócio jurídico (até mesmo o reconhecimento da filiação, adoção, constituem-se verdadeiros atos jurídicos *strictu sensu*) ao qual não se pode interpor condição, nem tampouco extinguir-se pelo consenso e autonomia privada das partes (a lei prevê expressamente a desconstituição do vínculo apenas pela perda do poder familiar, a qual deverá ser decretada por decisão judicial na forma do art. 1.638, CC).

Portanto, o vínculo sobre o qual incidiria eventual planejamento do recebimento hereditário conclui-se mais estável. Constitucionalmente, outro óbice importante encontra-se no mandamento da igualdade entre os filhos, o qual não permite desarrazoados tratamentos em sentido contrário (art. 226, § 6º, CF)[30].

Aqui se mantém a ordem de vocação hereditária do art. 1.829, inciso I, bem como o rol de herdeiros necessários, sem maiores críticas, de ampla aceitação social, considerada doutrinariamente exemplar expressão do afeto presumido e uma das razões da ainda pequena procura pelo testamento no país. Neste sentido:

"(...) há certamente outra razão a ser invocada para justificar a pouca frequência de testamentos entre nós. Esta razão estaria diretamente relacionada à excelente qualidade de nosso texto legislativo, a respeito da sucessão legítima. Quer dizer, o legislador brasileiro, quando produziu as regras gerais relativas à sucessão *ab intestato*, o fez de maneira primorosa, chamando a suceder exatamente aquelas pessoas que o de cujus elencaria se, na ausência de regras, precisasse produzir testamento"[31].

Estas constatações tornam difícil encontrar no ordenamento jurídico situações em que o pacto sucessório na relação vertical significaria instrumento legítimo, conforme aquele, destinado a impor condições que regulem especificamente a relação existente entre as partes.

Porém não implicam a inexistência de anseios de autonomia. Estes podem ser merecedores de tutela quando do reconhecimento de que renunciar a condição de herdeiro poderá servir de instrumento para uma destinação do patrimônio de seu ascendente ou descendente que melhor atenda a solidariedade social.

Seria o caso de pessoa que deseja se comprometer com o ascendente e renunciar ao valor de seu quinhão na sucessão hereditária daquele em favor de irmão pessoa portadora de deficiência e que, por conta de uma certa condição, não disponha de capacidade laborativa. Realizar o ato nesses termos seria empreender o contrato sobre patrimônio hereditário e confrontar a zona de incidência do art. 426, CC, ao mesmo tempo que, embora aqui defendida como ato de autonomia funcionalizado a uma possível solidariedade, a contratação de renúncia da posição de herdeiro tão abalizada certamente não receberia segurança de manutenção frente ao judiciário.

Uma outra hipótese é cogitar de avença compartilhada entre o autor da herança e potenciais herdeiros no sentido de afetar a totalidade do patrimônio a uma fundação, a qual apenas operaria *post mortem*. Tal pacto, desde que não alteradas as condições de subsistência entre o momento do pacto e a abertura da sucessão, é plenamente merecedor de tutela, na medida em que prevalecente a função social pretendida pela avença, destinatária de especial atenção pelo ordenamento[32].

Ainda no âmbito de pactos na sucessão vertical, é possível havê-los em hipótese de partilha em vida (art. 2.018, CC). Basta imaginar a hipótese de um autor da futura herança, ascendente, ofertar doações que, em seu conteúdo, transfere os quinhões hereditários correspondentes à legítima de cada um de seus herdeiros. A eventual recusa de certo herdeiro assume forte característica de renúncia hereditária, quando por todos os envolvidos pactuada.

Como é possível depreender, a simples leitura estrutural da vedação do art. 426, CC, impede uma sua aplicação funcional. A necessidade da instrumentalização de pactos sucessórios, portanto, mais do que um esforço interpretativo, aponta para a urgente necessidade de revisão de verdadeiros dogmas, inclusive o estampado no texto do próprio dispositivo legal.

---

31. HIRONAKA, Giselda Maria Fernandes Novaes e CAHALI, Francisco José. *Direito das sucessões*. 5. ed. rev. São Paulo: Ed. RT, 2014.
32. Basta pensar nos elevados interesses que pautam o objetivo de uma fundação (art. 62, I, CC).

5. CONCLUSÃO

Desde a vigência do Código Civil de 1916 e doutrina produzida até o atual Código Civil de 2002, através de seus contemporâneos estudos, verificou-se um descompasso de anacronismo quase paradoxal protagonizado pela compressão dos já reduzidos espaços de autonomia privada para que as pessoas possam exercer sua influência sobre o destino de seus bens após a morte em acordo instrumentalizado por contratos e outros negócios jurídicos com seus potenciais herdeiros. Neste sentido, são a revogação do sistema de doação *post mortem* e o fortalecimento da construção doutrinária, que afirma a (im)possibilidade de realização de disposições sucessórias no pacto antenupcial.

Porém, o principal entrave à possibilidade de contratação concernente ao Direito das Sucessões encontra-se na interpretação concedida ao art. 426, CC, no sentido de proibição, genérica e abstrata, de qualquer pacto, mediata ou imediatamente, tangente a herança de pessoa viva. A justificar a adoção de tal posicionamento, que apenas repete o já disposto no art. 1.089, do Código Civil de 1916, detectou-se argumentos de três ordens na doutrina: contrariedade aos bons costumes, prejuízos ao eventual autor da herança e seus potenciais herdeiros, além da inexistência do objeto "herança" sobre o qual não poderia se contratar.

Diante de tais observações, oferece-se uma interpretação que funcionalize a proibição dos pactos sucessórios, de modo a desmistificar a vinculação desta ao significado jurídico dos bons costumes e demonstrar que a segunda ordem de argumentos poderá se resolver com a negativa de aplicação da disciplina contratual permissiva da irrevogabilidade. Por último, foi possível constatar a existência de alguma razão para o interdito supracitado, tendo em vista que o negócio jurídico que objeta a disposição de porcentagens ou valores específicos sobre o inexistente patrimônio "herança" afeta a sistemática de primazia da liquidação e pagamentos dos credores.

A partir disto foi possível traçar uma posição distintiva: o contrato que verse sobre herança, de forma específica é alcançado pela função sistemática e coerente da proibição presente no art. 426, CC, razão pela qual os pactos institutivos e dispositivos poderão sofrer maiores restrições. No entanto, aquele que envolve a renúncia à condição de herdeiro aparece como funcionalizado ao livre desenvolvimento da personalidade e solidariedade familiar, razão pela qual, somada a não disposição sobre o patrimônio hereditário, o faz merecedor de tutela.

Os tempos contemporâneos, consubstanciados em novas perspectivas sobre os bens e a família, atestam a potencialidade funcional destes pactos. Afinal, proporcionam verdadeiro ambiente democrático, preocupado em realizar as melhores soluções para o caso concreto, no tocante ao planejamento eficaz da destinação de bens de eventual autor da herança.

A partir destes aspectos foram enunciadas algumas formas de instrumentalização do planejamento sucessório, tanto horizontal (entre cônjuges e companheiros), quanto vertical (entre ascendentes e descendentes, mas de menor segurança jurídica), por meio de contratos e outros negócios jurídicos. Ciente da contrariedade de majoritária doutrinária e jurisprudência, a utilização dos negócios jurídicos bilaterais relativos ao Direito das Sucessões, na esperança de fomentar o seu uso na prática forense, estudou-se algumas opções que envolvem negócios diretos e outras que buscam resguardar a função de tais anseios, valorada positivamente pelo atual ordenamento jurídico brasileiro, mas que utilizam a estrutura e função de outros instrumento jurídicos, na forma preconizada pela teoria do negócio jurídico indireto.

Por fim, tais perspectivas e construções concretas, ora apresentadas, tornam possível verificar não só um anseio pela liberdade, que pode ser articulada por um planejamento das questões relativas à transmissão de bens *causa mortis* entre potenciais herdeiros e eventuais autores de herança por meio de contratos e outros negócios jurídicos, os chamados pactos sucessórios. Para além, subsistem verdadeiros espaços em que o ordenamento jurídico reputa legítimo seu exercício e oferece instrumentos adequados a disciplina de tais questões pelos particulares.

Neste sentido, pretendeu-se abrir o debate, a provocar o dialógico encontro em que a doutrina poderá servir de ferramenta a prática advocatícia e também oferecer subsídio ao juiz na superação de seu ônus argumentativo, em prol da unidade do ordenamento e tutela dos valores expressos pela tábua axiológica constitucional. Também não se descura de que se encontra a frente longo caminho para pavimentação dos pactos sucessórios, principalmente em seu momento de crise e recusa ao cumprimento.

Muito ainda precisa se desenhar sobre aplicação da contemporânea teoria das nulidades ao caso concreto, a mudança de realidades durante a vigência do pacto, até mesmo sobre as possibilidades de inadimplemento e pedido de finalização do contrato, posto tratar-se de aplicação completamente inovadora, a enfrentar os mais diversos estigmas. Porém, apenas novo estudo, especificamente dedicado a tais questões poderá continuar a pretensão que nesta sede, espera-se, apenas encontrar começo.

UMA APLICAÇÃO DA DISCIPLINA DO ENRIQUECIMENTO SEM CAUSA ÀS HIPÓTESES DE EXTINÇÃO CONTRATUAL: O PRAZO PRESCRICIONAL DA PRETENSÃO RESTITUTÓRIA

Eduardo Nunes de Souza

Doutor e Mestre em Direito Civil pela Universidade do Estado do Rio de Janeiro (UERJ). Professor Adjunto de Direito Civil da Faculdade de Direito da UERJ. Membro do Instituto Brasileiro de Direito Civil (IBDCivil).

Rodrigo da Guia Silva

Doutorando e Mestre em Direito Civil pela Universidade do Estado do Rio de Janeiro (UERJ). Membro do Instituto Brasileiro de Direito Civil (IBDCivil). Pesquisador da Clínica de Responsabilidade Civil da Faculdade de Direito da UERJ. Advogado.

1. A CLÁUSULA GERAL DE VEDAÇÃO AO ENRIQUECIMENTO SEM CAUSA E AS PREVISÕES ESPECÍFICAS DA OBRIGAÇÃO DE RESTITUIR

A vedação ao enriquecimento sem causa experimentou uma relevante evolução na transição entre os regimes do Código Civil brasileiro de 1916 e da codificação atual. O instituto, antes reduzido à categoria dos princípios gerais do direito (mecanismos eminentemente residuais voltados a colmatar lacunas normativas)[1] e extraído da *ratio legis* de normas jurídicas esparsas, passou a estar expressamente positivado pelo Capítulo IV ("Do Enriquecimento sem Causa) do Título VII ("Dos Atos Unilaterais") do Livro dedicado pelo Código Civil de 2002 ao Direito das Obrigações.[2] No regime atual, a vedação ao enriquecimento sem causa ganhou, inclusive, uma enunciação expressa, prevista pelo art. 884 do Código Civil, que dispõe: "Aquele que, sem justa causa, se enriquecer à custa de outrem, será obrigado a restituir o indevidamente auferido, feita a atualização dos valores monetários".

---

1. Sobre o caráter residual do recurso aos chamados princípios gerais do direito, v. PEREIRA, Caio Mário da Silva. *Instituições de direito civil*. Rio de Janeiro: GEN, 2020, v. I, p. 62.
2. Para uma breve análise do desenvolvimento histórico da vedação ao enriquecimento sem causa no direito brasileiro, a partir de uma comparação entre os diplomas de 1916 e de 2002, v. SILVA, Rodrigo da Guia. *Enriquecimento sem causa*: as obrigações restitutórias no direito civil. São Paulo: Thomson Reuters Brasil, 2018, item 1.1.

Tal opção do codificador de 2002 traduz a consagração de uma autêntica cláusula geral do dever de restituir no direito brasileiro,[3] com a polivalência e a tendência expansiva ínsitas à textura aberta dessa técnica normativa.[4] Por outro lado, e ao contrário do que tal escolha legislativa poderia sugerir, embora a mencionada cláusula geral tenha adquirido proeminência no tratamento da matéria, não se tornou a técnica normativa exclusiva a disciplinar o enriquecimento sem causa, que continua contando com previsões esporádicas do dever de restituir, estipuladas na forma da técnica regulamentar.[5] Em outros termos, a despeito da relevância da cláusula geral prevista pelo art. 884 do Código Civil, a disciplina do enriquecimento sem causa no direito civil brasileiro não se resume a ela.

Uma compreensão mais apurada desse cenário pode ser obtida assumindo-se como premissa a qualificação funcional das obrigações no direito civil. De fato, a percepção das similitudes e distinções funcionais entre as diferentes espécies de obrigações permite identificar a normativa mais diretamente relacionada a cada específica obrigação com a qual se depara o intérprete, de modo a se atingir concretamente a satisfação dos interesses merecedores de tutela que estejam em jogo em cada hipótese.[6] Nesse particular, o interesse do titular de um direito obrigacional parece filiar-se, na grande maioria dos casos, seja à realização das expectativas nascidas de compromissos assumidos, seja à reparação dos danos causados, seja, ainda, à reversão de transferências patrimoniais injustificadas, sempre a depender da hipótese fática que originou a obrigação.[7]

Em outros termos, a análise funcional das obrigações civis torna possível a sua sistematização, na generalidade dos casos, em torno de três grande regimes, vinculados à fonte de cada obrigação: negócio jurídico, dano injusto e enriquecimento sem causa.[8] Nessa direção, reconhece-se uma tripartição funcional das obrigações, podendo-se apartar uma função, por assim dizer, *executória* (de um negócio legitimamente celebrado), uma função *reparatória* (de um dano injustamente sofrido) e, por fim, uma função *restitutória* (de um enriquecimento injustamente auferido).[9] Tal sistematização permite ao intérprete identificar o regime jurídico regente de certa relação obrigacional a partir da vinculação funcional da específica hipótese de obrigação aos regimes obrigacionais fundamentais consagrados pelo direito brasileiro.[10]

À luz dessa tripartição funcional, torna-se mais simples compreender, por exemplo, as quatro categorias (muito distintas entre si) reunidas pelo Código Civil de 2002 sob a alcunha de "atos unilaterais" (Título VII do Livro I da Parte Especial). A primeira delas – a promessa de recompensa – não parece oferecer dificuldade significativa: reconhece-se, desde a vigência do Código Civil de 1916, sua natureza de negócio jurídico unilateral.[11] A gestão de negócios, por sua vez, subdivide-se em

---

10. Ao propósito, v. SILVA, Rodrigo da Guia. *Enriquecimento sem causa*, cit., item 1.2.2.
11. "Entende-se como promessa de recompensa o negócio jurídico unilateral pelo qual se estipula uma gratificação ou recompensa pelo preenchimento de certa condição, ou pela prestação de certo serviço, anunciado publicamente, de maneira a obrigar o promitente a cumprir o prometido. A natureza jurídica da promessa de recompensa constitui ponto pacífico na doutrina brasileira desde o CC1916" (TEPEDINO, Gustavo;

hipóteses particulares, conforme a gestão seja ou não ratificada e, neste último caso, seja ou não reputada útil ao dono do negócio: "(...) a gestão ratificada tem consequências similares ao contrato de mandato; a não ratificada, mas útil, gera obrigação de restituição por enriquecimento sem causa; a não ratificada e tida como não útil gera responsabilidade civil".[12] A fonte obrigacional, portanto, dependerá de se aferir, em concreto, o contexto da gestão. O pagamento indevido, por sua vez, que normalmente se traduz em ato jurídico em sentido estrito, gera obrigação funcionalmente destinada à restituição do enriquecimento sem causa.[13]

Diversamente desses casos, o enriquecimento sem causa de que trata o art. 884 do Código Civil, embora referido nominalmente pelo legislador como quarta *fattispecie* de "ato unilateral", na realidade traduz "pura e simplesmente uma das três grandes categorias em que podem ser repartidas todas as obrigações".[14] Em outros termos, não cogitou o legislador neste dispositivo de um *ato específico* originador da obrigação restitutória, mas, em vez disso, descreveu uma circunstância ampla o suficiente para que nela se subsumam incontáveis casos particulares de restituições. No direito positivo brasileiro, assim, a vedação ao enriquecimento sem causa manifesta-se tanto por meio dessa normativa ampla constante do art. 884 do Código Civil quanto por previsões legais específicas de restituição que ostentem a função restitutória (como algumas das hipóteses elencadas no referido Título VII e correspondentes a atos específicos).[15]

BARBOZA, Heloisa Helena; BODIN DE MORAES, Maria Celina *et alii*. *Código Civil interpretado conforme a Constituição da República*. 2. ed. Rio de Janeiro: Renovar, 2012, v. II, p. 687).

12. NORONHA, Fernando. *Direito das obrigações*, cit., p. 432. Em sentido semelhante, v. KONDER, Carlos Nelson. Enriquecimento sem causa e pagamento indevido. In: TEPEDINO, Gustavo (Coord.). *Obrigações*: estudos na perspectiva civil-constitucional. Rio de Janeiro: Renovar, 2005, p. 394.

13. Assim conclui, na doutrina italiana, Pietro Perlingieri: "A repetição do pagamento indevido é uma ação restitutória" (PERLINGIERI, Pietro. *Manuale di diritto civile*. 7. ed. Napoli: Edizioni Scientifiche Italiane, 2014, p. 299. Tradução livre). O autor arremata: "O direito à repetição daquilo que se pagou indevidamente não tem natureza ressarcitória, não sendo o comportamento do *accipiens* por si ilegítimo e causador de dano" (Ibidem, p. 299, nota de rodapé n. 808. Tradução livre). Na doutrina brasileira, Silvio Rodrigues assevera: "O pagamento indevido constitui no plano teórico, apenas um capítulo de assunto mais amplo, que é o enriquecimento sem causa. Este representa o gênero, do qual aquele não passa de espécie" (RODRIGUES, Silvio. *Direito civil*. São Paulo: Max Limonad, 1964, v. II, p. 185). Na mesma linha de sentido, afirma-se: "Enriquecimento sem causa e pagamento indevido, a rigor, são gênero e espécie. A técnica do Código Civil de 2002 desconsiderou este aspecto, e fez espécie preceder o gênero" (MIRAGEM, Bruno. *Direito civil*: direito das obrigações. São Paulo: Saraiva, 2017, p. 81).

14. NORONHA, Fernando. *Direito das obrigações*, cit., p. 432.

15. O presente esclarecimento talvez se preste a responder à preocupação de autores como Cláudio Michelon Jr., que sustenta uma tripartição das fontes das obrigações em que o enriquecimento sem causa assume a conotação de mera espécie da fonte mais abrangente que denominou "direito restitutório"; o autor identifica, nesse sentido, "[...] três fontes independentes de obrigação, quais sejam (a) as declarações de vontade, (b) a ocorrência de danos imputáveis e (c) a migração injustificada de bens ou direitos de um patrimônio a outro" (MICHELON JR. Cláudio. *Direito restitutório*, cit., p. 15). O autor afirma, ao analisar o Título VII do Livro I da Parte Especial do Código Civil de 2002: "Um mesmo princípio jurídico fundamenta a existência dos institutos da *actio contraria* na gestão de negócios (Capítulo II), do pagamento indevido (Capítulo III) e do enriquecimento sem causa (Capítulo IV), qual seja o princípio da conservação estática dos patrimônios. A adoção desse princípio é o que explica a reunião dos três institutos em um mesmo título do novo Código Civil. Em última análise, a configuração estrutural do título em comento representa o reconhecimento

O regime da vedação ao enriquecimento sem causa não se esgota, portanto, na cláusula geral do dever de restituir, da mesma forma como, por exemplo, o regime da responsabilidade civil certamente não se esgota nas cláusulas gerais do dever de indenizar. O cotejo com a responsabilidade civil, neste ponto, facilita a compreensão da sistemática ora comentada: não há grande dissenso quanto ao entendimento de que as cláusulas gerais contidas no *caput* e no parágrafo único do art. 927 (responsabilidade civil subjetiva e objetiva, respectivamente) convivem com previsões específicas do dever de indenizar, sem que se retire destas últimas a qualificação de fontes de obrigação autenticamente reparatória.[16] Basta pensar, ilustrativamente, nas diversas disposições específicas que reconhecem o direito da parte lesada a cobrar perdas e danos (v., entre outros, os arts. 12, 146, 148, 149, 154, 155, 234, 236, 239, 247, 248, 251, 254 e 255, 389, 395 e 402 do Código Civil), muito embora essa prerrogativa já se extraia, em princípio, da simples incidência das referidas cláusulas gerais.[17]

Previsões como essas, muito comuns no direito brasileiro, por vezes apenas reafirmam a existência do dever de indenizar (com frequência, em casos nos quais o legislador quer demarcar bem a independência entre esse dever e outras obrigações funcionalmente diversas); em outras ocasiões, porém, tais regras efetivamente modificam ou afastam os requisitos gerais dessa fonte obrigacional. Não se questiona, por exemplo, a natureza indenizatória das hipóteses da chamada responsabilidade indireta prevista pelos arts. 932 e 933 do Código Civil, muito embora elas não decorram imediatamente da cláusula geral consagrada pelo parágrafo único do art. 927.[18] Assim também ocorre no enriquecimento sem causa: a vinculação de uma obrigação

---

pelo codificador brasileiro de uma fonte autônoma de obrigações que não orbita em torno da noção de ato voluntário e que, ao mesmo tempo, é *tertium genus* em relação à distinção entre obrigações resultantes de declarações de vontade e obrigações resultantes de responsabilidade civil" (Ibidem, p. 17-18). No mesmo sentido, v. TERRA, Aline de Miranda Valverde. *Cláusula resolutiva expressa*. Belo Horizonte: Fórum, 2017, p. 183. Referida formulação, pautada na rejeição da unificação funcional das obrigações restitutórias em torno da vedação ao enriquecimento sem causa e na primazia de um suposto princípio de duvidosa juridicidade (o "princípio da conservação estática dos patrimônios"), além de não contar, aparentemente, com qualquer substrato positivo no direito brasileiro, parece padecer da dificuldade de compreensão da distinção entre o regime (ou fonte) geral da vedação ao enriquecimento sem causa e a cláusula geral do dever de restituir.

16. A propósito do sistema dualista de responsabilidade civil consagrado no direito brasileiro, v., por todos, TEPEDINO, Gustavo. A evolução da responsabilidade civil no direito brasileiro e suas controvérsias na atividade estatal. *Temas de direito civil*. 4. ed. Rio de Janeiro: Renovar, 2008, p. 205; e SCHREIBER, Anderson. *Novos paradigmas da responsabilidade civil*: da erosão dos filtros da reparação à diluição dos danos. 6. ed. São Paulo: Atlas, 2015, p. 19 e ss.
17. A identificar a natureza indenizatória da pretensão ao pagamento de perdas e danos, v., por todos, ALVIM, Agostinho. *Da inexecução das obrigações e suas consequências*. 3. ed. Rio de Janeiro: Editora Jurídica e Universitária, 1965, p. 169 e ss.; GOMES, Orlando. *Obrigações*. 4. ed. Rio de Janeiro: Forense, 1976, p. 188-190; e SANTOS, J. M. de Carvalho. *Código Civil brasileiro interpretado principalmente do ponto de vista prático*. 11. ed. Rio de Janeiro: Freitas Bastos, 1986, v. XV, p. 262.
18. Para uma análise do desenvolvimento dogmático da responsabilidade indireta, v., por todos, PEREIRA, Caio Mário da Silva. *Responsabilidade civil*. 11. ed. Atual. Gustavo Tepedino. Rio de Janeiro: Forense, 2016, p. 119; e DIAS, José de Aguiar. *Da responsabilidade civil*. 12. ed. Atual. Rui Berford Dias. Rio de Janeiro: Lumen Juris, 2012, p. 629 e ss. Contemporaneamente, v., ainda, SOUZA, Eduardo Nunes de. Em defesa do nexo causal: culpa, imputação e causalidade na responsabilidade civil. In: SOUZA, Eduardo Nunes de; SILVA, Rodrigo da Guia (Coord.). *Controvérsias atuais em responsabilidade civil*. São Paulo: Almedina, 2018, item 4.

à fonte restitutória não se resume às hipóteses diretamente decorrentes da cláusula geral contida no art. 884 do Código Civil.[19] Ainda ilustrativamente, a norma que prevê o dever de indenizar do transportador independentemente do fato de terceiro (art. 735 do Código Civil), embora claramente estipule obrigação reparatória, não apenas está prevista em dispositivo próprio como, mais ainda, restringe e particulariza a forma como a cláusula geral de responsabilidade civil objetiva (art. 927, parágrafo único) trata do requisito causal.[20] Semelhante linha de raciocínio há de ser adotada na compatibilização entre regras excepcionais sobre o dever de restituir e a cláusula geral do enriquecimento sem causa.[21]

A disposição deliberadamente genérica do art. 884 do Código Civil, nessa direção, convive com previsões específicas de obrigações restitutórias – como aquelas constantes, dentre muitos outros, dos arts. 182, 236 e 239 do Código Civil, além, por certo, das previsões atinentes ao pagamento indevido (arts. 878-883 do Código Civil).[22] Constata-se, assim, que, na contramão de possíveis modelos teóricos que restrinjam a restituição a previsões legais específicas, o direito brasileiro estabelece a possibilidade de deflagração do dever de restituir em hipóteses fáticas não contempladas por norma particular, mas que preenchem os requisitos gerais do art. 884 do Código Civil. Prevê, assim, o legislador pátrio, a um só tempo, tanto o regime geral das obrigações restituitórias quanto as suas eventuais modificações diante de previsões legais específicas.

2. O PROBLEMA DA INCOMPREENSÃO JURISPRUDENCIAL ACERCA DA PRETENSÃO RESTITUTÓRIA PREVISTA POR DISPOSIÇÕES LEGAIS ESPECÍFICAS

A rigor, a qualificação do enriquecimento sem causa como uma das grandes fontes obrigacionais (ao lado dos negócios jurídicos e da responsabilidade civil) já poderia ser sustentada mesmo sob a égide do Código Civil de 1916 – vez que, partindo da perspectiva funcional, tal entendimento independe da disposição topográfica de matérias escolhida pelo codificador. No entanto, com a consagração da cláusula geral do enriquecimento sem causa pelo atual art. 884 do Código

---

19. Para um relato de semelhante experiência, na experiência estrangeira, a propósito da positivação do enriquecimento sem causa pela técnica de cláusula geral, v., no direito português, LEITÃO, Luís Manuel Teles de Menezes. *O enriquecimento sem causa no direito civil*: estudo dogmático sobre a viabilidade da configuração unitária do instituto, face à contraposição entre as diferentes categorias de enriquecimento sem causa. Lisboa: Centro de Estudos Fiscais, 1996, p. 32 e ss.; e, no direito italiano, BENEDETTI, Enzo. L'arricchimento senza causa. *Rivista Trimestrale di Diritto e Procedura Civile*. Milano: Giuffrè, n. 4, dez. 1959, p. 1.653.
20. Análise mais detida sobre a hipótese, que exemplifica os chamados regimes de responsabilidade civil agravada, foi desenvolvida em SOUZA, Eduardo Nunes de. Em defesa do nexo causal: culpa, imputação e causalidade na responsabilidade civil, cit., p. 87-89.
21. A destacar a similitude entre a responsabilidade civil e a vedação ao enriquecimento sem causa na experiência italiana no tocante à presença de uma cláusula geral, v. FRANZONI, Massimo. *Trattato della responsabilità civile*. 2. ed. Milano: Giuffrè, 2010, v. II – Il danno risarcibile. p. 768.
22. Semelhante fenômeno é identificado, na experiência portuguesa, por LEITÃO, Luís Manuel Teles de Menezes. *O enriquecimento sem causa no direito civil*, cit., p. 36-37.

Civil, essa concepção revela-se ainda mais deliberada por parte do legislador, que passou a estruturar a fonte obrigacional restitutória utilizando o mesmo recurso técnico com o qual já estruturava, desde o regime anterior, a fonte indenizatória.[23] Por outro lado, a existência de uma cláusula geral do dever de restituir, por representar experiência ainda recente no direito brasileiro, tem enfrentado grave incompreensão na *práxis* jurídica, de longa data acostumada com a crença de que o enriquecimento sem causa teria utilidade residual (e, muitas vezes, meramente retórica) no direito das obrigações.

Nesse cenário de incompreensão, a positivação da cláusula geral do dever de restituir, que poderia representar a consagração do enriquecimento sem causa como um dos grandes regimes obrigacionais, acabou acarretando, na prática, o efeito oposto: acostumada a uma aparente subsidiariedade do enriquecimento sem causa,[24] a jurisprudência brasileira continua tratando as previsões específicas do dever de restituir (como a repetição do pagamento indevido, o reembolso pela gestão de negócios útil não ratificada ou a devolução do equivalente diante da impossibilidade superveniente da obrigação) como hipóteses totalmente autônomas. Em outros termos, tais previsões, em vez de serem filiadas à fonte obrigacional geral do enriquecimento sem causa (como determina seu perfil funcional), são vistas pelo intérprete, muitas vezes, como escolhas arbitrárias do legislador, isto é, como se cada uma fosse dotada de uma função *sui generis* e representasse um caso isolado no ordenamento.

A cláusula geral do enriquecimento sem causa, nesse cenário, em vez de reforçar a unidade funcional que aproxima todas as hipóteses do dever de restituir (previstas por normas específicas ou não), acabou por reforçar, equivocadamente, o isolamento dos casos particulares na *práxis* judicial. Assim, em lugar de concluir que hipóteses como a devolução do pagamento indevido são especificações do regime geral do dever de restituir (o qual, por sua vez, tem como fonte a vedação ao enriquecimento sem causa), a jurisprudência brasileira frequentemente sustenta a tese oposta: a de que,

---

23. Sobre a coexistência das cláusulas gerais de responsabilidade civil com disposições específicas sobre o dever de indenizar no direito brasileiro, v. SOUZA, Eduardo Nunes de. Em defesa do nexo causal: culpa, imputação e causalidade na responsabilidade civil, cit., *passim* e, em particular, item 5.
24. Merece especial menção, em razão das dúvidas que já suscitou, a regra da subsidiariedade estabelecida pelo art. 886 do Código Civil. A subsidiariedade ostenta, no contexto contemporâneo, a qualidade de pressuposto negativo de incidência da cláusula geral do dever de restituir, de modo a se assegurar o respeito à disciplina própria dispensada pelo legislador ordinário a hipóteses específicas de restituição. À atuação da cláusula geral do dever de restituir não basta, portanto, a demonstração dos requisitos ou pressupostos positivos tradicionalmente elencados – enriquecimento, obtenção à custa de outrem e ausência de justa causa –, afigurando-se igualmente relevante o respeito à regra da subsidiariedade. Tais observações em nada afetam, por outro lado, a qualificação da obrigação restitutória à luz da vedação ao enriquecimento sem causa. Seja decorrente de uma previsão legal específica, seja decorrente da cláusula geral do art. 884 do Código Civil, a obrigação se vinculará ao regime geral da vedação ao enriquecimento sem causa quando ostentar a função restitutória que distingue esta das demais fontes das obrigações no direito civil. Em outros termos, não se justificam posicionamentos doutrinários que buscam desvincular obrigações de cunho claramente restitutório em relação à sua fonte (a vedação ao enriquecimento sem causa), simplesmente invocando o argumento da subsidiariedade. Para um desenvolvimento da compreensão da subsidiariedade como pressuposto negativo de configuração do dever de restituir, v. SILVA, Rodrigo da Guia. *Enriquecimento sem causa*, cit., item 2.4.

justamente por estarem positivadas como institutos particulares, tais hipóteses não poderiam se relacionar com o enriquecimento sem causa, pois este último seria um instituto autônomo e excepcional, apenas aplicável à míngua de norma mais específica. Semelhante confusão tem levado à consagração de diversos entendimentos (muitas vezes consolidados em enunciados sumulares) totalmente dissonantes com a sistemática concebida pelo codificador para as fontes obrigacionais.

Pense-se, por exemplo, na discussão submetida à apreciação do Superior Tribunal de Justiça (EREsp 1.523.744/RS), consistente em definir se a pretensão de repetição de indébito[25] no âmbito dos serviços de telefonia deveria se sujeitar ao prazo prescricional trienal da "pretensão de ressarcimento de enriquecimento sem causa" (art. 206, § 3º, IV, do Código Civil)[26] ou se, ao revés, deveria ser regida pelo prazo prescricional geral decenal que o legislador dispensa às hipóteses não submetidas a outro prazo específico (art. 205 do Código Civil).[27] O recurso foi julgado, inicialmente, pela Terceira Turma do Tribunal, a qual concluiu, unanimemente, que o prazo prescricional geral de dez anos não poderia ser invocado em razão da existência de prazo prescricional específico idôneo a reger a pretensão de repetido de indébito – qual seja, o prazo trienal referente ao enriquecimento sem causa.[28]

---

25. Vale destacar, desde logo, que a controvérsia de fundo versava, ainda que acidentalmente, sobre um ponto que não costuma ter a sua relevância devidamente ressaltada. Trata-se da dúvida sobre submeter-se ou não a pretensão de "devolução em dobro" do indébito ao mesmo prazo prescricional aplicável à pretensão de devolução simples. Essa questão – digna de mais detida reflexão, o que não se lograria realizar nesta sede – assume contornos delicados a partir do reconhecimento de que o perfil funcional restitutório que caracteriza a obrigação de repetição do indébito (ou seja, a obrigação de devolver o valor indevidamente auferido) não parece idôneo a explicar também a obrigação de pagar a parcela atinente ao *dobro*. A condenação ao pagamento da parcela sobressalente parece traduzir, em realidade, uma autêntica punição à pessoa beneficiada pelo pagamento indevido, o que talvez explique a relevância assumida pela prova do engano justificável (em juízo valorativo acerca da reprovabilidade ou não da conduta do agente). Ao propósito, já se pôde destacar: "a conclusão sobre a diversidade de perfis funcionais entre a obrigação de devolução simples (esta, sim, de cunho nitidamente restitutório) e aquela de devolução em dobro reclama investigação da civilística acerca da disciplina jurídica aplicável especificamente à pretensão de 'devolução' da parcela sobressalente, a começar pelo prazo prescricional sobre ela incidente. Trata-se, em suma, de reconhecer que a eventual identificação de função punitiva de certas obrigações parece desautorizar a aplicação automática do idêntico regime jurídico dispensado às obrigações de perfil restitutório a elas associadas, a exemplo do que sucede a propósito da definição do prazo prescricional de três anos da pretensão de restituição do enriquecimento sem causa" (SILVA, Rodrigo da Guia. *Enriquecimento sem causa*, cit., p. 115-116). Para o desenvolvimento da problemática, v., ainda, SOUZA, Eduardo Nunes de; SILVA, Rodrigo da Guia. Notas sobre a autonomia funcional da responsabilidade civil. In: MATOS, Ana Carla Harmatiuk; TEIXEIRA, Ana Carolina Brochado; TEPEDINO, Gustavo (Org.). *Direito Civil, Constituição e unidade do sistema*: anais do Congresso Internacional de Direito Civil Constitucional – V Congresso do IBDCivil. Belo Horizonte: Fórum, 2018, item 4.
26. In verbis: "CC. Art. 206. Prescreve: [...] §3º Em três anos: [...] IV - a pretensão de ressarcimento de enriquecimento sem causa".
27. In verbis: "CC. Art. 205. A prescrição ocorre em dez anos, quando a lei não lhe haja fixado prazo menor".
28. O acórdão restou assim ementado: "Agravo regimental no recurso especial. Empresa de telefonia. Cobrança indevida. Repetição do indébito. Prescrição trienal. Consonância entre o acórdão recorrido e o entendimento desta corte. 1. As Turmas da Segunda Seção do Superior Tribunal de Justiça entendem que incide o prazo prescricional de 3 (três) anos, previsto no art. 206, § 3º, V [*rectius*: IV], do Código Civil, na ação de repetição de indébito por cobrança indevida de valores referentes a serviços não contratados promovida por empresa de telefonia. 2. Agravo regimental não provido" (STJ, 3ª T., AgRg no REsp 1.523.744/RS, Rel. Min. Ricardo Villas Bôas Cueva, julg. 10.3.2016, publ. 28.03.2016).

Cumpre registrar, desde logo, que a dúvida não diz respeito propriamente à identificação de qual seria o prazo prescricional da pretensão de restituição fundada no enriquecimento sem causa, uma vez que para tal hipótese o legislador previu expressamente o prazo prescricional trienal (art. 206, § 3º, IV, do Código Civil). Trata-se, em realidade, de definir se essa previsão normativa abarca a pretensão de repetição de indébito, muito embora essa restituição não decorra diretamente da cláusula geral do art. 884 do Código Civil. Em caso afirmativo, concluir-se-á pelo potencial expansivo do mencionado prazo prescricional trienal; em caso negativo, tender-se-á a reconhecer a incidência do prazo prescricional geral de dez anos de que trata o art. 205 sobre tais hipóteses,[29] como fez o STJ no caso mencionado.

Irresignada, uma das autoras da ação interpôs embargos de divergência. A Corte Especial do STJ viu-se, então, diante da necessidade de uniformizar a interpretação da legislação infraconstitucional na matéria, a fim de superar dissídio jurisprudencial entre as Turmas integrantes da Primeira Seção e as Turmas integrantes da Segunda Seção do Tribunal. De fato, uma consulta ao repositório jurisprudencial da Corte revela que os referidos órgãos julgadores não raramente alcançavam conclusões nitidamente opostas no tocante ao prazo prescricional regente da pretensão de repetição de indébito no âmbito de serviços de telefonia – ora no sentido da aplicação do prazo prescricional trienal do enriquecimento sem causa,[30] ora no sentido da aplicação do prazo prescricional geral decenal,[31] verificando-se, de todo modo, certa tendência à prevalência desta última posição.[32]

Ao apreciar os EREsp 1.523.744/RS, em julgamento tomado por maioria, a Corte Especial do STJ concluiu pela aplicabilidade do prazo prescricional decenal (estabelecido em caráter supletivo pelo art. 205 do Código Civil) para a regência dos casos de repetição de indébito no âmbito dos serviços de telefonia.[33] Afirmou-se

---

29. A ilustrar a proposta de aplicação do prazo prescricional geral, veja-se a conclusão de Judith Martins-Costa a propósito do pagamento indevido: "[...] as obrigações resultantes de pagamento indevido são enquadradas na regra geral dos prazos prescricionais prevista no *caput* do art. 205, ou seja, 10 anos [...]" (MARTINS-COSTA, Judith. Direito restitutório. Pagamento indevido e enriquecimento sem causa. Erro invalidade e erro elemento do pagamento indevido. Prescrição. Interrupção e *dies a quo*. Revista dos Tribunais, a. 104, v. 956, jun. 2015, p. 278).
30. V., ilustrativamente, STJ, 3ª T., AgInt no REsp 1.585.124/RS, Rel. Min. Moura Ribeiro, julg. 13.09.2016, publ. 20.09.2016; STJ, 3ª T., AgInt no AREsp 708.688/RS, Rel. Min. Marco Aurélio Bellizze, julg. 19.05.2016, publ. 31.05.2016; e STJ, 4ª T., AgRg no AREsp 729.090/RS, Rel. Min. Luis Felipe Salomão, julg. 27.10.2015, publ. 05.11.2015.
31. V., ilustrativamente, STJ, 1ª T., EDcl no REsp 1.446.597/DF, Rel. Min. Napoleão Nunes Maia Filho, julg. 15.5.2018, publ. 23.05.2018; STJ, 2ª T., REsp 1.660.377/RS, Rel. Min. Herman Benjamin, julg. 06.06.2017, publ. 19.6.2017; e STJ, 1ª T., AgInt no REsp 1.637.547/RS, Rel. Min. Regina Helena Costa, julg. 21.03.2017, publ. 31.03.2017.
32. "1. Segundo a jurisprudência vigente neste Sodalício, é de 10 (dez) anos o prazo prescricional aplicável às ações de repetição de indébito para ressarcimento de valores cobrados indevidamente por empresas telefônicas" (STJ, C.E., AgInt nos EREsp 1.523.591/RS, Rel. Min. Jorge Mussi, julg. 16.08.2017, publ. 24.08.2017). No mesmo sentido, v. STJ, C.E., AgInt nos EREsp 1.585.124/RS, Rel. Min. Og Fernandes, julg. 15.03.2017, publ. 21.3.2017; e STJ, C.E., EAREsp 758.676/RS, Rel. Min. Laurita Vaz, julg. 18.05.2016, publ. 15.06.2016.
33. Vale destacar o trecho final da ementa da decisão: "4. Embargos de divergência providos, de sorte a vingar a tese de que a repetição de indébito por cobrança indevida de valores referentes a serviços não contratados,

que faltaria ao caso um dos requisitos para que se pudesse admitir a configuração de enriquecimento sem causa nos termos do art. 884 do Código Civil, qual seja: a ausência de causa jurídica. A existência prévia de um contrato celebrado pelas partes representaria, segundo se aduziu, a presença de uma causa jurídica obstativa da configuração da hipótese de incidência do dispositivo legal mencionado.[34] Asseverou-se, ainda, que o caráter subsidiário estabelecido pelo art. 886 do Código Civil impediria a atração da disciplina do enriquecimento sem causa para a solução de uma questão regida pela disciplina própria do pagamento indevido.[35]

Nenhum dos dois argumentos, porém, merece prosperar. Em primeiro lugar, compreender o contrato celebrado pelas partes (usuário e fornecedor do serviço de telefonia) como *causa* da vantagem patrimonial auferida pela fornecedora diante de serviços comprovadamente não contratados (e não usufruídos) revela-se tão equivocado quanto afirmar que a ausência de consenso gera as mesmas obrigações que o consenso geraria se houvesse sido alcançado regularmente. O contrato apenas tem o condão de justificar a exigibilidade das obrigações por ele estabelecidas.[36] Se o intérprete já tem certeza quanto à inexigibilidade de um pagamento jamais contemplado pelo contrato, não há motivo para considerar esse mesmo contrato como

---

promovida por empresa de telefonia, deve seguir a norma geral do lapso prescricional (10 anos – art. 205, Código Civil/2002), a exemplo do que decidido e sumulado (Súmula 412/STJ), no que diz respeito ao lapso prescricional para repetição de indébito de tarifas de água e esgoto" (STJ, C.E., EREsp 1.523.744/RS, Rel. Min. Og Fernandes, julg. 20.02.2019, publ. 13.03.2019).

34. A afirmação da existência de uma causa (no sentido de título jurídico), a impedir a aplicação do art. 884 do Código Civil, aparece, por exemplo, no voto da Ministra Nancy Andrighi. Nos termos da fundamentação por ela aduzida, "não parece o mais correto considerar que uma cobrança indevida, no contexto de uma relação de consumo de serviço de telefonia, seja uma forma de enriquecimento sem causa, pois, a rigor, nessas situações há uma causa, um fundamento, que é o contrato existente entre consumidor e operadora".

35. Esses pontos centrais da fundamentação da decisão encontram-se bem sintetizados no voto do relator: "A pretensão de enriquecimento sem causa (ação *in rem verso*) possui como requisitos: enriquecimento de alguém; empobrecimento correspondente de outrem; relação de causalidade entre ambos; ausência de causa jurídica; inexistência de ação específica. Trata-se, portanto, de ação subsidiária que depende da inexistência de causa jurídica. [...] A discussão sobre a da cobrança indevida de valores constantes de relação contratual e eventual repetição de indébito não se enquadra na hipótese do art. 206, § 3º, IV, do Código Civil/2002, seja porque a causa jurídica, em princípio, existe (relação contratual prévia em que se debate a legitimidade da cobrança), seja porque a ação de repetição de indébito é ação específica. [...] Verifica-se, pois, que o prazo prescricional estabelecido no art. 206, § 3º, IV, do Código Civil/2002 deve ser interpretado de forma restritiva, para os casos subsidiários de ação *de in rem verso*" (STJ, C.E., EREsp 1.523.744/RS, Rel. Min. Og Fernandes, julg. 20.02.2019, publ. 13.03.2019). Vale destacar que o caso foi apreciado pela Corte Especial do STJ conjuntamente com outros casos cujo cerne versava sobre a mesma questão (a definição do prazo prescricional aplicável à pretensão de repetição de indébito no âmbito dos serviços de telefonia), tendo sido proclamada a mesma tese (no sentido da incidência do prazo prescricional decenal) para todos eles: STJ, C.E., EAREsp 750.497/RS, Rel. Min. Og Fernandes, julg. 20.02.2019, publ. 11.6.2019; STJ, C.E., EAREsp 738.991/RS, Rel. Min. Og Fernandes, julg. 20.02.2019, publ. 11.06.2019; STJ, C.E., EAREsp 622.503/RS, Rel. Min. Og Fernandes, julg. 20.02.2019, publ. 11.06.2019.

36. Ou, por certo, aquelas decorrentes da lei para assegurar a promoção do programa contratual entabulado pelas partes, no âmbito da chamada heterointegração dos contratos. Ulteriores considerações sobre a relação entre a integração do conteúdo negocial pela fonte legal e sua relevância para a concretização do próprio programa contratual foram desenvolvidas em SOUZA, Eduardo Nunes de. De volta à causa contratual: aplicações da função negocial nas invalidades e nas vicissitudes supervenientes do contrato. *Civilistica.com*, a. 8, n. 2, 2019, item 4.

título justificador da transferência patrimonial almejada pela parte que já se sabe não ter razão.[37]

Em segundo lugar, a regra da subsidiariedade prevista pelo art. 886 do Código Civil para o regime geral do enriquecimento sem causa, ao contrário do que se costuma supor, tem como único propósito o de evitar que a disciplina da cláusula geral do dever de restituir seja aplicada em detrimento das normas que o legislador houver estabelecido para hipóteses específicas de obrigações restitutórias. Desse modo, a existência de uma disciplina legal própria para o pagamento indevido (arts. 876-883 do Código Civil e art. 42 do Código de Defesa do Consumidor), como deveria ser intuitivo, impede a invocação indiscriminada da cláusula geral do dever de restituição estabelecida pelo art. 884 do Código Civil. Proíbe-se, assim, a aplicação direta da cláusula geral nas hipóteses em que o legislador houver dispensado disciplina própria para a específica obrigação restitutória, sem que disso nada se pode extrair sobre a qualificação funcional das variadas obrigações restitutórias.[38] Do mesmo modo, como esclarecido anteriormente, embora nenhuma regra específica assim preveja, não se podem aplicar os requisitos previstos nas cláusulas gerais de responsabilidade civil se houver disposição específica que module tais requisitos em certo caso concreto.

Em outros termos, a subsidiariedade estabelecida pelo art. 886 do Código atua, em realidade, como pressuposto negativo de incidência da cláusula geral do dever de restituir. A regra, portanto, em nada afeta a abrangência do enriquecimento sem causa como regime jurídico obrigacional, do que decorre a impossibilidade de a regra da subsidiariedade obstar a adequada qualificação das obrigações que ostentem o perfil funcional restitutório como deveres autenticamente oriundos dessa fonte. Eis o desacerto fundamental do entendimento subjacente à conclusão do STJ: embora a regra da subsidiariedade impeça a aplicação direta da cláusula geral do art. 884 do Código Civil, ela nada diz acerca da qualificação das variadas hipóteses de obrigações restitutórias à luz da vedação ao enriquecimento sem causa, de modo que nada impede a submissão de uma específica pretensão restitutória (como a deflagrada pelo pagamento indevido) ao prazo prescricional incidente sobre as diversas pretensões que tenham em comum o perfil funcional de restituição do enriquecimento sem causa.

O tema do prazo prescricional da pretensão à repetição de indébito segue não pacificado no âmbito da Corte Superior, encontrando-se, hoje, pendente de julgamento o Tema Repetitivo n. 954, que tem por objeto, dentre outros, o "prazo prescricional incidente em caso de pretensão à repetição de valores supostamente pagos a maior ou indevidamente cobrados em se tratando de serviços não contratados de telefonia fixa advindos da alteração do plano de franquia / plano de serviços sem a solicitação do usuário – se decenal (artigo 205 do Código Civil), trienal (artigo 206, §3º, IV, do

---

37. V. SILVA, Rodrigo da Guia. Prazo prescricional da pretensão de repetição de indébito: um diálogo necessário entre pagamento indevido e enriquecimento sem causa. *Civilistica.com*, a. 8, n. 2, 2019, item 4.
38. Para um desenvolvimento do escopo contemporâneo da regra da subsidiariedade, v. SILVA, Rodrigo da Guia. *Enriquecimento sem causa*, cit., item 2.4.

Código Civil) ou outro prazo". Enquanto persistirem, porém, as incompreensões acima assinaladas, não é difícil prever em qual direção tenderão as decisões da Corte. Apenas a devida atenção quanto à fonte da obrigação de restituir permitirá alcançar conclusões tecnicamente precisas.

Idêntica controvérsia, aliás, já pacificada junto ao STJ, é a do prazo prescricional para a restituição do pagamento indevido de tarifas de água e esgoto feito às concessionárias desse serviço público. A esse propósito, editou-se, em 2009, o verbete sumular n. 410, com a seguinte redação: "A ação de repetição de indébito de tarifas de água e esgoto sujeita-se ao prazo prescricional estabelecido no Código Civil". A despeito de não especificar de qual prazo se trata (simplesmente afastando a incidência de qualquer prazo previsto no Código de Defesa do Consumidor), a interpretação unânime conferida pelo STJ ao verbete é a de que se trataria do prazo geral decenal do art. 205 – como se extrai, aliás, da simples leitura dos acórdãos paradigmáticos que conduziram à edição do enunciado. Nestes, como se encontrava em discussão a aplicação de prazos prescricionais iniciados ainda sob a égide do Código Civil de 1916, fazia-se referência ao prazo geral vintenário, que era previsto pelo art. 177 da codificação anterior como prazo geral de prescrição.[39]

O fato de o enunciado sumular ter sido redigido justamente a partir de acórdãos paradigmáticos em que se discutia a aplicação do Código Civil de 1916 prejudicou ainda mais a compreensão da questão, já que, sob a codificação anterior, não havia positivação da cláusula geral do enriquecimento sem causa e não estava previsto, por conseguinte, nenhum prazo prescricional específico para a pretensão restitutória. A constatação, porém, de o enunciado n. 410 ter sido deliberadamente editado para esclarecer que não se aplicava ao caso o prazo quinquenal do art. 27 do Código de Defesa do Consumidor (que trata de pretensão inegavelmente indenizatória)[40] já oferece, por si só, uma evidência de que a confusão quanto à qualificação do dever de restituir já se encontrava instaurada na práxis, havendo aparente dúvida, desde então, quanto à fonte daquela obrigação.[41]

---

39. Ilustrativamente: "A prescrição da ação para cobrança de preços públicos rege-se pelo art. 177, caput, do Código Civil de 1916, sendo portanto vintenária" (STJ, REsp 149.654/SP, 2ª T., Rel. Min. Francisco Peçanha Martins, julg. 6.9.2005, publ. 17.10.2005). No mesmo sentido: STJ, EREsp 690.609/RS, 1ª S., Rel. Min. Eliana Calmon, julg. 26.3.2008, publ. 7.4.2008; STJ, REsp 1.113.403/RJ, 1ª S, Rel. Min. Teori Zavascki, julg. 09.09.2009, publ. 15.09.2009.
40. In verbis: "CDC. Art. 27. Prescreve em cinco anos a pretensão à reparação pelos danos causados por fato do produto ou do serviço prevista na Seção II deste Capítulo, iniciando-se a contagem do prazo a partir do conhecimento do dano e de sua autoria".
41. Veja-se, por exemplo, o seguinte trecho do voto do relator no já mencionado REsp 1.113.403/RJ, um dos paradigmas para a edição do enunciado sumular: "Ora, o que se tem presente no caso é uma pretensão de restituir tarifa de serviço paga indevidamente. Não se trata, pois, de ação de reparação de danos causados por defeitos na prestação de serviços. Não há como aplicar à hipótese, portanto, o prazo do referido art. 27 do CDC. Também não se pode supor aplicável o prazo quinquenal estabelecido no Código Tributário Nacional – CTN, para restituição de créditos tributários, eis que a tarifa (ou preço) não tem natureza tributária. Quanto a esse aspecto, há mais de um precedente da própria Seção (EREsp n. 690.609, Min. Eliana Calmon, DJ 07.04.2008; REsp n. 928.267, Min. Teori Albino Zavascki, DJ de 21.8.2009). Não havendo norma específica a reger a hipótese, aplica-se o prazo prescricional estabelecido pela regra geral do Código

A edição do enunciado sumular nessas circunstâncias resulta, até os dias atuais, na aplicação do prazo prescricional decenal à pretensão da repetição do pagamento indevido de tarifas de água e esgoto, de natureza claramente restitutória, mesmo nos casos em que se encontra em discussão apenas a prescrição já iniciada sob a égide do Código Civil atual.[42] Mais ainda, a aplicação do prazo geral da prescrição pelo STJ neste caso comprova a crença de que as pretensões de repetição do indébito decorrentes de pagamentos indevidos (um dos casos em que, como se afirmou anteriormente, optou o legislador por criar uma previsão específica para o dever de restituir) seriam uma hipótese autônoma, não filiada a nenhuma das fontes obrigacionais gerais.

A multiplicidade dos exemplos, a demonstrar a relevância do tema, coincide com a própria vastidão do fenômeno restitutório. Para além da definição do prazo prescricional da pretensão restitutória daquele que houver efetuado pagamento indevido (art. 876 do Código Civil), seria possível, igualmente, questionar: qual é o prazo prescricional da pretensão do gestor de negócios alheios à restituição das despesas necessárias ou úteis na hipótese de a gestão ser reputada útil ao dono (art. 869)? Ou, ainda: qual é o prazo prescricional da pretensão do possuidor à restituição das benfeitorias por parte do proprietário (arts. 1.219 e 1.220)? E assim por diante. Dentre tantos exemplos possíveis, chega-se, neste ponto da exposição, a dois casos bastante particulares de restituição (nomeadamente, os deveres de restituir resultantes da declaração de nulidade contratual e da resolução contratual), cujo tratamento pela jurisprudência pátria mostra-se igualmente problemático. É o que se passa a comentar.

3. UM EXEMPLO PARADIGMÁTICO DA INCOMPREENSÃO: O PRAZO PRESCRICIONAL APLICÁVEL À PRETENSÃO RESTITUTÓRIA DECORRENTE DA RESOLUÇÃO CONTRATUAL

Dentre todas as hipóteses ilustrativas do problema acima relatado, atinente à incompreensão jurisprudencial sobre fonte obrigacional restitutória, um recente julgado, também de lavra do Superior Tribunal de Justiça, desperta a atenção por utilizar, em sua fundamentação, duas hipóteses igualmente representativas do dever de restituir, atribuindo-lhes, porém, qualificações diversas. Curiosamente, a *ratio decidendi* adotada nessa ocasião fundou-se expressamente em um julgamento anterior, no qual se havia conferido a qualificação correta à pretensão restitutória que se encontrava em discussão. Vale dizer: do acerto anterior derivou-se um novo julgamento, lamentavelmente atécnico. Seguindo-se a ordem cronológica dos julgamentos, narram-se, a seguir, primeiramente o caso que traduziu em grande acerto de nossa jurisprudência e, em seguida, aquele que culminou na perpetuação do já referido cenário de incompreensão.

Civil, ou seja: de 20 anos, previsto no art. 177 do Código Civil de 1916 ou de 10 anos, previsto no art. 205 do Código Civil de 2002".

42. Ilustrativamente, v. STJ, AREsp 1.481.962/RJ, 2ª T., Rel. Min. Herman Benjamin, julg. 17.09.2019, publ. 11.10.2019; STJ, AgInt no REsp 1.587.925/RS, 1ª T., Rel. Min. Napoleão Nunes Maia Filho, julg. 29.04.2019, publ. 10.05.2019.

No ano de 2016, o Superior Tribunal de Justiça pacificou uma controvérsia até então bastante frequente no âmbito de contratos de promessa de compra e venda de imóveis, consistente na validade ou não das cláusulas contratuais que impunham ao adquirente o dever de arcar com o pagamento de comissão de corretagem e da chamada taxa SATI (serviços de assessoria técnica-imobiliária). A questão, consolidada no Tema Repetitivo n. 938, acarretava uma segunda indagação, já conhecida a este ponto do presente estudo: qual seria o prazo prescricional para requerer a restituição dos valores pagos a título de comissão de corretagem e de taxa SATI, nos casos em que as cláusulas contratuais que as estipulavam fossem reputadas nulas? Em julgamento notável pela precisão técnica, definiu a Corte que o prazo aplicável à pretensão de restituição é o de três anos, nos termos do art. 206, §3º, IV, do Código Civil, por se reconhecer que a pretensão filia-se ao campo do enriquecimento sem causa.[43]

Com efeito, declarada nula uma disposição contratual, a transferência patrimonial que havia sido feita em observância àquela cláusula perde seu título justificativo, de modo que a restituição da prestação se torna imperativa, sob pena de enriquecimento injusto do credor que a recebeu. A esse respeito, importa a análise do art. 182 do Código Civil, que, ao prever a retroatividade da invalidação do negócio jurídico, determina que, não sendo possível restituir as partes ao estado anterior, serão as mesmas "indenizadas com o equivalente".[44] O dispositivo mostra-se impreciso ao fazer alusão à ideia de "indenização"[45] – quando, em verdade, está prevendo uma obrigação legal de restituição de prestações já realizadas, a qual decorre da vedação

---

43. Assim restou consignado no julgamento de um dos recursos paradigmáticos que se encontravam afetados ao tema (STJ, REsp 1.551.956/SP, 3ª T., Rel. Min. Paulo de Tarso Sanseverino, julg. 24.08.2016, publ. 06.09.2016). Na ocasião, prevaleceu o entendimento que havia sido firmado pouco antes pela Segunda Seção, no julgamento do REsp 1.360.969/RS, de relatoria do Min. Marco Buzzi, que versava sobre outra discussão (nulidade de cláusulas de reajuste em contratos de plano de saúde). Neste último julgamento, que se deu por maioria, o relator restou vencido, tendo sido designado para lavrar o acórdão o Min. Marco Aurélio Bellizze, que sustentou a tese vencedora da aplicabilidade do prazo trienal. Ao apreciar a questão da abusividade da cobrança da comissão de corretagem e da taxa SATI, embora tenham ressalvado entendimentos pessoais quanto à aplicabilidade do prazo geral decenal, os julgadores da Terceira Turma optaram por prestigiar o entendimento que acabara de ser expresso pela Segunda Seção, tendo, por isso, prevalecido a tese do prazo trienal.
44. No ponto, ulteriores considerações podem ser encontradas em SOUZA, Eduardo Nunes de. *Teoria geral das invalidades do negócio jurídico*: nulidade e anulabilidade no direito civil contemporâneo. São Paulo: Almedina, 2017, p. 245-247.
45. Assim como ocorre, em geral, na responsabilidade civil, a restituição de valores caso o contrato seja declarado nulo visa ao retorno das partes *in statu quo ante*; contudo, essa restituição pode ou não ser cumulada com perdas e danos, assim como pode acontecer de nada precisar ser restituído, caso não tenha havido qualquer início de execução para o negócio. A respeito, leciona Menezes Cordeiro: "deve ser restituído tudo o que tiver sido prestado, ou, se a restituição em espécie não for possível, o valor correspondente, nos termos desse mesmo preceito. [...] O dever de restituir é recíproco. A doutrina estrangeira já intentou, por via doutrinária, construir aqui um sinalagma, de modo a permitir a aplicação de institutos que garantam as posições das partes. A lei portuguesa solucionou, de modo expresso, o problema, no artigo 290º: 'As obrigações recíprocas de restituição que incumbem às partes, por força da nulidade ou anulação do negócio devem ser cumpridas simultaneamente, sendo extensivas ao caso, na parte aplicável, as normas relativas à exceção do contrato não cumprido'. [...] A nulidade ou a anulação de um negócio são, ainda, suscetíveis de causar danos ilícitos. Podem intervir institutos de responsabilidade civil e, designadamente, a *culpa in contrahendo*" (CORDEIRO, António Manuel da Rocha e Menezes. *Tratado de direito civil*. Coimbra: Almedina,

ao enriquecimento sem causa.⁴⁶ Nos ordenamentos, como o italiano, em que não há comando legal expresso determinando a restituição, a associação desta à vedação ao enriquecimento sem causa se revela mais imediata e não desperta grande dissenso doutrinário.⁴⁷ Por outro lado, em outros sistemas, como o português, parte da doutrina oscila na qualificação – muito embora isso decorra de aspectos particulares da disciplina legal das invalidades negociais e da restituição do enriquecimento sem causa, e não da lógica geral que guia o dever de restituição.⁴⁸

2012, v. I: Introdução, fontes do direito, interpretação da lei, aplicação das leis no tempo, doutrina geral. p. 936-938).

46. A respeito, leciona-se que, "desfeito o vínculo contratual, nenhuma pretensão poderá mais, obviamente, ser fundada sobre ele. Mais delicado é o discurso no caso em que o contrato já tenha tido execução parcial; nos casos desse gênero ingressam os remédios restitutórios, com a finalidade de permitir a recuperação do que foi prestado sem causa, a prescindir de esclarecimentos acerca da imputabilidade ou não do inadimplemento" (GALLO, Paolo. Le restituzioni contrattuali. Aa.Vv. *Studi in onore di Nicolò Lipari*. Milano: Giuffrè, 2008, t. I, p. 1075. Tradução livre).

47. Nesse sentido, v. BIANCA, Massimo. *Diritto civile*. Milano: Giuffrè, 2000, v. III, p. 631; ALPA, Guido. *Corso di diritto contrattuale*. Padova: Cedam, 2006, p. 132; GAZZONI, Francesco. *Manuale di diritto civile*. Napoli: ESI, 2015, p. 1000. Nesses ordenamentos, a questão mais debatida costuma ser a da proximidade ou distanciamento do regime da restituição em relação à disciplina legal do pagamento indevido. De fato, ao tratar da peculiaridade dos sistemas da família romano-germânica na matéria, explica Paolo Gallo que sistemas como o francês e o italiano adotaram, em linhas gerais, um modelo unitário do dever de restituir, ao passo que o sistema alemão segue um modelo binário, que trata diferentemente as restituições que decorrem do desfazimento contratual. No entanto, observa o autor, "em tempos recentes se tem observado fortes tendências de se diversificar o regime restitutório mesmo em ordenamentos como o francês e o italiano, tradicionalmente inspirados pela ideia da unidade da *condictio*. [...] Não se quer que a ausência de erro [elemento caracterizador do pagamento indevido] iniba o exercício da ação de nulidade, também para evitar que a execução consciente do contrato possa explicar um efeito sanatório" (GALLO, Paolo. Le restituzione contrattuali, cit., p. 1076-1077. Tradução livre). Na França, onde o enriquecimento sem causa foi desenvolvido pelo trabalho jurisprudencial, afirma-se que "a destruição do passado (o retorno ao *statu quo ante*) levanta sempre mais dificuldades que o desenvolvimento das situações adquiridas (a execução do contrato). A restituição lembra um pouco a repetição do indébito (art. 1376 [do *Code Napoléon*]), mas a condição de erro não é exigida [...]" (MALAURIE, Philippe; AYNÈS, Laurent; STOFFEL-MUNCK, Philippe. *Droit des obligations*. Paris: LGDJ, 2015, p. 358).

48. Embora pondere que "o enriquecimento sem causa seria a via natural para, perante a invalidação de um negócio, fazer reverter quanto houvesse sido prestado", mencionando ser esta, por exemplo, a solução adotada no direito alemão, Menezes Cordeiro acaba concluindo que, no direito lusitano, a obrigação de restituir decorrente da invalidade negocial seria autônoma em relação ao princípio; leva em conta, para tanto, distinções entre essa obrigação de restituição e aquela decorrente, em específico, do pagamento indevido (tais como natureza da sentença, prazo para exercício etc.), que, em princípio, não se aplicam ao direito brasileiro (CORDEIRO, António Manuel da Rocha e Menezes. *Tratado de direito civil português*. Coimbra: Almedina, 2010, v. II, t. III, p. 261-262). Particularmente quanto ao prazo, muitos autores diferenciam a decadência da declaração de nulidade e a prescrição da pretensão de restituição, associando esta última à vedação ao enriquecimento sem causa. Além disso, mesmo no direito português, alguns autores reconhecem a influência do princípio de vedação ao enriquecimento sem causa sobre o dever de restituição decorrente da invalidade negocial. Nesse sentido, afirma Júlio Gomes: "consideramos tratar-se aqui de uma restituição de prestações fundada num enriquecimento sem causa, mas em que não é necessária uma ação autônoma de enriquecimento sem causa" (GOMES, Júlio. *O conceito de enriquecimento, o enriquecimento forçado e os vários paradigmas do enriquecimento sem causa*. Coimbra: UCP, 1998, pp. 609-610). O dissídio doutrinário, destaca o autor, decorre do fato de se conceber "a obrigação de restituição fundada no enriquecimento sem causa, como visando, exclusivamente, o enriquecimento patrimonial", o que não permite explicar a disciplina prevista pelo art. 289º, I do Código Civil português para as consequências da nulidade: "no intercâmbio de prestações, resultante da execução de um contrato sinalagmático, apenas uma das partes, quando muito, poderia considerar-se enriquecida, em razão de ter recebido uma prestação de valor superior ao que dispendeu, pelo que apenas a ela caberia uma obrigação de restituição dirigida, tão-só, a essa diferença de valor"

Nesse sentido, e sem embargo de tais divergências, parece inegável que a vedação ao enriquecimento sem causa desempenha um papel fundamental na disciplina da invalidade negocial,[49] previsto pelo referido dispositivo: o desfazimento do negócio por força do reconhecimento da nulidade ou da anulação do contrato determina para as partes o dever de restituição de prestações eventualmente já executadas sob pena de, em caso contrário, restar verificado um enriquecimento injusto.[50] A rigor, por decorrer a invalidade (do inteiro negócio ou de apenas uma de suas cláusulas – o que se denomina invalidade parcial) de um vício originário do negócio,[51] seria possível afirmar que, formalmente, sempre faltou um título justificativo à transferência patrimonial feita em cumprimento do acordo de vontades (ou que, ao menos, esse título sempre esteve maculado pelo vício). De todo modo, ainda que se compreenda que o título jurídico apenas deixou de existir após a declaração de nulidade contratual, a conclusão seria a mesma: a restituição das prestações feitas em cumprimento do negócio ainda seria regida pelas regras referentes ao enriquecimento sem causa, tendo em vista o disposto pelo art. 885 do Código Civil, segundo o qual "a restituição é devida, não só quando não tenha havido causa que justifique o enriquecimento, mas também se esta deixou de existir". Resta evidente, assim, o acerto do entendimento adotado pelo STJ neste primeiro caso.

Pouco tempo depois, em 2019, novamente foi o Superior Tribunal de Justiça instado a se pronunciar sobre o prazo prescricional aplicável a uma nova pretensão restitutória. Desta vez, a controvérsia de fundo, cada vez mais frequente no direito brasileiro, consistiu na resolução de um contrato de compra e venda de imóvel na planta em decorrência do inadimplemento da construtora com o andamento do empreendimento. Mais especificamente, debatia-se, no REsp 1.737.992/RO,[52] qual seria o prazo prescricional aplicável à restituição das parcelas do preço do imóvel que já haviam sido pagas pelo adquirente até o momento da resolução. Afirmando a perda do interesse útil na entrega do imóvel em decorrência da prolongada mora da construtora, o comprador pretendia a extinção do negócio, nos termos do art. 475 do Código Civil, e, consequentemente, pugnava pelo retorno das partes *in statu quo ante*, com a restituição das parcelas que ele havia pago e que, com a resolução da avença,

---

(Ibidem, p. 611-612). O autor resolve a questão ao demonstrar como, a depender da natureza das prestações decorrentes do contrato inválido, as consequências impostas pela vedação ao enriquecimento sem causa serão distintas; assim, por exemplo, na compra e venda declarada nula ao poder de reivindicação da coisa pelo proprietário legítimo não corresponde um poder de reivindicação do preço pela parte prejudicada, eis que o dinheiro não se sujeita a esse tipo de ação, devendo sua restituição ocorrer no âmbito de uma ação fundada no enriquecimento.

49. Sobre a relevância da vedação ao enriquecimento sem causa na modulação das consequências da invalidade negocial, v. SOUZA, Eduardo Nunes de. *Teoria geral das invalidades do negócio jurídico*, cit., item 3.4.
50. Sobre a noção de enriquecimento injusto como uma perspectiva funcionalizada do dever de restituição à luz dos valores do ordenamento, v. SILVA, Rodrigo da Guia. *Enriquecimento sem causa*, cit., item 2.3.2.
51. Já que não se reconhece a possibilidade de existirem causas supervenientes de nulidade, como se pôde analisar em SOUZA, Eduardo Nunes de. Uma releitura funcional das invalidades do negócio jurídico: proposta de modulação dos efeitos de atos nulos e anuláveis. *Civilistica.com*. Rio de Janeiro, a. 6, n. 1, 2017, p. 12-13.
52. STJ, REsp 1.737.992/RO, 3ª T., Rel. Min. Paulo de Tarso Sanseverino, julg. 20.08.2019, publ. 23.08.2019.

haviam perdido seu título jurídico justificador. Surgiu, assim, o questionamento relativo ao prazo prescricional incidente sobre a sua pretensão.

Surpreendentemente, a conclusão alcançada pelo STJ foi a de que deveria ser mantido o acórdão do Tribunal Estadual de origem, que aplicara à pretensão restitutória o prazo geral decenal de prescrição (art. 205 do Código Civil).[53] Como a hipótese controvertida tratava de uma aquisição imobiliária (mesma espécie contratual de que tratava o Tema Repetitivo n. 938, acima comentado), a comparação com o prazo prescricional trienal que se considera aplicável à restituição da comissão de corretagem abusiva e da taxa SATI foi inevitável. No entanto, entenderam os julgadores que a tese favorável à aplicação do prazo trienal "foi firmada no âmbito de demandas cuja causa de pedir era a abusividade da transferência desses custos ao consumidor", ao passo que, no caso ora sob apreciação, a controvérsia dizia respeito "à aplicação dessa tese a uma demanda cuja causa de pedir é o inadimplemento contratual por parte da incorporadora".[54] Em outros termos, sustentaram que haveria uma diferença fundamental de regime jurídico entre a restituição decorrente de declaração de nulidade de cláusula contratual e aquela motivada pela resolução contratual em decorrência do inadimplemento.

No que diz respeito à fonte obrigacional, contudo, não há, a rigor, absolutamente nenhuma diferença entre a restituição de valores pagos em cumprimento de uma cláusula contratual nula e a restituição de valores pagos em cumprimento de um contrato que veio a ser resolvido.[55] O ordenamento brasileiro poderia, por certo, ter

---

53. O acórdão recebeu a seguinte ementa: "Recurso especial. Civil e processual civil. CPC/2015. Promessa de compra e venda. Incorporação imobiliária. Atraso na entrega do imóvel. Pretensão de restituição de parcelas pagas, comissão de corretagem e SATI. Prescrição. Inocorrência. Necessidade de pronunciamento judicial sobre a resolução judicial do contrato no caso. Distinção com a hipótese de prescrição trienal do tema 938/STJ. Danos materiais. Ausência indicação da questão federal. Óbice da súmula 284/STF. 1. Controvérsia acerca da prescrição das pretensões restituitórias decorrentes da resolução de promessa de compra e venda por atraso na entrega do imóvel. 2. Nos termos da Súmula 543/STJ: 'Na hipótese de resolução de contrato de promessa de compra e venda de imóvel submetido ao Código de Defesa do Consumidor, deve ocorrer a imediata restituição das parcelas pagas pelo promitente comprador – integralmente, em caso de culpa exclusiva do promitente vendedor/construtor, ou parcialmente, caso tenha sido o comprador quem deu causa ao desfazimento'. 3. Caso concreto em que a resolução foi pleiteada com base na culpa da incorporadora, sendo cabível, portanto, a restituição integral das parcelas pagas, nos termos da referida súmula. 4. No julgamento do Tema 938/STJ, esta Corte Superior concluiu pela Incidência da 'prescrição trienal sobre a pretensão de restituição dos valores pagos a título de comissão de corretagem ou de serviço de assistência técnico-imobiliária (SATI), ou atividade congênere (art. 206, § 3º, IV, CC)'. 5. Distinção entre a pretensão restituitória abordada no Tema 938/STJ (fundada na abusividade de cláusula contratual) e a pretensão restituitória do caso dos autos (fundada na resolução do contrato por inadimplemento da incorporadora). Doutrina sobre o tema da pretensão restituitória decorrente da resolução do contrato. 6. Inaplicabilidade do Tema 938/STJ aos casos em que a pretensão de restituição da comissão de corretagem e da SATI tem por fundamento a resolução do contrato por culpa da incorporadora. 7. Recurso especial desprovido, com majoração de honorários".
54. Trechos do voto do relator.
55. Assim já se pôde sustentar em SOUZA, Eduardo Nunes de. *Teoria geral das invalidades do negócio jurídico*, cit., item 3.4; SILVA, Rodrigo da Guia. Invalidade do negócio jurídico e obrigação de restituição. In: TEPEDINO, Gustavo; OLIVA, Milena Donato (Org.). *Teoria geral do direito civil*: questões controvertidas. Belo Horizonte: Fórum, 2018, *passim*; e SILVA, Rodrigo da Guia. *Enriquecimento sem causa*, cit., item 3.2.

seguido a experiência legislativa de alguns países da tradição romano-germânica no sentido de positivar uma previsão genérica acerca da aptidão da resolução contratual para deflagrar as obrigações restitutórias a cargo de ambos os contratantes. Assim sucede, por exemplo, nas codificações italiana, portuguesa e francesa. O chamado "efeito restitutório da resolução",[56] porém, ao contrário da restituição decorrente da declaração de nulidade do contrato (que conta com referência expressa do art. 182 do Código Civil), não costuma ser acompanhado de maior fundamentação sobre a sua origem ou justificativa no direito brasileiro,[57] o que parece dificultar a compreensão acerca da fonte do dever de restituir.

Ilustrativamente, o artigo 1.458 do *Codice Civile* italiano[58] estabelece o "efeito retroativo" ("*effetto retroattivo*") da resolução do contrato por inadimplemento – previsão essa interpretada no sentido da consagração do efeito restitutório da resolução –,[59] ressalvada a irretroatividade a propósito das prestações já cumpridas.[60] No

---

56. Para um desenvolvimento da análise dos "efeitos da resolução" (quais sejam, o liberatório, o reparatório e o restitutório), com particular destaque para o denominado efeito restitutório, v. SILVA, Rodrigo da Guia. Cláusulas de não restituir *versus* cláusulas de não indenizar: perspectivas de delimitação dogmática a partir de uma análise funcional dos efeitos da resolução contratual. *Revista IBERC*, v. 2, n. 1, jan./abr. 2019, itens 2 e 3.
57. Nesse sentido, v. MICHELON JR. Cláudio. *Direito restituitório*, cit., p. 252. Semelhante conclusão é alcançada pela doutrina italiana: "A correlação entre a caducidade dos efeitos do contrato e a obrigação de restituição da prestação parece indubitável, até mesmo banal na sua obviedade, mas constitui ainda no nosso sistema inocente um dos pontos mais tormentosos da matéria do pagamento indevido e da teoria do contrato" (MOSCATI, Enrico. *Studi sull'indebito e sull'arricchimento senza causa*. Padova: Cedam, 2012, p. 198. Tradução livre). Uma possível razão para a parca atenção usualmente dispensada à fundamentação do denominado efeito restitutório da resolução talvez seja a tendência da sua consagração desde o direito romano: "O direito romano deu aos contratos inominados uma dupla sanção: de uma parte, uma ação em execução; de outra parte, uma *condictio* na repetição da prestação cumprida, *condictio* que era apenas uma aplicação dos princípios romanos do enriquecimento injusto: o contratante poderia retomar sua coisa quando não houvesse obtido a contraprestação, *causa data causa non secuta*" (MAZEAUD, Henri; MAZEAUD, Léon; MAZEAUD, Jean; CHABAS, François. *Leçons de droit civil*. Paris: Montchrestien, 1985, t. II, v. 1er, p. 1.120. Tradução livre).
58. In verbis: "Art. 1.458. A resolução do contrato por inadimplemento tem efeito retroativo entre as partes, salvo o caso de contratos de execução continuada ou periódica, em relação aos quais o efeito da resolução não se estende às prestações já cumpridas. [...]" (Tradução livre).
59. Afirma-se, a propósito da consagração do efeito restitutório da resolução: "Fala-se, então, de efeitos liberatórios *ex nunc* em relação às prestações ainda não cumpridas e de efeitos restitutórios *ex tunc* a propósito da necessidade de devolver o quanto recebido em execução do contrato resolvido" (SICCHIERO, Gianluca. La risoluzione per inadempimento: artt. 1453-1459. In: BUSNELLI, Francesco D. (Coord.). *Il Codice Civile*: commentario. Milano: Giuffrè, 2007, p. 672. Tradução livre). Para uma crítica à tese da retroatividade plena dos efeitos da resolução, v. ARGIROFFI, Carlo. *Caducazione del contratto ad effetti reali*. Napoli: Edizioni Scientifiche Italiane, 1984, p. 61 e ss. Também em perspectiva crítica, a diferenciar o que denomina "doutrina da retroatividade em sentido fraco" ("*dottrina della retroattività in senso debole*"), "doutrina da retroatividade em sentido forte" ("*dottrina della retroattività in senso forte*") e "doutrina da irretroatividade" ("*dottrina della irretroattività*"), v. BELFIORE, Angelo. Risoluzione per inadempimento e obbligazioni restitutorie. *Studi in onore di Giuseppe Auletta*. Milano: Giuffrè, 1988, v. II, p. 246-267.
60. Afirma-se, a propósito: "O limite de caráter objetivo diz respeito aos contratos de execução continuada ou periódica em que, como já se disse, o efeito da resolução não estende às prestações já cumpridas (art. 1.458 n. 1). A norma [...] se funda sobre o pressuposto de que nos contratos de execução continuada ou periódica as prestações se encontram em uma relação de correspectividade *a coppie* e que, portanto, seja do ponto de vista econômico ou daquele jurídico, podem ser consideradas separadamente tanto das prestações precedentes quanto daquelas sucessivas. A retroatividade operará, portanto, apenas nos limites em que a

direito português, o artigo 433 do Código Civil[61] equipara os efeitos da resolução aos da invalidade do negócio jurídico,[62] ao passo que o artigo 434[63] prevê o "efeito retroactivo" da resolução, com as ressalvas indicadas no dispositivo.[64] Por sua vez, o artigo 1.229 do *Code civil* francês (com a redação determinada pela *Ordonnance du*

---

correspectividade subsiste e, então, se uma prestação não seja proporcional à outra, deverá ter lugar igualmente uma restituição parcial" (CARRESI, Franco. Il contratto. In: MENGONI, Luigi (Coord.). *Trattato di diritto civile e commerciale*. Milano: Giuffrè, 1997, v. XXI, t. 2, p. 912. Tradução livre).

61. In verbis: "Artigo 433º (Efeitos entre as partes). Na falta de disposição especial, a resolução é equiparada, quanto aos seus efeitos, à nulidade ou anulabilidade do negócio jurídico, com ressalva do disposto nos artigos seguintes".

62. A propósito, afirma-se: "A faculdade de exigir a restituição do que já tiver sido prestado deve ser aproximada da eficácia retroactiva da resolução – artigo 434º. A restituição tem a natureza da prevista para a invalidação (433º e 289º)" (CORDEIRO, António Menezes. *Tratado de direito civil português*. Coimbra: Almedina, 2010, v. II, t. IV, p. 139).

63. In verbis: "Artigo 434º (Retroactividade). 1. A resolução tem efeito retroactivo, salvo se a retroatividade contrariar a vontade das partes ou a finalidade da resolução. Nos contratos de execução continuada ou periódica, a resolução não abrange as prestações já efectuadas, excepto se entre estas e a causa de resolução existir um vínculo que legitime a resolução de todas elas".

64. "A resolução do contrato determina igualmente a restituição das prestações realizadas em execução do contrato. Justamente por isso o legislador equipara o seu regime ao da invalidade do negócio jurídico (art. 433), sendo-lhe em consequência aplicável também o art. 289. Estabelecem-se apenas as restrições de que a resolução não tem efeito retroactivo se essa retroactividade contrariar a vontade das partes ou a finalidade da resolução (art. 434, n. 1), de que nos contratos de execução continuada ou periódica não abrange as prestações já realizadas, excepto se entre estas e a causa de resolução existir um vínculo que legitime a resolução de todas elas (art. 434, n. 2) e de que não prejudica os direitos adquiridos por terceiro, excepto se o contrato respeitar a bens registráveis e o registro da acção de resolução preceder o desses direitos (art. 435). Esta última restrição veda, em princípio, a aplicação à resolução do contrato do regime do art. 289, n. 2" (LEITÃO, Luís Manuel Teles de Menezes. *O enriquecimento sem causa no direito civil*, cit., p. 470). Do mesmo autor, v., ainda, LEITÃO, Luís Manuel Teles de Menezes. *Direito das obrigações*. 7. ed. Coimbra: Almedina, 2010, v. II. p. 271 e ss.

10 février 2016)[65] disciplina expressamente o efeito restitutório da resolução.[66] Em regramento minucioso, o legislador francês determina a irretroatividade ou retroatividade do efeito restitutório conforme, respectivamente, o adimplemento parcial tenha ou não produzido resultado útil para os contratantes.[67]

A referida solução francesa – semelhante, nesse ponto, à italiana – parece seguir certa tendência doutrinária no sentido da irretroatividade da resolução (notadamente do seu efeito restitutório) no âmbito de contratos com obrigações de trato sucessivo,[68] reconhecendo-se que as prestações e contraprestações regularmente adimplidas antes da situação do inadimplemento encontrariam *causa* legítima no contrato então

---

65. In verbis: "Art. 1229. Quando as prestações trocadas não puderem atingir a sua utilidade sem a execução completa do contrato resolvido, as partes devem restituir a integralidade daquilo que tiverem entregado uma à outra. Quando as prestações trocadas tiverem atingido a sua utilidade do modo e na medida da execução recíproca do contrato, não tem lugar a restituição para o período anterior à última prestação que não recebeu a sua contrapartida; nesse caso, a resolução é qualificada como resilição [...]" (Tradução livre). A tradução de *"résiliation"* para "resilição" poderia surpreender, uma vez que ambos os remédios previstos pelo legislador francês no dispositivo mencionado (*résolution* e *résiliation*) prestam-se a tutelar uma situação de inadimplemento contratual, ao passo que a civilística brasileira reserva a expressão "resilição" para a extinção voluntária do contrato, como esclarecem Gustavo Tepedino e Anderson Schreiber: "O novo Código Civil veio a disciplinar este assunto em seu próprio capítulo, o qual, embora não desprovido de certas impropriedades, teve o mérito de regular, expressamente, os dois gêneros de extinção dos contratos tradicionalmente reconhecidos pela doutrina brasileira: (i) a resolução [*résolution*] – forma de extinção resultante da falta de desempenho – e a resilição [*résiliation*] – cuja base reside na manifestação da vontade de uma ou de ambas as partes" (TEPEDINO, Gustavo; SCHREIBER, Anderson; FRADERA, Vera. La rupture du contrat: rapport brésilien. *Le contrat*: travaux de l'Association Henri Capitant des Amis de la Culture Juridique Française. Paris: Société de Législation Comparée, 2005, p. 695. Tradução livre). À luz de tais considerações, o possível equívoco aventado, se realmente existente, parece residir não na tradução de *"résiliation"* para "resilição", mas sim na opção do legislador francês em diferenciar as hipóteses de extinção do vínculo contratual em razão do inadimplemento (unitariamente designadas em português pela expressão "resolução") conforme os efeitos da extinção sejam retroativos (hipótese da *"résolution"*) ou irretroativos (hipótese da *"résiliation"*). Precisamente nesse sentido, a criticar a opção do legislador francês que veio a restar consagrada na reforma de 2016, afirma-se, na doutrina francesa: "Há muito tempo, tomou-se o hábito de dizer que a resolução por inexecução, em princípio retroativa, não é assim quando afeta um contrato de execução sucessiva e que, sendo válida apenas para o futuro, ela muda de nome e é chamada de 'resilição' [*résiliation*]. Na realidade, esta apresentação é errônea, incompleta e largamente desmentida pela jurisprudência moderna" (GENICON, Thomas. "Résolution" et "résiliation" dans le projet d'ordonnance portant réforme du droit des contrats. *JCP G Semaine Juridique*, 2015, 38, p. 1.605. Tradução livre). O autor arremata: "Em suma, a palavra resilição não diz nada sobre os efeitos (não retroativos) da aniquilação de um contrato, mas fala apenas da causa desse aniquilamento" (Ibid., p. 1.606. Tradução livre). No mesmo sentido da crítica, v., ainda na doutrina francesa, LARROUMET, Christian; BROS, Sarah. *Traité de droit civil*. Paris: Economica, 2016, t. 3, p. 806-807.
66. Para uma análise do histórico legislativo que veio a conduzir à reforma promovida pelo *Ordonnance du 10 février 2016* especificamente na matéria da resolução contratual, v. BOUCARD, Hélène. le nouveau régime de l'inexécution contractuelle. In: SCHULZE, Reiner; WICKER, Guillaume; MÄSCH, Gerald; MAZEAUD, Denis (Coord.). *La réforme du droit des obligations en France*: 5ᵉ Journées Franco-Allemandes. Paris: Société de législation comparée, 2015, p. 165-166.
67. A propósito, v., por todos, SIMLER, Philippe. *Commentaire de la réforme du droit des contrats et des obligations*. Paris: LexiNexis, 2016, p. 46; e BENABENT, Alain. *Droit des obligations*. Paris: LGDJ, 2016, p. 301.
68. A regra, positivada pela reforma francesa de 2016, consagrou substancialmente o entendimento então já prevalente em sede doutrinária. A propósito, v., por todos, MAZEAUD, Henri; MAZEAUD, Léon; MAZEAUD, Jean; CHABAS, François. *Leçons de droit civil*, t. II, v. 1ᵉʳ., cit., p. 1.129; e TERRÉ, François; SIMLER, Philippe; LEQUETTE, Yves. *Droit civil*: les obligations. 11. ed. Paris: Dalloz, 2013, p. 707-708.

vigente.[69] A restituição haveria de se limitar, por conseguinte, às prestações pagas sem o devido correspectivo, o que se verifica após a configuração do inadimplemento.[70] Assevera-se, nesse sentido, que "(O) efeito da resolução entre as partes varia, pois, conforme o contrato seja de execução única ou de duração. No primeiro caso a resolução opera *ex tunc*, no segundo, *ex nunc*".[71]

Ao contrário do que ocorreu nos ordenamentos acima mencionados, a positivação expressa do efeito restitutório (por vezes denominado simplesmente retroativo) da resolução não foi o caminho trilhado pela codificação brasileira.[72] A obrigação de restituição, nesse cenário, apenas pode se vincular, no quadro geral de fontes das obrigações no direito brasileiro, à cláusula geral de vedação ao enriquecimento sem causa, remontando diretamente à hipótese de ausência superveniente de causa de que trata o artigo 885 do Código Civil.[73] De fato, ao desfazer o vínculo contratual, a resolução suprime a fonte que justificava as transferências patrimoniais, as quais deverão, em regra, ser integralmente restituídas a fim de se reprimir a configuração de enriquecimento sem causa.[74] O reconhecimento do efeito restitutório à míngua de previsão legal específica parece traduzir, em suma, decorrência direta da cláusula

---

69. "O efeito específico da resolução é extinguir o contrato retroativamente. Opera *ex tunc*. Esse efeito corresponde à intenção presumida das partes. Extinto o contrato pela resolução, apaga-se o que se executou, devendo-se proceder a restituições recíprocas, se couberem. Contudo, só é possível remontar à situação anterior à celebração do contrato se este não for de trato sucessivo, pois, do contrário, a resolução não tem efeito em relação ao passado; as prestações cumpridas não se restituem" (GOMES, Orlando. *Contratos*. 26. ed. Atual. Antonio Junqueira de Azevedo e Francisco Paulo De Crescenzo Marino. Rio de Janeiro: Forense, 2007, p. 210).
70. "Feita exceção para os contratos de duração, a resolução tem efeito retroativo entre as partes, que são obrigadas a restituir as prestações recebidas" (ROPPO, Vincenzo (a cura di). Rimedi – 2. In: ROPPO, Vincenzo. *Trattato del contratto*. Milano: Giuffrè, 2006, v. V, p. 379. Tradução livre).
71. GOMES, Orlando. *Contratos*, cit., p. 210.
72. Tal omissão se verificava já no Projeto de Código Civil, conforme ressaltado por Ruy Rosado de Aguiar Júnior: "Nada disse [o Projeto de Código Civil] sobre a necessidade de serem as partes restituídas à situação anterior, com devolução das quantias pagas e indenização pelos danos sofridos pelo adimplente, e os casos em que isso ocorre" (AGUIAR JÚNIOR, Ruy Rosado de. Projeto do Código Civil: as obrigações e os contratos. *Revista dos Tribunais*, a. 89, v. 775, p. 27. São Paulo: Ed. RT, maio/2000).
73. Nesse sentido, v. SILVA, Rodrigo da Guia. *Enriquecimento sem causa*, cit., item 3.3.1. A vinculação do denominado efeito restitutório da resolução à disciplina da vedação ao enriquecimento sem causa, porém, encontra opositores na doutrina estrangeira. Para uma análise do tema, com especial destaque à relação entre a restituição e a indenização correspondente ao interesse negativo, v. PINTO, Paulo Mota. *Interesse contratual negativo e interesse contratual positivo*. Coimbra: Coimbra Editora, 2008, , v. II, p. 969 e ss.; e PARDOLESI, Paolo. Rimedi che non rimediano e alternative risarcitorie: il disgorgement dei profitti da inadempimento. *Rivista Critica del Diritto Privato*, a. XXV, n. 3, p. 493 e ss. set. 2007.
74. Ao propósito, a identificar uma função restitutória da obrigação de restituição deflagrada pela resolução contratual, v., na doutrina italiana, D'ADDA, Alessandro. Gli obblighi conseguenti alla pronuncia di risoluzione del contratto per inadempimento tra restituzioni e risarcimento. *Rivista di Diritto Civile*, II, 2000, p. 536. Em sentido semelhante, ainda que sem vincular expressamente o efeito restitutório à vedação ao enriquecimento sem causa, reconhece-se a eliminação da causa justificadora da atribuição patrimonial: "A resolução elimina a causa justificadora das prestações contratuais e, portanto, obriga a restituir aquilo que se tenha recebido em execução do contrato" (TRIMARCHI, Pietro. *Il contratto*: inadempimento e rimedi. Milano: Giuffrè, 2010, p. 72. Tradução livre).

geral do dever de restituir contida no artigo 884 do Código Civil, na feição própria de ausência superveniente de causa (artigo 885 do Código Civil).[75]

Essas premissas, desconsideradas no julgamento do supramencionado REsp 1.737.992/RO, resultaram, mais uma vez, na malfadada aplicação de prazos prescricionais distintos a pretensões caracterizadas por idêntica função. Não havia, como se percebe, razão idônea a justificar o discrímen a partir do qual a Corte concluiu pelo afastamento do prazo prescricional trienal dispensado às pretensões de restituição do enriquecimento sem causa. Mais adequado teria sido, portanto, seguir o imperativo de aplicação do prazo prescricional trienal do art. 206, § 3º, IV, do Código Civil à generalidade das pretensões de restituição do enriquecimento sem causa, independentemente de terem fonte na cláusula geral do art. 884 do Código Civil ou em outras hipóteses específicas.[76]

Mais do que isso, o acórdão proferido nesse julgamento ainda incorreu em outras confusões de ordem teórica. Argumentaram os julgadores, na ocasião, que, consistindo o direito à resolução em um direito potestativo, não se poderia aplicar ao caso o entendimento aplicado no julgamento do Tema Repetitivo n. 938 (comissão de corretagem e taxa SATI), pois aos direitos potestativos se aplica a decadência e não a prescrição.[77] O argumento é manifestamente improcedente, ao menos por duas ordens de razão. A uma, por ser certo que também o direito a obter a declaração de nulidade (total ou parcial) do contrato é potestativo,[78] o que faz cair por terra a pretendida diferenciação. A duas, porque o direito à *restituição* de valores pagos (decorrente, como se viu, tanto do exercício do direito potestativo à declaração de nulidade quanto do direito potestativo à resolução do contrato) consiste em um direito autônomo em relação ao direito à *resolução*. A natureza do direito à restituição é a de um simples direito subjetivo de crédito, como ocorre nos variados casos de restituição motivada pela vedação ao enriquecimento sem causa. À pretensão restitutória deflagrada pela resolução há de se aplicar, portanto, o instituto da prescrição.

---

75. Semelhante conclusão é alcançada no âmbito da doutrina italiana ao se justificar o reconhecimento do efeito restitutório a partir da exegese do artigo 1.458 do *Codice Civile*: "Coerentemente com o implemento do nosso código e com a vedação ao enriquecimento sem causa, de fato, o rompimento do vínculo, em vez de operar apenas a partir do momento em que se verifica, elimina retroativamente toda modificação produzida pelo acordo, correspondendo, assim, a norma ao comum sentimento das pessoas, já que quem não teve aquilo lhe compete pretende a restituição daquilo que tenha dado" (SICCHIERO, Gianluca. La risoluzione per inadempimento, cit., p. 673. Tradução livre). Também a doutrina francesa alcançava conclusão semelhante antes mesmo da positivação expressa do efeito restitutório pela reforma promovida no direito das obrigações em 2016: "[...] a resolução faz também desaparecer o contrato retroativamente. Há o retorno ao *status quo ante*, o que implica ausência de empobrecimento e de enriquecimento das partes" (TERRÉ, François; SIMLER, Philippe; LEQUETTE, Yves. *Droit civil*: les obligations, cit., p. 705. Tradução livre). Ao propósito, v. SILVA, Rodrigo da Guia. *Enriquecimento sem causa*, cit., p. 284-285.
76. Ao propósito, v. SILVA, Rodrigo da Guia. *Enriquecimento sem causa*, cit., item 3.1.2.
77. "Tratando-se de um direito potestativo, não há falar em prazo de prescrição, mas em decadência, o que por si só já afastaria a aplicação do Tema 938/STJ ao caso" (Trecho do voto do relator).
78. V. SOUZA, Eduardo Nunes de. *Teoria geral das invalidades do negócio jurídico*, cit., p. 210.

4. SÍNTESE CONCLUSIVA

A tripartição funcional das obrigações afigura-se, em alguma medida, uma solução possível para um problema que ela própria faz ser reconhecido. Com efeito, não fosse a assunção da premissa metodológica acerca do reconhecimento das funções características das obrigações no direito civil, provavelmente não se ressentiria a comunidade jurídica do tratamento assistemático da restituição. Desse modo, em razão da suposta ausência de identidade entre as diversas hipóteses de restituição, sequer pareceria lógico dispensar-lhes tratamento em alguma medida unitário. Uma vez, contudo, que se reconheça a existência de um perfil funcional comum entre obrigações restitutórias as mais variadas – destinadas a remover um enriquecimento injustificado (excluídas, portanto, *restituições* que traduzam simples obrigação de dar coisa certa alheia em cumprimento de um negócio jurídico) –, a promoção de disciplina unitária exsurge como autêntica imposição de ordem metodológica.

A dificuldade – compartilhada por doutrina e jurisprudência pátrias – de enfrentamento sistemático das obrigações restitutórias parece remontar, nesse contexto, à resistência em se reconhecer o papel desempenhado pela vedação ao enriquecimento sem causa no quadro geral de fontes das obrigações no direito civil.[79] Verifica-se, como visto, uma recorrente confusão entre a fonte obrigacional da vedação ao enriquecimento sem causa (a determinar a incidência de um regime geral para obrigações de perfil funcional restitutório) e a cláusula geral do dever de restituir (a fazer deflagrar a obrigação restitutória quando observados certos pressupostos positivos e negativo previstos nos arts. 884 e 886, respectivamente). Transportam-se, assim, para o inteiro tratamento das obrigações restitutórias as cautelas tomadas a propósito da incidência direta da cláusula geral do dever de restituir, o que repercute diretamente, por exemplo, na usual compreensão de uma suposta subsidiariedade da fonte obrigacional da vedação ao enriquecimento sem causa, em nítida demonstração da confusão entre o instituto (fonte autônoma de obrigações) e a sua respectiva cláusula geral (essa, sim, subsidiária nos termos do art. 886 do Código Civil).

Tal cenário de confusão conceitual e de ausência de tratamento sistemático das obrigações restitutórias no direito civil brasileiro acarreta consequências negativas no que tange à determinação do regime jurídico a elas aplicável. Essas sequelas podem ser ilustradas pelo problema da definição do prazo prescricional. Com grande frequência, diante de uma hipótese de restituição disciplinada por norma legal específica, indaga-se: deve ser aplicado o prazo geral de dez anos (art. 205) ou o prazo trienal específico da "pretensão de ressarcimento de enriquecimento sem causa" (art. 206, § 3º, inciso IV)? A verdadeira dúvida, porém, a confundir o julgador brasileiro ainda nos dias de hoje parece ser: devem ser vinculadas ao regime geral do enriquecimento sem causa as pretensões restitutórias que não decorram diretamente da cláusula geral do dever de restituir contida no art. 884 do Código Civil?

---

79. Ao propósito, v. SILVA, Rodrigo da Guia. *Enriquecimento sem causa*, cit., item 1.2.

Parece possível afirmar que, uma vez mais, o reconhecimento da tripartição funcional das obrigações presta valioso auxílio. O fato de variadas obrigações guardarem em comum um mesmo perfil funcional aconselha, como já enunciado, a incidência de uma disciplina jurídica unitária. Não se trata de proclamar uma homogeneidade absoluta, mas tão somente um tratamento comum naquilo que disser respeito à função característica das obrigações do mesmo grupo. Reconhece-se ao legislador, de qualquer modo, a prerrogativa de estabelecer diferenciações entre obrigações de um mesmo perfil funcional, o que se verifica, por exemplo, na previsão de prazos prescricionais distintos para variadas pretensões de perfil funcional executório (vejam-se, por exemplo, no art. 206, o inciso I do § 1º, os incisos I a III do § 3º e os incisos I e II do § 5º). Não é, porém, a existência ou não de escolhas legislativas próprias para certas *fattispecie* de obrigações que irá determinar se elas se originam de uma mesma fonte – mas sim a função por elas desempenhada.

Assim, a eventual omissão (deliberada ou casual) do legislador na previsão de prazos prescricionais distintos para pretensões de idêntico perfil funcional não deve acarretar a incidência do prazo prescricional geral para as pretensões não expressamente reguladas, caso possam elas ser englobadas por uma previsão genérica que sintetize o perfil funcional em questão. Justifica-se, à luz dessas considerações, a interpretação da noção de "ressarcimento de enriquecimento sem causa" (conforme a redação conferida ao art. 206, § 3º, IV, do Código Civil) de modo a traduzir o inteiro perfil funcional restitutório. Desse modo, parece adequado concluir pela incidência do prazo prescricional trienal para a generalidade das pretensões restitutórias, decorrentes ou não da cláusula geral do dever de restituir contida no art. 884, desde que não se lhes tenha atribuído prazo específico – tal como sucede, nos exemplos já mencionados, com algumas específicas pretensões de perfil executório.

Como se buscou demonstrar, diante da ausência de escolha expressa do legislador por um prazo prescricional específico para certa hipótese de pretensão restitutória, a solução deve necessariamente ser buscada na previsão destinada a reger a generalidade de hipóteses compreendidas pelo instituto da vedação ao enriquecimento sem causa. Com efeito, independentemente de a específica hipótese de pretensão restitutória remontar de modo direto ao art. 884 do Código Civil, será possível (*rectius*: necessário) submetê-la ao tratamento unitário que o ordenamento dispensa às pretensões que tenham em comum o perfil funcional restitutório.

O aludido art. 884 consiste, nesse contexto, em cláusula geral do dever de restituição do enriquecimento sem causa, em convivência harmoniosa com as previsões específicas do dever de restituição nas mais variadas matérias – como sucede precisamente no caso do pagamento indevido. A identificação do perfil funcional comum a todas essas obrigações (a saber, o restitutório) conduz, como visto, à compreensão do art. 206, § 3º, IV, do Código Civil como prazo prescricional aplicável a todas as hipóteses de pretensões restitutórias (remontem elas ou não à cláusula geral do art. 884), ressalvadas aquelas para as quais o legislador, excepcionalmente, haja estabelecido prazo prescricional específico.

Nesse sentido, do ponto de vista funcional, nenhuma distinção há de ser traçada entre o dever de restituir oriundo da declaração de nulidade (total ou parcial) de um negócio jurídico e aquele ensejado pela resolução contratual decorrente do inadimplemento. Em ambos os casos, a restituição de prestações realizadas pelas partes, uma à outra, em cumprimento ao acordo (quando, evidentemente, concluir o julgador que há algo a restituir), deverá ser considerada uma manifestação da fonte obrigacional associada à vedação ao enriquecimento sem causa. Consequentemente, o prazo prescricional aplicável em ambos os casos não pode ser outro que não aquele especificamente previsto pelo codificador para as pretensões restitutórias em geral: o prazo trienal de que trata o art. 206, §3º, IV, do Código Civil.

IRRETRATABILIDADE E INEXECUÇÃO DAS PROMESSAS DE COMPRA E VENDA DIANTE DA LEI 13.786/2018 (LEI DOS DISTRATOS IMOBILIÁRIOS)

Roberta Mauro Medina Maia

Mestre e Doutora em Direito Civil pela UERJ. Professora dos cursos de graduação e pós-graduação em Direito da PUC-Rio. Advogada. Artigo originalmente publicado na Revista Brasileira de Direito Civil, v. 22, n. 04 (2019).

O Brasil não é para principiantes.

Tom Jobim

1. INTRODUÇÃO

Poucas figuras contratuais são tão utilizadas no país quanto a promessa de compra e venda, cujo regramento foi primeiro detalhado pelo Dec.-Lei 58/37. Naquela época, a principal preocupação legislativa era assegurar ao promitente comprador o direito à adjudicação compulsória do imóvel quando a promessa de compra e venda fosse irretratável, permitindo, assim, a execução específica do contrato mesmo quando o promitente vendedor se recusasse a lhe outorgar a escritura definitiva de compra e venda.

Era a irretratabilidade do negócio, portanto, a justificativa para que esta nova manifestação volitiva por parte do promitente vendedor fosse suprida pelo Poder Judiciário, garantindo-se, desse modo, a transferência do direito de propriedade ao promitente comprador. Tal providência fez-se necessária porque, quando do advento do referido Decreto-Lei, era comum que, em virtude da valorização do metro quadrado dos imóveis prometidos à venda, os promitentes vendedores desistissem do negócio preliminar, arcando com as perdas e danos, no intuito de alienar o mesmo imóvel por quantia mais elevada que a originalmente obtida.

Com a crise econômica que assolou o país a partir de 2014, a irretratabilidade foi posta à prova em razão do polo oposto: com a depreciação do metro quadrado após a celebração das promessas de compra e venda, diversos adquirentes de unidades autônomas fruto de incorporação imobiliária pleitearam o desfazimento do negócio não por força da ausência de condições de adimpli-lo, mas sim por não julgá-lo mais conveniente.

O presente artigo destina-se, por isso, a avaliar se a irretratabilidade é amarra tão apertada quanto propõe a lei ou tão frouxa quanto parecem sugerir algumas decisões judiciais. Para tanto, o próximo tópico destina-se a expor esta característica atribuída pelo legislador às promessas de compra e venda como traço típico indispensável à sua qualificação. Posteriormente, será melhor exposta a aplicação – por vezes equivocada – de conceitos básicos da teoria geral dos contratos às promessas de compra e venda pelos Tribunais, sendo esta a causa principal do advento da Lei dos Distratos Imobiliários (Lei 13.786/2018).

Feitas estas considerações preliminares, será então possível averiguar se a nova legislação flexibilizou de algum modo a irretratabilidade do referido contrato, ampliando as hipóteses de desfazimento do ajuste preliminar. Por fim, o último tópico será destinado à avaliação da possibilidade de se enquadrar os casos de oscilação do metro quadrado de imóveis no conceito de onerosidade excessiva.

2. A IRRETRATABILIDADE COMO CARACTERÍSTICA ESSENCIAL DO TIPO CONTRATUAL DESCRITO PELO DEC.-LEI 58/37 E PELO ART. 1417 DO CC/2002

Definido por Darcy Bessone como o contrato por meio do qual as partes se comprometem a celebrar, mais tarde, o contrato de compra e venda[1], o estudo da promessa de compra e venda como tipo contratual autônomo partiu, em um primeiro momento, do art. 1589 do Código Civil Francês[2], segundo o qual "a promessa de compra e venda vale venda, quando haja consentimento recíproco das duas partes sobre a coisa e sobre o preço"[3]. Naquele momento, em virtude da adoção, pelo *Code*, do princípio do consenso translativo como inderrogável – bastando, portanto, a manifestação de vontade para que o contrato pudesse transferir o direito de propriedade –, a possibilidade de desfazimento do negócio restava afastada[4].

Assim, enquanto para os franceses a promessa de compra e venda seria, na prática, irrevogável, por equivaler à venda propriamente dita – em razão do respeito quase absoluto à autonomia da vontade ali consagrado –, no Brasil, a ascensão da irretratabilidade do referido contrato deveu-se a contexto jurídico e econômico consideravelmente diverso, que pode ser descrito com base em dois aspectos.

---

1. BESSONE, Darcy. *Da compra e venda, promessa e reserva de domínio*. Belo Horizonte: Bernardo Álvares, 1952, p. 35. Ana Prata desenvolve tal conceito, ainda que relativamente aos contratos-promessa como categoria (da qual a promessa de compra e venda é espécie), nos seguintes termos: "pode dizer-se que a vontade manifestada pelas partes na promessa não respeita apenas à celebração futura de um dado tipo de negócio, mas, muito mais precisamente, à ulterior celebração de um *certo negócio*, com um *certo conteúdo*. Ou seja, a vontade das partes na promessa, referindo-se desde logo ao conteúdo do contrato prometido, consubstancia, também desde logo, um acordo quanto a ele" (PRATA, ANA. *O contrato-promessa e o seu regime civil*. Coimbra: Almedina, 2001, p. 70). Grifos no original.
2. COSCO, Giusy. *Il contratto preliminare ad esecuzione anticipata*: una proposta ricostruttiva di um fenomeno complesso. Milano: Cedam/Wolters Kluwer, 2018, p. 2.
3. "La promesse de vente vaut vente, lorsqu'il y a consentement réciproque des deux parties sur la chose et sur le prix".
4. COSCO, Giusy. Op. cit., p. 8.

Primeiramente, conforme descrito por Barbosa Lima Sobrinho, a compra e venda definitiva não era interessante para os vendedores, que se sentiam dentro dela "desamparados, quando ainda se encontravam na fase do pagamento das primeiras prestações do preço"[5]. Segundo o autor, a promessa de compra e venda, até então "reduzida a uma obrigação de fazer, não protegia nem os vendedores, nem os compradores, deixando todos eles à mercê de arrependimento, que podia ser exercitado até o momento da escritura definitiva"[6].

Da possibilidade de arrependimento advinha um segundo aspecto: no cenário anterior à vigência do Decreto-Lei 58/37, além dos riscos de, após o desembolso de algumas prestações, os promitentes compradores se depararem com alguma penhora ou execução hipotecária[7] – por não lhes ser, à época, conferido o *status* prioritário de titular de direito real –, diante da valorização dos imóveis durante o período no qual o preço era quitado parceladamente, o promitente vendedor optava por descumprir o pacto, alienando-o uma segunda vez por preço superior ao estipulado no contrato primitivo. Nesse caso, arcava com as perdas e danos devidas ao primeiro promitente comprador, em montante inferior ao equivalente à diferença entre o preço disposto no contrato original e aquele auferido em decorrência da celebração do segundo. O inadimplemento trazia, portanto, vantagens financeiras ao alienante.

Tais hipóteses revelavam exemplo, comum à época, de recurso, por parte do promitente vendedor, ao chamado inadimplemento eficiente (*efficient breach*), que representa a possibilidade de as partes "descumprirem o contrato quando os custos com o cumprimento forem superiores às consequências do inadimplemento, uma vez que arquem com os danos gerados"[8]. No caso, o custo do cumprimento da primeira promessa de compra e venda seria a perda da diferença financeira auferida em caso de nova alienação, em montante superior ao correspondente às perdas e danos devidas pelo promitente vendedor ao primitivo promitente comprador, em virtude do inadimplemento do contrato.

Diante de tal cenário, valeu-se o legislador brasileiro da irretratabilidade como traço típico indispensável à atribuição do regime jurídico especial proposto pelo Dec.- -Lei 58/37, especificamente no art. 22: "Os contratos, *sem cláusula de arrependimento*, de compromisso de compra e venda e cessão de direitos de imóveis não loteados, cujo preço tenha sido pago no ato de sua constituição ou deva sê-lo em uma, ou mais prestações, desde que, inscritos a qualquer tempo, atribuem aos compromissos direito

---

5. BARBOSA LIMA SOBRINHO. *As transformações da compra e venda*. Rio de Janeiro: Borsoi, 1976, p. 63.
6. Idem, p. 63.
7. Somente após o advento do Dec.-Lei 58/37 a promessa de compra e venda registrada passou a ser dotada de eficácia real, prevalecendo "sobre a constituição posterior de direitos reais ou pessoais sobre o mesmo objecto" (MORAIS, Fernando Gravato. *Contrato-promessa em geral, contratos promessa em especial*. Coimbra: Almedina, 2009, p. 61).
8. FIÚZA, César e ALMEIDA, Victor Duarte. Apontamentos acerca do inadimplemento eficaz. *Revista Meritum*, v. 12, n. 1, p. 346, jan./jun. 2017.

real oponível a terceiros, e lhes conferem o direito de adjudicação compulsória nos termos dos artigos 16 desta lei, 640 e 641 do Código de Processo Civil"[9].

A partir de tal providência legislativa, sendo irretratável a promessa ou compromisso de compra e venda[10], é possível perceber que, do ponto de vista do promitente vendedor, a manutenção da propriedade em seu nome serve como garantia da integralização do preço por parte do promitente comprador[11]. No entanto, a celebração do compromisso de compra e venda de modo irrevogável e irretratável basta para operar a efetiva transferência de todo o conteúdo de tal direito de propriedade: os poderes de uso, gozo e disposição da coisa já deixam de, neste ato, pertencer ao promitente vendedor, sendo de plano transferidos ao promitente comprador que, embora não possa ainda dispor do direito de propriedade – por não ser ainda seu efetivo titular – poderá ceder sua posição contratual a terceiros.

É, consequentemente, o único que pode dispor da coisa entre a celebração da promessa e a transcrição do direito de propriedade em seu favor após a quitação. Durante a execução do contrato a manutenção do domínio com o promitente vendedor em termos meramente nominais tem puro escopo de garantia, sendo uma propriedade já esvaziada: "à medida que o crédito vai sendo recebido, aquele pouco que restava do direito de propriedade junto ao compromitente vendedor, isto é, aquela pequena parcela do poder de dispor, como que vai desaparecendo até se apagar de todo"[12].

Como a irretratabilidade manifestada no contrato produzia, portanto, efeitos tão imediatos e tão consistentes – transferência de todos os poderes inerentes ao domínio ao promitente comprador –, antes de a jurisprudência confirmar a qualificação da promessa de compra e venda como negócio preliminar, distinto do contrato definitivo de compra e venda[13], autores como Barbosa Lima Sobrinho chegaram a questionar

---

9. Serviu de inspiração ao legislador brasileiro a Lei n. 8.733/31, do Uruguai. A tramitação do projeto de lei foi interrompida no Brasil pelo Golpe de Estado de 1937. Todavia, o projeto foi posteriormente aproveitado, convertendo-se no Dec.-Lei 58, de 10 de dezembro de 1937 (nesse sentido, v. BESSONE, Darcy. *Direitos reais*. 2. ed. São Paulo: Saraiva, 1996, p. 353).
10. Há quem defenda que, enquanto a promessa de compra e venda seria modalidade específica de contrato preliminar, o compromisso de compra e venda seria "o direito real dele decorrente" (nesse sentido, v. TEPEDINO, Gustavo et al. *Código Civil Interpretado conforme a Constituição Federal*. Rio de Janeiro: Renovar, 2011, v. III, p. 847). No entanto, não adotaremos aqui tal distinção terminológica por não ser a mesma corroborada pela lei ou mesmo pela jurisprudência. O art. 1417 do Código Civil de 2002 dispõe que, "mediante promessa de compra e venda, em que não se pactuou arrependimento, celebrada por instrumento público ou particular, e registrada no Cartório de Registro de Imóveis, adquire o promitente comprador direito real à aquisição do imóvel". Vê-se que, aqui, utiliza-se a expressão "direito real de aquisição", direito real decorrente da promessa de compra e venda, ignorando-se a expressão "compromisso de compra e venda". Como se não bastasse, a Súmula 239 do STJ encontra-se assim redigida: "O direito à adjudicação compulsória não se condiciona ao registro do compromisso de compra e venda no cartório de imóveis". Vê-se que a mesma trata a expressão "compromisso de compra e venda" como sinônimo de promessa de compra e venda: por fazer referência a compromissos não registrados, não poderia, de modo algum, ter ali em conta o direito real da promessa decorrente, mas sim o contrato em si. Por tal motivo, as duas expressões serão aqui empregadas como sinônimas.
11. AZEVEDO JUNIOR, José Osorio. *Compromisso de compra e venda*. 6. ed. São Paulo: Malheiros, 2013, p. 19.
12. Idem, p. 19.
13. TEPEDINO, Gustavo et al. *Código*, cit., p. 848.

tal natureza relativamente a esta modalidade contratual, embora não tenha sido esta a tese vencedora, com o passar dos anos:

> "Poder-se-ia dizer que o objetivo da promessa de venda não é a escritura definitiva, mas justamente o contrário, isto é, visa *retardar a lavratura dessa escritura definitiva*. E quando se considera os contratos de promessa de venda irretratáveis, inscritos no registro público, com o preço pago e imissão de posse, com o direito de usar, de gozar e de dispor da cousa, ou de estabelecer sobre ela ônus reais, é preciso fechar os olhos à realidade, para dizer que esse contrato visa à lavratura da escritura definitiva, que não tem nenhuma importância, no caso, não acrescenta à transação nenhum direito real e raramente se faz entre as partes que subscreveram a primeira promessa. O direito não pode ser um simples jogo de palavras, e não há como negar que a escritura definitiva se tornou elemento secundário, quase diríamos acidental, na promessa de venda irretratável e exigível; ao passo que avultam os direitos sobre a coisa, transferidos efetivamente, com a imissão de posse e a inscrição no registro de imóveis".[14]

De todo modo, vê-se que a intenção do legislador, à semelhança da opção adotada por outros ordenamentos jurídicos, era a de impedir a celebração de negócio imobiliário futuro, que fosse incompatível com o adimplemento do contrato anterior[15], denotando, assim, expressiva preocupação com a tutela do promitente comprador nessa modalidade contratual. E algumas décadas após a entrada em vigor do referido Decreto-Lei, restou claro que a verdadeira justificativa da possibilidade de execução específica não era a eficácia real conferida aos compromissos de compra e venda, mas sim a irretratabilidade: corroborando o que já era defendido em sede doutrinária há décadas[16], a Súmula 239 do STJ, publicada em 28.06.2000, dispôs que "O direito à adjudicação compulsória não se condiciona ao registro do compromisso de compra e venda no cartório de imóveis".

Contrariando a Súmula 167 do STF, cujo teor negava o direito à adjudicação compulsória aos promitentes compradores que não ostentavam promessa de compra e venda registrada – ou seja, não dotadas de eficácia real –, a Súmula 239 do STJ evidenciou que o fundamento da atribuição do regime jurídico disposto no Dec.-Lei 58/37, qual seja, o recurso à execução específica, decorria da identificação da irretratabilidade como traço típico da figura contratual ali prevista, bem como da quitação do preço e, apesar dela, da recusa do promitente comprador em cumprir a obrigação previamente ajustada. Em outras palavras, quando não houvesse irretratabilidade, o contrato seria outra coisa: compromisso (ou promessa) de compra e venda não haveria de ser[17].

---
14. BARBOSA LIMA SOBRINHO. *As transformações*, cit., p. 77.
15. COSCO, Giuzy. *Il contratto*, cit., p. 27.
16. A tese foi exaustivamente defendida por Darcy Bessone em mais de uma oportunidade, devendo ser aqui transcrita passagem na qual cita autores que lhe fizeram coro: "A doutrina afastou-se dessa óptica, todavia, como se pode ver em resenha feita por Mário Aguiar Moura após reproduzir tópicos de livro nosso a respeito da matéria: 'Nos autores mais modernos, a tese da prescindibilidade do registro encontra eco. A *maioria absoluta* esposa o ponto de vista de que não é do registro que há de advir o direito à adjudicação, mas do contrato sem cláusula de arrependimento e da quitação do preço'" (*Direitos reais*, cit., p. 356).
17. Apenas para fins de registro histórico, vale mencionar que a Súmula 412 do STJ, de 08.07.1964, fazia menção expressa aos compromissos de compra e venda com cláusula de arrependimento, como se houvesse

Consequentemente, ao contrário do legislador francês, que propunha relação umbilical entre a promessa de venda e a compra e venda, o legislador brasileiro preocupou-se em evidenciar a função – diversa – de cada um dos dois pactos: a promessa de compra e venda teria como objeto a celebração futura do contrato definitivo, impondo um controle sobre fatos supervenientes[18], enquanto a escritura definitiva de compra e venda seria destinada apenas à transferência do direito de propriedade após a efetiva quitação do preço[19].

E relativamente ao primeiro pacto, a despeito das críticas dirigidas ao Código de 2002, por ter supostamente perdido a oportunidade de unificar o regime jurídico das promessas de compra e venda[20] – aplicáveis aos imóveis loteados, não loteados e aos que decorrem de incorporação imobiliária –, o fato é que a codificação brasileira em vigor, no art. 1.417, elegeu a irretratabilidade como a característica comum a ser observada nos contratos de promessa de compra e venda sobre bens imóveis em geral, independentemente das especificidades destes. É a partir desse traço peculiar à referida modalidade contratual que o Código atribui o direito à adjudicação compulsória (art. 1.418) aos promitentes compradores que quitam o preço pactuado no contrato e deparam-se, ainda assim, com a recusa do promitente vendedor em outorgar a escritura definitiva.

E antes mesmo do advento do Código de 2002, quando o legislador preocupou-se em incluir o direito real de aquisição decorrente de promessas de compra e venda levadas a registro no rol de direitos reais (art. 1225, VII), a Lei de Parcelamento do Solo Urbano (Lei 6.766/79) também mencionava a irretratabilidade como característica dos contratos de promessa de compra e venda, em seu art. 25: "São irretratáveis os compromissos de compra e venda, cessões e promessas de cessão, os que atribuam direito a adjudicação compulsória e, estando registrados, confiram direito real oponível a terceiros". De igual modo, no âmbito das incorporações imobiliárias, a Lei 4.591/64 dispõe, no art. 32, parágrafo 2º, que "Os contratos de compra e venda, promessa de venda, cessão, ou promessa de cessão de unidades são irretratáveis e, uma vez registrados, conferem direito real oponível a terceiros, atribuindo direito a adjudicação compulsória perante o incorporador ou a quem o suceder, inclusive na hipótese de insolvência posterior ao término da obra".

---

duas figuras contratuais com efeitos distintos, em decorrência de sua natureza diversa: aqueles que eram irretratáveis e os que não eram irretratáveis. A referida Súmula previa que "no compromisso de compra e venda com cláusula de arrependimento, a devolução do sinal, por quem o deu, ou a sua restituição em dobro, por quem o recebeu, exclui indenização maior, a título de perdas e danos, salvo os juros moratórios e os encargos do processo".

18. MUSIO, Ivana e SCARPA, Antonio. *Dal preliminare alla compravendita immobiliare*. Roma: Dike, 2019, p. 6.
19. Idem, p. 6.
20. LOUREIRO, Francisco Eduardo. Três aspectos atuais relativos aos contratos de compromisso de venda e compra de unidades autônomas futuras, p. 723. Disponível em: www.tjsp.jus.br/download/EPM/Publicacoes/ObrasJuridicas/cc36.pdf?d?=636808166395003082. Acesso em: 15 jul. 2019.

Resta claro, portanto, seja no art. 22 do Dec.-Lei 58/37, nos arts. 1.417 e 1.418 do Código Civil, no art. 32, parágrafo 2º da Lei 4.591/64 ou no art. 25 da Lei 6.766/79, que a intenção legislativa manifestada nas referidas oportunidades era a de assegurar o direito à execução específica (adjudicação compulsória) apenas aos contratos celebrados em caráter irrevogável, sendo este o traço típico capaz de qualificar o pacto como promessa de compra e venda e assegurar-lhe o regime jurídico próprio desta figura contratual.

E quando aqui se fala em "traço típico", é relevante mencionar que os tipos jurídicos são espécie de conceito classificatório, cuja finalidade é possibilitar um juízo de inclusão ou de exclusão de certa figura numa determinada classe[21]. Tipicidade, na esfera jurídica, representa a presença de modelos pré-constituídos que devem ser observados[22] para que o efeito legalmente previsto quando da adoção do tipo específico seja de fato alcançado. Assim, relativamente à opção adotada pelo legislador, resta claro que os pactos que não forem irretratáveis não podem ser qualificados como promessa ou compromisso de compra e venda, independentemente da nomenclatura que lhes seja atribuída pelas partes signatárias.

Importante reforçar, ainda, que a irretratabilidade é, também, a verdadeira justificativa do cabimento de execução específica nessa modalidade contratual, pois, uma vez manifestada a vontade, sem que fosse dado espaço à possibilidade de arrependimento, há aqui um juízo de valor legislativo relativamente ao valor inquebrantável de tal manifestação volitiva, por inadmitir-se exercício futuro da autonomia da vontade incompatível com o anterior. Daí a preocupação do legislador em assegurar que, independentemente de desejos ulteriores e conflitantes com o originalmente manifestado, por parte do promitente vendedor, a outorga da escritura definitiva por ele possa ser suprida, em caso de recusa, por sentença judicial que produzirá os efeitos deste contrato não celebrado[23].

Desse modo, uma vez firmada a promessa de compra e venda, em caráter irrevogável e irretratável, a autonomia da vontade é bastante reduzida, por ser o inadimplemento a única porta de saída possível, como se verá. Todavia, sobre tal aspecto, é importante observar que a irretratabilidade se impõe a ambas as partes, não produzindo efeitos apenas sobre o promitente vendedor. Isso significa que, se o legislador optou aqui por afastar dessa modalidade contratual a possibilidade de inadimplemento eficaz (*efficient breach*), impedindo alienações subsequentes do imóvel que se mostrassem mais vantajosas que a original, também o fez em relação

---

21. VASCONCELOS, Pedro Pais. *Contratos atípicos*. Coimbra: Almedina, 2002, p. 27. Poucos são os tipos jurídicos que decorrem exclusivamente da criatividade legislativa.
22. BEDUSCHI, Carlo. A proposito di tipicità ed atipicità dei contratti. *Rivista di Diritto Civile*, ano XXXII, n. 1, p. 351. Poucos são os tipos jurídicos que decorrem exclusivamente da criatividade legislativa. Conforme exposto por Karl Lorenz, "a maior parte deles, tais como todos os tipos de contratos obrigacionais, devem seu surgimento ao tráfego jurídico" (LARENZ, Karl. *Metodologia da ciência do direito*. 3. ed. Trad. José Lamego. Lisboa: Fundação Calouste Gulbenkian, 1997, p. 663).
23. COSCO, Giusy. *Il contratto*, cit., p. 12.

ao promitente comprador, impedindo-o de não efetivar a aquisição no futuro apenas por, após fazer contas, concluir que sairia mais barato inadimplir o contrato e arcar com as perdas e danos do que executá-lo e ultimar a compra. Trocando em miúdos, como ensinaram nossos avós, "pau que bate em Chico, bate em Francisco".

3. A IRRETRATABILIDADE POSTA À PROVA: A JURISPRUDÊNCIA DO STJ E A CRISE NO SETOR IMOBILIÁRIO

Enquanto o sistema de Direitos Reais destina-se à alocação de recursos, os contratos são instrumentos jurídicos destinados à alocação de riscos. Quando de sua celebração, dispondo de cláusulas adequadas para tanto, as partes se lançam ao exercício – por vezes frustrante – de tentar prever as soluções possíveis diante de qualquer problema que, a partir daquela data, possa inviabilizar ou atrapalhar aquele que é, em tal momento, o objetivo maior de ambas: a perfeita execução do contrato.

Assim, antes de adentrar no problema que serviu de justificativa à promulgação da Lei dos Distratos Imobiliários (Lei 13.786/2018), é importante relembrar alguns destes recursos dos quais dispõem os contratantes diante de hipóteses nas quais as coisas não saem conforme planejado.

Como se viu no tópico anterior, uma vez celebrada a promessa de compra e venda em caráter irrevogável e irretratável, o vínculo contratual só poderá ser desfeito, em tese, diante das hipóteses de inadimplemento absoluto, que terá lugar, na lição de Aline de Miranda Valverde Terra "quando a prestação devida, após o nascimento da obrigação, não puder mais ser realizada ou, podendo sê-lo, não mais interessar ao credor. A prestação é, portanto, irrecuperável"[24].

Em virtude dos fins propostos neste artigo, as próximas linhas serão destinadas à espécie de promessa de compra e venda atrelada à atividade de incorporação imobiliária, ou seja, quando há a alienação antecipada de apartamentos de um edifício a ser construído ou de frações ideais de terreno a serem vinculadas a unidades autônomas posteriormente edificadas, nos termos da Lei 4.591/64 (Lei de Condomínio e Incorporações).

Nessa modalidade contratual, sendo o contrato de adesão ou não, é comum estipular-se que, uma vez inadimplido o ajuste pelo adquirente, uma parte das parcelas por ele pagas será retida. Tal previsão tem a natureza de cláusula penal, definida por Viviane Silveira Abilio como a "estipulação acessória de convenção específica, vinculada a um pacto principal, segundo o qual os contratantes estabelecem que, no caso de descumprimento (que pode ser relativo ou absoluto) da obrigação avençada, a parte inadimplente se obriga a determinada prestação previamente pactuada"[25].

---

24. TERRA, Aline de Miranda Valverde. *Inadimplemento anterior ao termo*. Rio de Janeiro: Renovar, 2009, p. 98.
25. ABILIO, Viviane da Silveira. *Cláusulas penais moratória e compensatória*. Rio de Janeiro: Fórum, 2019, p. 23.

No cenário pré-crise, os incorporadores conseguiam repassar a terceiros as unidades objeto de inadimplemento com relativa facilidade, pois, na ausência de purga da mora após ter sido o devedor notificado, aplicava-se a cláusula resolutiva expressa. Esta cláusula, que, nos termos do art. 474 do Código Civil, opera de pleno direito, tem por fundamento a autonomia privada, atribuindo às partes a liberdade de estipular em que hipóteses o vínculo contratual poderá ser desfeito, "desde que conduzam à incapacidade de a relação obrigacional promover o resultado útil programado"[26]. A consequência de sua aplicação, do ponto de vista da parte lesada pelo inadimplemento, é a possibilidade que esta terá de, nos termos do art. 475 do Código Civil, optar por pedir a resolução do contrato ou exigir o seu cumprimento, sendo-lhe atribuída indenização por perdas e danos em qualquer uma das duas hipóteses.

Uma vez resolvido o contrato[27] –, estando em ascensão o valor do metro quadrado no contexto anterior à crise iniciada em 2014, o incorporador depositava em juízo o valor das parcelas pagas pelo adquirente, se necessário fosse, após delas deduzir o montante a ser retido em virtude da cláusula penal, e, na sequência, alienava a unidade a terceiro. No entanto, a partir de 2014, com o início da crise econômica no país, de modo generalizado, o mercado imobiliário desaqueceu, e o valor do metro quadrado desvalorizou-se. Com isso, diversos adquirentes de unidades autônomas, mesmo adimplentes, optaram por desistir do negócio, por não mais considerá-lo economicamente vantajoso, impondo aos incorporadores que com eles celebrassem o distrato de tais unidades – ou seja, novo pacto, destinado ao desfazimento do anterior[28].

Todavia, é importante ressaltar que os desafios impostos à efetiva irretratabilidade das promessas de compra e venda não tiveram origem na crise econômica que devastou o mercado imobiliário, mas sim na evolução jurisprudencial acerca da revisão judicial do contrato, que, a partir de 2002, se encontra assim positivada no art. 317 do Código Civil: "Quando, por motivos imprevisíveis, sobrevier desproporção manifesta entre o valor da prestação devida e o do momento de sua execução, poderá o juiz corrigi-lo, a pedido da parte, de modo que assegure, quanto possível, o valor real da prestação".

Embora o artigo pareça referir-se a hipótese bastante específica, mesmo antes da entrada em vigor do Código já era possível identificar que a revisão judicial do contrato era utilizada para fins mais amplos. E em razão de crises e abalos econômicos anteriores, esta ajudou, sem dúvida, a pavimentar o entendimento do Superior Tribunal de Justiça acerca da possibilidade de o promitente comprador pleitear o

---

26. TERRA, Aline de Miranda Valverde. *Cláusula resolutiva expressa*. Belo Horizonte: Fórum, 2017, p. 47.
27. Sobre a resolução, vale transcrever as lições de Anderson Schreiber: "A resolução é o meio de extinção do contrato fundado no seu descumprimento. O direito à resolução do contrato surge, para a parte inocente, a partir do inadimplemento absoluto da contraparte. Se o inadimplemento é meramente relativo – por restar conservado o interesse útil do credor no recebimento da prestação –, não surge o direito à resolução, verificando-se apenas os efeitos da mora, já estudados em capítulo anterior. Só o inadimplemento absoluto autoriza a resolução pela parte inocente" (*Manual de direito civil contemporâneo*. São Paulo: Saraiva Jur, 2018, p. 473-474).
28. Idem, p. 277.

desfazimento do ajuste, quando não mais tivesse condições de adimplir o contrato, valendo transcrever um dos primeiros precedentes nesse sentido:

> "Promessa de Venda e Compra. Resilição. Denúncia pelo compromissário comprador em face da insuportabilidade no pagamento das prestações. Restituição.
>
> O compromissário comprador que deixa de cumprir o contrato em face da insuportabilidade da obrigação assumida tem o direito de promover ação a fim de receber a restituição das importâncias pagas"[29].

Duas observações devem ser feitas a respeito do julgado acima transcrito: primeiramente, é importante observar que a hipótese envolvia inadimplemento absoluto, ou seja, o adquirente não mais tinha condições de arcar com o pagamento das parcelas. Além disso, embora a Corte tenha optado por empregar o termo "resilição" na ementa, deve-se observar que a hipótese não envolve resilição propriamente dita, mas sim resolução por iniciativa da parte inadimplente, sendo, a esse respeito, essencial transcrever a distinção exposta por Francisco Eduardo Loureiro: "A distinção fundamental entre a *resilição* e a *resolução*, por expressa opção do legislador, encontra-se na causa da extinção do contrato, a primeira fundada na vontade, e a segunda, no inadimplemento ou na onerosidade excessiva. São figuras inconfundíveis entre si, nas suas estruturas, requisitos e efeitos"[30].

A resilição representa manifestação volitiva direcionada à extinção do contrato. Quando for bilateral, ou seja, envolver o consenso entre as partes, será chamada de distrato[31]. A resilição unilateral, por sua vez, envolve hipóteses nas quais a lei permite "a desistência da avença por um ou por ambos os contratantes, conforme previsão legal ou contratual previamente estabelecida"[32]. O art. 473 do Código Civil de 2002 restringe a resilição unilateral aos casos em que a lei expressa ou implicitamente permita, o que faz dela, portanto, "uma hipótese excepcional, na medida em que a vontade de apenas um dos contratantes não tem, em regra, a aptidão de desfazer o vínculo criado com base na vontade de ambos"[33]. Vê-se, portanto, que este "direito potestativo autorizado por lei ou pelo próprio contrato"[34]– chamado de resilição unilateral ou denúncia, não se aplica às promessas de compra e venda, que, como se viu, tem sua irretratabilidade imposta por lei.

A resolução, por sua vez, é termo ligado ao inadimplemento ou à impossibilidade de cumprimento, podendo, ainda, com base no art. 478 do CC/2002, ser pleiteada pelo contratante que suporta eventual onerosidade excessiva[35]. Todavia, há casos

---

29. STJ, Segunda Seção, Embargos de Divergência em REsp n. 59870/SP, Rel. Min. Barros Monteiro, publ. DJ 09.12.2002.
30. LOUREIRO, Francisco Eduardo. Três aspectos, cit., p. 713-714. Grifos no original.
31. MELO. Marco Aurélio Bezerra de. *Direito Civil – Contratos*. 2. ed. Rio de Janeiro: Gen/Forense, 2018, p. 272.
32. Idem, p. 273.
33. SCHREIBER, Anderson. *Manual*, cit., p. 472.
34. MELO, Marco Aurélio Bezerra de. Op. cit., p. 272.
35. SCHREIBER, Anderson. *Manual*, cit., p. 494.

especiais nos quais a resolução será pleiteada pelo devedor por culpa do credor, quando este deixa, por exemplo, de fornecer a documentação indispensável à celebração da escritura definitiva de compra e venda ou à obtenção de financiamento pelo adquirente junto a instituição financeira[36], ou quando a incorporadora atrasa a entrega da obra por prazo superior a cento e oitenta dias[37].

E paralelamente à pavimentação da orientação jurisprudencial segundo a qual a resolução do contrato poderia dar-se por iniciativa do promitente comprador em virtude de seu inadimplemento, com base no Código de Defesa do Consumidor (Lei 8.078/90), que considera nulas de pleno direito as cláusulas que estabelecem a perda de todas as parcelas pagas em caso de inadimplemento do devedor (art. 53), o Superior Tribunal de Justiça firmava seu entendimento no sentido de admitir a retenção, pelo credor, de percentual que variava entre 10 (dez)[38] a 25% (vinte e cinco por cento)[39] das parcelas pagas, em média, até o advento da Súmula 543 da referida Corte que, publicada em 31.08.2015, apresenta o seguinte teor: "Na hipótese de resolução de contrato de promessa de compra e venda de imóvel, submetido ao Código de Defesa do Consumidor, deve ocorrer a imediata restituição das parcelas pagas pelo promitente comprador – integralmente, em caso de culpa exclusiva do promitente vendedor/construtor, ou parcialmente, caso tenha sido o comprador quem deu causa ao desfazimento".

Embora a referida Súmula, conforme redigida, deixe claro que a devolução das parcelas pagas teria lugar diante de hipóteses de resolução do contrato de promessa de compra e venda, ou seja, as decorrentes de inadimplemento ou onerosidade excessiva[40], a explosão de distratos imobiliários a partir de 2014, que justificou a promulgação da Lei 13.786/2018, deveu-se, em muitos casos, à hipótese diversa. É que com a depreciação do valor do metro quadrado dos imóveis, experimentada a partir da crise econômica que assolou o país nos últimos anos, os adquirentes – e não mais os promitentes vendedores, como ocorria antes do advento do Dec. Lei 58/37 – optaram pelo inadimplemento eficaz do contrato, deixando de cumpri-lo.

Em diversas ocasiões, portanto, tal opção não se pautava na ausência condições financeiras para adimplir a obrigação assumida, mas sim na "conta" feita pelos ad-

---

36. LOUREIRO, Francisco Eduardo. Três aspectos, cit., p. 714.
37. A esse respeito, vale ressaltar que a Lei dos Distratos Imobiliários (Lei 13.786/2018) introduziu na Lei de Condomínios e Incorporações (Lei 4591/64) o art. 43-A, segundo o qual "A entrega do imóvel em até 180 (cento e oitenta) dias corridos da data estipulada contratualmente como data prevista para a conclusão do empreendimento, desde que expressamente pactuado, de forma clara e destacada, não dará causa à resolução do contrato por parte do adquirente nem ensejará o pagamento de qualquer penalidade pelo incorporador".
38. Exemplificativamente, v. STJ, 4ª Turma, REsp n. 51019/SP, Rel. Min. Barros Monteiro, publ. DJ 13.03.1995.
39. A título de exemplo, v. STJ, 4ª Turma, AgRg no REsp 927433/DF, Rel. Min. Maria Isabel Galotti, publ. DJe 28.02.2012.
40. Os casos de resolução decorrentes de onerosidade excessiva serão abordados em tópico específico. Por ora, basta dizer que a hipótese decorre do art. 478 do Código Civil de 2002, assim redigido: Nos contratos de execução continuada ou diferida, se a prestação de uma das partes se tornar excessivamente onerosa, com extrema vantagem para a outra, em virtude de acontecimentos extraordinários e imprevisíveis, poderá o devedor pedir a resolução do contrato".

quirentes que compravam os imóveis como investimento, e não para fins de moradia ou uso pessoal. Em outras palavras, reduzida a expectativa de auferir lucro com o negócio, era mais conveniente distratá-lo, perdendo até 25% (vinte e cinco por cento) das parcelas pagas em benefício da incorporadora (promitente vendedora), do que ultimar a aquisição do imóvel, suportando a depreciação do metro quadrado e assumindo o custo de condomínio e IPTU de unidade que provavelmente ficaria desocupada: em razão da crise, o estoque de imóveis vagos subiu consideravelmente, fato que contribuiu também para a redução do valor dos aluguéis.

Mas, diante do problema, se a promessa de compra e venda tem sua irretratabilidade imposta por lei, e se a Súmula 543 do STJ se restringe às hipóteses de resolução, até que ponto os adquirentes poderiam impor às incorporadoras a celebração de um distrato (resilição bilateral), sem comprovar a ausência de recursos para adimplir o vínculo contratual? Em tese, não haveria brecha jurídica para tanto se, como se viu, as hipóteses de resolução contratual pleiteada pelo adquirente estariam, com base nas decisões do Superior Tribunal de Justiça, restritas à ausência de recursos para quitar o preço pactuado no contrato. No entanto, a mesma Corte já admitiu como possível, em mais de uma oportunidade, a resolução contratual do compromisso de compra e venda "por simples desistência dos adquirentes"[41], adotando entendimento contraditório com o esposado em outras decisões, nas quais admite a irretratabilidade do referido vínculo, ainda que apenas tangenciando o tema[42].

Para além da atecnia observada nos acórdãos, que eventualmente referem-se à resilição quando, na verdade, a hipótese envolveria resolução, ou mesmo misturam, no mesmo caso, os conceitos de resolução e desistência, é temerário ignorar que a promessa de compra e venda é irretratável por imposição legal. O legislador não deu brechas à resilição na referida modalidade contratual: ou bem são irretratáveis, ou promessas de compra e venda não serão.

E, se mesmo antes que a crise econômica provocasse uma explosão no número de distratos no setor imobiliário a tolerância relativa às hipóteses de "desistência" no âmbito das promessas de compra e venda já provocaria insegurança jurídica, com a crise, esta ganhou contornos dramáticos.

A afirmação não é exagerada quando se leva em consideração que a Lei 4.591/64, além de proteger terceiros que adquiriam imóveis objeto de incorporação imobiliária, tinha o escopo de fomentar a construção civil e criar mecanismos capazes de evitar que as empresas do ramo se tornassem pouco sólidas. Exemplo claro disso é o direito potestativo, atribuído ao incorporador, de desistir da incorporação dentro de prazo de carência fixado por meio de declaração levada a registro juntamente com o Memorial de Incorporação, nos termos dos arts. 32, *n* e 34 do referido diploma legal.

---

41. STJ, Segunda Seção, REsp 1008610/RJ, Rel. Min. Aldir Passarinho Filho, publ. DJe 03.09.2008. No mesmo sentido, v. STJ, 4ª Turma, AgRg no REsp n. 927433/DF, Rel. Min. Maria Isabel Galotti, Publ. DJ 28.02.2012.
42. Nesse sentido, v. STJ, 3ª Turma, REsp 667242/PR, Rel. Min. Carlos Alberto Menezes Direito, publ. DJe 22.10.2007 e STJ, 3ª Turma, REsp 1617652/DF, Rel. Min. Nancy Andrighi, publ. DJe 29.09.2017.

Assim, havendo prazo de carência estipulado contratualmente, que não poderá ultrapassar o termo final do prazo de validade do registro da incorporação ou da revalidação do mesmo (art. 34, parágrafo 2º), caso o percentual mínimo de promessas de compra e venda a serem efetivadas dentro do referido período não for alcançado, tem então o incorporador o direito de cancelar o registro do Memorial de Incorporação, reembolsando integralmente aqueles que tenham firmado com ele o contrato entre a data do lançamento da incorporação e o fim do prazo de carência. Tal possibilidade revela a intenção legislativa de livrar o mercado consumidor da execução de projetos inviáveis, que não despertaram o interesse do público, evitando, com isso, que as finanças das incorporadoras fossem abaladas.

Desse modo, quando se atingia o percentual mínimo de adquirentes para que a execução do projeto se mostrasse viável, as incorporadoras, obviamente, não cancelavam o registro do Memorial no Registro de imóveis e seguiam com a incorporação, contraindo financiamento bancário no intuito de custear a obra, contratando funcionários, adquirindo materiais e etc. Mobilizava-se, com isso, atividade de porte considerável para que, já próximos da entrega das unidades, os promitentes compradores, cientes da desvalorização do metro quadrado, percebessem que o adimplemento compensaria menos que o inadimplemento, recusando-se a quitar o preço e pleiteando o desfazimento do negócio.

Assim, se no cenário pré-crise era até conveniente para os incorporadores aceitarem o distrato porque não era difícil transferir as unidades distratadas a terceiros em seguida – evitando, com isso, litígios e execuções – após 2014, a intenção do professor Caio Mario da Silva Pereira – autor do projeto convertido na Lei 4.591/64 – de afastar do mercado incorporações inviáveis, que não tivessem suas finanças em dia, tornou-se uma quimera. Pois uma vez ultrapassado o prazo de carência sem desistência do incorporador, este deveria arcar com duas obrigações incompatíveis: quitar o financiamento bancário destinado à execução da obra e devolver a diversos adquirentes uma média de 80% (oitenta por cento) de todos os valores por eles pagos, sem conseguir repassar as unidades a terceiros e assumindo, portanto, o custo do estoque. Diz-se incompatíveis porque, nesse caso, tem-se conta impossível de fechar.

Com isso, a prática dos distratos, contando com o respaldo da evolução jurisprudencial que partiu da admissão, pelo Superior Tribunal de Justiça, da resolução e revisão do contrato a requerimento da parte inadimplente e chegou aos casos de desistência, mobilizou, de forma temerária, enorme cadeia econômica. Trouxe, ainda, grave ameaça às finanças de empresas que, fiando-se no percentual mínimo atingido para o prosseguimento seguro da incorporação, tiveram tal expectativa frustrada quando já era tarde demais para exercer o direito à denúncia e ao consequente cancelamento do registro do Memorial de Incorporação.

Diante deste cenário caótico, e passados quatro anos do início de uma crise econômica que seguia afetando pesadamente o mercado imobiliário, foi promulgada a Lei dos Distratos Imobiliários (Lei 13.786/2018), no intuito de conferir uniformidade aos percentuais de restituição nos casos de resilição bilateral, além de outros objetivos. Assim, além de breve análise da nova lei, o próximo tópico se destina a avaliar se a mesma modificou a irretratabilidade das promessas de compra e venda, permitindo a desistência em hipóteses diversas das de resolução por inadimplemento ou onerosidade excessiva.

4. A IRRETRATABILIDADE DAS PROMESSAS DE COMPRA E VENDA DIANTE DAS HIPÓTESES DE DISTRATO E RESOLUÇÃO PREVISTAS NA LEI 13.786/2018 (LEI DOS DISTRATOS IMOBILIÁRIOS)

Para o tema proposto neste artigo, os dispositivos da Lei dos Distratos que merecem análise mais detalhada são os arts. 35-A e 67-A, atualmente parte integrante da Lei 4.591/64. O art. 35-A determina que os contratos de compra e venda, promessa de venda, cessão ou promessa de cessão de unidades autônomas integrantes da incorporação imobiliária serão iniciados por quadro-resumo que, dentre outras informações, deverá conter, nos termos do inciso VI, "as consequências do desfazimento do contrato, seja por meio de distrato, seja por meio de resolução contratual motivada por inadimplemento de obrigação do adquirente ou do incorporador, com destaque negritado para as penalidades aplicáveis e para os prazos para devolução de valores ao adquirente".

Da redação ali disposta, extrai-se que o desfazimento do negócio poderá ocorrer em duas situações distintas: por meio de resolução contratual motivada por inadimplemento de obrigação do adquirente ou do incorporador ou por meio do distrato. Nesse último caso, é importante recordar que, por se tratar de hipótese de resilição bilateral, deve haver consenso entre as partes relativamente à intenção de desfazer a promessa de compra e venda anteriormente celebrada. Não se vislumbra aqui, portanto, o direito potestativo assegurado ao contratante ao qual foi dada, por lei ou por contrato, a opção de resilir unilateralmente. Conforme já observado por Melhim Chalhub, "a lei exclui qualquer possibilidade de resilição unilateral"[43].

O art. 67-A corrobora tal entendimento, dispondo que em "caso de desfazimento do contrato celebrado exclusivamente com o incorporador, mediante distrato ou resolução por inadimplemento absoluto de obrigação do adquirente, este fará jus à restituição das quantias que houver pago diretamente ao incorporador, atualizados com base no índice contratualmente estabelecido para a correção monetária das parcelas do preço do imóvel, delas deduzidas, cumulativamente: [...] II – a pena convencional, que não poderá exceder a 25% (vinte e cinco por cento) da quantia paga".

Como se vê, são essas as únicas hipóteses de desfazimento do negócio, não sendo possível falar-se em desistência ou direito à resilição unilateral com fulcro na nova lei. Ademais, esta revela, ainda, preocupação legislativa considerável com a estabilidade financeira das incorporações imobiliárias, sobretudo as que são objeto de

---

43. CHALHUB, Melhim Namen. *Incorporação imobiliária*. 5. ed. Rio de Janeiro: Forense, 2019, p. 409.

patrimônio de afetação. Este instituto, criado com o escopo de proteger os terceiros adquirentes dos riscos de falência do incorporador, impõe a segregação do conjunto de obrigações e direitos que compõe uma incorporação imobiliária do restante do patrimônio da empresa[44]. Isso permite que outros negócios conduzidos por ela sejam apartados da incorporação afetada, devendo as quantias pagas pelos adquirentes serem integralmente revertidas ao custeio da obra[45].

Tal preocupação explica o fato de o legislador ter elevado o patamar da pena convencional, nos casos nos quais se instituiu patrimônio de afetação, para o montante de até 50% (cinquenta por cento) dos valores pagos pelo adquirente (art. 67-A, parágrafo 5º). A iniciativa deve ser elogiada, pois, caso se estimulasse a prática de distratos, sobretudo quando a motivação reside no fato de o adquirente considerar vantajoso pleitear a resilição bilateral por considerar insuficiente a valorização do metro quadrado no período, diversos outros adquirentes da mesma incorporação, que precisam receber suas unidades para morar ou trabalhar, seriam prejudicados.

Isso ocorreria porque, se, nas incorporações afetadas, os recursos dos adquirentes devem ser integralmente revertidos à consecução da obra, eventual profusão de distratos no seu curso impediria a sua conclusão, pois se parte considerável do dinheiro arrecadado deverá ser restituída aos adquirentes distratantes, não será possível, obviamente, revertê-la à obra, que restaria deficitária. Daí o desestímulo a tal prática por meio da elevação da penalidade imposta ao adquirente, em caso de desfazimento do contrato.

Como se vê, a Lei dos Distratos não altera de modo algum a irretrabilidade das promessas de compra e venda, que continua a impedir o recurso ao inadimplemento eficaz nessa esfera contratual. Não é dado, portanto, aos adquirentes, desistir do ajuste apenas porque o investimento feito não se mostrou tão rentável quanto esperado, dada a desvalorização no preço do metro quadrado durante o período de recessão econômica. E, embora esse seja o único entendimento passível de se extrair do que consta em lei, os Tribunais Estaduais ainda apresentam divergências sobre a possibilidade de desistência, como se pode extrair dos seguintes julgados:

> "[...] A promessa de compra e venda irretratável e irrevogável gera ao comprador o direito à adjudicação do imóvel. Por outro lado, por isonomia e equilíbrio contratual, deve garantir ao vendedor a impossibilidade de resilição unilateral do contrato pelo adquirente que não mais tem interesse econômico na ultimação da avença. No caso concreto, o Autor solicitou a rescisão do contrato de compra e venda na planta, justificando seu pedido, no suposto aumento desenfreado do saldo devedor, por conta do reajuste do INCC, entretanto, não logrou êxito em comprovar a redução de suas condições financeiras, que justificassem a impossibilidade de continuidade do pagamento das parcelas avençadas"[46].

---

44. Idem, p. 85.
45. Ibidem, p. 85.
46. TJRJ, 25ª Câmara Cível, Apelação Cível n. 0486971-27.2014.8.19.0001, Rel. Des. Werson Franco Pereira Rêgo, julg. 03.07.2019. No mesmo sentido, v. TJRJ, 25ª Câmara Cível, Apelação Cível 0008920-15.2016.8.19.0028, Rel. Des. Werson Franco Pereira Rêgo, publ. DJE 20.02.2019.

Nesse caso específico, o Tribunal de Justiça do Rio de Janeiro manifestou-se pela impossibilidade de desistência imotivada por parte do promitente comprador, só sendo possível superar a irretratabilidade "mediante consenso entre as partes e preexistência de cláusula contratual autorizativa". Todavia, em sentido diametralmente oposto, vale transcrever julgado do Tribunal de Justiça de São Paulo, ainda que envolvendo hipótese de loteamento, e não incorporação:

> "Apelação cível. Rescisão contratual. Compra e venda de lote. Sentença de parcial procedência, determinando-se às rés a devolução de 80% dos valores pagos pelo autor. Insurgência das rés. Cláusula de irretratabilidade e irrevogabilidade. Alegação das vendedoras de impossibilidade de desfazimento do negócio em razão da existência de cláusula contratual nesse sentido que não tem o condão de impedir o desfazimento do negócio. Parte adquirente que não pode ser obrigada a permanecer vinculada a negócio em que não possui mais interesse, em manifesto confronto com o preceito da boa-fé que deve nortear as relações contratuais regidas pelo Código de Defesa do Consumidor. Rescisão que, no caso, mostra-se viável. Percentual de retenção. Majoração do percentual para 25% das quantias pagas pela parte autora. Percentual que se mostra adequado, considerando-se o valor quitado pelo comprador, bem como a cláusula contratual nesse sentido. Valores que deverão ser devolvidos de uma só vez. Juros legais. Incidência apenas do trânsito em julgado. Recurso parcialmente provido"[47].

Ora, caso houvesse comportamento atentatório à boa-fé, este não decorreria da irretratabilidade da promessa de compra e venda, mas sim da violação da expectativa, gerada no promitente vendedor, de que o contrato seria irrevogável, e não passível de desistência imotivada, bem como da intenção reprovável de fazer recair absolutamente todos os riscos da avença sobre os ombros de apenas uma das partes, escorando-se em interpretação equivocada da legislação consumerista.

Inexiste embasamento legal para que o intérprete afaste a irretratabilidade das promessas de compra e venda em casos que não envolvam resolução ou distrato. Mas essa última hipótese, que representa a resilição bilateral, não pode, de modo algum, ser imposta pelos Tribunais. Distrato envolve o consenso entre as partes, é o desfazimento do negócio por meio da celebração de outro, voltado justamente para este fim. Se inexiste consenso, portanto, não há que se falar na possibilidade de o promitente comprador resilir o contrato unilateralmente, e distrato também não será. E ainda que a revisão do contrato pelo Poder Judiciário seja admitida, esta deveria estar circunscrita à hipótese prevista no art. 317 do Código Civil, não devendo abarcar casos nos quais o promitente comprador pretende desistir do negócio apenas por não mais julgá-lo vantajoso. A irretratabilidade é imposta por lei a ambas as partes, e qualquer entendimento diverso feriria a isonomia contratual.

É correto, portanto, o entendimento esposado pelo Tribunal de Justiça do Rio de Janeiro, segundo o qual deve se exigir do adquirente que pleiteia a resolução da promessa de compra e venda a prova de que não tem condições financeiras de adimplir o vínculo. Ou, não sendo essa a hipótese, é indispensável que o pleito deduzido

---

47. TJSP, 2ª Câmara de Direito Privado, Ap. Cível n. 1013716-71.2018.8.26.0576, Rel. Des. José Joaquim dos Santos, julg. 28.05.2012, publ. DJ 19.07.2019.

pelo promitente comprador tenha respaldo na culpa do promitente vendedor, como já se viu, ou na onerosidade excessiva, como se verá.

5. RESOLUÇÃO POR ONEROSIDADE EXCESSIVA E PROMESSAS DE COMPRA E VENDA

Poucos setores da economia são tão cíclicos quanto o imobiliário, por serem muitos os fatores a impor certa oscilação no preço do metro quadrado. A cidade do Rio de Janeiro serviu, inclusive, na última década, de ótima ilustração a tal assertiva: escolhida em 2009 como sede das Olimpíadas de 2016, e também como palco da final da Copa do Mundo de 2014, o valor dos imóveis em áreas próximas das futuras instalações olímpicas ou dos equipamentos urbanos necessários à viabilidade dos eventos disparou. A expectativa em torno da expansão da rede metroviária e da revitalização de bairros antes degradados fez com que tanto adquirentes quando incorporadores especulassem: como tinha gente disposta a comprar, acreditando sempre que o investimento imobiliário é seguro e conservador, as empresas seguiam lançando novas incorporações.

No entanto, quando a Olimpíada finalmente chegou, em 2016, o preço dos imóveis já havia despencado. E o problema, no âmbito das incorporações imobiliárias, era agravado pelo fato de que tais contratos são de longa duração, pois, entre o lançamento e a entrega das unidades autônomas, ao menos três anos, em média, terão se passado[48]. Assim, inexistia, por parte dos adquirentes, quando do lançamento, expectativa acerca da possibilidade de, nos anos seguintes, o valor revertido à aquisição do metro quadrado naquela ocasião ser superior à quantia necessária para o mesmo fim à época da entrega das unidades.

Veja-se, portanto, que a situação era oposta à justificativa usada como fundamento para a edição do Dec.-Lei 58/37: enquanto naquela ocasião a irretratabilidade impediria o promitente vendedor de desistir do negócio em virtude da intenção de se beneficiar da valorização do metro quadrado no curso da execução do contrato, com a crise econômica que atingiu o país a partir de 2014, a questão era saber se o promitente comprador poderia desistir do negócio em virtude da desvalorização do metro quadrado.

Como se viu anteriormente, as hipóteses de desfazimento do negócio se restringem à resolução por inadimplemento ou ao distrato, quando há consenso nesse sentido, por ser a irretratabilidade imposta a ambas as partes. No entanto, o Código Civil prevê ainda a possibilidade de resolução contratual por onerosidade excessiva, assim definida no art. 478 do Código Civil: "Nos contratos de execução continuada

---

48. Vale considerar que, antes da celebração do contrato de promessa de compra e venda, passível de ser firmado somente após o Registro do Memorial de Incorporação, o incorporador já perdeu tempo considerável viabilizando a aquisição do terreno, o desenvolvimento e a aprovação do projeto e o estudo de viabilidade do mesmo. Desse modo, é forçoso reconhecer que o desenvolvimento completo de uma incorporação imobiliária dificilmente se desenrolará por menos de cinco anos.

ou diferida, se a prestação de uma das partes se tornar excessivamente onerosa, com extrema vantagem para a outra, em virtude de acontecimentos extraordinários e imprevisíveis, poderá o devedor pedir a resolução do contrato".

Conforme exposto por Ricardo Lira, a onerosidade excessiva terá lugar "quando uma prestação de obrigação contratual, em razão de acontecimento extraordinário e imprevisível no momento da formação do contrato, se torna, no momento da execução, notadamente mais gravosa do que era quando surgiu"[49], daí pleitear-se a sua resolução. Este conceito, atrelado aos contratos bilaterais, envolve casos nos quais "não existe falta da prestação correspondente, mas a sua presença é apenas aparente, pois estará sensivelmente esvaziada de valor"[50].

Segundo Anderson Schreiber, o fundamento dessa hipótese de resolução não é o inadimplemento, mas sim o "desequilíbrio superveniente do contrato"[51]. Em outras palavras, uma das partes deveria beneficiar-se de tal equilíbrio, enquanto a outra seria prejudicada. O que releva, portanto, para a avaliação da presença ou não de onerosidade excessiva em certo ajuste contratual é se e "em que medida uma alteração superveniente à formação do contrato pode afetar seu efeito vinculante"[52].

A grande questão, na esfera dos contratos de promessa de compra e venda em incorporações imobiliárias, é que a crise econômica não trouxe benefício aos incorporadores em detrimento dos adquirentes de unidades. Com efeito, se o estudo de viabilidade para o desenvolvimento da incorporação teve por base o valor médio do metro quadrado no período anterior à crise, o custo de aquisição do terreno onde seria desenvolvido o projeto certamente baseou-se neste patamar, sendo a sua depreciação prejudicial também para o incorporador, e não apenas para o adquirente.

Assim, se levarmos em consideração que a crise, por si só, não diminuiria o custo da obra, e o cálculo do Valor Geral de Vendas (VGV) – ou seja, tudo o que seria arrecadado se todas as unidades fossem vendidas – seria fatalmente reduzido porque o preço dos imóveis se depreciaria no curso da incorporação, não há como sustentar a existência de extrema vantagem em favor dos incorporadores (promitentes vendedores).

E a respeito da extrema vantagem, cuja presença, em tais hipóteses de resolução, é exigida pelo legislador, essa serviria, novamente na lição de Anderson Schreiber "para alertar o intérprete de que, diante de contratos bilaterais, a avaliação da excessiva onerosidade superveniente sofrida por uma das partes não pode ser realizada sem consideração sobre o benefício econômico" que advém à outra em contrapartida[53]. Assim, a análise da presença de desequilíbrio contratual – pressuposto da hipótese de

---

49. LIRA, Ricardo Pereira. A onerosidade excessiva nos contratos. *Revista de Direito Administrativo*, v. 159, p. 11, jan./mar. 1985.
50. Idem, p. 11.
51. SCHREIBER, Anderson. *Manual*, cit., p. 476.
52. SCHREIBER, Anderson. *Equilíbrio contratual e dever de renegociar.* São Paulo: Saraiva Jur, 2018, p. 140.
53. Idem, p. 235.

resolução prevista no art. 478 do CC/2002 – depende da existência de um sacrifício econômico excessivo em contraposição a benefício econômico correspondente[54].

Ao contrário do disposto no Enunciado n. 365, aprovado na IV Jornada de Direito Civil, realizada em 2006 pelo Centro de Estudos Jurídicos do Conselho da Justiça Federal[55], a extrema vantagem não é "elemento acidental da alteração de circunstâncias", mas sim reflexo da onerosidade excessiva: "verificado que esta última incide sobre um dos contratantes, o outro contratante estaria *ipso facto* diante de uma extrema vantagem, na medida em que estaria na iminência de obter uma prestação naquele momento, à luz das condições de mercado"[56].

As promessas de compra e venda firmadas no bojo de incorporações imobiliárias antes da desvalorização do metro quadrado tornaram-se desvantajosas, portanto, para ambas as partes. De um lado, se era ruim para o adquirente saber que adquiriu imóvel por preço superior ao assimilado pelo mercado no presente, por outro, para os incorporadores, restavam duas opções, igualmente indigestas para o resultado final da incorporação: ou bem vendia os imóveis em estoque por preço inferior ao praticado à época do lançamento da incorporação, ou assumia o custo das referidas unidades prontas, até que o preço do metro quadrado oscilasse positivamente, se aproximando dos patamares anteriores à crise.

E no caso das unidades prometidas à venda antes da crise, é importante observar que a opção de algumas incorporadoras de, diante da desvalorização do metro quadrado, aditar o contrato para assegurar ao promitente comprador um abatimento no preço está em consonância com o disposto no art. 6º, V do Código de Defesa do Consumidor (Lei 8.078/90), segundo o qual é direito básico do consumidor a modificação das cláusulas contratuais ou sua revisão em virtude de fatos supervenientes que as tornem excessivamente onerosas. A ressalva é relevante por estarem as promessas de compra e venda de unidades objeto de incorporação sujeitas também às regras pertinentes às relações de consumo.

---

54. Ibidem, p. 235. Esta não é a posição esposada por Ruy Rosado de Aguiar Filho, como se extrai da seguinte passagem: "Além disso, não faz parte do conceito de onerosidade excessiva, e nunca fez, o requisito da vantagem exagerada da outra parte. A onerosidade excessiva justifica uma modificação do contrato ou a sua extinção desde que uma das partes sofra de forma insuportável; pouco interessa se a outra tenha com isso uma vantagem, que poderá não ter. Assim, a redação do Código Civil, nesse ponto, pecou ao introduzir duas condições para a onerosidade excessiva que não deveriam ali constar, daí por que há de se aplicar à relação de consumo o disposto no Código de Defesa do Consumidor" (AGUIAR JUNIOR, Ruy Rosado de. O novo Código Civil e o Código de Defesa do Consumidor (Pontos de Convergência). *Revista EMERJ*, v. 6, n. 24, 2003, p. 23). Todavia, relativamente a tal posição, é importante observar que a solução apontada pelo Código Civil – a resolução do contrato – é mais favorável ao consumidor que a descrita no CDC, que prevê apenas a possibilidade de modificação de cláusulas contratuais ou a sua revisão judicial, mas não impõe a resolução (nesse sentido, v. art. 6º, V, da Lei 8.078/90).
55. Enunciado n. 365: "A extrema vantagem do art. 478 deve ser interpretada como um elemento acidental da alteração de circunstâncias, que comporta a incidência da resolução ou revisão do negócio por onerosidade excessiva, independentemente de sua demonstração plena".
56. SCHREIBER, Anderson. *Equilíbrio*, cit., p. 181.

Diante de tais circunstâncias, é forçoso refletir, ainda, sobre um outro aspecto abordado pelo legislador ao dispor, no art. 478, sobre a resolução contratual por onerosidade excessiva: a presença de acontecimentos extraordinários e imprevisíveis, que ocasionaram o problema. Para os fins aqui propostos, portanto, é imperioso indagar se a oscilação do metro quadrado pode ser considerada um evento extraordinário e imprevisível.

Caso a resposta fosse positiva, o principal benefício do promitente comprador – a possibilidade de parcelar o preço – poderia tornar inviável, na prática, a execução de diversos contratos de promessa de compra e venda, para além dos firmados com incorporadoras. Assim, imagine-se que o contrato tenha sido firmado quando da instalação, pela Secretaria de Segurança Pública do Rio de Janeiro, de uma Unidade de Polícia Pacificadora (UPP) na Favela da Rocinha, próxima ao apartamento prometido à venda. Suponha-se que, anos depois, ainda no curso da execução do contrato, a referida Unidade tenha sido desmobilizada, tornando mais perigosa a região e, consequentemente, desvalorizando o imóvel.

Fatos como o narrado acima acontecem o tempo todo, de modo corriqueiro, fazendo com que o metro quadrado em determinadas áreas oscile para mais ou para menos, todos os anos. A diferença, no caso de crises econômicas, é que a desvalorização ocorre de modo mais uniforme, afetando, como já se disse, também as promitentes vendedoras. Consequentemente, se tal variação valorativa é até esperada – dando margem a inequívoca especulação, à qual frequentemente recorrem as partes em tal nicho mercadológico –, não seria razoável considerá-la um evento imprevisível e extraordinário, a não ser que tal oscilação fosse muito expressiva, talvez superior a 50% (cinquenta por cento) do valor original em pouco tempo. Ademais, é importante recordar que a oscilação do metro quadrado foi o fato responsável por despertar a preocupação legislativa que provocou o advento do Dec. Lei 58/37, não sendo razoável, portanto, considerá-la imprevisível e imponderável[57].

De todo modo, é forçoso admitir que a intenção do legislador, ao impor a irretratabilidade da promessa de compra e venda em mais de uma oportunidade, era impedir justamente que a variação de valor do metro quadrado, uma realidade em negócios do gênero, pudesse servir de justificativa às mudanças de humor ou de interesse das partes envolvidas. Portanto, essa característica essencial do tipo contratual aqui estudado segue mantendo as rotas de fuga bastante restritas, a despeito dos efeitos nefastos da crise econômica iniciada em 2014 no mercado imobiliário.

6. CONCLUSÃO

A irretratabilidade das promessas de compra e venda foi a justificativa encontrada pelo legislador brasileiro para evitar o recurso, pelas partes, do chamado ina-

---

57. A hipótese é bastante diversa, portanto, daquela que, e.g., envolve o aumento exponencial das prestações a serem pagas pelo promitente comprador em virtude de planos econômicos que imponham mudanças nos índices de atualização monetária, onerando excessivamente o saldo devedor.

dimplemento eficiente do contrato, quando a oscilação do metro quadrado tornasse o descumprimento do negócio consideravelmente vantajoso para uma das partes.

Todavia, a evolução jurisprudencial do Superior Tribunal de Justiça a respeito da possibilidade de a resolução do contrato ser pleiteada pela parte inadimplente desvirtuou-se, a partir de certo ponto, confundindo os conceitos de resolução por inadimplemento e desistência, que são na verdade bastante distintos. Como foi possível averiguar, a lei, ao impor a irretratabilidade, afasta das promessas de compra e venda o direito à resilição unilateral.

Diante do cenário confuso perante os Tribunais, a Lei dos Distratos Imobiliários (Lei 13.786/2018) representa nova manifestação legislativa no sentido de considerar a resolução por inadimplemento ou o distrato como únicas hipóteses legais de desfazimento do negócio. Nesse último caso, é forçoso considerar ser imprescindível o consenso entre as partes, não sendo possível que apenas uma imponha à outra o desejo de desfazer o negócio.

Portanto, se, durante a crise imobiliária no Brasil, muitos promitentes compradores optaram por desistir do negócio por não mais considerá-lo vantajoso, em virtude da oscilação negativa do metro quadrado, é importante observar que a irretratabilidade das promessas de compra e venda impede tal conduta, pois se impõe a ambas as partes. Consequentemente, é correta a orientação jurisprudencial, esposada pelo Tribunal de Justiça do Rio de Janeiro, segundo a qual deve se exigir do promitente comprador a prova de que a execução do contrato é inviável, seja por falta de condições financeiras, seja por força de inadimplemento imputável ao promitente vendedor.

Por fim, foi possível concluir, ainda, que não é razoável considerar a oscilação do metro quadrado como evento imprevisível e extraordinário capaz de caracterizar hipótese de onerosidade excessiva, tendo em vista ser tal fator uma realidade nos negócios imobiliários, com a qual as partes não apenas lidam mas, como se viu, também especulam.

IMPACTOS DA ECONOMIA COMPARTILHADA NOS CONTRATOS IMOBILIÁRIOS[1]

Anderson Schreiber

Professor Titular de Direito Civil da UERJ. Membro da Academia Internacional de Direito Comparado. Procurador do Estado do Rio de Janeiro. Advogado.

1. ECONOMIA COMPARTILHADA E FUNÇÃO SOCIAL DA PROPRIEDADE

Dentre as facilidades decorrentes dos rápidos avanços tecnológicos ocorridos nas últimas décadas, encontra-se o desenvolvimento de uma multiplicidade de plataformas *online* destinadas a conectar pessoas e facilitar suas trocas econômicas. Por meio dessas plataformas, tornou-se possível contratar transportes particulares, solicitar serviços de *delivery*, disponibilizar imóveis para locação por períodos curtos, entre outras inúmeras facilidades. Este novo modelo de acesso a bens e serviços, denominado economia compartilhada (*sharing economy*),[2] tem despertado intenso debate jurídico nos últimos anos, notadamente por conta do grande número de pessoas que, cada vez mais, se utilizam destas plataformas, bem como pelas aspirações regulatórias que sua utilização traz à tona.[3]

Embora não haja consenso acerca da definição dessa nova forma de atividade, pode-se compreender a economia compartilhada como a exploração econômica de bens por meio de plataformas *online*, de modo a facilitar a troca de diversos tipos de bens e serviços, garantindo aos usuários a oportunidade de utilizar bens de terceiros e permitindo que "recursos subutilizados ou 'capital morto' sejam utilizados de forma mais produtiva".[4]

---

1. O presente tema me foi atribuído pela organização científica do VII Congresso do Instituto Brasileiro de Direito Civil, realizado no Rio de Janeiro nos dias 26 a 28 de setembro de 2019. A palestra proferida naquele evento deu ensejo a este artigo, acrescentando-se à fala as notas bibliográficas indispensáveis e as referências jurisprudenciais que já haviam sido mencionadas, mais sinteticamente, na exposição oral.
2. Muitas são as denominações que se referem a este mesmo fenômeno, como registra ALONI, Erez. Pluralizing the 'sharing' economy. *Washington Law Review*, 91, p. 1.398, 2016: "Much tumult surrounds the rise of what commentators commonly refer to as 'collaborative consumption', the 'sharing economy', the 'on-demand economy', the 'gig economy', the 'access economy', or the peer-to-peer (P2P) economy – an economic activity in which web platforms facilitate peer-to-peer exchanges of diverse types of goods and services".
3. SILVA, Raphael Andrade; PAIVA, Matheus Silva de e DINIZ, Gustavo Saad. Desafios jurídico-regulatórios e economia compartilhada: elementos para uma reflexão crítica. *Scientia Iuris*, v. 21, n. 2, p. 101. Londrina, jul. 2017).
4. KOOPMAN, Christopher; MITCHELL, Matthew and THIERER, Adam. The Sharing Economy and Consumer Protection Regulation: The Case for Policy Change. *The Journal of Business, Entrepreneurship & the Law*, v. 8, 2015, p. 531. Na mesma direção, SILVA, Raphael Andrade; PAIVA, Matheus Silva de e

Ao favorecer o compartilhamento de uso, em vez da aquisição permanente, a economia compartilhada reflete uma lógica "não mais baseada na propriedade ou na aquisição, mas no uso e gozo, na satisfação de uma necessidade temporária", própria "do ecologismo e do preservacionismo dessa pós-modernidade que reclamam um uso mais consciente dos recursos finitos do planeta".[5]

Por meio da promoção de acesso racional a determinados bens e serviços, a economia compartilhada afigura-se, no mais das vezes, como um eficiente mecanismo de promoção de valores consagrados pela Constituição de 1988, como a proteção ao meio-ambiente ecologicamente equilibrado (art. 5°, LXXIII, 170, VI, e 225, entre outros) e o incentivo ao turismo, contemplado expressamente pelo Constituinte *"como fator de desenvolvimento social e econômico"* (art. 180). Nesse contexto, a função social da propriedade (Constituição, arts. 5°, XXIII, e 170, III) merece especial atenção, pois está diretamente em linha com o papel promovido pelas plataformas de economia digital.

Como se sabe, a função social da propriedade impõe que, ao lado de seus interesses individuais, o proprietário satisfaça interesses socialmente relevantes.[6] É o que ocorre quando, por meio de aplicativos de locação temporária, dinamiza-se o acesso a bens imóveis, garantindo sua máxima utilização e reduzindo a existência de espaços ociosos ou períodos de não utilização. A economia compartilhada favorece, portanto, o aproveitamento otimizado de bens imóveis que, de outra forma, permaneceriam desaproveitados.

Estas transformações têm atingido, em cheio, as formas de exploração da propriedade imobiliária. É cada vez mais comum o aparecimento de aplicativos

---

DINIZ, Gustavo Saad. Desafios jurídico-regulatórios e economia compartilhada: elementos para uma reflexão crítica. *Scientia Iuris*, v. 21, n. 2, p. 98-125, Londrina, jul. 2017: "Muitos dos modelos descritos servem à proposta de sustentabilidade e altruísmo. Se eu oferecer *couchsurfing*, meu apartamento nunca estará vazio; se eu participar do *carsharing*, meu carro estará sempre em uso; e se eu compartilhar alimentos e refeições, eu contrariarei a sociedade descartável. O financiamento coletivo substitui os empréstimos bancários e o uso de equipamentos de jardinagem por toda a vizinhança faz com o que o equipamento não precise ser adquirido diversas vezes. A economia solidária é uma alternativa a outras formas de comercialização".
5. HANICH, Caroline Meller e SOARES, Adryllis. Economia compartilhada e proteção do consumidor. *Revista do Direito do Consumidor*, v. 105, 2016, versão *online*, p. 3. As vantagens decorrentes da economia de compartilhamento foram reconhecidas pelo Supremo Tribunal Federal em recente decisão: "Os efeitos positivos sobre o meio ambiente também devem ser considerados. O serviço de transporte individual por motorista cadastrado em aplicativo é concebido na esteira do desenvolvimento da ideia de economia de compartilhamento. Nesse cenário, em que a aquisição de bens e a contratação de serviços de forma permanente cede lugar ao uso e a prestação apenas quando necessário, o consumo colaborativo 'privilegia justamente o acesso em detrimento da aquisição de propriedade sobre os bens que não serão explorados em todo o seu potencial'. Na nova realidade mundial de escassez de bens, incentivar o aproveitamento da capacidade ociosa de bens e serviços é uma medida que promove a sustentabilidade. Nesse passo, permitir que proprietários de carros particulares ampliem a destinação de seu bem para que terceiros usufruam das suas utilidades tem indiscutível impacto social e ambiental" (STF, Tribunal Pleno, RE 1.054.110/SP, Rel. Min. Roberto Barroso, j. 09.05.2019).
6. Seja consentido remeter a SCHREIBER, Anderson. Função social da propriedade na prática jurisprudencial brasileira. *Direito Civil e Constituição*, São Paulo: Atlas, 2013, p. 243-266.

como o *Airbnb* (que permite aos usuários realizar locações de curta duração),[7] o *Couchsurfing* (que, por sua vez, possibilita que viajantes durmam nos sofás e camas de anfitriões que não esperam remuneração em troca),[8] o *RoomGo* e o *QuintoAndar* (que atuam, em síntese, como intermediárias entre proprietários e locatários em potencial).[9]

Toda essa farta inovação suscita, naturalmente, dúvidas e questionamentos no âmbito da disciplina jurídica dos contratos imobiliários. Nossa jurisprudência já debate, por exemplo, a qualificação dos contatos celebrado entre os usuários e os proprietários dos imóveis, cujo acesso ocorre por intermédio destas plataformas *online*.[10] Há disputas judiciais envolvendo decisões condominiais que impõem restrições à locação de unidades autônomas por meio de plataformas *online*, bem como a limitação do prazo mínimo de locação, a restrição ao acesso a determinadas áreas dos condomínios ou a limitação dos números de ocupantes das unidades imobiliárias. Mesmo em locações de longa duração, questiona-se se estas poderiam ser feitas por meio de tais plataformas sem violar as normas relativas ao profissional corretor de imóveis. São alguns dos temas que serão enfrentados a seguir.

2. QUALIFICAÇÃO JURÍDICA DOS CONTRATOS CELEBRADOS POR MEIO DE PLATAFORMAS PARA ALOJAMENTO DE VIAJANTES

Uma das grandes e atuais polêmicas decorrentes da economia compartilhada reside justamente na qualificação dos contratos celebrados por meio de plataformas *online* para alojamento de viajantes. Essas plataformas permitem a celebração de contratos para a utilização de bens imóveis entre usuários ali cadastrados, que podem emitir anúncios e, por meio delas, se comunicar. Note-se que esta modalidade de operação negocial envolve, a rigor, três contratos distintos: (a) o contrato celebrado entre o potencial usuário do imóvel e a plataforma, normalmente regulado pelos termos de serviço da empresa; (b) o contrato celebrado entre o proprietário do imóvel e a plataforma, também normalmente regulado pelos termos de serviço; e, finalmente, (c) o contrato celebrado diretamente entre usuário e proprietário para viabilizar a utilização do bem imóvel. É, contudo, na qualificação deste último contrato que os tribunais brasileiros têm enfrentado dificuldade, pois, enquanto algumas decisões afirmam se tratar de contrato de

---

7. Dados extraídos do site https://www.airbnb.com.br/terms. Acesso em: 24 jan. 2020.
8. Dados extraídos do site https://www.couchsurfing.com/about/how-it-works/. Acesso em: 24 jan. 2020.
9. Dados extraídos dos sites https://press.quintoandar.com.br/ e https://ajuda.roomgo.com.br/article/2673-o--que-e-o-roomgo. Acesso em: 24.1.2020.
10. Confira-se nesta direção o REsp 1.819.075/RS, que se encontra em julgamento no Superior Tribunal de Justiça, sob relatoria do Ministro Luis Felipe Salomão.

locação por temporada,[11] outras sustentam que se está diante de contrato de hospedagem.[12]

Nosso Código Civil define o contrato de locação como o contrato por meio do qual *"uma das partes se obriga a ceder à outra, por tempo determinado ou não, o uso e gozo de coisa não fungível, mediante certa retribuição"* (art. 565).[13] Já a Lei do Inquilinato (Lei 8.245/1991), em seu artigo 48, contempla expressamente a chamada locação por temporada, modalidade específica de contrato de locação residencial, que é caracterizado pela presença de dois elementos: (a) prazo de vigência não superior a 90 (noventa) dias; e (b) finalidade residencial transitória, associada a um fato temporário.[14]

Note-se que a Lei do Inquilinato exclui expressamente do seu âmbito de aplicação as locações "em apart-hotéis, hotéis-residência ou equiparados, assim considerados aqueles que prestam serviços regulares a seus usuários e como tais sejam autorizados a funcionar".[15] Vale dizer: os contratos em que se pactua o uso de quartos e acomodações de hotéis e apart-hotéis não se qualificam como locação. Esta última hipótese configura, no dizer da doutrina, contrato de hospedagem, que não encontra disciplina explícita no direito positivo brasileiro, em que pese a

---

11. Confira-se, a título ilustrativo, acórdão proferido pelo Tribunal de Justiça de São Paulo, 36ª Câmara de Direito Privado, AC 1065850-40.2017.8.26.0114, Rel. Des. Milton Carvalho, j. 12.7.2018: "A mera utilização da unidade condominial para fins de locação de curta temporada não configura uso comercial. Isso porque, embora os hóspedes reservem o imóvel por meio de uma plataforma eletrônica (Airbnb), o autor (proprietários dos imóveis) não se dedica exclusiva e profissionalmente a essa atividade (...) não é descaracterizada a destinação residencial pelo fato de pessoas distintas, em espaços curtos de tempo, ocuparem o imóvel. A locação por curto espaço de tempo não difere daquela temporalmente estendida (...) Descabido considerar a locação por curta temporada como um contrato de hospedagem". Na mesma direção, concluiu o TJSC, 4ª Câmara Cível, AI 4014239-84.2018.8.24.0900, Rel. Des. Selso de Oliveira, j. 28.02.2019: "Não prosperando, de igual forma, a tese do recorrente de que as locações temporárias praticadas pelo recorrido configuram contratações de hospedagem (...) O argumento de que as locações efetivadas por meio de aplicativos e programas de Internet (ex: Airbnb, entre outros) descaracterizam o fim residencial da unidade imobiliária também não prospera".
12. "A caracterização de relação capaz de configurar contrato de hospedagem afasta a aplicabilidade da Lei de Locação (Lei Federal n. 8.245/91). No caso, havendo previsão da convenção do condomínio de proibição da prática de hospedagem, a prática adotada pela agravante, de fato, afrontou regra do condomínio" (TJRS, 17ª Câmara Cível, AI 0377507-27.2018.8.21.7000, Rel. Des. Giovanni Conti, j. 23.05.2019).
13. Na doutrina, ver, entre tantos outros, J. M. de Carvalho Santos, *Código Civil Brasileiro Interpretado*, v. XVII, 13. ed. Rio de Janeiro: Freitas Bastos, 1988, p. 5, para quem a locação é o "contrato pelo qual uma das partes se obriga, mediante retribuição, a ceder a outra, durante certo tempo, o uso ou gozo de uma coisa (*locatio rerum*)". Ainda no mesmo sentido, BEVILAQUA, Clovis. *Código Civil dos Estados Unidos do Brasil Comentado*. Rio de Janeiro: Livraria Francisco Alves, 1917, v. IV, p. 359: "Locação é o contrato pelo qual uma das partes, mediante remuneração, que a outra paga, se compromete a fornecer-lhe, durante certo lapso de tempo (...) o uso e gozo de uma coisa infungível (locação de coisas)".
14. Em que pese a linguagem do artigo 48 da Lei do Inquilinato, parte significativa da doutrina brasileira atribui menor importância ao fato temporário em si, concluindo que o prazo máximo de noventa dias por si só já se afigura suficiente para caracterizar a locação residencial por temporada. Confira-se, a título meramente ilustrativo, CAPANEMA, Sylvio. *Lei do Inquilinato comentada*, Rio de Janeiro: Forense, 2012, p. 205: "O que importa, na verdade, é que o prazo não exceda 90 dias, não mais cabendo perquirir a razão do interesse em locar um imóvel por curto prazo".
15. Lei 8.245/1991, art. 1º, parágrafo único, alínea "a", item 4.

sua *tipicidade social*.[16] O contrato de hospedagem afigura-se, portanto, como um contrato atípico, que "embora usual, não está regulado especificamente, é contrato misto, que compreende elementos da locação de coisas, da locação de serviços, da venda e do depósito."[17]

Apesar de não disciplinar o contrato de hospedagem, a legislação brasileira alude aos chamados "meios de hospedagem" no artigo 23 da Lei Geral do Turismo (Lei 11.771/2008), que trata dos meios de hospedagem como "empreendimentos ou estabelecimentos".[18] Essas expressões denotam o caráter empresarial da prestação de serviços de alojamento temporário, bem como de outros serviços necessários aos consumidores-hóspedes. Na mesma direção, o artigo 21 da referida lei define os prestadores de serviços turísticos como "*sociedades empresárias, sociedades simples, os empresários individuais e os serviços sociais autônomos*" que prestem serviços turísticos remunerados e que exerçam atividades econômicas relacionadas à cadeia produtiva do turismo, incluindo-se nesta definição os "*meios de hospedagem*".[19] Nesse sentido, o direito positivo exclui do âmbito da hospedagem, tal como legislativamente delineada, as pessoas naturais não empresárias que se cadastram como locadores em plataformas para disponibilizar, no todo ou em parte, bens imóveis ociosos para terceiros (viajantes), por meio de contratos individuais, sem organização empresarial.[20] Em outras palavras, os contratos celebrados entre o proprietário do imóvel e

---

16. Sobre os contratos socialmente típicos, destacam STIGLITZ, Rubén S. e STIGLITZ, Gabriel A. *Contratos*: teoría general. Buenos Aires: Depalma, 1990, v. 1, p. 146: "Hay contratos que por carecer de regulación legal son considerados atípicos, pero a los cuales el uso frecuente em el tráfico negocial les confiere uma estrutura constante y aun un nombre específico; de ellos se disse que tienen 'tipicidade social'."
17. GOMES, Orlando. *Contratos*. 26. ed. Rio de Janeiro: Forense, 2009, p. 126. Em igual direção, ALVES, João Luiz. *Código Civil da República dos Estados Unidos do Brasil anotado*. Rio de Janeiro: Saraiva, 1935, v. II, p. 345: "No contrato de hospedagem há, portanto, vários contratos implícitos: o de locação de coisas (a casa, os móveis etc.); o de locação de serviços (os criados etc.); o de depósito das bagagens e o de penhor legal".
18. "Art. 23. Consideram-se meios de hospedagem os empreendimentos ou estabelecimentos, independentemente de sua forma de constituição, destinados a prestar serviços de alojamento temporário, ofertados em unidades de frequência individual e de uso exclusivo do hóspede, bem como outros serviços necessários aos usuários, denominados de serviços de hospedagem, mediante adoção de instrumento contratual, tácito ou expresso, e cobrança de diária".
19. "Art. 21. Consideram-se prestadores de serviços turísticos, para os fins desta Lei, as sociedades empresárias, sociedades simples, os empresários individuais e os serviços sociais autônomos que prestem serviços turísticos remunerados e que exerçam as seguintes atividades econômicas relacionadas à cadeia produtiva do turismo: I – meios de hospedagem; (...)". Vale recordar que, nos termos do artigo 966 do Código Civil brasileiro, empresário é "quem exerce profissionalmente atividade econômica organizada para a produção ou a circulação de bens ou de serviços". O parágrafo único do artigo 966 esclarece, ademais, que "não se considera empresário quem exerce profissão intelectual, de natureza científica, literária ou artística, ainda com o concurso de auxiliares ou colaboradores, salvo se o exercício da profissão constituir elemento de empresa".
20. Com efeito, a doutrina brasileira, já há muito, define a atividade empresarial como "a organização técnico-econômica que se propõe a produzir, mediante a combinação dos diversos elementos, natureza, trabalho e capital, bens ou serviços destinados à troca (venda), com esperança de realizar lucros, correndo os riscos por conta do empresário" (MENDONÇA, J. X. Carvalho de. *Tratado de Direito Comercial brasileiro*. 5. ed. Rio de Janeiro: Freitas Bastos, 1953, v. I, p. 492). Ausente tal organização técnico-econômica não se configura a atividade de empresa.

o usuário da plataforma online não se qualificam como "*meios de hospedagem*", por força da expressa previsão da Lei 11.771/2008.

Cumpre, ainda, verificar se o contrato celebrado entre o proprietário e o usuário da plataforma qualifica-se como contrato de locação por temporada ou como contrato atípico de hospedagem. A diferença entre ambas as espécies contratuais reside, essencialmente, no fato de que, "para que haja contrato de hospedagem, não basta o *locus*, já que quem aluga apenas um quarto ou um apartamento é locatário. Quem hospeda oferece mais que o espaço para acomodação; disponibiliza também serviços. Não há uma hierarquia entre as obrigações de dar (a coisa) e fazer (serviços); têm elas a mesma importância. É nessa soma de obrigações que se encontra a distinção entre locação e hospedagem."[21]

Isso não significa que o locador não possa oferecer serviços pontuais ao locatário, tais como a disponibilização de café da manhã, a limpeza semanal do imóvel ou o empréstimo de bicicletas, visto que tais serviços não desnaturam a locação, nem a convertem em contrato de hospedagem. Na oportuna advertência de Pontes de Miranda, não se configura a hospedagem "se, em relação à locação, é ínfima a prestação de serviços dirigidos pelo outorgante".[22] Assim sendo, compete ao intérprete aferir, em perspectiva funcional,[23] se os contratantes buscam primordialmente a cessão do bem, a que se podem somar serviços adicionais de modo pontual – caso em que se estará diante de locação –, ou, ao contrário, buscam uma conjugação indissociável entre cessão do bem e serviços, atribuindo-lhes igual peso na contratação – hipótese em que se terá contrato de hospedagem.[24]

Em outras palavras, o contrato de locação por temporada dirige-se funcionalmente à cessão do uso e gozo do bem imóvel que o locatário exerce com autonomia, podendo o locador oferecer-lhe, adicionalmente, outros serviços, mas sem desnaturar a causa do contrato que continua a residir na cessão do espaço.[25] De outro

---

21. GUIMARÃES, Paulo Jorge Scartezzini. *Dos contratos de hospedagem, de transporte de passageiros e de turismo*. São Paulo: Saraiva, 2007, p. 15. E prossegue o autor: "Inclui-se no conceito de serviço qualquer atividade, desde a arrumação do quarto, serviço de bar e restaurantes (café da manhã, almoço e jantar), até aquelas menos comuns, como fisioterapia, cabeleireiro etc."
22. PONTES DE MIRANDA, Francisco Cavalcanti. *Tratado de Direito Privado*. Rio de Janeiro: Borsoi, 1964, t. XLVI, p. 323.
23. A análise funcional dos institutos jurídicos é, hoje, tida como imprescindível para a adequada qualificação dos atos praticados por particulares no exercício da autonomia privada. Confira-se BODIN DE MORAES, Maria Celina. A causa do contrato. *Civilistica.com*, v. 4, p. 14-15, 2013; PERLINGIERI, Pietro. *Perfis do direito civil*. Rio de Janeiro: Renovar, 1999, p. 94-96; PUGLIATTI, Salvatore. *La proprietà nel nuovo diritto*, Milano: Giuffrè, 1964, p. 300; SCHREIBER, Anderson. Função social da propriedade na prática jurisprudencial brasileira. *Direito Civil e Constituição*. São Paulo: Atlas, 2013, p. 245-246.
24. Adverte PONTES DE MIRANDA, Francisco Cavalcanti. *Tratado de Direito Privado*. Rio de Janeiro: Borsoi, 1964, t. XLVI, p. 320-321: "a causa locativa não supera os serviços, a assunção de custódia e de proteção, que o contrato de hospedagem supõe".
25. Confira-se PUGLIATTI, Salvatore. *I fatti giuridici*, Milano: Dott. A. Giuffrè, 1996, p. 111; BODIN DE MORAES, Maria Celina. A causa dos contratos. *Revista Trimestral de Direito Civil*, v. 21, p. 109; SCHREIBER, Anderson. A tríplice transformação do adimplemento. *Direito Civil e Constituição*. São Paulo: Atlas, 2013, p. 107-108.

lado, no contrato de hospedagem, o que o contratante persegue é coisa diversa: uma conjugação indissociável da cessão do uso do bem com os serviços, pois, neste tipo contratual, repita-se, "não há uma hierarquia entre as obrigações de dar (a coisa) e fazer (serviços); têm elas a mesma importância."[26]

Bem compreendida a distinção, não há dúvida de que, à luz do direito brasileiro, os contratos celebrados entre anfitriões e usuários de plataformas para alojamento de viajantes configuram contratos de locação por temporada, e não contratos de hospedagem. Com efeito, em perspectiva funcional, o que as plataformas proporcionam é justamente o oposto da hospedagem: a possibilidade de usar e gozar de bens imóveis sem toda a gama de serviços que os empreendimentos hoteleiros disponibilizam aos seus hóspedes. O que se explora é precisamente o desapego contemporâneo aos serviços de hospedagem, aproximando usuários que valorizam a cessão do uso e gozo do bem imóvel como elemento primordial da contratação. As plataformas para alojamento de viajantes são, nesse sentido, a verdadeira antítese da hospedagem.

Com efeito, a operação econômica central realizada por meio dessas plataformas é o oferecimento de bens imóveis sem a prestação de serviços adicionais. Embora estes tipos de plataforma frequentemente permitam a oferta de serviços acessórios, tais serviços, quando ofertados conjuntamente à disponibilização do imóvel, não chegam, por sua dimensão, a desnaturar o contrato de locação, pois não ostentam grau de importância igual à cessão do uso e gozo do imóvel, que consiste no núcleo do negócio usualmente oferecido àqueles que acessam as plataformas. Vale dizer: a causa do contrato, nestas hipóteses, continua a ser dominada pela cessão do espaço, que é o elemento principal e frequentemente exclusivo da relação contratual viabilizada pela plataforma dirigida precisamente àqueles que buscam alojamento de modo mais informal, sem o aparato de serviços profissionais que as redes hoteleiras oferecem.

Registre-se que o fato de uma plataforma eletrônica, virtual ou *online* facilitar a comunicação entre potenciais interessados na formação de contratos de locação por temporada em nada altera sua qualificação. O regime jurídico da locação por temporada aplica-se aos referidos contratos independentemente do meio físico ou virtual empregado para aproximar as partes que acabam por convergir na sua celebração. O uso de meios eletrônicos para a formação do contrato não produz, na ordem jurídica brasileira, qualquer alteração na natureza do acordo de vontades ou no conjunto de normas que lhe é aplicável.[27] Não se deve supor que exista aqui um novo tipo contratual apenas pelo fato de que os contratantes são aproximados de modo não presencial.

---

26. Ainda uma vez, GUIMARÃES, Paulo Jorge Scartezzini. *Dos contratos de hospedagem, de transporte de passageiros e de turismo*. São Paulo: Saraiva, 2007, p. 15.
27. Seja consentido remeter a SCHREIBER, Anderson. Contratos eletrônicos e consumo. *Revista Brasileira de Direito Civil*. v. 1, p. 91, 2014, em que restou registrado que "*o que se tem chamado de 'contratos eletrônicos' nada mais são que contratos formados por meios eletrônicos de comunicação à distância, especialmente a internet, de tal modo que o mais correto talvez fosse se referir a contratação eletrônica ou contratação via internet, sem sugerir o surgimento de um novo gênero contratual.*"

3. ANÁLISE DAS RESTRIÇÕES PARCIAIS IMPOSTAS EM CONDOMÍNIOS À LOCAÇÃO POR PLATAFORMAS ELETRÔNICAS

Outro grande problema trazido pela economia compartilhada no campo dos contratos imobiliários diz respeito às restrições impostas em condomínios à locação de unidades autônomas por meio de plataformas *online*. Convém examinar, a título ilustrativo, algumas dessas restrições instituídas no âmbito de condomínios edilícios, as quais vem sendo submetidas ao crivo de nossos tribunais.

A título exemplificativo, é possível encontrar, na jurisprudência, casos em que se impõe um prazo mínimo para locação por temporada, por meio de estipulação no regimento interno.[28] Recorde-se, também, caso em que se debateu a legalidade de se restringir, por meio do regimento interno do condomínio, o uso e acesso das áreas comuns (como sala de ginástica, piscina, sauna, salão de festas etc.) exclusivamente aos proprietários ou locatários de longa duração, bem como tentativas de limitar o número máximo de dez pessoas para apartamentos de quatro quartos.[29] Outro expressivo exemplo refere-se à cobrança de taxas condominiais extras para que seja permitido ao proprietário alugar seu imóvel por temporada em plataformas *online*.[30]

3.1 Imposição de prazo mínimo obrigatório para locatários por temporada

Em alguns condomínios edilícios, estabelece-se um prazo mínimo para locação por temporada das unidades autônomas. Sustenta-se, frequentemente, que a celebração de contratos por período curto perturbaria tanto o sossego como a segurança dos condôminos, em razão de uma elevada rotatividade de terceiros ingressando no edifício. Deve-se examinar se tal espécie de restrição encontra ou não amparo no ordenamento jurídico brasileiro.

Confira-se, em primeiro lugar, o disposto no inciso IV do artigo 1.336 do Código Civil, que proíbe que os condôminos utilizem suas unidades autônomas "*de maneira prejudicial ao sossego, salubridade e segurança dos possuidores, ou aos bons costumes*".[31] A norma poderia sugerir que a imposição de um tempo mínimo para locação por temporada – contratada ou não por meio de plataformas *online* – seria legítima. A literalidade da norma, contudo, revela que se trata de limitação fundada na análise do uso específico e concreto que o condômino reserva a certo bem imóvel, não se podendo *presumir* aprioristicamente prejuízo ao sossego, à salubridade ou à segurança dos possuidores, e tampouco violação aos bons costumes, a partir de elementos puramente estruturais e abstratos como a extensão do prazo de vigência

---

28. TJCE, AC 201614861, Rel. Des. Ruy Pinheiro da Silva, j. 17.08.2016.
29. TJSP, AI 2194782-80.2017.8.26.0000, Rel. Des. L. G. Costa Wagner, j. 21.03.2018.
30. TJSC, Recurso Inominado 0300652-89.2015.8.24.0125, Rel. Juiz Cláudio Barbosa Fontes Filhos, j. 18.09.2017.
31. "Art. 1.336. São deveres do condômino: (...) IV – dar às suas partes a mesma destinação que tem a edificação, e não as utilizar de maneira prejudicial ao sossego, salubridade e segurança dos possuidores, ou aos bons costumes".

da locação. Do dispositivo citado não se pode extrair, portanto, qualquer restrição à disponibilização de unidades autônomas por períodos curtos ou por meio de plataformas eletrônicas de economia compartilhada, voltadas a aproximar pessoas interessadas em celebrar contratos de locação por temporada.

Além disso, não se pode deixar de notar que a atual Lei do Inquilinato incentiva expressamente a locação por temporada, tendo, inclusive, suprimido requisitos exigidos pela legislação anterior, de modo a ampliar a possibilidade de celebração de contratos de locação de curta duração.[32] Nessa direção, a Lei do Inquilinato estabelece prazo máximo de 90 (noventa) dias para a duração dos contratos de locação por temporada (art. 48),[33] mas não contempla qualquer prazo mínimo, que poderia restringir o acesso a esta modalidade locatícia.

Nesse cenário, a criação de período mínimo de estadia para locatários por temporada por meio de decisão da assembleia de condôminos ou por norma interna do condomínio afigura-se, tecnicamente, ilícita, por limitar a faculdade de fruição do condômino em relação à sua unidade autônoma, de propriedade exclusiva, a partir de uma presunção de prejuízo ao sossego e à segurança dos demais condôminos. A alternância de locatários em locações de curta duração não implica, necessariamente, perturbação da vida condominial, o que, de resto, pode ocorrer em virtude de atos de locatários de longa duração e mesmo de proprietários das unidades autônomas. Aliás, a própria alternância de possuidores também não é privilégio da locação por temporada, já que o mesmo pode se verificar em contratos de locação de longa duração, por término antecipado da locação pelos próprios locatários, e até independentemente de locação já que os próprios proprietários são livres para realizar compras e vendas sucessivas do imóvel. Não há, portanto, fundamento jurídico para se impor regime diferenciado à locação por temporada neste particular, restringindo o direito de propriedade do condômino que, no legítimo exercício de sua faculdade de fruição, decide pôr sua unidade em locação por períodos mais curtos.

Vale notar, ademais, que a legislação brasileira exige quórum especial para a alteração da destinação do edifício ou da unidade autônoma,[34] matéria que somente

---

32. "No regime anterior a locação para temporada estava umbilicalmente ligada ao incentivo do turismo. Tanto assim que eram exigidas três condições para que uma locação pudesse se enquadrar no regime jurídico da temporada: que o prazo não excedesse a 90 dias, que o imóvel se situasse em orla marítima ou estação climática e que o locatário residisse em outra cidade. (...) Sempre nos pareceu equivocada a orientação da lei anterior, que limitava bastante o mercado das locações por temporada, que, ao contrário, deve ser incentivado, para atender a uma série de motivações, que podem levar alguém a se interessar em alugar um imóvel por prazo curto" (CAPANEMA, Sylvio. *Lei do Inquilinato comentada*. Rio de Janeiro: Forense, 2012, p. 205).
33. "Art. 48. Considera-se locação para temporada aquela destinada à residência temporária do locatário, para prática de lazer, realização de cursos, tratamento de saúde, feitura de obras em seu imóvel, e outros fatos que decorrem tão somente de determinado tempo, e contratada por prazo não superior a noventa dias, esteja ou não mobiliado o imóvel".
34. "A alteração da destinação da unidade autônoma ou do condomínio exige a aprovação da unanimidade dos condôminos. Como anotado no comentário ao art. 1.343, levando em conta a gravidade da alteração, a unanimidade abrange os condôminos aptos a deliberar e os inadimplentes. Haveria manifesta despropor-

pode ser aprovada pela unanimidade dos condôminos (art. 1.351).[35] Trata-se de rigorosa proteção conferida pelo ordenamento jurídico ao interesse de cada um dos proprietários que ingressa em condomínio edilício. Com efeito, a supressão de uma potencialidade relevante de exploração econômica da unidade autônoma, como é a locação por temporada, somente poderia se operar com a aprovação unânime dos condôminos, restando cada proprietário protegido diante de alterações supervenientes do regime aplicável ao seu direito de propriedade.

Embora o artigo 1.351 do Código Civil seja comumente invocado em discussões referentes à modificação da destinação residencial das unidades autônomas ou do próprio edifício para destinação comercial,[36] ou vice-versa, a norma revela uma diretriz mais abrangente, consubstanciada na impossibilidade de posterior restrição significativa do uso ou fruição do imóvel pelo adquirente *contra* a sua vontade.[37] Em outras palavras, aquele que adquire unidade autônoma em condomínio edilício confia naquilo que lhe assegura a lei: o direito de usar e fruir de sua propriedade exclusiva como lhe aprouver. Se a assembleia condominial vem a instituir, após a aquisição, restrição significativa às possibilidades de exploração econômica do bem imóvel – por meio, por exemplo, da vedação direta ou indireta à locação por temporada, possibilidade de locação que integra por força da própria Lei do Inquilinato a faculdade de fruição –, tal restrição afronta não apenas os direitos essenciais do proprietário (art. 1.335, I),[38] mas também o seu direito a não ser surpreendido por uma modificação de uso contrária à sua vontade, nos exatos termos do artigo 1.351 do Código Civil.

Aqui, há que se recordar que a máxima utilização dos bens imóveis é desejável diretriz que decorre da função social da propriedade, consagrada em nosso texto constitucional. A restrição à alternância de possuidores, que pode conduzir à ocio-

---

ção entre a sanção legal prevista para o inadimplemento – alijamento das deliberações – e a magnitude da mudança para todos os condôminos, que implica alteração da destinação da unidade, ou do condomínio. Um só condômino, portanto, pode vetar a alteração" (LOUREIRO, Francisco Eduardo. Coisas: Arts. 1.196 a 1.510. In PELUSO, Cezar. *Código Civil comentado*. Barueri: Manole, 2010, p. 1.393).

35. "Art. 1.351. Depende da aprovação de 2/3 (dois terços) dos votos dos condôminos a alteração da convenção; a mudança da destinação do edifício, ou da unidade imobiliária, depende da aprovação pela unanimidade dos condôminos".
36. "Deve o condômino respeitar a destinação de sua unidade autônoma, não podendo usá-la para fins comerciais ou empresariais, se previsto o fim residencial, nem vice-versa" (LOUREIRO, Francisco Eduardo. Comentário ao artigo 1.335. In: PELUSO, Cezar (Coord.). *Código Civil comentado*. Barueri: Manole, 2010, p. 1353).
37. "Mas a segunda parte do aludido dispositivo (art. 1.351) impõe o consenso da unanimidade dos condôminos para qualquer deliberação que envolva a mudança de destinação do edifício ou da unidade imobiliária. Porém, a norma é tímida, pois a unanimidade vai além do texto da norma para alcançar qualquer deliberação que implique alteração dos direitos subjetivos do proprietário, como as mudanças nas frações ideais e nas áreas de uso comum" (ROSENVALD, Nelson e FARIAS, Cristiano Chaves de. *Curso de Direito Civil*: reais. São Paulo: Atlas, 2015, p. 617). Ainda, em VIANA, Marco Aurelio da Silva. *Comentários ao novo Código Civil*. Rio de Janeiro: Forense, 2003, v. XVI, p. 502: "Se a alteração da convenção de condomínio, por exemplo, implicar em restrição ao direito de propriedade, é intuitivo que não prevalecerá. E tanto isso é verdade que na segunda parte do dispositivo legal exige a unanimidade dos condôminos para que haja mudança da destinação do edifício, ou da unidade autônoma".
38. "Art. 1.335. São direitos do condômino: I – usar, fruir e livremente dispor das suas unidades".

sidade do bem imóvel, não se coaduna com os valores elencados na Constituição da República. E, portanto, a instituição de prazo mínimo para a locação por temporada configura exigência de caráter ilícito, que viola frontalmente dispositivos da codificação civil e normas constitucionais, sendo nula de pleno direito.

3.2 Limitação do número de locatários por unidade

Outra limitação que se identifica nos casos judiciais é a restrição aos condôminos locadores em relação à quantidade máxima de locatários em cada unidade autônoma. Tal restrição vem sendo adotada, em alguns casos, por assembleias de condôminos ao argumento de que o elevado número de pessoas ofereceria, também aqui, risco ao sossego e à segurança dos demais condôminos.

A quantidade de pessoas utilizando a unidade autônoma de propriedade exclusiva de cada condômino, configura, entretanto, matéria atinente ao exercício das faculdades de uso e fruição de cada proprietário, escapando à esfera de deliberação assemblear. Basta notar que o próprio proprietário pode residir sozinho em sua unidade autônoma ou lá habitar com seu cônjuge e seus seis ou sete ou oito filhos, não se afigurando lícita qualquer tentativa de restrição da moradia nesta hipótese. O mesmo vale para locatários, não se podendo, tal como já visto em relação ao tempo mínimo de locação, presumir perturbação aos demais condôminos a partir de um dado estrutural e abstrato como o número de possuidores da unidade autônoma. A perturbação ao sossego e à segurança deve sempre ser aferida em concreto, em relação ao comportamento adotado pelos possuidores no uso de cada unidade autônoma.

De fato, a doutrina brasileira, há muito, considera inválida qualquer deliberação condominial voltada a restringir a quantidade de habitantes de cada unidade autônoma. Como já alertava Carlos Maximiliano ao listar *"cláusulas inválidas, quando inseridas em Regulamento, Convenção ou Título e concernentes ao andar ou apartamento: (...) j) fixar o número máximo de pessoas residentes em qualquer fração autônoma do prédio, a fim de evitar acúmulo de indivíduos nos corredores, elevadores, escadas etc."*[39]

Registre-se, além disso, que o condomínio conta com instrumentos legais para prevenir distúrbios em concreto, o que torna desnecessário o estabelecimento em abstrato de um número máximo de pessoas por unidade autônoma. Conforme o parágrafo único do artigo 1.337 do Código Civil, "o condômino ou possuidor que, por seu reiterado comportamento antissocial, gerar incompatibilidade de convivência com os demais condôminos ou possuidores, poderá ser constrangido a pagar multa correspondente ao décuplo do valor atribuído à contribuição para as despesas condominiais, até ulterior deliberação da assembleia". Há, aqui, um mecanismo já previsto legalmente para a solução de problemas que possam surgir por causa de comportamento antissocial dos eventuais possuidores da unidade autônoma.

---

39. MAXIMILIANO, Carlos. *Condomínio*: terras, apartamentos e andares perante o direito. 3. ed. Rio de Janeiro: Freitas Bastos, 1950, p. 245-246.

O condomínio pode, ainda, exercer seu poder regulador para disciplinar o horário de produção de ruídos sonoros ou o número máximo de pessoas que utilizam ao mesmo tempo o elevador ou uma piscina. Não pode, contudo, estabelecer distinção discriminatória nesse particular entre locatários por temporada, locatários em geral e os demais possuidores, não podendo tampouco estipular, aprioristicamente, uma quantidade máxima de locatários por unidade autônoma, que, de novo, integra a propriedade exclusiva de cada condômino.

3.3 Cobrança de taxa extra dos locadores pela disponibilização das suas unidades para locação por temporada

O Código Civil estabelece que cada um dos condôminos deverá *"contribuir para as despesas do condomínio na proporção das suas frações ideais, salvo disposição em contrário na convenção"* (CC, art. 1.336, I). O critério de cálculo das contribuições, portanto, deve considerar, a princípio, a proporção das frações ideais de cada condômino. A codificação civil, contudo, ressalva a possibilidade de estipulação de método de cálculo diverso na convenção. A fixação de taxa extraordinária (a chamada "taxa extra") em razão de mera disponibilização de imóvel para locação por temporada, entretanto, não constitui critério legítimo de rateio de despesas. A rigor, trata-se da imputação de valor adicional a um condômino específico desvinculada de qualquer aferição concreta do impacto desta atividade sobre as despesas condominiais.

Considerando que o Código Civil determina o dever do condômino de *"contribuir para as despesas"*, a cobrança de valores dos condôminos não pode ser dissociada dos efetivos gastos suportados pelo condomínio.[40] A cobrança de taxa extra que não encontre justificativa em uma concreta demonstração de aumento de custos condominiais, causado especificamente pela locação, implica dissimulação de verba punitiva fora das hipóteses legalmente previstas. Resulta, ademais, em desestímulo a uma atividade legalmente admitida, conforme já detalhado anteriormente.[41]

---

40. MAXIMILIANO, Carlos. *Condomínio: terras, apartamentos e andares perante o Direito*. 3. ed. Rio de Janeiro: Livraria Freitas Bastos, 1950, p. 196. Na mesma direção, entre outros, VIANA, Marco Aurélio da Silva. *Comentários ao Novo Código Civil*. Rio de Janeiro: Forense, 2003, v. XVI, p. 436-437.
41. Nessa mesma direção, já decidiu o TJPR, 8ª CC, Ap. Civ. 1319302-5, Rel. Des. Guilherme Freire de Barros Teixeira, j. 12.03.2015: "Como se vê, a legislação pátria legitima a atuação do réu/condômino em locar seu imóvel para temporada. A propósito, a utilização do imóvel pelo locatário é inerente ao próprio exercício da locação. Logo, não pode ser aceita a argumentação de impossibilidade de locação do imóvel em razão de gerar ao Condomínio 'uma série de utilizações e despesas as quais não seriam geradas caso o imóvel não fosse locado; além dos problemas gerados pelo mau uso da unidade' (mov. 77.1). Deve ser igualmente rechaçada a afirmação do autor de que eventual locatário merece ser repelido porque a 'Central de Gás não apresenta medidor individual, sendo rateada por igual para todo o condomínio' (mov. 77.1). Ora, se o raciocínio estivesse certo, o réu também não precisaria ratear o gás nos meses em que não frequenta seu apartamento de veraneio. Destaco, ainda, que o Condomínio/autor não citou qualquer ato indevido praticado pelos locatários do réu ou uso indevido do imóvel para fins diversos do residencial, atendo-se a fazer afirmações genéricas. Mesmo que assim não fosse, a sanção pertinente à infração não seria a vedação à locação, mas sim a aplicação do disposto no art. 21 da Lei 4.591/64 (...). Ademais, a cobrança antecipada de eventuais danos provocados pelo locatário constitui enriquecimento ilícito do Condomínio, que recebe valores e

A referida taxa extra implica, de fato, indevida restrição ao direito de propriedade exclusiva do condômino sobre sua unidade autônoma, representando quase sempre um meio disfarçado de limitação ao exercício legítimo de sua faculdade de fruição, em consonância com a função social da propriedade.

3.4 Limitação ao uso ou acesso de locatários por temporada a áreas comuns

A celebração do contrato de locação implica transmissão ao locatário da posse direta sobre o apartamento. O locatário, ao receber a posse da unidade exclusiva, recebe também a composse sobre as áreas comuns,[42] em razão da incindibilidade típica do condomínio edilício (Código Civil, art. 1.331, § 3º). É célebre nesta matéria a lição de Caio Mário da Silva Pereira: "o uso, a posse e o gozo do apartamento implicam necessariamente a composse das partes comuns e sua utilização direta pelo usuário, arrendatário, comodatário etc. (...) tem o locatário, comodatário etc. o direito de exercer os poderes do condômino, sobre as partes comuns, em paridade de situação com o proprietário cedente e, então, é o condomínio do edifício de apartamentos compatível com a liberdade de investidura de outrem nos atributos do condômino, dispensada a anuência dos demais, porém condicionada ao mútuo respeito pelos direitos de todos".[43]

Como se vê, o locatário tem, no âmbito do condomínio edilício, poderes paritários àqueles que teria o locador que lhe cede o uso e gozo do bem imóvel, incluindo o amplo acesso a todas as áreas comuns do condomínio (Código Civil, art. 1.335, II). O fato de que sua posse decorre de celebração de contrato de locação, por temporada ou não, em nada afeta o direito do locatário em relação ao uso e acesso das áreas comuns.

Evidentemente, a permissão de acesso a determinadas áreas comuns do condomínio pode se subordinar a condicionantes de caráter geral e objetivo, válidas para todos os possuidores, como o estabelecimento de horários de acesso à piscina, à sauna ou à academia de ginástica. O que não se pode admitir, contudo, é que o critério para permitir ou restringir, no todo ou em parte, o uso ou o acesso a determinada área comum repouse sobre a origem da posse do locatário ou o prazo de vigência do seu contrato de locação. Tal distinção seria discriminatória, por não encontrar fundamento legítimo na ordem jurídica brasileira.

---

  não os restitui mesmo que não ocorram danificações, o que também é juridicamente vedado. Além disso, conforme constou na sentença, a mencionada Taxa representa 'discriminação dos usuários convidados e locatários ao prever que estes causarão danos e perturbação maior' (mov. 55.1). Portanto, a existência de uma taxa que seja uma 'medida de prevenção para locações de temporada' (mov. 1.13) é manifestamente ilegal e abusiva, eis que limita indevidamente o direito à propriedade"

42. "O condômino tem assegurado o uso das partes comuns. Falando em condômino devemos dizer que o direito é assegurado a todo aquele que ocupa a unidade autônoma, seja locatário ou comodatário" (VIANA, Marco Aurelio de Sá. *Comentário ao Novo Código Civil*. Rio de Janeiro: Forense, 2003, v. XVI, p. 429).

43. PEREIRA, Caio Mário da Silva. *Condomínio e incorporações*. 16. ed. Rio de Janeiro: Forense, 2016, p. 137.

4. ECONOMIA COMPARTILHADA E CORRETAGEM IMOBILIÁRIA

Vistos alguns obstáculos que têm sido impostos à economia compartilhada no tocante ao uso de imóveis – e a ausência de fundamento jurídico para tanto, no ordenamento brasileiro –, cumpre examinar, por fim, a questão da corretagem imobiliária. Muitas plataformas *online* propõem-se a aproximar pessoas interessadas seja em contratar a locação de imóveis por temporada, seja em contratar a compra e venda de imóveis. As plataformas atuam, nesses casos, como intermediadoras da relação entre o proprietário e o potencial locatário ou comprador, cumprindo um papel tradicionalmente exercido entre nós pelo corretor de imóveis.

A aparente simplicidade e informalidade deste serviço não afasta a discussão sobre potencial violação às normas que disciplinam a profissão do corretor de imóveis. Isso porque, de acordo com artigo 2º da Lei 6.530/1978, o exercício da corretagem é restrito ao profissional formado em curso técnico. Afirma, de fato, a norma que "o exercício da profissão de Corretor de Imóveis será permitido ao possuidor de título de Técnico em Transações Imobiliárias". Considerando a similaridade entre o papel profissional desempenhado pelo corretor de imóveis e os serviços prestados por tais plataformas, debate-se o seguinte: tais serviços poderiam ser vistos como exercício ilegal da profissão de corretor, suscitando até mesmo a incidência do artigo 47 da Lei das Contravenções Penais (Decreto-Lei 3.688/1941)?[44]

A jurisprudência do Superior Tribunal de Justiça tem sido oscilante nesta matéria. Em duas oportunidades diferentes, aquela Corte condenou o agente que exercia a atividade de corretagem sem a certificação exigida pela lei.[45] Por outro lado, no julgamento do Recurso Especial 185.823/MG, o Superior Tribunal de Justiça decidiu de forma relativamente diversa, afirmando que, apesar de não ter o título necessário para exercer a corretagem, o indivíduo merecia remuneração pela atividade, sob pena de se permitir o enriquecimento ilícito do outro contratante.[46] Vale dizer: não foi dada à atuação do indivíduo naquele caso a natureza de uma atuação ilícita a ponto de afastar todos os seus efeitos, preservando-se, no mínimo, os efeitos restitutórios da vedação ao enriquecimento sem causa. A questão encontra-se ainda em aberto.

Na prática, o tema tem sido contornado por meio da figura do "corretor associado", profissional certificado que assina o contrato de intermediação e locação de

---

44. "Art. 47. Exercer profissão ou atividade econômica ou anunciar que a exerce, sem preencher as condições a que por lei está subordinado o seu exercício: Pena – prisão simples, de quinze dias a três meses, ou multa, de quinhentos mil réis a cinco contos de réis".
45. STJ, 3ª Seção, CC 104.924/MG, Rel. Min. Jorge Mussi, j. 24.03.2010; e STJ, 5ª Turma, RHC 53.998/RJ, Rel. Min. Felix Fischer, j. 18.08.2015. Nessas duas ocasiões, o STJ decidiu que "a conduta de agente que exerce atividade de corretagem de imóveis sem a devida certificação exigida pela legislação de regência amolda-se àquela prevista no art. 47 da Lei de Contravenções Penais".
46. STJ, 4ª Turma, REsp 185.823/MG, Rel. Min. Luis Felipe Salomão, j. 14.10.2008: "o acórdão recorrido não autorizou o autor a exercer a profissão de corretor, ao arrepio dos requisitos legais. Apenas decidiu que, a despeito de não inscrito no 'Conselho Regional de Corretores de Imóveis', o intermediador faz jus à comissão de corretagem, uma vez que o seu serviço deve ser remunerado, sob pena de enriquecimento indevido do outro contratante".

imóvel com o usuário ao lado da empresa.[47] Com a assinatura do corretor, o requisito legal resta, formalmente, atendido, de tal sorte a afastar, a princípio, a configuração do exercício ilegal da profissão. Este subterfúgio evidencia, de um lado, a necessidade de se refletir sobre a exclusividade no exercício da corretagem na realidade brasileira, em que a exigência constante do artigo 2º da Lei 6.530/1978 não tem impedido nem a atuação de profissionais desprovidos de certificação técnica, nem a atuação irresponsável de indivíduos que, mesmo portando a referida certificação, não adotam cuidados mínimos como checar a legalidade do título daquele que se anuncia como locador ou vendedor de um imóvel. De outro lado, impõe-se refletir sobre a adoção de mecanismos que permitam, no âmbito de novos arranjos decorrentes do avanço tecnológico, uma adequada proteção das pessoas que, confiando na aparência de profissionalismo emprestada pelas plataformas, se aproximem entre si para a celebração de contratos imobiliários.

5. CONCLUSÃO

O advento da economia compartilhada traz, como tudo que é novo, desafios para o estudioso do direito, mas exprime também a inegável abertura de uma nova via de concretização dos valores constitucionais, notadamente a função social da propriedade, seja no que toca à facilitação de acesso aos bens, seja no que tange ao incentivo para a superação da ociosidade típica de uma abordagem econômica centrada sobre o paradigma proprietário. A valorização do uso e a difusão de uma genuína cultura do compartilhamento, se impõem a revisitação de alguns dogmas tradicionais do direito das coisas, oferecem, em contrapartida, uma nova visão de futuro, capaz de garantir, se adequadamente amparada e conduzida pelo Direito, o máximo aproveitamento dos bens em um cenário em que a democratização do acesso parece colidir, em intensidade cada vez maior, com o paradigma proprietário.

---

47. É o que se vê, por exemplo, da plataforma intitulada Quinto Andar, cujos Termos de Uso Gerais afirmam em seu item 4: "A Plataforma consiste em um conjunto de funcionalidades que proporcionarão a intermediação de negócios imobiliários, entre Usuários independentes, para que contratem, entre si, a locação ou a compra e venda de imóveis residenciais, com o auxílio do QuintoAndar e dos seus corretores associados". Disponível em: https://www.quintoandar.com.br/termos/#termos-gerais.

COMO COMPATIBILIZAR AS *INSURTECHS* COM AS PREMISSAS DO MERCADO DE SEGUROS, DENSAMENTE REGULADO?

Priscila Mathias de Morais Fichtner

Doutora em Direito Civil. Mestre em Direito do Trabalho. Advogada e parecerista. Sócia de Chalfin, Goldberg & Vainboim Advogados Associados.

1. INTRODUÇÃO

O mundo mudou muito nos últimos 20 anos impingindo um ritmo quase que frenético às relações humanas. Em 2002, por ocasião do então Novo Código Civil defendia-se a necessidade de adoção de novos paradigmas, mais maleáveis e capazes de garantir um equilíbrio sistêmico entre os princípios fundantes do nosso ordenamento jurídico e as relações e negócios até então celebrados. Era a necessidade de transformar o sistema, antes estático e legalista, em uma ordem dinâmica e adaptável à necessidade do jurisdicionado e do cidadão em geral.

Atualmente, entretanto, a tecnologia e a inovação se espraiaram nos negócios e alteraram as suas bases estruturais e até mesmo, em determinadas circunstâncias, a sua natureza. Com o aumento das compras *online*, por exemplo, diversos varejistas passaram a oferecer outros serviços ao público, transformando o seu próprio negócio e criando novos tipos de contratos conexos e funcionais. Recentemente, por exemplo, a rede Walmart abriu, em Dallas, o primeiro "*Walmart Health Center*", clínica ao lado do Walmart Supercenter que oferece atendimento médico primário, tais como: exames oftalmológicos e de audição, psicólogos, atendimento odontológico e uma farmácia. O grande atrativo da rede é o preço baixo dos exames e consultas e a conveniência de agilizar o atendimento e solucionar rapidamente o problema do paciente consumidor, baseado na fórmula "*one-stop-shop*". Nessa linha, poderá um paciente, após a consulta oftalmológica, escolher a armação dos seus óculos, o tipo de lente e aguardar apenas por alguns minutos para resolver a queixa médica. Mas não é preciso ir muito longe, basta imaginar que até bem pouco tempo um celular era adquirido para facilitar a comunicação por telefone entre as pessoas. Atualmente, um *smartphone* possui uma gama enorme de funcionalidades aglutinadas, tais como: banco, jornal, noticiário, lanterna, calculadora, entretenimento (jogos), internet, aplicativos de mensagens e aplicativos diversos, podendo, ainda, realizar ligações!

Vivencia-se hoje, assim, uma conexão de negócios até então inimaginável, bem como uma disrupção das cadeias tradicionais de empreendimentos, com crescente eliminação de intermediários. Não é à toa que o chamado fenômeno da *uberização* tem se expandido para diversos setores além dos transportes. É o que se constata nos setores de locação de imóveis, da saúde e no sistema financeiro, com o crescimento das *Fintechs*. Dessa tendência, o setor de seguros não está passando incólume. O número de *Insurtechs* tem crescido bastante. Isso porque, a geração de *baby boomers* – os novos consumidores – busca, acima de tudo economia, facilitação e simplificação das relações em geral.

Ocorre, entretanto, que – como já alertado por Bruno Feigelson[1], as modelagens disruptivas "avançam na vida social em velocidade incompatível com os movimentos normativos". É o que se verifica, por exemplo com a lei 13.640/2018 que tentou regulamentar o mercado do Uber no Brasil e as resoluções do Conselho monetário Nacional (CMN) 4.656 e 4.657, de 2018 que buscam regulamentar as *fintechs*, quando muitas delas já estão há alguns anos estabelecidas no mercado.

A questão, portanto, que se coloca é como compatibilizar essa tendência de simplificação com o mercado regulador, que – por sua vez – busca garantir, via fiscalização intensa, a segurança necessária das transações e relações que mexem com a poupança popular. E mais – ainda – como garantir uma regulamentação eficiente, capaz de ser construída concomitantemente ao surgimento das novas dinâmicas, a fim de não inviabilizar a inovação, especialmente se dela advierem facilidades e benefícios para os consumidores.

2. NOVAS TECNOLOGIAS E SEGURO

A aplicação da tecnologia tem provocado uma ampla e profunda modificação no modo de fazer negócios e no desenvolvimento dos processos de outros negócios relacionados. Tudo em uma escala e ritmo que levou Thomas Friedman a afirmar que "A Tecnologia tem evoluído mais rápido que a capacidade humana", em uma constatação que atesta a incongruência entre a velocidade dos modelos disruptivos de negócio e a dos movimentos normativos. Importante verificarmos quais as principais inovações tecnológicas que atualmente movimentam o mercado de seguros.

2.1 A OIT (Internet *Of Things*) ou Internet das coisas e o contrato de seguros

A disrupção no setor de seguros guarda íntima relação com o fenômeno da Internet das Coisas (Internet of Things-IoT)[2]. Essa nova realidade é conhecida como

---

1. *Sandbox*: Primeiras Reflexões a respeito do Instituto. *Revista de Direito e as Novas Tecnologias*. v. 1. 2018 (Out-Dez/2-18). DTR\2018\22676, p. 3.
2. Segundo Dr. Helder Frias "A IoT consiste numa rede ou sistema de equipamentos que servem uma finalidade específica, sendo dotados de sensores eletrônicos/informáticos inter-relacionados, que possuem um identificador único, e que podem comunicar com humanos (*man to machine* ou M2H) e/ou entre equipamentos (*machine to machine* ou M2M) através da rede, mediante a transmissão de informação" (FRIAS, Helder. A Internet de Coisas (IoT) e o mercado segurador. In: CORDEIRO, Antonio Menezes; OLIVEIRA, Ana Perestrelo de (Coord.). *FinTech Portugal*. Desafios da Tecnologia financeira. Coimbra: Almedina, 2017).

a Segunda Parte da Revolução Tecnológica Digital, resultado da utilização de uma tecnologia imersiva e integrada conectando objetos entre si ou com pessoas para fins de transmitir informações que posteriormente são tratadas e combinadas em sistemas interligados. A transmissão dessas informações em tempo real permite o seu tratamento imediato, com base em modelos preditivos previamente definidos.

A sua utilização está em ritmo crescente, especialmente por proporcionar ganhos de eficiência, economia e eliminação de excessos. Diversos exemplos podem ser citados; semáforos inteligentes que melhoram a qualidade do trânsito nas cidades, a iluminação e sistemas de ar condicionados *smarts* em edifícios empresariais, ajustando o gasto de energia para o seu uso efetivo, evitando-se desperdícios; indicadores visuais de vagas em shoppings e prédios comerciais, poupando gasto de tempo, combustível e emissão de poluentes, enfim uma série de benefícios podem ser extraídos desse tipo de monitoramento.

Tais tecnologias permitem monitorar, medir e perceber o movimento do mundo e das ações humanas, combinando dados que geram um volume imenso de informações sobre hábitos de vida e de consumo com múltiplas utilidades para diversas áreas como o setor de marketing, saúde e, no que aqui nos interessa, o setor de seguros.

De fato, no âmbito do contrato de seguros, a possibilidade de gerar e combinar grande volume de dados com variabilidade das informações e velocidade de transmissão, torna possível realizar um monitoramento direto de bem ou pessoa, cujo risco se pretende assegurar, garantindo uma avaliação mais precisa e – por vezes – alterando o poder de quem detém a informação, além de ampliar a quantidade e qualidade da informação, matéria prima do contrato de seguro.

Além da avaliação mais precisa, são nitidamente vislumbrados outros ganhos pelo mercado segurador, a saber: (a) fixação de prêmios mais adequados; e (b) regulação de sinistros mais célere e eficiente.

Em um primeiro e importante passo as informações, em muitos casos, passaram a ser obtidas diretamente pelas seguradoras e não mais através de terceiros intermediários.

A obtenção de informações relevantes em tempo real tem valiosa utilização no setor, notadamente na área de prevenção de sinistros, permitindo que danos sejam evitados ou sejam reduzidos de forma relevante. Assim, por exemplo, no monitoramento de intempéries, tais como furacões, os alertas sobre riscos têm permitido que embarcações desviem suas rotas e medidas sejam tomadas em terra permitindo evacuações, com a preservação de vidas humanas e bens materiais relevantes. Recente exemplo ocorreu em 2017 no estado da Flórida, nos Estados Unidos, quando diversas embarcações foram desviadas e guardadas e cidades evacuadas, evitando-se sinistros diversos e minorando as consequências daqueles que seriam inevitáveis.

Outro aspecto importante dessa nova realidade guarda relação com o denominado monitoramento pessoal, através dos *wereables*, os quais têm a possibilidade de fortemente influenciar nos comportamentos humanos, notadamente de risco, induzindo, por exemplo, a uma direção defensiva, mais cautelosa, além de estimular melhorias nos cuidados com a saúde. A realidade é que já hoje algumas seguradoras oferecem redução nos prêmios de seguros de vida em grupo para empresas cujos trabalhadores utilizem *wereables* que monitorem níveis de atividades e ritmos cardíacos, tais como relógios que medes a frequência cardíaca, monitora a pressão e funciona como localizador através do sistema GPS. Assim, os descontos ofertados podem associar-se a um estilo de vida saudável, gerando melhorias tanto para os segurados, quanto para os seguradores.

Caminho, entretanto, a ser construído envolve os limites desse monitoramento, considerando-se especialmente o nosso ordenamento jurídico fundado no princípio da dignidade da pessoa humana.

2.2 A *big data*

A *big data* cria um mundo paralelo fértil à pesquisa das mais amplas e variadas informações[3]. Certamente o maior desafio tecnológico consiste no uso estratégico dessa massa de informações armazenada na internet. Desafio consistente em encontrar a informação certa, interpretá-la corretamente e utilizá-la eficazmente.

A *big data* se caracteriza pela enorme quantidade de dados estruturados e não estruturados que são gerados a cada segundo no ambiente virtual. Esse volume de informação tem características próprias vinculadas ao ambiente da internet denominadas de 5 Vs: Volume, Variedade, Velocidade, Valor e Veracidade[4], adicionando uma perspectiva dinâmica e contínua de atualização da informação, mas com a adoção de certa cautela e necessidade de averiguação da confiabilidade das informações ali postadas. Segundo *Paula Ribeiro Alves*, "atualmente, autonomizaram-se mais duas características num rol de sete, a Variabilidade e a Visualização, considerando que

---

3. Essa mudança de eixo é bem comentada por Bredan McGurk: "Now insurers may not even need to ask the question: a Facebook profile picture might provide the answer; so too purchasing information (where some retailers provide information on individual purcases); or repeated Google searches for 'smoker's cough' might give the game away; other information gleaned from insured's browsing history might equally provide the answer" (...). e prossegue com algumas pertinentes preocupações: "This levelling-up information of the information imbalance between insured and insurer raises two set of isuues in insurance law: (i) to what extent might insurers more precisely tailor the scope cover; and (ii) what impact does this have on the duty of good faith disclosure?" (MCGURK, Brendan. *Data Profiling and Insurance Law*. Oxford: Hart, 2019, p. 2-4).
4. Nesse sentido, Paula Ribeiro Alves dispõe: "no início, foram identificados o Volume, a Variedade e a Velocidade, significando que estamos perante uma quantidade enorme de informação, estruturada e não estruturada, proveniente de várias fontes e que, para ser interessante, tem de ser trabalhada muito rapidamente. Depois juntaram-se a Veracidade e o Valor, quando se começou a perceber que muita da informação que estava *online* não era verdadeira e havia que fazer uma triagem e quando começou a ficar evidente o valor da *big data*. Quem consegue criar melhores algoritmos e minerar melhor os dados passa a ter uma mercadoria para vender. Essa informação vai permitir orientar publicidade, aliciar potenciais clientes, avaliar o risco, gerir com mais eficácia e responder a muitas questões". (Os desafios digitais no mercado segurador. In: CORDEIRO, Antonio Menezes; OLIVEIRA, Ana Perestrelo de (Coord.). *FinTech Portugal*. Desafios da Tecnologia financeira. Coimbra: Almedina, 2017).

a informação se altera ao longo do tempo e é necessário ter em conta essa variação e considerando que é importante mostrar os resultados das análises de modos cada vez mais interessantes, apelativos e interativos[5]".

A combinação e tratamento de tais informações permite traçar com maior precisão o perfil do consumidor, através do que poderá ser a ele oferecido um seguro mais adequado às suas necessidades específicas, além de possibilitar a realização de uma avaliação de risco mais adequada e precificação do seguro mais exata. Além disso, permite-se um maior controle da própria função do contrato de seguro, abrindo novas possibilidades para o afastamento de fraudes. Com isso, em princípio, ganham os segurados e as seguradoras.

Um aspecto interessante da realidade atual, já pontuado acima, é o de que a geração dos *baby boomers* ou *millenials* tem menor resistência que as anteriores em ceder dados e informações pessoais com a finalidade de obter um melhor serviço a menor preço. O fenômeno da entrega voluntária de dados pessoais que podem ser utilizados na sequência para uma gama enorme de fins, não previstos, consciente ou inconscientemente, pelo consumidor, gerou a necessidade de instituir e repensar políticas de proteção de dados.

Assim, seguindo passos já adotados em outros países[6], foi editada a Lei 13.709/2018, Lei Geral de Proteção de Dados, estruturada sobre os princípios da boa-fé, finalidade, adequação, livre acesso, qualidade de dados, transparência, segurança, prevenção, não discriminação, responsabilização e prestação de contas.

A lei estipula algumas obrigações específicas para o segurador, quais sejam: (a) transparência da política de subscrição e precificação (art. 18); (b) direito de o segurado obter informações sobre o tratamento de seus dados pessoais (art. 9º, I); (c) possibilidade de o segurado solicitar a revisão de decisões decorrentes de tratamento automatizado de dados pessoais que afetem seus interesses, inclusive quando afetem seu perfil pessoal (art. 20); (d) dever de informar ao segurado sobre a possibilidade de compartilhamento de seus dados com parceiros comerciais (art. 18); (e) instituição de um responsável pela proteção de dados (*encarregado*) e imposição de sanções severas em caso de descumprimento; (f) criação de uma Autoridade Nacional de Proteção de Dados, que deverá fiscalizar o tratamento e poderá solicitar relatório de impacto à proteção de dados pessoais, inclusive sensíveis, dentre outros requisitos não menos importantes.

É natural imaginar que em tal ambiente o segurador tem a possibilidade de aumentar sobremaneira seu acesso a informações, obtidas através da *big data*, de terceiros ou do próprio segurado, podendo levar até mesmo a um desequilíbrio na relação travada entre as partes, sendo este um desafio real que se impõe ao contrato de seguro.

---

5. Os desafios digitais no mercado segurador. In: CORDEIRO, Antonio Menezes; OLIVEIRA, Ana Perestrelo de (Coord.). *FinTech Portugal*. Desafios da Tecnologia financeira. Coimbra: Almedina, 2017.
6. A União Europeia em 2016 instituiu o Regulamento Geral de Proteção de Dados (RGPD) (EU) 2016/679 com disposições bem semelhantes às adotadas pelo nosso direito pátrio.

2.3 Robótica e inteligência artificial

Outro fenômeno que transforma a realidade contratual, em geral, guarda relação com o uso crescente de robótica e inteligência artificial em vários segmentos da atividade empresarial. Hoje constitui realidade veículos autoguiados e o uso de robôs na realização de cirurgias e na realização de diagnósticos médicos, apoiados na tecnologia digital.

Essa nova realidade traz importantes desafios sob o prisma legal. O primeiro deles é a questão que envolve a imputação de responsabilidade civil pelo erro tecnológico, como falhas na programação do software, erro de diagnóstico ou outros por mau funcionamento de equipamento, por exemplo, a ocorrência de um incêndio por erro ou inadequação funcional de um termostato.

A partir da constatação da inexistência de uma "personalidade eletrônica", aplicar-se-ia a teoria do risco de forme irrestrita? Considerando-se que a responsabilidade civil, preocupada em reparar a vítima, tem apresentado por vezes soluções vinculadas à solidariedade social, diluindo-se o dano entre os que exercem atividades consideradas de risco, a doutrina especula e sugere a possibilidade de criação de um seguro obrigatório[7] para cobertura dos riscos associados às atividades dos robôs autônomos, tal como o que foi instituído para os automóveis.

Outra constatação é a de que estamos diante de uma crescente elevação dos chamados riscos cibernéticos. Em tal universo paralelo, existe até mesmo uma enorme dificuldade de identificar, prevenir, dimensionar e calcular tais riscos, em razão da novidade do fenômeno.

Percebe-se, assim, o incremento na contratação de seguro de riscos cibernéticos, valendo como exemplo clássico o aumento dos casos de ataques de *hackers*.

Essa nova realidade impõe a revisão de clausulados existentes para a adequada contratação de coberturas e exclusões que estejam em sintonia com ela.

Um terceiro aspecto não menos importante que vem sendo bastante discutido é a construção do conceito de *moralidade artificial*, valendo ressaltar o projeto em curso no MIT (Massachusetts Institute of Technology), denominado *Moral Machine*. Através dele e de consulta a um elevado número de pessoas, está sendo criado um padrão de respostas das máquinas para situações cotidianas, inclusive extremas. Dentre elas, exemplificativamente, como deve o automóvel reagir diante de uma inevitável colisão, quando tiver que sacrificar bens, materiais ou não. Trata-se de um enorme desafio pois constitui um sistema destinado a estabelecer um processo para permitir que a própria máquina faça as escolhas, a partir da forma como foi programada ou

---

7. Nessa toada, cite-se valiosa lição de Anderson Schreiber: "A opção por seguros privados legalmente obrigatórios não exclui, necessariamente, as ações de responsabilização, mas reduz sensivelmente os seus tormentos e possibilita a diluição do custo reparatório sobre toda a coletividade de agentes potencialmente lesivos". (SCHREIBER, Anderson. *Novos paradigmas da responsabilidade civil*: da erosão dos filtros à diluição dos danos. São Paulo: Atlas, 2007, p. 231).

aprendeu. As escolhas, entretanto, podem variar a depender da cultura e do sistema jurídico local, representando um grande desafio a unificação e uniformidade de padrões para um mercado cada vez mais globalizado.

2.4 Contratos digitais

Constata-se um número crescente de contratos celebrados sob forma digital. Várias explicações são dadas para o fenômeno. Em primeiro lugar a influência do viés ambiental, em iniciativas vinculadas ao uso consciente de papel, abolindo-o ou reduzindo a sua utilização nas contratações em vários segmentos econômicos. Além disso, a revolução tecnológica permite uma inclusão maior de pessoas que, por diversos motivos, tinham eventuais dificuldades de acesso à informação, crédito e negócio, mas que o uso da tecnologia permite superar.

O uso da máquina para a troca de informações, contratação, aviso de sinistro e mesmo a sua regulação é uma realidade muito utilizada através da comunicação via *Chatbots*. Por meio de tais canais, o segurado estabelece com a seguradora todo um relacionamento que impõe o cumprimento de deveres de informação[8]. Em caso de omissões são criadas, a priori, presunções em favor do segurado, haja vista que a decisão de adotar e utilizar o sistema digital foi deliberada e tomada pela própria seguradora.

O sistema digital permitiu, ainda, a proliferação do denominado microsseguro, seguros de curtíssima duração normalmente vinculados a produtos ou serviços que, via de regra, não estavam cobertos pelo mercado segurador, possibilitando um aumento dos produtos ofertados pelo mercado segurador, ampliando as garantias sobre os riscos de menor significado econômico, com a inclusão de novos riscos ou de riscos que – até então – não eram objeto de contratação. O exemplo clássico é o do seguro associado ao uso dos patinetes, que vemos proliferar em nossas cidades como alternativa de deslocamento viário ambientalmente meritória.

Perceba-se que em tais casos a cobertura é restrita ao tempo em que o segurado estiver efetivamente exposto ao risco coberto, exigindo uma comunicação célere entre segurado e seguradora e trazendo, com isso, real ganho de eficiência para as partes.

Acrescente-se que o aumento de coberturas disponíveis no mercado gerou uma proliferação do seguro em dimensões nunca antes vistas, o que levou à criação de sites, ou plataformas, destinadas a comparar os diversos produtos fornecidos pelo mercado segurador, medindo, entre outros, cobertura e prêmios, em verdadeiro processo de

---

8. Segundo a professora Doutora Maria de Nazaré Barroso, também Administradora da Autoridade de Supervisão de Seguros e Fundos de Pensões (ASF), "O uso massivo de dispositivos móveis tem vindo, igualmente, a transformar o modo como os clientes se relacionam com empresas de seguros e mediadores. As empresas adaptam os seus sites e criam aplicações específicas para os telemóveis (*apps*). Torna-se, assim, possível comprar seguros, receber informações, participar sinistros, apresentar reclamações, permitindo que toda a relação contratual seja digital". (FinTech e Seguros. In: CORDEIRO, Antonio Menezes; OLIVEIRA, Ana Perestrelo de (Coord.). *FinTech Portugal*. Desafios da Tecnologia financeira. Coimbra: Almedina, 2017).

democratização e inclusão no mercado. Cite-se por exemplo, pessoas com déficit de audição, que antes tinham dificuldades para contratar seguros diretamente, podem ser atendidos através do uso de libras (linguagem dos sinais), por meio de aplicativo que permite o contato direto entre seguradora e segurado.

A tecnologia tem permitido, ainda, uma maior sofisticação do contrato de seguro. Assim, a contratação de seguro calculado com base no perfil do condutor do veículo evoluiu do *PYAD-Pay as You Drive*, ocasião em que era indagados dados acerca da idade do condutor, quilometragem percorrida, existência de garagem para guarda do veículo para o *PHYD – Pay How You Drive*, passando o segurador a monitorar a forma de dirigir do condutor: verificando a quantidade de utilização do veículo, as eventuais frenagens bruscas, batidas leves, que antes passavam despercebidas, dentre outros. Essas particularidades e a Internet das Coisas (também denominada de *Internet of Things* – IoT) permitem um monitoramento *online* da atividade do segurado e a verificação contínua dos postulados da contratação original, permitindo, até mesmo, a sua readequação. Assim, é possível acompanhar o comportamento do segurado, se pratica a direção defensiva, nível de frenagens, em uma análise dinâmica do risco que poderá evoluir, inclusive, para uma tarifação instantânea do seguro contratado.

Outro modelo que surge a partir das novas tecnologias disponíveis é o dos seguros *on/off* ou "*por demanda*". Trata-se da já mencionada categoria dos seguros intermitentes, contratados por curta duração e na justa medida do risco que se quer assegurar por determinado período. Tais seguros normalmente são contratados por meio de aplicativos e diferem-se dos seguros clássicos pela curta duração e pela simplicidade da forma de contratar. Exemplo clássico é o seguro associado à venda dos veículos Tesla, no programa *Insure My Tesla*[9], no qual a venda de veículos é realizada com manutenção e seguro associado. Situação semelhante pode ocorrer quando amigos vão partilhar uma viagem e decidem dividir a direção do veículo. Há hoje opções para a contratação partilhada do seguro de automóvel, de modo que cada um dos viajantes tenha a cobertura adequada no momento em que estiver dirigindo o veículo.

A verdade é que a tecnologia está permitindo a celebração de novos negócios na área de seguros, a partir da contratação de seguros de acesso mais fácil, iterativos, com a possibilidade de abranger um número cada vez maior de produtos mais simples. Na verdade, a maior facilidade na mensuração do risco está permitindo a ampliação dos horizontes do contrato de seguro.

Toda essa nova realidade está provocando uma enorme alteração na forma através da qual seguradora e segurado se relacionam. Com o monitoramento *online* realizado através da internet das coisas, a função preventiva do contrato de seguro passa a ter importância estratégica e capital para as seguradoras, possibilitando associação de outros serviços.

---

9. Vide www.tesla.com > suppot>insurance.

3. AS *INSURTECHS*: BUSCA POR INOVAÇÕES E FACILIDADES

Segundo a Autoridade Reguladora de Seguros da União Europeia (EIOPA-BoS-19-031), *insurtech* significa "inovação habilitada pela tecnologia em (re) seguros e pensões, independentemente da natureza ou tamanho do provedor dos serviços.[10]"

As insurtechs nada mais são do que a junção das palavras: "*insurance*" e "*technology*", ou seja, a aplicação da tecnologia ao negócio do seguro, com o principal objetivo de facilitar e trazer soluções de otimização e redução de custos ao mercado segurador, especialmente pela utilização de aplicativos, sites ou softwares e dispositivos eletrônicos.

Segundo o Relatório da Deloitte referente ao ano de 2018, foram realizados investimentos na ordem de U$ 12.5 bilhões em Insurtechs, existindo concentração de quase 50% nos seguros vinculados a riscos pessoais. Mais recentemente, o jornal Valor Econômico[11], em sua edição de 29.03.2019, noticiou que, segundo o comitê de Insurtechs da Câmara Brasileira de Comércio Eletrônico há, atualmente – no Brasil – 79 empresas do ramo no País. Desse total, 72% cuidam de criar e oferecer soluções para seguradoras e corretores, 52% soluções para o consumidor final e 66% oferecem soluções para toda a cadeia de contratação de seguros.

Existe, portanto, um movimento em toda cadeia do mercado segurador para simplificar o processo de comercialização e aquisição do seguro, bem como para diminuir os custos da apólice, melhorar a gestão de riscos, o poder de escolha e negociação do consumidor e, especialmente, o processo de regulação de eventual sinistro e a celeridade no recebimento da indenização devida. As *insurtechs* poderão, ainda, auxiliar as seguradoras na oferta de serviços anexos, conexos ou de simples apoio, tal como canal de assistência, alertas para realização de exames ou alertas de danos iminentes, dentre outros.

Exemplo interessante de insurtech de sucesso no mercado americano é o caso do *App* da *Lemonade*[12], no qual o segurado pode contratar um seguro em 90 segundos, ocasião em que ele escolhe uma causa/ ou bandeira que lhe é significativa (exemplo educação, economia de água, defesa dos direitos civis, proteção dos animais, cuidado dos idosos, dentre outras), a fim de que parte do prêmio que não for utilizada seja revertida em prol de instituições que trabalhem na defesa da "causa" escolhida. A regulação do sinistro também é realizada online, por *chatbots* e vídeos, trazendo facilidade, simplicidade, redução de custos e engajamento em causas sociais, tão relevantes, especialmente para as novas gerações, extremamente preocupadas com a preservação dos recursos naturais e sobrevivência do planeta. Após assistirmos ao

---
10. Disponível em: https://eiopa.europa.eu/Publications/EIOPA%20Best%20practices%20on%20licencing%20March%202019.pdf.
11. Disponível em: https://www.valor.com.br/financas/6187449/insurtechs-tem-crescimento-acelerado.
12. Basta acessar o site www.lemonade.com, no qual é possível ter acesso ao vídeo explicativo sobre o funcionamento e simplicidade na contratação e regulação.

vídeo disponibilizado no *app* e *site*, passamos a ter a certeza de que o futuro, semelhante ao idealizado nos desenhos por Hannah e Barbera, chegou.

A economia como um todo vive um processo de desmaterialização acentuado. Em diversos lugares do planeta e com as mais variadas finalidades são concebidas *startups* a partir de alguma ideia inovadora e original, com o aprimoramento do modelo vinculado a feedbacks do mercado, permitindo a construção de produtos altamente sintonizados com as necessidades dos consumidores. E como o processo se renova constantemente, os produtos são reiteradamente modificados e modernizados, de modo a melhor servir aos usuários. O problema está na compatibilização desses novos modelos com o mercado segurador tradicionalmente densamente regulamentado.

4. NORMATIVAS SOBRE NOVAS TECNOLOGIAS E SEGUROS

As *insurtechs* ainda não foram objeto de regulamentação pelo mercado segurador, existindo modelos em estudo, com base em experiência estrangeira, o que será abordado mais adiante.

Atualmente, as Resoluções 294, de 2013 e 359, de 2017 do Conselho Nacional de seguros privados (CNSP) autoriza a comercialização de contratos digitais, ao permitir e regular a contratação remota de planos de seguro e de previdência complementar aberta. Mais recentemente, a Superintendência de Seguros Privados (SUSEP) baixou a circular 592, de 26.8.2019 autorizando e regulamentando a contratação de seguros com vigência reduzida, bem como o contratado por período intermitente, assim considerado o seguro celebrado com alternância de prazos de vigência/ cobertura e inatividade, devendo ser fixados os critérios para início, interrupção e recomeço da cobertura e respectivo período, ainda que fixado em meses, dias, horas e minutos.

Ainda nessa linha, a Lei 13.874/2019 estabeleceu, no seu art. 3º, inciso IV, o direito de desenvolver novos produtos tecnológicos com base em regulamentos estabelecidos para a situação concreta. Todavia, em relação às startups do setor financeiro, inclusive às *insurtechs*, ainda não há legislação ou ato normativo a disciplinar ou a estabelecer linhas regulamentadoras.

5. *SANDBOXES*: EXPERIÊNCIAS ESTRANGEIRAS DO MERCADO REGULADOR DE SEGUROS

A preocupação em regulamentar, sem limitar as iniciativas decorrentes das inovações tecnológicas, mas protegendo o consumidor da circulação de produtos e serviços de seguro tem sido uma constante no mercado mundial. Basta citar que na União Europeia 24 (vinte e quatro) países já editaram regras fomentando a implementação e facilitação à inovação. A Espanha, em maio de 2018, publicou um Código de Boas Práticas para *Fintechs* e *Insurtechs* e atualmente existe uma força-tarefa relacionada ao estudo acerca da regulamentação das *Insurtechs* na EIOPA, estudos esses que apontam para a adoção do modelo de *Sandboxes*.

A expressão *sandbox* deriva da caixa de areia existente nos parques, nas quais as crianças podem criar e experimentar certa liberdade de criação, sob a vigilância dos pais ou responsáveis. Nesse contexto, o *Sandbox* constitui um formato de desenvolvimento regulatório com permissões também vigiadas, capaz de acompanhar o ritmo imposto por novas soluções derivadas das inovações tecnológicas.

Vale notar que esse mecanismo já era adotado em áreas como indústria farmacêutica, pesquisa clínica, desenvolvimento de softwares e programas ligados à inovação tecnológica computacional, dentre outros. Nada mais razoável que acompanhar o ritmo no qual essas inovações vão avançando nas demais áreas, inclusive aquelas fortemente regulamentadas, como o seguro.

Nesse sentido, vale destacar que o modelo de *sandbox* traz alguns benefícios, de logo visíveis. São eles: custos mais baixos no tempo de entrada e comercialização de produtos e serviços no mercado para inovação, incentivo à inovação, possibilidade de melhor captação de investimentos para as empresas inovadores, desde que os produtos apresentados tenham, de fato, um potencial de melhoria em eficiência e experiência para os consumidores.

Nos Estados Unidos da América, Nova York é o estado com maior mercado das *insurtechs*. Contudo, o estado do Kentucky, em 2019, aprovou a primeira lei estadual a prever a regulação das *insurtechs*, por meio das *sandboxes*, justamente com o objetivo de estimular o desenvolvimento de *insurtechs* baseadas naquele estado, além de fomentar o estabelecimento ali de *insurtechs* originárias de outras localidades.

Na experiência normativa de Kentucky, foi instituído um modelo de *sandbox* no formato de "teste beta", com requisitos para avaliação do plano inicial e acompanhamento do desenvolvimento do negócio, até que seja alcançada a maturidade e segurança suficientes para serem comercializados no mercado. Desse modo, inicialmente é submetido à análise um plano de negócio previamente elaborado, contendo o desenvolvimento e riscos do produto e serviços que se pretende ofertar, além da exigência de comprovação de estabilidade financeira e apresentação de garantias e indicação do corpo executivo e responsáveis pelo projeto. Vencida essa fase inicial, é dada uma autorização provisória monitorada, com reportes mensais, além de serem adotadas medidas de proteção ao consumidor, a depender do produto apresentado. Uma vez validado o modelo do negócio, fixa-se um prazo de 1 (um) ano para a conclusão do chamado "teste beta", permitida a sua prorrogação.

No Reino Unido, algumas indagações são realizadas antes de o modelo ser aceito para integrar uma *sandbox*. São elas: a empresa insere-se o escopo da FCA (Financial Conduct Authority)? Ela apresenta uma inovação genuína com potencial de gerar benefício ao consumidor? Qual é o objetivo do teste? É necessária a adoção do modelo *sandbox*? Por que? Foram feitos investimentos adequados para o desenvolvimento da nova solução para a compreensão dos regulamentos e redução dos riscos para os consumidores? Naquele país há uma distinção entre as empresas já autorizadas a testar novos produtos, daquelas ainda não autorizadas, que necessitam de uma autorização personalizada e com restrições. Todas essas cautelas são adotadas como forma de evitar – ao máximo – causar ou gerar algum tipo de prejuízo ao consumidor.

Destaque-se que no ambiente de testes regulatório, estes somente podem ser realizados em consumidores que consentirem em participar, desde que devidamente alertados dos riscos.

Diversos são os benefícios até então experimentados e propostos, tais como: fomento ao desenvolvimento econômico e democratização do acesso ao crédito; proporcionar um diálogo mais direto entre o mercado e os reguladores, realização de uma transição mais suave de modelo, possibilidade de avaliação do modelo do negócio com adoção de testes temporários e ambientes monitorados, garantindo maior segurança ao produto e consumidor. Acrescente-se, ainda, a necessidade de atendimento ao elemento confiança, que – via de regra – requer certo tempo para ser despertada e estabelecida, razão pela qual é – por vezes – necessária a validação não só do modelo de produto e negócio, como também das novas empresas de tecnologia de ponta pelo órgão regulador[13].

6. PROPOSTAS EXISTENTES

Como já apontado acima, o uso de *sandboxes* se apresenta extremamente pertinente.

Na verdade, o sistema de utilização de *sandboxes* permite que o estudo de mercado deixe de ser uma etapa da elaboração do produto para se transformar no mecanismo de sua confecção, em um ambiente com razoável proteção, tanto para o empreendedor quanto para os usuários. Trata-se de um mecanismo de desenvolvimento regulatório com maior capacidade de acompanhar a velocidade das inovações tecnológicas.

Seguindo tendência já em curso em outros países, a partir de uma iniciativa original britânica, de 2014, o Brasil, através do 4º. Grupo de Trabalho do Laboratório de Inovação Financeira (LAB), lançou o GT *Fintech*, tendo como um de seus escopos principais "estudos sobre a viabilidade da implantação de um projeto de *Sandbox* regulatório nos mercados de capitais, seguros e de previdência", passando a conceituar a *sandbox* como o "instrumento que possibilita às *fintechs* testarem – sob a supervisão dos reguladores – novos serviços, produtos e formas inovadoras de prestar serviços tradicionais nos mercados financeiros".

---

13. Em recente artigo, Gabriela Soares Cavalcanti e Paulo Maximilian W. Schonblum, ao abordarem a atuação e responsabilidade dos gatekeepers, apresentam conclusão aplicável de forma analógica ao sistema dos *sandboxes*: "Por fim, de acordo com a lição de Bruno Miragem e Claudia Lima Marques, não há que se inibir o progresso com excesso de regulamentações, devendo "...o Código de Defesa do Consumidor, incidir então, em diálogo com o Marco Civil da Internet e outras fontes, para assegurar a adequada proteção da confiança despertada pelas novas tecnologias (...) desenvolvidas por intermédio da internet" sempre, obedecendo-se aos seus princípios básicos e, acima de tudo respeitando a boa-fé". (A atuação dos *gatekeepers*: responsabilidade proporcional ao âmbito da intermediação". *Direito em Movimento*. v. 17, n. 2, p. 108-123, Rio de Janeiro, 2º sem. 2019).

A Susep, nessa esteira, criou Comissão Especial de Inovação e *Insurtech*.

Atualmente, a proposta do LAB, ainda em estudo, traz alguns nortes para a instituição desse modelo, a saber: participação através de processo seletivo, instituição de autorização precária, individual e por período limitado, dispensas regulatórias aos participantes, desde que observadas determinadas salvaguardas previamente avençadas, monitoramento dos produtos e das empresas, dentro do ambiente de testes, uma vez comprovada a inovação, o benefício e a segurança, ao final do período de testes é obtida (ou não) a autorização e o registro definitivo.

7. CONCLUSÃO

O modelo de negócios de natureza disruptiva veio para ficar. A ele se dedicam algumas das melhores mentes do planeta e investimentos de recursos financeiros sem limites, ambos sempre identificando as melhores oportunidades de criação e desenvolvimento de negócios. As tecnologias estão a evoluir em velocidades nunca antes imaginadas e provocam modificações profundas na estrutura de negócios existentes e no modo de viver e de pensar das pessoas.

O uso da robótica já ocorre em larga escala nas mais diversas atividades e leva a estudos como o da chamada "Moralidade artificial", com discussões sobre questões como a da responsabilidade civil derivada de atos relacionados com o uso de máquinas. Nesse ambiente é crescente o uso na área de seguros dos denominados contratos digitais, permitindo a contratação de seguros mais simples, com a ampliação do universo de segurados.

A tecnologia, aplicada ao negócio de seguro, através das *insurtechs* em atividade, cria mecanismos de apoio ao segurador e ao segurado para que ambos possam ter uma experiência de contratar seguro de forma mais satisfatória, simples e a preços adequados aos interesses de segurado e segurador, bem como aglutina serviços conexos que tragam ganho de tempo e/ou eficiência. As novas tecnologias estão a modificar a experiência de contratar e precificar o seguro, regular o sinistro e pagar a própria indenização ao segurado. Essa nova realidade implica, também, uma profunda alteração na relação entre segurado e segurador e em todo o arcabouço regulatório que caracteriza o mercado de seguros, gerando questionamentos vinculados, inclusive, à sua funcionalidade.

Dentro desses novos contornos as *sandboxes* constituem, em escala internacional, o modelo mais moderno em atividade para a migração das estruturas regulatórias tradicionais para a regulações das novas realidades geradas pelos negócios de natureza disruptiva. O grande desafio que se impõe, portanto, aos órgãos reguladores é o de encontrar o ritmo dos passos, na verdade, da corrida imprimida pelas inovações tecnológicas, de forma a não inibir o seu desenvolvimento, mas garantir um ambiente seguro e confiável onde possam ser desenvolvidos, testados e aplicados os novos produtos e serviços.

CONDOMÍNIO EDILÍCIO E AUTONOMIA PRIVADA: POSSIBILIDADE E CRITÉRIOS PARA O MERECIMENTO DE TUTELA

Fabio Azevedo

Mestre em Direito Civil pela UERJ. Professor da EMERJ. Professor da pós-graduação da FGV. Professor da pós-graduação da PUC. Professor da AMPERJ. Advogado.

1. COLOCAÇÃO DO PROBLEMA

Este artigo reflete um pouco sobre um tema tratado por um dos painéis do VII Congresso do Instituto Brasileiro de Direito Civil – IBDCivil, realizado no Rio de Janeiro, em setembro de 2019.

Parte-se de uma premissa essencial e muito pouco explorada pela doutrina nacional, qual seja a de que o art. 1334 do Código Civil autoriza, expressamente e com todas as letras, o exercício da autonomia privada para moldar o conteúdo da propriedade condominial edilícia. Desse modo, para além dos debates que envolvem a própria viabilidade do diálogo entre direitos reais e autonomia privada, é preciso superá-los não apenas para admitir a possibilidade, mas para avançar-se ao estágio seguinte, consistente em refletir maduramente sobre critérios de merecimento de tutela objetivos para oferecer algum rumo e alguma segurança nos frequentes debates e conflitos que envolvem as restrições à propriedade comum e à propriedade exclusiva.

Para ilustrar e dimensionar o desafio, no ano de 2019, o STJ (REsp 1819075/RS, relatado pelo Min. Luis Felipe Salomão) iniciou um importante julgamento envolvendo a legalidade do AIRBNB. Nesse tema, opõem-se dois interesses isoladamente merecedores de tutela.

De um lado, têm-se os proprietários, que podem exercer as faculdades de usar, fruir, dispor e reaver, tal como lhes assegura o art. 1228 do Código Civil. Direito este, aliás, com *status* constitucional de individual-fundamental para o art. 5º, XXII, embora condicionada sua proteção à conciliação com um fim útil para a sociedade (função social, art. 5º, inciso XXIII).

Some-se à faculdade de o proprietário fruir o seu bem – inclusive pela locação – a expressa permissão da Lei 8.245/01 para a celebração do contrato de locação por qualquer prazo (art. 3º). Além de disciplinar o contrato por temporada (arts. 48 ao 50), assim considerada a locação por causa transitória e que não exceda o prazo de 90 dias.

Do outro lado, sobretudo por razões relacionadas ao sossego e à segurança, alguns condomínios no país deliberaram em assembleia e decidiram que não será permitida a locação por AIRBNB, de modo a evitar os muitos inconvenientes que a circulação de pessoas estranhas, muitas vezes estrangeiros, cria para a realidade e o cotidiano dos condôminos.

Embora o art. 1334 do Código Civil, em abstrato, confira liberdade aos condôminos para democraticamente inserirem tal proibição, até mesmo na convenção de condomínio, inicialmente ou por alteração posterior, é certo que a limitação das faculdades inerentes as propriedades comuns (áreas comuns) e particular (unidades) deve ser reverenciosa a interesses legítimos e dignos de proteção no caso concreto, ponderando-se, sobretudo, a vocação revelada pelo condomínio (v.g., moradia ou veraneio). Daí o desafio e a importância da doutrina se debruçar sobre os critérios que guiarão a proteção do exercício da autonomia privada, no caso do AIRBNB, ilustrativamente, mas igualmente em tantos outros que desafiam os cotidianos condominiais residenciais e empresariais, neste último incluídas novas estruturas condominiais que são resultado do uso criativo de imóveis.

2. AUTONOMIA PRIVADA E DIREITOS REAIS: CRIAÇÃO (LEI) *VS.* CONTEÚDO (AUTONOMIA PRIVADA)

É preciso reconhecer e demonstrar os inflexíveis pontos de imbricação entre a autonomia privada[1] e os direitos reais, pressupostos para o reconhecimento das novas funções e consequentemente novas estruturas condominiais edilícias, para em seguida verificar os critérios para o merecimento de tutela de cada conteúdo fixado pelas convenções de condomínio, expressão legítima da autonomia privada na esfera condominial edilícia.

Tal itinerário precisa ser antecedido pela ressalva de que "definir autonomia privada não é uma operação simples[2]", exortação que assinala o desafio de discorrer sobre um princípio que atua na configuração da própria ordem jurídica, de modo que cada conteúdo deve ser determinado não em abstrato, mas de acordo com as exigências de cada contexto histórico em que tiver de ser verificado.

---

1. Pietro Perlingieiri (p. 338) prefere utilizar a expressão autonomia negocial: [a locução autonomia privada pode induzir em erro: qualquer que seja o sentido que se queira dar ao atributo "privada" corre-se o risco de gerar sérios equívocos]. De modo que a locução mais idônea a acolher a vasta gama de exteriorizações da autonomia é aquela de autonomia negocial enquanto capaz também de se referir às hipóteses dos negócios com estrutura unilateral e dos negócios com conteúdo não patrimonial. Querendo, pois, propor um conceito de autonomia (não privada ou contratual) negocial mais aderente a dinâmica das hodiernas relações jurídicas, pode-se descrever o referido conceito como o poder reconhecido ou atribuído pelo ordenamento ao sujeito de direito público ou privado de regular com próprias manifestações de vontade, interesses privados ou públicos, ainda que não necessariamente próprios". (PERLINGIERI, Pietro. *O direito civil na legalidade constitucional*. Rio de Janeiro: Renovar, 2008, p. 338).
2. Nesse sentido, Perlingieri (PERLINGIERI, Pietro. *O direito civil na legalidade constitucional*. Rio de Janeiro: Renovar, 2008, p. 334).

Tradicionalmente a autonomia privada é associada às relações jurídicas patrimoniais de caráter obrigacional. Destaca-se com frequência na manualística[3] a contraposição entre direitos reais e obrigacionais como *suma divisio* das relações patrimoniais, afirmando-se que os direitos obrigacionais tem como fonte a autonomia privada em contraposição aos direitos reais, cuja configuração dependeria de previsão legal.

Se a assertiva não é totalmente desprovida de acerto, por outro lado propaga falsa contraposição entre direitos reais e autonomia privada, como se o conteúdo da propriedade não fosse moldado por meio de atos de iniciativa. Na realidade, considerando-a alicerce das relações jurídicas civis, atua a autonomia privada igualmente no campo das relações existenciais e patrimoniais, sem discriminação nesta última classe, de modo a aplicar-se nas relações reais, obrigacionais e demais patrimoniais.

Encontra-se na Constituição da República dois fundamentos diferentes e centrais para o reconhecimento normativo da autonomia privada: i) art. 1º, III, da CF, por representar um dos conteúdos do princípio da dignidade da pessoa humana; ii) art. 1º, IV, e art. 170, da CF, uma vez que o princípio da livre iniciativa privada representa um dos instrumentos de realização do princípio da autonomia privada.

Entende-se por autonomia privada "o poder, reconhecido ou concedido pelo ordenamento estatal a um indivíduo ou a um grupo, de determinar as vicissitudes jurídicas como consequência de comportamentos – em qualquer medida – livremente adotados[4]".

Todavia, aponta-se a necessidade de resignificar o conteúdo do princípio da autonomia privada como dogma civil próprio do liberalismo burguês que predominou no contexto histórico entre o fim do século XVIII e o início do século XIX, notadamente após as revoluções americana e francesa e o amplo espaço de liberdade para o cidadão obtido em decorrência da autolimitação estatal fruto do surgimento do constitucionalismo

A ressignificação da autonomia privada passa por dois importantes marcos históricos: i) o surgimento dos estados sociais no início do século XX, contrapondo-se ao liberalismo oitocentista, e consequente descentralização legislativa decorrente do movimento de descodificação e intervencionismo estatal para realizar a isonomia em seu significado substancial diante dos excessos e opressões cometidos em nome da liberdade; ii) a redefinição do papel desempenhado pela Constituição da República e o declínio positivista, especialmente após as brutalidades cometidas durante a segunda grande guerra e consequente centralidade atribuída à pessoa humana pela elevação dos princípios à categoria de norma.

---

3. Por todos, confira-se a lição de Orlando Gomes (GOMES, Orlando. *Obrigações*. Rio de Janeiro: Forense, 2004, p. 7): "o direito das obrigações compreende as relações jurídicas que constituem as mais desenvolvidas projeções da autonomia privada na esfera patrimonial. Enquanto o direito das coisas se esgota em reduzido número de figuras, rigidamente delineadas na lei, e submetidas à disciplina uniforme".
4. Nesse sentido, Perlingieri (PERLINGIERI, Pietro. *O direito civil na legalidade constitucional*. Rio de Janeiro: Renovar, 2008, p. 335).

Este segundo marco assinala modificações profundas na ordem jurídica, reconstruindo o direito civil a partir dessa obrigatória conformação a Constituição da República e seu novo papel.

Nesse percurso apontam-se alguns rumos dogmáticos novos: i) insuficiência da subsunção proposta pelo positivismo, afastando-se o intérprete da tradicional neutralidade lógico-formal e abstrata obtida dedutivamente pelo silogismo; ii) separação entre texto e norma jurídica, tornando-se a construção normativa diálogo necessário, sem neutralidade, funcional e racional; iii) eleição de papel central para a pessoa humana, tornando-se as situações jurídicas existenciais instrumentos de realização direta da dignidade e as patrimoniais instrumentos de realização indireta; iv) unitariedade e coerência do sistema a partir dos valores estabelecidos pela CR; v) papel normativo da CR; vi) interpretação e qualificação dos acontecimentos sociais e econômicos como processo unitário, de modo que a estrutura e disciplina jurídica correspondente sejam identificadas pela síntese dos efeitos essenciais que são produzidos, distinguindo-se entre os essenciais e os acessórios.

Por tal desenho, autonomia privada não se confunde com a liberdade do contexto burguês e liberal do Sec. XIX, de modo que "por trás do fascínio desta fórmula, todavia, não se entendeu outra coisa senão o liberalismo econômico e a tradução em regras jurídicas de relações de forma mercantis. Essa concepção está radicalmente alterada na hierarquia constitucional dos valores, onde a liberdade não se identifica com a iniciativa econômica[5]".

Em perspectiva existencial, traduz-se a autonomia privada no direito à autodeterminação e capacidade que a pessoa humana tem de autorregulamentar seus próprios atos de iniciativa, de modo a transformá-la na melhor julgadora dos seus próprios interesses. E por outro lado soma-se a esta premissa a solidariedade constitucional como contraponto, exigindo-se que o exercício dessa liberdade compatibilize-se com limites comunitários, criando assim parâmetros para o controle constitucional de legitimidade do próprio exercício da liberdade.

É preciso reconhecer, igualmente, que as pessoas jurídicas também possuem a faculdade de desfrutar tais liberdades que decorrem da autonomia privada e que essas estruturas funcionalmente são fundamentais para realizar diversos aspectos existências, embora adotando fundamento diversificado, com destaque para o princípio constitucional da livre iniciativa privada que instrumentaliza os atos de iniciativa por essa perspectiva.

A livre iniciativa privada torna-se fundamento da república federativa brasileira (art. 1º, IV, CF) ao mesmo tempo em que orienta e impulsiona a atividade econômica (art. 170). Por essa perspectiva, as categorias jurídicas precisam ser funcionalizadas como instrumentos potenciais para o desenvolvimento do mercado.

---

5. PERLINGIERI, Pietro. *O direito civil na legalidade constitucional*. Rio de Janeiro: Renovar, 2008, p. 335.

E nesse caminho destaca-se nos direitos reais uma aproximação cada vez mais frequente com a autonomia privada. Especialmente nos condomínios edilícios, por meio de modos cada vez mais criativos de utilizar imóveis, cujos conteúdos alteram-se de acordo com esses novos modos de usar e fruir bens. O objeto imóvel, estático por excelência, adequa-se a novos fins propiciados pela utilização funcionalmente inventiva, moldando seu conteúdo e consequentemente sua estrutura, sem descaracterizar-se como propriedade.

Reconhece-se que o ato de autonomia, como ato de iniciativa, precisa corresponder a interesse merecedor de tutela, de modo que essas novas estruturas condominiais tornam-se possíveis pelo exercício da livre iniciativa privada, embora fiquem sujeitas a controle de legalidade civil-constitucional.

Tais interesses encontram limites na ordem jurídica, especificamente pela própria estrutura do condomínio, cujos elementos essenciais e acessórios precisam ser precisados. No próximo tópico pretende-se mostrar a proximidade entre direitos reais, autonomia privada e *numerus clausus*, para em seguida buscar critérios de controle do conteúdo condominial.

3. DIREITOS REAIS E *NUMERUS CLAUSUS*

Um dos principais óbices citados para a criação de conteúdo proprietário condominial recai sobre a necessidade de previsão legal para criar direitos reais de um modo geral, provocando reflexão sobre a existência de espaços de liberdade para moldar o conteúdo de novas estruturas de direitos reais, em especial da propriedade e condomínio edilício, com a necessidade de identificar critérios de controle.

Para tanto, torna-se obrigatório buscar o significado do *numerus clausus* e sua relação e distinção dos princípios da tipicidade, taxatividade e publicidade próprios dos direitos reais.

Na experiência brasileira, relembra-se que Clóvis Beviláqua listou a existência de dez direitos reais no projeto do qual resultou o art. 674 do CC/16, dispositivo que foi objeto de emenda supressiva do advérbio "somente" que havia no projeto original, criando a impressão de que não seriam reais "somente" aqueles direitos ali descritos, afastando-se aparentemente do *numerus clausus*.

Repetiu-se a tradição no art. 1225 do CC/02, ao prever rol com doze direitos reais, sem incluir-se o advérbio somente. E assim postergou-se o debate em torno da adoção do *numerus clausus* dos direitos reais, sobrevivendo o debate para saber se tal rol é taxativo e (não sendo) se existe a necessidade de previsão legal para criar direitos reais.

Tal *numerus clausus* configura-se opção legislativa limitadora da criação de novas categorias jurídicas, não sendo restrito aos direitos reais, embora neste sistema possa adotar dois significados[6]: taxatividade de figuras típicas (reserva legal para criar

---

6. Sobre o tema, confira-se Gustavo Tepedino (TEPEDINO, Gustavo. *Temas de Direito Civil*. Rio de Janeiro: Renovar, 2009, t. III, p. 143).

direitos subjetivos, ligada à fonte do direito) e tipicidade propriamente dita (sob o ângulo do conteúdo, estabelece a estrutura típica, ligada ao exercício do direito).

Estabelece-se majoritariamente, na doutrina[7] brasileira, a orientação pela qual a criação de direitos reais precisa ser antecedida de previsão legal para cada tipo de direito real. Neste sentido, *numerus clausus* e tipicidade dos direitos reais tornam-se expressões empregadas com o mesmo significado, sem que tal assertiva aponte a taxatividade do rol do art. 1225 do Código Civil, e sim a necessidade de previsão legal, codificada ou não, autorizando a criação de cada direito real.

Para ilustrar-se o caráter não exaustivo do art. 1.225 do CC/02, basta lembrar que o direito do promitente comprador ainda é regulado pelo Decreto-Lei 58-37 e pela Lei 6.766/79, cujos campos de aplicação são diferentes dos arts. 1.417 e 1418 do CC/02. E que a propriedade fiduciária de bem imóvel é disciplinada pela Lei 9.514/97 (art. 22 ao 33), cuja vigência o legislador do CC/02 tomou o cuidado de ressalvar de modo expresso (art. 1.368-A).

Não existe no Brasil regra no Código Civil condicionando a criação de direitos reais à previsão legal, ao contrário do que fazem de maneira expressa os Códigos Civis da Argentina (art. 2502: "*los derechos reales sólo pueden ser creados por laley*) e Portugal (art. 1306º – *Numerus Clausus*: 1. Não é permitida a constituição, com carácter real, de restrições ao direito de propriedade ou de figuras parcelares deste direito senão nos casos previstos na lei; toda a restrição resultante de negócio jurídico, que não esteja nestas condições, tem natureza obrigacional).

Justifica-se a existência da taxatividade para os direitos reais, porque a qualificação de real para um direito possibilita a interferência na esfera jurídica alheia, pela exigência de comportamento negativo através da abstenção ou tolerância[8]. E a violação do princípio da intangibilidade das esferas individuais justificaria a necessidade de previsão legal para o direito real, promovendo-se a estabilidade das relações sociais, de modo a permitir que a sociedade saiba previamente em quais casos deverá abster-se e tolerar. Daí o corolário princípio da publicidade, de modo a permitir a todos que sejam conhecidas as relações de direito real que devem ser respeitadas.

Com efeito, o art. 1.225 do CC/02 limita-se a descrever alguns direitos reais, mas em momento algum exclui a possibilidade de criação de outros e muito menos exige previsão legal para tanto. Tal artigo simplesmente não consegue responder a indagação sobre ter sido, ou não, adotado o *numerus clausus* no Brasil. Todavia, o art. 1.227 do CC/02 prevê a necessidade de registro imobiliário do título aquisitivo para criar-se direito real imobiliário por ato entre vivos, com a ressalva em relação aos casos expressos pelo Código.

---

7. Por todos, confira-se a lição de Orlando Gomes: "os direitos reais distinguem-se pelas características seguintes: tipicidade, elasticidade, publicidade, especialidade, isto é, são criação exclusiva do legislador". (GOMES, Orlando. *Direitos reais*. Rio de Janeiro: Forense, 2004, p. 16).
8. TEPEDINO, Gustavo. *Temas de Direito Civil*. Rio de Janeiro: Renovar, 2009, t. III, p. 140.

Dito de outro modo, há casos em que o direito real surge sem a necessidade de registro imobiliário do título aquisitivo, ou, ainda, sem a necessidade de título. Tais ressalvas mostram-se relevantes, porque os direitos reais nascem de fatos jurídicos em geral e não apenas de negócios jurídicos. Nas hipóteses em que não existe o título o direito real de propriedade decorre do próprio acontecimento. São muitos os exemplos: a) usucapião; b) sucessão; c) casamento; d) aquisição por comunidades quilombolas (art. 68 ADCT).

Nestes casos o direito real não exige o registro público para surgir, e, por consequência, para ser oponível *erga omnes*[9]. São, portanto, exceções, que só reforçam a existência de regra geral registral em relação aos direitos reais. Essas ressalvas, em que pese necessárias, ameaçam a segurança jurídica ao impor uma abstenção coletiva em relação ao direito real, embora, nestes casos, sua existência não possa ser provada pelo fólio imobiliário.

Devem-se distinguir, em relação a tais exceções, os papéis desempenhados pelo Código Civil e pelo Sistema de Registro Público. Apesar de o Código Civil admitir expressamente a dispensa do registro em situações excepcionais aquisitivas de direitos reais (ex. usucapião), tal opção não se reflete no sistema registral, cujo registro é obrigatório para certos fins.

Nota-se que o registro público possui três espécies diferentes de eficácia: i) declaratória; ii) constitutiva; iii) comprobatória. Nas hipóteses em que o art. 1.227 do CC/02 dispensa o registro para criar o direito real (ex. usucapião e sucessão), a legislação registral, sem desmentir o CC/02, exige o registro para atribuir eficácia declaratória à propriedade adquirida. Neste sentido, o art. 167, I, prevê o registro da sentença declaratória de usucapião ("28") e dos formais de partilha ("25").

Em suma, o art. 1.227 do CC/02 contém, a um só tempo, regra e exceção: i) regra (primeira parte do artigo): o registro imobiliário do título aquisitivo é obrigatório para criar direitos reais, pois através dele confere-se publicidade a tais direitos e produz-se oponibilidade *erga omnes*; ii) exceção (segunda parte do artigo): existem direitos reais que são criados sem o registro imobiliário. Neste caso, o legislador não prevê ou proíbe o registro, mas estabelece que a criação do direito real prescinde da sua realização, de modo que o registro, se houver, não será constitutivo do direito real.

Do exposto, extrai-se que o Código Civil não adotou de forma expressa o *numerus clausus*. Pelo contrário, admite-se no art. 1.227 do CC a criação de direitos reais imobiliários sem registro, nos casos expressos pelo próprio Código Civil, sem sequer haver vedação para a previsão de outras leis atribuindo a qualificação de real para certas e determinadas relações jurídicas.

Percebe-se, no entanto, estreita e coligada relação entre intangibilidade das esferas individuais e o registro público, como instrumentos de materialização do

---

9. Em sentido contrário, Ceneviva. (CENEVIVA, Walter. *Lei dos Registros Públicos comentada*. São Paulo: Saraiva, 2005, p. 378).

numerus clausus. Afinal, o art. 1.227 do CC/02 estabelece como regra o registro imobiliário de eficácia constitutiva.

Apesar da omissão do Código Civil, parece-nos que o *numerus clausus* encontra-se previsto expressamente no sistema brasileiro, especificamente no art. 172 da Lei 6.015/73. Este dispositivo prevê que no "registro de imóveis" serão feitos os registros e averbações de "Títulos e atos constitutivos, declaratórios, translativos e extintivos de *direitos reais sobre imóveis reconhecidos em lei*".

Extraem-se logo duas conclusões possíveis desse art. 172 da Lei 6.015/73: i) não apenas negócios jurídicos, mas os fatos jurídicos em geral estão sujeitos ao registro e averbação, na mesma linha, respectivamente, da primeira e segunda parte do art. 1.227 do Código Civil (ex. usucapião e sucessão); ii) para o fim de "validade em relação a terceiros" e de "transferência" só podem ser registradas e averbadas as constituições, modificações, transferências e extinção dos *direitos reais previstos em lei*.

Trata-se, pois, de expressa previsão legal do sistema do *numerus clausus* no Brasil, aplicável para os direitos reais imobiliários. São duas hipóteses: i) direitos reais que surgem pelo registro do título; ii) direitos reais que surgem de fatos jurídicos não negociais. Em ambos os casos torna-se necessário haver previsão legal para uma situação jurídica ser qualificada como real. A distinção recai apenas sobre a função do registro imobiliário, que é constitutivo no primeiro caso (cria o direito real) e declaratório no segundo (não cria, apenas declara o direito real, embora o registro seja fator de eficácia e condição para o titular poder transferir o direito).

Percebe-se a dificuldade de interpretar o artigo 172 da Lei 6.015/73, considerando-se que sua literalidade remete ao paradoxo de condicionar a eficácia *erga omnes*, elemento essencial dos direitos reais, ao prévio registro imobiliário. Tal debate torna-se justificado em países como França, Portugal e Itália, pois nestes a própria relação obrigacional transfere a propriedade, sendo o registro mero fator de eficácia em relação a terceiros. Mas o debate fica sem propósito no Brasil, onde o ato jurídico não transfere a propriedade sem o prévio registro imobiliário (art. 1.245 do Código Civil): "no Registro de Imóveis serão feitos, nos termos desta Lei, o *registro* e a averbação dos *títulos* ou *atos constitutivos, declaratórios, translativos* e *extintos de direitos reais sobre imóveis reconhecidos em lei*, "inter vivos" ou "mortis causa" quer para sua constituição, transferência e extinção, quer para sua *validade em relação a terceiros*, quer para a sua *disponibilidade*.

Ao menos dá maneira como está redigido, extrai-se em abstrato a incoerente possibilidade de direitos reais não terem eficácia em relação a terceiros, como se tal eficácia fosse elemento acessório e não essencial para a estrutura dos direitos reais. A parte final do art. 172 da Lei 6.015/73 estabelece que o registro é obrigatório para sua "validade em relação a terceiros", e sua "disponibilidade"[10]. Todavia, o próprio

---

10. É o caso de Walter Ceneviva: "Nem todos os direitos reais carecem do registro para sua constituição, transferência ou extinção. A validade em relação a terceiros e a garantia de indisponibilidade sempre dependem

dispositivo afirma incongruentemente, na sua parte inicial, que o registro pode ter fim meramente declaratório (ex. usucapião). Ora, se o direito real é declarado pelo registro, só então surgiria sua eficácia em relação a terceiros? A *contrario senso*, haveria direito real com eficácia *inter* partes?

Salta aos olhos a ausência de técnica utilizada. Ao dizer, de forma indiscriminada, que a "validade" (*rectius*: eficácia) dos direitos reais em relação a terceiros depende de registro, a parte final do artigo, ao contrário da inicial, não distingue a aquisição por negócio jurídico – em que o registro é constitutivo do direito real – de outras formas aquisitivas nas quais o registro é meramente declaratório de direito real preexistente. Se a aquisição decorre de título registrado, o registro não dará eficácia em relação a terceiros, como diz o artigo, mas constituirá um direito real, este sim dotado estruturalmente de eficácia *erga omnes*.

Além disso, não é a validade, mas sim a eficácia de um ato que pode ser eficaz ou ineficaz em relação a terceiros. O exame da validade e eficácia é estrutural dos negócios jurídicos, e não de qualquer fato jurídico, o que leva a conclusão de que o dispositivo não quis se referir a qualquer fato aquisitivo – usucapião, casamento, sucessão – e sim aos atos de natureza negocial – compra e venda, doação, permuta. Estes, então, dependeriam do registro para produzir eficácia em relação a terceiros, isto é, para constituir o direito real por natureza oponível *erga omnes*.

A literalidade conduziria a discrepâncias. O direito real forma uma relação jurídica que estabelece um vínculo entre a situação jurídica do titular e toda coletividade, que deve respeitar o direito real, admitindo-se como ultrapassadas as teorias personalistas. Tal característica, que enxerga um sujeito passivo universal na relação real, conduz a uma segunda, consistente na oponibilidade *erga omnes*, própria dos direitos absolutos.

Pense-se na forma aquisitiva pela usucapião. Tanto a Constituição Federal (arts. 183 e 192) como o Código Civil (arts. 1.238 a 1.240) dizem que pelo preenchimento dos requisitos da usucapião o possuidor *adquire* o direito real de propriedade. A sentença judicial, que viesse a ser proferida em ação de usucapião, se limitaria a declarar a existência da propriedade, como estabelece o art. 1.238 do Código Civil, sustenta a doutrina majoritária e há muito decidem Supremo Tribunal Federal[11] e Superior Tribunal de Justiça[12].

---

do assentamento na repartição imobiliária" (CENEVIVA, Walter. *Lei dos Registros Públicos comentada*. São Paulo: Saraiva, 2005, p. 378).

11. Súmula 237 do STF: "o usucapião pode ser arguido em defesa".
12. No STJ, confira-se o seguinte acórdão (REsp 118360/SP, 3ª Turma, 16.12.2010, Relator Ministro Vasco Della Giustina (Desembargador convocado do TJ/RS): ementa: civil e processual civil. Julgamento extra petita. Inocorrência. Ação reivindicatória. Título de propriedade. Sentença de usucapião. Natureza jurídica (declaratória). Forma de aquisição originária. Finalidade do registro no cartório de imóveis. Publicidade e direito de dispor do usucapiente. Recurso desprovido. 3. A sentença proferida no processo de usucapião (art. 941 do CPC) possui natureza meramente declaratória (e não constitutiva), pois apenas reconhece, com oponibilidade erga omnes, um direito já existente com a posse *ad usucapionem*, exalando, por isso mesmo, efeitos *ex tunc*. O efeito retroativo da sentença se dá desde a consumação da prescrição aquisitiva.

Tal natureza declaratória permite que o proprietário proteja-se contra qualquer pessoa, inclusive podendo judicialmente invocar o seu direito real de propriedade como defesa nas ações judiciais em que for réu, ou, na qualidade de autor, ajuizar ações petitórias – seria o caso da ação publiciana – com o escopo de demonstrar a sua propriedade e obter a consequente tutela do *ius possidendi*.

E assim impõe-se interpretar o art. 172 da Lei 6.015/73 de acordo com a totalidade e racionalidade do sistema jurídico. A parte inicial do artigo refere-se as funções do registro com menção a *títulos* ou *atos constitutivos* e três espécies de eficácias (*declaratória, translativa* ou *constitutiva de direito real*). Já a parte final do artigo refere-se a dois efeitos do referido registro: i) eficácia em relação a terceiros; ii) disponibilidade do bem.

A primeira hipótese desta parte final (eficácia *erga omnes*) aplica-se aos casos em que o direito real surja pelo registro imobiliário (registro constitutivo, referido pela primeira parte do artigo), caso em que realmente a eficácia (e não a validade) em relação a terceiros começara a ser produzida a partir do registro.

A segunda hipótese desta parte final (disponibilidade) aplica-se aos casos de registro para fim declaratório (registro declaratório, referido pela primeira parte do artigo), de modo a reconhecer-se a preexistência do direito real, embora a ausência de publicidade impeça excepcionalmente a sua alienação, mas não sua eficácia em relação a terceiros, que é própria dos direitos reais, assegurando-se, no mais, a concreção dos princípios registrais da publicidade e continuidade.

E torna-se possível, por fim, extrair as seguintes conclusões do ora exposto: i) o sistema do *numerus clausus* representa um critério de política legislativa e não é exclusivo dos direitos reais; ii) o sistema do *numerus clausus* subdivide-se em taxatividade (exigência de reserva legal para qualificar um direito como real) e tipicidade (autonomia para moldar a estrutura do direito real); iii) o rol do art. 1.225 do CC não é taxativo dos direitos reais, até porque o raciocínio contrário impediria a evolução social e econômica e autolimitaria o legislador para impedi-lo de criar novos direitos reais (ex. propriedade fiduciária da Lei 9.514/97), embora o *numerus clausus* tenha sido previsto expressamente pela regra do art. 172 da lei 6.015/73; iv) a constituição de direitos reais ocorre pelo registro do título aquisitivo (regra: arts. 1.245 e 1.227 do CC) ou por fatos jurídicos não negociais (exceção: parte final do art. 1.277 do CC); v) a interpretação civil-constitucional do art. 172

---

4. O registro da sentença de usucapião no cartório extrajudicial não é essencial para a consolidação da propriedade imobiliária, porquanto, ao contrário do que ocorre com as aquisições derivadas de imóveis, o ato registral, em tais casos, não possui caráter constitutivo. Assim, a sentença oriunda do processo de usucapião é tão somente título para registro (arts. 945 do CPC; 550 do CC/1916; 1.241, parágrafo único, do CC/2002) – e não título constitutivo do direito do usucapiente, buscando este, com a demanda, atribuir segurança jurídica e efeitos de coisa julgada com a declaração formal de sua condição. 5. O registro da usucapião no cartório de imóveis serve não para constituir, mas para dar publicidade à aquisição originária (alertando terceiros), bem como para permitir o exercício do *iusdisponendi* (direito de dispor), além de regularizar o próprio registro cartorial.

da Lei 6.015/73 precisa prestigiar a coerência sistemática do ordenamento jurídico, direcionando-se para duas conclusões: a) se a aquisição do direito real decorrer de título translativo, o registro imobiliário é obrigatório para a constituição do direito (art. 1.245 do Código Civil), e, por consequência, para operar sua eficácia em relação a terceiros; b) se a aquisição decorrer de fato jurídico não negocial, a alienação desse direito real dependerá do registro, embora dispense-o a eficácia em relação a terceiros.

4. CONDOMÍNIO EDILÍCIO

O condomínio edilício[13] apresenta-se como um espaço onde coexistem simbioticamente partes exclusivas (propriedade comum) e comuns (condomínio), cuja reunião é responsável por estrutura autônoma e revigorante do direito de propriedade, consequência das necessidades habitacionais nas sociedades industriais e consequente êxodo rural ocorrido a partir do século XIX[14] no Brasil.

Esta sucinta explicação para o processo de verticalização das construções denuncia a diferença de propósitos em relação ao ocorrido na Europa durante o período do pós-guerra, onde o condomínio edilício tornou-se instrumento para a reconstrução das cidades[15].

Destaca-se nessa mistura simbiótica a criação de novo e autônomo direito real, diverso da propriedade exclusiva e do condomínio tradicional, promovendo-se esse espaço de coexistência entre os diversos interesses envolvidos e que desenvolvem-se por meio de dois órgãos principais: i) sindico; ii) assembleia de condomínio.

Os limites para o atuar dessa comunhão decorrem de múltiplas fontes: i) CR; ii) legislação ordinária; iii) convenção de condomínio; iv) regimento interno; v) deliberações de assembleias. De modo que cada condômino submete-se às determinações dos órgãos condominiais, por sua vez submetidos aos parâmetros e limites gerais impostos ao exercício da autonomia privada.

Vê-se que essa pluralidade de fontes normativas disciplinadoras da vida condominial exige redefinir-se a hierarquia de cada qual, de modo que o ápice seja ocupado

---

13. Discute-se a posição do direito romano sobre a propriedade horizontal, e até mesmo se a civilização pré-romana dos caldeus, no segundo milênio antes de cristo, representa a origem histórica do instituto. Embora não fosse desconhecida dos romanos a superposição das habitações, não havia o reconhecimento da estrutura assemelhada a atual. A esse respeito lembra Caio Mario que "com justeza pode-se, pois, dizer que o direito romano desconhecia, no sentido de que se lhe opunha, a ideia de divisão dos prédios por planos horizontais" (PEREIRA, Caio Mário da Silva. *Condomínio e incorporações*. Rio de Janeiro: Forense, 2014, p. 36). Tal assertiva justifica-se pela tradição "*aedificium solo ceditetius soli sequitur*". Para uma abordagem histórica do condomínio edilício, confiram-se as obras de João Batista Lopes (LOPES, João Batista. *Condomínio*. São Paulo: Ed. RT, 1997, p. 21-25) e Caio Mario da Silva Pereira (PEREIRA, Caio Mário da Silva. *Condomínio e incorporações*. Rio de Janeiro: Forense, 2014, p. 33-40).
14. LIMA, Frederico Henrique Viegas de. *Condomínio em edificações*. São Paulo: Saraiva, 2010, p. 57.
15. LIMA, Frederico Henrique Viegas de. *Condomínio em edificações*. São Paulo: Saraiva, 2010.

pela Constituição e realize-se assim a reconstrução dos nexos entre essas múltiplas fontes a partir da unidade axiológica constitucional[16].

Esse percurso revela que a coexistência entre os condôminos e harmonização dos diversos interesses nesses espaços com fim residencial, empresarial ou misto guardam profundas e naturais semelhanças com as estruturas dos estados republicanos, de direito e democráticos e reproduzem parte dos seus desafios, podendo guiar-se por alguns dos seus parâmetros.

Basta pensar na democracia participativa e representativa, que se traduz no condomínio edilício pelas deliberações das assembleias (democracia participativa) e eleição do síndico (democracia representativa). E na autolimitação própria do Estado Republicano e de Direito, impondo-se aos órgãos do condomínio o respeito a CR, legislação e sobretudo à convenção de condomínio que haja sido criada legitimamente pelo "estado condominial".

É o caso do princípio democrático, que impede a opressão da minoria pela maioria quantitativa. De acordo com o art. 1352, p.u., do CC, os votos nas deliberações de assembleias "serão proporcionais às frações ideais" se não houver "disposição diversa da convenção", ou seja, o incorporador imobiliário ou outro proprietário de diversas unidades poderá sozinho criar e alterar a convenção e deliberar em assembleias.

Tais manifestações majoritárias podem ser legitimas ou ilegítimas, a justificar o controle de merecimento de tutela do seu conteúdo. Se, por exemplo, o incorporador imobiliário tem maioria dos votos em virtude de suas "frações ideais" e com base nisso decide isentar suas unidades do pagamento da contribuição condominial, cria-se a ditadura da maioria e não um ambiente democrático, violando, a um só tempo, a isonomia e a solidariedade constitucional.

É o caso do dever que o condômino tem de "dar às suas partes a mesma destinação que tem a edificação", proibição esta que recai sobre a área exclusiva, ilustrando bem a distinção entre propriedade exclusiva e parte exclusiva da propriedade condominial edilícia. Neste caso, fica a assembleia obrigada a respeitar a finalidade estabelecida por ocasião da instituição do condomínio, só podendo ser alterado esse fim se ocorrer deliberação unânime dos condôminos.

Destaca-se nessa breve origem histórica a demonstração da função do condomínio edilício em sua origem, que recaiu sobre a crise habitacional decorrente do crescimento populacional nas cidades, de modo que edificações eram erguidas com o fim de tornarem-se especialmente moradias e salas comerciais, promovidas por um incipiente mercado imobiliário[17] que enxergou oportunidade a partir das difi-

---

16. TEPEDINO, Gustavo (Coord.). *A parte geral do novo Código Civil*: estudos na perspectiva civil-constitucional. Rio de Janeiro: Renovar, 2003, p. XX e ss.
17. O fim do Século XIX e início do Século XX marcam o surgimento do mercado imobiliário. No fim do Século XIX os cortiços e estalagens eram precárias habitações coletivas utilizadas por trabalhadores. Até então as habitações eram unifamiliares (ex. palácios, palacetes, fazendas, chácaras, casa grande) e não multifamiliares. A concentração urbana torna-se efeito da industrialização, tornando os cortiços boas fontes de renda

culdades criadas por essa crise da habitação. Bem diferente, portanto, da perspectiva contemporânea, que criativamente enxerga funções novas e variadas para a estrutura do condomínio, moldando funcionalmente o seu conteúdo e reclamando critérios para a verificação do merecimento de tutela.

Durante o processo de codificação o tema não foi incluído nos principais códigos civis, como o *BGB*[18] e o *Code Civil*[19], omissão que acabou por refletir-se no modelo brasileiro[20]. Na França, a convivência entre os coproprietários horizontais era resolvida pelo direito de vizinhança.

No Brasil, durante o limiar do século XX, surgiu o Decreto 5.481, de 15 de junho de 1928[21], dispondo sobre a "a alienação parcial dos edifícios", onde se previu a figura dos edifícios com mais de cinco andares formado por apartamentos autônomos destinados à residência ou a escritórios, caracterizando propriedades autônomas e individualizadas no registro público para serem alienadas.

Em 1943 e 1948, respectivamente, tal legislação passou a admitir edifícios de três e dois pavimentos. Neste momento já era concebida a figura da parte comum, tornada inalienável e indivisível, coexisitindo simbioticamente com as propriedades exclusivas e assim caracterizando o elemento essencial e o traço distintivo desse novo modelo de condomínio.

Verifica-se então a seguinte evolução histórica-estrutural: i) propriedade exclusiva; ii) propriedade em comunhão (condomínio comum); iii) propriedade em comunhão *pro indiviso* (condomínio edilício); iv) alteração funcional do condomínio edilício. De modo que o condomínio edilício, embora ostente autonomia estrutural e funcional em relação à propriedade exclusiva e ao condomínio comum, revela-se uma evolução dessa estrutura proprietária baseada em valores constitucionais importantíssimos como a livre iniciativa privada.

Na terceira fase constata-se novo direito real, com estrutura autônoma em relação à comunhão condominial existente, especialmente pelas limitações que a

---

para os proprietários. Problemas de saúde pública, especialmente epidemias provocadas pelas péssimas condições de higiene dessas habitações coletivas, levaram a extinção e proibição dos cortiços pelo poder público. Surgem as primeiras posturas municipais. A criação de vilas e outras construções com melhores estruturas de higiene são incentivadas no início do Século XX. Emerge um pujante mercado imobiliário, que visualiza oportunidade a partir dessas necessidades de habitação de qualidade. Aparecem os bairros valorizados, em geral próximos dos centros comerciais. E também surgem as primeiras favelas e os subúrbios. As construções multifamiliares crescem. Até que nas primeiras décadas do século XX ocorre à verticalização e o surgimento das propriedades horizontais através de arranhas-céu compostos por unidades autônomas. Após a segunda guerra o capitalismo é adotado pela maioria dos países ocidentais como modelo econômico. E a partir daí o mercado imobiliário passa exercer um papel de destaque na econômica da maioria dos países do mundo. Sobre o tema, recomenda-se a leitura da obra "Modernidade e Moradia – Habitação Coletiva no Rio de Janeiro nos Séculos XIX e XX" (VAZ, Lilian Fessler. *Modernidade e moradia* – Habitação coletiva do Rio de Janeiro nos Séculos XIX e XX. Rio de Janeiro: Ed. Letras, 2002).

18. LIMA, Frederico Henrique Viegas de. *Condomínio em edificações*. São Paulo: Saraiva, 2010, p. 64.
19. LIMA, Frederico Henrique Viegas de. *Condomínio em edificações*. São Paulo: Saraiva, 2010.
20. LIMA, Frederico Henrique Viegas de. *Condomínio em edificações*. São Paulo: Saraiva, 2010, p. 62.
21. Modificado decreto-lei 5234 de 08.02.1943 e Lei 285 de 05.06.1948.

coexistência entre partes exclusivas e comuns impõem. E assim cria-se uma nova estrutura para atender as funções e reclamos do início do século XX.

Sobre o surgimento do condomínio edilício no contexto ocidental verifica-se que somente em 28 de junho de 1938 a França disciplina a *co-propriété des immeubles bâtis*, com traço marcantemente liberal, com regras dispositivas e autorizadoras da autorregulação das necessidades dos coproprietários. Posteriormente, especialmente em razão das referidas necessidades habitacionais do pós-guerra, surge a Lei 65-557, de 10 de julho de 1965, de feição mais imperativa e, por isso, objeto de muitas críticas pela doutrina francesa[22], inclusive atribuindo-se personalidade moral ao sindicato de proprietários.

Na Alemanha, por necessidades ligadas à crise da habitação, surge em 15 de março de 1951 a *Wohnungseigentumgesetz*, derrogando-se os § 93 e 94 do BGB, que na ocasião representavam óbices a estrutura do condomínio em edificação, obstáculos motivados sobretudo por profundo apego romanístico a máxima da *superfície solo cedit*[23].

Na Suíça, criam-se sociedades imobiliárias (*societés immobilières d'actionaires-locataires*[24]) com estrutura de sociedade anônima e regidas pelo direito das obrigações, isto é, sem criar um direito real, embora conferindo aos seus membros o direito exclusivo de alugar uma parte do imóvel social. Posteriormente, em 19 de dezembro de 1963, aprova-se a alteração do Livro Quarto do ZGB com a inclusão dos condomínios especiais em edificação (condomínio *pro-diviso*[25]).

Em relação ao surgimento de tais estruturas nos sistemas *common law* pode ser citada a experiência dos Estados Unidos da América, onde se tornou comum a criação de condomínios de casas nos quais as áreas comuns são administradas por uma associação de vinculação compulsória. E também é assemelhada a estrutura dos condomínios horizontais aos milhares de cooperativas de apartamentos em Nova York, de modo que os moradores são donos de uma cota dessa cooperativa. Este morador celebra um contrato de *leasing*.

Especificamente na experiência brasileira a técnica construtiva dos "arranhas céus" oriunda da Europa e EUA impulsionou o mercado da incorporação imobiliária antes mesmo do direito debruçar-se sobre os aspectos técnicos dessa inovadora

---

22. LIMA, Frederico Henrique Viegas de. *Condomínio em edificações*. São Paulo: Saraiva, 2010, p. 72.
23. Cria-se no direito alemão duas figuras: i) Teileigentum, ou propriedade parcial, ligada a propriedade comum; ii) Dauerwohnrecht, o direito de habitação, sendo hereditário a transmissível, excepcionando a regra do § 1093 do BGB.
24. Destacam-se três estruturas de sociétés immobilière: i) SI – Société Anonyme Immobiliére Ordinaire (visando a aquisição, gestão, exploração e venda de imóveis, em geral alugando os imóveis para terceiros; ii) Sial – Sociétés Immobilières d'Actionaires-Locataires (visando a criação da figura do locatário-acionista, sem direito real, mas com disciplina societária do direito de usar a área comum e as exclusivas); iii) Sial – PPE (a sociedade é proprietária de todas as áreas comuns e exclusivas da edificação, sendo a disciplina dos interesses realizada pelo direito obrigacional-contratual).
25. Cria-se no condomínio especial em edifício um órgão denominado communauté formée par les propriétaires d'étage dotado de autonomia jurídica.

estrutura, de modo que "o incorporador existiu antes de o direito ter cogitado dele. E viveu bem dizer na rua ou no alto dos edifícios em construção, antes de sentar-se no gabinete dos juristas ou no salão dos julgadores[26]".

Foram diversas as formulações elaboradas para explicar a nova realidade: i) servidão; ii) superfície; iii) sociedade entre condôminos. Todavia, percebe-se que as próprias limitações impostas pela coexistência entre partes exclusivas e comuns confere contornos de autonomia para a criação socioeconômica, de modo a reconhecer-se a existência de um novo direito real, ou, adotando-se a distribuição topográfica do tema, nova forma proprietária.

Conferiu-se a missão de disciplinar essa nova realidade jurídico-arquitetônica[27] ao então chefe de gabinete do Ministro da Justiça e Assuntos interiores, Prof. Caio Mario da Silva Pereira, dificuldade redobrada porque as ordenações do período colonial eram omissas em relação à tal estrutura[28], assim como o esboço de Teixeira de Freitas e o próprio anteprojeto elaborado por Clovis Beviláqua. E então surgiu a Lei 4.591/64.

5. CONVENÇÃO DE CONDOMÍNIO

A constituição do condomínio ocorre com a aprovação da convenção de condomínio (art. 1333 do CC), observada a necessidade de ser subscrita "pelos titulares de, no mínimo, dois terços das frações ideais". Sendo aprovada pelo quórum mínimo exigido, "torna-se, desde logo, obrigatória para os titulares de direitos sobre as unidades, ou para quantos sobre elas tenham posse ou detenção".

Dessa forma, "na vida da propriedade horizontal não basta o ato de sua criação."[29] A criação ocorre pela instituição do condomínio, com a qual ele passa a existir juridicamente. Mostra-se necessário, igualmente, que essa simbiose entre partes exclusivas e partes comuns seja regulamentada na perspectiva da convivência no mesmo espaço dos mais variados interesses existenciais e patrimoniais, exercidos pelas mais diferentes pessoas. Afinal, são "pessoas com graus vários de educação e civilidade, concepção de vida, gostos e temperamentos diferentes, além de uma vizinhança muito próxima. Por isso ficamos diante de uma área de respeitável turbulência[30]".

A legislação, com sabedoria, possibilitou a criação de um ato jurídico que atribuiu aos próprios condôminos a autoria na hora de formular as regras de convivência, o

---

26. PEREIRA, Caio Mário da Silva. *Condomínio e incorporações*. Rio de Janeiro: Forense, 2014, p. 192.
27. Caio Mario da Silva Pereira apresentou sua tese "propriedade horizontal" no I Congresso Nacional de Direito, realizado em Fortaleza (4 a 10 de outubro de 1959) em homenagem ao centenário de Clovis Beviláqua. Tal trabalho viria a torna-se obra referencial sobre o tema e assinalaria os primeiros passos do anteprojeto de lei que o autor mais tarde elaboraria.
28. Herdou-se apenas o problema, consistente na possibilidade da "casa que dois senhores fosse, a um deles pertencendo o sótão e a outro o sobrado", como lembra Caio Mário (PEREIRA, Caio Mário da Silva. *Condomínio e incorporações*. Rio de Janeiro: Forense, 2014, p. 39).
29. PEREIRA, Caio Mário da Silva. *Condomínio e incorporações*. Rio de Janeiro: Forense, 2014, p. 93.
30. PEREIRA, Caio Mário da Silva. *Condomínio e incorporações*. Rio de Janeiro: Forense, 2014, p. 409.

conteúdo de interesses que "houverem por bem estipular", na redação do art. 1334 do CC[31].

Neste artigo também estabeleceu uma pauta mínima que deve constar no conteúdo convencional, além de fixar algumas regras com as quais a convenção precisa conformar-se. Essa iniciativa antecipa que o principal desafio em relação à convenção não é de forma ou conteúdo, e sim de limites e critérios para que o exercício da autonomia privada possa merecer tutela pelo ordenamento jurídico.

A qualificação da convenção de condomínio é assunto polêmico entre os doutrinadores. As posições – além dos autores que não se posicionam expressamente sobre o problema ao comentar o art. 1333 do CC[32] – podem ser sintetizadas pelas seguintes linhas de pensamento: i) contrato[33]; ii) ato regra.[34]

Para a posição contratualista, a convenção é um negócio jurídico bilateral ou plurilateral que concede um amplo espaço de autonomia para regulamentar os efeitos desejados pelos seus agentes, desde que sejam autorizados pelo ordenamento jurídico. O negócio bilateral, desse modo, seria reduzido à categoria do contrato.

Para a posição que considera um ato-regra, os atos jurídicos se expressariam através de quatro modos: i) ato-regra (e o subsequente ato constitutivo de um direito estatutário, institucional ou corporativo que dele emana); ii) ato subjetivo; iii) ato-condição; iv) ato jurisdicional. E a convenção se enquadraria no primeiro, por ser "manifestação de vontade dotada de força obrigatória e apta a pautar um com-

---

31. "Art. 1.334. Além das cláusulas referidas no art. 1.332 e das que os interessados *houverem por bem estipular*, a convenção determinará: I – a quota proporcional e o modo de pagamento das contribuições dos condôminos para atender às despesas ordinárias e extraordinárias do condomínio; II – sua forma de administração; III – a competência das assembleias, forma de sua convocação e quórum exigido para as deliberações; IV – as sanções a que estão sujeitos os condôminos, ou possuidores; V – o regimento interno".
32. Ver VIANA, Marco Aurélio S. *Comentário ao novo Código Civil. Dos Direitos Reais*. Rio de Janeiro: Forense, 2004, v. XVI, p. 408 e WALD, Arnoldo. *Curso de Direito Civil brasileiro*. Direito das coisas. São Paulo: Saraiva, 2002, p. 141.
33. É a posição firme de Serpa Lopes: "Indubitavelmente estamos diante de uma relação contratual" (LOPES, Miguel Maria de Serpa. *Curso de Direito Civil*. Rio de Janeiro: Livraria Freitas Bastos, 1960, v. VI.). No mesmo sentido, Orlando Gomes (GOMES, Orlando. *Direitos reais*. Rio de Janeiro: Forense, 2004, p. 260); Arnaldo Rizzardo (RIZZARDO, Arnaldo. *Direito das coisas*. Rio de Janeiro: Forense, 2006, p. 630).
34. Caio Mario da Silva Pereira (PEREIRA, Caio Mário da Silva. *Condomínio e incorporações*. Rio de Janeiro: Forense, 2014, p. 99); Gustavo Tepedino (TEPEDINO, Gustavo; BARBOZA, Heloisa Helena & BODIN DE MORAES, Maria Celina. *Código Civil interpretado conforme a Constituição da República*. Rio de Janeiro: Renovar, 2011, v. III, p. 685); Joao Batista Lopes (LOPES, João Batista. *Condomínio*. São Paulo: Ed. RT, 1997, p. 69) Carlos Roberto Gonçalves (GONÇALVES, Carlos Roberto. *Direito Civil brasileiro*. São Paulo: Saraiva, 2008, v. V, p. 376); Rodrigo Azevedo Toscano de Brito (BRITO, Rodrigo Azevedo Toscano de. Incorporação imobiliária à luz do CDC. São Paulo: Saraiva, 2002, p. 169); Maria Helena Diniz (DINIZ, Maria Helena. *Curso de Direito Civil brasileiro* – direito das coisas. São Paulo: Saraiva, 2009, p. 232); Nelson Rosenvald e Cristiano Chaves de Farias (FARIAS, Cristiano Chaves de. & ROSENVALD, Nelson. *Direitos reais*. Rio de Janeiro: Lumen Juris, 2006, p. 517). Nesse sentido também é a posição adotada pelo Superior Tribunal de Justiça (Resp 1169865/DF, 4ª Turma, Rel. Ministro Luis Felipe Salomão, Julgado em 13.08.2013): "2. Com efeito, para propiciar a vida em comum, cabe aos condôminos observar as disposições contidas na *convenção de condomínio, que tem clara natureza estatutária*".

portamento individual. No primeiro plano do ato regra está a lei, como expressão volitiva do grupo social".

A posição dominante tem repetido a definição da convenção como ato regra, sem se preocupar em definir estrutural e funcionalmente os contornos da própria categoria de tal ato regra do qual ela seria expressão. Torna-se mais útil, ao invés de simplesmente criar um título, traçar os seus elementos estruturais e funcionais.

Destaca-se na elaboração da convenção de condomínio, como fato jurídico, a natureza de ato jurídico negocial. Essa estrutura decorre da autonomia privada expressamente conferida pelo art. 1334 do CC para prever o que os "interessados houverem por bem incluir", após estabelecer uma pauta mínima para ser observada durante a elaboração.

Esse negócio jurídico, todavia, precisa respeitar os limites impostos pela legalidade civil constitucional. O negócio jurídico é tradicionalmente visualizado por três perspectivas: i) *definição pela gênese*, em perspectiva voluntarista, onde sobressai a vontade como elemento nuclear do negócio jurídico. Os efeitos jurídicos seriam o efeito da vontade[35]; ii) *definição objetiva*, acirrada pelo debate dos partidários da vontade real vs. declarada para o caso de colisão entre elas. A teoria preceptiva, de matiz positivista, enxerga o negócio como um comando concreto ao qual o ordenamento reconhece eficácia vinculante; iii) *estrutural*, pela qual o negócio jurídico é "todo fato jurídico consistente em declaração de vontade, a que o ordenamento jurídico atribui os efeitos designados como queridos, respeitados os pressupostos de existência, os requisitos de validade e eficácia impostos pela ordem jurídica que sobre ele incide[36]".

Nenhuma dessas três teorias mostra-se suficiente. Não há dúvida de que a vontade constitui elemento do negócio jurídico, como destacam as teorias voluntaristas. É uma expressão da dignidade da pessoa humana e da livre iniciativa, conforme o interesse concretamente protegido. Acontece que a convenção de condomínio – como os negócios jurídicos em geral – precisa receber tutela do ordenamento a partir da justificativa que sustenta o seu conteúdo, de modo que a liberdade para criar, isoladamente, não assegura a validade da elaboração e a eficácia do seu conteúdo.

Tampouco é possível afirmar que a convenção é um preceito que deve ser observado, sabido que a vontade é inapta para isoladamente produzir normas jurídicas. E, por fim, não satisfaz uma investigação puramente estrutural do negócio jurídico,

---

35. Antonio Junqueira de Azevedo entende que a vontade não é elemento necessário para a existência do negócio jurídico e sim para a sua validade e eficácia (AZEVEDO, Antonio Junqueira de. *Negócio jurídico*. Existência, validade e eficácia. São Paulo: Saraiva, 2002, p. 9). Para tanto, formula o exemplo da conversão substancial ou material prevista no art. 170 do CC, de modo que um negócio (convertido e válido) poderia surgir apesar de inexiste uma manifestação de vontade. Também exemplifica com o ato jurídico em sentido estrito, cogitando a possibilidade do agente desejar exatamente o efeito jurídico previsto em lei, hipótese em que a coincidência não será apta para retirar da legislação a autoria da eficácia normativa.
36. É a posição adotada por Antonio Junqueira de Azevedo (AZEVEDO, Antonio Junqueira de. *Negócio jurídico*. Existência, validade e eficácia. São Paulo: Saraiva, 2002, p. 16).

uma vez que a função que desempenha precisa ser investigada durante o processo de interpretação e qualificação.

6. CRITÉRIOS PARA A VERIFICAÇÃO DE MERECIMENTO DE TUTELA DA AUTONOMIA CONDOMINIAL

Verifica-se, no cotidiano condominial residencial e empresarial, que a grande maioria dos acontecimentos são disciplinados pela convenção de condomínio, regimento interno e pelas deliberações das assembleias em diversos aspectos, tal como autorizam, respectivamente, os artigos 1334 e 1352 do CC. Parte-se da premissa de que são negócios jurídicos cujo conteúdo merecerá tutela pelo ordenamento quando respeitada a legalidade civil-constitucional.

Algumas premissas metodológicas podem ser fixadas para a solução dos conflitos condominiais por meio de convenções e assembleias, criando-se, assim, critérios para a verificação do merecimento de tutela do exercício da autonomia privada condominial: a) as regras da convenção de condomínio e assembleias são expressões da autonomia privada e da democracia condominial, tal como permitido pelo ordenamento, havendo, por isso, uma presunção relativa de legitimidade de seu conteúdo, até mesmo para que se respeite a estabilidade das relações jurídicas. Desse modo, caberá à parte interessada impugná-la e afastar a presunção em juízo; b) a deliberação que restrinja a faculdade de usar e fruir áreas exclusivas precisa ser justificada; c) as regras da convenção e as deliberações das assembleias precisam ser interpretadas como os negócios jurídicos em geral, isto é, ter o seu sentido e alcance revelados, observadas as regras hermenêuticas, como os artigos 112 e 113 do CC; d) atribui-se à administração, sempre a partir do caso concreto, verificar o sentido e o alcance da regra em caso de obscuridade, individuando a natureza existencial ou patrimonial do interesse e ponderando-os quando necessário, para então se extrair a norma condominial, valorando-as a partir dos princípios da dignidade da pessoa humana, solidariedade e isonomia.

Efetivamente, a Constituição da República, o Código Civil e diversas leis extravagantes impõem limites para a criação do conteúdo proprietário, de modo que cláusulas da convenção de condomínio e deliberações das assembleias devem ser nulificadas por decisão judicial (art. 166, II, CC) quando, imotivadamente, afrontarem essas limitações.

Desse modo, incidiria diretamente a CR para nulificar (art. 166, II, CC) a cláusula da convenção de condomínio ou decisão da assembleia que impusesse limitação preconceituosa ao uso da unidade ou das áreas comuns, como seria o caso de restrição em virtude de situação social (ex. empregado), religiosa ou por orientação sexual, contrárias a pluralidade que caracteriza o ser humano e consequentemente espelha a sociedade plural, fraterna e solidária que o legislador deseja.

Por outro lado, afrontaria o CC a deliberação que desrespeitasse o quórum fixado para certas matérias, como 2/3: (i) aplicação da multa do art. 1336, § 2º, CC;

ii) realização de benfeitoria voluptuária pelo art. 1341, I, CC; iii) obras de acréscimo a partes comuns; iv) alteração da convenção, pelo art. 1351 do CC; 3/4: (i) sanção ao condômino antissocial pelo art. 1337 do CC); maioria: (i) benfeitorias úteis pelo art. 1341, II, CC; ii) deliberações em primeira convocação pelo art. 1353 do CC); unanimidade:(i) construção de outro pavimento ou edifício pelo art. 1343 do CC; ii) mudança da destinação do edifício ou da unidade pelo art. 151 do CC.

De modo geral, a própria convenção de condomínio tem liberdade para estabelecer quóruns para específicas matérias, sendo a regra geral, todavia, a de que em segunda convocação as matérias podem ser decidias pelo quórum da maioria simples (art. 1353 do CC).

Ressalte-se que certas matérias precisam respeitar funções específicas. Se o condomínio desejar, por exemplo, após obter autorização da municipalidade, alienar a área destinada à moradia do porteiro, ainda que inexistente quórum específico previsto no CC e na convenção de condomínio, a matéria só poderá ser deliberada por unanimidade, pois altera a própria distribuição da fração ideal respectiva no terreno fixada por ocasião da instituição do condomínio (art. 1332, II, CC).

Volte-se ao exemplo inicial do AIRBNB. O condômino de unidade localizada em edifício residencial deseja locá-las para temporada. Em caso de omissão da convenção de condomínio a respeito do problema, não é possível, isoladamente, concluir em favor da licitude dessa prática negocial, o que dependerá obrigatoriamente das circunstâncias do caso concreto, sendo inútil o argumento de que o condômino é proprietário, já que o interesse e o exercício da faculdade individual limitam-se pelo coletivo.

Em tese, como visto no início deste trabalho, o ordenamento jurídico brasileiro admite a locação por temporada (art. 48 a 50 da Lei 8.245/91), assim considerada aquela destinada a motivos transitórios (ex. viagens a trabalho ou lazer, estudo ou tratamento de saúde), permitindo-se ao dono da unidade, em princípio, alugá-la com esse específico propósito.

Todavia, tal interesse isoladamente legítimo pode colidir com diversos outros, como seria a segurança e a própria finalidade residencial do condomínio. Basta pensar na locação para estrangeiros por meio de locações diárias ou semanais, colocando potencialmente em risco interesses como a segurança, o sossego e até os bons costumes, sobretudo considerando que o país é considerado um destino tradicional do turismo sexual.

Tal locação, sobretudo quando realizada habitualmente, descaracterizaria a finalidade residencial do edifício e o assemelharia a condomínios residenciais com serviços ou apart-hotéis, parecendo violar o dever legal (art. 1336, IV, do CC) de "das às suas partes a mesma destinação que tem a edificação". Ao contrário, tal prática não poderia ser proibida no caso de edifícios residenciais com serviço ou apart-hotéis, uma vez que a expectativa legítima dos adquirentes dessas unidades precisa incluir a circulação de pessoas que ocuparão unidades com caráter transitório.

Dessa forma, parece que em condomínios residenciais já existe vedação para a locação por temporada, e, por muito mais razão, merecerá tutela pelo ordenamento jurídico a cláusula da convenção de condomínio que proibir expressamente a locação por temporada, assim considerada aquela locação celebrada com prazo inferior a 90 dias.

Destaque-se que a assembleia é o órgão deliberativo do condomínio, cujas decisões são baseadas no exercício da autonomia privada, mas que não pode modificar os limites impostos pela convenção de condomínio, ao menos sem observar o quórum qualificado de 2/3 dos votos dos condôminos (art. 1.351 do CC).

Essa tarefa revela-se muitas vezes hercúlea na medida em que o controle é permeado por elevada fluidez, particularismo e subjetividade. E isso porque a interpretação de cada regra não deve ser subsuntiva e apegada à tradição positivista, dependendo sempre dos interesses concretos envolvidos e geralmente exigindo a ponderação entre interesses que isoladamente são merecedores de proteção, acompanhado obrigatoriamente de suficiente argumentação jurídica na identificação do interesse com maior peso axiológico.

Ilustre-se o problema, também, com o exemplo corriqueiro da regra proibitiva de animais nas unidades e áreas comuns de edifício residencial. Por raciocínio mecanicamente silógico, qualquer espécie de animal, em qualquer hipótese, estaria proibido de ocupar apartamentos residenciais.

Todavia, podem surgir casos reais diferentes, a merecer respostas diversas: i) pequeno cachorro ou gato, que não ameaça o sossego, saúde e segurança dos vizinhos; ii) animal feroz ou que late com frequência, pondo em risco, respectivamente, a segurança e o sossego; iii) pequeno peixe que ocupa aquário dentro da unidade; iv) animal cuja propriedade recai sobre portador de deficiência visual.

O raciocínio criticamente subsuntivo conduz a solução idêntica: todos esses animais deveriam ser retirados do condomínio, sujeitando-se os condôminos às sanções previstas na convenção de condomínio e no CC.

É preciso partir da premissa de que o direito de propriedade constitui-se em direito individual fundamental assegurado pelo art. 5º, inciso XXII, da CF, o qual deve ser exercido de modo a buscar fim socialmente útil para merecer proteção (art. 5º, XXIII). Por outro lado, tal direito individual tem seu conteúdo parcialmente moldado pela convenção de condomínio, em especial quando a propriedade recai sobre unidade inserida em condomínio edilício, isto é, quando for propriedade condominial edilícia, pois neste caso os interesses individuais precisam harmonizar-se com o coletivo.

Esta liberdade para a criação de regras negociais para a convenção de condomínio expressa a autonomia privada, que, por sua vez, compõe os conteúdos da dignidade da pessoa humana (art. 1º, III, CF) e livre iniciativa privada (art. 1º, IV, CF). E que estrutura e função são noções inerentes a qualquer categoria jurídica. Desta forma, no caso da referida regra condominial, mostra-se necessário identificar a função para a qual foi criada, especialmente porque a observância de um fim socioeconômico, o respeito a boa-fé e aos bons costumes compõe a estrutura interna de toda situação jurídica subjetiva, como prevê a regra do art. 187 do CC.

Assim, retornando-se ao exemplo da regra proibitiva de animais, é preciso lembrar que a função de tal regra consiste em preservar os legítimos interesses do sossego, saúde e segurança dos condôminos, deixando de merecer tutela quando decorrer do simples capricho da maioria que criou ou modificou a convenção de condomínio, ou, ainda, que deliberou em assembleia.

No primeiro caso, a norma a ser extraída da convenção permite o referido animal, por não colocar em risco os interesses tutelados. No segundo caso, a regra merece tutela e deve ser observada por todos os condôminos. No terceiro caso, a Lei 11.126/05 assegura a "pessoa portadora de deficiência visual usuária de cão-guia o direito de ingressar e permanecer com o animal nos veículos e nos estabelecimentos públicos e privados de uso coletivo", pautando, assim, a liberdade para a convenção de condomínio e as deliberações da assembleia disciplinar a vida condominial. No último caso, inexiste justificativa legítima para o negócio jurídico restringir a faculdade de usar do proprietário.

Revela-se pelos exemplos a insuficiência absoluta do modelo lógico-forma que propõe o método subsuntivo. O rigor do silogismo levaria a administração do condomínio a reprimir judicialmente e sancionar com multa o condômino que adquirisse pequeno aquário com peixe para o seu filho, a pretexto de descumprir a regra da convenção.

Nota-se que nos condomínios residenciais existem verdadeiros espaços de desenvolvimento da pessoa humana e concretização de variados aspectos da sua dignidade. Por outro lado, condomínios empresariais concretizam aspectos fundamentais do princípio da livre iniciativa privada. Tais valores são vetores hermenêuticos na hora de verificar o merecimento de tutela da convenção de condomínio e deliberações da assembleia.

IV – NOVAS FRONTEIRAS DA RESPONSABILIDADE CIVIL NA LEGALIDADE CONSTITUCIONAL

A RESPONSABILIDADE CIVIL EM ENSAIOS CLÍNICOS RELACIONADOS À VACINA DA COVID-19 À LUZ DO ORDENAMENTO JURÍDICO BRASILEIRO[1]

Paula Moura Francesconi de Lemos Pereira

Doutora e mestre em Direito Civil pela Universidade do Estado do Rio de Janeiro (UERJ). Especialista em Advocacia Pública pela PGE-CEPED-UERJ. Especialista em Direito Médico pela Universidade de Coimbra-PT. Professora do Instituto de Direito da PUC-Rio. Membro da Comissão da OAB-RJ de Direito Civil e de Órfãos e Sucessões. Coordenadora Adjunta de Direito Civil da ESA-RJ. Advogada. paula@francesconilemos.com.br

Lattes: http://lattes.cnpq.br/5276030017603037.

1. ENSAIOS CLÍNICOS DE VACINA PARA COVID-19 E OS EVENTOS ADVERSOS

Desde que foi declarado o estado de pandemia do novo coronavírus pela Organização Mundial de Saúde; e decretado no Brasil o estado de calamidade e emergência na saúde pública pela Portaria 188 de 03/02/2020 do Ministério da Saúde[2] e pela Lei 13.979/2020, nunca se falou tanto nas mídias e veículos de comunicação ao redor do mundo acerca dos ensaios clínicos.

A busca urgente da cura da Covid-19 virou prioridade global e tem desencadeado diversas pesquisas clínicas para desenvolvimento de novos fármacos, medicamentos, vacinas e testes diagnósticos. Diversos ensaios clínicos já foram iniciados por entes públicos e privados em toda parte do mundo, porém ainda cercados de incertezas quanto aos seus resultados, eficácia e segurança.

No Brasil, a Agência Nacional de Vigilância Sanitária – ANVISA aprovou no ano de 2020 quatro principais estudos clínicos para vacina da Covid-19: i) o primeiro, em 02/06, referente a uma vacina desenvolvida pela Universidade de Oxford, no Reino Unido, e solicitado pela empresa Astrazeneca do Brasil Ltda. para determinar a segurança, a eficácia e a imunogenicidade da vacina ChAdOx1

---

1. O artigo está atualizado até o dia 31 de dezembro de 2020 e é objeto de publicação na obra Coletiva sobre Responsabilidade Civil em Saúde – Diálogo com o Doutor Jorge Sinde Monteiro, coordenada por André Gonçalo Dias Pereira, Filipe Miguel Albuquerque Matos, Javier Barceló Domenech e Nelson Rosenvald, pelo Centro de Direito Biomédico da Faculdade de Direito da Universidade de Coimbra, editor Instituto Jurídico | Faculdade de Direito da Universidade de Coimbra.
2. Normas disponíveis em: http://www.planalto.gov.br/ccivil_03/Portaria/quadro_portaria.htm. Acesso em: 31 dez. 2020.

nCoV-19, denominada AZD1222, dose única, que usa um vetor viral baseado em uma versão enfraquecida do resfriado comum (adenovírus) contendo o material genético da proteína spike Sars-CoV-2. Trata-se de estudo controlado randomizado de fase III em adultos[3]; ii) o segundo, em 03/07, relativo a vacina, que será feita a partir de cepas inativadas do novo coronavírus, desenvolvida pela empresa Sinovac Research & Development Co., Ltd (Sinovac Biotech Co., Ltd), sediada na China, e em parceria com o Instituto Butantan (SP). O estudo será feito fase III, duplo-cego, randomizado, controlado com placebo, com cerca de 9 mil pessoas no país, em vários estados do Brasil como nos estados de São Paulo, Rio Grande do Sul, Minas Gerais e Paraná, além do Distrito Federal com participantes profissionais da saúde[4]; iii) o terceiro, em 21/07, que envolve o estudo de dois tipos de vacinas para Covid-19, a BNT162b1 e BNT162b2, baseada s em ácido ribonucleico (RNA), que codifica um antígeno específico do vírus Sars-CoV-2. e que estão sendo desenvolvidas pelas empresas BioNTech e Pfizer (Wyeth). O estudo é feito nas fases 1/2/3 concomitantemente e utiliza o método controlado com placebo, randomizado, cego para o observador, de determinação de dose, com a previsão de participação de cerca de 29 mil voluntários adultos, sendo 1.000 deles no Brasil, e para estágio 3, distribuídos nos estados de São Paulo e Bahia[5]; e iv) o quarto, em 18/08, referente ao estudo clínico de uma potencial vacina denominada Ad26.COV2.S, cuja autorização foi solicitada pela Jansen-Cilag (a divisão farmacêutica da Johnson& Johnson). O ensaio clínico trata de estudo fase 3, com utilização de placebo e duplo cego para avaliar a eficácia e a segurança da vacina na prevenção da Covid-19, com a participação de até 60 mil voluntários, sendo sete mil no Brasil, distribuídos em diversas regiões do País (nos estados de São Paulo, Rio Grande do Sul, Rio de Janeiro, Paraná, Minas Gerais, Bahia e Rio Grande do Norte), e que receberão uma dose única da vacina ou placebo. O estudo das fases 1/2 com a vacina candidata foi iniciado em julho nos EUA e na Bélgica.[6-7]

No Brasil, a Comissão Nacional de Ética em Pesquisa (CONEP), órgão independente ligado ao Conselho Nacional de Saúde (CNS), é composta por membros de várias áreas do saber, tanto das Biomédicas, como das Ciências Humanas e Sociais. Entre suas atribuições, é responsável pela aprovação da eticidade das pesquisas envolvendo seres humanos. Além disso, de forma frequente divulga o número de protocolos de pesquisas científicas relacionadas ao novo coronavírus, sendo que até a data em que foi finalizado este artigo, foram divulgados 248 estudos experimentais/ intervencionais relacionados ao coronavírus e/ou à Covid-19 e 535 estudos obser-

---

3. Disponível em: https://www.gov.br/anvisa/pt-br Acesso em: 10 ago. 2020.
4. Disponível em https://www.gov.br/anvisa/pt-br Acesso em 10 ago. 2020.
5. Disponível em: https://www.gov.br/anvisa/pt-br Acesso em: 10 ago. 2020.
6. Disponívelem:https://www.gov.br/anvisa/pt-br/assuntos/noticias-anvisa/2020/nota-anvisa-e-astrazeneca--tratam-de-uso-emergencial Acesso em 31 dez. 2020.
7. O acompanhamento do andamento da análise das vacinas no Brasil podem ser feito pelo site: https://www.gov.br/anvisa/pt-br/assuntos/noticias-anvisa/2020/andamento-da-analise-das-vacinas-na-anvisa Acesso 31 dez. 2020.

vacionais em andamento aprovados pela Comissão Nacional de Ética em Pesquisa – Conep; envolvendo 73 instituições proponentes.[8] Estes estudos iniciados no Brasil envolvem a participação de cerca de 107.424 participantes de ensaios clínicos, sendo 48.074 o total geral de participantes de pesquisa em protocolos relacionados às vacinas, o que por si só já demonstra a importância não só da atividade de pesquisa em si, como da proteção que deve ser dada aos participantes.

No início de setembro de 2020, um alerta quanto aos riscos que as pesquisas clínicas apresentam se revelou na prática com a informação de que um participante do estudo clínico de vacina da Universidade Oxford e da farmacêutica AstraZeneca contra o coronavírus sofreu evento adverso grave, e que seria um caso de mielite transversa – uma síndrome inflamatória que afeta a medula espinhal e pode ser provocada por vírus (inclusive pelo coronavírus em si), o que deu ensejo à suspensão dos estudos.[9] No entanto, a pesquisa foi retomada, inclusive no Brasil, após permissão da Anvisa, que avaliou junto a agência reguladora britânica (Medicines and Healthcare Products Regulatory Agency – MHRA), o Comitê Independente de Segurança do estudo clínico e a empresa patrocinadora do estudo, a AstraZeneca, e concluiu que "a relação benefício/risco se mantém favorável".[10] Até o momento não foram revelados mais dados acerca dos danos sofridos pelo participante e do nexo de causalidade entre os efeitos e a vacina, o que acaba gerando inseguranças quanto ao processo e a própria confiabilidade na vacina em geral, como bem destacou a microbiologista Nathalia Pasternak, que por outro lado ressaltou que os testes existem justamente para evitar que algo ruim chegue à população.[11]

Em 12 de outubro de 2020, o estudo com a vacina contra a Covid-19, desenvolvida pela Johnson & Johnson's, foi pausado devido a uma doença inexplicada em um participante nos Estados Unidos, ocasião em que no Brasil doze voluntários brasileiros, todos do Rio de Janeiro, já haviam participado dos testes (tomando a vacina ou o placebo, uma substância inativa). Em novembro os estudos foram retomados, inclusive com autorização da Anvisa, que avaliou os riscos e os benefícios da pesquisa.[12]

Além do caso acima, em novembro de 2020 foi noticiado que ocorreu evento adverso grave, morte, de um participante de ensaio clínico da vacina CoronaVac, desenvolvido pelo laboratório chinês Sinovac em parceria com o Instituto Butantan, ligado ao governo de São Paulo. Neste sentido, acarretou-se a suspensão temporária

---

8. Disponível em: http://conselho.saude.gov.br/images/comissoes/conep/img/boletins/Boletim-EticaemPesquisa-ED53.pdf Acesso em 31 dez. 2020.
9. Disponível em: https://saude.abril.com.br/medicina/coronavirus-o-que-a-suspensao-do-estudo-com-a-vacina-de-oxford-significa/ Acesso em: 16 set. 2020.
10. Disponível em: https://www.gov.br/anvisa/pt-br Acesso em: 31 dez. 2020.
11. Disponível em: https://blogs.oglobo.globo.com/a-hora-da-ciencia/post/teste-clinico-nao-e-frescura.html Acesso em 31 dez. 2020.
12. Disponível em: https://agenciabrasil.ebc.com.br/radioagencia-nacional/saude/audio/2020-11/covid-19-retomados-testes-de-vacina-da-johnson-johnson-no-brasil Acesso em 31 dez. 2020.

do estudo clínico pela Anvisa, sendo ele retomado alguns dias depois.[13] De acordo com as informações veiculadas, o participante não teria morrido em virtude dos testes.

Em 12 de dezembro de 2020, foi publicado que o Instituto Nacional de Saúde peruano decidiu suspender os ensaios clínicos da vacina desenvolvida pelo laboratório chinês Sinopharm para prevenir a Covid-19, como medida de precaução após terem sido detectados problemas neurológicos em um dos participantes da pesquisa, e que teria causado dificuldades para mexer as pernas, devido a fraqueza. Os sintomas poderiam corresponder a uma complicação conhecida como "Guillain-Barré".[14]

Todos esses casos relatados de eventos adversos demonstram de forma exemplificativa que o processo de desenvolvimento científico de vacinas não está alheio a riscos, aos reveses, esses são incalculáveis e imprevisíveis e podem causar danos patrimoniais e extrapatrimoniais aos participantes. Por isso, é fundamental um olhar atento de todas as pessoas envolvidas na pesquisa, como as autoridades, os órgãos competentes para aprovação os profissionais de saúde até mesmo para suspensão do estudo se necessário.

O instituto da responsabilidade civil será o instrumento para defesa do participante da pesquisa, seja na forma preventiva, seja na forma reparatória, e para melhor definir seu papel não há como se afastar da base sólida e dogmática dos ensinamentos de Jorge Sinde Monteiro que atribui a função da responsabilidade civil: a "distribuição dos danos que se produzem no contrato social".[15]

A responsabilidade civil reparatória não elimina, evidentemente, o risco dos ensaios clínicos, e tampouco evita a ocorrência de eventos adversos. No entanto, permite distribuir os prejuízos advindos, facilitando o ressarcimento às vítimas e reduzindo o custo social.

O gerenciamento de riscos, o fornecimento de informações (prevenção e precaução), a imputação da responsabilidade a todos os agentes, e a socialização dos riscos pelo seguro de responsabilidade civil (social, obrigatório e privado) são instrumentos para a efetivação da proteção do participante de pesquisa.

O foco do presente estudo é tratar do regime jurídico da responsabilidade civil em ensaios clínicos no ordenamento jurídico brasileiro, que se difere da responsabilidade civil médica, em razão das peculiaridades de cada atividade e regramentos específicos. E, restringe-se às fases I, II, e III do ensaio clínico, que são prévias à

---

13. Disponívelem:https://g1.globo.com/bemestar/vacina/noticia/2020/11/09/anvisa-suspende-temporaria-mente-ensaio-clinico-da-coronavac.ghtml.
    https://noticias.uol.com.br/saude/ultimas-noticias/redacao/2020/11/11/anvisa-autoriza-retomada-de-testes-da-coronavac.htm Acesso em 31 dez. 2020.
14. Disponívelem:https://expresso.pt/coronavirus/2020-12-12-Covid-19.-Peru-suspende-ensaios-clinicos-de-vacina-chinesa-apos-problemas-neurologicos. Acesso em 31 dez. 2020.
15. MONTEIRO, Jorge Sinde. Rudimentos da Responsabilidade Civil, *Revista da Faculdade de Direito da Universidade do Porto*, ano I, p. 349, 2005.

aprovação do uso de vacinas para toda população. Exclui-se, portanto, a análise dos danos decorrentes de vacina já aprovada pelos órgãos competentes.

As pesquisas clínicas em seres humanos, no Brasil, não são reguladas por lei específica,[16] mas por um emaranhado de normas de cunho ético-jurídico-administrativo, o que demanda um estudo sistemático e voltado para tutela dos participantes de pesquisas científicas. Para isso, parte-se do enquadramento jurídico das relações jurídicas decorrentes das pesquisas clínicas, com ênfase na sua estrutura, que contempla os agentes participantes, o vínculo jurídico estabelecido e a sua função voltada para o desenvolvimento científico, sem se afastar dos cuidados dos participantes, a fim de melhor definir o regime jurídico da responsabilidade civil. Tudo de forma a preservar os interesses jurídicos merecedores de tutela dos participantes de pesquisa, que tanto contribuem de forma solidária para o progresso científico e toda a coletividade.

2. A REGULAÇÃO A ESTRUTURA E FUNÇÃO DOS ENSAIOS CLÍNICOS NO BRASIL

A pesquisa clínica tem amparo na legalidade constitucional, que concede *status* de direitos e garantias fundamentais à liberdade científica (inciso IX do artigo 5º da CF) [17] e garante a livre iniciativa (art. 1º, IV, e artigo 170 da CF), enquadrando a ciência como atividade individual e de interesse coletivo, e abrindo todo um capítulo autonomizado referente à Ciência, Tecnologia e Inovação (capítulo IV do título VIII – artigos 218 e 219 da CF; Lei 10.973/2004), além de conferir direitos e garantias fundamentais aos envolvidos na pesquisa (arts. 1º, III; 5º, II, III e 196).

Se, por um lado, o Estado deve promover a ciência e permitir a liberdade científica, até mesmo pelas vantagens decorrentes do progresso técnico-científico no terreno da biologia e da medicina, por outro lado, deve garantir que esta sirva à melhoria das condições de vida para todos os indivíduos, assegurando os direitos dos sujeitos submetidos às pesquisas e sua dignidade humana, de forma a afastar qualquer invalidade jurídica e preservar a vida.

A lei civil brasileira consagra os direitos de personalidade, que são intransmissíveis e irrenunciáveis (artigo 11 do Código Civil Brasileiro – CCB) e estão diretamente relacionados à participação da pessoa em experimentação, que deve consentir livremente, pois versa sobre o direito à disposição do próprio corpo, em especial os artigos 13 e 15 do CCB.

No Brasil, tem prevalecido a regulação das pesquisas em seres humanos por meio de resoluções, portarias, normas deontológicas e diceológicas que impõem aos

---

16. Está em tramitação na Câmara dos Deputados o Projeto de Lei 7082/2017, que dispõe sobre a pesquisa clínica com seres humanos e institui o Sistema Nacional de Ética em Pesquisa Clínica com Seres Humanos. Disponível em: https://www.camara.leg.br/proposicoesWeb/fichadetramitacao?idProposicao=2125189 Acesso em: 31 dez. 2020.
17. Guilherme Oliveira trata da liberdade científica em: OLIVEIRA, Guilherme de. Direito Biomédico e Investigação Clínica. *Revista de Legislação e de Jurisprudência*. ano 130, n. 3881, p. 231-239, dez 1997.

médicos, pesquisadores e patrocinadores determinadas condutas, direitos e deveres, do ponto de vista ético e administrativo. Essas normas, apesar de não se enquadrarem no conceito de lei *stricto sensu,* gozam de força normativa, legitimando, inclusive, sua punição disciplinar decorrente do poder de polícia administrativa conferido pelo Estado, o que, por sua vez, não afasta as sanções cíveis (responsabilidade civil) e penais (responsabilidade penal),[18] tudo em prol do interesse público e privado. Aplicam-se aos ensaios clínicos as normas emanadas de órgãos independentes, vinculados ao Ministério da Saúde (MS) e ao Sistema Único de Saúde (SUS), que compõem a administração direta e indireta da União Federal; o Conselho Nacional de Saúde (CNS), instância máxima de deliberação do SUS; a Agência Nacional de Vigilância Sanitária (ANVISA), autarquia federal, que edita normas de cunho ético--administrativo-procedimental (Lei 9.782/99) e os Conselhos Profissionais, tal como o Conselho Federal de Medicina (CFM), autarquia federal, que orienta a conduta dos médicos que realizam pesquisa.

A Resolução 466/2012 do CNS regula as pesquisas envolvendo seres humanos no Brasil e engloba vários ramos do saber, mas em alguns pontos se refere diretamente à pesquisa biomédica (item III.3, V.1, b). Além dela, há a Resolução 251/97 do CNS que é específica para a regulação das pesquisas que envolvem seres humanos com novos fármacos, medicamentos, vacinas e diagnósticos. Ambas preveem vários direitos para os participantes e estabelecem as obrigações aos agentes envolvidos no processo de pesquisa, a saber: o dever de assistência imediata e integral à saúde dos voluntários e o direito à indenização, ao ressarcimento, entre outros. Essa regulação, no entanto, não afasta a leitura à luz da constituição e da lei civil, que protege os direitos da personalidade (art. 11, 13 e 15 do Código Civil), e disciplina o regime da responsabilidade civil (art. 927, parágrafo único, do Código Civil). Da mesma forma, o Código de Ética Médica, Resolução 2.217/2018 do CFM, que em seu Capítulo I, inciso XXIV, impõe o dever de respeitar as normas éticas nacionais, bem como proteger a vulnerabilidade dos sujeitos da pesquisa, estabelecendo a proibição de algumas condutas que violam a ética em pesquisa e a dignidade da pessoa humana sujeita à pesquisa (artigo 99 a 110).

A incidência das normas nacionais não afasta as internacionais em matéria de pesquisa, destacando os Guias de Boas Práticas, as diretrizes e princípios do Código de Nuremberg, de 1947; as Declarações Universais e os Pactos Internacionais, entre outras.

No entanto, critica-se a fragilidade do marco regulatório da pesquisa em seres humanos no Brasil, ocasionada por diversos motivos, sendo eles: a possibilidade de revogação das normas postas por simples portarias; a dificuldade de obter decisões

---

18. A respeito do assunto: PASCHOAL, Janaína Conceição. Experiências com seres humanos: estamos carentes de tutela penal? *Ciências Penais,* v. 14, p. 207-226, 2011. ALMEIDA, Rosalvo; FIDALGO, Sónia; REIS, Rafael Vale e. Comissões de ética para a saúde. O seu papel no âmbito da Directiva 2001/20/CE. Lex Medicinae – *Revista Portuguesa do Direito da Saúde,* ano 1, n. 1, Coimbra, Centro de Direito Biomédico, Coimbra Editora, 2004/2005, p. 107-119.

uniformes por parte dos diversos Comitês de Ética existentes; e a ausência de respostas para questões que transpassam o aspecto ético e adentram na seara jurídica. Por outro lado, em razão do fato de uma disciplina rígida, fechada, confrontar os constantes avanços biotecnológicos na ciência médica que necessita de maior flexibilidade, o enquadramento legislativo da investigação clínica por si só não solucionaria os problemas. Deve haver um equilíbrio entre os avanços da medicina e os interesses individuais dos participantes dos ensaios.

A pesquisa pode ser realizada tanto no âmbito privado como no público, ou por ambos em parceria, mas no presente artigo serão analisados apenas os ensaios clínicos realizados pelas pessoas privadas, tanto os patrocinadores quanto as instituições de pesquisas, pois isso influencia na normativa aplicável.

Independentemente de toda as normas acima mencionadas, se aplicam aos ensaios clínicos os princípios bioéticos da autonomia; da beneficência; da não maleficência; da justiça; da prevalência do interesse do indivíduo sobre os interesses da sociedade e da ciência; da responsabilidade ética; da solidariedade; da prevenção; da precaução; e da proteção. Ademais, há os princípios constitucionais que norteiam as pesquisas em seres humanos e que guardam similitude com os princípios bioéticos: i) o princípio da dignidade da pessoa humana; ii) o princípio da autonomia; iii) o princípio da solidariedade social; iv) o princípio da precaução; v) o princípio da prevenção; vi) o princípio da inalienabilidade do corpo humano; vii) o princípio da responsabilidade; e viii) o princípio da liberdade científica e da livre iniciativa. São os princípios que darão a base protetiva do participante e orientaram os limites e amplitude das pesquisas em seres humanos.

Dos ensaios clínicos nasce uma multiplicidade de situações jurídicas que envolvem diferentes pessoas, naturais ou jurídicas (participantes, agentes de pesquisa - promotor, patrocinador, investigador, instituição de pesquisa), órgãos administrativos, e que integram a grande cadeia decorrente do processo de experimentação. O vínculo estabelecido entre os integrantes dos ensaios clínicos pode influenciar diretamente no instituto da responsabilidade civil. Atualmente, esse mecanismo é uma medida efetiva para propiciar a reparação de eventuais danos sofridos pelos participantes de ensaios clínicos.

A situação jurídica decorrente dos ensaios clínicos deve ser interpretada por seu perfil funcional, considerando o quadro axiológico constitucional.

Os ensaios clínicos, apesar da busca legítima e constitucionalmente assegurada do progresso científico e de todo interesse mercadológico das grandes indústrias farmacêuticas, que movimentam bilhões de dólares e visam cada vez mais o lucro, não podem ser lidos sob o viés patrimonialista no que diz respeito ao participante da pesquisa. Trata-se de situação jurídica existencial atinente aos direitos da personalidade, que possibilita a intervenção no corpo humano, dentro da legalidade constitucional. Isso se verifica tanto para os ensaios clínicos terapêuticos, em que os participantes buscam o tratamento de doenças a que estão acometidos, quanto para os que se submetem à pesquisa por mero altruísmo e solidariedade, chamados ensaios não terapêuticos. O centro de interesse em qualquer tipo de ensaio clínico é, em definitivo, a própria pessoa humana, que se coloca em estado de vulnerabilidade, independente de outras vulnerabilidades secundárias prévias (crianças, idosos, incapazes, pessoas com deficiência, presos, grávidas etc.).

O principal elo que liga os agentes de pesquisa e legitima o experimento é o termo de consentimento livre e esclarecido, principal instrumento que compõe o protocolo de pesquisa, por meio do qual o participante aceita se submeter ao estudo clínico.

O consentimento é uma autorização, uma declaração unilateral de vontade concedida pelo participante da pesquisa para que o pesquisador realize estudos científicos com a administração de substâncias em seu corpo. A esse ato se aplica o disposto no Código Civil acerca dos negócios jurídicos,[19] observadas suas peculiaridades em razão de seu caráter existencial e alguns elementos quanto ao conteúdo da informação, voluntariedade e capacidade de consentir do participante,[20] necessários para conferir validade à autorização. O consentimento deve se dar de maneira livre, sem qualquer vício e após o participante ser plenamente esclarecido acerca de toda a pesquisa, riscos e benefícios, e até mesmo para o uso de seus dados pessoais e sensíveis (Lei Geral de Proteção de Dados – Lei 13709/2018), sob pena de afastar a legitimidade do estudo e dar ensejo à responsabilidade civil dos agentes de pesquisa e agentes de tratamento de dados, inclusive pelos danos morais causados,[21] entre outras sanções.

Na seara dos direitos da personalidade, a integridade psicofísica, colocada em risco por intervenções no corpo, de cunho médico ou científico, cede ao direito da personalidade, à vida, à liberdade. No que diz respeito à submissão do corpo humano e às pesquisas clínicas, não há certeza quanto aos riscos aos quais a integridade física do participante estará sujeita. Ele pode, portanto, ter sua saúde e vida afetadas. Mas, para que ocorra a pesquisa, é necessário que haja autorização para que o pesquisador a realize no participante, o que, por si só, não afasta o dever de indenizar caso o participante sofra danos em decorrência da pesquisa (Res. 466/2012 do CNS e Diretrizes éticas – CIOMS).

---

19. Nesse sentido: PEREIRA, André Gonçalo Dias. *O consentimento informado na relação médico-paciente*. Estudo de Direito Civil, 9, Faculdade de Direito da Universidade de Coimbra, Centro de Direito Biomédico, Coimbra: Coimbra Editora, 2004. OLIVEIRA, Guilherme de. Direito Biomédico e Investigação Clínica. *Revista de Legislação e de Jurisprudência*. ano 130, n. 3881, p. 231-239, dez 1997. RODRIGUES, João Vaz. *O Consentimento Informado para o Acto Médico no Ordenamento Jurídico Português* (Elementos para o Estudo da Manifestação da Vontade do Paciente). Coimbra Editora, 2001.
20. Cf. VALE, Maria do Carmo Jardim Pereira do. *Ensaios clínicos em populações vulneráveis*. Disponível em: http://www.ihmt.unl.pt/docs/Ensaios-Clinicos-em-Populacoes-Vulneraveis.pdf.
OLIVEIRA, Guilherme; VALE, Maria do Carmo. *Consentimento informado em menores*. Disponível em: http://www.ceic.pt/portal/page/portal/CEIC/Documentos/DOCUMENTOS_REFLEXAO/Consent%20Inf%20Menores%20Eu%20e%20GO%20CEIC.pdf.
21. Sinde Monteiro trata da violação do direito geral de personalidade do doente, e sua liberdade de determinação caso não observe o consentimento e a configuração de dano moral, o direito e dever de informar ganha relevo. MONTEIRO, Jorge Sinde. *Responsabilidade por conselhos, informações ou recomendações*. Coimbra: Almedina, 1990, p. 273.

Ao pesquisador é atribuída a tarefa de informar, esclarecer ao participante tudo sobre a pesquisa, seus benefícios e riscos, e obter o consentimento, para que este decida se participará voluntariamente; agir com cuidado; adotar medidas imediatas e seguras para garantir a segurança e o bem-estar dos participantes e protegê-los de qualquer risco iminente em caso de eventos adversos graves ocorridos durante a condução do ensaio clínico.

O patrocinador, geralmente, não tem uma relação direta com o participante da pesquisa, e não celebra com ele um negócio jurídico específico, limitando-se a formalizar contratos com as instituições de ensino e os pesquisadores, o que não significa que não exista um vínculo jurídico entre o patrocinador e o participante da pesquisa. O patrocinador controla a experiência, eventuais desvios existentes, avaliando os dados coletados, bem como garante sua guarda e sigilo. Ele financia, realiza as contratações necessárias para viabilizar a pesquisa, a infraestrutura, elege o pesquisador responsável e fornece o produto objeto de teste.

Em regra, as instituições de pesquisa também não celebram negócio jurídico com o participante, mas com o patrocinador e pesquisador, podendo este já figurar no seu quadro de empregados ou prestadores de serviços – se instituição privada – ou servidor público – se instituição pública. No entanto, pode haver uma prestação de serviços por parte da instituição de pesquisa aos participantes, que fornece toda a infraestrutura médico-hospitalar e que deve observar seus direitos e assegurar a qualidade de suas instalações, dos serviços de hotelaria e, quiçá, médicos incluídos, além da proteção dos dados e propiciar acesso aos cuidados de sua saúde. Além disso, pode ter um contrato de prestação de serviços entre a instituição de pesquisa e o participante referente a outros serviços por eles fornecidos, como os médico-hospitalares, que já eram prestados até mesmo antes da pesquisa. Um bom exemplo são os pacientes que já estão internados ou que fazem tratamento ambulatorial e que depois são incluídos no estudo clínico.

Após identificar as situações jurídicas decorrentes dos ensaios clínicos, compreender de que forma os agentes envolvidos no processo de pesquisa se relacionam e o papel exercido por cada um, é possível traçar parâmetros jurídicos que, juntamente com os éticos já existentes, definirão os cânones da responsabilidade civil em sede de ensaios clínicos.

3. O REGIME JURÍDICO DA RESPONSABILIDADE CIVIL NOS ENSAIOS CLÍNICOS DE VACINA NO ORDENAMENTO BRASILEIRO

A atividade de pesquisa é cercada de riscos que, dependendo do seu nível e potencial, podem impedir sua realização. Contudo, mesmo quando admitida a pesquisa, observados todos os critérios éticos e procedimentais e após ter passado pela ponderação entre os riscos e benefícios envolvidos e pelo filtro dos princípios da prevenção e precaução, os participantes podem sofrer danos, de ordem patrimonial e/ou extrapatrimonial, dano moral, e que devem ser reparados, o que fora relatado nos casos acima noticiados envolvendo ensaios clínicos de vacina para Covid-19. Nesse quadro vários questionamentos podem ser feitos: (i) quais são as normas aplicáveis?; (ii) quem seriam os agentes responsáveis?; (iii) quais são as causas que geram o dever de reparar?; (iv) haveria responsabilidade, já que os riscos são informados ao participante de pesquisa ao conceder o consentimento livre?; e (v) seria possível excluir a responsabilidade em alguma hipótese?

A definição do regime jurídico da responsabilidade civil incidente em ensaios clínicos no sistema jurídico brasileiro depende, em um primeiro passo, da averiguação quanto à normativa jurídica aplicável: se é o Código Civil ou o Código de Defesa do Consumidor; do tipo de risco que envolve a pesquisa clínica e dos perfis de responsabilidade de acordo com os agentes envolvidos: patrocinador, pesquisador responsável e instituição de pesquisa, observado o vínculo com os participantes de pesquisa, o dever de assistência, de indenizar e de ressarcir.

O Código de Defesa do Consumidor se aplica às prestações de serviços e fabricação de produtos inseridos no mercado de consumo, que apresentam caráter econômico e são colocados à disposição de consumidores que utilizam os produtos e serviços como destinatários finais para atender a uma necessidade própria, observados os conceitos de consumidor e fornecedor, cuja abrangência é tratada pelas teorias maximalista, finalista e finalista aprofundada (artigos 2º, 17, 29, 3º, todos do CDC).

A atividade de pesquisa clínica não está inserida no mercado de consumo; cuida-se de fase preliminar, considerando as fases I, II, e III, em que se colocam em teste a eficácia, a tolerância e a segurança de um tratamento farmacológico sobre a pessoa humana. O produto administrado neste momento não é um bem de consumo presente no mercado; ao revés, a autorização de uso é exclusiva para fins de pesquisa, não podendo ser empregado fora dos limites do estudo clínico. Não há de se falar, sequer, em cadeia de produção e fornecimento de serviço massificado. Dessa forma, se não há colocação do produto no mercado, afasta-se a responsabilidade civil por fato ou vício do produto prevista nos artigos 12, § 3º, I, e 18 a 20 do CDC.[22]

Aplicar-se-á aos ensaios clínicos, portanto, a legislação civil quando as partes envolvidas são da área privada, observando-se as normas de direito público no que diz respeito à regulação da atividade, bem como quando o Estado assumir a promoção da pesquisa (artigo 37, § 6º, da Constituição da República e 43 do Código Civil), o que não será enfrentado no presente artigo.

A conclusão de que o Código Civil se aplica às situações jurídicas em tela não soluciona o problema enfrentado. Impõe-se, ainda, divisar o tipo de responsabilidade civil em sede de pesquisa clínica, o que dependerá de critérios hermenêuticos equa-

---

22. A respeito da não aplicação do CDC em estudo clínico de uso de medicamento: Tribunal de Justiça do Estado do Rio Grande do Sul. Apelação Cível 70020090346, da 9ª Câmara Cível. Relator Odone Sanguiné. Porto Alegre, 26 set. 2007. Em sentido contrário: Tribunal de Justiça do Estado do Rio Grande do Sul. Apelação Cível 70047615703, da 10ª Câmara Cível. Relator Jorge Alberto Schreiner Pestana, Porto Alegre, 23 de maio de 2013.

cionados em relação ao disposto nos artigos 186, 187, 392, 927, *caput* e parágrafo único, 931, 932, 933, 934, 942, 944, 949, 950 e 951 daquele Código. Nessa direção, há de se avaliar a natureza da atividade desenvolvida, o tipo de risco envolvido e a responsabilidade de cada ator envolvido na pesquisa.

A atividade de pesquisa é organizada, e envolve riscos elevados e incomensuráveis, pelo que se aplica o disposto no art. 927, parágrafo único, do Código Civil. Afasta-se o disposto no art. 931 do Código Civil, que também entabula cláusula geral de responsabilidade objetiva, eis que não há produto posto em circulação, pois a substância está em fase de teste, sua farmacêutica e seu acondicionamento são diversos dos colocados no mercado, além de seu uso ser limitado, restrito ao âmbito da pesquisa, acessível apenas às pessoas autorizadas e sem permissão para serem comercializados.

Entre os diversos tipos de riscos jurídicos existentes, como por exemplo: mitigado e integral; proveito e criado; empresa e profissional; perigo e administrativo, os ensaios clínicos se inserem na categoria de risco integral, afastando-se do conceito de risco inerente, que excluiria a responsabilidade civil dos danos causados aos participantes e do risco de desenvolvimento.[23]

Em se tratando de vacinas, é possível prever duas situações diversas: (i) reações adversas sofridas pelos participantes de pesquisa durante o estudo clínico da vacina em teste (fases I, II, ou III); (ii) reações adversas sofridas pelas pessoas que recebem a vacina já aprovada pela ANVISA, distribuição no mercado de consumo e utilizada em políticas públicas de imunização.

A aplicação de vacina depende da aprovação por parte da ANVISA, nos termos da Lei 6.360/76, regulamentada pelo Decreto 8.077/2013, e observa o Programa Nacional de Imunizações (PNI) criado pela Lei 6.259/1975, regulamentado pelo Decreto 78.231/1976, por iniciativa do Sistema único de Saúde que estabelece ao Ministério da Saúde a competência para elaboração do PNI (Lei 6.259/75, arts. 6º, § 2º, 15 e 16 da Lei 8.080/90), incluindo os casos de vacinações obrigatórias (art. 27). No caso de criança e adolescente o Estatuto da Criança e do Adolescente (Lei 8.069/90, art. 14) estabelece a obrigatoriedade com sanções aplicadas aos pais pelo descumprimento.[24] Apesar do movimento hoje existente antivacinação, o Supremo Tribunal Federal já se pronunciou pela obrigatoriedade.[25]

---

23. No que tange ao risco do desenvolvimento cabe a definição de: BARBOZA, Heloisa Helena. Responsabilidade civil em face das pesquisas em seres humanos. In: MARTINS-COSTA, Judith; MOLLER, Letícia Ludwig (Ed.). *Bioética e responsabilidade*. Rio de Janeiro: Forense, 2009. p. 208-209.
24. SCHAEFER, F. Autoridade Parental e vacinação obrigatória. In: DADALTO, Luciana; TEIXEIRA, Ana Carolina Brochado (Org.). *Autoridade parental*: dilemas e desafios contemporâneos. Indaiatuba: Foco, 2019, v. 1, p. 245-262.
25. O entendimento foi firmado no julgamento conjunto das Ações Diretas de Inconstitucionalidade (ADIs) 6586 e 6587, que tratam unicamente de vacinação contra a Covid-19, e do Recurso Extraordinário com Agravo (ARE) 1267879, em que se discute o direito à recusa à imunização por convicções filosóficas ou religiosas." Disponível em: http://stf.jus.br/portal/cms/verNoticiaDetalhe.asp?idConteudo=457462 Acesso em 31 dez. 2020.

Por outro lado, já há um movimento de pressão por parte das indústrias farmacêuticas de vacinas contra a Covid-19 junto a União Europeia para que haja uma isenção de responsabilidade civil para seus membros se as vacinas contra o novo coronavírus, que estão sendo desenvolvidas em tempo recorde, causarem danos.[26] No Brasil, o presidente da República questionou cláusula do contrato da Pfizer que diz que o laboratório não se responsabiliza pelos efeitos colaterais da vacina.[27] Todavia, não é objeto de análise a responsabilidade civil nessa fase, pois se trata de vacina já testada, aprovada pelos órgãos competentes, mesmo que de forma emergencial,[28] distribuída e ministrada em laboratórios, postos de saúde, clínicas, entre outros locais e não as fases I, II, III ora em análise. Nesses casos doutrina[29] e jurisprudência[30] já têm se posicionado acerca da aplicação do instituto da responsabilidade civil quando da ocorrência de eventos adversos pós-vacinação. Esse tema também pode ser objeto de controvérsias, seja quanto aos agentes responsáveis, pois apesar do envolvimento do Estado, com atuação do SUS em campanhas, e dos outros entes federativos, as vacinas podem ser produzidas por pessoas jurídicas de direito público ou privado (laboratórios particulares), o que interfere na normativa aplicável (Constituição Federal, Código Civil, Código de Defesa do Consumidor); seja em relação aos eventos adversos passíveis de ressarcimento na esfera patrimonial ou extrapatrimonial, pois há os previsíveis e imprevisíveis; e até mesmo quanto à possibilidade de incidência da teoria do risco de desenvolvimento (art. 12, parágrafo 1º, III, do CDC)[31] e do risco administrativo quando envolve o Estado.

Na fase dos ensaios clínicos, afasta-se o risco de desenvolvimento, pois este se verifica após a fabricação do produto e sua introdução no mercado de consumo. E, como as fases do ensaio clínico ora estudadas são as I, II e III, ou seja, antes da comercialização do medicamento, da vacina, e justamente durante a aferição do conhecimento científico, não será esse risco o preponderante para caracterizar a atividade de pesquisa clínica. Ao que parece, o risco integral exsurge como o mais adequado para a situação em análise.

O risco integral, todavia, não se confunde com a responsabilidade integral, definida pela doutrina como a que independe de nexo de causalidade para caracterizar

---

26. Disponível em: https://www.ictq.com.br/industria-farmaceutica/1960-industria-quer-protecao-legal-se-vacinas-contra-covid-19-derem-problemas#:~:text=Laborat%C3%B3rios%20produtores%20de%20vacinas%20contra,o%20Financial%20Times%20(FT). Acesos em 31 dez. 2020.
27. Disponível em: https://www.cnnbrasil.com.br/nacional/2020/12/28/bolsonaro-cobra-de-laboratorios-documentos-para-aprovar-vacina Acesso em: 31 dez. 2020.
28. Disponível em: https://www.gov.br/anvisa/pt-br/assuntos/paf/coronavirus/vacinas-covid/vacinas-uso-emergencial Acesso em: 13 abril 2021.
29. A respeito do tema merece a leitura: MENEZES, Joyceane Bezerra de; SERPA, J. A. Responsabilidade civil da União pelos danos causados pela vacina contra a influenza – Síndrome Guillain-Barré (SGB). Pensar – Revista de Ciências Jurídicas, v. 25, p. 1-18, 2020.
30. Cabe a consulta dos seguintes julgados: STJ, Recursos Especiais, RESP 1.514.775 /SE, RESP 1.618.887 / RS, STF, Recurso Extraordinário, RE 1171785.
31. Disponível em: https://www.migalhas.com.br/coluna/migalhas-de-responsabilidade-civil/332131/na-torcida-por-uma-vacina-uma-nota-sobre-os-riscos-do-desenvolvimento Acesso em: 31 dez. 2020.

o dever de indenizar e que afasta as excludentes de responsabilidade. O risco integral em ensaios clínicos significa a causalidade pura, na qual basta o nexo e a presença de eventos adversos decorrentes da pesquisa que causem danos indenizáveis para gerar a responsabilidade. Esse risco abarca os acontecimentos já previstos, conhecidos em virtude do avanço da ciência, da pesquisa pré-clínica ou de outras fases de estudos, e expressos no termo de consentimento livre e esclarecido, como também os não conhecidos e descobertos durante ou após concluída a experimentação, e que gerem danos ressarcíveis, já que é possível haver dano não indenizável (evento adverso leve). Não precisará restar caracterizado o defeito do produto ou da prestação do serviço de pesquisa, pois o risco por si só já será suficiente para dar ensejo à responsabilização civil.

Além disso, não se admite em sede de ensaios clínicos a possibilidade de afastar a responsabilidade por qualquer previsão no termo de consentimento livre e esclarecido dos riscos, por contrariar os princípios constitucionais da dignidade da pessoa humana e da solidariedade social e princípios bioéticos (Res. 466/2012, item IV.4, "c"). Dessa forma, afasta-se qualquer argumento de que os agentes não respondem, já que os participantes assumiram os riscos. A não aplicação do instituto da responsabilidade civil depende apenas da falta de um dos seus elementos ensejadores (dano e nexo de causalidade).

A responsabilidade em ensaios clínicos é, portanto, objetiva[32] para todos os agentes de pesquisa (patrocinador, pesquisador,[33] instituição de pesquisa), se diferenciando da responsabilidade civil do médico,[34] mesmo com sua atuação como pesquisador,[35] já que a responsabilidade se configura independentemente de dolo ou culpa, motivo pelo qual não se fará juízo de censura da conduta do agente. Esse regime de responsabilidade civil ajuda o participante vulnerável a obter a reparação com mais facilidade e tem amparo nos pressupostos que deram ensejo à mudança do eixo da culpa para o risco, na distribuição dos danos sofridos entre a coletividade que se beneficia da pesquisa e do progresso científico, socializando os riscos, o que não afasta a necessidade de criar e utilizar mecanismos que assegurem não só a prevenção, mas também a reparação e a compensação dos danos (seguro).[36]

---

32. Em Portugal, a Lei 21/2014, de 16 de abril, estabelece no artigo 15°, 1, a responsabilidade civil objetiva, independente de culpa, de forma solidária do promotor, bem como do investigador. "Responsabilidades objectivas estão ainda previstas a favor das pessoas que aceitam sujeitar-se a ensaios clínicos ou a doar órgão, riscos que assumem voluntariamente". MONTEIRO, Jorge Sinde. Rudimentos da Responsabilidade Civil, *Revista da Faculdade de Direito da Universidade do Porto*, ano I, p. 358, 2005.
33. Em sentido contrário e pela aplicação da responsabilidade subjetiva: FERNANDES, Márcia Santana *et al.* A responsabilidade civil do pesquisador "responsável" nas pesquisas científicas envolvendo seres humanos e a Resolução CNS 466/2012. *Revista de Direito Civil Contemporâneo*, v. 2, n. 5, p. 97-118. São Paulo, 2015.
34. C.f. MONTEIRO, Jorge Sinde. Aspectos Particulares da Responsabilidade Médica. *Direito da Saúde e Bioética*, Lisboa, Lex, 1991, p. 134-152.
35. C.f. BARBOSA, Carla. Responsabilidade civil dos médicos nos ensaios clínicos. *Lex Medicinae – Revista Portuguesa de Direito da Saúde*, n. 2, p. 53-70, 2004.
36. Esse foi o posicionamento defendido na seguinte obra: PEREIRA, Paula Moura Francesconi Lemos. *A responsabilidade civil nos ensaios clínicos*. São Paulo: Foco, 2019.

São pressupostos ensejadores da responsabilidade civil: i) exercício da atividade de pesquisa; ii) dano reparável, de natureza patrimonial ou extrapatrimonial, resultante da pesquisa; e iii) nexo de causalidade entre o dano e a pesquisa.

A responsabilidade civil em pesquisa clínica pode incidir em diversas hipóteses, tais como: i) violação do sigilo das informações e confidencialidade dos dados sensíveis dos participantes e inerentes à atividade (monitoramento, rastreabilidade, propagação);[37] ii) falha na obtenção do consentimento livre e esclarecido necessário para validar a submissão do participante à pesquisa; e iii) ocorrência de eventos adversos durante ou após a pesquisa, os quais acarretam danos de várias espécies, como será indicado a seguir.

A responsabilidade civil pode, ainda, ser contratual ou extracontratual, apesar da mitigação dessa diferenciação na prática. Essa classificação vai depender de cada agente e se os danos resultantes dos ensaios clínicos decorrem de uma situação negocial ou não, podendo um mesmo fato resultar em um concurso de responsabilidade.

A multiplicidade de agentes envolvidos e de atos que cercam o processo de pesquisa clínica acarretam dúvidas acerca da imputação da responsabilidade civil. No entanto, a responsabilidade frente ao participante de pesquisa deve recair em todos agentes envolvidos, independentemente do ato diretamente causador do dano.

A responsabilidade entre os agentes de pesquisa é, portanto, solidária e decorre da lei (artigo 942 do Código Civil), o que implica na possibilidade de o participante de pesquisa pleitear a reparação de qualquer agente, bastando a verificação do nexo de causalidade entre o danoso e a pesquisa. Os agentes responderão, mesmo que o ato não tenha sido por ele diretamente praticado e independentemente se houve ou não uma relação negocial com o participante, sendo-lhes facultada a ação regressiva contra o responsável direto, observado o disposto nos artigos 934, 884, 932, III e 933, todos do Código Civil.

A aplicação da solidariedade entre os agentes de pesquisa[38] está em consonância com a própria função da responsabilidade civil, que é possibilitar a reparação do dano

---

Em Portugal, a Lei 21/2014, de 16 de abril, seguindo até mesmo o Regulamento (EU) 536/2014 do Parlamento Europeu e do Conselho de 16 de abril de 2014 relativo aos ensaios clínicos de medicamentos para uso humano (artigo 76º), impõe de forma obrigatória a contratação de seguro de responsabilidade civil para cobrir os danos causados por ato do promotor e do investigador nos ensaios clínicos, nos termos do artigo 6, 1, "e", e artigo 15º, 2, cabendo à CEC se pronunciar em seu parecer sobre esse seguro (artigo 16º, 7, "d").

37. Acerca da proteção de dados merece a leitura: TEPEDINO, Gustavo, OLIVA, Milena Donato, FRAZÃO, Ana. Lei Geral de Proteção de Dados Pessoais e suas repercussões no direito brasileiro. São Paulo: Thomson Reuters Brasil, 2019. MULHOLLAND, Caitlin Sampaio. Dados pessoais sensíveis e a tutela de direitos fundamentais: uma análise à luz da Lei Geral de Proteção de Dados (Lei 13.709/18). Revista de Direitos e Garantias Fundamentais, v. 19, n. 3, set./dez., p. 159-180. Vitória, 2018.

38. A Resolução 466/2012 do CNS estabelece a responsabilidade tanto do patrocinador, quanto do pesquisador e da instituição de pesquisa pelos danos dela decorrentes de forma ampla, incluindo os danos previstos ou não previstos no termo de consentimento livre e esclarecido (item II.7, V.6, V.7 e XI.1).

injusto. A *ratio* da solidariedade na obrigação de indenizar é facilitar a reparação e acautelar a vítima contra o risco da insolvência de algum dos obrigados.

Como dito, o dever de os agentes indenizarem os participantes de pesquisa depende da comprovação do nexo de causalidade, pelo que se admite as hipóteses de incidências das excludentes de responsabilidade, seja pela quebra da causalidade por fortuito externo, fato exclusivo da vítima ou de terceiro, caso fortuito ou força maior, ou falta do elemento dano indenizável. São exemplos de fatos que afastam o dever de reparar: (i) evento adverso leve, que, apesar de ser um fortuito interno, gerou dano não ressarcível pelo juízo de ponderação; (ii) evento adverso decorrente de fortuito externo, como da própria doença do participante (iatrogenia), que já era utilizado pelo participante; (iii) fato exclusivo do participante, que não observou deveres de conduta e acarretou o dano; e (iv) caso fortuito e força maior.

Ressalte-se, ainda, a possibilidade de concorrência de causas, que não afastarão a responsabilidade dos agentes de pesquisa, mas poderão intervir no *quantum* indenizatório a ser pago pelos responsáveis.

Em tempos de pandemia, de novos riscos, de crescimento tecnológico acelerado na maior busca de proteção e tutela da dignidade da pessoa, em especial na área da saúde, diversos desafios surgem. Por isso, é preciso que os ensaios clínicos observem as fases necessárias para o desenvolvimento de uma vacina segura, com eficácia comprovada, e que exponha minimamente os participantes de pesquisa, e também toda a população. O instituto da responsabilidade ético-jurídica deve ser corretamente aplicado, observado os seus elementos caracterizadores para que seja de forma efetiva um instrumento de proteção da pessoa contra o dano injusto, pulverizando os riscos sociais pela solidariedade e reparação integral.

NOTAS SOBRE A RESPONSABILIDADE CONTRATUAL DO ALIENANTE PELA VIOLAÇÃO DAS CLÁUSULAS DE DECLARAÇÕES E GARANTIAS NOS CONTRATOS DE ALIENAÇÃO DE PARTICIPAÇÃO SOCIETÁRIA REPRESENTATIVA DE CONTROLE

Deborah Pereira Pinto dos Santos

Doutora e mestre em Direito Civil pela Universidade do Estado do Rio de Janeiro (UERJ). *Master of Law* pela Universidade de Harvard (LLM 18' Harvard Law School). Procuradora do Município do Rio de Janeiro (PGM-RJ). Advogada.

Marília Lopes

Mestranda em Direito Civil pela Universidade do Estado do Rio de Janeiro (UERJ). Ex-assessora do Colegiado da Comissão de Valores Mobiliários (CVM). Advogada.

1. INTRODUÇÃO

Os contratos de alienação de participação societária representativa de controle são espécie do tipo de contrato de compra e venda, e possuem determinadas particularidades decorrentes dos efeitos econômicos que lhe são peculiares.[1] A transferência de participação societária representativa de controle importa não somente na transmissão da propriedade dos títulos de participação, como também na transferência de outro bem econômico: o poder de controle, isto é, o "poder de fruição e disposição dos bens da empresa, explorada pela companhia [sociedade] emitente das ações [quotas]" e, com isso, na atribuição de direitos e deveres próprios à situação jurídica de acionista controlador de companhia.[2]

Não por outra razão, o preço acordado para esse negócio jurídico é frequentemente superior ao valor contábil ou de mercado das quotas ou ações. O sobrepreço (ou prêmio) usualmente observado na transferência da participação societária representativa de controle, justifica-se, em larga medida, pelo fato de que o adquirente

---

1. BUSCHINELLI, Gabriel Saad Kik. *Compra e venda de participações societárias de controle*. São Paulo: Quartier Latin, 2018, p. 17.
2. COMPARATO, Fábio Konder; SALOMÃO FILHO, Calixto. *O poder de controle na sociedade anônima*. 6. ed. São Paulo: Forense, 2014, p. 255.

passa a poder dispor dos bens da empresa e a ditar os rumos dos negócios sociais, observados os limites do interesse social.

Os contratos de compra e venda de participação societária representativa de controle revestem-se, portanto, de alta complexidade e risco econômico. Não à toa, a prática societária tem evidenciado a utilização de diversos instrumentos jurídicos pelas partes – muitas vezes, importados do direito estrangeiro – para gerir os riscos econômicos a que tais operações estão sujeitas. Além da realização de procedimentos de auditoria (*i.e. due diligence*), adquirente e alienante utilizam-se, com considerável frequência, da cláusula de declarações e garantias para alocar os riscos relacionados às participações societárias objeto do contrato, bem como à situação jurídica e patrimonial da sociedade-alvo.

As informações prestadas na cláusula de declarações e garantias, contudo, podem revelar-se falsas em dado momento – hipótese em que as partes poderão disciplinar contratualmente as consequências jurídicas que irão advir de tal evento. Reconhece-se a existência de forte debate na doutrina acerca dos contornos jurídicos que a falsidade das informações prestadas nas cláusulas de declarações e garantias poderá assumir nos contratos de alienação de participação de controle, a depender de diversos fatores, tais como de seu conteúdo e de sua relevância para a finalidade econômico-individual do negócio jurídico, bem como do momento em que o comprador teve ciência de que as informações prestadas não correspondiam à realidade. Assim, o presente artigo terá especificamente como objeto a situação em que a violação da obrigação prevista na cláusula de declarações e garantias é considerada inadimplemento do contrato, em razão da essencialidade da veracidade daquelas informações para a celebração do negócio jurídico.

A primeira seção deste artigo abordará o conceito da cláusula de declarações e garantias, e sua relação com dever de informar derivado do princípio da boa-fé objetiva. Analisa-se a função exercida pela cláusula nos contratos de alienação de participação societária de controle à luz do direito brasileiro, como especificação do conteúdo contratual referente aos riscos assumidos pelo vendedor da participação acionária de controle quanto à veracidade das informações prestadas. Dessa forma, tais cláusulas funcionam como mecanismo de gestão positiva dos riscos contratuais relacionados ao inadimplemento.

Em sequência, na segunda seção, serão analisados os caminhos disponíveis ao credor diante da violação da cláusula de declarações e garantias, que poderá configurar inadimplemento relativo ou absoluto, conforme haja ou não a perda do interesse do credor na prestação ou ela se torne impossível por culpa do devedor.

Por sua vez, na terceira seção, serão traçados os contornos jurídicos da cláusula de remédio exclusivo, que deve ser interpretada de forma sistemática com a cláusula de declarações e garantias. Conhecida na *common law* como *sole remedy clause,* a cláusula representa a renúncia expressa do direito potestativo do credor de resolver o contrato em caso de inadimplemento da prestação pelo devedor, que seja especificamente relacionado à violação do dever de informar previsto na cláusula de declarações e garantias, cabendo-lhe apenas seguir pela via da execução pelo equivalente, com incidência da multa contratual. É como se passa a analisar.

2. O QUE SÃO E COMO FUNCIONAM AS CLÁUSULAS DE DECLARAÇÕES E GARANTIAS NAS ALIENAÇÕES DE PARTICIPAÇÕES SOCIETÁRIAS

As cláusulas de declarações e garantias, comumente inseridas no âmbito de contratos de compra e venda de participação societária com fins de aquisição de controle,[3] consistem em declarações prestadas pelo alienante das participações acerca da situação e da qualidade dos bens alienados, bem como da sociedade-alvo e de sua própria situação jurídica e patrimonial. Segundo Catarina Monteiro Pires, elas correspondem "à promessa de que um estado de coisas existe, através da fixação de características ou qualidades de certo bem, ou conjunto de bens, de certo negócio ou de certa situação jurídica, conferindo ao comprador direitos adicionais em relação ao catálogo legal".[4]

Assim, por exemplo, pode o alienante declarar que as demonstrações financeiras da sociedade-alvo foram elaboradas de acordo com as normas e princípios aplicáveis, que as participações se encontram livres e desembaraçadas de quaisquer ônus ou gravames, que a sociedade não possui dívidas além das indicadas nos documentos fornecidos ao comprador, que a sociedade-alvo é proprietária de determinado maquinário essencial à atividade da empresa, entre outras.[5]

Tais cláusulas foram importadas da prática contratual anglo-saxônica – lá denominadas *representations and warranties* – e fundamentam-se, essencialmente, na autonomia negocial das partes. No sistema da *common law*, contudo, vigora como premissa a ideia de que "o exame das qualidades da coisa comprada é de responsabilidade exclusiva do comprador" (*caveat emptor*),[6] criando ao comprador o ônus de se informar sem que, em contrapartida, haja o dever legal de cunho informacional imposto ao vendedor.

Nesse contexto, e considerando que, nos negócios jurídicos de alienação de participação societária de controle, verifica-se na prática negocial a existência de assimetria informacional entre o vendedor e o comprador – acerca tanto das cir-

---

3. Para fins do presente artigo, serão considerados apenas os negócios jurídicos de alienação de participação societária de controle.
4. PIRES, Catarina Monteiro. *Aquisição de empresas e de participações acionistas*: Problemas e Litígios. Coimbra: Almedina, 2019, p. 63.
5. A despeito de serem usualmente, incluídas como uma única cláusula, há quem distinga as "declarações" das "garantias", no sentido de que aquelas "constituem fundamentalmente declarações que atestam o estado de facto da empresa societária à data da conclusão do contrato", enquanto estas " visam criar obrigações recíprocas entre as partes relativamente a um conjunto de matérias ou aspectos dessa empresa após aquela conclusão". Cf. ANTUNES, José Engrácia. A empresa como objecto de negócios: "Asset Deals" *versus* "Share Deals". *Revista da Ordem dos Advogados*. v. 2/3, n. 68, 2008, p. 783.
6. BUSCHINELLI, Gabriel Saad Kik. *Compra e venda de participações societárias de controle*. São Paulo: Quartier Latin, 2018, p. 323.

cunstâncias relativas às ações ou às quotas objeto do contrato, quanto da própria situação patrimonial da sociedade emissora –, as cláusulas de declarações e garantias assumem papel relevante na gestão positiva dos riscos contratuais. Isso porque elas representam a alteração da disciplina legal – na qual vigora a regra da não responsabilização do vendedor (como visto, *caveat emptor* na *common law*) – por meio da autonomia negocial.

Por sua vez, no ordenamento jurídico pátrio reconhece-se o protagonismo desempenhado pela boa-fé objetiva nas relações contratuais, fundamentado na solidariedade constitucional, uma vez que são os contratantes obrigados a respeitar, desde o início da fase das tratativas e durante toda a execução do contrato, os ditames de lealdade derivados da boa-fé objetiva. Com efeito, a boa-fé objetiva cria para as partes deveres anexos instrumentais à prestação principal, encerrando processo de cooperação entre os contratantes voltado à consecução dos objetivos perseguidos com a celebração do contrato – que se estende desde a fase negocial até a fase posterior ao adimplemento da prestação principal.[7]

Como se sabe, os deveres anexos são inseridos no contrato nos *interesses da prestação* e atuam como forma de otimização do adimplemento satisfatório.[8] Dessa forma, a boa-fé objetiva determina a sujeição de ambos os contratantes a padrões objetivos de lealdade voltados ao atingimento dos fins contratuais: os deveres de lealdade e cooperação são condicionados e limitados pela própria finalidade econômico-individual do negócio jurídico celebrado.[9]

Dentre os diversos deveres anexos à boa-fé objetiva, o dever de informação apresenta contornos significativos na relação jurídica contratual formada entre comprador e vendedor da participação societária de controle. Tal dever é marcado pela sua *instrumentalidade*, tendo em vista que a informação deve ser ofertada pela parte com vistas a atingir determinado resultado útil, que é o adimplemento da prestação, e pela sua *relacionalidade*, na medida em que a intensidade da informação deverá ser definida em cada situação concreta, considerando-se as partes envolvidas.[10]

Nesse sentido, no ordenamento brasileiro, nos negócios jurídicos de alienação de participação societária de controle, o dever de informação impõe ao vendedor, já de antemão, a obrigação de informar o comprador sobre todas as circunstâncias relevantes relacionadas não apenas à participação societária a ser alienada, como também àquelas relativas ao próprio patrimônio e à situação jurídica da sociedade-

---

7. TEPEDINO, Gustavo. Formação Progressiva dos contratos e responsabilidade pré-contratual: notas para uma sistematização. In: BENETTI, Giovana Valentiniano, et al (Org.). *Direito, cultura, método*: leituras da obra de Judith Martins-Costa. Rio de Janeiro: GZ Editora, 2019, p. 588.
8. MARTINS-COSTA, Judith. *A boa-fé no direito privado*: critérios para a sua aplicação. 2. ed. São Paulo: Saraiva, p. 241-242.
9. TEPEDINO, Gustavo; SCHREIBER, Anderson. A boa-fé objetiva no Código de Defesa do Consumidor e no novo Código Civil. In: TEPEDINO, Gustavo (Coord.). *Obrigações*: estudos na perspectiva civil-constitucional. Rio de Janeiro: Renovar, 2005, p. 32-33.
10. MARTINS-COSTA, Judith. *A boa-fé no direito privado*: critérios para a sua aplicação. 2. ed. São Paulo: Saraiva, p. 581-582.

-alvo da operação.[11] Por exemplo, deverá ser informado ao comprador os bens que estejam alienados em garantia ou gravados com hipoteca ou penhor.[12]

Desde a fase pré-contratual, o descumprimento culposo do dever de informar poderá gerar a responsabilidade civil por culpa *in contrahendo* e a falsidade intencional das informações, poderá levar posteriormente à anulação do negócio jurídico por vício de consentimento em razão de dolo essencial. Com efeito, a parte, ao prestar informação inverídica, de forma negligente ou até dolosa, deverá reparar os danos causados pela incorreção da informação prestada ou ainda por aquela faltante.[13]

Assim, embora a extensão do dever de informar no âmbito dos contratos de alienação de participação societária seja questão tormentosa na doutrina – em razão do risco econômico envolvido nesse tipo de transação, bem como da prática contratual de realização de procedimento de auditoria (*due diligence*), a fim de que o comprador possa examinar documentos e informações relevantes atinentes à sociedade alvo –[14] é certo que eventual omissão culposa ou dolosa de informações em tais negócios jurídicos já encontraria remédios no ordenamento jurídico brasileiro na fase pré-contratual, por meio da responsabilidade civil pelo interesse negativo, isto é, por danos derivados da confiança entre as partes.[15]

Por outro lado, há que se reconhecer que, no contexto do negócio jurídico de alienação de controle, nem sempre o vendedor disporá de todas as informações acerca da sociedade-alvo, de modo que, muitas vezes, as informações prestadas na cláusula de declarações e garantias, no momento em que o são, lhe parecem efetivamente verdadeiras. É possível que haja potenciais passivos não conhecidos ou que, ainda que o sejam, são de difícil mensuração. Em outras palavras, nem sempre a falsidade das declarações prestadas decorrerá de conduta culposa ou dolosa por parte do vendedor e nessa situação os deveres anexos à boa-fé objetiva não encontrariam aplicação.

---

11. BUSCHINELLI, Gabriel Saad Kik. *Compra e Venda de participações societárias de controle*. São Paulo: Quartier Latin, 2018, p. 324.
12. BUSCHINELLI, Gabriel Saad Kik. *Compra e venda de participações societárias de controle*, cit., p. 328 e 331.
13. MARTINS-COSTA, Judith. *A boa-fé no direito privado*: critérios para a sua aplicação. 2. ed. São Paulo: Saraiva, p. 590-591.
14. Cf. "Parece-nos que estes fatores ou elementos se articulam de forma móvel, não sendo possível estabelecer uma solução apriorística quanto à extensão do dever de informar. (...) Realcemos mesmo que o problema do interesse próprio em não revelar certas circunstâncias que podem impedir o fecho do negócio ou a obtenção de vantagens (lícitas) na negociação deve aceitar-se, parecendo-nos claramente excessivos os modelos paternalistas que obrigam o devedor da informação a revelar circunstâncias que são ostensivamente contrárias a seus interesses comerciais, com o único intuito de permitir a um credor da informação medianamente descuidado perceber o risco. Os fatores relativos às causas e à natureza dos riscos, juntamente com a ideia de cuidado que o próprio comprador deve ter, podem permitir sustentar que a falta de informação de um risco normal ou típico do negócio em causa não consubstancia uma violação do dever de informar". PIRES, Catarina Monteiro. *Aquisição de empresas e de participações acionistas*: problemas e litígios. Coimbra: Almedina, 2019, p. 28-29.
15. TEPEDINO, Gustavo. Formação progressiva dos contratos e responsabilidade pré-contratual: notas para uma sistematização. In: BENETTI, Giovana Valentiniano, et al (Org.). *Direito, cultura, método*: leituras da obra de Judith Martins-Costa. Rio de Janeiro: GZ Editora, 2019, p. 598.

Não obstante, se, por um lado, a cláusula de declarações e garantias, comumente utilizada nesse tipo contratual, tem a função de especificar e detalhar os riscos que serão assumidos pelo vendedor – de modo que tal cláusula constitui, portanto, "um reforço da tutela do credor" (comprador);[16] por outro lado, não se pode presumir a ausência de tutela jurídica da parte caso não haja a previsão de norma específica no contrato – ocasião em que será auferida a existência ou não de culpa do vendedor quando da prestação das informações –, por descumprimento de dever de informação de origem heterônoma, fundado diretamente na aplicação da boa-fé objetiva.[17]

Tais cláusulas, como instrumento de alocação de riscos, constituem a definição autônoma pelas partes do âmbito de incidência do dever instrumental de informar na relação jurídica concreta, ainda que tal dever tenha matriz heterônoma e esteja sempre presente desde a fase negocial, tendo em vista a aplicação do princípio da boa-fé objetiva em todas as relações patrimoniais. Os deveres heterônomos derivados da boa-fé objetiva não são ilimitados, mas ligados diretamente à concretização da finalidade econômico-individual do contrato. Desse modo, as cláusulas de declarações e garantias trazem para o campo da autonomia das partes a definição do conteúdo do dever de informar, em relações jurídicas de grande complexidade técnica e de alto risco econômico, evitando (ou ao menos amenizando) a criação de zonas cinzentas que poderiam ser objeto de futuro litígio entre os contratantes.

Em outras palavras, as cláusulas de declarações e garantias fundam-se na autonomia negocial e atuam como mecanismo de gestão positiva dos riscos contratuais relacionados ao inadimplemento,[18] interferindo diretamente no equilíbrio econômico do contrato. Elas representam escolha estratégica em razão da "tendencial assimetria informativa em que o comprador se encontra face ao vendedor e não é normalmente repercutido de forma plena no preço quando da sua determinação".[19]

Ao determinar as qualidades e características que o conjunto de bens envolvidos na transação deverá apresentar, tal alocação de riscos insere-se na causa concreta do contrato, isto é, "na síntese dos efeitos jurídicos essenciais (...) àquele negócio concretamente firmado". Dessa forma, o conteúdo previsto na cláusula de declarações e garantias passa a constituir a qualificação da prestação contratual e, com isso, passa a compor parte da finalidade econômica do contrato, ou seja parte de sua "função econômico-individual, expressa pelo valor e capacidade que

---

16. PIRES, Catarina Monteiro. *Aquisição de empresas e de participações acionistas*: problemas e litígios. Coimbra: Almedina, 2019, p. 65.
17. TEPEDINO, Gustavo. Novos princípios contratuais e teoria da confiança: a exegese da cláusula *to the best knowledge of the sellers*. Temas de Direito Civil. Rio de Janeiro: Renovar, 2006, t. II, p. 254.
18. Sobre o tema, ver TERRA, Aline de Miranda Valverde; BANDEIRA, Paula Greco. A cláusula resolutiva expressa e o contrato incompleto como instrumentos de gestão de risco nos contratos. *Revista Brasileira de Direito Civil*. v. 6, out/dez, 2015.
19. RUSSO, Fábio Castro. *Das cláusulas de garantia nos contratos de compra e venda de participações sociais de controlo*. Direito das Sociedades em Revista, 2010, p. 117.

as próprias partes deram à operação negocial na sua globalidade, considerada em sua concreta manifestação".[20]

Dessa forma, a obrigação assumida pelo vendedor quanto à qualidade e às características dos bens envolvidos na transação e à situação da sociedade-alvo passa a integrar o próprio conceito de prestação devida, de modo que a eventual violação de tais declarações assume contornos relevantes na relação jurídica constituída entre as partes. Em consequência, diante da hipótese em que as informações prestadas pelo vendedor da participação societária de controle revelem-se inexatas, com o descumprimento do que foi previsto nas cláusulas de declarações e garantias, configura-se dever de indenizar da parte (alienante) por inadimplemento contratual.[21]

Feita esta breve introdução sobre o tema, é forçoso reconhecer que a inexatidão das informações prestadas pelo vendedor nas cláusulas de declarações e garantias[22] – especialmente a falha culposa ou dolosa – tem despertado bastante atenção da doutrina nos últimos anos.[23] Nesse contexto, conforme o conteúdo estabelecido na cláusula de declarações e garantias (haja vista que ela poderá assumir diversas facetas), discute-se o cabimento de ampla gama de remédios disponíveis no ordenamento jurídico para tutelar os direitos do credor, a depender de uma série de fatores, tais como a relevância das cláusulas de declarações e garantias para o atingimento da finalidade econômica do contrato, o momento da descoberta da

---

20. KONDER, Carlos Nelson. Causa do contrato x Função social do contrato: Estudo comparativo sobre o controle da autonomia negocial. *Revista Trimestral de Direito Civil*, v. 43, p. 74, jul./set. 2010.
21. TEPEDINO, Gustavo. Novos princípios contratuais e teoria da confiança: a exegese da cláusula *to the best knowledge of the sellers*. *Temas de Direito Civil*. Rio de Janeiro: Renovar, 2006, t. II, p. 273.
22. Para fins do presente artigo, considera-se que o comprador não possui conhecimento da inveracidade das declarações prestadas pelo vendedor. O tema envolve diversas discussões complexas e, evidentemente, enorme dificuldade probatória. Além de a própria demonstração do conhecimento, pelo comprador, acerca da falsidade das declarações prestadas ser questão tormentosa, a prova relativa ao *momento* em que o comprador teve ciência da falsidade é bastante árdua – releva saber se o conhecimento se deu antes ou depois da tradição da coisa (*rectius*: antes ou depois do registro da transferência das ações ou quotas, ou, na linguagem societária: no *signing* ou no *closing*). Cumpre examinar, ainda, se as partes haviam pactuado expressamente as consequências advindas do prévio conhecimento pelo comprador da falsidade das declarações prestadas pelo vendedor (as denominadas cláusulas *pro-sandbagging* e *anti-sandbagging*: a primeira favorável ao comprador, mantendo seu direito a ser indenizado pelas perdas e danos decorrentes das inveracidades das declarações mesmo tendo ciente de sua existência quando da celebração do contrato; a segunda favorável ao vendedor, afastando a possibilidade de o comprador pleitear perdas e danos pela inveracidade das declarações prestadas caso decida por celebrar o contrato e efetuar a tradição) ou se sequer havia previsão contratual acerca dessa situação – para determinar as consequências da violação da cláusula de declarações e garantias. A esse respeito, Cf. BUSCHINELLI, Gabriel Saad Kik. *Compra e venda de participações societárias de controle*. São Paulo: Quartier Latin, 2018, p. 355.
23. Vide, por exemplo, TEPEDINO, Gustavo. Novos princípios contratuais e teoria da confiança: a exegese da cláusula *to the best knowledge of the sellers*. *Temas de Direito Civil*. Rio de Janeiro: Renovar, 2006, t. II, p. 241-273; BUSCHINELLI, Gabriel Saad Kik. *Compra e venda de participações societárias de controle*. São Paulo: Quartier Latin, 2018; PIRES, Catarina Monteiro. Aquisição de empresas e de participações acionistas: problemas e litígios. Coimbra: Almedina, 2019; RUSSO, Fábio Castro. Das cláusulas de garantia nos *contratos de compra e venda de participações sociais de controle*. Direito das sociedades em revista, 2010, p. 115-136; GREZZANA, Giacomo. *A cláusula de declarações e garantias em alienação de participação societária*. São Paulo: Quartier Latin, 2019.

inveracidade das informações, o alcance do interesse útil do adquirente na prestação, entre outros.[24]

Por exemplo, a referida falsidade das informações pode ser vista como hipótese de defeito do negócio jurídico por vício de vontade decorrente de erro ou dolo, cabendo a anulação do negócio; ou então hipótese de vício redibitório, cabendo ao comprador redibir o contrato ou pleitear o abatimento do preço mais perdas e danos, caso seja possível provar que o vendedor tinha conhecimento do vício.[25] Discute-se, inclusive, a possibilidade de concurso de pretensões.[26]

Nada obstante a tormentosa complexidade da discussão, com diversas implicações práticas, para fins do presente artigo, a violação da cláusula de declarações e garantias será tratada como hipótese de inadimplemento (relativo ou absoluto, como se verá no próximo capítulo) da prestação.[27]

3. AS CONSEQUÊNCIAS DA FALSIDADE DAS DECLARAÇÕES NA SEARA DA RESPONSABILIDADE CONTRATUAL: CAMINHOS PARA O CREDOR

No presente artigo, aborda-se a hipótese em que a violação das cláusulas de declaração e garantias configura inadimplemento contratual. Ou seja, a transferência de participação societária de controle sem que se verifique, na sociedade alvo da operação ou nos títulos alienados, a presença das qualidades que foram prometidas nas declarações e garantias configura descumprimento da prestação tal como estabelecida no contrato, gerando o dever de indenizar do vendedor.

Com efeito, as declarações do alienante, nesse contexto, compõem a própria definição da qualidade da coisa (*rectius* da participação societária ou da situação jurídica da sociedade-alvo) a ser alienada, cuja inserção no conteúdo do contrato permite identificar a existência (ou não) de adimplemento satisfatório, no sentido do cumprimento da prestação que seja apto a atender ao interesse útil do credor, como também a eventual inveracidade das informações prestadas permite verificar a presença de erro essencial (ou mesmo de dolo) e ainda de vícios redibitórios.

Como se sabe, o conceito de adimplemento contratual, em perspectiva funcional, pressupõe unidade complexa, tendo em vista a obrigação como *processo* dotado de aspectos dinâmicos que se desencadeiam em direção ao cumprimento e que são

---

24. TRINDADE, Marcelo. *Sandbagging e as falsas declarações em alienações empresariais*. (No prelo), 2020.
25. PIRES, Catarina Monteiro. *Aquisição de empresas e de participações acionistas*: problemas e litígios. Coimbra: Almedina, 2019, p. 83 e ss.
26. PIRES, Catarina Monteiro. *Aquisição de empresas e de participações acionistas*: problemas e litígios, cit., p. 101-102.
27. Há quem entenda, contudo, que as cláusulas de declarações e garantias consistem sempre obrigação de garantia, e, portanto, não há que se falar, tecnicamente, em inadimplemento, mas na concretização de risco jurídico assumido pelo vendedor. RUSSO, Fábio Castro. *Das cláusulas de garantia nos contratos de compra e venda de participações sociais de controlo*. Direito das sociedades em revista, 2010, p. 132 e ss. Sobre o tema, debruçou-se profundamente GREZZANA, Giacomo. *A cláusula de declarações e garantias em alienação de participação societária*. São Paulo: Quartier Latin, 2019, passim.

voltados à satisfação dos interesses do credor.[28] O adimplemento não visa apenas à entrega da prestação principal ao credor, mas à satisfação plena de seu interesse típico e concreto, que lhe permita acesso ao resultado útil programado.[29]

Por sua vez, o conceito de inadimplemento passar a ser ampliado, como a situação jurídica em que há "a não realização da prestação devida, com a consequente insatisfação do credor, e não o mero descumprimento da prestação principal". Passa-se a valorizar o *aspecto objetivo* do inadimplemento, qual seja: "a situação jurídica objetiva, que se individualiza na não satisfação do interesse do credor". A utilidade da prestação passa a se confundir com o interesse concreto do credor na prestação.[30]

Tendo em vista o não cumprimento voluntário da prestação *imputável* ao devedor, seja por violação de norma heterônoma ou autônoma, passa-se à análise dos efeitos do inadimplemento no programa contratual, de forma a se verificar se a hipótese é de inadimplemento relativo (mora) ou de inadimplemento absoluto. O critério de distinção entre mora e incumprimento definitivo será a permanência ou não do interesse do credor no cumprimento da prestação. Ainda que a realização da prestação seja possível ao devedor em abstrato, se ela já não é capaz de satisfazer os interesses do credor, a hipótese será de incumprimento definitivo, pois não mais proporciona à parte a utilidade esperada conforme o programa obrigacional.[31]

Por um lado, haverá simples mora a hipótese de "atraso no cumprimento da prestação devida, entendida como aquela que abarca os deveres de proteção bem como os de conduta".[32] Por outro lado, o incumprimento será *definitivo* quando a prestação não é mais apta a atender a carência que o credor visava a suprir com o contrato – não estando relacionada a motivos ou caprichos individuais –, mas conforme suas legítimas expectativas extraídas de dados objetivos fornecidos pelo programa contratual.[33] Em termos econômicos, o que interessa ao credor é a existência de meios para alcançar o resultado útil programado, de forma a obter a utilidade da prestação conforme a finalidade econômico-individual do contrato.

Especificamente quanto ao descumprimento das cláusulas de declarações e garantias, não se pode, ao menos *a priori*, desconsiderar a possibilidade de o devedor emendar a sua mora. Dessa maneira, tem-se como remédio cabível, no caso de inadimplemento das cláusulas de declarações e garantias nas alienações de participação societária, a determinação de seu cumprimento específico pelo devedor, ainda que tardio, o que não afasta o direito do credor ao recebimento de perdas e

---
28. SILVA, Clovis Couto e. *A obrigação como processo*. Rio de Janeiro: FGV, 2006, p. 17.
29. TERRA, Aline de Miranda Valverde. *Inadimplemento anterior ao termo*. Rio de Janeiro: Renovar, 2009, p. 84-85.
30. TERRA, Aline de Miranda Valverde. *Inadimplemento anterior ao termo*, cit., p. 96-99.
31. MARTINS-COSTA, Judith. *Comentários ao novo Código Civil: do inadimplemento das obrigações*, 2. ed. Rio de Janeiro: Forense, 2008, v. V, t. II, p. 218-221.
32. TERRA, Aline de Miranda Valverde. *Inadimplemento anterior ao termo*. Rio de Janeiro: Renovar, 2009, p. 98 e 104.
33. AGUIAR JR., Ruy Rosado de. *Extinção dos contratos por incumprimento do devedor*. 2. ed. Rio de Janeiro: AIDE, 2003, p. 133.

danos ou à incidência de multa moratória. Por exemplo, a falta de dada informação acerca do funcionamento da sociedade-alvo poderá ser superada pela efetiva entrega da informação pelo alienante ao novo titular das quotas ou ações, ou a ausência de determinados itens no inventário da sociedade-alvo poderá ser, a princípio, resolvida por meio de sua aquisição no mercado pelo vendedor.[34]

Contudo, em determinadas situações, a purgação da mora pelo devedor poderá se mostrar concretamente inviável, em razão da impossibilidade de retorno ao estado em que as declarações e garantias sejam verdadeiras, muitas vezes devido à própria natureza da falsidade da declaração, a exemplo de falsas representações de balanços e de dados de faturamento e de lucratividade. De igual modo, o devedor não poderá mais purgar a sua mora quando houver a perda da utilidade da prestação para o credor, conforme as peculiaridades da operação societária.[35]

Decerto, há certa dificuldade na definição do *standard* para a configuração da perda do interesse útil do credor na alienação de participação societária, ante a tormentosa definição da utilidade concreta de uma participação societária – principalmente de controle –, pois se trata de negócio jurídico considerado de alto risco econômico. Para a doutrina especialista do tema, a "inutilidade da prestação capaz de excluir por completo o remédio do cumprimento específico deve ser avaliada em vista o todo da obrigação de entrega da participação".[36]

Em consequência, a situação de descumprimento pelo devedor das cláusulas de declarações e garantias poderá configurar *tout court* inadimplemento absoluto, pois ao credor não é mais possível ter acesso à prestação tal conforme estabelecida no programa contratual. Nesse sentido, trata-se de hipótese de incumprimento definitivo do contrato, na qual o credor terá à sua disposição outros instrumentos de tutela de seu crédito.[37] A solução pela execução específica, como "o prolongamento e a projeção do cumprimento no processo executivo" não será apropriada. O credor poderá optar pela resolução do contrato, com o retorno ao *status quo ante*, ou exigir o cumprimento da prestação não mais *in natura*, mas pelo equivalente pecuniário, sem prejuízo de indenização por perdas e danos em ambos os casos.[38]

Caso o credor opte pela resolução do contrato, haverá o retorno ao *status quo ante*, com a extinção da relação obrigacional e, no seu lugar, a criação da relação de liquidação. A resolução do contrato terá como efeitos: (i) a liberação das partes

---

34. GREZZANA, Giacomo. *A cláusula de declarações e garantias em alienação de participação societária*. São Paulo: Quartier Latin, 2019, p. 226.
35. GREZZANA, Giacomo. *A cláusula de declarações e garantias em alienação de participação societária*, cit., p. 226-227.
36. GREZZANA, Giacomo. *A cláusula de declarações e garantias em alienação de participação societária*, cit., p. 227.
37. AGUIAR JR., Ruy Rosado de. *Comentários ao novo Código Civil*: da extinção do contrato. Rio de Janeiro: Forense, 2011, v. VI, t. II, p. 454.
38. TERRA, Aline de Miranda Valverde. Execução pelo equivalente como alternativa à resolução: repercussões sobre a responsabilidade civil. *Revista Brasileira de Direito Civil* – RBDCivil. v. 18, p. 54. Belo Horizonte, out./dez. 2018.

do cumprimento das obrigações correspectivas; (ii) o dever de ambas as partes de restituição de tudo que foi prestado em razão da relação obrigacional ora extinta; e (iii) o dever da parte lesante de indenizar as perdas e danos sofridas pela parte prejudicada, cujo valor será definido conforme o interesse negativo, tendo em vista a necessidade de recomposição do patrimônio do credor no estado anterior à celebração do contrato.[39]

Por sua vez, a denominada execução genérica ou pelo equivalente terá lugar como opção do credor à resolução do contrato por inadimplemento sempre que a prestação se tornar impossível, física ou juridicamente, sendo consequentemente inviável a execução específica, ou quando houver a perda da utilidade da prestação para o credor.[40] Ao eleger o caminho pela execução pelo equivalente, o credor mantém a relação obrigacional, mas há substituição de seu objeto (prestação) pelo equivalente em pecúnia.[41] Além disso, a indenização será definida pelo interesse positivo: o credor deverá ser colocado na posição de vantagem que estaria caso houvesse o cumprimento voluntário da prestação.[42]

Como visto, as cláusulas de declarações e garantias constituem instrumento à disposição das partes para a alocação positiva de riscos e, em termos práticos, é bem recorrente sua combinação com outras cláusulas que tratam da disciplina dispositiva aplicável em caso de inadimplemento da prestação pelo devedor. Comumente, junto com a estipulação da cláusula de declarações e garantias, é prevista a cláusula de indenização a ser paga em caso de comprovação da falsidade das declarações e garantias prestadas pelo devedor no contrato de alienação de participação societária e a cláusula de remédio exclusivo, que exclui a possibilidade de o credor resolver a relação obrigacional. Trata-se, em regra, de previsão do direito à indenização pelo interesse positivo do credor prejudicado pela falsidade, com a colocação da sociedade-alvo na situação em que se encontraria caso as declarações e garantias prestadas pelo alienante fossem verdadeiras.[43]

Dentro do âmbito da autonomia negocial, as partes podem, por meio de cláusula resolutiva expressa, fixar que determinada situação de descumprimento de obrigação

---

39. TERRA, Aline de Miranda Valverde. *Execução pelo equivalente como alternativa à resolução*: repercussões sobre a responsabilidade civil, cit., p. 58. Registre-se que há divergência na doutrina acerca do cálculo do valor da indenização na resolução por inadimplemento. No mesmo sentido do texto, cf. MARTINS-COSTA, Judith. *Comentários ao novo Código Civil*, cit., p. 482. Em sentido contrário, entendendo pelo critério do interesse positivo, cf. AGUIAR JR., Ruy Rosado de. *Comentários ao novo Código Civil*. Rio de Janeiro: Forense, 2011, v. VI, t. II, p. 704. STEINER, Renata C. *Reparação de danos*: interesse positivo e interesse negativo. São Paulo: Quartier Latin, 2018, passim.
40. TERRA, Aline de Miranda Valverde. *Cláusula resolutiva expressa*. Belo Horizonte: Fórum, 2017, p. 136.
41. TERRA, Aline de Miranda Valverde. *Execução pelo equivalente como alternativa à resolução*: repercussões sobre a responsabilidade civil, cit., p. 59.
42. TERRA, Aline de Miranda Valverde. *Execução pelo equivalente como alternativa à resolução*: repercussões sobre a responsabilidade civil, cit., p. 71.
43. GREZZANA, Giacomo. *A cláusula de declarações e garantias em alienação de participação societária*. São Paulo: Quartier Latin, 2019, p. 231. Cf. PIRES, Catarina Monteiro. *Aquisição de empresas e de participações acionistas*: problemas e Litígios. Coimbra: Almedina, 2019, p. 110.

contratual leve à perda do interesse do credor na prestação e configure inadimplemento absoluto, abrindo-se caminho para a parte resolver o contrato. De igual modo, os contratantes podem, por meio de cláusula fixando indenização, definir que, na situação de violação de obrigação fixada na cláusula de declarações e garantias, a solução será a execução pelo seu equivalente com a reparação pelo interesse positivo, restando afastada, por meio da cláusula de remédio exclusivo, a possibilidade de o credor resolver o contrato em razão do descumprimento da cláusula de declarações e garantias.[44]

Nos contratos paritários, a exclusão da possibilidade de o credor resolver o contrato em razão do inadimplemento da cláusula de declarações e garantias justifica-se pela própria autonomia negocial na definição dos efeitos do incumprimento da prestação, como disciplina dispositiva das normas que regulam as consequências do inadimplemento definitivo do contrato. Dessa maneira, as incertezas de tutela legal tornam altamente aconselhável proceder-se à redação não só de cláusulas de declaração e garantia, mas também à predefinição antecipada das consequências do seu descumprimento, com a pormenorização da disciplina aplicável ao caso concreto.[45]

De fato, na maioria dos casos, o caminho pela resolução poderá ser demasiadamente inconveniente para as partes. Por exemplo, no caso de companhias abertas, cujos valores mobiliários são negociados em bolsa, o contrato de alienação de participação societária pressupõe a formação de relação jurídica marcada por alto risco econômico, devido à oscilação de preço no mercado, o que dificulta (ou até mesmo virtualmente impossibilita) o retorno das partes ao *status quo ante*, que caracteriza o efeito restitutório da resolução contratual.

Especificamente, a alienação de participação societária com a transferência do controle apresenta ainda maiores dificuldades no que concerne ao efeito restitutório da resolução contratual, por contar com grande dinamismo empresarial – por exemplo, podem ter sido implementados aumentos de capital ou reorganizações societárias –, como pelas constantes trocas na estrutura organizacional da sociedade, sendo que as consequências da restituição poderiam acarretar sérios entraves ao funcionamento da própria sociedade, em detrimento do interesse social.[46]

---

44. Sobre a possibilidade de renúncia tácita à resolução quando o credor, na situação de inadimplemento, opte pela execução pelo equivalente. Cf. TERRA, Aline de Miranda Valverde. *Cláusula resolutiva expressa*. Belo Horizonte: Fórum, 2017, p. 149-151.
45. RUSSO, Fábio Castro. *Das cláusulas de garantia nos contratos de compra e venda de participações sociais de controlo*. Direito das Sociedades em Revista, 2010, p. 120-121.
46. "O mesmo se diga da resolução do contrato com fundamento em incumprimento, depois do *closing*: na generalidade dos casos, esta reação simplesmente não é exequível, nem equilibrada. Os mecanismos mais utilizados de tutela do comprador são, pois, aqueles que permitem a manutenção do contrato". PIRES, Catarina Monteiro. *Aquisição de Empresas e de participações acionistas*: problemas e litígios. Coimbra: Almedina, 2019, p. 17. Cf. igualmente GREZZANA, Giacomo. *A cláusula de declarações e garantias em alienação de participação societária*. São Paulo: Quartier Latin, 2019, p. 234.

4. ESPAÇO DA CLÁUSULA DE REMÉDIO EXCLUSIVO E DA CLÁUSULA DE INDENIZAÇÃO

A fim de evitar as dificuldades que os efeitos produzidos pela resolução contratual por inadimplemento absoluto poderiam trazer no âmbito do contrato de alienação de participação societária de controle, é comum que as partes pactuem outras duas cláusulas: a de remédio exclusivo e a da indenização correspondente. A ideia é que haja a previsão da indenização a ser paga pelo vendedor devido a sua falha em atender a prestação contratual, tal como qualificada pelo dever de informar estabelecido nas cláusulas de declaração e garantias, e tal reparação pecuniária será o único remédio possível.[47]

A cláusula de remédio exclusivo – conhecida como *sole remedy* ou *exclusive remedy clause* – também foi trazida da prática contratual anglo-saxônica e é fundamentada na autonomia negocial como forma de alocação positiva de riscos contratuais. Essa cláusula constitui a definição contratual dos "meios de reação das partes a uma perturbação contratual", que pode ser a situação de defeito do negócio jurídico por erro ou dolo ou o âmbito da reação do credor caso haja o inadimplemento da prestação pelo devedor.[48] Dessa forma, pela *sole remedy clause*, "o credor somente possui direito ao remédio previsto na cláusula, qual seja a receber uma 'restauração monetária' predefinida, sem que possa recorrer a qualquer outro recurso, como a ação de resolução, nulidade ou anulabilidade e rescisão".[49]

Dessa forma, as cláusulas de declarações e garantias costumam vir associadas a cláusulas de indenização (que fixam a multa contratual) e de remédio exclusivo nos contratos de alienação de participação societária de controle. Caso haja o descumprimento da prestação pactuada, tal como qualificada pelas informações trazidas nas declarações e garantias, o comprador terá o seguinte caminho a seguir: (i) caso ainda seja possível e útil o cumprimento específico da prestação, caberá ao alienante atender especificamente à prestação com as suas qualidades prometidas, somada às perdas e danos consequentes da mora ou à cláusula penal moratória; (ii) contudo, caso não seja mais possível ou útil a purgação da mora, e estando excluídos demais remédios do contrato (*i.e.* o direito à resolução), incumbe-lhe o pagamento de indenização substitutiva da prestação principal, sendo tal indenização predefinida no contrato, ou, ao menos, com a fixação de critérios para a sua quantificação.

---

47. Cf. "Assim, pode-se, em benefício do alienante, afastar ou limitar a sua responsabilidade, em relação à falsidade das declarações; ou, no sentido inverso, atribuir alternativas em benefício do comprador, caso a falsidade se verifique. Nesse campo, o cardápio é bastante variado. [...] Também é normal a disciplina da obrigação de indenizar, para assegurá-la de maneira ampla ou, ao contrário, pré-fixar seu valor em uma cláusula penal ou limitá-lo a uma quantia máxima". TRINDADE, Marcelo. *Sandbagging e as falsas declarações em alienações empresariais*. (No prelo), 2020.
48. PIRES, Catarina Monteiro. *Aquisição de empresas e de participações acionistas*: Problemas e Litígios. Coimbra: Almedina, 2019, p. 81.
49. GALLARATI, Alberto. Il contrato irresolubile o quasi. Profilo di sostenibilità della clausola 'exclusive remedy' nell' economia delle parti. *Contratto e Impresa*, n. 4-5, 2016, p. 1.022.

Registre-se que, como instrumento aberto à gestão positiva do risco do inadimplemento pela autonomia negocial, as partes poderão estabelecer cláusula contratual pela qual não somente se exclua a possibilidade de o credor resolver o contrato pelo inadimplemento da absoluto da prestação, como também já se preestabeleça a indenização devida pelo devedor na execução pelo equivalente, sendo que, nesse caso, a definição dos danos se dará pelo interesse positivo.[50] Em outras palavras, a cláusula de *sole remedy* é utilizada pelos contratantes em conjunto com a cláusula de indenização para definir de antemão o remédio exclusivo – a indenização pactuada ou os parâmetros para seu cálculo – que o credor poderá acionar na hipótese de se verificar a inexatidão ou a inveracidade das informações que foram prestadas pelos devedor nas cláusulas de declarações e garantias.[51]

Com efeito, como espaço aberto à autonomia negocial, a cláusula destinada a fixar a indenização devida pelo descumprimento da cláusula de declarações e garantias, poderá assumir contornos variados em cada situação jurídica concreta. Poderá estabelecer determinado montante pecuniário fixo ou percentual do valor total da obrigação contratual a ser pago pelo devedor – funcionando como prefixação das perdas e danos – e, portanto, assumindo o papel funcionalmente similar à cláusula penal compensatória, mas cuja incidência na execução pelo equivalente pressupõe que a indenização seja pelo interesse positivo.

Nesse caso, a cláusula de indenização poderá admitir, evidentemente desde que haja previsão contratual, a possibilidade de indenização suplementar, caso seja verificado que o prejuízo do credor exceda o montante então pactuado – hipótese em que se apurará o valor das perdas e danos excedentes com base no interesse positivo. Como bem salienta Giacomo Grezzana, "em alienações de participação societária, o interesse positivo é ao estado em que estaria o adquirente se as declarações correspondessem à realidade".[52] Prossegue o autor com um exemplo didático:

> Imagine-se que o alienante declara um estado de coisas A, quando o estado de coisas real é B. Pelo interesse positivo, o adquirente deve ser reposto na situação em que a declaração é A e a realidade fosse também A; no interesse negativo, ao contrário, deve ser colocado no estado em que a realidade é B e as declarações e garantias tivessem refletido B.[53]

De outra parte, a cláusula poderá trazer o limite máximo de valor a ser indenizado, "não podendo o credor receber mais do que o convencionado, mas recebendo

---

50. TEPEDINO, Gustavo; SANTOS, Deborah Pereira Pinto dos. *A aplicação da cláusula penal compensatória nos contratos de promessa de compra e venda* (No prelo), 2020.
51. GREZZANA, Giacomo. *A cláusula de declarações e garantias em alienação de participação societária*. São Paulo: Quartier Latin, 2019, p. 231 e PIRES, Catarina Monteiro. *Aquisição de Empresas e de participações acionistas*: problemas e litígios. Coimbra: Almedina, 2019, p. 110.
52. GREZZANA, Giacomo. *A cláusula de declarações e garantias em alienação de participação societária*. São Paulo: Quartier Latin, 2019, p. 231.
53. GREZZANA, Giacomo. *A cláusula de declarações e garantias em alienação de participação societária*, cit., p. 232. No mesmo sentido, PIRES, Catarina Monteiro. *Aquisição de Empresas e de Participações Acionistas*: Problemas e Litígios. Coimbra: Almedina, 2019, p. 110.

menos se o dano for inferior àquele teto".[54] Assumiria, assim, funcionalmente o papel de uma cláusula limitativa do dever de indenizar. Como se nota, a primeira hipótese visa tutelar os interesses do credor, enquanto a segunda busca proteger os interesses do devedor, visto que na incidência da multa contratual (primeira hipótese) não se exige a demonstração do prejuízo sofrido ou mesmo sua extensão para que a multa seja integralmente devida – apesar de o juiz poder reduzi-la equitativamente se o montante for considerado excessivo ou se a obrigação houver sido cumprida em parte –,[55] diferentemente do que ocorre na cláusula de limite máximo (segunda hipótese).[56]

Por sua vez, a cláusula de remédio exclusivo representa a renúncia prévia à utilização de quaisquer outros remédios supostamente cabíveis.[57] Em consequência, resta excluída a possibilidade de resolução do contrato por inadimplemento absoluto em razão do descumprimento pelo devedor (vendedor) da prestação tal como qualificada pelas informações prestadas nas cláusulas de declaração e garantias, tendo o credor (comprador) somente a possibilidade de seguir o caminho da execução genérica pelo equivalente com a aplicação da multa contratual.

Além disso, como cláusula limitativa do direito de resolver o contrato, a *exclusive remedy clause* deverá ter interpretação restritiva: "a interpretação restritiva requer do intérprete um comportamento limitado estritamente ao que dispõe os atos e negócios jurídicos em tela, de modo que somente o teor do que está efetivamente disposto poderá traduzir-se em efeitos jurídicos".[58] Assim, não resta afastada a possibilidade de o credor resolver o contrato por inadimplemento absoluto por razão diversa, tal como a ausência de transferência da participação acionária pelo alienante (tradição) ou a falta de pagamento do preço pelo comprador.[59]

Cabe pontuar, ainda, que a cláusula de *sole remedy*, bem como a cláusula de indenização, não podem ser presumidas somente em razão da previsão contratual das cláusulas de declarações e garantias. Isso porque "o fato de as partes atribuírem às declarações e garantias uma função que lhe impute a natureza de negócio jurídico não deve agir, por si só, em prejuízo da incidência dos demais institutos predispostos em lei". Tendo em vista que representa a restrição ao direito potestativo de resolver o contrato por inadimplemento,[60] a cláusula de remédio exclusivo combinada com

---

54. MONTEIRO, Antonio Pinto. *Cláusulas limitativas e de exclusão de responsabilidade civil*. Coimbra: Almedina, 2011, p. 145.
55. Numa análise preliminar, parece que, como a cláusula de remédio exclusivo exerce papel funcionalmente similar ao da cláusula penal só que voltado para a pré-liquidação de perdas e danos na execução genérica (pelo interesse positivo), o disposto no artigo 413 do Código Civil deve ser analogamente aplicável à essa situação.
56. MONTEIRO, Antonio Pinto. *Cláusulas limitativas e de exclusão de responsabilidade civil*, cit., p. 146.
57. GALLARATI, Alberto. Il contrato irresolubile o quasi. Profilo di sostenibilità della clausola 'exclusive remedy' nell' economia delle parti. *Contratto e Impresa*, n. 4-5, 2016, p. 1.023.
58. TEPEDINO, Gustavo; BARBOSA, Heloisa Helena; MORAES, Maria Celina Bodin de. *Código Civil interpretado conforme a Constituição da República*. 2. ed. Rio de Janeiro: Renovar, 2007. v. 1, p. 232.
59. GALLARATI, Alberto. Il contrato irresolubile o quasi. Profilo di sostenibilità della clausola 'exclusive remedy' nell' economia delle parti. *Contratto e Impresa*, n. 4-5, 2016, p. 1.023.
60. Ou de pleitear a anulação do contrato, no caso de vício de consentimento.

a cláusula de indenização correspondente deverá ser expressamente acordada pelos contratantes.[61]

Ademais, discute-se em doutrina quem será o titular da indenização prevista na cláusula que fixa a multa contratual: ou seja, se a indenização será direcionada ao comprador da participação acionária ou à própria sociedade, não se admitindo, evidentemente, dupla indenização.[62] A esse respeito, apesar de reconhecer que os atos praticados para emendar a mora no âmbito da execução específica são direcionados diretamente ao patrimônio da sociedade-alvo com impactos sobre a participação societária adquirida, tendo em vista que objetivam tornar a prestação concretamente apta a atender o interesse útil do credor, a doutrina especializada entende que a indenização – tanto no caso da cláusula penal moratória no inadimplemento relativo como da cláusula de remédio exclusivo no inadimplemento absoluto – é devida sempre ao adquirente da participação societária de controle (e de forma proporcional) e não à sociedade-alvo:

> O ato ilícito relativo de descumprimento da obrigação de dar tem por contraparte o adquirente, portanto este é o único que sofre as consequências danosas do descumprimento. Sequer haveria como indenizar a sociedade-alvo, pois, a rigor, as superveniências passivas que lhe atingem não configuram dano, mas vicissitudes da vida empresarial: a sociedade não possui interesse juridicamente protegido a não desembolsar recursos para cumprir licenças ambientais ou a deixar de pagar dívidas trabalhistas.[63]

Com efeito, ao considerarmos o descumprimento da cláusula de declarações e garantias como hipótese de inadimplemento da prestação – como fizemos para fins do presente artigo –, parece coerente concluir que o pagamento da indenização deve ser destinado ao adquirente da participação societária de controle e não à sociedade-alvo da operação, pois a "responsabilidade visa compensar o comprador pelo dano sofrido".[64] A cláusula de indenização tem como objetivo colocar o credor (*rectius*, o adquirente da participação societária de controle) na posição em que estaria se o contrato tivesse sido efetivamente cumprido, isto é, se as informações prestadas fossem efetivamente verdadeiras.

5. CONCLUSÃO

O tema da falsidade das informações prestadas na cláusula de declarações e garantia prevista em contrato de alienação de participação societária de controle reveste-se de inegável complexidade, sendo matéria sujeita a intenso debate doutri-

---

61. GREZZANA, Giacomo. *A cláusula de declarações e garantias em alienação de participação societária*. São Paulo: Quartier Latin, 2019, p. 202-203.
62. GALLARATI, Alberto. Il contratto irresolubile o quasi. Profilo di sostenibilità della clausola 'exclusive remedy' nell'economia delle parti. *Contratto e Impresa*, n. 4-5, 2016, p. 1.024.
63. GREZZANA, Giacomo. *A cláusula de declarações e garantias em alienação de participação societária*. São Paulo: Quartier Latin, 2019, p. 232.
64. PIRES, Catarina Monteiro. *Aquisição de empresas e de participações acionistas*: problemas e litígios. Coimbra: Almedina, 2019, p. 129.

nário. Nesse sentido, para fins do presente artigo, partiu-se da premissa de se estar diante de hipótese de inadimplemento contratual. A transferência de participação societária de controle sem que se verifique, na sociedade-alvo da operação ou nos títulos alienados, a presença das qualidades que foram prometidas nas declarações e garantias configura descumprimento da prestação tal como estabelecida no contrato, gerando o dever de indenizar do vendedor.

A par da possibilidade de previsão expressa da referida cláusula, que se encontra no âmbito da autonomia negocial das partes, o ordenamento jurídico pátrio já apresenta remédio próprio da disciplina da responsabilidade contratual, cuja indenização é definida pelo interesse negativo, para enfrentar a situação de descumprimento por parte do alienante de seu dever de informar – concebido como dever anexo e instrumental à boa-fé objetiva –, desde que, obviamente, o vendedor conheça as circunstâncias informadas, o que envolve difícil questão de prova. Tal dever de informação do vendedor possui como objeto as circunstâncias relevantes relativas não apenas aos títulos alienados como também à situação jurídica e patrimonial da sociedade-alvo.

Em razão da enorme complexidade técnica e do elevado grau de risco econômico presentes nos contratos de alienação de participação societária de controle, a cláusula de declarações e garantias assume a função de definir contratualmente, de forma mais minuciosa e atenta às peculiaridades do caso concreto, os riscos econômicos atinentes ao negócio jurídico – principalmente em razão da inevitável assimetria informacional existente entre comprador e vendedor e também para abranger as informações que o vendedor desconheça. Em consequência, traz-se para o campo da autonomia negocial das partes a definição das consequências para o caso de as informações prestadas se revelarem falsas em dado momento, funcionando a cláusula de declarações e garantias como mecanismo de gestão positiva dos riscos contratuais relacionados ao inadimplemento.

Conjuntamente com a cláusula de declarações e garantias, é comum a previsão pelos contratantes da cláusula de indenização e da cláusula de remédio exclusivo. A primeira configura disposição contratual que especifica a indenização (ou ao menos os critérios a serem aplicados na definição da indenização) a ser paga pelo vendedor devido a sua falha em atender a prestação contratual, tal como qualificada pelo dever de informar estabelecido na cláusula de declaração e garantias. Já a segunda limita o direito potestativo do credor de resolver a relação contratual diante de violação da cláusula de declarações e garantias que acarrete inadimplemento absoluto da prestação – estabelecendo, ao revés, dada indenização pelo interesse positivo. Remanesce, portanto, apenas o direito do credor à execução genérica pelo equivalente, com o recebimento da indenização prevista na cláusula contratual – que, em vista de se encontrar na seara do inadimplemento, deverá ter como titular o próprio credor prejudicado pelo incumprimento definitivo da prestação.

REFLEXÕES SOBRE A RESPONSABILIDADE PÓS-CONTRATUAL

Karina Nunes Fritz

Doutora pela Humboldt Universität de Berlim (Alemanha). Prêmio Humboldt de melhor tese de doutorado na área de Direito Civil (2018). LL.M na Friedrich-Alexander Universität Erlangen-Nürnberg (Alemanha). Mestre em Direito Civil pela PUCSP. Secretária-Geral da Deutsch-Lusitanische Juristenvereinigung (Associação Luso-alemã de Juristas), sediada em Berlim. Foi pesquisadora-visitante no Bundesverfassungsgericht (Tribunal Constitucional Alemão) e bolsista do Max-Planck Institut für ausländisches und internationales Privatrecht (Hamburgo). Autora da coluna "German Report", no Portal Migalhas. Professora, Advogada e Consultora. E-mail: karinanfritz@gmail.com.

Viviane Girardi

Doutora em Direito Civil pela Universidade de São Paulo. Mestre em Direito das Relações Sociais pela Universidade Federal do Paraná. Especialista em Direito Civil pela Universidade de Camerino, Itália. Vice-Presidente da Associação dos Advogados de São Paulo. Diretora da Comissão de Jurisprudência do Instituto Brasileiro de Direito Família (IBDFAM). Membro do Instituto Brasileiro de Direito Civil (IBDCIVIL). Membro da Associação Internacional de Juristas de Direito de Família (AIJUDEFA). Advogada sócia na *Girardi Sociedade de Advogados*, com sede em São Paulo.

1. INTRODUÇÃO

O mundo nunca mais foi o mesmo desde que Rudolf von Jhering demonstrou, em 1861, que já na fase de preparação do negócio surge um "dever de diligência" entre as partes, distinto do dever geral de *neminem laedere* que a todos vincula em razão da vida em sociedade (contato social) e dos deveres de prestação nascidos com o contrato.

Esse dever de diligência, segundo Jhering, obrigaria as partes a agir com elevado grau de diligência, a fim de afastar óbices à validade do negócio e, com isso, evitar a celebração de contratos nulos[1]. Nascia – ainda de forma embrionária – a noção da *culpa in contrahendo*, mais conhecida na nossa doutrina como responsabilidade pré-contratual e ainda incompreendida no direito brasileiro, que a considera sinônimo de rompimento imotivado das negociações.

---

1. VON JHERING, Rudolf. *Culpa in contrahendo ou indemnização em contratos nulos ou não chegados à perfeição*. Trad. Paulo Mota Pinto. Coimbra: Almedina, 2008, p. 32. Para uma análise acerca da originalidade da teoria de Jhering, permita-se remeter a: NUNES FRITZ, Karina. A culpa in contrahendo no direito alemão: um contributo para reflexões em torno da responsabilidade pré-contratual. *Revista de Direito Civil Contemporâneo*, v. 15, 2018, p. 164-207.

A intuição do famoso professor da Universidade de Göttingen foi o ponto de partida para a compreensão, amplamente aceita na doutrina europeia, de que na fase de preparação do negócio – vale dizer, durante o contato negocial – surgem deveres outros, distintos do dever geral de não lesar e daqueles próprios do contrato planejado ou impostos por lei para o tipo negocial específico, os quais obrigam as partes não apenas a agir com uma dose elevada de diligência, i.e., de cuidado, mas, acima de tudo, a adotar uma conduta adequada e a pensar não apenas em seus próprios interesses, mas também nos interesses legítimos da contraparte. São os deveres laterais de conduta, oriundos do princípio da boa-fé objetiva, atualmente ditos deveres de consideração (*Rücksichtspflichten*)[2].

Foi Hermann Staub quem pioneiramente apontou a presença de deveres adicionais de conduta no âmbito do contrato, quando as partes se encontram em intenso contato e envolvidas no cumprimento do chamado programa obrigacional. Esses deveres, quando violados, atingem a relação obrigacional de modo diferente daquelas hipóteses tradicionais previstas pelo legislador no BGB/1900 (impossibilidade e mora). Esse tipo de perturbação no programa obrigacional – à época não tão bem delimitado por Staub – foi denominada de violação positiva do contrato ou *positive Vertragsverletzung*.

Staub, que por sua origem judia foi impedido de assumir uma cátedra na Alemanha antissemita de fins do século 19[3], estabeleceu o primeiro conceito de violação positiva do contrato como sendo a inobservância culposa de deveres de consideração no desenvolvimento da relação contratual, hipótese que se distingue dogmaticamente dos demais modos de perturbação da prestação contratual, pois na violação positiva o que é afetado num primeiro momento é um dever lateral de conduta e não o dever da prestação em si, cuja inobservância, pode dar ensejo à mora, ao inadimplemento ou ao cumprimento defeituoso do contrato[4].

A partir do reconhecimento da existência de deveres *sui generis* antes e durante o vínculo contratual, a doutrina e a jurisprudência alemãs identificaram que esses deveres poderiam permanecer mesmo após a conclusão do contrato, embora as partes já tenham se desvinculado contratualmente. A função desses deveres pós-contratuais

---

2. Acerca da nova terminologia dos deveres laterais de conduta, adotada na Alemanha após a reforma do BGB em 2002, confira-se: NUNES FRITZ, Karina. *Boa-fé objetiva na fase pré-contratual* – a responsabilidade pré-contratual por ruptura das negociações. Curitiba: Juruá, 2008, p. 200 s.
3. Sobre a vida e as discriminações sofridas por Hermann Staub e outros grandes juristas de origem judia, como Georg Jellinek e Louis Goldschmidt, que se viram impedidos de seguir carreira acadêmica na Alemanha antissemita da época, confira-se: HENNE, Thomas. Diskriminierung gegen „jüdische Juristen" und jüdische Abwehrreaktionen im Kaiserreich – von Samuel zu Hermann Staub. In: *Festschrift für Hermann Staub zum 150. Geburtstag am 21. März 2006*. Thomas Henne, Rainer Schröder e Jan Thiessen (coord.). Berlin: De Gruyter, 2006, p. 11. Informa Thomas Henne que o famoso constitucionalista Paul Laband, também de origem judia, teve que se abandonar o judaísmo para ter acesso à carreira acadêmica algumas décadas antes da geração de Staub.
4. Um exemplo esclarecedor de violação positiva do contrato, em tempos de pandemia, é o descumprimento injustificado do dever de renegociar, imposto pela boa-fé objetiva como dever lateral de conduta no âmbito do contrato concreto, desequilibrado pelas medidas de contenção do coronavírus.

decorrentes do agir segundo a boa-fé, presentes mesmo após a extinção da relação contratual, seria evitar danos à esfera jurídica do contratante e conservar o fim último do contrato. Surge, então, a categoria da responsabilidade pós-contratual ou *culpa post pactum finitum*, objeto desse curto ensaio.

2. ORIGEM NO DIREITO ALEMÃO

A discussão em torno da responsabilidade *post factum finitum* nasce no direito alemão umbilicalmente ligada ao princípio da boa-fé objetiva (*Grundsatz von Treu und Glauben*)[5], pois decorre da violação dos deveres da boa-fé *post contractum finitum*. É o princípio da boa-fé objetiva que fornece o substrato ético aos deveres laterais de conduta, atualmente denominados deveres de consideração.

A boa-fé objetiva é uma expressão da ética no direito e seu significado e conteúdo só podem ser buscados na fórmula-par da *Treu und Glauben* do direito alemão, em que *Treu* exprime fidelidade, honestidade e sinceridade, e *Glauben*, confiança e consideração por uma confiança digna de proteção[6]. Por isso, a boa-fé exprime o mandamento da eticidade, desdobrando-se em dois comandos centrais: (i) agir com retidão de conduta e (ii) além dos próprios interesses, ter consideração também pelos interesses legítimos da contraparte, o que importa na limitação de conduta e no equilíbrio das posições jurídicas dos contratantes.

Claudia Schubert, Professora em Berlim, após traçar profundo panorama histórico acerca do desenvolvimento do § 242 BGB, no famoso Comentário de Munique ao BGB, conclui:

> "Em resultado, 'Treu und Glauben' remete em seu sentido literal, de um lado, a uma proteção da confiança e, de outro, à ´justa` consideração pelos interesses da contraparte dignos de proteção. Isso vale ainda quando a lei não leve em conta, ou não suficientemente, o merecimento de proteção dos envolvidos. O critério conteudístico resulta de mandamentos sociais extra ou suprajurídicos e de princípios éticos, que subjazem à ordem jurídica como um todo, ainda quando não positivados ou apenas parcialmente positivados no direito. Em última análise, nesses conceitos corporifica-se um elemento fundamental da tradição jurídica ocidental, o elemento de uma sociedade organizada que se constrói sobre o princípio da confiança recíproca entre seus membros."[7]

---

5. No direito alemão, confira-se, dentre outros: LARENZ, Karl. *Lehrbuch des Schuldrechts*. 14. ed. München: Beck, 1987, v. 1, p. 141. No direito português, dentre muitos: MENEZES CORDEIRO, António. *Da boa fé no direito civil*. Coimbra: Almedina, 2001, p. 630.
6. Acerca do desenvolvimento histórico da boa-fé objetiva, principalmente no direito alemão, permita-se remeter a NUNES FRITZ, Karina. *Boa-fé objetiva na fase pré-contratual...*, p. 89 ss.
7. No original: „Im Ergebnis verweist ´Treu und Glauben` nach dem Wortsinn zum einen auf den Vertrauensschutz, zum anderen auf die ´billige` Rücksichtnahme auf schutzwürdige Interessen anderer Beteiligter. Das gilt auch, wenn das Gesetz der Schutzwürdigkeit der Beteiligten nicht bzw. nicht hinreichend Rechnung trägt. Der inhaltliche Maßstab ergibt sich aus außer- und überrechtlichen sozialen Geboten und ethischen Prinzipien, die der gesamten Rechtsordnung zugrunde liegen, auch wenn sie im Recht nicht oder nur partiell positiviert sind. Letztlich verkörpert sich in diesen Begriffen ein Grundelement der westlich-abendländischen Rechtstradition, das Element einer organisierten Gesellschaft, die auf dem Prinzip wechselseitigen Vertrauens zwischen ihren Mitgliedern aufbaut." In: KRÜGER, Wolfgang (Redator). *Münchener Kommentar zum BGB*. 7. ed. München: Beck, 2016, v. 2, § 242 Rn. 11, p. 77.

É, portanto, o chamado *núcleo duro* do conceito da boa-fé objetiva – o mandamento de retidão e consideração pelos interesses legítimos da contraparte – que fornece o substrato axiológico dos diversos deveres de consideração que surgem antes, durante e mesmo depois do contrato, os quais, se violados, dão ensejo à configuração, respectivamente, da responsabilidade pré-contratual, da violação positiva do contrato e da responsabilidade pós-contratual.

Por isso, essas categorias jurídicas só podem ser analisadas sob o enfoque da boa-fé objetiva, na sua vertente criadora de deveres de conduta ético-jurídicos, que, no âmbito do direito brasileiro, encontra base legal na cláusula geral do art. 422 CC/2002, onde essas três figuras (responsabilidade pré-contratual, violação positiva do contrato e responsabilidade pós-contratual) podem ser subsumidas.

Esses três institutos retratam, a rigor, o mesmo problema: a violação imputável dos deveres de consideração no bojo de uma situação negocial, aqui amplamente entendida como uma situação jurídica marcada pela presença – ainda que virtual – do negócio jurídico, razão primeira e última do contato estabelecido entre as partes. Mas como o descumprimento dos deveres de conduta podem ocorrer em circunstâncias fáticas e temporais distintas, os institutos da responsabilidade *in contrahendo*, da violação positiva do contrato e da responsabilidade *post factum finitum* possuem, evidentemente, pressupostos (suportes fáticos) e efeitos jurídicos específicos.

O ponto de partida para a compreensão desses institutos é a constatação de que os deveres de conduta – e mesmo a relação obrigacional – podem surgir entre as partes mesmo sem contrato. Como a doutrina alemã há muito demonstra, a relação obrigacional não se esgota no binômio crédito e débito. Com isso quer-se dizer não apenas que a relação obrigacional é complexa, porque formada por uma gama de elementos (direitos, deveres, poderes, ônus, faculdades etc.), como tão bem exposto por Clóvis do Couto e Silva na clássica obra: *A obrigação como processo*[8].

Dizer que a relação obrigacional não se esgota no binômio crédito e débito importa afirmar que ela é uma realidade mais *ampla* e *prévia* ao contrato, que nasce quando as partes estabelecem o contato negocial para discutir a eventual e futura celebração de um negócio, perpassa o contrato (se celebrado) e se estende para além da sua extinção[9].

Por certo que durante a fase de preparação do negócio, a relação obrigacional não irradia deveres prestacionais, i.e., obrigações *stricto sensu*, porque contrato não há, mas dela emanam deveres laterais de conduta decorrentes da boa-fé objetiva, que dogmaticamente são qualificados como deveres obrigacionais *sui generis*. Da mesma forma, em regra, na fase pós-contratual não há mais obrigações *stricto sensu*, mas tão

---

8. COUTO E SILVA, Clóvis. *A obrigação como processo*. Rio de Janeiro: FGV, 2006. Originalmente apresentado como tese de livre-docência na Universidade Federal do Rio Grande do Sul, em 1964.
9. Acerca do conceito amplo de relação obrigacional, distinto da concepção romana de obrigação, confira-se: NUNES FRITZ, Karina. *Boa-fé objetiva na fase pré-contratual...*, p. 47 ss.

somente deveres laterais de conduta de observância obrigatória, que se voltam para garantir a higidez da prestação contratual adimplida.

E dizer que a relação obrigacional não se esgota no binômio crédito e débito permite afirmar a existência de um *tipo especial* de relação obrigacional que pode produzir apenas deveres de consideração. É o que ensina Karl Larenz ao se referir à "relação obrigacional sem dever de prestação" (*Schuldverhältnis ohne Leistungspflichten*) ou "vinculação especial" (*Sonderverbindung*)[10]. Seu maior discípulo, Claus-Wilhelm Canaris, acentuando o fundamento do vínculo, a denomina "relação obrigacional da confiança" (*Vertrauensschuldverhältnis*)[11].

Mas todas as expressões exprimem o mesmo fenômeno jurídico, qual seja: uma relação obrigacional sem obrigação, sendo o termo obrigação aqui entendido *stricto sensu*, como deveres prestacionais, principais ou acessórios. Essa noção é importante, porque derivam desse vínculo obrigacional especial os deveres laterais de conduta, os quais podem ser violados antes, durante e mesmo depois de extinto o vínculo contratual, quando, a rigor, nada mais se esperaria das partes.

Para Larenz, a relação obrigacional surge tênue na fase de preparação do negócio, gerando deveres de conduta pré-contratuais e, se e quando surge o consenso, o vínculo se condensa e se transforma na relação obrigacional complexa, formada por uma dinâmica plêiade de elementos normativos, tal como exposta por Couto e Silva.

A execução do contrato, ao contrário do que comumente se imagina, não põe fim à relação obrigacional, mas apenas ao vínculo contratual entre partes, que se dissolve com o cumprimento do programa obrigacional. A relação obrigacional, porém, por ser mais ampla, subsiste, embora tênue, vez que dela derivam, em determinadas circunstâncias, deveres de conduta pós-contratuais[12], segundo a teoria da transmudação da relação obrigacional de Larenz[13].

3. PRESSUPOSTOS E EFEITOS DA RESPONSABILIDADE PÓS-CONTRATUAL

A ideia central da responsabilidade pós-contratual parte, portanto, da constatação de que o cumprimento da obrigação – e, de forma mais ampla, a execução – põe fim ao *contrato*, mas não à *relação obrigacional especial*, que surge na fase de preparação do negócio, transpassa o período de sua existência e permanece em estado latente, irradiando deveres pós-eficaciais após a extinção do pacto.

---

10. Op. cit., p. 7, 104 ss.
11. Ansprüche wegen "positiver Vertragsverletzung" und „Schutzwirkung für Dritte" bei nichtigen Verträgen – Zugleich ein Beitrag zur Vereinheitlichung der Regeln über die Schutzpflichtverletzungen. JZ 15, 1965, p. 477. Sobre a teoria de Canaris, confira-se: NUNES FRITZ, Karina. *A culpa in contrahendo no direito alemão...*, p. 186 ss.
12. LARENZ, Karl. Op. cit., p. 117. Sobre a teoria de Larenz, confira-se NUNES FRITZ, Karina. *A culpa in contrahendo no direito alemão...*, p. 183.
13. CANARIS, Claus-Wilhelm. *Ansprüche wegen „positiver Vertragsverletzung"...*, p. 477 ss. Sobre a teoria da transmudação e sua oposição à teoria da dualidade do vínculo obrigacional, confira-se: NUNES FRITZ, Karina. *A culpa in contrahendo no direito alemão...*, p. 187 ss.

Para Günther Roth, a execução da prestação principal significa apenas o expirar do dever de prestação principal, vez que deveres de conduta – por ele denominados deveres de proteção – podem continuar existindo depois do momento da execução[14].

No mesmo sentido é o ensinamento de Larenz que, ao tratar dos deveres pós--contratuais (*nachvertragliche Pflichten*), atesta:

> "Os deveres de conduta, fundados na 'boa-fé objetiva', também podem ter por fim [evitar] que surjam quaisquer desvantagens para a contraparte no período após o término da relação contratual. Na verdade, os deveres pós-contratuais podem resultar na medida em que a 'boa-fé objetiva' exige, em certas circunstâncias, que uma parte contratual, mesmo depois da dissolução da relação contratual – mais precisamente: depois da execução de todos os deveres de prestação principais – ainda realize atos vantajosos para a outra ou abstenha-se daquelas ações que privam a outra das vantagens outorgadas pelo contrato ou as reduzam consideravelmente."[15]

Os deveres que decorrem dessa relação obrigacional especial, já rarefeita com o fim do contrato, são os deveres de consideração, deduzidos da boa-fé objetiva, os quais têm na fase pós-contratual a função primária de conservar o resultado da prestação ou o fim último do contrato, tutelando as posições jurídicas auferidas com o cumprimento[16]. Por isso, o mandamento da lealdade e consideração exige que os contratantes se abstenham de qualquer ato que possa frustrar ou pôr em risco o fim do contrato já alcançado.

Wolfgang Fikentscher e Andreas Heinemann, ao abordarem os deveres pós-contratuais oriundos da boa-fé objetiva, explicam que "mesmo diante de um contrato já executado, podem surgir entre as partes deveres de diligência. As partes de um contrato executado são obrigadas entre si, por força da boa-fé objetiva, sob consideração dos usos do comércio, a não pôr em risco posteriormente aquilo que foi obtido com o contrato."[17]. Os deveres de consideração tutelam, dessa forma, uma legítima expectativa de proteção que os contratantes conservam em relação à prestação já adimplida.

---

14. No original: „... bei Erfüllung der Hauptleistung bedeutet das aber zunächst nur das Erlöschen der Hauptleistungspflicht: Schutzpflichten. Können auch über den Zeitpunkt der Erfüllung der Hauptleistung fortdauern.". *Münchener Kommentar zum BGB*. Helmut Heinrichs (redator). 2. ed. München: Beck, 1985, § 242 Rn. 185, p. 128.
15. Tradução livre: „Die aus Treu und Glauben` begründeten Verhaltenspflichten können auch darauf abzielen, daß dem anderen Teil keine Nachteile für die Zeit nach der Beendigung des Vertragsverhältnisses entstehen. Eigentlich 'nachvertragliche Pflichten` können sich insofern ergeben, als ‚Treu und Glauben` unter Umständen verlangen, daß der eine Vertragsteil auch nach der Beendigung des Vertragsverhältnisses – genauer: nach der Erfüllung aller Hauptleistungspflichten – noch bestimmte Handlungen zum Vorteil des anderen vornimmt oder solche Handlungen unterläßt, durch die dem anderen die ihm durch den Vertrag gewährten Vorteile wieder entzogen oder wesentlich geschmälert werden würden.". Op. cit., p. 141.
16. Nesse sentido: WESTERMANN, Harm Peter; BYDLINSKI, Peter e WEBER, Ralph. *BGB – Schuldrecht allgemeiner Teil*. 6. ed. Heidelberg: Müller Verlag, 2007, p. 31.
17. „Auch bei einem abgewickelten Vertrag können noch Sorgfaltspflichten zwischen den Parteien bestehen. Die Parteien eines abgewickelten Vertrags sind einander nach Treu und Glauben mit Rücksicht auf die Verkehrssitte verpflichtet, das durch den Vertrag Erhaltene nicht nachträglich zu gefährden.". *Schuldrecht*. 10. ed. Berlin: De Gruyter, 2006, p. 63.

Para alcançar esse fim, podem surgir nessa fase – de acordo com as circunstâncias do caso concreto – tanto *deveres omissivos*, como não concorrência e sigilo, quanto *deveres comissivos*, como de informação, de proteção e de cooperação. Como regra geral, pode-se dizer que os deveres pós-eficaciais de conduta perduram enquanto houver o risco de um contratante atuar sobre a esfera jurídica do outro, causando-lhe danos[18].

Foi o *Reichsgericht*, antigo Tribunal Imperial alemão, que pioneiramente reconheceu esse dever especial dos contratantes de se abster de tudo o que possa colocar em risco a conservação do fim do contrato. Em julgado precursor, a Corte alemã considerou que contratos de locação e arrendamento exigem, em regra, intensa cooperação entre as partes, de forma que o locador de imóvel, no qual funcionava uma clínica médica, tinha o dever de tolerar que o médico locatário, após a mudança, colocasse do lado da porta de entrada, por um "período razoável", uma placa com seu novo endereço[19]. A mesma lógica aplicava-se em caso de escritório de advocacia[20].

Esse precedente foi seguido pela Corte infraconstitucional (*Bundesgerichtshof*) em vários julgados, nos quais se reconheceu que, mesmo após a execução e extinção do contrato, a boa-fé objetiva pode impor, dentro dos limites do razoável, o surgimento de certos deveres pós-contratuais, comissivos ou omissivos, a fim de evitar que o contratante sofra danos conexos com o contrato já executado. Dentre esses deveres destacam-se principalmente a proibição de subtrair ou reduzir as vantagens auferidas pelo credor com o contrato, bem como o dever de abster-se de tudo o que possa pôr em risco ou frustrar o fim contratual.

Em caso julgado em 1952, o BGH consignou expressamente no acórdão: "O Bundesgerichtshof adere à jurisprudência do Reichsgericht segundo a qual, mesmo em caso de contrato de venda de mercadorias executado através de prestações bilaterais, podem surgir pós-eficácias, principalmente o dever de uma das partes de abster-se de tudo aquilo que possa frustrar ou ameaçar o fim do contrato"[21].

Disso se conclui que os deveres que dão ensejo ao surgimento da responsabilidade pós-contratual distinguem-se das chamadas *obrigações contratuais pós-eficaciais*, ou seja, aquelas obrigações que, previstas expressamente na lei ou no contrato, destinam-se a ter eficácia somente após a extinção do vínculo contratual. Exemplos frequentes na prática são os deveres de sigilo, de não concorrência ou de pagamento de pensões ou indenizações, presentes em contratos de trabalho, de prestação de serviços e em alguns contratos societários.

---

18. ROTH, Günther. In: *Münchener Kommentar zum BGB* (1985), § 242 Rn. 185, p. 128.
19. RGZ 161, 330.
20. ERNST, Wolfgang. In: *Münchener Kommentar zum BGB* (2016), § 280 Rn. 119, p. 921.
21. No original: „Der Bundesgerichtshof tritt der Rechtsprechung des Reichsgerichts bei, dass sich auch bei einem durch die beiderseitigen Leistungen erfüllten Warensumsatzgeschäft Nachwirkungen ergeben können, insbesondere die Verpflichtung einer Partei, alles zu unterlassen, was den Vertragszweck gefährden oder vereiteln könnte.". BGH II ZR 253/51, julgado em 28.05.1952 e publicado em BGH NJW 1952, p. 867. Na mesma linha: BGH XI ZR 8/89, julgado em 24.10.1989, publicado em BGH NJW-RR 1990, p. 141.

Neste caso, está-se diante de típicas obrigações, cuja fonte é a autonomia privada das partes, as quais, quando inadimplidas, configuram descumprimento contratual. A peculiaridade dessas obrigações é que elas nascem no momento da celebração do contrato, mas têm a sua eficácia programada para iniciar apenas depois de extinto o contrato e para vigorar pelo tempo determinado pelas partes.

Tem-se aqui o que António Menezes Cordeiro denomina "pós-eficácia virtual", que se configura "quando uma situação jurídica complexa preveja, desde o início, deveres a observar no seu termo" ou "pós-eficácia aparente", configurada quando a lei associa, de modo expresso, certos deveres à extinção das obrigações. Delas distingue-se – continua o mestre português – a "verdadeira pós-eficácia" ou "pós-eficácia em sentido estrito", que se coloca em face da violação dos deveres laterais de conduta, por ele chamados deveres acessórios[22].

Os deveres de consideração pós-contratuais, ao contrário, não estão previstos no contrato ou na lei. Eles surgem efetivamente depois de extinto o vínculo contratual, de acordo com as peculiaridades do caso concreto e têm por fim impor não apenas sigilo e proibição de concorrência, mas vetar qualquer conduta que cause dano ao antigo contratante, ponha em risco a posição jurídica adquirida com o contrato ou esvazie seu fim.

Ao tratar do tema, Rogério Donnini afirma que os verdadeiros casos de responsabilidade pós-contratual são aqueles nos quais os deveres da boa-fé são transgredidos após a extinção do contrato. Se o dever de informação, proteção ou lealdade estiver previsto em lei ou no contrato de maneira específica, diz o autor, *"não se configura hipótese de responsabilidade pós-contratual, mas exato cumprimento de determinação legal que estende os efeitos do contrato, ou disposição contratual que estabelece uma certa produção de efeitos."*. A mera produção de efeitos para o momento posterior à celebração do contrato não configura a responsabilidade pós-contratual, conclui o autor[23].

Nesse sentido também são os ensinamentos de Wolfgang Ernst, ao tratar do tema no Comentário de Munique ao BGB. Diz o autor:

> "Como deveres de lealdade pós-eficaciais são designados os deveres que vinculam as partes de um contrato mesmo após o cumprimento recíproco, no estágio de liquidação (do contrato), por assim dizer. Trata-se aqui, individualmente, de fenômenos realmente distintos. Inicialmente, deve-se excluir a chamada continuidade da eficácia contratual. Entende-se com isso acordos das partes para o período após a execução dos deveres prestacionais de ambas as partes ou, em caso de relações obrigacionais de longa duração, para o período após o fim do contrato. Esses acordos ocorrem com frequência em contratos de prestação de serviços, de trabalhistas e societários. Aqui

---

22. *Da boa-fé no direito civil*, p. 627s. No mesmo sentido: DONNINI, Rogério. *Responsabilidade civil pós-contratual*. 3. ed. São Paulo: Saraiva, 2011, p. 147.
23. DONNINI, Rogério. *Responsabilidade civil pós-contratual*, p. 148. Ele dá como exemplo o art. 32 CDC, que impõe aos fabricantes e importadores ofertar peças de reposição e componentes mesmo posteriormente ao término da fabricação ou importação do produto. Trata-se aqui de efeitos do contrato de consumo, previstos na lei, que têm aparência de pós-eficácia em sentido estrito. A mesma situação ocorre nos casos de garantia contratual ou legal dos contratos de consumo. Op. cit., p. 148.

estão em questão principalmente acordos sobre deveres de sigilo, proibições de concorrência, pretensões indenizatórias e pensões. Um exemplo legal é o dever de certificação do empregador (§ 630). Esses deveres mencionados dizem respeito a normais deveres de prestações contratuais, para os quais não existem quais peculiaridades.

Os "verdadeiros" deveres de lealdade pós-eficaciais distinguem-se, em essência, da eficácia contratual acima abordada apenas pelo fato de que eles não são expressamente acordados, mas resultam do contrato através da interpretação conforme a boa-fé (§§ 157, 242; § 347 Código Comercial)..."[24].

Esse autor chama atenção para o fato do princípio da boa-fé objetiva incidir aqui em duas facetas: (i) como cânone interpretativo-integrativo do negócio jurídico, como deixam claro o § 157 BGB[25] e o art. 113 CC/2002, a guiar o julgador ou árbitro na interpretação das circunstâncias do caso concreto que justificarão a imposição de deveres pós-contratuais e (ii) como fonte geradora dos deveres ético-jurídicos de conduta, cuja infringência – após extinto o contrato – dá ensejo à responsabilidade pós-contratual.

Diante de qualquer conduta, imputável à título de culpa ao contratante, que frustre ou ponha em risco o resultado útil ou o fim do contrato ou ainda a posição jurídica obtida com a execução do negócio, surge o dever de indenizar, que é o efeito jurídico frequentemente atribuído pela ordem jurídica à inobservância de deveres.

No direito brasileiro, doutrina e a jurisprudência impõem o dever de indenizar os prejuízos sofridos pelo contratante como efeito jurídico imediato da responsabilidade pós-contratual. Porém, a jurisprudência alemã tem atribuído outras consequências aos comportamentos desleais praticados após o cumprimento e a

---

24. No original: „Als nachwirkende Treupflichten bezeichnet man Pflichten, die die Parteien eines Vertrages noch nach beiderseitiger Erfüllung, sozusagen im Abwicklungsstadium, treffen. Im Einzelnen handelt es sich dabei um recht unterschiedliche Erscheinungen, auszuklammern sind zunächst die sogenannten Vertragsfortwirkungen. Man versteht darunter Abreden der Parteien für die Zeit nach Erfüllung der beiderseitigen Leistungspflichten oder bei Dauerschuldverhältnissen für die Zeit nach Vertragsende, Häufig anzutreffen sind solche Abreden namentlich bei Dienst-, Arbeits- und Gesellschaftsverträgen. In Betracht kommen hier vor allem Abreden über Geheimhaltungspflichten, Wettbewerbsverbote, Abfindungsansprüche und Ruhegelder. Ein gesetzlich geregeltes Beispiel ist die Zeugnispflicht des Arbeitsgebers (§ 630). Bei den genannten Pflichten handelt es sich um normale vertragliche Leistungspflichten, für die keine Besonderheiten gelten. Die „echten" nachwirkenden Treuepflichten unterscheiden sich von den soeben behandelten Vertragsfortwirkungen im Grunde allein dadurch, dass sie nicht ausdrücklich vereinbart sind, sondern aus dem Vertrag erst durch Auslegung nach Treu und Glauben ergeben (§§ 157, 242; § 347 HGB)." *Münchener Kommentar zum BGB* (2016), § 280, p. 920.
25. § 157. Interpretação dos contratos. Os contratos devem ser interpretados conforme o exige a boa-fé objetiva, em consideração aos usos do comércio. (§ 157. Auslegung von Verträgen. Verträge sind so auszulegen, wie Treu und Glauben mit Rücksicht auf die Verkehrssitte es erfordern.)

    O *caput* do art. 113 CC/2002 é praticamente uma cópia do dispositivo alemão ao afirmar que os negócios jurídicos devem ser interpretados conforme a boa-fé e os usos do lugar de sua celebração. Atente-se que a boa-fé objetiva é princípio cardinal da interpretação do negócio, como deixa claro o *caput* do art. 113 e reforça o § 1°, inc. 3 do mesmo dispositivo, introduzido pela Lei de Liberdade Econômica (Lei 13.874/2019), principalmente quando se constata que, enquanto as partes podem afastar os usos do tráfego, i.e., os usos do comércio, não podem afastar a boa-fé objetiva, que é norma de ordem pública e princípio estrutural de todo o direito.

extinção do contrato. Assim, há precedentes admitindo, em casos excepcionais, o direito do contratante lesado resolver o contrato e pedir uma indenização substitutiva da prestação (interesse positivo) quando a conduta desleal aniquilar totalmente o resultado da prestação[26].

Da mesma forma, admite-se, excepcionalmente, a caducidade (*suppressio/Verwirkung*) de pretensões previstas no contrato extinto, como no exemplo do empregado que violou a proibição de concorrência e viu suprimido o direito de receber do empregador a aposentadoria privada prevista originalmente no contrato. Da mesma forma, o sócio que se desentende com o outro e deixa a sociedade após acordar o recebimento de uma indenização, fica obrigado pela boa-fé objetiva a abster-se de tudo o que possa prejudicar a antiga sociedade e, se ele posteriormente viola esse dever de lealdade pós-contratual, boicotando ou dificultando a continuidade das atividades da sociedade, a cobrança da indenização acordada aquando da saída da empresa passa a se caracterizar como um exercício inadmissível de direito[27].

Por fim, em tema de responsabilidade *post factum finitum*, reina controvérsia acerca de sua natureza jurídica, problema aqui não abordado com profundidade por extrapolar os limites deste ensaio. A doutrina discute se essa responsabilidade poderia ser qualificada como responsabilidade extracontratual, uma vez que o contrato entre as partes já estaria extinto ou se seria uma hipótese de responsabilidade contratual. Mais acertada parece ser a corrente que submete a responsabilidade pós-contratual ao regime da responsabilidade contratual, embora ausente contrato entre as partes.

Ao contrário do que alguns autores sustentam, isso não se explica pelo fato dos deveres de consideração pós-contratuais decorrerem do contrato extinto, pois, como exposto no início, todos os deveres de consideração – surjam eles antes, durante ou depois do contrato – independem da vontade das partes, isto é, da autonomia privada.

A justificativa para a aplicação do regime contratual aos casos de violações de deveres de consideração se deve ao entendimento de que esses deveres formam uma categoria especial de deveres obrigacionais (deveres obrigacionais *sui generis*), os quais, à semelhança dos deveres prestacionais tipificados na avença, são deveres relativos existentes entre sujeitos determinados. Eles não são deveres jurídicos gerais e *erga omnes*, como o dever geral de não lesar, pressuposto elementar da responsabilidade aquiliana.

Além disso, eles se reconduzem necessariamente à relação obrigacional especial estabelecida entre as partes antes mesmo do contrato se formar e que sobrevive à própria extinção do contrato[28]. E por fim, em última instância, esses deveres são

---

26. RGZ 111, p. 298 – RG V 570/24, julgado em 26.09.1925. No mesmo sentido: ERNST, Wolfgang. *Münchener Kommentar zum BGB* (2016), § 280 Rn. 125, p. 923.
27. BGH NJW 1960, 718, julgado em 11.02.1960, processo BGH II ZR 51/58.
28. Sobre o tema, confira-se: NUNES FRITZ, Karina. Comentário ao EREsp 1.280.825/RJ: prazo prescricional de dez anos para responsabilidade contratual? *Revista IBERC*, v. 2, 2019, p. 11 ss.

funcionalizados para proteger a esfera jurídica do antigo contratante e preservar o escopo contratual, alcançado com o cumprimento.

Cabe salientar que, no âmbito da jurisprudência brasileira, o Superior Tribunal de Justiça, ao julgar o REsp 1.367.955/SP, sob relatoria do e. Min. Paulo de Tarso Sanseverino[29], reconheceu – de forma pioneira e inovadora – a aplicação do regime da *responsabilidade civil contratual* aos deveres decorrentes da boa-fé objetiva, ainda quando surgidos na fase pré-contratual, de forma que se pode concluir que o mesmo entendimento vale para os deveres surgidos na fase pós-contratual. Desse modo, considerando esse importante precedente, o descumprimento de todos os deveres da boa-fé submete-se ao regime da responsabilidade contratual.

A discussão acerca da natureza jurídica da responsabilidade pós-contratual não é meramente teórica, mas tem grande relevância prática como, por exemplo, na definição do regime prescricional aplicável. Tendo em vista que a Corte Especial do Superior Tribunal de Justiça pacificou em 2019 o entendimento de que os casos de responsabilidade contratual submetem-se ao prazo prescricional decenal do art. 205 CC/2002, reservando-se o prazo trienal do art. 206, § 3º, inc. V CC/2002 exclusivamente aos casos de responsabilidade aquiliana[30], conclui-se que o lesado tem o prazo de dez anos do art. 205 CC/2002 para pleitear a indenização por danos decorrentes da violação dos deveres da boa-fé (danos da confiança), surjam eles antes, durante ou depois do contrato.

---

29. STJ, REsp 1.367.955/SP, T3, Rel. Min. Paulo de Tarso Sanseverino, j. 18.03.2014, DJe 24.03.2014.
30. No EREsp 1.281.594/SP, julgado pela Corte Especial do STJ em 15.05.2019, sob relatoria do Min. Felix Fischer, o Tribunal fixou que, salvo previsão legal específica, é de dez anos o prazo prescricional aplicável a casos de responsabilidade contratual, nos termos do art. 205 CC/2002. O prazo prescricional trienal previsto no art. 206, § 3º do CC/2002 restringe-se a danos decorrentes de ato ilícito extracontratual. Diz a ementa: "Civil e processual civil. Embargos de divergência no recurso especial. Dissenso caracterizado. Prazo prescricional incidente sobre a pretensão decorrente da responsabilidade civil contratual. Inaplicabilidade do art. 206, § 3º, V, do Código Civil. Subsunção à regra geral do art. 205, do código civil, salvo existência de previsão expressa de prazo diferenciado. Caso concreto que se sujeita ao disposto no art. 205 do diploma civil. Embargos de divergência providos. I – Segundo a jurisprudência deste Superior Tribunal de Justiça, os embargos de divergência têm como finalidade precípua a uniformização de teses jurídicas divergentes, o que, *in casu*, consiste em definir o prazo prescricional incidente sobre os casos de responsabilidade civil contratual. II – A prescrição, enquanto corolário da segurança jurídica, constitui, de certo modo, regra restritiva de direitos, não podendo assim comportar interpretação ampliativa das balizas fixadas pelo legislador. III – A unidade lógica do Código Civil permite extrair que a expressão "reparação civil" empregada pelo seu art. 206, § 3º, V, refere-se unicamente à responsabilidade civil aquiliana, de modo a não atingir o presente caso, fundado na responsabilidade civil contratual. IV – Corrobora com tal conclusão a bipartição existente entre a responsabilidade civil contratual e extracontratual, advinda da distinção ontológica, estrutural e funcional entre ambas, que obsta o tratamento isonômico. V – O caráter secundário assumido pelas perdas e danos advindas do inadimplemento contratual, impõe seguir a sorte do principal (obrigação anteriormente assumida). Dessa forma, enquanto não prescrita a pretensão central alusiva à execução da obrigação contratual, sujeita ao prazo de 10 anos (caso não exista previsão de prazo diferenciado), não pode estar fulminado pela prescrição o provimento acessório relativo à responsabilidade civil atrelada ao descumprimento do pactuado. VI - Versando o presente caso sobre responsabilidade civil decorrente de possível descumprimento de contrato de compra e venda e prestação de serviço entre empresas, está sujeito à prescrição decenal (art. 205, do Código Civil). Embargos de divergência providos.".

4. EXEMPLOS DE RESPONSABILIDADE PÓS-CONTRATUAL

a) Exemplos da jurisprudência alemã

Um caso de responsabilidade pós-contratual bem conhecido na Alemanha é o do vendedor de um imóvel, do qual se tinha uma bela vista para um monte, que garantiu à compradora durante das negociações que aquela vista não seria perdida, porque o plano de urbanização municipal proibia edificações no terreno em frente[31]. Porém, alguns meses depois da venda, o vendedor adquiriu o terreno e pleiteou na Prefeitura a autorização para erguer uma edificação no local, que, concedida, acabou prejudicando a vista da compradora.

A compradora ingressou com ação requerendo indenização pela vista panorâmica perdida, embora essa circunstância não estivesse expressa no instrumento contratual. A ação foi julgada improcedente em todas as instâncias, mas o *Reichsgericht* reverteu o entendimento e deu razão à autora ao argumento de que o vendedor violara o dever de lealdade pós-contratual ao adquirir ele próprio o terreno, requerer a licença e construir no imóvel vizinho, depois de ter garantido à compradora que a área não seria edificada.

Em regra, os deveres da boa-fé surgem na fase pós-contratual principalmente no âmbito de situações negociais marcadas por elevado grau de confiança, de colaboração e de consideração pelos interesses da contraparte, como o são os contratos de trabalho, de prestação de serviço, de locação e societário. Tal fato, porém, não impede que deveres laterais de conduta pós-contratuais surjam em qualquer outra situação negocial, de qualquer natureza, sempre que violado bens e interesses da contraparte ou frustrado ou ameaçado o escopo contratual após a extinção das obrigações.

Um bom exemplo foi o reconhecimento em contratos de compra e venda do dever do vendedor de, durante determinado período, fornecer aos compradores (consumidores ou não) peças sobressalentes de seus produtos. Esse dever surgiu na jurisprudência alemã como um dever pós-contratual, decorrente do princípio da boa-fé objetiva, muito antes das normas consumeristas positivarem expressamente essa obrigação nas relações jurídicas de consumo[32]. O mesmo se diga em relação ao dever de prestar assistência técnica.

Os contratos de locação em geral, por exigirem elevado grau de cooperação e consideração pelos interesses da contraparte, fornecem rico substrato fático para o nascimento de diversos deveres laterais de conduta mesmo após a completa extinção da relação locatícia. Além do mencionado caso do dever de tolerância com a placa indicativa do novo endereço comercial, o locador pode responder por responsabilidade pós-contratual quando, v.g., retém indevidamente objetos impenhoráveis do locatário deixados no imóvel ou quando permite que o locatário, findo o contrato, deixe temporariamente objetos no imóvel e não adota medidas adequadas para

---
31. RGZ 161, 330. No mesmo sentido: LG Hannover NJW-RR 1986, 1278.
32. ERNST, Wolfgang. *Münchener Kommentar zum BGB* (2016), § 280 Rn. 117, p. 921.

proteger os pertences, que acabam sendo danificados ou destruídos. Nesse caso, a jurisprudência alemã entende que o locador, longe de fazer mero favor, tem – por força da boa-fé objetiva – um dever de proteção pós-contratual para com os pertences do antigo inquilino[33].

Os contratos trabalho, bem como muitos contratos de prestação de serviços, são marcados por intensa cooperação das partes, a exigir especial confiança, lealdade e consideração pelos interesses do outro. Por isso, o dever de lealdade pós-contratual, decorrente do princípio da boa-fé objetiva, impõe uma série de conduta obrigatórias a empregadores e empregados mesmo após o fim do contrato de trabalho. A jurisprudência alemã tem imposto, nesse sentido, ao empregador o dever pós-contratual de fornecer certificados ou declarações ao ex-funcionário e a fornecer a terceiros informações corretas e verídicas sobre o antigo empregado, sancionando o patrão que passa a terceiros informações inverídicas e desabonadoras da conduta do trabalhador[34], como, por exemplo, de que ele deixou o posto devendo ao colegas da empresa[35].

Embora a lealdade pós-contratual imponha deveres de consideração também ao empregado, aqui é preciso cuidado sobretudo nos limites da exigência de deveres de sigilo e de não concorrência em face do antigo empregador, a fim de não inviabilizar a carreira ou o progresso profissional do trabalhador. Por isso, no contexto da jurisprudência alemã, essas exigências pós-contratuais só têm sido admitidas em situações excepcionais e desde que bem fundamentadas, na medida que elas poderiam violar direitos inerentes à liberdade profissional, essenciais à pessoa do empregado e que estariam na esfera de direitos irrenunciáveis. Feitas essas ressalvas, alguns julgados consideram que o empregado age deslealmente, por exemplo, quando divulga indevidamente segredos comerciais ou industriais da empresa, dos quais tomou conhecimento durante a relação jurídica de trabalho[36].

Pelas mesmas razões, o advogado é obrigado, mesmo após o fim do mandato, a adotar medidas adequadas – ao encerrar ou se afastar do caso – para que o cliente não sofra nenhum dano, como o decorrente da prescrição de pretensões[37], risco acerca do qual o cliente precisa, no mínimo, ser alertado[38]. Da mesma forma, é obrigado a devolver os autos do processo, não podendo retê-los até que o cliente pague taxas ou emolumentos de qualquer espécie[39], a guardar adequadamente os documentos recebidos do cliente e a comunicar sem delongas o desinteresse em assumir novo mandato, relacionado com o já executado, a fim de que o cliente tenha tempo hábil para procurar outro causídico para agir no prazo que lhe resta[40].

---

33. BGH WarnR 1971, I Nr. 126. Apud: ERNST, Wolfgang. *Münchener Kommentar zum BGB* (2016), § 280 Rn. 119, p. 921.
34. BGH NJW 1959, 2011.
35. ROTH, Günther. *Münchener Kommentar zum BGB* (2016), § 242 Rn. 185, p. 128.
36. ERNST, Wolfgang. *Münchener Kommentar zum BGB* (2016), § 280 Rn. 122, p. 922.
37. BGH NJW 1997, 1302.
38. BGH NJW 1984, 431.
39. Exemplo de Wolfgang Ernst in: *Münchener Kommentar zum BGB* (2016), § 280 Rn. 120, p. 922.
40. BGH NJW 1996, 842.

O arquiteto, da mesma forma, pode ser obrigado por força do mandamento da eticidade a auxiliar o contratante (dono da obra) a eliminar eventuais vícios na obra, embora o contrato entre ambos já tenha se extinguido. Isso inclui, por exemplo, prestar esclarecimentos sobre as possíveis causas do problema ou auxiliá-lo na definição das medidas necessárias para corrigir o defeito[41].

Por fim, inúmeros são os casos de deveres de conduta pós-contratuais em contratos comerciais e societários, nos quais a boa-fé objetiva incide com plena eficácia, vez que essas relações são, em regra, marcadas pela longa duração, confiança, intenso contato entre as partes e colaboração. Não por acaso o dever de agir segundo a boa-fé objetiva, enquanto regra de conduta, surgiu na prática comercial alemã na Idade Média e só séculos depois foi incorporado ao direito civil geral quando o *Reichsgericht*, criado em 1879, recepcionou a jurisprudência dos tribunais comerciais[42].

Dessa forma, ainda quando alguns deveres de consideração, como o de informação e esclarecimento, surjam com menos frequência em relações interempresariais pautadas pelo mesmo grau informacional, é equivocado afirmar que a boa-fé objetiva teria eficácia mitigada nas relações comerciais, até porque, presente o desnível informativo, esses deveres surgirão da mesma forma que em uma relação civil.

Um dos deveres da boa-fé mais comuns na fase pós-contratual é justamente a proibição de concorrência, que veda o empresário de alienar sua empresa e *in continenti* abrir outra do mesmo ramo e nas proximidades da primeira. Mas qualquer conduta desleal do antigo parceiro comercial – ou antigo sócio – que cause obstáculos ao funcionamento da empresa, pode ser sancionada pelo mandamento da boa-fé objetiva. Assim, o BGH considerou desleal a conduta de ex-sócio que, após deixar a sociedade, passou informações sigilosas da empresa ao arrendador, levando-o a rescindir o contrato de arrendamento, inviabilizando o funcionando do empreendimento. Da mesma forma, a conduta daquele que divulga informações confidenciais ou passa informações inverídicas a importante fornecedor, induzindo-o a romper a relação comercial, causando danos patrimoniais à empresa.

Em caso julgado em 1960, o BGH reconheceu o dever do ex-sócio de abster-se da prática de qualquer ato ou conduta que perturbasse a exploração do imóvel, utilizado para extração de cascalho. Na decisão, a Corte salientou que "o princípio da boa-fé objetiva, que domina o comércio jurídico como um todo, impõe nesses casos evitar danos ao parceiro contratual... Esses deveres de proteção perduram mesmo depois do fim de uma relação jurídica, como dever de lealdade pós-eficacial"[43].

---

41. Dentre outros, confira-se: BGHZ 71, 144 e BGH NJW 1985, 228.
42. NUNES FRITZ, Karina. *Boa-fé objetiva na fase pré-contratual*..., p. 91.
43. „Der den gesamten Rechtsverkehr beherrschende Grundsatz von Treu und Glauben gebietet es, in solchen Fällen Schäden von dem Vertragspartner abzuhalten... Diese Schutzpflichten bestehen auch nach Beendigung eines Rechtsverhältnisses als nachwirkende Treupflicht." BGH II ZR 51/58, j. 11.02.1960, p. 3 s.

b) Exemplos da jurisprudência brasileira

Encontram-se muitos julgados que fazem referência expressa à responsabilidade pós-contratual, principalmente quando se tratam de deveres legais ou contratuais programados para ter eficácia após a extinção do contrato. Mas, seguindo a linha majoritária na doutrina especializada, entende-se, em princípio, a responsabilidade pós-contratual como a violação de deveres laterais de conduta, oriundos da boa-fé objetiva, após o cumprimento adequado do contrato e sua consequente extinção e esses casos são mais raros na jurisprudência.

Um dos primeiros casos de responsabilidade pós-contratual noticiados no Brasil data do início do século passado e foi solucionado sem qualquer referência à figura, à época ainda desconhecida. Trata-se do caso da fusão da fábrica de Juta Sant´Ana, de propriedade do Conde Álvares Penteado, com as fábricas São João e Santa Luiza, dando origem à Companhia Nacional de Tecidos de Juta. Um ano após alienar sua empresa à nova companhia, o Conde abriu na mesma região outra fábrica de fiação e tecidos de juta (Companhia Paulista de Aniagens), voltando a exercer a mesma atividade comercial anterior, o que levou a compradora a mover ação indenizatória alegando prática de ato doloso de concorrência desleal e pleiteando a devolução de parte do valor pago pela "posição no mercado" da empresa e pela "fama do empresário", o que a doutrina comercialista denomina de aviamento.

A ação foi julgada improcedente em primeira instância ao argumento de que não havia no contrato celebrado qualquer cláusula de cessão da clientela ou que impedisse o alienante de abrir nova indústria no mesmo ramo de atividade. O Supremo Tribunal Federal, à época competente para dirimir a questão, chegou a reformar a decisão em 30.04.1913, condenando a viúva e os herdeiros do Conde a indenizarem os danos causados à Companhia de Tecidos de Juta. Mas um recurso de Rui Barbosa fez a Corte rever a posição sob o argumento de que, sem cláusula expressa, não se poderia admitir a cessão da clientela e, dessa forma, nada impedia o alienante de exercer no mesmo local a mesma atividade industrial[44].

A decisão não surpreende, primeiro, porque inexistia no Código Bevilaqua norma semelhante ao art. 1.147 CC/2002[45] e, segundo, porque, apesar da boa-fé objetiva estar à época prevista no art. 131 do Código Comercial, o princípio não tinha qualquer aplicabilidade prática além de reforçar a necessidade de cumprimento do pactuado, aos moldes da concepção francesa de *bonne foi*, visto como imprescindível à segurança jurídica do comércio. Nessa linha, os contratos deveriam ser cumpridos independentemente de qualquer preocupação com a correção da conduta das partes, principalmente antes e depois do contrato, momentos em que inexiste vínculo contratual.

---

44. Confira o relato detalhado do caso em DONNINI, Rogério. Op. cit., p. 138 ss.
45. Art. 1.147. Não havendo autorização expressa, o alienante do estabelecimento não pode fazer concorrência ao adquirente, nos cinco anos subsequentes à transferência.

Na verdade, é preciso que se recorde, naquela época não havia preocupação, tampouco exigência jurídica de ética nos negócios, equilíbrio contratual e justiça material[46], de forma que a boa-fé objetiva da codificação comercial permaneceu verdadeira letra morta até a entrada em vigor da Lei do Consumidor. Mas é inegável que a conduta do Conde de, um ano depois de vender a fábrica, abrir outra na mesma região e no mesmo ramo de atividade[47], se deu em completo arrepio dos mandamentos de retidão e consideração pelos interesses da contraparte, núcleo duro do princípio da boa-fé objetiva, configurando conduta desleal materializada na violação do dever pós-contratual de não concorrência, cuja existência e eficácia – como, de resto, de todo dever lateral de conduta – independe de previsão expressa no contrato ou da vontade das partes.

Até onde se tem notícia, foi o e. Min. Ruy Rosado de Aguiar Júnior quem, ainda no Tribunal de Justiça do Rio Grande do Sul, primeiro aplicou a teoria da responsabilidade pós-contratual ao caso em que o vendedor, imediatamente após a venda do imóvel, tornou inviável a disposição do bem pela compradora ao ameaçá-la de morte e expulsá-la do local, a fim de vender a casa a terceiro[48]. No caso, o brilhante magistrado viu na conduta o descumprimento de dever secundário, oriundo do princípio da boa-fé objetiva, antes mesmo da entrada em vigor do Código de Defesa do Consumidor e da atual codificação civil.

Ao lado desses casos, digno de nota o importante julgado do Superior Tribunal de Justiça, que tem servido como precedente para a responsabilidade pós-contratual: REsp 1.255.315/SP, julgado em 2011 sob a relatoria da e. Min. Nancy Andrighi, que envolveu a resilição de contrato de distribuição entre a Bayer S.A e a empresa Socipar S.A[49]. Ambas mantiveram por mais de quatorze anos contrato verbal de distribuição por meio do qual a Socipar adquiria produtos da Bayer e os revendia a terceiros.

A Socipar alegou na ação indenizatória movida contra a Bayer que fora surpreendida com a resilição unilateral do contrato, sem qualquer aviso prévio, o que lhe impedira de realizar suas atividades habituais após ter feito vultuosos investimentos no negócio durantes décadas e ter construído uma rede de clientes na América do Sul. A Bayer defendeu-se alegando, em suma, que o fim do contrato foi "decisão

---

46. Confira-se: DONNINI, Rogério. Op. cit., p. 143.
47. No mesmo sentido: DONNINI, Rogério. Op. cit., p. 142.
48. TJRS, Apelação Cível 588.042.580, 5ª Câmara Cível, Rel. Des. Ruy Rosado de Aguiar Júnior, j. 16.08.1988. *A extinção dos contratos por incumprimento do devedor*. Rio de Janeiro: Aide, 1991, p. 243.
49. "Civil e processo civil. Contratos. Distribuição. Celebração verbal. Possibilidade. Limites. Rescisão imotivada. Boa-fé objetiva, função social do contrato e responsabilidade pós-contratual. Violação. Indenização. Cabimento. Danos morais e honorários advocatícios. Revisão. Possibilidade, desde que fixados em valor irrisório ou exorbitante. Sucumbência. Distribuição. Critérios. (...) 4. A rescisão imotivada do contrato, em especial quando efetivada por meio de conduta desleal e abusiva – violadora dos princípios da boa-fé objetiva, da função social do contrato e da responsabilidade pós-contratual – confere à parte prejudicada o direito à indenização por danos materiais e morais. (...)". STJ, REsp 1.255.315/SP, T3, Rel. Min. Nancy Andrighi, j. 13.09.2011, Dje 27.09.2011.

mercadológica" da matriz, situada na Alemanha, que resolveu transferir a linha de produção do Brasil para a Argentina.

Mas a Socipar demonstrou que, ao contrário do acordado, a Bayer passou a realizar a importação e distribuição dos produtos da Bayer Argentina, revendendo-os diretamente à sua rede de clientes, o que levou o Tribunal de Justiça de São Paulo a concluir que a Bayer teria se apoderado de "grande parte do fundo de comércio" da Socipar, "surrupiando-lhe a clientela"[50], em conduta desleal e ofensiva à boa-fé objetiva, que deve vigorar nas relações contratuais.

Uma análise mais detalhada da decisão revela que o problema central discutido na lide não foi tanto a resilição unilateral do contrato, que pode ocorrer, mas submete o contratante a indenizar as perdas e danos sofridas pela contraparte, mas sim a conduta desleal da Bayer do Brasil de, após encerrar o contrato de distribuição com a Socipar, passar a revender diretamente à rede de clientes construída por essa empresa ao longo de quase quinze anos, apropriando-se indevidamente de sua carteira de clientes, conduta que tanto o Tribunal paulista, quanto o Superior Tribunal de Justiça consideraram contrárias ao princípio da boa-fé objetiva, porque repudiam a noção de lealdade e retidão que devem presidir as relações comerciais.

Apesar disso, o instituto da *culpa post factum finitum* acabou ficando em segundo plano na fundamentação do acórdão, onde lê-se que "a rescisão imotivada do contrato, em especial quando efetivada por meio de conduta desleal e abusiva – violadora dos princípios da boa-fé objetiva, da função social do contrato e da responsabilidade pós-contratual – confere à parte prejudicada o direito à indenização por danos materiais e morais". Por essa razão, esse acórdão vem sendo citado como *leading case* em uma série de casos de resilição unilateral de contratos de seguro e recusa imotivada de renovação, por ofensa aos princípios da boa-fé objetiva e função social dos contratos, embora tais casos não tratem especificamente da hipótese de responsabilidade pós-contratual[51].

A crítica que se faz à decisão é que, embora chegando a correto resultado, o Superior Tribunal de Justiça fundamentou a responsabilidade pós-contratual não apenas no princípio da boa-fé, mas também no princípio da função social dos contratos, em verdadeira retórica interpretativa, vez que a teoria da função social em nada contribuiu para o desenvolvimento do instituto da *culpa post factum finitum*, que encontra seu fundamento formal e material no mandamento da eticidade, que é a fonte dos deveres de consideração pós-contratuais.

Por fim, interessante notar que o caso foi solucionado com base no Código Civil de 1916 sendo um dos argumentos de defesa da Bayer o fato de o Tribunal de Justiça

---

50. REsp 1.255.315/SP, Voto Min. Nancy Andrighi, p. 7.
51. Dentre outros: AgRg no AREsp 175.663/RJ, T3, Rel. Min. Sidnei Beneti, j. 26.06.2012, DJe 29.06.2012; AgRg nos EDcl no Ag 1400796/RS, T3, Rel. Min. Paulo de Tarso Sanseverino, j. 16.08.2012, DJe 21.08.2012; AgRg no REsp 1.230.665/SP, T3, Rel. Min. Paulo de Tarso Sanseverino, j. 05.03.2013, DJe 03.04.2013 e AgRg no REsp 1.444.292/SP, T3, Rel. Min. Sidnei Beneti, j. 05.08.2014, DJe 04.09.2014.

de São Paulo ter decidido a lide à luz dos princípios do Código Civil de 2002, em violação da regra de transição do art. 2.035, o que levou o Superior Tribunal de Justiça a salientar que o princípio da boa-fé objetiva, embora não positivado no CC/1916, fora "erigido a princípio" na Lei do Consumidor, sendo amplamente reconhecido como regra de interpretação dos contratos, sem qualquer referência ao art. 131 do Código Comercial, o que confirma a insignificância desse dispositivo no sistema legal brasileiro.

Cabe mencionar ainda as situações de responsabilidade pós-contratual no âmbito dos contratos de trabalho, os quais, como dito, são marcados por elevado grau de confiança e cooperação entre as partes, circunstâncias que justificam o surgimento da intensa carga de deveres de consideração durante e depois do fim do vínculo contratual. E, como na jurisprudência alemã, um exemplo de dever lateral de conduta discutido com frequência no cotidiano forense, após o fim da relação trabalhista, é o dever de sigilo em relação a segredos da empresa.

O art. 482, alínea "g" da CLT, considera justa causa para a rescisão do contrato de trabalho pelo empregador a violação de segredo da empresa pelo empregado. Esse dever tem natureza jurídica de obrigação legal acessória surgida durante a relação jurídica de trabalho. E, embora a lei nada trate sobre a vigência desse dever após a extinção do contrato de trabalho, a doutrina tem justificado a imposição do dever de sigilo, para além do vínculo laboral, a partir da cláusula geral da boa-fé objetiva do art. 422 CC/2002, vez que age com deslealdade o trabalhador que, findo o contrato de trabalho, divulga indevidamente segredos ou informações sigilosas da empresa, causando-lhe danos. Mas também aqui se faz necessária cautela na hora de exigir um dever de sigilo do empregado para não se inviabilizar tanto a recolocação, quanto o desenvolvimento do profissional no mercado de trabalho, porque, afinal, estão em jogo interesses essenciais à pessoa do trabalhador.

Outro exemplo de responsabilidade pós-contratual presente na prática jurisprudencial é o fornecimento de informações falsas e desabonadoras sobre ex-funcionário, comprometendo sua honra, idoneidade ou profissionalismo. Também a exemplo das cortes alemãs, o Tribunal de Justiça de São Paulo julgou caso em que a empresa prestou informações desabonadoras sobre antigo funcionário, reconhecendo na conduta do empregador, não mero direito de informar, mas sim a violação de deveres laterais na fase pós-contratual, os quais decorrem "inequivocamente" do contrato entre as partes[52]. A decisão foi inegavelmente acertada e fundamentada, embora mereça crítica a afirmação de que os deveres laterais de conduta decorrem do contrato.

Com efeito, é equivocado dizer que os deveres de consideração decorrem do contrato, enquanto ato de autonomia privada, porque eles surgem independentemente – e, não raras vezes – contra a vontade das partes e ainda quando nulo o

---

52. TJSP, 4ª Câmara de Direito Privado, Apelação Cível 494.898.4/0-00, Rel. Des. Francisco Loureiro, j. 13.09.2007. Apud DONNINI, Rogério. Op. cit., p. 191.

contrato celebrado. Eles têm como fundamento a boa-fé objetiva, considerando as circunstâncias da situação fática concreta, de forma que o contrato, conquanto revele as peculiaridades do caso, não é fonte dos deveres de consideração, os quais surgem na fase de preparação do negócio, percorrem toda a avença negocial e subsistem à posterior a extinção do vínculo contratual.

5. CONCLUSÕES

Diante do exposto, conclui-se que a boa-fé objetiva, enquanto limite imanente à autonomia privada e *standard* ético-jurídico de correção da conduta dos contratantes, impõe às partes deveres laterais de conduta (ditos hodiernamente: deveres de consideração) antes, durante e depois da existência do contrato. Mesmo após a perfeita execução do contrato, permanecem latentes deveres ético-jurídicos entre os antigos contratantes, que podem ser reivindicados e cuja função primária é – além de evitar danos à esfera jurídica dos contratantes, praticados em conexão com o contrato extinto – conservar o resultado útil da prestação realizada e o fim último da avença contratual. Em suma: tutelar a posição jurídica desejada e alcançada com o cumprimento do contrato.

Esses deveres não decorrem diretamente do contrato, já extinto pelo adimplemento, mas do princípio da boa-fé objetiva que incide sobre a relação obrigacional especial que, embora fluida e rarefeita, ainda vincula as partes. Logo, embora a responsabilidade pós-contratual não esteja expressamente disciplinada no Código Civil, ela tem base legal na cláusula geral da boa-fé objetiva (art. 422 CC/2002) e é um dos muitos institutos desenvolvidos a partir da teoria da confiança, construída pela doutrina alemã com amparo na boa-fé. Ademais, a responsabilidade *post factum finitum* decorre da violação de deveres laterais de conduta após a extinção do contrato, frustrando ou pondo em risco a posição jurídica auferida com o cumprimento, o fim último do contrato ou a esfera jurídica da parte.

Pressuposto, portanto, para a configuração da responsabilidade pós-contratual é a violação de dever lateral de conduta que cause dano à contraparte, seja violando direitos ou interesses do contratante, seja frustrando ou comprometendo a posição jurídica adquirida com a adequada execução do contrato. Exceto em situações jurídicas de consumo, em regra é necessário que a conduta desleal seja imputável a título de culpa ao devedor.

Embora o efeito imediato da violação dos deveres pré-contratuais seja o surgimento do dever de indenizar, deve-se atentar ao fato de a doutrina estrangeira ter deduzido outras consequências jurídicas do descumprimento dos deveres de boa-fé, como o desfazimento do contrato executado ou a supressão de eventuais pretensões pós-eficaciais, oriundas do antigo contrato.

A responsabilidade pós-contratual ainda precisa ser aprofundada no direito brasileiro, pois existem várias questões controvertidas, principalmente a espinhosa discussão acerca das distinções entre a pós-eficácia *stricto sensu*, decorrente da violação dos deveres de consideração, e a pós-eficácia virtual e aparente, quando as partes ou a lei, respectivamente, estabelecem obrigações para ter eficácia somente após a extinção do contrato. Também ainda discutida é a natureza jurídica da responsabilidade *post factum finitum*, que, a considerar o importante precedente do Superior Tribunal de Justiça e a doutrina majoritária na Alemanha, pode e tende a ser considerada como natureza contratual.

A RESPONSABILIDADE CIVIL PÓS-CONTRATUAL E OS RISCOS DO DESENVOLVIMENTO

Marcelo Junqueira Calixto

Doutor em Direito Civil (UERJ). Professor Adjunto da PUC-Rio e dos cursos de pós-graduação da FGV, UERJ e EMERJ. Membro do Instituto dos Advogados Brasileiros (IAB), do Instituto Brasileiro de Política e Direito do Consumidor (BRASILCON), do Instituto Brasileiro de Direito Civil (IBDCivil), do Instituto Brasileiro de Direito Contratual (IBDCONT), do Instituto Brasileiro de Estudos da Responsabilidade Civil (IBERC) e do Comitê Brasileiro de Arbitragem (CBAr). Advogado e Parecerista.

1. INTRODUÇÃO. AS FUNÇÕES DA BOA-FÉ OBJETIVA. OS INSTITUTOS PARCELARES

É conhecida a afirmação de que, de todos os ramos do Direito Civil, o que sofreu o menor número de alterações ao longo dos anos, foi o Direito das Obrigações[1]. Certo é, porém, que, especialmente nos últimos anos, também este gigantesco ramo sofreu o influxo de novos princípios, merecendo destaque o "princípio da boa-fé objetiva".

De fato, mais do que uma *evolução*, referido princípio parece ter *revolucionado* a compreensão dos institutos, a começar pela ideia de que o *contrato* não deve ser visto como um negócio jurídico que coloca as partes em posições antagônicas e sim como uma fonte de deveres norteados pelo dever fundamental de "lealdade e confiança"[2]. Em outras palavras, os contratantes são vistos como "aliados" e não "inimigos" na busca do fim comum, a saber, o integral adimplemento contratual.

---

1. Recorde-se, nesse sentido, o seguinte trecho da monumental obra de Caio Mário da Silva Pereira (*Instituições de Direito Civil*. 29. ed. Atual. Guilherme Calmon Nogueira da Gama. Rio de Janeiro: Forense, 2017, v. 2, p. 22): "A palavra obrigação tem para nós, agora, um sentido técnico e restrito, que se cultiva desde as origens da especialização jurídica, guardado nos tratados e conservado nas legislações. Não alude o Código a deveres outros, ainda que juridicamente exigíveis. Tem em vista uma ocupação própria e específica, devendo o hermeneuta reportar-se, mais do que em outros setores, ao Direito Romano. Quando, pois, cogitamos de definir aqui obrigação, é este o propósito que nos anima". E remata, recordando Saleilles, que "de todo Direito Civil são as obrigações que maior cunho guardam de elaboração científica, e maior expressão ideal da lógica jurídica apresentam no direito moderno, prestando maior fidelidade ao Direito romano, pois foi o direito obrigacional, em decorrência de seu caráter especulativo, a obra-prima da legislação romana".
2. A expressão "lealdade e confiança" remete ao disposto no § 242 do Código Civil alemão (BGB), como bem recordado por Anderson Schreiber em seus comentários ao art. 422 do Código Civil brasileiro: "A boa-fé aí mencionada não é, como se vê, a *boa-fé subjetiva*, também chamada de boa-fé possessória e definida como estado psicológico de ignorância acerca dos vícios que maculam um direito real. Diversamente, a interpretação dada ao § 242 do BGB trouxe uma concepção objetiva da boa-fé como *standard* de conduta leal e confiável (*Treu und Glauben*), a vincular, independentemente de considerações subjetivistas, os contratantes" (*Código Civil Comentado* – Doutrina e Jurisprudência. 2. ed. Rio de Janeiro: Forense, 2020, p. 261, grifos no original).

Além dessa nova compreensão quanto à conduta dos contratantes, foram também reconhecidas à boa-fé objetiva três *funções* principais: a) *interpretativa*; b) *limitadora* e c) *integrativa*. A primeira encontra previsão no art. 113 do Código Civil e impõe ao intérprete do negócio jurídico o dever de buscar uma solução que leve ao efetivo *cumprimento* do contrato e não à sua resolução[3].

A segunda função encontra fundamento no art. 187 do Código Civil e está ligada ao *exercício* de um direito, coibindo-se toda forma de *abuso*, isto é, de conduta que não observe os *limites* impostos pelo próprio ordenamento jurídico[4]. Não se trata, assim, de verdadeira ilicitude, mas de não observância dos limites constitucionais e legais impostos ao exercício de qualquer direito[5].

Por fim, consagra o Código Civil que "os contratantes são obrigados a guardar, assim na conclusão do contrato, como em sua execução, os princípios de probidade e boa-fé" (art. 422). Para este fim, deverão ser observados os deveres já consagrados pelos próprios negociadores ou mesmo *outros* deveres não expressos no instrumento contratual, mas decorrentes do citado dever fundamental de *lealdade* e *confiança*. Tem-se, aqui, a gênese dos chamados deveres *anexos* ou *laterais*, os quais, uma vez descumpridos, caracterizam verdadeira hipótese de *inadimplemento* contratual, tal como se observa nos deveres contratuais *expressos*[6]. A diferença, portanto, é que aqueles decorrem de uma análise a ser empreendida pelo intérprete, ao passo que estes estão estampados no próprio instrumento contratual. Certo é, igualmente, que doutrina e jurisprudência têm destacado, ao longo dos últimos anos, a existência de diversos desses deveres *laterais*, tais como os deveres de *colaboração* e *informação*[7].

---

3. Afirma o dispositivo: "Art. 113. Os negócios jurídicos devem ser interpretados conforme a boa-fé e os usos do lugar de sua celebração". Recorde-se que a este dispositivo foram acrescentados dois parágrafos pela recente Lei 13.874/2019, a chamada "Lei da Liberdade Econômica". Afirmam referidos parágrafos, reforçando a necessidade de observância da boa-fé objetiva pelos contratantes: § 1º A interpretação do negócio jurídico deve lhe atribuir o sentido que: I – for confirmado pelo comportamento das partes posterior à celebração do negócio; II – corresponder aos usos, costumes e práticas do mercado relativas ao tipo de negócio; III – corresponder à boa-fé; IV – for mais benéfico à parte que não redigiu o dispositivo, se identificável; e V – corresponder a qual seria a razoável negociação das partes sobre a questão discutida, inferida das demais disposições do negócio e da racionalidade econômica das partes, consideradas as informações disponíveis no momento de sua celebração. § 2º As partes poderão livremente pactuar regras de interpretação, de preenchimento de lacunas e de integração dos negócios jurídicos diversas daquelas previstas em lei".
4. Afirma o dispositivo: "Art. 187. Também comete ato ilícito o titular de um direito que, ao exercê-lo, excede manifestamente os limites impostos pelo seu fim econômico ou social, pela boa-fé ou pelos bons costumes".
5. Criticável, dessa forma, a redação do citado dispositivo legal, o que já foi reconhecido pela doutrina desde a I Jornada de Direito Civil, ocorrida em 2002, ocasião em que foi aprovado o Enunciado n. 37, que afirma: "Art. 187: A responsabilidade civil decorrente do abuso do direito independe de culpa e fundamenta-se somente no critério objetivo-finalístico".
6. Veja-se, nesse sentido, o Enunciado n. 24 aprovado na I Jornada de Direito Civil (2002): "Art. 422: Em virtude do princípio da boa-fé, positivado no art. 422 do novo Código Civil, a violação dos deveres anexos constitui espécie de inadimplemento, independentemente de culpa". Esta visão foi reforçada na IV Jornada de Direito Civil (2006) com edição do Enunciado 363: "Art. 422: Os princípios da probidade e da confiança são de ordem pública, sendo obrigação da parte lesada apenas demonstrar a existência da violação".
7. Em termos doutrinários pode ser recordada a seguinte passagem de Gustavo TEPEDINO e Carlos Nélson Konder (*Fundamentos do direito civil*. Rio de Janeiro: Forense, 2020, v. 3 – Contratos, p. 46): "Ao lado desse segundo papel, a boa-fé constitui-se ainda em fonte criadora de deveres anexos à prestação principal,

Também se tem destacado que a boa-fé objetiva seria a fonte de novos institutos jurídicos, chamados de "institutos parcelares", podendo ser mencionados, entre outros, a *surrectio*, a *suppressio*, o *venire contra factum proprium* e o *duty to mitigate the loss*[8].

Por fim, o mesmo art. 422 do Código Civil serve de fundamento para o estudo das "fases da boa-fé objetiva", sendo corrente a afirmação de que referido princípio deve ser observado antes mesmo da celebração do negócio jurídico (fase pré-contratual), durante a execução do contrato (fase contratual) e mesmo após a sua extinção (fase pós-contratual)[9]. Sobre esta última se discorre a seguir, muito embora seja oportuno recordar que a própria divisão da boa-fé nas citadas três fases pode ser objeto de questionamento se for recordado que a obrigação não mais deve ser vista como um instituto *estanque* e sim *dinâmico*, um verdadeiro "*processo*"[10].

---

além dos deveres específicos estabelecidos no instrumento contratual. Trata-se dos deveres de lealdade, de honestidade, de transparência e de informação, dentre outros, exigidos dos contratantes de acordo com as peculiaridades de cada regulamento contratual, no sentido de otimizar o desempenho das prestações da contraparte".

Na jurisprudência do STJ são inúmeros os julgados que fazem referência aos *deveres anexos* decorrentes da boa-fé objetiva, podendo ser recordada, nesse sentido, a decisão proferida no julgamento do Recurso Especial 1.349.188/RJ (Quarta Turma, Rel. Min. Luís Felipe Salomão, julgado em 10.05.2016), a qual impôs a determinada instituição financeira a obrigação de disponibilizar, "durante todo o ajuste bancário", documentos com o "método Braille" para os clientes portadores de deficiência visual. A ementa do julgado afirma: "(...). 3. A efetividade do conteúdo da informação deve ser analisada a partir da situação em concreto, examinando-se qual será substancialmente o conhecimento imprescindível e como se poderá atingir o destinatário específico daquele produto ou serviço, de modo que a transmissão da informação seja adequada e eficiente, atendendo aos deveres anexos da boa-fé objetiva, do dever de colaboração e de respeito à contraparte. (...)".

8. A expressão "institutos parcelares" pode ser encontrada na sempre lembrada obra de António Manuel da Rocha e Menezes Cordeiro (*A boa-fé no direito civil*. Lisboa: Almedina, 2001, passim).

Sobre os institutos da *surrectio*, *suppressio*, *venire contra factum proprium* e *duty to mitigate the loss* já existe copiosa e qualificada doutrina no Brasil merecendo destaque, entre outras, as obras de Flávio Tartuce (*Direito Civil*. 15. ed. Rio de Janeiro: Forense, 2020, v. 3); Anderson Schreiber (*A proibição de comportamento contraditório*: tutela da confiança e *venire contra factum proprium*. 4. ed. São Paulo: Atlas, 2006 e Judith Martins-Costa (*A boa-fé no direito privado*: critérios para sua aplicação. 2. ed. São Paulo, Saraiva, 2018).

9. Esta visão foi muito bem sintetizada por Anderson Schreiber (*Código Civil Comentado*, cit., p. 262) ao afirmar: "Esses deveres *anexos* – também chamados de *acessórios*, *laterais*, *instrumentais*, ou *tutelares* – variam de acordo com cada relação jurídica concreta da qual decorrem. Por isso mesmo, tais deveres independem da vontade das partes, incidindo *quando e na medida em que* imponham os parâmetros de mútua lealdade e confiança. Todos esses papéis desempenhados pela boa-fé não se limitam, como poderia fazer crer a redação do art. 422, à "conclusão" (*rectius*: celebração) do contrato à sua "execução". De um lado, impõe-se que as partes se comportem de modo leal mesmo antes da conclusão, desde a chamada fase das tratativas, sendo certo que a violação à boa-fé objetiva durante as negociações preliminares pode dar ensejo à *responsabilidade civil pré-contratual*. De outro lado, o exaurimento da execução do contrato, por força do termo final de seu prazo de vigência ou por qualquer outra razão, não exime os contratantes de seguirem observando a boa-fé objetiva, abstendo-se, em especial, de qualquer ato que possa frustrar *a posteriori* os efeitos esperados do contrato – hipótese em que a violação à boa-fé objetiva deflagra a chamada *responsabilidade pós-contratual* ou *post pactum finitum*" (original grifado).

Esta doutrina foi, ainda, sintetizada no Enunciado 170 da III Jornada de Direito Civil (2004): "Art. 422: A boa-fé objetiva deve ser observada pelas partes na fase de negociações preliminares e após a execução do contrato, quando tal exigência decorrer da natureza do contrato".

10. Sobre o tema deve ser recordado, na doutrina nacional, o pioneiro estudo de Clóvis do Couto e Silva, *Obrigação como processo*, obra cuja primeira edição data de 1976 (São Paulo, José Bushatsky). Esta obra ganhou uma segunda edição, pela editora FGV, em 2006.

2. A BOA-FÉ OBJETIVA NA FASE PÓS-CONTRATUAL. ALGUMAS HIPÓTESES LEGAIS. DIFICULDADE DE AFIRMAÇÃO DE UMA TEORIA GERAL

As duas primeiras fases da boa-fé objetiva (pré-contratual e contratual) já mereceram inúmeras considerações por parte da doutrina e da jurisprudência, o que ainda não foi observado, na mesma extensão, em relação à fase pós-contratual, também chamada de *post pactum finitum*. A primeira razão talvez seja o fato de não encontrar uma previsão legal específica, uma vez que o art. 422, de fato, *não* se refere aos deveres a serem observados "após a extinção do contrato". Contudo, é inegável que certos deveres sobrevivem ao próprio término da vigência contratual, em primeiro lugar, por *vontade* das partes, sendo exemplo corriqueiro a cláusula de confidencialidade ou de sigilo, a qual costuma ser fixada em prazo superior ao prazo contratualmente estipulado para a extinção do negócio jurídico. Mas também se tem destacado que certas espécies de contrato têm uma cláusula implícita de *sigilo*, a qual seria capaz de sobreviver à própria execução contratual, sendo, pois, uma hipótese de dever anexo na fase *pós-contratual*[11].

---

11. O exemplo mais corriqueiro estaria nos contratos especialmente marcados pela confiança (fidúcia) que deve haver entre os contratantes, tais como o contrato de mandato e de prestação de serviços médicos e hospitalares. Além desses, pode ser recordado o importante precedente estabelecido pelo STJ no sentido da "sobrevivência" das obrigações da seguradora no contrato de seguro habitacional. Fixou-se, por maioria, o entendimento de que a seguradora deve indenizar o adquirente da unidade (mutuário) pelos vícios de construção, ainda que o contrato de mútuo celebrado para a aquisição do imóvel viciado esteja findo. É o que se lê na ementa da decisão proferida pela Terceira Turma no julgamento do Recurso Especial 1.717.112/RN (Rel. Min. Nancy Andrighi, julgado em 25.09.2018):

"(...). 2. O propósito recursal consiste em decidir se a quitação do contrato de mútuo para aquisição de imóvel extingue a obrigação da seguradora de indenizar os adquirentes-segurados por vícios de construção (vícios ocultos) que implicam ameaça de desmoronamento.

3. A par da regra geral do art. 422 do CC/02, o art. 765 do mesmo diploma legal prevê, especificamente, que o contrato de seguro, tanto na conclusão como na execução, está fundado na boa-fé dos contratantes, no comportamento de lealdade e confiança recíprocos, sendo qualificado pela doutrina como um verdadeiro "contrato de boa-fé".

4. De um lado, a boa-fé objetiva impõe ao segurador, na fase pré-contratual, o dever, dentre outros, de dar informações claras e objetivas sobre o contrato para que o segurado compreenda, com exatidão, o alcance da garantia contratada; de outro, obriga-o, na fase de execução e também na pós-contratual, a evitar subterfúgios para tentar se eximir de sua responsabilidade com relação aos riscos previamente cobertos pela garantia.

5. O seguro habitacional tem conformação diferenciada, uma vez que integra a política nacional de habitação, destinada a facilitar a aquisição da casa própria, especialmente pelas classes de menor renda da população. Trata-se, pois, de contrato obrigatório que visa à proteção da família, em caso de morte ou invalidez do segurado, e à salvaguarda do imóvel que garante o respectivo financiamento, resguardando, assim, os recursos públicos direcionados à manutenção do sistema.

6. À luz dos parâmetros da boa-fé objetiva e da proteção contratual do consumidor, conclui-se que os vícios estruturais de construção estão acobertados pelo seguro habitacional, cujos efeitos devem se prolongar no tempo, mesmo após a extinção do contrato, para acobertar o sinistro concomitante à vigência deste, ainda que só se revele depois de sua conclusão (vício oculto).

7. Constatada a existência de vícios estruturais acobertados pelo seguro habitacional e coexistentes à vigência do contrato, hão de ser os recorrentes devidamente indenizados pelos prejuízos sofridos, nos moldes estabelecidos na apólice.

8. Recurso especial conhecido e provido".

É, igualmente, possível reconhecer que a *legislação* privada em vigor em nosso país também apresenta situações que podem ser entendidas como aplicações da boa-fé objetiva *post pactum finitum*. A primeira delas, e provavelmente a mais conhecida, é a da chamada "cláusula de não concorrência", a qual encontra previsão no art. 1.147, que afirma:

> "Art. 1.147. Não havendo autorização expressa, o alienante do estabelecimento não pode fazer concorrência ao adquirente, nos cinco anos subsequentes à transferência.
> Parágrafo único. No caso de arrendamento ou usufruto do estabelecimento, a proibição prevista neste artigo persistirá durante o prazo do contrato".

Outra situação que pode ser recordada é aquela relativa à *garantia* da propriedade ou da qualidade do bem alienado, tal como se observa, em relação ao primeiro caso, na garantia pela *evicção* (Código Civil, art. 449)[12] e, no segundo, na garantia pelos *vícios redibitórios* (Código Civil, art. 441)[13]. O mesmo pode ser observado, por exemplo, no contrato de *empreitada* (Código Civil, art. 618)[14] e no contrato de mandato (Código Civil, art. 674)[15].

Também pode ser dito que o estudo dessas situações não parece conferir ao intérprete nenhuma certeza quanto à *natureza jurídica* da eventual responsabilidade civil resultante do descumprimento dos postulados da boa-fé objetiva na fase *pós-contratual*. Em verdade, uma leitura mais apressada levaria à afirmação de que a responsabilidade só pode ter natureza *extracontratual*, uma vez que, como dito, o contrato já estaria findo, seja pelo seu integral adimplemento seja pelo fim do prazo voluntariamente previsto para a sua execução.

Contudo, se for recordado que a obrigação atualmente é vista como um *processo*, sem a perfeita delimitação dos seus momentos, mostra-se perfeitamente possível a afirmação da natureza *contratual* desta responsabilidade, o que, como sabido, tem

---

12. Afirma o art. 449 do Código Civil: "Art. 449. Não obstante a cláusula que exclui a garantia contra a evicção, se esta se der, tem direito o evicto a receber o preço que pagou pela coisa evicta, se não soube do risco da evicção, ou, dele informado, não o assumiu".
13. Recorde-se o disposto no art. 441 do Código Civil: "Art. 441. A coisa recebida em virtude de contrato comutativo pode ser enjeitada por vícios ou defeitos ocultos, que a tornem imprópria ao uso a que é destinada, ou lhe diminuam o valor. Parágrafo único. É aplicável a disposição deste artigo às doações onerosas".
14. Afirma o art. 618 do Código Civil: "Art. 618. Nos contratos de empreitada de edifícios ou outras construções consideráveis, o empreiteiro de materiais e execução responderá, durante o prazo irredutível de cinco anos, pela solidez e segurança do trabalho, assim em razão dos materiais, como do solo. Parágrafo único. Decairá do direito assegurado neste artigo o dono da obra que não propuser a ação contra o empreiteiro, nos cento e oitenta dias seguintes ao aparecimento do vício ou defeito".
15. Dispõe o art. 674 do Código Civil: "Art. 674. Embora ciente da morte, interdição ou mudança de estado do mandante, deve o mandatário concluir o negócio já começado, se houver perigo na demora". Em comentário ao dispositivo afirmam Gustavo TEPEDINO e Paula Greco BANDEIRA (*Fundamentos do Direito Civil*, vol. 3, cit., p. 348): "Se ocorrer a morte, a interdição ou a mudança de estado do mandante, a despeito da extinção do contrato de mandato (CC, art. 682, II), deve o mandatário concluir o negócio já começado se a demora resultar em perigo para os interesses do mandante ou de seus sucessores (CC, art. 674). Cuida-se de eficácia pós-contratual das obrigações do mandatário, com o intuito de evitar que, da demora, resultem prejuízos para o mandante ou seus sucessores. Por isso mesmo, uma vez verificada a urgência, o mandatário que se omitir responderá pelos prejuízos causados ao mandante".

importantes efeitos em outros institutos jurídicos, em especial quanto ao tema dos juros e da prescrição[16].

Esta, porém, não é a questão central do presente artigo, o qual tem por fim analisar uma possível hipótese de responsabilidade civil que será verificada após a introdução de um produto no mercado ou após o término da prestação de um serviço, sendo, portanto, em certo sentido, uma responsabilidade civil *pós-contratual*. Trata-se da chamada *responsabilidade civil pelos riscos do desenvolvimento*.

3. OS RISCOS DO DESENVOLVIMENTO. RESPONSABILIDADE CIVIL E DEVER DE ALERTAR OS CONSUMIDORES

Certamente um dos temas mais controvertidos da responsabilidade civil do fornecedor, os *riscos do desenvolvimento* podem ser definidos como aqueles riscos desconhecidos pelo mais avançado estado da ciência e da técnica, no momento da prestação do serviço, ou da introdução do produto no mercado, e que só vêm a ser descobertos mais tarde, por força do desenvolvimento científico[17]. A expressão con-

---

16. Quanto aos *juros*, deve ser recordado que eles serão contados "desde o evento danoso" somente na hipótese de responsabilidade civil extracontratual, como afirmado pela Súmula 54 do STJ (1992): "Súmula 54 - Os juros moratórios fluem a partir do evento danoso, em caso de responsabilidade extracontratual". Tratando-se, porém, de responsabilidade contratual, serão os juros de mora contados somente a partir da citação, nos termos do art. 405 do Código Civil: "Art. 405. Contam-se os juros de mora desde a citação inicial".
Em relação ao tema da *prescrição* é conhecida a divergência doutrinária, a qual se refletiu na hesitante jurisprudência do STJ. De todo modo, o mais recente entendimento do Tribunal da Cidadania é no sentido de aplicação do prazo trienal para a responsabilidade civil extracontratual e do prazo decenal para a responsabilidade civil contratual. Veja-se, nesse sentido, o decido pela Corte Especial por ocasião do julgamento dos Embargos de Divergência no Recurso Especial 1.281.594/SP (Rel. para o acórdão Min. Felix Fischer, julgado em 15.05.2019), em cuja ementa se lê: "(...). II – A prescrição, enquanto corolário da segurança jurídica, constitui, de certo modo, regra restritiva de direitos, não podendo assim comportar interpretação ampliativa das balizas fixadas pelo legislador.
III – A unidade lógica do Código Civil permite extrair que a expressão "reparação civil" empregada pelo seu art. 206, § 3º, V, refere-se unicamente à responsabilidade civil aquiliana, de modo a não atingir o presente caso, fundado na responsabilidade civil contratual.
IV – Corrobora com tal conclusão a bipartição existente entre a responsabilidade civil contratual e extracontratual, advinda da distinção ontológica, estrutural e funcional entre ambas, que obsta o tratamento isonômico.
V – O caráter secundário assumido pelas perdas e danos advindas do inadimplemento contratual, impõe seguir a sorte do principal (obrigação anteriormente assumida). Dessa forma, enquanto não prescrita a pretensão central alusiva à execução da obrigação contratual, sujeita ao prazo de 10 anos (caso não exista previsão de prazo diferenciado), não pode estar fulminado pela prescrição o provimento acessório relativo à responsabilidade civil atrelada ao descumprimento do pactuado.
VI – Versando o presente caso sobre responsabilidade civil decorrente de possível descumprimento de contrato de compra e venda e prestação de serviço entre empresas, está sujeito à prescrição decenal (art. 205, do Código Civil).
Embargos de divergência providos".
17. Sobre o tema seja consentido remeter a Marcelo Junqueira Calixto (*A responsabilidade civil do fornecedor de produtos pelos riscos do desenvolvimento*. Rio de Janeiro: Renovar, 2004).
Entre os artigos jurídicos nacionais específicos sobre o tema dos riscos do desenvolvimento podem ser citados, entre outros: a) Marcelo Junqueira Calixto, O art. 931 do Código Civil de 2002 e os riscos do desenvolvimento, *Revista Trimestral de Direito Civil – RTDC*, v. 21, p. 53-93, Rio de Janeiro, Padma, 2005; b)

sagrada é, portanto, uma redução da expressão "riscos do produto ou do serviço que o desenvolvimento técnico-científico permite descobrir".

Para que se possa falar em *riscos do desenvolvimento* é necessário, em suma, que estejam presentes dois requisitos: a) temporal e b) científico. O primeiro quer significar que, para que se possa falar em riscos do desenvolvimento, é indispensável o decurso de um prazo, o qual pode ser mais ou menos longo. Dentro deste prazo é necessário que se observe o segundo requisito, isto é, novas descobertas científicas que permitam afirmar a existência de um risco que, anteriormente, era desconhecido.

A hipótese, assim, é certamente distinta do disposto no art. 12, § 2º e no art. 14, § 2º, ambos do CDC, uma vez que, em tais casos, o que se observa é a introdução no mercado de um produto mais seguro ou a prestação de um serviço dotado de um patamar mais elevado de segurança[18]. Dessa forma, nos dois casos é possível falar que somente se está mitigando um risco já conhecido pelo fornecedor e pela sociedade de consumo. Está ausente, em resumo, o segundo requisito dos riscos do desenvolvimento, a saber, o avanço científico capaz de descobrir um novo risco anteriormente desconhecido.

Feita esta distinção, é possível afirmar que os *riscos do desenvolvimento* não ganharam tratamento expresso no CDC brasileiro. E nem mesmo na Diretiva 85/374/CEE, que lhe serviu de inspiração no tema específico da responsabilidade pelo *fato do produto*, os riscos do desenvolvimento receberam tratamento uniforme. Certo é que tal hipótese está, em regra, prevista como *excludente* da responsabilidade civil do fornecedor, o que se depreende de seu art. 7º, alínea "e"[19]. Contudo, o art. 15, número 1, letra "b", do mesmo diploma comunitário, autoriza que cada Estado-Membro da Comunidade tenha a liberdade de decidir, em sua lei nacional, se *mantém* ou *afasta* referida excludente[20]. Percebe-se, assim, que o estudo do tema no âmbito

---

Marcos Catalan. Notas acerca do desenvolvimento tecnológico e do dever de reparar danos ignorados no desvelar do processo produtivo. In: STAUT JÚNIOR, Sérgio Said (Org.). *Estudos em direito privado*: uma homenagem ao Prof. Luiz Carlos Souza de Oliveira. Curitiba: Luiz Carlos Centro de Estudos Jurídicos, 2014; c) Maria Cândida Kroetz e Luiz Augusto da Silva, Um prometeu 'pós-moderno?' Sobre desenvolvimento, riscos e a responsabilidade civil nas relações de consumo. *Revista Brasileira de Direito Civil*, v. 09, jul./set. de 2016; d) Juliane Teixeira Milani e Frederico Eduardo Glitz, Anotações sobre o risco de desenvolvimento: análise do caso da Talidomida. *Revista Luso-Brasileira de Direito do Consumo*, v. V, n. 17, p. 177-205, março de 2015; e) Tula Wesendonck, A responsabilidade civil pelos riscos do desenvolvimento: evolução histórica e disciplina no Direito Comparado".: *Direito e Justiça – Revista de Direito da PUC/RS*, v. 38, p. 213-227. Porto Alegre, jul./dez. de 2012.

18. Recorde-se o disposto no art. 12, § 2º e no art. 14, § 2º, ambos do CDC: "Art. 12. (...). § 2º O produto não é considerado defeituoso pelo fato de outro de melhor qualidade ter sido colocado no mercado"; "Art. 14. (...). § 2º O serviço não é considerado defeituoso pela adoção de novas técnicas".
19. Afirma o art. 7º, alínea "e": "Art. 7º. O produtor não é responsável nos termos da presente directiva se provar: (...); e) Que o estado dos conhecimentos científicos e técnicos no momento da colocação em circulação do produto não lhe permitiu detectar a existência do defeito".
20. Eis a redação do dispositivo: "Art. 15. 1. Qualquer Estado-membro pode: (...); b) Em derrogação da alínea e) do artigo 7º, manter ou, sem prejuízo do procedimento definido no n. 2, prever na sua legislação que o produtor é responsável, mesmo se este provar que o estado dos conhecimentos científicos e técnicos no momento da colocação do produto em circulação não lhe permitia detectar a existência do defeito".

europeu exige o conhecimento das diversas leis nacionais de "internalização" da norma comunitária, uma vez que esta adotou uma "solução de compromisso" por força dos insuperáveis debates que marcaram a sua elaboração justamente no que se refere ao presente tema. Em consequência, é possível observar que, embora muitos países tenham realmente optado por manter a exclusão, outros, em menor número, afastaram-na, sendo ainda possível observar países que adotaram uma "solução intermediária", isto é, mantiveram a excludente como regra, mas passaram a prever a responsabilidade do fornecedor para certos produtos, justamente aqueles com maior potencial para a ocorrência dos riscos do desenvolvimento[21].

A razão para tamanha divisão parece residir no fato de os argumentos para uma ou outra decisão legislativa serem realmente relevantes. De fato, a favor da *exclusão* da responsabilidade costuma ser apontado o desestímulo à realização de novas pesquisas científicas, – por força do temor de vir a ser descoberto um risco anteriormente desconhecido –, e a dificuldade na contratação de um seguro pelo fornecedor, uma vez que se trata de risco desconhecido. Da mesma forma, o permanente estudo acerca de potenciais riscos pode levar à excessiva demora na introdução de um produto no mercado ou na prestação de um serviço, o que poderia ser considerado, ao menos em tese, como prejudicial aos interesses do consumidor.

A favor, porém, da *responsabilidade* do fornecedor, deve ser apontado o fato de que, sendo o risco desconhecido pela ciência, será, com maior razão, desconhecido pelo consumidor. Assim, este se vê surpreendido em sua "legítima expectativa de segurança", sendo, igualmente, a vítima de uma atividade que se acredita lucrativa para o fornecedor. Tal situação poderia, inclusive, levar à convicção de que seres humanos passaram a ser tratados, sem o seu consentimento, como *cobaias humanas*.

Não é por outra razão que se pode reconhecer verdadeira *divisão* na doutrina brasileira, uma vez que, de um lado, estão aqueles que defendem a *inexistência de defeito* no produto ou serviço, pois este é um conceito relativo e necessariamente dependente do conhecimento científico. Seria possível, em suma, falar que a *legítima expectativa* do consumidor é dependente do avanço obtido pela ciência[22].

Outros autores, porém, entendem que esta hipótese pode ser considerada como uma nova espécie de defeito, – o *defeito do desenvolvimento* –, pois parece inquestionável o reconhecimento da *reversão* da expectativa de segurança do consumidor, critério suficiente para a afirmação do caráter *defeituoso* do produto ou do serviço[23]. Também semelhante a esta última visão seria o tratamento da questão como uma nova

---

21. Para um estudo mais aprofundado das leis nacionais europeias seja consentido remeter a Marcelo Junqueira Calixto, *A Responsabilidade Civil*, cit., pp. 183-190. Na doutrina europeia é recomendável a magnífica obra de João Calvão da Silva. *Responsabilidade civil do produtor*. Coimbra: Almedina, 1990.
22. Veja-se, nesse sentido, Gustavo Tepedino. A responsabilidade médica na experiência brasileira contemporânea. *Revista Trimestral de Direito Civil*, v. 02, p. 41-75. Rio de Janeiro: Padma, abr./jun. de 2000.
23. É o que se lê em Antônio Herman de Vasconcelos e Benjamin et al. *Comentários ao Código de Proteção do Consumidor*. São Paulo: Saraiva, 1991, p. 67-68.

espécie de *fortuito interno*, uma vez que se trata de um *risco inerente* ao produto ou ao serviço, o qual, portanto, deve ser suportado pelo fornecedor e não pelo consumidor[24].

A necessidade, entretanto, de conciliar o desenvolvimento científico com a proteção do consumidor, nos termos do art. 4º, inciso III, do CDC, parece permitir a defesa da responsabilidade do fornecedor nesta hipótese, limitando-a, porém, a um prazo máximo, um *prazo de responsabilidade* e não, propriamente, de prescrição ou de decadência[25]. À falta de referência expressa no CDC, tal prazo pode ser buscado, por analogia, no Código Civil, sendo então aplicável o prazo máximo de *dez anos* do art. 205 deste diploma[26]. Observe-se que esta situação, embora inovadora na legislação nacional, não se mostra divorciada da solução adotada pela Diretiva 85/374/CEE que a prevê no art. 11, inclusive estipulando o mesmo prazo decenal[27]. Tal prazo, é oportuno lembrar, teria sido previsto justamente para a hipótese de adoção da *responsabilidade* do fornecedor, nos termos do citado art. 15, número 1, letra "b", da mesma norma comunitária.

Certo é, porém, que o silêncio do CDC brasileiro ainda não foi objeto de questionamento nos tribunais nacionais, os quais, portanto, ainda não firmaram jurisprudência sobre este controverso tema. Uma das principais razões parece ser a solução adotada pelo legislador nacional justamente para a hipótese mais conhecida de riscos do desenvolvimento, a saber, os danos causados pelo medicamento *Talidomida*. De origem alemã, tal medicamento foi largamente usado no final dos anos cinquenta e início dos anos sessenta como um eficiente analgésico. Contudo, o avanço dos estudos científicos permitiu afirmar que o seu princípio ativo era capaz de atravessar a placenta e, em consequência, acarretar graves danos ao feto, em especial aos seus membros superiores e inferiores, os quais não se desenvolvem plenamente. Essas pessoas são consideradas como "portadoras da síndrome da Talidomida", sendo que, no Brasil, muitas delas se congregaram em importante associação sediada em São Paulo[28].

---

24. É a tese defendida por Sérgio Cavalieri Filho. Responsabilidade civil por danos causados por remédios. *Revista de Direito do Consumidor*. n. 29, p. 55-62. São Paulo: Ed. RT, jan./mar. 1999.
25. Recorde-se a redação do dispositivo: "Art. 4º A Política Nacional das Relações de Consumo tem por objetivo o atendimento das necessidades dos consumidores, o respeito à sua dignidade, saúde e segurança, a proteção de seus interesses econômicos, a melhoria da sua qualidade de vida, bem como a transparência e harmonia das relações de consumo, atendidos os seguintes princípios: (...); III – harmonização dos interesses dos participantes das relações de consumo e compatibilização da proteção do consumidor com a necessidade de desenvolvimento econômico e tecnológico, de modo a viabilizar os princípios nos quais se funda a ordem econômica (art. 170, da Constituição Federal), sempre com base na boa-fé e equilíbrio nas relações entre consumidores e fornecedores".
26. Afirma o art. 205 do Código Civil: "Art. 205. A prescrição ocorre em dez anos, quando a lei não lhe haja fixado prazo menor".
27. Dispõe o art. 11 da norma comunitária: "Art. 11. Os Estados-membros estabelecerão na sua legislação que os direitos concedidos ao lesado nos termos da presente diretiva se extinguem no termo de um período de dez anos a contar da data em que o produtor colocou em circulação o produto que causou o dano, exceto se a vítima tiver intentado uma ação judicial contra o produtor durante este período".
28. Trata-se da "Associação Brasileira dos Portadores da Síndrome da Talidomida (ABPST)". Mais informações sobre esta associação podem ser obtidas no site: www.talidomida.org.br. Nesta página afirma-se que referida associação "está presente em 19 Estados do país e conta com 800 vítimas da talidomida cadastradas" (acesso em 04.04.2020).

O legislador não ficou indiferente a esta realidade e foi promulgada a Lei 7.070/1982, a qual atribui ao Instituto Nacional da Seguridade Social (INSS) a obrigação de pagar uma *pensão mensal* a tais pessoas após a realização da competente perícia. Este exame pericial destina-se a estabelecer o "grau da dependência" da vítima, sendo avaliados e graduados *quatro* aspectos, o que determina que o valor da pensão varie entre um e quatro salários mínimos[29]. Referida perícia servirá de fundamento para o pagamento de uma nova parcela, a título de danos *extrapatrimoniais*, a qual variará entre R$ 50 mil e R$ 400 mil, conforme o grau da dependência da vítima[30]. Tal parcela, paga uma única vez pelo INSS, está prevista na Lei 12.190/2010, a qual também impõe que a vítima assine um "termo de opção" por meio do qual renuncia a qualquer ação judicial em face do fabricante do produto[31].

Percebe-se, assim, que o direito brasileiro optou pela "socialização do dano", diluindo por toda a sociedade um ônus que, a princípio, poderia recair sobre aquele que introduziu o produto defeituoso no mercado. Trata-se de solução que, como visto, *não* encontra paralelo na legislação comunitária europeia a qual, como dito, serviu de inspiração para o diploma consumerista nacional.

Também não é possível afirmar que esta decisão do legislador venha a ser utilizada em novos casos envolvendo os riscos do desenvolvimento, sendo, de todo modo, possível acreditar que a mesma poderá ser adotada em hipóteses de elevada *repercussão social*, tal como se observou no caso da Talidomida. Este tratamento

---

29. Veja-se, nesse sentido, o disposto no art. 1º da Lei 7.070/82: "Art. 1º Fica o Poder Executivo autorizado a conceder pensão especial, mensal, vitalícia e intransferível, aos portadores da deficiência física conhecida como "Síndrome da Talidomida" que a requererem, devida a partir da entrada do pedido de pagamento no Instituto Nacional de Previdência Social – INPS.

    § 1º O valor da pensão especial, reajustável a cada ano posterior à data da concessão segundo o índice de Variação das Obrigações Reajustáveis do Tesouro Nacional ORTN, será calculado, em função dos pontos indicadores da natureza e do grau da dependência resultante da deformidade física, à razão, cada um, de metade do maior salário mínimo vigente no País.

    § 2º Quanto à natureza, a dependência compreenderá a incapacidade para o trabalho, para a deambulação, para a higiene pessoal e para a própria alimentação, atribuindo-se a cada uma 1 (um) ou 2 (dois) pontos, respectivamente, conforme seja o seu grau parcial ou total".

    A realização da perícia vem prevista no art. 2º da mesma Lei: "Art. 2º A percepção do benefício de que trata esta Lei dependerá unicamente da apresentação de atestado médico comprobatório das condições constantes do artigo anterior, passado por junta médica oficial para esse fim constituída pelo Instituto Nacional de Previdência Social, sem qualquer ônus para os interessados".

30. Veja-se, nesse sentido, o disposto no art. 1º da Lei 12.190/2010: "Art. 1º É concedida indenização por dano moral às pessoas com deficiência física decorrente do uso da talidomida, que consistirá no pagamento de valor único igual a R$ 50.000,00 (cinquenta mil reais), multiplicado pelo número dos pontos indicadores da natureza e do grau da dependência resultante da deformidade física (§ 1º do art. 1º da Lei 7.070, de 20 de dezembro de 1982)".

31. É o que se lê no art. 4º do Decreto 7.235/2010, de 19 de julho de 2010, o qual regulamentou a Lei 12.190/2010, *verbis*: "Art. 4º Para o recebimento da indenização por dano moral de que trata este Decreto, a pessoa com deficiência física decorrente do uso da talidomida deverá firmar termo de opção, conforme modelo anexo a este Decreto, declarando sua escolha pelo recebimento da indenização por danos morais de que trata a Lei 12.190, de 2010, em detrimento de qualquer outra, da mesma natureza, concedida por decisão judicial. Parágrafo único. O termo de opção poderá ser firmado por representante legal ou procurador investido de poderes específicos para este fim".

"coletivo" da questão, porém, não afasta a convicção acerca do caráter defeituoso do produto, antes a confirma, embora seja necessária, igualmente, a submissão desta responsabilidade a um prazo máximo a fim de harmonizar os interesses de consumidores e fornecedores, nos termos da lei (CDC, art. 4º, inciso III).

De se destacar, porém, que, com a fluência de referido prazo, contado da introdução do produto no mercado ou do término da prestação do serviço, cessaria a *responsabilidade civil* do fornecedor, mas *não o dever de alertar* as autoridades competentes e os consumidores acerca destes riscos só descobertos tardiamente. Tal dever encontra, de fato, previsão expressa em nosso ordenamento jurídico, tal como se lê no art. 10, §§ 1º e 2º, do CDC, *verbis*:

> "Art. 10. O fornecedor não poderá colocar no mercado de consumo produto ou serviço que sabe ou deveria saber apresentar alto grau de nocividade ou periculosidade à saúde ou segurança.
>
> § 1º O fornecedor de produtos e serviços que, posteriormente à sua introdução no mercado de consumo, tiver conhecimento da periculosidade que apresentem, deverá comunicar o fato imediatamente às autoridades competentes e aos consumidores, mediante anúncios publicitários.
>
> § 2º Os anúncios publicitários a que se refere o parágrafo anterior serão veiculados na imprensa, rádio e televisão, às expensas do fornecedor do produto ou serviço".

Referido "dever de alertar" não encontra limitação temporal e pode ainda vir a ser cumulado com o "dever de retirada" do produto do mercado, o que se deduz do art. 64, parágrafo único, do CDC:

> "Art. 64. Deixar de comunicar à autoridade competente e aos consumidores a nocividade ou periculosidade de produtos cujo conhecimento seja posterior à sua colocação no mercado:
>
> Pena: Detenção de seis meses a dois anos e multa.
>
> Parágrafo único. Incorrerá nas mesmas penas quem deixar de retirar do mercado, imediatamente quando determinado pela autoridade competente, os produtos nocivos ou perigosos, na forma deste artigo"[32].

Têm tais deveres uma inquestionável natureza "pós-contratual", sendo também caracterizados pela ausência de prazo legal para a sua imposição ao fornecedor. Trata-se, em suma, de mais uma decorrência da *boa-fé objetiva* imposta ao fornecedor, a qual, por suas consequências, não parece, realmente, poder se submeter a determinados prazos.

---

32. Recorde-se que este "dever de retirada" constava, ainda, do vetado art. 11 do Projeto do CDC, o qual afirmava: "Art. 11. O produto ou serviço que, mesmo adequadamente utilizado ou fruído, apresenta alto grau de nocividade ou periculosidade será retirado imediatamente do mercado pelo fornecedor, sempre às suas expensas, sem prejuízo da responsabilidade pela reparação de eventuais danos". As razões do veto presidencial foram as seguintes: "O dispositivo é contrário ao interesse público, pois, ao determinar a retirada do mercado de produtos e serviços que apresentem "alto grau de nocividade ou periculosidade", mesmo quando "adequadamente utilizados", impossibilita a produção e o comércio de bens indispensáveis à vida moderna (e.g. materiais radioativos, produtos químicos e outros). Cabe, quanto a tais produtos e serviços, a adoção de cuidados especiais, a serem disciplinados em legislação específica" (original grifado).

DESAFIOS DA CLÁUSULA GERAL DE RISCO NA RESPONSABILIDADE CIVIL OBJETIVA

João Quinelato de Queiroz

Mestre e Doutorando em Direito Civil pela UERJ. Professor de Direito Civil do IBMEC. Diretor Financeiro do Instituto Brasileiro de Direito Civil. E-mail: joaoquinelato@gmail.com.

O Código Civil de 2002, por meio do art. 927 §único, introduziu a cláusula geral de responsabilidade objetiva para as atividades de risco, relegando à doutrina e à jurisprudência a tarefa de determinar quais atividades são arriscadas a ponto de ensejarem a aplicação do regime de responsabilidade civil objetiva. Inspirada no art. 935 do anteprojeto do código de obrigações de 1963, de autoria do Professor Caio Mario da Silva Pereira,[1] a redação, em si, "não se mostra rigorosa, uma vez que toda e qualquer atividade em si pode implicar 'riscos para o direito de outrem'".[2] Cuida-se de redação fluida que deixa ao arbítrio do julgador a determinação do risco em certas atividades e que, ao fim ao cabo, permitirá a objetivação da responsabilidade civil além daquelas hipóteses fixadas em lei.

A importância de determinação do risco assume especial relevo no contexto de expansão atual e acelerada de atividades arriscadas. Enquanto os séculos XVIII e XIX presenciaram os desafios típicos da industrialização decorrente das Revoluções Industriais, a virada do século XX-XXI testemunha a introdução da inteligência artificial,[3] coleta de dados pessoais,[4] reconhecimento facial, carros autônomos e variadas outras formas de emprego de novas formas de produção arriscadas. Louis Josserand, jurista francês, em conferência pronunciada na Faculdade de Direito de Lisboa em 1936 acerca da evolução da responsabilidade civil, alarmava que "o século do caminho de ferro, do automóvel, do avião, da grande indústria e do maquinismo, o século dos transportes e da mecanização universal, não será precisamente o século

---

1. A redação do dispositivo era a seguinte: "Aquele que cria um perigo, em razão de sua atividade ou profissão, pela natureza delas, ou dos meios empregados, está sujeito à reparação do dano que causar, salvo se provar que adotou todas as medidas idôneas a evitá-lo."
2. BODIN DE MORAES, Maria Celina. Risco, solidariedade e responsabilidade objetiva. *Revista Trimestral de Direito Civil*, v. 854, ano 95, p. 15. dez-2006.
3. Acerca do tema, vide: TEPEDINO, Gustavo; SILVA, Rodrigo da Guia. Desafios da inteligência artificial em matéria de responsabilidade civil. Revista Brasileira de Direito Civil – RBDCivil. Belo Horizonte, v. 21, p. 61-86, jul./set. 2019.
4. Seja permitido referir-se a BODIN DE MORAES, Maria Celina; QUINELATO DE QUEIROZ, João. Autodeterminação informativa e responsabilização proativa. Proteção de dados pessoais: Privacidade versus avanço tecnológico. Cadernos Adenauer. ano XX, n. 3, p. 113-135. Rio de Janeiro, 2019.

da segurança material".[5] Passados quase um século da conferência de Josserand, os desafios se renovam, sob a mesma premissa: a responsabilidade civil deve adaptar-se ante os avanços tecnológicos.

Se era com certa certeza que no curso do processo de industrialização se afirmava a presença marcante do risco e a insuficiência da regra da culpa ante a complexidade probatória desse sistema, modernamente é com absoluta clareza que se vislumbra a urgente necessidade de determinar critérios objetivos de determinação do risco apto a deflagrar a objetivação da responsabilidade pela cláusula geral insculpida no art. 927 §único do Código Civil de 2002.

Simultaneamente ao entusiasmo diante das novas tecnologias e das facilidades que dela advém, cresce o mal-estar social sobre o sentimento de incerteza sobre o risco, sendo a única resposta possível a expansão dos mecanismos de segurança jurídica da vítima, em especial os instrumentos ressarcitórios e inibitórios da responsabilidade civil.[6] Afinal, a aplicação generalizada do risco a toda e qualquer atividade em tempos de novas tecnologias, pela suposta onipresença do risco, levaria ao abandono definitivo da culpa na responsabilidade civil – tendência com a qual se deve ter cautela à luz do modelo de responsabilidade civil subjetiva (ao menos ainda) presente nos arts. 186 e 927 *caput* do Código Civil Brasileiro.[7]

O objetivo do presente estudo será, sem a intenção de esgotamento ou completude, (i) resgatar os fundamentos ético-jurídicos que justificaram a introdução do regime objetivo de responsabilidade civil, (ii) revisitar as teorias que tradicionalmente inspiraram a delimitação do risco, sistematizando alguns dos critérios já desenvolvidos na doutrina para determinação do risco na responsabilidade civil objetiva; e (iii) analisar, sem pretensões comparatistas, algumas das cláusulas gerais de responsabilidade objetiva em ordenamentos jurídicos estrangeiros. Não se pretende nesse estudo, assumidamente e em razão da complexidade da matéria, inovar em relação ao que a doutrina até aqui construiu para cumprir a tarefa árdua – mas inescapável – de

---

5. JOSSERAND, Louis. Evolução da Responsabilidade Civil. *Revista Forense*, v. LXXXVI, p. 549, 1941.
6. "Ao paradigma da sociedade de risco é aposto o dilema da responsabilidade e, sendo assim, as discussões acerca do risco e da responsabilidade por seus efeitos passam a ser políticas. Isto porque, o mal-estar social passou a repousar sobre o sentimento da incerteza em relação ao risco e, nesse contexto, a resposta jurídica tinha de ser segurança". (RITO, Fernanda Paes Leme Peyneau. Dilemas de uma sociedade de risco: a causa dos danos e a reparação integral da vítima. In: TEPEDINO, Gustavo; FACHIN, Luiz Edson (Org.). *Diálogos sobre direito civil*. Rio de Janeiro: Renovar, 2012, v. III, p. 49).
7. Reconhecendo a importância da culpa na responsabilidade civil brasileira, sem descuidar-se da relevante objetivação da responsabilidade pela inserção da cláusula geral de responsabilidade civil objetiva no art. 927 §único do CC/02, Gustavo Tepedino defende a existência do sistema dualista da responsabilidade civil, para quem a configuração do sistema dualista "compreendida pela jurisprudência, ainda passa desapercebida pela doutrina dominante, vinculada à vetusta participação do direito entre público e privado", do modo que "ao direito civil seria atribuída a dogmática da responsabilidade aquiliana, deferindo-se ao domínio do direito público a responsabilidade objetiva, ou seja, o dever de reparação fundado em previsões legais específicas." (TEPEDINO, Gustavo. A evolução da responsabilidade civil no direito brasileiro e suas controvérsias na atividade estatal. *Temas do direito civil*. Rio de Janeiro: Renovar, 2004, p. 195).

apontar critérios precisos de delimitação do risco em tempos de renovadas tecnologias, pretendendo-se, tão e somente, sistematizar o atual estado da arte.

1. FUNDAMENTOS ÉTICO-JURÍDICOS PARA A RESPONSABILIDADE CIVIL OBJETIVA

Com a vertiginosa introdução de atividades de risco na sociedade moderna, os eventos danosos progressivamente perdem sua característica extraordinária para passarem a ser mais frequentes.[8] A culpa transveste-se de empecilho à indenização da vítima em diversas hipóteses, onerando-a em uma prova dificultosa e por vezes insuperável, assistindo-se, pois, ao fenômeno da paulatina objetivação da responsabilização civil. Josserand aponta que o ônus probatório da culpa representaria, ao lesado, ônus singularmente pesado, verdadeiro *handicap* para aquele sobre cujos ombros caía.[9] O surgimento da teoria do risco, explica o Professor Caio Mário da Silva Pereira, inspira-se em razões de ordem prática e social, sendo a teoria da culpa insuficiente para garantir a indenização em certas hipóteses por impor à vítima a prova da culpa do causador, passando a questionar-se um elemento da responsabilidade que até então parecia intangível – a culpa.[10]

Na virada do século XIX ao XX, encontrará o intérprete um direito civil menos obcecado aos tradicionais filtros da responsabilidade civil e mais orientado à assegurar a indenização da vítima, fundado no modelo solidarista, de modo que "a evolução econômica e social tornara claro que a tradicional responsabilidade subjetiva era insuficiente, qualitativa e quantitativamente, para tutelar diversas espécies de relações jurídicas da sociedade industrializada".[11]

Na busca do fundamento ético-jurídico para a introdução do regime objetivo no ordenamento jurídico italiano, observa Adriano De Cupis que a eliminação da culpa poderá advir de uma razão de equidade, na seguinte medida: toda a sociedade aproveita os progressos da modernização e, assim, as vantagens que toda coletividade

---

8. "O evento danoso deixa, pois, de ser considerado uma fatalidade e passa a ser tido como um fenômeno 'normal', estatisticamente calculável. De fato, é na organização coletiva – e devido mesmo a esta organização – que, com regularidade, como demonstram as estatísticas, danos ocorrem para os indivíduos: nenhuma causa, nem transcendente nem pessoal, pode disso dar conta" (BODIN DE MORAES, Maria Celina. Risco, solidariedade e responsabilidade objetiva. *Revista Trimestral de Direito Civil*, v. 854, ano 95, p. 17. dez-2006).
9. "Como um operário, que se feriu durante o seu trabalho, pode demonstrar a culpa do patrão? Como o pedestre, colhido por um automóvel, num lugar solitário, à noite, na ausência de testemunhas, pode provar – supondo-se que tenha sobrevivido ao acidente – que o carro não estava iluminado ou que corria a uma velocidade excessiva? Como o viajante que, no curso de um trajeto efetuado em estrada de ferro, cai sobre a via, pode provar que os empregados tinham negligenciado no fechamento da porta, logo depois da partida da última estação? Impor à vítima ou aos seus herdeiros demonstrações dessa natureza equivale, de fato, a recusar-lhes qualquer indenização. (...) A teoria tradicional da responsabilidade repousava manifestamente em bases muito estreitas; cada vez mais se mostrava insuficiente e perempta; fazia-se sentir imperiosamente a necessidade de alargar os fundamentos em que repousava o velho edifício de antanho que não correspondia mais às necessidades dos novos tempos e se tornava inhabitável" (JOSSERAND, Louis. Evolução da Responsabilidade Civil. *Revista Forense*, v. LXXXVI, p. 551, 1941).
10. PEREIRA, Caio Mario da Silva. *Responsabilidade civil*. 9. ed. Rio de Janeiro: Forense, 1999, p. 24.
11. BODIN DE MORAES, Maria Celina. *Risco, solidariedade e responsabilidade objetiva*. Op. cit., p. 18.

gozará para desfrutar de tais avanços são a medida para se compensar a distribuição social dos riscos. Vejamos:

> "La ragione di equità, atta a svincolare la responsabilità dalla colpa, va così intesa: l'intera società, e determinati soggetti in particolare, si avvantaggiano dei progressi meccanici e industriali che contrassegnano l'odierna civiltà; d'altra parte, questi progressi, se arrecano dei vantaggi, che quegli che particolarmente gode dei vantaggi risponda dei danni anche a prescindere dalla colpa: in realtà, i vantaggi che egli gode cono atti a supplire, all'effetto della responsabilità, l'esistenza della colpa. In sostanza, la solidarietà sociale esige che ad un regime di particolare vantaggio si accompagni un regime di più rigorosa responsabilità: ovverosia, una condizione di accentuato vantaggio non può scompagnarsi da una condizione di *rischio* per lo speciale pericolo corrispondente al vantaggio."[12]

Não raramente atribui-se uma razão de ordem econômica para a introdução do regime de responsabilidade civil objetiva, calcado na lógica de distribuição de custos e lucros, mesmo diante de um sistema de securitização, conforme sugere Pietro Trimarchi:

> "La responsabilità oggettiva per il rischio di impresa svolge una funzione economica tale de giustificarla anche di fronte a una grande diffusione della previdenza individuale, o di fronte a un sistema onnicomprensivo di previdenza sociale che ugualmente garantisse la assicurazione di qualsiasi danno. Tale funzione si connette con la teoria economica della distribuzione di costi e profitti, quale condizione determinante le scelte nella produzione."[13]

Acerca da análise econômica como possível fundamento para imputação objetiva, tem-se sua origem no critério do *Learned Hand rule*, formulado nos Estados Unidos pelo juiz Learned Hand, a partir do caso *United States vs Carroll Towing Co.* em 1947. Cuida-se de fórmula matemática ou probabilística para determinar se o chamado *duty of care* foi violado.[14] Na hipótese, julgava-se um dano decorrente

---

12. CUPIS, Adriano de. *Il danno:* teoria general dela responsabilità civile. Milão: Dott A. Giufrrè Editore, 1979, v. I, 147. Em tradução livre: "A razão da equidade, capaz de liberar a responsabilidade da culpa, deve ser entendida da seguinte forma: toda a sociedade, e certos assuntos em particular, aproveitam o progresso mecânico e industrial que marca a civilização atual; por outro lado, esses avanços, se trazem vantagens, são aqueles que, em particular, gozam dos benefícios, mesmo que sejam responsáveis por danos: na realidade, as vantagens de que ele desfruta são adequados para compensar, pelo efeito da responsabilidade, existência de culpa. Em essência, a solidariedade social exige que um regime de vantagem particular seja acompanhado por um regime de responsabilidade mais rigorosa: ou seja, uma condição de vantagem acentuada não pode ser separada de uma condição de risco devido ao perigo especial correspondente à vantagem".
13. Em tradução livre: "A responsabilidade objetiva pelo risco comercial desempenha uma função econômica que a justifica mesmo diante de uma difusão generalizada da seguridade social individual ou diante de um sistema abrangente de seguridade social que garanta igualmente o seguro de qualquer dano. Essa função se conecta à teoria econômica da distribuição de custos e lucros, como condição determinante para as escolhas na produção" (TRIMARCHI, Pietro. *Rischio e responsabilità oggetiva*. Milano: A. Giuffrè, 1961, p. 34).
14. Eis o chamado *Learned Hand test:* "Since there are occasions when every vessel will break from her moorings, and since, if she does, she becomes a menace to those about her; the owner's duty, as in other similar situations, to provide against resulting injuries is a function of three variables: (1) The probability that she will break away; (2) the gravity of the resulting injury, if she does; (3) the burden of adequate precautions. Possibly it serves to bring this notion into relief to state it in algebraic terms: if the probability be called P; the injury, L; and the burden, B; liability depends upon whether B is less than L multiplied by P: i.e., whether B < PL." (Estados Unidos, *United States et al. v. Carroll Towing Co., Inc., et al.* January 9 1947 159 F.2d 169).

de uma barcaça mal protegida que se afastava de um píer e causava danos a vários outros barcos, concluindo-se que o dever de cuidado havia sido violado a partir de um método matemático. O método é questionável a partir da seguinte premissa: "se, porventura, for patrimonialmente mais vantajoso indemnizar do que prevenir o dano, é o primeiro comportamento que o sujeito deve adotar, por mais censurável que ele se revele".[15]

À luz dos avanços tecnológicos, pode-se dizer que a responsabilidade civil objetiva, portanto, caminhou a ponto de assumir igual importância ao regime subjetivo, sustentando-se, em nome da solidariedade social, a existência de um modelo dualista de responsabilidade civil conforme leciona o Professor Gustavo Tepedino, no qual regimes objetivo e subjetivo gozam de semelhante relevância.[16] Esse movimento corresponde a uma mudança sociocultural que reflete a passagem do modelo individualista-liberal de responsabilidade – típico do Código de 1916 – para o chamado solidarista – ideal do Código de 2002.[17]

É do princípio da solidariedade social insculpido no art. 3º I da Carta da República, pois, que se extrairá o principal fundamento ético e jurídico da responsabilidade civil objetiva,[18] – não obstante a existência daqueles que veem na análise econômica do direito ou na própria moral o fundamento para o regime que prescinde da culpa.[19]

É a partir da assunção do princípio da solidariedade social[20] como guia orientativo do sistema civilístico que hipóteses anteriormente tratadas como hipóteses de *culpa presumida* no Código Civil de 1916 passaram a ser tratadas pelo *regime objetivo* no Código Civil de 2002. Na síntese de Maria Celina Bodin de Moraes, "em decorrência do princípio constitucional da solidariedade social, pois, distribuem-se

---

15. GONZÁLEZ, José Alberto Rodríguez Lorenzo. *Direito da Responsabilidade Civil*. Lisboa: Quid Juris, 2017, p. 410.
16. TEPEDINO, Gustavo. A evolução da responsabilidade no direito brasileiro e suas controvérsias na atividade estatal. Op. cit., p. 196.
17. BODIN DE MORAES, Maria Celina. *Risco, solidariedade e responsabilidade objetiva*. Op. cit., p. 19.
18. "Ao contrário da sociedade formada por indivíduos em si mesmos considerados, a comunidade de pessoas constrói-se a partir de relações de solidariedade e de responsabilidades mútuas, não só de direitos, mas também de deveres sociais. Tal concepção solidarista (ou socializada) do direito civil depende de alguns institutos fundamentais, que servem justamente a atuá-la. O abuso do direito, a função social do contrato e da propriedade, a boa-fé e a responsabilidade objetiva são expressões da exigência constitucional de solidariedade social nas relações intersubjetivas" (BODIN DE MORAES, Maria Celina. *Risco, solidariedade e responsabilidade objetiva*. Op. cit., p. 35).
19. De todos os campos do direito civil, "aquele em que mais claramente se percebe o notável incremento das exigências da solidariedade é o da responsabilidade civil". (BODIN DE MORAES, Maria Celina. O princípio da solidariedade. A.C. Alves Pereira e C.R.D. de Albuquerque Mello (Coord.). *Estudos em homenagem a Carlos Alberto Menezes Direito*. Rio de Janeiro: Renovar, 2003, p. 527.
20. "Com efeito, os princípios da solidariedade social e da justiça distributiva (...) não podem deixar de moldar os novos contornos da responsabilidade civil. Do ponto de vista legislativo e interpretativo, retiram da esfera meramente individual e subjetiva o dever de repartição dos riscos da atividade econômica e da autonomia privada, cada vez mais exacerbados na era da tecnologia. Impõem, como linha de tendência, a intensificação dos critérios objetivos de reparação e de desenvolvimento de novos mecanismos de seguro social" (TEPEDINO, Gustavo. A evolução da responsabilidade civil no direito brasileiro e suas controvérsias na atividade estatal. Op. cit., p. 204).

e socializam-se as perdas e estendem-se o mais amplamente possível as garantias à integridade psicofísica e material de cada pessoa humana".[21]

2. TEORIAS DO RISCO E POSSÍVEIS CRITÉRIOS PARA FIXAÇÃO DA ATIVIDADE ARRISCADA

Se por um lado é cediço é que a introdução da imputação objetiva teve por escopo ampliar as hipóteses de indenização da vítima quando a culpa lhes lançava sobre os ombros um ônus indenizatório demasiadamente oneroso, por vezes inviabilizando a satisfação da função indenizatória da responsabilidade, por outro o desafio de aplicação da cláusula geral, à luz da imprecisão do que seria atividade de risco, permanece inquietando a doutrina. Com vistas a explicar o que o legislador não explicou, a dogmática passa a apresentar teorias através das quais se poderia – ou se pode – determinar o que seria o risco a que alude o 927 §único do Código Civil.

Nesse rol, enuncia-se a *'teoria do risco da atividade'*, segundo a qual "alguém incorre na obrigação de indenizar, independente de culpa, sempre que sejam produzidos danos no decurso de atividades determinadas".[22] É o que leciona Josserand:

> "Não é cometer uma falta fazer uma companhia ferroviária transitarem seus trens nos trilhos: ela obteve para êsse fim uma concessão dos poderes públicos e realiza um serviço público: não obstante, se as trepidações dos trens comprometerem a solidez das casas marginais, se o fumo das locomotivas enegrece uma lavanderia estabelecida precedentemente perto da via férrea, se as fagulhas das locomotivas ateiam fogo às florestas e às plantações, não será de tôda justiça conceder uma reparação às vítimas desses prejuízos? *Qui case les verres les paye;* quem cria um risco deve suportar a efetivação dele. Assim o ponto de vista objetivo toma o ligar do ponto de vista subjetivo, e o risco toma o lugar da culpa, essa espécie de pecado jurídico."[23]

Josserrand aproxima-se em larga medida da teoria desenvolvida por M. Saleilles, em 1987, em seu estudo *"Les Accidentes du Travail et la Responsabilit's Civille"*,[24] interpretando o então art. 1.384 do Código Civil Francês de 1804,[25] correspondente ao atual art. 1242.[26] Josserrand, sem destronar completamente a responsabilidade subjetiva, entendeu pela preponderância da noção de risco desde que não afaste a

---

21. BODIN DE MORAES, Maria Celina. Risco, solidariedade e responsabilidade objetiva. *Revista Trimestral de Direito Civil*, v. 854, ano 95, p. 18, dez-2006.
22. BODIN DE MORAES, Maria Celina. Risco, solidariedade e responsabilidade objetiva. *Revista Trimestral de Direito Civil*, v. 854, ano 95, p. 15, dez-2006.
23. JOSSERAND, Louis. Evolução da Responsabilidade Civil. *Revista Forense*, v. LXXXVI, p. 557. 1941.
24. SAILELLES, Raymond. *Les Accidentes du Travail et la Responsabilit's Civille: essai d'une theorie objective de la responsabilite déligtuelle*. Paris: librairie nouvelle de droit et de jurisprudence, 1897, *passim*.
25. "Art. 1384. – On est responsable non seulement du dommage que l'on cause par son propre fait, mais encore de celui qui est causé par le fait des personnes dont on doit répondre, ou des choses que l'on a sous sa garde." Em tradução livre: "Art. 1384. – Somos responsáveis não apenas pelos danos que causamos por nosso próprio ato, mas também pelo que é causado pelo ato das pessoas pelas quais devemos responder, ou pelas coisas que temos sob nossos cuidados.
26. O art. 1242 segue a mesma redação do antigo art. 1384.

de culpa – o que Serpa Lopes curiosamente denominou, ao observar Josserand, de "sistema eclético".[27] A teoria posteriormente encontrou eco na legislação francesa, com a imposição da responsabilidade do patrão pelos atos do empregado (1898), a responsabilidade de danos causados a terceiros em consequência de manuseio de substâncias tóxicas (1921); a responsabilidade objetiva do Estado pelos danos cometidos por força armada (1914); a responsabilidade do navegador aéreo pelos danos causados às pessoas na superfície (1924). Ao comentar a obra de Sailelles, observa o Professor Caio Mário da Silva Pereira:

> "Argumentando com preceitos que originalmente teriam em vista a responsabilidade fundada na culpa, [Saleilles] desenvolve uma teoria em face da qual o dever de ressarcimento independe de culpa. O âmago de sua profissão de fé objetivista desponta quando diz que 'a teoria objetivista é uma teoria social que considera o homem como fazendo parte de uma coletividade e que o trata como uma atividade em confronto com as individualidades que o cercam".[28]

Acrescente-se a esse rol, também, a *'teoria do risco-proveito'*,[29] estudo que determina a atração do risco à atividade sempre que esta gerar lucros ou benefícios econômicos, com arrimo na expressão 'normalmente desenvolvida' que se extrai do comando legal do art. 927 parágrafo único. Assim entende o jurista italiano Pietro Trimarchi:

> Il principio della responsabilità per colpa si rivela dunque insufficiente a risolvere il problema dei danni causati nell'esercizio delle industrie. Non potendosi evitare tali danni, si volle almeno garantirne il risarcimento e sembrò giusto realizzare tale risultato tenendo responsabile l'imprenditore. Poiché l'imprenditore – si disse – *allo scopo di conseguire un profitto* crea o mantiene in vita l'impresa, egli deve anche assumersi la responsabilità dei danni ad essa attinenti.[30]

Serpa Lopes, definindo a teoria do risco-proveito, destaca ser essa corrente fruto do princípio *ubi emolumentum ibi ônus*, isto é, nada mais justo seria do que "aquele que obtém o proveito de uma empresa, o patrão, se onerar com a obrigação de indenizar os que forem vítimas de acidentes durante o trabalho", principalmente pela possibilidade de "o patrão, ao celebrar o contrato de trabalho, pode já incluir

---

27. LOPES, Miguel Maria de Serpa. *Curso de Direito Civil*. 5. ed. Rio de Janeiro: Freitas Bastos, 1962, v. V, p. 200-201.
28. PEREIRA, Caio Mario da Silva. *Responsabilidade civil*. 9. ed. Rio de Janeiro: Forense, 1999, p. 22.
29. "O fundamento da responsabilidade não reside agora na prática de um acto culposo, mas sim na criação ou contrôle de um risco, ou, talvez com mais rigor, de uma fonte de riscos ou de potenciais danos, aluado ao princípio de justiça distributiva segundo o qual *quem tira o lucro ou em todo o caso beneficia de uma certa coisa ou atividade que constitui para terceiros uma fonte potencial de prejuízos, ou da actuação de outras pessoas que estão sob a sua direcção, deve suportar os correspondentes encargos*" (MONTEIRO, Jorge Sinde. *Estudos sobre a responsabilidade civil*. Coimbra: 1983, p. 10)
30. Em tradução livre: "O princípio da responsabilidade por culpa, portanto, mostra-se insuficiente para resolver o problema de danos causados na operação das indústrias. Não sendo possível evitar tais danos, queríamos pelo menos garantir uma compensação e parecia certo alcançar esse resultado, mantendo o empreendedor responsável. Como o empresário – ele disse a si mesmo – para obter lucro cria ou mantém a empresa viva, ele também deve assumir a responsabilidade pelos danos a ela relacionados" (TRIMARCHI, Pietro. *Rischio e responsabilità oggetiva*. Milano: A. Giuffrè, 1961, p. 13).

nas suas estimativas a provável responsabilidade por qualquer acidente que o seu operário possa sofrer durante as horas de serviço."[31]

Contribui para a definição de risco, ainda, a *'teoria do risco criado'*, determinando que independente ou não do lucro, o desenvolvedor da atividade que exponha terceiro a risco responderá pelos danos dela decorrentes, conforme magistério do professor italiano Guido Alpa:

> "La teoria del 'rischio-profitto' che vale ad accollare all'impresa quel carico di danni che l'applicazione delle regole tradizionali lascerebbe in capo alle vittime, viene sostituita dalla teoria del 'rischio-creato'. Più amplia e comprensiva della precedente, la teoria del rischio-creato consente di applicare criteri di responsabilità oggettiva anche nei casi in cui, non essendovi esercizio di attività imprenditoriali, non si potrebbe operare il collegamento 'rischio-profitto-responsabilità.[32]

Observa Serpa Lopes que a teoria do risco criado tem amplitude maior que a teoria do risco-proveito, já que ela "compreende a reparação de todos os fatos prejudiciais decorrentes de uma atividade exercida em proveito do causador do dano."[33] A justeza de se atribuir-lhe os ônus dos danos adviria, em verdade, das vantagens de sua atividade – não especificando aqui o autor vantagem como lucro, necessariamente – que decorreriam do próprio fato de agir do homem que exerce atividade específica. Para Savatier, assim, a teoria do risco criado "é aquela que obriga a reparar os danos produzidos, mesmo sem culpa, por uma atividade que se exerce em seu interesse e sob sua autoridade."[34]

Defende o professor Caio Mário da Silva Pereira que o art. 927 §único do Código Civil adotou a referida teoria, afirmando o professor que "das modalidades de risco, eu me inclino pela subespécie que deu origem à teoria do *risco criado*", justificando, ainda, que ao elaborar o Projeto do Código de Obrigações de 1965, orientou-se, de fato, pela teoria do risco criado.[35]

Parte da doutrina fundamenta o risco, ainda, na *teoria do risco integral*, segundo a qual basta a existência de um dano para configurar a responsabilidade civil, de modo que pela sua simples existência infere-se o dever de reparar. Indiferente será, também, o nexo causal, mantendo-se o dever de indenizar, curiosamente, inclusive nas hipóteses de caso fortuito ou força maior, ficando tal teoria tradicionalmente

---

31. LOPES, Miguel Maria de Serpa. *Curso de Direito Civil*. 5. ed. Rio de Janeiro: Freitas Bastos, 1962, v. V, p. 200.
32. Em tradução livre: "A teoria do 'risco-proveito', segundo a qual deve suportar o ônus dos danos que a aplicação das regras tradicionais deixaria às vítimas, é substituída pela teoria do "risco-criado". Mais extensa e abrangente do que a anterior, a teoria do risco criado permite a aplicação da responsabilidade objetiva mesmo nos casos em que não há atividade comercial e o vínculo 'risco-lucro-responsabilidade' não pôde ser feito." (ALPA, Guido. Responsabilità civile e danno. Itália: il Mulio, p. 71).
33. LOPES, Miguel Maria de Serpa. *Curso de Direito Civil*. 5. ed. Rio de Janeiro: Freitas Bastos, 1962, v. V, p. 200.
34. SAVATIER, Renè. *Traitè de la responsabilité civile em droit français*. Paris: Librarie Générale de Droit, 1951, v. 1, p. 349.
35. PEREIRA, Caio Mario da Silva. *Responsabilidade civil*. 9. ed. Rio de Janeiro: Forense, 1990, p. 304.

atrelada às atividades nucleares e danos ambientais,[36] sendo cediço que sua aplicação é excepcional.

Por derradeiro, a *teoria do risco excepcional* – ou teoria do risco anormal, risco exacerbado ou grave – defende que somente os riscos anormais seriam aqueles aptos a atrair o regime objetivo. Cuida-se de teoria que pouco auxilia o intérprete na medida que "anormal" e "normal" continua a deixar o intérprete a mercê de parâmetros precisos. Observa Agostinho Alvim que a análise pela 'normalidade' seria "deslizar para o terreno do ilícito, do abuso do direito: atividade irregular, que causa dano a terceiro. Estaremos, então, no campo da culpa, porque a anormalidade do procedimento é uma forma de culpa".[37]

Aponte-se, por derradeiro, a chamada *teoria do risco de desenvolvimento,* segundo a qual se defende a responsabilidade do empreendedor em relação aos "riscos não cognoscíveis pelo mais avançado estado da ciência e da técnica no momento da introdução do produto no mercado de consumo e que só vêm a ser descobertos após um período de uso do produto, em decorrência do avanço dos estudos científicos".[38]

A despeito da teoria do risco do desenvolvimento, deve-se trazer a lume o art. 931 do Código Civil Brasileiro, que aparenta advogar uma responsabilidade objetiva ao fornecedor sem trazer o instituto do defeito, próprio das relações consumeristas, e nem mesmo excludentes de responsabilidade, as quais também estão contempladas no Código do Consumidor, razão pela qual é preciso "compatibilizar o disposto no art. 931 do Código Civil com a sistemática implementada em nosso país pela lei 8.078/90" já que "a interpretação literal da norma constante do diploma civil poderia levar ao absurdo de impor uma responsabilidade civil integral ao fornecedor".[39]

As referidas teorias, contudo, não encerraram a árdua tarefa do exegeta de determinar o que seria o risco apto a atrair a responsabilidade a partir das noções de 'atividade normalmente desenvolvida' e 'por sua natureza'.[40] Critica-se a possível aplicação indiscriminada da cláusula geral de responsabilidade civil objetiva pelo crescimento exponencial de riscos sociais, sugerindo-se o critério – igualmente impreciso e generalista, ao nosso ver – da 'normalidade' ou 'anormalidade'.[41]

---

36. RODRIGUES JUNIOR, Otavio Luiz et al. *Responsabilidade civil contemporânea.* São Paulo: Atlas, 2011, p. 90.
37. ALVIM, Agostinho. *Da inexecução das obrigações e suas consequências.* São Paulo: Saraiva, 1980, p. 308.
38. CALIXTO, Marcelo Junqueira. O art. 931 do Código Civil de 2002 e os riscos do desenvolvimento. *Revista Trimestral de Direito Civil,* v. 20, p. 75, Out/Dez 2004. Para o autor, é possível a afirmação da responsabilidade do fornecedor na hipótese de riscos do desenvolvimento, seja porque o Código de Defesa do Consumidor consagrou o regime objetivo, seja porque o produto deva ser considerado defeituoso na hipótese de riscos do desenvolvimento, incidindo o prazo prescricional decenal (art. 205 do Código Civil) à hipótese
39. CALIXTO, Marcelo Junqueira. O art. 931 do Código Civil de 2002 e os riscos do desenvolvimento. *Revista Trimestral de Direito Civil,* v. 20, p. 92-93, Out/Dez 2004.
40. Merece destaque o enunciado 38 da I Jornada de Direito Civil, ao enunciar critério ainda mais restritivo aduzindo que "atividade normalmente desenvolvida pelo autor do dano deve gerar, para ensejar a reparação independente de culpa, 'um ônus maior a pessoa determinada que aos demais membros da coletividade".
41. Otávio Luiz Rodrigues Junior, criticando a eventual aplicação generalizada do art. 927 parágrafo único do Código Civil para toda e qualquer atividade, aduz que "há riscos socialmente aceitáveis e não parece justo

As referidas teorias parecem não fornecer critérios suficientemente precisos na determinação do que é o risco a que se refere o art. 927, parágrafo único, do Código Civil Brasileiro. O uso de critérios gerais – como normalidade, anormalidade, organizado e lucrativo – não parecem ser, ainda, as ferramentas ideais para auxiliar o julgador em tempos de *big data, nanochips* e tratamento de dados pessoais.

Ainda no afã de extrair o sentido e alcance da cláusula geral do art. 927, parágrafo único, é preciso definir o que é "atividade normalmente desenvolvida", tarefa já enfrentada pela doutrina nacional. *Atividade* será "uma série contínua e coordenada de atos e não se confunde com um ato único ou com atos isolados, que permanecem sob o âmbito de incidência da culpa".[42] Para Otavio Luiz Rodrigues Junior, "a atividade da qual nos fala o art. 927 parágrafo único, do Código Civil, diz mais respeito ao agente do dano, ao caráter organizado, que ao fato em si.[43] A organização, assim, aparenta ser um dos critérios relevantes para a atração do regime objetivo.

Indagação reside em saber se a *atividade* deverá ser lucrativa ou não para que pudesse atrair o risco. É nesse caminho que parcela da doutrina brasileira vem dando sentido e alcance para duas correntes fundamentais do risco: a *subjetiva* e a *objetiva*. Para a primeira, toda e qualquer responsabilidade – inclusive a objetiva – implica sempre na noção de culpa que atrairá sanção ao autor da conduta danosa. Já para os defensores da segunda, a culpa supostamente inerente à conduta é dispensável, fundando-se o regime objetivo em uma obrigação geral de segurança.

A doutrina desenvolve, ainda, 3 (três) outros possíveis critérios para explicar o risco: *(i) ser a atividade administrativamente regulada;* (ii) *o prêmio do seguro ser* especialmente alto e por derradeiro *(iii) estatisticamente* ocorrer grande número de danos naquela atividade.[44]

Passo adiante é preciso determinar o que são *atividades perigosas*. Defende-se que será perigosa a atividade que "do ponto de vista estatístico causa danos quantitativamente numerosos e quantitativamente graves".[45]

Quanto à *ilicitude* da conduta, parcela da doutrina indicará que se cuida de requisito indiferente ao dever de indenizar, isto é, não se exigiria que a atividade

---

impor regra fixa que aloque os custos relativos a esses riscos exclusivamente na conta de um grupo social". Alega, ainda, que deve-se fazer um juízo de normalidade acerca do risco, pela via judicial, cuja existência daria ensejo ao dever de reparar. (RODRIGUES JUNIOR, Otavio Luiz; et al. *Responsabilidade Civil Contemporânea*. São Paulo: Atlas, 2011, p. 93).

42. BODIN DE MORAES, Maria Celina. Risco, solidariedade e responsabilidade objetiva. *Revista Trimestral de Direito Civil*, v. 854, ano 95, p. 27, dez. 2006.
43. RODRIGUES JUNIOR, Otavio Luiz et al. *Responsabilidade civil contemporânea*. São Paulo: Atlas, 2011, p. 89.
44. Nesse sentido: BODIN DE MORAES, Maria Celina. Risco, solidariedade e responsabilidade objetiva. In: BODIN DE MORAES, Maria Celina. *Na medida da pessoa humana*: estudos de direito civil-constitucional. Renovar: Rio de Janeiro, 2010, p. 408. No mesmo sentido: TEPEDINO, Gustavo; BARBOZA, Heloisa Helena; BODIN DE MORAES, Maria Celina. *Código Civil Interpretado conforme a Constituição da República*. Rio de Janeiro: Renovar, 2006, v. II, p. 808.
45. BODIN DE MORAES, Maria Celina. Risco, solidariedade e responsabilidade objetiva. *Revista Trimestral de Direito Civil*, v. 854, ano 95, p. 28, dez-2006.

fosse ilícita, de modo que atividades licitamente organizadas poderão ensejar a responsabilização objetiva.[46] É a exata reflexão de Agostinho Alvim: "não é na ilicitude da atividade (indústria, transporte) que se acha o fundamento da responsabilidade e sim, no risco da atividade mesmo. E a muitos repugna ver nisso o fundamento da responsabilidade."[47] É com certa cautela, ao nosso ver, que se deve interpretar o art. 931 do Código Civil ao se dissociar a ilicitude da conduta do dever de indenizar. A ilicitude nos parece, ainda, elemento inelimínável do dever de indenizar. Isto porque o empresário que licitamente organizar sua atividade empresarial, que até mesmo violar um *interesse* de outrem, responderia por danos decorrentes de sua atividade lícita.

3. O RISCO ONIPRESENTE: O PORQUÊ DA NÃO ASSUNÇÃO DA RESPONSABILIDADE OBJETIVA COMO REGRA GERAL

Conforme já se extraiu do enunciado normativo genérico e abstrato do art. 927 §único do Código Civil, poderia o jurista desavisado, em uma forma simplista e sem perquirir a diferenciação do que se poderia chamar de risco 'justo' e 'injusto', aduzir que toda e qualquer atividade que gerar risco para outrem atrairá o regime objetivo para fins de responsabilização do autor do dano. Essa afirmativa, contudo, além de reducionista seria *contra legem*, *vis a vis* a regra da culpa ainda presente no Código Civil. Em outras palavras, não se pode concluir pela mera existência de risco apto a atrair a imputação objetiva sem uma profícua investigação, inescapavelmente casuística, acerca da relevância ou não do grau de risco de certa atividade. Alvino Lima reconhece que a codificação brasileira garantiu lugar privilegiado à culpa no sistema de responsabilidade civil, mas "nem por isso deixou de abrir exceção ao princípio, admitindo casos de responsabilidade sem culpa."[48]

À despeito da culpa enquanto regra no sistema de responsabilidade civil brasileiro, enunciou Alvino Lima em seu paradigmático estudo que "a teoria da culpa vem consagrada como princípio fundamental, em todas as legislações vigentes", alertando, contudo, que "estava, todavia, reservada à teoria clássica da culpa o mais intenso dos ataques doutrinários que talvez se tenha registrado na evolução de um instituto jurídico. As necessidades prementes da vida, o surgir dos casos concretos, cuja solução não era prevista em lei, ou não era satisfatoriamente amparada, levaram a jurisprudência a ampliar o conceito de culpa e acolher, embora excepcionalmente, as conclusões das novas tendências doutrinárias [a objetivação]".[49]

Já o Professor Caio Mário da Silva Pereira defende que "a teoria do risco não penetrou em nosso direito positivo senão em incidências específicas",[50] ponderando,

---

46. RODRIGUES JUNIOR, Otavio Luiz et al. *Responsabilidade Civil Contemporânea*. São Paulo: Atlas, 2011, p. 89.
47. ALVIM, Agostinho. *Da inexecução das obrigações e suas consequências*. São Paulo: Saraiva, 1980, p. 307.
48. LIMA, Alvino. Culpa e Risco. São Paulo: Ed. RT, 1963, p. 176.
49. LIMA, Alvino. Culpa e Risco. São Paulo: Editora RT, 1963, p. 42 e 43.
50. PEREIRA, Caio Mario da Silva. *Responsabilidade civil*. 9. ed. Rio de Janeiro: Forense, 1999, p. 29.

ainda, que o Código Civil trouxe dispositivos que revelam "entendimento coordenado com a teoria do risco". E assim arremata:

> "Quando fui incumbido de elaborar um anteprojeto de código de obrigações, que promovesse a unificação do direito obrigacional em nosso país, nele introduzi o princípio objetivista, sem repetir a teoria da culpa, antes com ela convivendo. (...). Com efeito, a ideia cristã de culpa moral domina, no curso de vinte séculos, todo o direito da responsabilidade, *e não se trata de abandoná-la*. O que convém é *também* abraçar a teoria do risco".[51]

A evolução do regime de responsabilidade tradicional, calcado na culpa, para o modelo objetivo, seria caminho inevitável à luz de novos danos, em renovadas formas de apresentação, que desafiavam a prova da ilicitude da conduta danosa – e, consequentemente, desafiavam o esquema tradicional da regra culposa –, conforme sintetiza Rodotà:

> Il sistema tradizionale della responsabilità civile non ha mai preteso di assicurare un risarcimento in tutte le ipotese in cui se verifica un danno: a fondamento di esso, anzi, operava il presupposto della risarcibilità dei soli danni provocati dal comportamento volontario di un soggetto (le previsioni diversamente fondate erano intese come mera accezione). I nuovi casi di danneggiamento, dal canto loro, si rivelavano molto spesso irriducibili a questo schema, sì che rispetto ad essi si presentavano come possibili gli atteggiamenti seguenti: o mantenere fermo l'antico principio, escludendo ogni risarcimento (osservando, magari, che non sarà mai possibile eliminare uno scarto tra danno economico e danno giuridico); o tentare l'applicazione dello stesso principio, attraverso finzioni od adattamenti di alto genere; o cercare di far rientrate le nuove ipotesi in una delle previsioni già considerate eccezionali; *o tentare la costruzione di un diverso schema, formalmente rispettoso delle caratteristiche proprie alle nuove situazioni e capace, quindi, di disciplinarle in maniera più compiuta*.[52]

A indagação reside acerca do que não seria arriscado em tempos atuais. Vive-se na égide da difusão de atividades tecnológicas que permeiam as mais comezinhas atividades diárias do indivíduo: o carro que dirige sozinho até o local do trabalho, o robô que opera o paciente à distância, o reconhecimento facial que reconhece a entrada e saída do trabalhador, o GPS que automaticamente reconhece o destino do motorista, casas técnicas de reprodução assistida que permitem a escolha de embriões viáveis a partir de investigação de seus DNA's – movimentos esses que

---

51. PEREIRA, Caio Mario da Silva. *Responsabilidade civil*. 9. ed. Rio de Janeiro: Forense, 1999, p. 22.
52. RODOTÀ, Stefano. *Il problema della Responsabilità Civile*. Milão: Dott. A. Guifrè Ediore, 1964, p. 18-19. Em tradução livre: "O sistema tradicional de responsabilidade civil nunca reivindicou garantir compensação em todos os casos em que se ocorrer dano: com base nele, de fato, foi assumido que apenas os danos causados – pelo comportamento voluntário de uma pessoa poderiam ser compensados (as previsões de outra maneira fundada, eles foram concebidos como mero significado). Os novos casos de danos, por sua vez, provaram ser muitas vezes irredutíveis a esse esquema, de modo que as seguintes atitudes pareciam possíveis com relação a eles: o manter o antigo princípio firme, excluindo qualquer compensação (observando, talvez, que nunca será possível eliminar uma lacuna entre dano econômico e dano legal); o tentar aplicar o mesmo princípio, através de ficções ou adaptações de alta qualidade; o tentar incluir as novas hipóteses em uma das previsões já consideradas excepcionais; o tentar construir um esquema diferente, formalmente respeitoso das características próprias de novas situações e, portanto, capaz de regulá-las de maneira mais completa".

desafiam a culpa a todo tempo, na visão atualíssima de Álvaro Villaça de Azevedo[53] e Agostinho Alvim.[54]

Vive-se muito além das revoluções industriais, que levaram cerca de 20 ou 30 anos para marcarem definitivamente a história da humanidade. Vive-se um fenômeno inédito e revolucionário: a tecnologia, de mês em mês – e não de século em século – inova assustadoramente e transforma radicalmente o modo de viver-se em sociedade. É nesse contexto que a culpa, para os objetivistas, paulatinamente vai assumindo papel de quase coadjuvante antes às suas dificuldades probatórias, como já enunciava Serpa Lopes:

> "A ideia da culpa, como fundamento da responsabilidade civil, sofreu, porém, e ainda atualmente sofre uma oposição severa dos objetivistas, isto é, daqueles que querem uma responsabilidade civil fundada em bases exclusivamente objetivistas, com a completa avulsão de qualquer base subjetivista."[55]

É dizer que a vida trivial do homem – o homem *in concreto* e não o *bônus pater famílias*[56] – é marcada por atividades cujo conhecimento técnico mínimo lhe escapa, de modo que a prova da culpa de eventuais condutas danosas, i.e., a prova da negligência do tratador de dados pessoais, a imprudência do desenvolvedor dos sistemas de inteligência artificial ou a imperícia dos fabricantes de carros autônomos escapará certamente vítima de eventos danososà. E é nesse contexto de risco onipresente que o intérprete poderá (mas não deverá) ceder à tentação simplista e reducionista de aplicação do regime objetivo à luz da afirmação genérica de existência de risco da atividade. A dificuldade de prova da culpa nos novos desafios que se põem à responsabilidade civil, contudo, não poderá servir de atalho para o abandono definitivo da culpa porque simplesmente assim não determinou o legislador. Ao revés: os desafios devem servir de estímulo para determinação pretoriana ou doutrinária de critérios objetivos e claros de quais características deverá o risco ser revestido a ponto de atrair-se o regime objetivo na responsabilização de novos danos.

Na lição de Serpa Lopes, "a estreiteza da cobertura oferecida pela culpa, sem poder trazer a solução para certos casos ou fatos, excluídos de seu alcance, como o

---

53. "A crescente tecnização da vida moderna vai levando o homem a uma vivência quase maquinal, de onde promana, em grau cada vez maior, a brutalidade, que estorva a subjetividade, mesmo nos condicionamentos jurídicos" (AZEVEDO, Álvaro Villaça. *Curso de direito civil: teoria geral das obrigações*. 4. ed. São Paulo: Ed. RT, 1987, p. 250).
54. "A teoria da culpa de um modo geral, tem se mostrado vulnerável aos ataques de seus adversários, que a reputam insuficiente para a solução dos casos que nascem do comércio jurídico moderno. Há algum tempo que se vem observando que, em face dessa teoria, e tendo-se em vista principalmente as indústrias e transportes, a vítima, na maioria dos casos, sentia-se desamparada" (ALVIM, Agostinho. *Da inexecução das obrigações e suas consequências*. São Paulo: Saraiva, 1980, p. 306).
55. LOPES, Miguel Maria de Serpa. *Curso de Direito Civil*. 5. ed. Rio de Janeiro: Freitas Bastos, 1962, v. V, p. 200.
56. A respeito da crítica do *bonus pater famílias* assim leciona Luiz Edson Fachin: "O sujeito de direito e as pessoas são captados por uma abstração do mais elevado grau. O sujeito *in concreto*, o homem comum da vida, não integra esta concepção, e o Direito imagina um sujeito *in abstrato* e cria aquilo que a doutrina clássica designou de 'biografia do sujeito jurídico'" (FACHIN, Luiz Edson. *Teoria crítica do Direito Civil*. Rio de Janeiro: Renovar, 2000, p. 55).

dano resultante do acidente de trabalho"[57] foi causa preponderante para o movimento de oposição à culpa. É nesse contexto, portanto, de erupção de uma nova ordem de mecanismos de tecnologia, que paralelamente à facilitação do dia a dia do homem, ao encurtamento de distâncias e à otimização de atividades triviais diárias, que potencialmente se poderá assistir a uma eclosão de novos danos. E, quando for o jurista chamado a indicar quem responde pelos danos dos novos tempos e sob qual regime, poderão lhe faltar respostas à luz do enunciado pouco preciso da cláusula geral de responsabilidade civil objetiva.

Poderia se cogitar da superação definitiva do regime subjetivo da responsabilidade civil em razão da predominância, na prática, das atividades perigosas pelas atividades de não risco? Mesmo superando – a insuperável – falta de critérios de definição do *risco*, a resposta é logicamente negativa, *vis-à-vis* a clara dicção ao art. 927 *caput* do Código Civil.[58] É preciso ter em mente que a superação da culpa – e, por vezes, a flexibilização da causalidade – podem ser antibiótico perigosos em prol da tutela da vítima e causarem, na verdade, o dever de indenizar de maneira injusta, seja para atividades que não sejam dotadas do grau de risco suficiente para atrair o regime objetivo ou seja atribuindo o dever de indenizar a quem não verdadeiramente deu causa ao ilícito.[59]

4. ALGUMAS DAS CLÁUSULAS GERAIS DE RESPONSABILIDADE OBJETIVA EM ORDENAMENTOS JURÍDICOS ESTRANGEIROS

A adoção do sistema de responsabilidade civil objetiva foi fenômeno que alcançou variados ordenamentos jurídicos, inspirados pela mesma causa: a dificuldade probatória da culpa e a barreira de sua prova por vezes intransponível. Sem pretensão comparatista, e com vistas a tentar encontrar critérios em comum de determinação do risco entre esses ordenamentos, passa-se a analisar de que forma a responsabilidade civil objetiva vigora na Inglaterra, França, Portugal e Itália.

Matthew Dyson, professor da Faculdade de Direito da Universidade de Oxford, ao analisar o que seria o risco na *tort law*,[60] o definiu como aquele que "represents

---

57. LOPES, Miguel Maria de Serpa. *Curso de Direito Civil*. 5. ed. Rio de Janeiro: Freitas Bastos, 1962, v. V, p. 200.
58. "A evolução social fez com que a tradicional responsabilidade subjetiva, informada pela teoria da culpa e por um princípio de imputabilidade moral, se mostrasse insuficiente para a tutela das relações jurídicas na sociedade de massa. Na nova realidade social, a reparação da vítima não poderia depender da prova quase impossível que identificasse quem, de fato, agiu de forma negligente" (TEPEDINO, Gustavo; BARBOZA, Heloisa Helena; BODIN DE MORAES, Maria Celina. *Código Civil Interpretado conforme a Constituição da República*, Rio de Janeiro: Renovar, 2006, v. II, p. 805).
59. "Se o próprio desenvolvimento social traz consigo a ampliação dos riscos, não sendo, pois, possível afastá-los, ainda que se possa minimizá-los, resta a imperiosa necessidade de se discutir seriamente como enfrentá-los, sob pena de sermos obrigados a conviver com a dúvida atinente ao *o que é mais juto (ou injusto), o desamparo da vítima ou a responsabilização daquele que não deu, efetivamente, causa ao dano?*" (RITO, Fernanda Paes Leme Peyneau. Dilemas de uma sociedade de risco: a causa dos danos e a reparação integral da vítima. *In Diálogos sobre direito civil*. TEPEDINO, Gustavo; FACHIN, Luiz Edson (Org.). Rio de Janeiro: Renovar, 2012, v. III, p. 64).
60. Acerca da possível similitude entre a chamada *tort law* e a disciplina da responsabilidade civil ou direito dos danos no Brasil e outros países, optou-se conscientemente, nesse item, pelo uso dos termos como si-

the uncertainty or possibility of future negative outcomes facing a decision-maker." Explica, ainda, que "the relative frequency with which an event occurs within a specified class of events is relevant to claims about risk".[61]

Na Europa, referencia-se aos Princípios de Direito Europeu de Responsabilidade Civil, especialmente em seu art. 5:101, que sugere o estabelecimento da imputação objetiva a partir de critérios pré-definidos.[62]

No *Direito Inglês*, especificamente, Dyson explica que apesar do risco ser um conceito que implicitamente seja aplicado por diversos atores do sistema jurídico e por ser ele um conceito abstrato, não se cuida de uma categoria estrutural na *tort law* inglesa. Dessa forma, "there is no general duty in English private law not to impose risks or to alleviate risks. Nor there is a duty to not impose unreasonable risks of harm."[63] De outro giro, há o dever de indenizar caso uma conduta de *unreasonable care* cause danos ao outrem,[64] mormente nas hipóteses em que o autor do dano é negligente ao informar o lesado dos riscos que esse encontrará em certa atividade arriscada.[65]

---

nônimos. Vida a útil explicação do Professor de Oxford: "French and Spanish law tend to refer structurally to this area describing it as *responsabilité delictuelle* or *extra-contractuelle* (France) or *responsabilidad civil* or *extracontractual* or, slightly more recently, *derecho de daños*, the law relating to harm or loss (Spain). Swedish law also focuses on the outcome, compensation or damages, though translated as 'tort': thus, the *skadestand* of 1972 is often known as the Tort Liability Act. The Dutch talk of 'liability law' as the closest translation of *aansprakelijkheid,* though the Dutch Civil Vode refers more generally in its tort provision to *onrechtmatige daad,* unlawful act(s)." (DYSON, Matthew. *Regulating risk through private law*. Cambridge: Insersentia, 2018, p. 5). Nesse sentido: *Chatterton v. Gerson* [1981] QB 432, pp 442-443; *Sidaway v. Bethlem Royal Hospital* [1985] AC 871, 883.

61. DYSON, Matthew. *Regulating risk through private law*. Cambridge: Insersentia, 2018, p. 3.
62. "Capítulo 5 – Responsabilidade objectiva – Art. 5:101. Actividades anormalmente perigosas (1) Aquele que exercer uma actividade anormalmente perigosa é responsável, independentemente de culpa, pelos danos resultantes do risco típico dessa actividade. (2) Uma actividade é considerada anormalmente perigosa quando: *a*. cria um risco previsível e bastante significativo de dano, mesmo com observância do cuidado devido, e *b*. não é objecto de uso comum. (3) O risco de dano pode ser considerado significativo tendo em consideração a gravidade ou a probabilidade do dano. (4) Este artigo não recebe aplicação com respeito a uma actividade especificamente sujeita ao regime da responsabilidade objectiva por uma outra disposição destes Princípios, da legislação nacional ou de uma Convenção Internacional."
63. Em tradução livre: "Não há obrigação geral no direito privado inglês de não impor riscos ou aliviá-los. Também não há o dever de não impor riscos irrazoáveis de danos" (DYSON, Matthew. *Regulating risk through private law*. Cambridge: Insersentia, 2018, p. 25).
64. "Judges routinely speak of defendants breaching their duty of reasonable care (an entailment of which might be not to impose certain risks), though they have not caused actionable harm (for instance, where causation is not established)." Em tradução livre: "Os juízes costumam falar de réus que violam seu dever de cuidados razoáveis (cuja implicação pode não impor certos riscos), embora não tenham causado danos acionáveis (por exemplo, quando a causa não está estabelecida)". (DYSON, Matthew. *Regulating risk through private law*. Cambridge: Insersentia, 2018, p. 26).
65. "In some situations, a person is negligent if he fails to warn of risks which another will encounter. One of the most obvious examples of this is medical treatment. (...). On the one hand, a doctor's negligent failure to provide, for instance, information about a risk attached to a certain procedure is not actionable, independently of the materialization of that risk during procedure. On the other hand, the courts have introduced legal rules which imply that doctor has a genuine legal duty to inform the patient that is breached independently of the harm which materializes". Em tradução livre: "Em algumas situações, uma pessoa é negligente se não avisar sobre os riscos que outra pessoa encontrará. Um dos exemplos mais óbvios disso é o tratamento médico. (...) Por um lado, a falha negligente de um médico em fornecer, por exemplo, informações sobre

As hipóteses de *strict liability* – responsabilidade independente de culpa – só se justificariam na presença de risco excepcional ou anormal, considerando que o direito inglês não tem uma cláusula geral de responsabilidade pelos riscos criados. O único precedente relevante de *strict liability*, explica Dyson, é *Rylands v. Fletcher* (1866)[66], cuja repercussão nos tribunais é tímida. Na hipótese, Rylands contratou empreiteiros para construir um reservatório e, durante a execução, os empreiteiros descobriram uma série de antigos depósitos de carvão cheios indevidamente de detritos. Em 11 de dezembro de 1860, logo após ser preenchido pela primeira vez, o reservatório de Rylands explodiu e inundou uma mina vizinha, administrada por Fletcher, firmando-se a regra segundo a qual "a pessoa que, para seus próprios propósitos, traz suas terras, recolhe e mantém ali qualquer coisa que possa causar danos, deve mantê-la sob seu risco e, se não o fizer, é *prima facie* responsável por todos o dano". Desenvolveu-se, ainda, a denominada responsabilidade indireta dos patrões pelos atos do empregado,[67] independente de qualquer culpa do patrão, no precedente *Various Claimantes v. The Catholic Child Welfare Society* (2013).

Na Itália, constitui o art. 2.043 do Código Civil uma provável cláusula geral de responsabilidade civil, segundo a qual *"Qualunque fatto doloso o colposo che cagiona ad altri un danno ingiusto, obbliga colui che ha commesso il fatto a risarcire il danno"*,[68] calcada no modelo culposo, conforme leciona Mario Barcellona:

> La regolazione della responsabilità si disse, perciò, affidata ad una clausola generale, quando la norma deputata a risolvere i conflitti aquiliani si limiti – come si dice avvenga nel caso dell'art. 2.043 – a prevedere un 'fatto', ossia la causazione di un danno, e faccia dipendere il risarcimento di chi ne ha subito le conseguenze pregiudizievoli dalla qualificabilità di tale 'fatto' come 'ingiusto', ossia da una sua valutazione alla stregua del 'valore' dell'"ingiustizia' e della solidarietà

---

um risco associado a um determinado procedimento não é acionável, independentemente da materialização desse risco durante o procedimento. Por outro lado, os tribunais introduziram regras legais que implicam que o médico tem um dever legal genuíno de informar o paciente que foi violado independentemente do dano que se materializa" (DYSON, Matthew. *Regulating risk through private law*. Cambridge: Insersentia, 2018, p. 29-30).

66. Rylands v Fletcher [1868] UKHL 1 (17 July 1868).
67. "The appeal to creation of risk as a justification of vicarious liability seems to be an appeal to fairness. The idea is that, given that the employer's activity inherently carries certain risks, and given that the employer's activity inherently carries certain risks, and given that the employer benefits from the imposition of those risks (or the activity which produces them), it is fair that the employer bears the costs when the risks materialise. The particular difficulty is in showing what risks are in fact associated with the employer's business." Em tradução livre: "O apelo à criação de risco como justificativa de responsabilidade indireta parece ser um apelo à justiça. A ideia é que, considerando que a atividade do empregador carrega inerentemente certos riscos e que a atividade do empregador carrega inerentemente certos riscos, e dado que o empregador se beneficia da imposição desses riscos (ou da atividade que os produz), é justo que o empregador arque com os custos quando os riscos se concretizarem. A dificuldade particular é mostrar quais riscos estão de fato associados aos negócios do empregador" (DYSON, Matthew. *Regulating risk through private law*. Cambridge: Insersentia, 2018, p. 40).
68. Em tradução livre: "Qualquer ato doloso ou culposo que cause dano injusto a outras pessoas obriga a pessoa que cometeu o fato a compensar o dano."

sociale, nonché dalla sua riferibilità ad un soggetto diverso dalla vittima sulla base di un criterio di collegamento variabile quale la colpa o il rischio.[69]

Acerca da introdução do regime objetivo no ordenamento italiano, pontua Pietro Trimarchi que "nessuna responsabilità senza colpe era il principio generalmente accettato nella literatura giuridica del secolo scorzo: le regole che attuavano un principio diverso o venivano, a mezzo di funzioni, ricondotte in qualche modo all'idea di colpa, oppure venivano considerate come resti non vitali del diritto primitivo."[70] A redação do art. 2.050 do Código Civil Italiano, portanto, abre exceção ao regime subjetivo italiano e introduz uma cláusula geral de responsabilidade pelas atividades perigosas[71] que, em linhas gerais, no magistério de Mario Barcellona, substituiu o paradigma de nenhuma responsabilidade sem culpa pela responsabilidade civil objetiva da empresa fundada na teoria do risco.[72] A cláusula geral de responsabilidade civil objetiva italiana assim vem sendo comentada pela doutrina especializada:

> "Nella maggior parte dei casi il soggetto passivo è un imprenditore, giacché l'esercizio di attività pericolosa comporta normalmente una predisposizione di messi e una certa continuità nel suo esercizio che presuppongono l'esistenza di un'organizzazione imprenditoriale, che non à tuttavia necessaria". [73]

À medida que a cláusula geral passou a ser analisada pela jurisprudência, o que se observou foi uma interpretação restritiva e rigorosa da parte final do artigo 2.050

---

69. Em tradução livre: "O regulamento de responsabilidade foi dito, portanto, confiado a uma cláusula geral, quando a regra designada para resolver os conflitos de responsabilidade aquiliana é limitada - como se diz no caso do art. 2.043 – prever um 'fato', isto é, a causa do dano, e tornar a compensação daqueles que sofreram as consequências prejudiciais dependentes da qualificabilidade de tal 'fato' como 'injusto', ou seja, na sua avaliação como 'o valor da "injustiça" e da solidariedade social, bem como a sua referência a um sujeito que não seja a vítima com base em um critério de conexão variável, como culpa ou risco." (BARCELLONA, Mario. *Trattato della Responsabilità Civile*. Torino: UTET Giuridica, 2011, p. 42).
70. Em tradução livre: "Nenhuma responsabilidade isenta de culpa era o princípio geralmente aceito na literatura jurídica do século passado. As regras que implementavam um princípio diferente ou eram, através de funções, de alguma forma, traçadas de volta à ideia de culpa, ou eram consideradas restos inviáveis da lei" (TRIMARCHI, Pietro. *Rischio e responsabilità oggetiva*. Milano: A. Giuffrè, 1961, p. 11).
71. "Art. 2050. Responsabilità per l'esercizio di attività pericolose. Chiunque cagiona danno ad altri nello svolgimento di una attività pericolosa, per sua natura o per la natura dei mezzi adoperati, è tenuto al risarcimento, se non prova di avere adottato tutte le misure idonee a evitare il danno". Em tradução livre: "Responsabilidade pela realização de atividades perigosas. Qualquer pessoa que cause dano a terceiros na realização de uma atividade perigosa, por sua natureza ou pela natureza dos meios utilizados, deverá pagar uma indenização, se não provar que adotou todas as medidas adequadas para evitar o dano".
72. "La svolta, introdotta già dal divorzio tra illecito e responsabilità (ossia tra la dogmatica dell'illecito – con la conseguente ristrutturazione della fattispecie dell'art. 2043 nei termini che si sono prima descritti – e le condizione di descrizione della responsabilità), viene sviluppata in due direzioni. Nella prima direzione al paradigma unitario fondato sul principio 'nessuna responsabilità senza colpa' si sostituisce un paradigma dicotomico, che limite l'operatività della responsabilità soggettiva, ossia fondata sulla colpa, all'ambito delle 'attività biologiche', chioè al campo delle attività individuali proprie della vita quotidiana, e sottopone, invece, le attività d'impresa, e cioè sull'idea che l'imprenditore sai responsabile verso i terzi danneggiati dalle sue attività produttive e/o commerciali in forza del rischio che queste introducono nella società senza che sia necessario riscontrare in concreto una sua colpa nella causazione dello specifico danno." (BARCELLONA, Mario. *Trattato della Responsabilità Civile*. Torino: UTET Giuridica, 2011, p. 37).
73. CIAN, Giorgio; TRABUCCHI, Alberto. *Commentario breve al Codice Civile*. Wolters Kluwer, 2018, p. 2.249.

("*se non prova di avere adottato tutte le misure idonee a evitare il danno*"), trecho esse que admitiria a ausência de responsabilidade por ausência de culpa e que passou a ser interpretado pela jurisprudência como somente o caso fortuito apto a excluir o dever de indenizar.[74]

Já em Portugal, cogita-se da existência da cláusula geral de responsabilidade civil objetiva constante no art. 493.2 do Código Civil Português.[75] No ordenamento luso, a objetivação da responsabilidade civil terá o mesmo condão da brasileira: excluir a culpa do dever de indenizar.[76] O Código Português enuncia hipóteses específicas de responsabilidade civil objetiva que se fundam na teoria do risco, tais como (i) a responsabilidade do motorista pelo acidente de veículo (art. 503 e 506); (ii) danos causados por instalações de energia eléctrica ou gás (art. 509).[77]

Além dos casos específicos, o art. 493.2, como já se disse, aparenta consistir em uma cláusula geral de responsabilidade objetiva fundada no risco. O risco apto a atrair a responsabilidade objetiva, diz a doutrina lusa, será aquele risco que "está (ou não) dentro do domínio dos riscos de atuação atribuíveis quem controla a respetiva fonte de produção. (...)" já que "a possibilidade de a responsabilização objetiva abarcar todas as consequências de qualquer atuação humana não é sequer racional".[78] A doutrina aponta, contudo, que se deve ter parcimônia na aplicação do regime objetivo à medida que a presunção de imputabilidade do dano a certa conduta pode representar ampliação excessiva do juízo de causalidade:

---

74. ALPA, Guido. *Responsabilità Civile e danno*. Bologna: Il Mulino, 1991, p. 319-320. No mesmo sentido: "Scholars and judges have been inclined to craft rules that make liable those who create a risk for others. In effect, Italian law applies a rule of thumb imposing liability when a person is involved in an activity imposing risk on others and damage actually occurs" (COGGIOLA, Nadia; GARCELLA TEDESCHI, Bianca. Risk and Italian Private Law. In: DYSON, Matthew. *Regulating risk through private law*. Cambridge: Insersentia, 2018, p. 115).
75. "Art. 493. 2. Danos causados por coisas, animais ou actividades. Quem causar danos a outrem no exercício de uma actividade, perigosa por sua própria natureza ou pela natureza dos meios utilizados, é obrigado a repará-los, excepto se mostrar que empregou todas as providências exigidas pelas circunstâncias com o fim de os prevenir."
76. "Na responsabilidade objetiva do que verdadeiramente se trata é de decidir acerca da existência de alguma razão ou fundamento para operar a *transferência* (de uma esfera jurídica para outra) de riscos e, quando eles se hajam concretizado, das consequentes perdas. (...). Todos os casos de responsabilidade objetiva se demarcam, portanto, por neles se prescindir da demonstração dos requisitos da culpa e da ilicitude." (GONZÁLEZ, José Alberto Rodríguez Lorenzo. *Direito da Responsabilidade Civil*. Lisboa: Quid Juris, 2017, p. 404).
77. "Para efeitos do disposto nos arts. 503º, 506º e 509º do Cód. Civil é irrelevante saber se ela [a conduta] se apresenta dominável: a pessoa a quem a respetiva autoria se imputar responde pelos riscos próprios ligados à utilização de veículos de circulação terrestre ou condução de gás ou de eletricidade, independentemente de a ação/inação que lhe serve de fundamento ser humanamente controlável. Se v.g. A, condutor de um automóvel, é picado na língua por uma abelha e, por conta disso (pela dor e pela atrapalhação), se despista provocando a morte de um transeunte, não deixa de ser responsável pelo correspondente dano nos termos do artigo 503º, n. 1, do Código Civil" (GONZÁLEZ, José Alberto Rodríguez Lorenzo. *Direito da Responsabilidade Civil*. Lisboa: Quid Juris, 2017, p. 405).
78. GONZÁLEZ, José Alberto Rodríguez Lorenzo. *Direito da Responsabilidade Civil*. Lisboa: Quid Juris, 2017, p. 406.

"A responsabilização sem culpa deve procurar conciliar, com equilíbrio, os interesses daqueles que criam perigos de dano sobre as esferas jurídicas de terceiros, por causa da sua atuação lícita, com os interesses desses últimos. Não é aceitável que se sacrifiquem os bens dos titulares afetados, mas também não se pode alargar excessivamente o âmbito da obrigação de indemnizar instituída contra os lesantes sob pena de uma série de atividades ficarem absolutamente inviabilizadas."[79]

Ao lado das hipóteses do código civil, expande-se na legislação ordinária portuguesa a responsabilidade objetiva em outras modalidades – como a responsabilidade do estado de demais entidades públicas,[80] por danos ambientais[81]

Já na França, foi a partir dos estudos de Saleilles que se originou o debate acerca do risco na responsabilidade civil – *'theorie du risque'* – fundada no então art. 1384.1 do Código Civil Francês e, ainda, em razões de equidade e justiça, conforme acima pontuado ao tratar da teoria do risco-proveito. Planiol, por seu turno, discordava e entendia que a responsabilidade sem culpa poderia ser uma grande injustiça social, propondo, na verdade, a redefinição da culpa – o que não convenceu muitos teóricos franceses.[82] A teoria do risco no direito dos danos na França confirmou-se ao longo das décadas, seja pela instituição de diversas modalidades de seguros obrigatórios, seja pela confirmação jurisprudencial atribuindo a responsabilidade objetiva a diversos agentes de atividades perigosas.[83] A responsabilidade objetiva assume papel relevante na tradição Francesa por força do atual art. 1242,[84] sem que o modelo subjetivo continue a assumir o papel de protagonismo local:

---

79. GONZÁLEZ, José Alberto Rodríguez Lorenzo. *Direito da Responsabilidade Civil*. Lisboa: Quid Juris, 2017, p. 408.
80. "Lei 67/2007, art. 11º, n. 1: O Estado e as demais pessoas colectivas de direito público respondem pelos danos decorrentes de actividades, coisas ou serviços administrativos especialmente perigosos, salvo quando, nos termos gerais, se prove que houve força maior ou concorrência de culpa do lesado, podendo o tribunal, neste último caso, tendo em conta todas as circunstâncias, reduzir ou excluir a indemnização.". Nesse sentido, vide GOMES, Carlos Amado. Nota breve sobre a tendência de objectivação da responsabilidade civil extracontratual das entidades públicas no regime aprovado pela Lei 67/2007, de 31 de Dezembro. CEJ, Ebook, 2014. Disponível em: http://www.cej.mj.pt/cej/recursos/ebooks/civil/Responsabilidade_Civil_Estado.pdf. Acesso em: 15 jan. 2020.
81. Art. 7º do Decreto-Lei 147/2008: "capítulo II. Responsabilidade civil. Artigo 7º. Responsabilidade objectiva Quem, em virtude do exercício de uma actividade económica enumerada no anexo III ao presente decreto-lei, que dele faz parte integrante, ofender direitos ou interesses alheios por via da lesão de um qualquer componente ambiental é obrigado a reparar os danos resultantes dessa ofensa, independentemente da existência de culpa ou dolo".
82. "Planiol considered that liability without fault was unjust and resembled convicting an innocent person in criminal law. He instead proposed redefining fault in order to make it fit with contemporary needs. His proposals, however, failed to convince – fault would have become an artifice and such an approach would confuse punishment and compensation" (WESTER-OUISSE, Véronique; TAVOR, Simon; Fairgrieve, Duncan. Risk and French Private Law. In: DYSON, Matthew. *Regulating risk through private law*. Cambridge: Insersentia, 2018, p. 59).
83. Vide, ilustrativamente, o caso *Jand'heur* (Ch. Réunies, 13 févr. 1930, GAJC 193, DP 1930, 1,57, disponível em https://www.legifrance.gouv.fr/affichJuriJudi.do?oldAction=rechJuriJudi&idTexte=JURITEXT000006952821. Acesso em 16 de jan. 2020.
84. "Art. 1242. – On est responsable non seulement du dommage que l'on cause par son propre fait, mais encore de celui qui est causé par le fait des personnes dont on doit répondre, ou des choses que l'on a sous sa garde." Em tradução livre: "Art. 1242 – Somos responsáveis não apenas pelos danos que causamos por nosso próprio ato, mas também pelo que é causado pelo ato das pessoas pelas quais devemos responder, ou pelas coisas que temos sob nossos cuidados". Nesse sentido: "The person 'in control' of a thing which is behaving

> "The important role played by liability for risk in French accident liability law should not however be thought to signify that the creation of risk is the dominant basis for liability and compensation. Fault liability continues to play a significant role in French civil liability law."[85]

A análise desses mecanismos permite a conclusão parcial no sentido de que o recurso a cláusulas gerais de responsabilidade objetiva baseada no risco é recorrente, sem, contudo, encontrar-se sistematizado na maioria dos sistemas critérios claros acerca do que pode ou não ser considerado risco injusto apto a atrair a imputação objetiva.

5. CONCLUSÕES

Trazendo mais dúvidas que esclarecimentos e levantando mais problemas do que os solucionando, o presente artigo procurou traçar um panorama acerca do risco na responsabilidade civil e de que maneira a doutrina o definiu aqui e alhures. Sem a pretensão comparatista, a breve análise de ordenamentos estrangeiros teve por objetivo extrair de cada um dos regimes possíveis novos critérios de determinação do risco.

Assistiu-se a uma reviravolta decisiva no campo da responsabilidade civil nas recentes décadas, a partir do reconhecimento da efetividade do princípio da solidariedade social sobre o dever de indenizar, exigindo a releitura crítica dos requisitos da responsabilidade civil, em especial, a culpa, culminando no conhecido fenômeno de "erosão dos filtros da responsabilidade civil".[86] Objetiva-se assegurar a indenização ao lesado e, por essa razão, se explicaria o fenômeno da erosão dos filtros da responsabilidade civil, que na visão de parcela da doutrina, não representaria uma "subversão acéfala da dogmática tradicional [mas, em verdade] a erosão dos filtros da responsabilidade civil explica-se, em larga medida, por uma sensibilidade crescente dos tribunais à necessidade de assegurar alguma reparação às vítimas de um dano".[87] Esse movimento, somado à expansão de atividades de risco e à inovação legislativa da cláusula geral de risco insculpida no art. 927 §único do CC/02, culminou com a objetivação da responsabilidade civil em numerosas hipóteses. É como elucidava Josserand em 1941, ao reconhecer que "não é dizer que a velha teoria da culpa aquiliana esteja condenada, mas que sua insuficiência é certa e se acusa cada vez mais", de modo que "a responsabilidade moderna comporta dois polos, o polo objetivo,

---

abnormally or is moving at the moment the accident occurs will be strictly liable for the resulting harm under 1242 of the Civil Code" (WESTER-OUISSE, Véronique; TAVOR, Simon; Fairgrieve, Duncan. Risk and French Private Law. In: DYSON, Matthew. *Regulating risk through private law*. Cambridge: Insersentia, 2018, p. 62).

85. WESTER-OUISSE, Véronique; TAVOR, Simon; Fairgrieve, Duncan. Risk and French Private Law. In: DYSON, Matthew. *Regulating risk through private law*. Cambridge: Insersentia, 2018, p. 77.
86. A erosão dos filtros da responsabilidade civil, explica o Professor Anderson Schreiber, "quer significar a relativa perda da importância da prova da culpa e da prova do nexo causal na dinâmica contemporânea das ações de responsabilização" (SCHREIBER, Anderson. Novas tendências de responsabilidade civil brasileira. *Revista Trimestral de Direito Civil*, v. 22, p. 47. Rio de Janeiro: Padma, abr./jun. 2005).
87. SCHREIBER, Anderson. Novas tendências de responsabilidade civil brasileira. *Revista Trimestral de Direito Civil*, v. 22, p. 56. Rio de Janeiro: Padma, abr./jun. 2005.

onde reiva o risco criado e o polo subjetivo onde triunfa a culpa; e é em tôrno dêsses dois polos que gira a vasta teoria da responsabilidade."[88]

Os riscos nas atividades, porém, não ficaram estanques no tempo e nem diminuíram a marcha. Ao revés: se multiplicam em novas atividades – inteligência artificial, coleta de dados pessoais, *machine learning*, reconhecimento facial – cujos elementos técnicos fogem ao cidadão trivial. Serpa Lopes já anunciava em 1962 a preocupação central que recairia sobre a responsabilidade civil em tempos de desenvolvimento acelerado: "como assegurar com a maior amplitude a indenização das vítimas cada vez mais numerosas de uma época em que a máquina atinge aos seus limites máximos?"[89]

O risco expandiu-se e junto com ele chega a indagação: há atividade não arriscada em tempos de revolução digital? E não havendo, pode-se admitir a perda generalizada da culpa em toda e qualquer atividade de risco mesmo na presença da dicção literal do art. 927 e 186 do Código Civil Brasileiro? A resposta parece-nos negativa, à medida que "a responsabilidade civil objetiva não veio substituir ou eliminar a responsabilidade fundada na culpa".[90] Passo adiante é determinar critérios certeiros do que é o risco em um mundo de riscos diuturnos.

---

88. JOSSERAND, Louis. Evolução da Responsabilidade Civil. *Revista Forense*, v. LXXXVI, p. 559, 1941.
89. LOPES, Miguel Maria de Serpa. *Curso de Direito Civil*. 5. ed. Rio de Janeiro: Freitas Bastos, 1962, v. V, p. 204.
90. TEPEDINO, Gustavo; BARBOZA, Heloisa Helena; BODIN DE MORAES, Maria Celina. *Código Civil Interpretado conforme a Constituição da República*. Rio de Janeiro: Renovar, 2006, v. II p. 806.

V – DIREITO, TECNOLOGIA E PROTEÇÃO DE DADOS PESSOAIS

A TUTELA DOS DADOS PESSOAIS SENSÍVEIS NA LEI GERAL DE PROTEÇÃO DE DADOS PESSOAIS[1]

Caitlin Mulholland

Doutorado e Mestrado em direito civil, pela Universidade do Estado do Rio de Janeiro, 2006 e 2002. Professora-associada de direito civil do Departamento de Direito da Pontifícia Universidade Católica do Rio de Janeiro (PUC-Rio), onde atualmente coordena a graduação em Direito e o Mestrado em Direito Civil Contemporâneo e Práticas Jurídicas. Coordenadora do Núcleo Legalite PUC-Rio: Direito e Novas Tecnologias. Autora dos livros "A responsabilidade civil por presunção de causalidade" e "Internet e Contratação: panorama das relações contratuais eletrônicas de consumo". Conselheira suplente do CNPD (Conselho Nacional de Proteção de Dados Pessoais e Privacidade) da ANPD. Membro da Comissão de Direito Civil da OAB, Seccional Rio de Janeiro. Membro da Comissão de Proteção de Dados e Privacidade da OAB, Seccional Rio de Janeiro. Associada ao Instituto Brasileiro de Direito Civil – IBDCivil e à Association Henri Capitant des Amis de la Culture Juridique Française. Associada Fundadora do Instituto Avançado de Proteção de Dados (IAPD). Associada Fundadora do Instituto Brasileiro de Estudos em Responsabilidade Civil (IBERC).

1. INTRODUÇÃO: TRÊS CASOS EXEMPLARES

Em 2016, uma prestadora de serviços de coleta e doação de sangue na Austrália, a Red Cross Blood Service, sofreu um duro golpe em seu sistema de segurança de dados, quando informações referentes a 550.000 doadores de sangue vieram a público devido à transferência de um arquivo contendo informações desses doadores a um ambiente computacional não seguro, acessível por pessoas sem a devida autorização para manejar aqueles dados. Os dados se referiam a coletas de sangue realizadas entre os anos de 2010 e 2016.

O fato, por si só, já seria grave, considerando a natureza pessoal dos dados que foram disponibilizados publicamente em *site* na Internet, quais sejam, nome, gênero, endereço e data de nascimento. Contudo, para trazer tons mais dramáticos à situação, dentre as informações contidas na base de dados, uma era especialmente sigilosa, qual seja, a que especificava que determinado doador seria "pessoa com comportamento sexual de risco".[2] Essa categorização era determinada por meio de questionário do tipo "verdadeiro-falso" disponibilizado ao doador no momento da coleta de sangue, em que se perguntava se o mesmo havia participado de atividades sexuais de risco nos últimos 12 meses. Tanto as perguntas realizadas no questioná-

---

1. Parte substancial deste artigo foi publicada na *Revista de Direitos e Garantias Fundamentais*, v. 19, n. 3, set./dez. 2018, sob o título "Dados pessoais sensíveis e a tutela de direitos fundamentais: uma análise à luz da Lei Geral de Proteção de Dados (Lei 13.709/18)".
2. A descrição do caso pode ser acessada em https://www.abc.net.au/news/2016-10-28/red-cross-blood-service-admits-to-data-breach/7974036. Acesso em: 14 nov. 2018.

rio, como as respostas, compunham a base de dados e estabeleciam a conexão com o doador, individualizado por seu nome e pelas demais informações pessoais. A Red Cross pediu desculpas formais aos doadores e disponibilizou todo um aparato de atendimento às pessoas que tiveram seus dados violados.

Em 2017, num segundo caso, no Canadá, uma empresa de produtos sexuais, a Standard Innovation, disponibilizou no mercado de consumo um vibrador denominado We-Vibe 4 Plus que possuía uma característica incomum: o aparelho conectava-se por rede (bluetooth ou wi-fi) ao celular, por meio de um aplicativo, que permitia o seu acesso remoto. O usuário – ou seu/sua companheiro(a) – definia por meio do aplicativo preferências relacionadas ao ritmo e tipo da vibração. Contudo, descobriu-se que o aparelho enviava para os servidores da empresa os dados relacionados ao seu uso, inclusive no exato momento em que estava sendo utilizado. Os dados coletados continham informações sobre a temperatura corporal, o ritmo de vibrações, a intensidade das mesmas, tempo de uso, início e término do uso etc. Evidentemente, a justificativa da empresa para a coleta de tais dados era a de que com eles poderia melhorar o produto. No entanto, nem os termos de uso do produto ou do aplicativo indicavam a coleta dos dados, nem existia um sistema de segurança das informações adequado que permitisse a sua guarda eficiente. Os consumidores do vibrador ingressaram com uma ação coletiva contra a empresa, que foi levada a realizar um acordo no valor de US$2,9 milhões e obrigou-se a não mais coletar dados sigilosos de seus usuários.[3]

No terceiro caso, na China, em 2014, foi anunciado o que está sendo chamado de sistema de crédito social ("social scoring"), que será implementado até 2020 no país. Por meio de tal sistema – mantido pelo Estado chinês – pretende-se verificar a "fidelidade" dos 1.3 bilhão de cidadãos chineses aos princípios e valores do Estado.[4] Por esse sistema será possível categorizar e taxar os comportamentos dos cidadãos como positivos ou negativos (na visão do Estado), indicando uma classificação única e pública daquela pessoa, que servirá para determinar se um cidadão terá direito ao acesso a determinadas políticas públicas, que incluem desde a prestação de serviços médico-hospitalares até a indicação de escolas em que os filhos devem ser matriculados. De acordo com o documento público de planejamento do sistema de crédito social, tal proposta "forjará um ambiente de opinião pública em que manter a confiança é gloriosa. Fortalecerá a sinceridade nos assuntos do governo, a sinceridade comercial, a sinceridade social e a construção da credibilidade judicial". Por enquanto, a participação do cidadão chinês em tal sistema é voluntária, mas em 2020 ela será obrigatória para todos, inclusive para as pessoas jurídicas que tenham sede na China.

---

3. O caso está descrito em: https://www.theguardian.com/technology/2017/mar/14/we-vibe-vibrator-tracking-users-sexual-habits. Acesso em: 15 nov. 2018.
4. Veja o relato do sistema em: https://www.wired.co.uk/article/chinese-government-social-credit-score-privacy-invasion. Acesso em: 15 nov. 2018.

Pesar de cada um dos três casos apresentados se referirem a temas diversos – sexualidade, hábitos socioculturais e sistemas de controle social – o ponto comum é o tratamento e violação de dados sensíveis, isto é, a utilização ampla e não consentida por terceiros de dados pessoais que tenham características fortemente marcadas pela capacidade de seu uso discriminatório tanto pelo Estado, quanto pelo mercado. Tratam-se, portanto, de situações em que podem estar presentes potenciais violações de direitos fundamentais, dadas as características e a natureza desses dados sensíveis. Para a compreensão do conceito de dados sensíveis e a motivação de sua tutela, é importante investigar a Lei Geral de Proteção de Dados Pessoais brasileira, seus conceitos, princípios e seu âmbito de aplicação.

2. A LEI GERAL DE PROTEÇÃO DE DADOS PESSOAIS BRASILEIRA: ÂMBITO DE APLICAÇÃO E PRINCÍPIOS

A Lei Geral de Proteção de Dados Pessoais (LGPD – Lei 13.709/18) dispõe sobre tratamento de dados de pessoas naturais, tanto por meio físico, quanto por meio digital, reconhecendo a finalidade da tutela desses dados/informações para a proteção de direitos, como os da liberdade de expressão e de comunicação, privacidade, honra, imagem, autodeterminação informativa e livre desenvolvimento da personalidade (art. 2º). Ademais, a lei reconhece a efetivação e promoção de direitos humanos fundamentais como justificativa para a tutela dos dados pessoais (art. 2º, VII).

A lei protege situações que concernem exclusivamente a operações de tratamento de dados, isto é, aquelas "que se referem a coleta, produção, recepção, classificação, utilização, acesso, reprodução, transmissão, distribuição, processamento, arquivamento, armazenamento, eliminação, avaliação ou controle da informação, modificação, comunicação, transferência, difusão ou extração" (art. 5º, X). Percebe-se pelo rol descritivo do que se entende por tratamento de dados, que inúmeras atividades que envolvem dados pessoais sofrerão a limitação e escrutínio da lei.

Há, contudo, algumas exceções relevantes à aplicação da LGPD, enumeradas taxativamente no artigo 4º, quais sejam: (i) tratamento por pessoas naturais para fins particulares e não econômicos; (ii) tratamento para fins exclusivamente jornalísticos, artísticos ou acadêmicos; (iii) tratamento para fins exclusivos de segurança pública, defesa nacional, segurança do Estado ou atividades de investigação e repressão de infrações penais[5]; e (iv) tratamento de dados provenientes de fora do território nacional e que não sejam objeto de comunicação, uso compartilhado de dados com agentes de tratamento brasileiros ou objeto de transferência internacional de dados com outro

---
5. Rodotà revela que "as formas de limitação mais difundidas, que chegam a sacrificar a tutela da privacidade em prol de outros interesses, considerados temporariamente ou não como prevalecentes, são bem conhecidas e em muitos casos estão previstas na própria legislação sobre bancos de dados. Dizem respeito sobretudo a interesses do Estado (segurança interna ou internacional, polícia, justiça) ou a relevantes direitos individuais e coletivos (tradicionalmente, o direito à informação, sobretudo como liberdade de imprensa; e cada vez mais intensamente o direito à saúde, principalmente em sua dimensão coletiva)" (RODOTÀ: 2008, 70).

país que não o de proveniência, desde que o país de proveniência proporcione grau de proteção de dados pessoais adequado ao previsto na LGPD.[6]

Em relação à hipótese prevista no item (iii), a LGPD faz remissão à necessidade de aprovação de legislação específica, que deverá prever medidas proporcionais e estritamente necessárias ao atendimento do interesse público, devendo ser respeitados o princípio do devido processo legal e os demais princípios previstos na LGPD. Espera-se que a legislação vindoura seja ainda mais rigorosa na proteção dos dados sensíveis das pessoas que a ela estarão sujeitas, considerando que o tratamento desses dados está relacionado em grande medida aos objetivos de proteção do próprio Estado e dos interesses públicos. Deve-se visar a um tratamento limitado desses dados, para evitar o seu eventual uso para propósitos que não atendam aos fundamentos republicanos do Estado Democrático de Direito.[7]

Em relação aos princípios aplicáveis ao tratamento de dados pessoais, a sua previsão é reconhecida no artigo 6º, da LGPD, com o objetivo de restringir a atividade de tratamento de dados pessoais, exigindo-se que haja o seu cumprimento para que seja reconhecida a licitude da atividade, a legitimando. São os seguintes princípios previstos na lei: finalidade, adequação, necessidade, livre acesso, qualidade dos dados, transparência, segurança, prevenção, não discriminação, responsabilização e prestação de contas.[8] Dos princípios previstos, dois são de especial relevância quando

---

6. Art. 4º, Lei 13.709/18 – Esta Lei não se aplica ao tratamento de dados pessoais: I – realizado por pessoa natural para fins exclusivamente particulares e não econômicos; II – realizado para fins exclusivamente: a) jornalístico e artísticos; ou b) acadêmicos, aplicando-se a esta hipótese os arts. 7º e 11 desta Lei; III – realizado para fins exclusivos de: a) segurança pública; b) defesa nacional; c) segurança do Estado; ou d) atividades de investigação e repressão de infrações penais; ou IV – provenientes de fora do território nacional e que não sejam objeto de comunicação, uso compartilhado de dados com agentes de tratamento brasileiros ou objeto de transferência internacional de dados com outro país que não o de proveniência, desde que o país de proveniência proporcione grau de proteção de dados pessoais adequado ao previsto nesta Lei.
7. É de se reconhecer que o uso de dados pessoais pelo Estado pode gerar a redução das garantias de proteção de direitos fundamentais. Basta relembrar o caso Edward Snowden e National Security Agency (NSA) e o uso indevido de dados coletados pela própria agência com o objetivo de construção de perfis de pessoas que poderiam estar ligadas a atividades de terrorismo, para percebermos os usos potencialmente danosos a uma democracia. Sobre o caso Snowden, veja, por todos, Glenn Greenwald, No Place to Hide: Edward Snowden, the NSA, and the U.S. Surveillance State, Metropolitan Books, 2014.
8. Art. 6º, Lei 13.709/18: As atividades de tratamento de dados pessoais deverão observar a boa-fé e os seguintes princípios: I – finalidade: realização do tratamento para propósitos legítimos, específicos, explícitos e informados ao titular, sem possibilidade de tratamento posterior de forma incompatível com essas finalidades; II – adequação: compatibilidade do tratamento com as finalidades informadas ao titular, de acordo com o contexto do tratamento; III – necessidade: limitação do tratamento ao mínimo necessário para a realização de suas finalidades, com abrangência dos dados pertinentes, proporcionais e não excessivos em relação às finalidades do tratamento de dados; IV – livre acesso: garantia, aos titulares, de consulta facilitada e gratuita sobre a forma e a duração do tratamento, bem como sobre a integralidade de seus dados pessoais; V – qualidade dos dados: garantia, aos titulares, de exatidão, clareza, relevância e atualização dos dados, de acordo com a necessidade e para o cumprimento da finalidade de seu tratamento; VI – transparência: garantia, aos titulares, de informações claras, precisas e facilmente acessíveis sobre a realização do tratamento e os respectivos agentes de tratamento, observados os segredos comercial e industrial; VII – segurança: utilização de medidas técnicas e administrativas aptas a proteger os dados pessoais de acessos não autorizados e de situações acidentais ou ilícitas de destruição, perda, alteração, comunicação ou difusão; VIII – prevenção: adoção de medidas para prevenir a ocorrência de danos em virtude do tratamento de dados pessoais; IX

do tratamento de dados sensíveis, quais sejam, o princípio da finalidade e o princípio da não discriminação.

Pelo princípio da finalidade, os dados devem ser tratados para determinados propósitos, que devem ser informados ao titular de dados previamente, de maneira explícita e sem que seja possível a sua utilização posterior para outra aplicação. Para Doneda, "este princípio possui grande relevância prática: com base nele fundamenta-se a restrição da transferência de dados pessoais a terceiros, além do que é possível a estipulação de um critério para valorar a razoabilidade da utilização de determinados dados para uma certa finalidade (fora da qual haveria abusividade)"[9]. Ainda com base no princípio da finalidade, Maria Celina Bodin de Moraes, em apresentação à obra de Stefano Rodotà, entende que o tratamento de dados e especialmente a sua coleta "não pode ser tomada como uma "rede jogada ao mar para pescar qualquer peixe". Ao contrário, as razões de coleta, principalmente quando se tratarem de "dados sensíveis", devem ser objetivas e limitadas"[10]. A medida dessa objetividade e limitação será determinada justamente pela finalidade legítima do tratamento, que fica condicionada "à comunicação preventiva ao interessado sobre como serão usadas as informações coletadas; e para algumas categorias de dados especialmente sensíveis estabelece que a única finalidade admissível é o interesse da pessoa considerada"[11].

Em relação ao princípio da não discriminação, fica vedada a utilização dos dados pessoais para fins discriminatórios ilícitos ou abusivos. O legislador, ao relacionar o uso discriminatório às qualidades de ilicitude e abusividade, parece reconhecer a possibilidade de tratamento distintivo, desde que lícito e não abusivo. Isto é, aparentemente, seria legítimo ao operador de dados realizar tratamentos de segregação, no sentido de diferenciação, sem que com isso leve a consequências excludentes que poderiam ser consideradas ilícitas. Assim, por exemplo, seria legítimo a um operador de dados que esteja realizando a precificação de um serviço de seguros de automóveis, tratar de maneira diferenciada os dados de mulheres entre 35 e 45 anos e mães, com a finalidade de oferecimento de um valor que reflita os riscos de danos usualmente ocasionados ou sofridos por esse grupo determinado de pessoas. Ou seja, há a possibilidade de tratamentos discriminatórios de dados, desde que não se caracterizem pela ilicitude ou abusividade, o que será determinado segundo critérios definidos tanto pelas regras expressas de direito civil[12] e penal, quanto por princípios como o da boa-fé objetiva[13]. O que se questiona é se esse tratamento segregado – desde que lícito e não abusivo – pode ser realizado também quando considerados os dados

---

– não discriminação: impossibilidade de realização do tratamento para fins discriminatórios ilícitos ou abusivos; X – responsabilização e prestação de contas: demonstração, pelo agente, da adoção de medidas eficazes e capazes de comprovar a observância e o cumprimento das normas de proteção de dados pessoais e, inclusive, da eficácia dessas medidas.

9. DONEDA: 2005, 216.
10. RODOTÀ: 2008, 9.
11. RODOTÀ: 2008, 87.
12. Ver artigos 186 e 187, do Código Civil, que conceituam o ato ilícito.
13. Ver artigo 421, do Código Civil.

pessoais sensíveis, na medida em que eles possuem características personalíssimas, que devem ser tuteladas prioritariamente. Considerando que "(...) coletar dados sensíveis e perfis sociais e individuais pode levar à discriminação; logo, a privacidade deve ser vista como "a proteção de escolhas de vida contra qualquer forma de controle público e estigma social" (L. M. Friedman), como a "reivindicação dos limites que protegem o direito de cada indivíduo a não ser simplificado, objetivado, e avaliado fora de contexto" (J. Rosen)"[14].

Necessário se faz, portanto, conceituar dados sensíveis e verificar as restrições impostas na lei para seu tratamento.

3. TRATAMENTO DE DADOS PESSOAIS SENSÍVEIS: CONCEITO, RESTRIÇÕES E TUTELA

Para fins de regulação das atividades de tratamento de dados, a Lei Geral de Proteção de Dados Brasileira (LGPD) categoriza e tutela de forma diferenciada os dados pessoais e os dados pessoais sensíveis. Para os fins da LGPD, dado pessoal é composto por informações relacionadas a pessoa natural identificada ou identificável (artigo 5º, I) e dado pessoal sensível se refere à "origem racial ou étnica, convicção religiosa, opinião política, filiação a sindicato ou a organização de caráter religioso, filosófico ou político, dado referente à saúde ou à vida sexual, dado genético ou biométrico, quando vinculado a uma pessoa natural" (art. 5º, II).

Apesar dessa lei específica ter trazido um conceito ampliado de dados pessoais sensíveis, o seu tratamento jurídico já é conhecido da legislação brasileira desde a promulgação da Lei de Cadastro Positivo – Lei 12.414/11 – que em seu artigo 3º, parágrafo 3º, II, proíbe anotações em bancos de dados usados para análise de crédito de "informações sensíveis, assim consideradas aquelas pertinentes à origem social e étnica, à saúde, à informação genética, à orientação sexual e às convicções políticas, religiosas e filosóficas". Significa dizer que para fins de análise de concessão de crédito – princípio da finalidade – estão vedadas inclusões nas bases de dados de quaisquer informações de natureza personalíssima e que não se relacione à finalidade almejada com a análise de crédito, com o objetivo de evitar o tratamento discriminatório – princípio da não discriminação.[15]

Este princípio – não discriminação – é dos mais relevantes, no que diz respeito ao tratamento de dados sensíveis. É esse o ponto fundamental quando diante do uso de dados sensíveis potencialmente lesivo, em decorrência de sua capacidade

---

14. RODOTÀ: 2008, 12.
15. Em pesquisa realizada em 20/11/18, utilizando-se como parâmetro de busca termos da Lei 12.414/11, há no Superior Tribunal de Justiça 1 Súmula (550), 2 acórdãos de repetitivos e 10 acórdãos que tratam da temática relacionada ao sistema de "credit scoring". As decisões, de uma maneira geral, reconhecem o direito do consumidor de ter o acesso aos dados que foram utilizados pelas financeiras ou bancos para a negativa do direito ao crédito. Ver por todos, nesse sentido, o julgamento do Recurso Especial 1.304.736/RS, Rel. Ministro Luis Felipe Salomão, Segunda Seção, julgado em 24.02.2016.

discriminatória, seja por entes privados – i.e. fornecedoras de produtos e serviços – seja por entes públicos. Alguns casos emblemáticos expõem a enorme dificuldade que se enfrenta relativamente ao tratamento indevido desses dados sensíveis. Cohen relata alguns o tratamento inadequado de dados sensíveis que geram discriminação e segregação abusiva no âmbito das relações de consumo. Segundo a autora, "consumer data can be used for many purposes to which consumers might not so blithely agree: employment decisions and classifications by health insurance providers that exclude or disadvantage genetic or medical "have-nots"; employment or housing decisions based on perceived personality risks; employment or housing decisions based on sexual or religious preferences; and so on"[16]. Em sentido semelhante, Rodotà sustenta que a formação de perfis baseados em dados pessoais sensíveis pode gerar discriminação "(...) seja porque dados pessoais, aparentemente não "sensíveis", podem se tornar sensíveis se contribuem para a elaboração de um perfil; seja porque a própria esfera individual pode ser prejudicada quando se pertence a um grupo do qual tenha sido traçado um perfil com conotações negativas".[17] Para o autor italiano, "(...) para garantir plenitude à esfera pública, determinam-se rigorosas condições de circulação destas informações, que recebem um fortíssimo estatuto "privado", que se manifesta sobretudo pela proibição de sua coleta por parte de determinados sujeitos (por exemplo, empregadores) e pela exclusão de legitimidade de certas formas de coleta e circulação"[18]. A Lei Geral de Proteção de Dados brasileira segue esta tendência, ao estabelecer limitações específicas para o tratamento de dados sensíveis.

Importa reconhecer que a referida lei recebeu uma forte influência do direito comunitário europeu, desde a Diretiva de Proteção de Dados de 1995 até o Regulamento Geral de Proteção de Dados da União Europeia (GDPR), em vigor a partir de maio de 2018. No que diz respeito ao tratamento de dados sensíveis, a LGPD conceituou de forma semelhante, senão idêntica, ao GDPR, o conceito de dados pessoais sensíveis, sendo certo que a lei brasileira é bastante inspirada no regulamento europeu. Em seu artigo 9(1) e (2), o GDPR estabelece um regime bastante estrito, proibindo, via de regra, o processamento desse tipo de dado pessoal. No entanto, excetua essa proibição em dez circunstâncias, que passam desde a proteção de interesses vitais do indivíduo até razões de substancial interesse público, sem, contudo, exemplificar ou especificar quais seriam essas hipóteses concretamente consideradas.

Como forma de proteger mais intensamente os titulares dos dados sensíveis, o GDPR qualificou de maneira mais restrita o consentimento do titular dos dados sensíveis, passando a exigir que, além de expresso, a manifestação consentida deve ser livre, explícita, inequívoca, informada e específica. Nos "considerandos" do GDPR,

---
16. COHEN: 2000, 27.
17. RODOTÀ: 2008, 56.
18. RODOTÀ: 2008, 64.

a explicação (51) estatui que "merecem proteção específica os dados pessoais que sejam, pela sua natureza, especialmente sensíveis do ponto de vista dos direitos e liberdades fundamentais, dado que o contexto do tratamento desses dados poderá implicar riscos significativos para os direitos e liberdades fundamentais". Ademais, no comentário (71) do GDPR, fica consignado que "(...) o responsável pelo tratamento deverá (...) proteger os dados pessoais de modo a que sejam tidos em conta os potenciais riscos para os interesses e direitos do titular dos dados e de forma a prevenir, por exemplo, efeitos discriminatórios contra pessoas singulares em razão da sua origem racial ou étnica, opinião política, religião ou convicções, filiação sindical, estado genético ou de saúde ou orientação sexual, ou a impedir que as medidas venham a ter tais efeitos".

De início, a LGPD adota uma forte fundamentação no consentimento do titular de dados para admitir o tratamento dos dados pessoais. Significa dizer que será permitido o tratamento de dados pessoais em havendo manifestação livre, informada e inequívoca pela qual o titular concorda com o tratamento de seus dados pessoais para uma finalidade determinada (art. 5º, XII). Em complementação, a LGPD estabelece restrições importantes quando diante do tratamento de dados sensíveis, e em relação ao consentimento, estabelece a necessidade de que ele seja realizado de forma específica e destacada, para finalidades singulares também (artigo 11, I, LGPD). Assim, e de acordo com Rodotà, reconhece-se que o consentimento do titular de dados sensíveis deve ser qualificado, na medida em que estamos diante de um "contratante vulnerável", caracterizado justamente pela ausência de liberdade substancial no momento da determinação da vontade[19].

Contudo, a LGPD permite que haja tratamento de dados sensíveis sem a necessidade de fornecimento de consentimento do titular de dados, quando for indispensável para o tratamento compartilhado de dados necessários à execução, pela administração pública, de políticas públicas previstas em leis ou regulamentos (artigo 11, II, b, LGPD), além de outras hipóteses que se referem, em grande medida, a interesses públicos. Nesse último caso, o consentimento do titular dos dados sensíveis, seja genérico, seja específico, ficaria dispensado em decorrência de uma ponderação de interesses realizada pela lei, aprioristicamente, que considera mais relevantes e preponderantes os interesses de natureza pública frente aos interesses do titular, ainda que estes tenham qualidade de direito fundamental. No entanto, críticas devem ser feitas a este posicionamento legislativo, especialmente se considerarmos que a proteção do conteúdo dos dados pessoais sensíveis é fundamental para o pleno exercício de direitos fundamentais, tais como os da igualdade, liberdade e privacidade.

---

19. RODOTÀ: 2008, 90.

4. OS DIREITOS FUNDAMENTAIS E SUA APLICAÇÃO AO DIREITO PRIVADO: UMA ANÁLISE BASEADA NO PRINCÍPIO DA DIGNIDADE DA PESSOA HUMANA

Os direitos fundamentais, previstos em nossa Constituição Federal de 1988, formam, conforme salienta Ingo Sarlet, "um conjunto complexo e extremamente heterogêneo de posições jurídicas"[20], representados desde os direitos subjetivos de resistência ou oposição perante o Estado, até os direitos ao exercício democrático plural. Conforme ensinamentos de Konrad Hesse, os direitos fundamentais cumprem a função de "criar e manter os pressupostos elementares de uma vida na liberdade e na dignidade humana".[21] Para Bonavides, "a vinculação essencial dos direitos fundamentais à liberdade e à dignidade humana, enquanto valores históricos e filosóficos, nos conduzirá sem óbices ao significado de universalidade inerente a esses direitos como ideal da pessoa humana"[22].

O reconhecimento da dignidade humana, alçada constitucionalmente a fundamento do Estado Democrático de Direito, é hoje a base valorativa de sustentação de toda e qualquer situação jurídica de Direito Privado. Sua inclusão no texto constitucional representou a escolha sócio-cultural-jurídica por uma sociedade solidária e justa, proporcionadora do livre desenvolvimento pessoal de seus cidadãos.[23]

Este princípio possui duas acepções: uma no sentido de garantir a todas as pessoas um tratamento humano, não degradante, e, portanto, protetivo da integridade psicofísica de cada um; e outra, no sentido de realizar projetos e propostas que possibilitem a cada pessoa a concretização de sua humanidade, através de ações visíveis.

Tendo em vista esta caracterização da pessoa como um fim em si mesmo, toda e qualquer manifestação legislativa deve ter como finalidade a promoção do homem e de seus valores. E é nesta finalidade promocional que se encontra a maior dificuldade por parte do jurista. Se for possível dizer que a dignidade da pessoa humana, por se erigir como fundamento do Estado Democrático de Direito, deve alcançar todas as esferas do ordenamento jurídico – incluído aí os institutos de Direito Privado –, é também possível concluir que a limitação interpretativa do conteúdo deste valor constitucional será difícil de se alcançar. Nesta dificuldade se encontram as barreiras para a aplicação consciente do princípio da dignidade humana, pois "corre-se o risco da generalização, indicando-a como *ratio* jurídica de todo e qualquer direito fundamental"[24]. Segundo Maria Celina Bodin de Moraes, "levada ao extremo, essa postura hermenêutica acaba por atribuir ao princípio um grau de abstração tão intenso que torna impossível sua aplicação"[25].

---

20. SARLET: 2008, 118.
21. Apud BONAVIDES: 2001, 514.
22. BONAVIDES: 2001, 516.
23. MULHOLLAND: 2014, 14.
24. BODIN DE MORAES: 2003, 54.
25. BODIN DE MORAES: 2003, 84.

O Direito civil é chamado a dar concretude a este princípio através de uma atuação protetiva. É por meio da específica caracterização da pessoa e da consideração de suas qualidades que se dará a verdadeira – no sentido de justa e equitativa – tutela da pessoa em suas relações privadas. Diferentemente do conceito de indivíduo, igual ao outro em todos os seus aspectos, e, portanto, devendo ser tratado de maneira igualitária, o conceito de pessoa permite ao ordenamento, através de normatização ou de trabalho hermenêutico desempenhado pela doutrina e magistratura, a possibilidade de estabelecer tratamentos desiguais de acordo com a qualidade que cada pessoa desempenha numa relação privada[26].

O princípio da dignidade da pessoa humana será identificado em cada uma das situações reais em que se possa verificar a concretização dos princípios da liberdade, da igualdade, da integridade ou da solidariedade social. Perfaz-se, assim, o princípio em uma cláusula geral de tutela da pessoa, servindo como princípio "prevalente no momento da concretização normativa e [n]a ponderação de princípios"[27]. Significa isto dizer que para toda e qualquer situação em que esteja em jogo ou discussão a situação jurídica existencial, esta deverá prevalecer sobre aquelas patrimoniais se com elas incompatíveis[28]. A análise do princípio da dignidade da pessoa humana se realiza, portanto, e com razão, considerando-se sempre a plena tutela da pessoa, seja considerando aspectos relacionados à sua liberdade, seja à sua identidade e privacidade, como no caso dos dados pessoais.

Uma primeira análise da estrutura constitucional dos direitos fundamentais leva ao reconhecimento de que a proteção de dados pessoais – ainda que não prevista constitucionalmente – pode ser feito tanto da proteção à intimidade (art. 5º, X), quanto do direito à informação (art. 5º, XIV), ou do direito ao sigilo de comunicações e dados (art. 5º, XII), assim como da garantia individual ao conhecimento e correção de informações sobre si pelo *habeas data* (art. 5º, LXXII). Para Rodotà, "estamos diante da verdadeira reinvenção da proteção de dados – não somente porque ela é expressamente considerada como um direito fundamental autônomo (o autor refere-se à Carta de Direitos Fundamentais da União Europeia)[29], mas também porque se tornou uma ferramenta essencial para o livre desenvolvimento da personalidade. A proteção de dados pode ser vista como a soma de um conjunto de direitos que configuram a cidadania do novo milênio"[30].

Percebe-se assim que, apesar de ainda não haver a previsão constitucional no Brasil do direito aos dados pessoais como uma categoria de direitos fundamentais,

---

26. MULHOLLAND: 2009, 67-68.
27. RUZYK: 2002, 131.
28. MULHOLLAND: 2009, 69.
29. Artigo 8 – Proteção de dados pessoais 1. Todas as pessoas têm direito à proteção dos dados de caráter pessoal que lhes digam respeito. 2. Esses dados devem ser objeto de um tratamento leal, para fins específicos e com o consentimento da pessoa interessada ou com outro fundamento legítimo previsto por lei. Todas as pessoas têm o direito de aceder aos dados coligidos que lhes digam respeito e de obter a respectiva retificação. 3. O cumprimento destas regras fica sujeito a fiscalização por parte de uma autoridade independente.
30. RODOTÀ: 2008, 14.

pode-se compreender, por meio de uma leitura funcionalizada da Constituição Federal e de seus princípios e valores, que a tutela da privacidade é o *locus* constitucional da proteção dos dados pessoais, conforme esclareceremos adiante. Parte-se da ideia de que os dados são elemento constituinte da identidade da pessoa e que devem ser protegidos na medida em que compõem parte fundamental de sua personalidade, que deve ter seu desenvolvimento privilegiado, por meio do reconhecimento de sua dignidade.

A falta de previsão constitucional da proteção de dados pessoais, contudo, parece estar perto do fim. Em fevereiro de 2019, o Senador Eduardo Gomes encaminhou ao Senado Proposta de Emenda à Constituição – PEC 17/2019 – que pretende acrescentar "o inciso XII-A, ao art. 5º, e o inciso XXX, ao art. 22, da Constituição Federal para incluir a proteção de dados pessoais entre os direitos fundamentais do cidadão e fixar a competência privativa da União para legislar sobre a matéria". Aguarda-se, desta forma, que o reconhecimento de direito fundamental aos dados pessoais possa permitir que os mesmos sejam garantidos de maneira prioritária em nosso ordenamento jurídico, visando a plena tutela da pessoa humana e sua proteção contra usos discriminatórios que possam comprometer o direito à igualdade, também reconhecido como direito fundamental em nossa Carta Magna.

5. DO DIREITO À PRIVACIDADE: PROTEÇÃO DA INTIMIDADE DESDE O PRINCÍPIO *"THE RIGHT TO BE LET ALONE"* AO DIREITO DE CONTROLAR SEUS PRÓPRIOS DADOS

Em nosso ordenamento, o artigo 5º, X, da Constituição Federal[31], e o artigo 21, do Código Civil[32], fundamentam a proteção da esfera privada de uma pessoa, referindo-se tanto à vida privada, quanto à intimidade da pessoa humana. O direito à privacidade, e mais especificamente, o direito à intimidade, alude à proteção da esfera privada ou íntima de uma pessoa, sendo esta abrigada contra ingerências externas, alheias e não requisitadas, e tutelada na medida em que não se permite, sem autorização do titular da informação ou dado, a sua divulgação no meio social.

Este conceito habitual de privacidade está, contudo, superado. Se, tradicionalmente, o direito à privacidade (*right to privacy*) está associado ao direito de ser deixado só, contemporaneamente pode-se afirmar que a privacidade evoluiu para incluir em seu conteúdo situações de tutela de dados sensíveis, de seu controle pelo titular e, especialmente, de "respeito à liberdade das escolhas pessoais de caráter existencial"[33]. Para Stefano Rodotà, "a privacidade pode ser definida mais precisamente, em uma primeira aproximação, como o direito de manter o controle sobre as próprias

---

31. Artigo 5º, X, CF – são invioláveis a intimidade, a vida privada, a honra e a imagem das pessoas, assegurado o direito a indenização pelo dano material ou moral decorrente de sua violação.
32. Art. 21, CC – A vida privada da pessoa natural é inviolável, e o juiz, a requerimento do interessado, adotará as providências necessárias para impedir ou fazer cessar ato contrário a esta norma.
33. LEWICKI: 2003, 9.

informações" sendo a esfera privada "aquele conjunto de ações, comportamentos, opiniões, preferências, informações pessoais, sobre os quais o interessado pretende manter um controle exclusivo"[34]. Para Solove, "privacy is a fundamental right, essential for freedom, democracy, psychological well-being, individuality, and creativity"[35].

Foi com base naquele primeiro conteúdo que em 1890, os Justices da Supreme Court Americana, Warren e Brandeis, determinaram a necessidade de tutela dessa esfera existencial. À época, a interpretação que se dava ao direito à privacidade era restrita e se aplicava a casos em que existia a atuação de terceiros contra aquela esfera. Isto é, a interpretação que se dava a este direito restringia-se a tutelar a esfera privada de uma pessoa, impedindo que outros pudessem nela ingressar sem sua autorização. Associada à ideia de casa, moradia, este princípio foi primeiramente utilizado para proteger a vida privada das pessoas, dentro de seu próprio lar[36].

A ampliação do conceito de *privacy* se deu, em grande medida, por conta da evolução das formas de divulgação e apreensão de dados pessoais. Com o advento de novas tecnologias, notadamente o desenvolvimento da biotecnologia e da Internet, o acesso a dados sensíveis e, consequentemente, a sua divulgação, foram facilitados de forma extrema. Como resultado, existe uma expansão das formas potenciais de violação da esfera privada, na medida em que se mostra a facilidade por meio da qual é possível o acesso não autorizado de terceiros a esses dados. Com isso, a tutela da privacidade passa a ser vista não só como o direito de não ser molestado, mas também como o direito de ter controle sobre os dados pessoais e, com isso, impedir a sua circulação indesejada[37].

Seriam, assim, três as concepções sobre o direito à privacidade acima apresentadas, quais sejam, (i) o direito de ser deixado só, (ii) o direito de ter controle sobre a circulação dos dados pessoais, e (iii) o direito à liberdade das escolhas pessoais de caráter existencial[38]. Assim, "a privacidade deve ser considerada também como o "direito de manter o controle sobre suas próprias informações e de determinar a maneira de construir sua própria esfera particular", reconhecendo-se às pessoas "autodeterminação informativa"[39] e a realização plena de sua liberdade existencial[40].

6. A PROTEÇÃO CONSTITUCIONAL DOS DADOS SENSÍVEIS COMO EXERCÍCIO DEMOCRÁTICO DE IGUALDADE E NÃO DISCRIMINAÇÃO

A proteção de dados pessoais – enquanto decorrência da cláusula geral de tutela da pessoa humana e do direito à privacidade – é um requisito essencial da demo-

---

34. RODOTÀ: 2008, 92.
35. SOLOVE: 2008, 5.
36. MULHOLLAND: 2012, 2.
37. MULHOLLAND: 2012, 3.
38. MULHOLLAND: 2012, 3.
39. RODOTÀ: 2008, 15.
40. RODOTÀ: 2008, 92.

cracia. A capacidade de tratamento de dados pessoais das mais diversas ordens vem aumentando exponencialmente, principalmente devido ao advento de tecnologias avançadas de inteligência artificial, com o uso de algoritmos sofisticados e com a possibilidade de aprendizado por máquinas (*machine learning*). Significa dizer que o tratamento de "*big data*" – literalmente, grandes bases de dados – por meio de técnicas computacionais cada vez mais desenvolvidas pode levar a análises probabilísticas e resultados que, ao mesmo tempo que atingem os interesses de uma parcela específica da população, retiram a capacidade de autonomia do indivíduo e o seu direito de acesso ao consumo de bens e serviços e a determinadas políticas públicas, por exemplo.

Por isto que a regulação da coleta, uso, tratamento e compartilhamento de dados pela Lei Geral de Proteção de Dados torna-se de suma importância, devendo tais atividades serem realizadas de tal forma a respeitar os princípios previstos na mesma, enfatizando-se, no caso de dados sensíveis, o uso dos mesmos de maneira que atente ao princípio da igualdade e não gere uma discriminação. O princípio da não discriminação deve ser refletido em todas as circunstâncias em que o uso de dados, sejam sensíveis ou não, gere algum tipo de desvalor ou indução a resultados que seriam inequitativos. Esse princípio deve servir como base de sustentação da tutela dos dados sensíveis, especialmente quando estamos diante do exercício democrático e do acesso a direitos sociais, tais como o direito ao trabalho, à saúde e à moradia.

De acordo com Celina Bodin e Chiara de Teffé, "uma vez munidas de tais informações (dados pessoais), entidades privadas e governamentais tornam-se capazes de "rotular" e relacionar cada pessoa a um determinado padrão de hábitos e de comportamentos, situação que pode favorecer inclusive graves discriminações, principalmente se analisados dados sensíveis". Em continuidade, as autoras sustentam que "(...) um acervo suficientemente amplo de informações permite a elaboração de perfis de consumo, o que se, de um lado, pode ser utilizado para incrementar e personalizar a venda de produtos e serviços, de outro, pode aumentar o controle sobre a pessoa, desconsiderando sua autonomia e dificultando a participação do indivíduo no processo decisório relativo ao tratamento de seus dados pessoais, de seu patrimônio informativo"[41].

A título de ilustração, dois casos relatam os malefícios do perfilamento (*profiling*), com uso de dados pessoais que geraram tratamento discriminatório. Os casos ocorreram nos EUA e se referiram à contratação de serviços médicos e de seguridade. No primeiro caso, algumas seguradoras utilizaram dados pessoais relacionados às vítimas de violência doméstica, acessíveis em banco de dados públicos. O resultado do tratamento dos dados levou a uma discriminação negativa, ao sugerir que mulheres vítimas de violência doméstica não poderiam contratar seguros de vida, saúde e invalidez. Em outro caso, relacionado a dados de saúde, "quando uma pessoa tem um derrame, alguns bancos[42], ao descobrir tal fato, começam a cobrar o pagamento

---
41. BODIN, TEFFÉ: 2016, 21.
42. RODOTÀ: 2008, 70.

dos empréstimos realizados".[43] Em outro exemplo trazido por Rodotà sobre o uso de dados pessoais sensíveis, "não há dúvida de que o conhecimento, por parte do empregador ou de uma companhia seguradora, de informações sobre uma pessoa infectada pelo HIV, ou que apresente características genéticas particulares, pode gerar discriminações. Estas podem assumir a forma da demissão, da não admissão, da recusa em estipular um contrato de seguro, da solicitação de um prêmio de seguro especialmente elevado".

A tutela jurídica de dados pessoais como um corolário do direito à privacidade (ou do direito à identidade) nos leva a considerar que a autodeterminação informativa, ou o poder de controle sobre os próprios dados, deve ser a tônica quando buscamos a proteção específica dos dados sensíveis, especialmente se tais dados podem gerar tratamentos desiguais. O reconhecimento do direito fundamental à igualdade no artigo 5°, *caput*, da Constituição Federal tutela também o direito ao tratamento sem distinções de qualquer natureza. Ao mesmo tempo, dentre os objetivos fundamentais da República Federativa do Brasil, constantes do artigo 3°, da Constituição Federal, está o de "promover o bem de todos, sem preconceitos de origem, raça, sexo, cor, idade e quaisquer outras formas de discriminação". Soma-se ao reconhecimento constitucional da proteção da igualdade e da não discriminação, a previsão na LGPD da impossibilidade do tratamento para fins discriminatórios ilícitos ou abusivos, conforme já esclarecido em outra oportunidade.

7. CONCLUSÃO

Nos três casos exemplares relatados na introdução deste artigo, pode-se reconhecer o tratamento de dados sensíveis nas atividades realizadas tanto por pessoas jurídicas privadas, quanto pelo Estado. No primeiro caso – Red Cross Blood Services – informações relacionadas a hábitos sexuais de doadores de sangue foram coletadas com a finalidade de realização de análise de riscos relacionados à doação e recebimento de sangue, sendo posteriormente divulgadas, devido a uma falha de segurança no tratamento dos dados. No segundo caso – Standard Inovation – dados sensíveis relacionados ao uso de vibradores sexuais foram utilizados pela empresa sem o consentimento de seus titulares, com a finalidade de oferecer produtos mais adequados no mercado, o que levou a uma ação coletiva bem-sucedida. No terceiro caso – sistema de scoring social na China – dados das mais diversas naturezas – incluídos dados sensíveis – são utilizados para fins de pontuação social dos cidadãos, que permitirá a sua qualificação para acessar determinados serviços públicos desenvolvidos por meio de políticas de Estado.

No primeiro caso, temos uma evidente violação no dever de segurança no tratamento de dados, caracterizando um ato ilícito. Nos dois últimos casos – por

---

43. Instituto de Tecnologia e Sociedade. Transparência e Governança nos algoritmos: um estudo de caso sobre o setor de birôs de crédito, disponível em: https://itsrio.org/pt/publicacoes/transparencia-e-governanca-nos-algoritmos-um-estudo-de-caso/. Acesso em: 15 nov. 2018.

mais diversos que sejam em fundamentos – a falha no tratamento de dados sensíveis surge como decorrência da violação do princípio da finalidade. Para cada uma das aplicações envolvidas no tratamento de dados, há uma finalidade que deve servir como parâmetro ou limitação dessas atividades. Considerando que a finalidade deve ser legítima, lícita e não abusiva, podemos concluir que nestas duas hipóteses exemplares, a finalidade de propósitos foi usurpada, seja porque ilícita (no caso da Standard Inovation), seja porque abusiva (no caso chinês).

demais, no caso do *scoring* social chinês há ainda a violação do princípio da não discriminação, na medida em que os dados coletados, sejam de natureza sensível ou não, são utilizados para finalidades de tratamento diferenciado, excluindo cidadãos do acesso à efetivação de direitos de natureza fundamental, como a igualdade, liberdade, privacidade, saúde, educação, moradia, e impedindo o pleno exercício democrático – que, de fato e concretamente, inexiste na China.

Para Rodotà, é fundamental que haja uma tutela rigorosa dos dados sensíveis, pois esses transformaram-se em conteúdo essencial para a concretização do princípio da igualdade e da não discriminação. Mais ainda, a tutela de dados pessoais sensíveis permite a efetivação, a depender de sua natureza, do direito à saúde (dados genéticos ou sanitários), do direito à liberdade de expressão e de comunicação (dados sobre opiniões pessoais), do direito à liberdade religiosa e de associação (dados sobre convicção religiosa). Assim, para o autor italiano, "(...) a associação entre privacidade e liberdade torna-se cada vez mais forte"[44], reconhecendo, desta maneira, a natureza de direitos fundamentais aos dados pessoais sensíveis.

Considerando que se caminha cada vez mais e com maior intensidade para uma sociedade governada por dados, o ambiente social no qual se concretiza a ideia de privacidade informacional passa a ser qualificado pela proteção dos direitos da pessoa de manter o controle sobre seus dados, por meio de sua autodeterminação informativa (liberdade), visando a não discriminação (igualdade). Portanto, o problema da privacidade hoje é causado pelo conflito consequente da assimetria de poderes existente entre os titulares de dados e aqueles que realizam o tratamento dos dados. Esta assimetria gera um desequilíbrio social que, por sua vez, leva à violação dos princípios da igualdade e da liberdade. Proteger de maneira rigorosa os dados pessoais sensíveis se torna, assim, instrumento para a efetivação da igualdade e da liberdade.

---

44. RODOTÀ, 2008, 153.

RESPONSABILIDADE CIVIL NO TRATAMENTO DE DADOS: A INTERPRETAÇÃO DA LEI 13.709/2018 À LUZ DA UNIDADE DO ORDENAMENTO JURÍDICO

Carlos Nelson Konder

Doutor e Mestre em direito civil pela UERJ. Especialista em direito civil pela Universidade de Camerino (Itália). Professor do Departamento de Direito Civil da Universidade do Estado do Rio de Janeiro (UERJ) e do Departamento de Direito da Pontifícia Universidade Católica do Rio de Janeiro (PUC-Rio). Advogado.

1. INTRODUÇÃO: A RELEVÂNCIA PRÁTICA DO TEMA

A promulgação da Lei n. 13.709/2018 – Lei geral de proteção de dados ("LGPD") trouxe inúmeras possibilidades promissoras, inserindo o Brasil no prestigiado grupo de países que reconhecem a proteção de dados pessoais como direito fundamental e manifestação da dignidade da pessoa humana.[1] Entretanto, essas possibilidades vieram acompanhadas de número igualmente grande de controvérsias sobre a interpretação e aplicação de seus dispositivos, o que vem sucessivamente adiando o término da *vacatio legis*.[2]

Entre esses temas desponta a responsabilidade civil por danos oriundos do tratamento de dados. Trata-se de tema que tem gerado verdadeiro cisma na doutrina e que está longe de ser pacificado, em razão dos bons argumentos para os dois lados e sobre os quais o legislador, no mínimo, deixou de dar qualquer ajuda para a solução. Agrava a situação ser um assunto da maior relevância prática, em razão dos diversos casos de danos graves decorrentes do vazamento de dados pessoais que vêm chegando à mídia.

Caitlin Mulholland, em estudo sobre os dados sensíveis, relatou, por exemplo, o vazamento de informações sobre comportamento sexual, de milhares de doadores de um banco de sangue australiano (o Red Cross Blood Service); o acesso, pela

---

1. Sobre o tema, são referências DONEDA, Danilo. *Da privacidade à proteção de dados pessoais*. Rio de Janeiro: Renovar, 2006, e MENDES, Laura Schertel. *Privacidade, proteção de dados e defesa do consumidor*: linhas gerais de um novo direito fundamental. São Paulo: Saraiva, 2014.
2. Depois do adiamento da vigência da LGPD pela Lei 13.853/2019, o PL 5.762/19 pretende adiar em mais dois anos a vigência da Lei, sob o fundamento de que uma pequena parcela das instituições brasileiras iniciou o processo de adequação às diversas inovações trazidas pela legislação e o próprio Poder Executivo vem demorando a instalar a ANPD – Autoridade Nacional de Proteção de Dados (BRASIL. CÂMARA DOS DEPUTADOS. Projeto de Lei 5762/2019. Deputado Carlos Bezerra. Disponível em https://www.camara.leg.br/proposicoesWeb/fichadetramitacao?idProposicao=2227704. Acesso em: 13 nov. 2019).

Standard Innovation, dos dados de utilização de um vibrador We-Vibe 4 Plus pelos seus usuários; e o caso da SmartTv Samsung, que podia escutar o que seus telespectadores diziam.[3] Aos exemplos citados, pode-se aduzir também o caso do site Ashley Madison, voltado a intermediar adultérios, cujos dados de seus 37 milhões de usuários foram expostos em 2015 por hackers, após uma tentativa infrutífera de chantagear os seus administradores.[4] Todavia, o caso mais notório e de maior repercussão foi o caso do Facebook com a Cambridge Analytica, quando informações referentes a 50 milhões de pessoas, obtidas por meio de testes de personalidade veiculados em redes sociais, foram utilizadas para a campanha presidencial de Donald Trump, de modo a viabilizar a construção de um perfil psicográfico da população americana.[5]

Apesar da Lei Geral de Proteção de Dados visar evitar esse tipo problema, atuando de forma preventiva, deve-se ter ciência de que escândalos como os citados voltarão a se repetir e somente um regime adequado de responsabilização poderá garantir às vítimas algum alento. Torna-se oportuno, portanto, e mesmo necessário, endereçar a questão referente aos pressupostos para a responsabilização pelos danos gerados e às excludentes que podem afastar o dever de indenizar.

2. AS REGRAS CLARAS DA LGPD SOBRE O TEMA

Algumas regras trazidas pela nova lei sobre o regime de responsabilidade civil são bastante claras, razão pela qual é conveniente começar a abordagem do tema por elas. Por exemplo, no tocante aos sujeitos responsáveis, a Lei prevê dois agentes de tratamento de dados: o controlador e o operador. O controlador é quem toma as decisões referentes ao tratamento de dados, o operador é quem as executa. A distinção é especialmente importante nos casos em que há terceirização – ou seja, quando o controlador contrata outra sociedade para que ela implemente o tratamento de dados – e traz grande relevância normativa, pois implica regime jurídico diverso.

Nesse sentido, o operador responde se tiver descumprido a lei ou se tiver descumprido as instruções (lícitas) do controlador. Já para os controladores responderem basta estarem diretamente envolvidos no tratamento de dados que gerou o dano. O regime, previsto no artigo 42, § 1º, da LGPD, é praticamente a transcrição do regime previsto pelo art. 82.2 da GDPR – a normativa europeia sobre proteção de dados.

Outra regra clara diz respeito à possibilidade de inversão do ônus da prova, que é garantida quando houver verossimilhança da alegação ou hipossuficiência ou excessiva onerosidade para produzi-la (art. 42, § 2º, da LGPD). A legislação se limita a consolidar as prerrogativas que já eram garantidas nas relações de consumo, pelo art. 6º, VIII, do Código de Defesa do Consumidor ("CDC"), e, de modo geral, no âmbito processual, pelo art. 373, § 3º, II, do Código de Processo Civil ("CPC"). Trata-se, todavia, de pontuação que será relevante no futuro, uma vez que deixa claro que a discussão material sobre os requisitos para a responsabilidade (por exemplo, a exigência ou não de culpa) não interfere com a possibilidade de distribuição adequada do ônus de fazer prova desses requisitos, permitindo inversões à lógica tradicional quando o encargo probatório for pesado demais para uma das partes.

Vale ressaltar ainda que a lei prevê expressamente a possibilidade de demandas coletivas. Nesse sentido, a capilarização do tratamento de dados impõe a necessidade de que a proteção da privacidade não se limite à iniciativa individual, demandando sua viabilização igualmente por meio de instrumentos transindividuais e de autoridades administrativas especialmente constituídas para este fim.[6] Da mesma forma, a Lei prevê o direito de regresso de quem arcar com a indenização em face dos demais responsáveis (LGPD, art. 42, § 4º). A clareza termina aí.

3. ARGUMENTOS EM TORNO DA GRANDE CONTROVÉRSIA: RESPONSABILIDADE OBJETIVA OU SUBJETIVA?

A controvérsia se coloca quando se trata de responder a uma questão fundamental: a responsabilidade no âmbito do tratamento de dados é subjetiva ou objetiva? Invertendo-se a perspectiva: pode o agente de tratamento se eximir da responsabilidade provando que não teve culpa, ou seja, provando que tomou os cuidados adequados no tratamento dos dados? Essa é a questão que divide a doutrina, gerando terrível insegurança jurídica. A dificuldade é alimentada pela fronteira nebulosa entre os dois regimes e, é tamanha a perplexidade, que se fala até mesmo de um *tertium genus*.[7] Sobre esse dilema, cumpre examinar os principais argumentos que vêm sendo colocados no debate.

a. O silêncio do legislador

O artigo 42 da LGPD não fala de "ação ou omissão voluntária, negligência ou imprudência", como o artigo 186 do Código Civil ao prever o ato ilícito como fundamento da responsabilidade subjetiva. Por outro lado, também não usa expressões como "independentemente de culpa", "ainda que não haja culpa de sua parte" e "independentemente da existência de culpa", como fazem os artigos 927 e 933 do Código Civil e 14 do CDC, ao tratar da responsabilidade objetiva. Ou seja, o legislador não disse expressamente que é subjetiva, nem que é objetiva. Simplesmente – e, talvez, deliberadamente – ele se omitiu. Abre-se, então, um debate, com argumentos "objetivistas" e argumentos "subjetivistas".

O primeiro argumento "subjetivista" é, justamente, o silêncio do legislador, uma vez que uma das versões do projeto da LGPD continha a expressa determinação de que a responsabilidade na transferência internacional de dados era objetiva, e esse

---
6. RODOTÀ, Stefano. *A vida na sociedade da vigilância*. Rio de Janeiro: Renovar, 2008, p. 30.
7. MORAES, Maria Celina Bodin; QUEIROZ, João Quinelato de. Autodeterminação informativa er esponsabilização proativa: novos instrumentos de tutela da pessoa humana na LGPD. *Cadernos Adenauer* XX, 3. Rio de Janeiro, outubro de 2019, p. 126.

trecho foi suprimido durante a tramitação no Congresso.[8] A interpretação dessa supressão, todavia, é ambígua: de um lado, por que suprimir se não para afastar a responsabilidade objetiva? De outro lado, se era para afastar a responsabilidade objetiva, por que então não se colocou expressamente a exigência de culpa?

O argumento é frágil, pois remete à *voluntas legislatoris*, que, de modo geral, é inexpugnável, pois a vontade coletiva de criação de lei é produto de diversas vontades individuais muitas vezes contraditórias entre si e que perdem relevância uma vez que a norma ganha autonomia: "o exegeta simula buscar a força ativa primordial, porém, de fato, recorre a uma entidade inexistente, fantástica; braceja no desconhecido, e volta com ares de ter descoberto a verdade, quando apenas se embala e se perde no mundo da ficção".[9] Em especial, no que diz respeito especificamente à LGPD, é especialmente complexo afirmar essa vontade do legislador, pois houve fusão de distintos projetos, cada qual com seus próprios vieses, e, no que tange ao substitutivo – já com a redação atual neste ponto – o relator defendia claramente que a responsabilidade é objetiva.[10]

Com efeito, buscar na vontade tácita do legislador a intepretação adequada para o regime de responsabilidade civil imposto pela LGPD não parece ser a melhor estratégia. Em especial considerando que, historicamente, a intepretação do regime de responsabilidade civil por vezes relevou até mesmo a vontade expressa do legislador: basta recordar a interpretação que o STF deu à responsabilidade indireta no regime do CC1916, quando a lei previa a necessidade da prova de culpa – "só serão responsáveis ... provando-se que elas concorreram para o dano por culpa" (art. 1.523) – e a jurisprudência expressamente a afastou ao determinar que "é presumida a culpa do patrão ou comitente pelo ato culposo do empregado ou preposto" (STF, Súmula 341, 1963). Trata-se, então, de um argumento de menor peso no debate.

b. Responsabilidade pelo descumprimento de deveres

O segundo argumento que vem sendo aduzido a favor do caráter subjetivo da responsabilidade diz respeito à previsão, ao longo da lei, de deveres a serem cumpridos e boas práticas a serem adotadas pelos agentes de tratamento.[11] O argumento colacionado a partir desse dado normativo é de que, se a responsabilidade depende de violação de dever de conduta, ela pressupõe culpa. Com efeito, a dificuldade

---

8. GUEDES; Gisela Sampaio da Cruz; MEIRELES, Rose Melo Vencelau. Término do tratamento de dados. In: TEPEDINO, Gustavo; FRAZÃO, Ana; OLIVA, Milena Donato (Coord.). *Lei geral de proteção de dados pessoais e suas repercussões no direito brasileiro*. São Paulo Thomson Reuters Brasil, 2019, p. 232.
9. MAXIMILIANO, Carlos. *Hermenêutica e aplicação do direito*. 19. ed. Rio de Janeiro: Forense, 2001, p. 21.
10. BRASIL. CÂMARA DOS DEPUTADOS. Parecer do relator Deputado Orlando Silva ao Projeto de Lei 4.060/2012. 2018. Disponível em: http://www.camara.gov.br/proposicoesWeb/prop_mostrarintegra?codteor=1664206&filename=PPP+1+PL406012+%3D%3E+PL+4060/2012. Acesso em: 25 jan. 2019.
11. GUEDES; Gisela Sampaio da Cruz; MEIRELES, Rose Melo Vencelau. Término do tratamento de dados. In: TEPEDINO, Gustavo; FRAZÃO, Ana; OLIVA, Milena Donato (Coord.). *Lei geral de proteção de dados pessoais e suas repercussões no direito brasileiro*. São Paulo Thomson Reuters Brasil, 2019, p. 232.

neste ponto reside na aparente aproximação entre os regimes da responsabilidade subjetiva e objetiva.

Com efeito, a avaliação de culpa vem se transformando significativamente. Por um lado, afasta-se da excessiva abstração e injustiça do arcaico padrão do "homem médio" ou, pior, do "bom pai de família", que, como ressaltava Pasolini, "*è un mostro, un pericoloso delinquente, conformista, razzista, schiavista, qualunquista*"[12]. Por outro lado, não deve resvalar para a arbitrariedade de se pautar exclusivamente pela avaliação moral, quase arbitrária, das circunstâncias do caso concreto. Entre a objetividade da abstração e subjetividade da concretização, a culpa tem se encaminhado para certo equilíbrio.[13] Isso envolve pautar-se cada vez mais em padrões de conduta objetivos, mas específicos, muitas vezes guiados por *standards* profissionais de comportamento ou mesmo normas técnicas voltadas para aquele tipo de atividade. Esse processo referido como a "fragmentação dos modelos de conduta"[14] acaba por conduzir à ideia de culpa normativa e, consequentemente, para visão mais objetiva do juízo de culpabilidade.

Por outro lado, não é incomum que as hipóteses legais de responsabilidade objetiva dependam, para sua incidência, de algum requisito adicional para sua aplicação. É o caso, por exemplo, das relações de consumo, onde a responsabilidade é objetiva, mas ela pressupõe o defeito.[15] Em síntese, quando o consumidor sofre um dano causado pelo produto ou serviço só haverá responsabilidade se, além do dano e do nexo causal, houver defeito do produto e do serviço. O defeito "caracteriza-se como violação de uma legítima expectativa de segurança a que se alia a capacidade de provocar acidentes".[16] Assim, se nem a culpa é mais tão subjetiva quanto já foi, a responsabilidade objetiva também não é absoluta.

Essa mitigação da fronteira, todavia, não deve resvalar para certos equívocos relativos à compreensão genuína do que caracteriza a responsabilidade objetiva. Talvez pela resistência histórica a essa forma de responsabilização – que é uma responsabilidade desprovida do juízo de reprovabilidade moral que marca a responsabilidade subjetiva – ainda hoje sobrevive certa dificuldade e resistência a reconhecer que a responsabilidade objetiva é, de fato, objetiva. Percebe-se essa relativização entre os juristas que, tomando a responsabilidade por atividade de risco, entendem que a responsabilidade objetiva decorre da violação de um dever de segurança.[17] Ou, em discussão mais antiga, a afirmação de que a responsabilidade do fornecedor por defeitos do produto ou do serviço decorreria da violação do dever de não colocar

---

12. Em tradução livre, "um homem comum é um monstro, um delinquente perigoso, conformista, racista, escravo, alienado". A frase está no episódio *La ricotta*, do filme *Ro.Go.Pa.G.*
13. CALIXTO, Marcelo Junqueira. *A culpa na responsabilidade civil*. Rio de Janeiro: Renovar, 2008, p. 18.
14. A expressão é de SCHREIBER, Anderson. *Novos paradigmas da responsabilidade civil*. São Paulo: Atlas, 2007, p. 41.
15. TEPEDINO, Gustavo. *Temas de direito civil*. 3. ed. Rio de Janeiro: Renovar, 2008, p. 282.
16. CALIXTO, Marcelo Junqueira. *A responsabilidade civil do fornecedor de produtos pelo risco do desenvolvimento*. Rio de Janeiro: Renovar, 200, p. 126.
17. CAVALIERI FILHO, Sergio. *Programa de responsabilidade civil*. 11. ed. São Paulo: Atlas, 2014, p. 185.

no mercado produtos ou serviços defeituosos. Parece haver aqui a confusão entre a existência de requisito (objetivo) para a responsabilização objetiva e suposta avaliação de conduta (subjetiva), própria da culpa.

Nesse sentido, talvez parte dessa controvérsia se funde em uma questão de base: o que caracteriza um regime de responsabilidade como objetivo? A questão não é desnecessária na medida em que se constata a existência de entendimentos nos quais se reputa possível considerar certa responsabilidade como objetiva, ainda que prevendo-se como fundamento o descumprimento de certo dever ou o desvio de um padrão de conduta. Foi o entendimento consagrado inclusive pelas Jornadas de Direito Civil no que tange ao abuso do direito, no seu enunciado 37: "a responsabilidade civil decorrente do abuso do direito independe de culpa e fundamenta-se somente no critério objetivo-finalístico". De modo geral, esse tipo de aproximação parece misturar a objetivação da culpa – sua avaliação com base em padrões de conduta específicos – com a avaliação de desvios de conduta dentro do sistema de responsabilização, o que mais condiz com a responsabilidade subjetiva.

Assim, tomado de forma estritamente técnica, a pressuposição da violação de deveres é argumento "subjetivista", mas não tanto para a doutrina que reputa possível um regime de responsabilidade objetiva que envolva avaliar a reprovabilidade do comportamento dos agentes. Assim, a colocação do argumento se fragiliza diante da existência desse desvio de perspectiva, segundo o qual seria possível que a LGPD previsse regime de responsabilidade supostamente objetiva, mas fundada no descumprimento de deveres. Ainda que sejam deveres voltados à prevenção dos danos, se a responsabilidade pressupõe a violação de tais deveres, aproxima-se mais do regime subjetivo do que do regime objetivo.

c. *O regime das excludentes de responsabilidade*

Forte argumento a alimentar esse debate está nas excludentes de responsabilidade previstas pela LGPD. O artigo 43 prevê três excludentes de responsabilidade: a prova de que não realizou o tratamento; a prova de que não violou a LGPD e a prova de culpa (*rectius*, fato) exclusivo da vítima ou de terceiro. A semelhança com o artigo 12, § 3º, do CDC é impressionante, que também prevê três excludentes: a prova de que não colocou o produto no mercado; a prova de que o produto não tinha defeito; e a prova de culpa (*rectius*, fato) exclusivo da vítima ou de terceiro.

A semelhança entre as excludentes na LGPD e no CDC é um argumento para os objetivistas: se a responsabilidade no CDC é objetiva e admite essas excludentes, a responsabilidade na LGPD também deveria ser objetiva, pois admite as mesmas excludentes. Entretanto, exame mais atento da questão permite recolocar essa questão em outros termos.

Gisela Guedes e Rose Meireles apontam que há uma distinção fundamental no meio: enquanto no CDC a excludente é a prova de ausência de defeito, algo que seria efetivamente objetivo, na LGPD a excludente é a prova de ausência de violação à própria LGPD, o que retomaria a ideia de descumprimento dos deveres legais e, portanto, de culpa.[18] As professoras aduzem ainda que, logo na sequência, o legislador impõe regras de segurança e de boas práticas, corroborando a ideia de que é uma responsabilidade fundada na violação de deveres de comportamento e, portanto, excluída quando provado o comportamento adequado.[19]

Trata-se de argumento de peso pela responsabilidade subjetiva. Entretanto, novamente, o legislador coloca obstáculos à sua interpretação. Ao definir o que é um tratamento irregular de dados, no artigo 44, o legislador fala da violação à lei e da falta de segurança, estabelecendo como parâmetros "a segurança que o titular pode esperar", "as circunstâncias relevantes", "o modo pelo qual é realizado", "o resultado e os riscos", e a "época em que foi realizado". É possível ver grande semelhança com a forma como o CDC definiu o defeito do serviço, no § 1º, do seu art. 14, seguindo os mesmos parâmetros, ao cominar responsabilidade que é objetiva.

Junta-se a isso o fato de, ao tratar do citado dever de segurança e das boas práticas, a LGPD começa o art. 46 dizendo que "os agentes de tratamento devem adotar medidas de segurança... aptas a proteger os dados pessoais...". O dispositivo não se refere a medidas adequadas, proporcionais, cabíveis, mas sim, categoricamente, que as medidas têm que ser aptas a proteger os dados, o que pode conduzir à interpretação de que, se os dados não foram protegidos, as medidas então não eram aptas. A redação sugere interpretação bastante objetiva, similar ao que se costuma reputar uma obrigação de garantia, isto é, "a eliminação de um risco que pesa sobre o credor"[20]. Entretanto, como já observado, ao se referir à violação de deveres – ainda que deveres para a prevenção de danos – o regime parece envolver avaliação de culpa.

Constata-se, assim, que mesmo o dispositivo relativo às excludentes, assim como os subsequentes, quando imiscuídos com a nebulosidade da fronteira entre responsabilidade subjetiva e objetiva – e as confusões conceituais também aí imbricadas – podem contribuir para as duas interpretações, especialmente em vista desse entendimento difuso de que é possível responsabilidade objetiva combinada com quebra de deveres.

d. Atividade de risco?

---

18. GUEDES; Gisela Sampaio da Cruz; MEIRELES, Rose Melo Vencelau. Término do tratamento de dados. In: TEPEDINO, Gustavo; FRAZÃO, Ana; OLIVA, Milena Donato (Coord.). *Lei geral de proteção de dados pessoais e suas repercussões no direito brasileiro*. São Paulo Thomson Reuters Brasil, 2019, p. 234.
19. GUEDES; Gisela Sampaio da Cruz; MEIRELES, Rose Melo Vencelau. Término do tratamento de dados. In: TEPEDINO, Gustavo; FRAZÃO, Ana; OLIVA, Milena Donato (Coord.). *Lei geral de proteção de dados pessoais e suas repercussões no direito brasileiro*. São Paulo Thomson Reuters Brasil, 2019, p. 231-232.
20. A definição é de COMPARATO, Fabio Konder. *Ensaios e pareceres de direito empresarial*. Rio de Janeiro: Forense, 1978, p. 537.

Os objetivistas argumentam ainda com base na diminuição dos riscos envolvidos com o tratamento de dados.[21] Em primeiro lugar, ainda que essa atividade, naturalmente, gere riscos de danos, é questionável que o tratamento de dados configure atividade de risco para fins de justificar a imposição de responsabilidade objetiva, em termos similares ao previsto no parágrafo único do artigo 927 do Código Civil. O dispositivo não incide em "uma atividade normalmente inócua que se torna perigosa em razão da conduta dolosa, imprudente, negligente ou imperita de quem a desenvolve".[22]

Parte da doutrina defende que que o tratamento de dados seria atividade de risco – e a responsabilidade seria objetiva – quando os titulares dos dados sejam vulneráveis ou os dados sejam sensíveis.[23] Entretanto, observa-se que o dispositivo leva em conta a natureza da atividade para determinar as chances de produção de dano, não os sujeitos envolvidos, nem a gravidade dos danos eventualmente gerados, razão pela qual não parece possível entender que, em qualquer caso, a responsabilidade por tratamento de dados seja objetiva em razão de se tratar de atividade de risco.

Deve-se, além disso, ter cautela com a recorrente associação entre responsabilidade objetiva e reponsabilidade por atividade de risco.[24] Embora o risco seja o principal fundamento histórico e o mais comum entre os regimes de responsabilidade objetiva atualmente existentes, ele não é o único. Por exemplo, embora seja objetiva a responsabilidade por danos causados em estado de perigo, bem como as responsabilidades por fato de outrem (pais pelos atos dos filhos, dos tutores e curadores por seus tutelados e curatelados, dos empregadores por empregados...) não são regimes de responsabilidade fundamentados em atividade de risco.

Maria Celina Bodin de Moraes defende que nem toda responsabilidade objetiva se funda no risco, mas sim em um imperativo de solidariedade social: o agente assume a responsabilidade por danos que estão fora de seu controle.[25] Deve-se, portanto, colocar a questão em termos diversos: justifica-se impor ao agente de tratamento de dados esse regime de responsabilidade objetiva, para que ele assuma o risco dos danos para si, diluindo-o nos seus custos, em atendimento ao princípio da solidariedade? Para responder a essa indagação, deve-se examinar o argumento final sobre a con-

---

21. GUEDES; Gisela Sampaio da Cruz; MEIRELES, Rose Melo Vencelau. Término do tratamento de dados. In: TEPEDINO, Gustavo; FRAZÃO, Ana; OLIVA, Milena Donato (Coord.). Lei geral de proteção de dados pessoais e suas repercussões no direito brasileiro. São Paulo Thomson Reuters Brasil, 2019, p. 230.
22. SALLES, Raquel Bellini. *A cláusula geral de responsabilidade civil objetiva*. Rio de Janeiro: Lumen Juris, 2011, p. 181.
23. Nesse sentido, FERREIRA, Diogo Ramos. Responsabilidade civil dos agentes de tratamento de dados: subjetiva ou objetiva? *Jota*, 20 nov. 2019. Disponível em: https://www.jota.info/opiniao-e-analise/artigos/responsabilidade-civil-dos-agentes-de-tratamento-de-dados-subjetiva-ou-objetiva-20112019. Acesso em: 21 nov. 2019.
24. CAVALIERI FILHO, Sergio. *Programa de responsabilidade civil*. 11. ed. São Paulo: Atlas, 2014, p. 179.
25. MORAES, Maria Celina Bodin. Risco, solidariedade e responsabilidade objetiva. *Revista dos tribunais*, v. 854. p. 26. Rio de Janeiro: dez. 2006.

trovérsia: quem são esses agentes que se submeterão ao regime de responsabilidade civil previsto pela LGPD.

e. Âmbito de incidência da LGPD

Em detrimento das definições gerais dos dispositivos iniciais da LGPD, que lhe dão grande âmbito de aplicação, no que tange ao regime de responsabilidade civil por ela imposto, incide regra específica que lhe restringe significativamente o alcance. Trata-se do artigo 45 da LGPD, que preconiza que "as hipóteses de violação do direito do titular no âmbito das relações de consumo permanecem sujeitas às regras de responsabilidade previstas na legislação pertinente". O dispositivo, na prática, implica que todo tratamento de dados no âmbito de relação de consumo continuará a se submeter ao regime de responsabilidade do CDC.

Dessa forma, todos os exemplos referidos inicialmente, que escandalizaram a comunidade internacional sobre os riscos no tratamento de dados, não seriam, na verdade, regidos pela LGPD. O banco de sangue australiano que divulgou a vida sexual dos doadores, o vibrador que difundia os hábitos de seus usuários, a SmartTv Samsung que escutava seus telespectadores, o site Ashley Madison que expôs os 37 milhões de adúlteros, o caso do Facebook com a Cambridge Analytica, todos eles continuariam a ser regidos pelo CDC, isto é, responsabilidade objetiva fundada na prova de defeito do serviço ou do produto, dano e nexo de causalidade.

Restariam abarcados pelo regime de responsabilidade civil da LGPD somente aqueles agentes que tratam dados de pessoas naturais com fins econômicos sem caracterizar relação de consumo. O primeiro exemplo que pode ser aduzido, em que pese certa controvérsia sobre o tema[26], seriam os escritórios de advocacia. O advogado, cujo computador é invadido por um hacker que captura dados de seus clientes pessoas físicas é um exemplo de pessoa jurídica que trata dados pessoais de pessoas naturais e, ainda que com fins econômicos, não se submeteria ao CDC.

Outro exemplo que pode ser aduzido são as associações, que são pessoas jurídicas que fazem tratamento de dados pessoais e não se submetem ao CDC na relação com seus associados. Assim, seria o caso de instituto de pesquisa ou de associação de moradores que causa dano a algum dos associados no que tange aos dados pessoais e, por conta disso, se submeteria ao regime de responsabilidade civil previsto na LGPD.

Terceiro exemplo seria o condomínio que não tenha administradora profissional, terceirizada. Se, por exemplo, os dados pessoais dos condôminos são utilizados para fins diversos do previsto em sua coleta, a responsabilização seguirá o regime da LGPD. Enfim, todos os três são pessoas que ou bem não exercem atividade empre-

---

26. Sobre a controvérsia, v. MARQUES, Cláudia Lima et al. *Comentários ao Código de Defesa do Consumidor*. 2. ed. São Paulo: Ed. RT, 2006, p. 131.

sarial ou estabelecem relações em que não há, em princípio, vulnerabilidade.[27] São esses os agentes de tratamento que serão submetidos ao regime de responsabilidade civil da LGPD.

Consequentemente, se o regime de responsabilidade da LGPD, aplicável a essas pessoas, é o objetivo, a elas se imporia regime tão gravoso quanto o das relações de consumo, ou talvez até pior, pois nas relações de consumo a responsabilidade é objetiva, mas ela pressupõe o defeito, como observado. Na LGPD não há menção a defeito do tratamento, então, se entendido que a responsabilidade é objetiva, bastaria o dano e o nexo de causalidade com a conduta de tratamento dos dados. Esse argumento parece colocar em xeque a pretensão de impor a tais agentes, que não exercem atividade empresarial no mercado de consumo, esse regime agravado.

4. INTERPRETAÇÃO À LUZ DA UNIDADE DO ORDENAMENTO: A LGPD NÃO DEVE SER TRATADA COMO UM "MICROSSISTEMA"

Nesse momento inicial de intepretação da LGPD, deve-se tomar cuidado para não incidir no erro que se difundiu quanto ao CDC, no sentido de começar a tratar o novel diploma como um microssistema isolado do restante do ordenamento. A expressão "microssistema" deita raízes na concepção defendida por Natalino Irti, segundo a qual a perda de centralidade do Código Civil faria com que se multiplicassem as legislações setoriais, cada uma com lógicas e parâmetros interpretativos próprios, dando origem a um "polissistema" sem unidade central.[28]

Entretanto, em que pese à proliferação dos chamados "estatutos", que operam cortes transversais nos ramos tradicionais do direito para implementar políticas públicas de intervenção, deve-se reconhecer a manutenção da unidade do sistema, não mais focada no Código Civil, mas na Constituição: a legislação especial deve ser entendida como um mecanismo de efetivação da sistemática constitucional sobre um tipo de relação concretamente diferenciado.[29] O ordenamento jurídico é uno e sistemático, ou então não é ordenamento, e sua unidade decorre da superioridade normativa do texto constitucional, que dá validade e sentido aos demais enunciados normativos.[30]

Assim, sob a premissa da unidade e coerência do sistema, não parece possível entender que o regime de responsabilidade civil na LGPD seja tão ou mais rigoroso quanto o regime de responsabilidade civil no CDC. Diante disso, a intepretação dos dispositivos, ambíguos e omissos, da LGPD deve ocorrer no sentido de uma responsabilidade subjetiva, ou seja, permitindo-se aos agentes de tratamento se eximirem

---

27. MARQUES, Cláudia Lima et al. *Comentários ao Código de Defesa do Consumidor*. 2. ed. São Paulo: Ed. RT, 2006, p. 85.
28. IRTI, Natalino. L'età della decodificazione. *Revista de Direito Civil, Imobiliário, Agrário e Empresarial*, v. 3, n. 10. São Paulo: out./dez. de 1979, p. 15-33.
29. TEPEDINO, Gustavo. *Temas de direito civil*. 3. ed. Rio de Janeiro: Renovar, 2008, p. 12-13.
30. PERLINGIERI, Pietro. *O direito civil na legalidade constitucional*. Rio de Janeiro: Renovar, 2008, p. 200-201.

da responsabilidade provando que tomaram as medidas adequadas de segurança e de cumprimento dos deveres legais. Essa avaliação, todavia, deve pautar-se por *standards* objetivos de conduta, padrões específicos de zelo e segurança, de modo a objetivar não a responsabilidade, mas avaliação da culpa. Além disso, como destacado, a distribuição do ônus da prova deve ser compatível com a capacidade das partes litigantes de se desincumbir desse encargo.

5. CONCLUSÃO

A controvérsia acerca do regime de responsabilidade civil aplicável aos danos decorrentes de tratamento de dados, submetidos ao regime da LGPD, é significativa e existem pertinentes argumentos tanto a favor da responsabilidade subjetiva como da responsabilidade objetiva. Produzida pela omissão do legislador, é disputa que se alimenta da nebulosidade natural à fronteira entre os dois regimes e, também, de certa confusão conceitual acerca dos elementos característicos de cada uma dessas categorias.

Parece, todavia, que à luz da visão unitária que se deve ter sobre o ordenamento jurídico como um todo e, tendo em vista que, segundo a própria LGPD, os litígios envolvendo relações de consumo continuarão a se submeter à normativa do CDC, seria incoerente impor o regime de responsabilização objetiva às entidades submetidas à LGPD, colocando-as em situação igual ou mais gravosa do que aqueles que atuam no mercado de consumo.

Dessa forma, no âmbito da LGPD, os agentes de tratamento poderão se liberar da responsabilidade provando que tomaram medidas adequadas de segurança no tratamento de dados, bem como atenderam a todos os deveres impostos pela legislação. Entretanto, deve-se observar que essa avaliação se pauta por padrões objetivos de comportamento, reputados condizentes com tutela exigida para os dados objeto de tratamento. Ademais, como reconhece a própria legislação, o ônus probatório do desatendimento a esses *standards* de comportamento deve ser distribuído de forma compatível com a capacidade das partes para desincumbir-se desse encargo.

BREVES NOTAS SOBRE ANONIMIZAÇÃO E PROTEÇÃO DE DADOS PESSOAIS

Marcos Ehrhardt Jr.

Doutor em Direito pela Universidade Federal de Pernambuco (UFPE). Professor de Direito Civil da Universidade Federal de Alagoas (UFAL) e do Centro Universitário CESMAC. Orcid: https://orcid.org/0000-0003-1371-5921. E-mail: contato@marcosehrhardt.com.br.

Jéssica Andrade Modesto

Mestranda em Direito Público pela Universidade Federal de Alagoas. Graduada em Direito pela Universidade Federal de Alagoas. Advogada. Servidora Pública Federal. Orcid: https://orcid.org/0000-0002-2626-5088. E-mail: jessicaandrademodesto@hotmail.com.

1. INTRODUÇÃO

Em 2017[1], o Centro Médico da Universidade de Chicago realizou uma parceria para compartilhar dados de pacientes com o Google, para o desenvolvimento de novas ferramentas de inteligência artificial voltadas para serviços de saúde, que utilizariam métodos de previsão e análise a fim de organizar o fluxo de um hospital, com o sistema sendo capaz de prever quanto tempo um paciente ficaria internado e o que faria sua saúde deteriorar-se de acordo com os dados de casos semelhantes.

No ano passado, o Google publicou um trabalho de pesquisa com dados de prontuários eletrônicos de pacientes da Universidade de Chicago Medicine, de 2009 a 2016, que incluíam diagnósticos, procedimentos, medicação e outros dados do paciente. Segundo declara, esses registros médicos foram anonimizados. Também afirma que as datas de serviço foram mantidas e que a Universidade de Chicago forneceu anotações médicas, porém tais anotações também foram desidentificadas.

Agora, a Universidade de Chicago, o centro médico e o Google estão sendo processados em uma ação coletiva que acusa o hospital de compartilhar centenas de milhares de registros de pacientes com o Google que continham datas de entrada e saída dos pacientes, além de anotações médicas. Isso violaria a privacidade dos pacientes, sobretudo porque o Google poderia combinar esses dados com outras informações que já detém, como dados de localização de *smartphones* com Sistema

---

1. WAKABAYASHI, Daisuke. Google and the University of Chicago are sued over data sharing. *The New York Times,* 26 jun. 2019. Disponível em: https://www.nytimes.com/2019/06/26/technology/google-university-chicago-data-sharing-lawsuit.html. Acesso em: 27 jun. 2019.

Operacional Android ou com os *softwares* Google Maps e Waze, para estabelecer a identidade dos pacientes.

Por sua vez, o Google aduz ter seguido todas as diretrizes do Health Insurance Portability e Accountability Act – Hipaa, que permitem divulgar informações pessoais de saúde sem autorização, em certas instâncias, para fins de pesquisa. De igual forma, o Centro Médico da Universidade de Chicago também afirma ter cumprido as leis e regulamentos aplicáveis à privacidade do paciente.

O Hipaa, o regulamento federal norte-americano que protege os dados de saúde confidenciais dos pacientes, permite que os provedores médicos tenham permissão para compartilhar registros médicos, desde que os dados sejam desidentificados. Assim, para atender ao padrão Hipaa, os hospitais devem retirar informações individualmente identificáveis, como o nome do paciente e o número da Previdência Social, bem como as datas diretamente relacionadas ao indivíduo, incluindo as datas de admissão e de alta.

Stacey A. Tovino, professora de direito da saúde na Universidade de Nevada, em Las Vegas, observa que o Hipaa foi promulgado em 1996, isto é, antes de a indústria de tecnologia começar a coletar grandes quantidades de informações pessoais. Isso tornou os regulamentos desatualizados, porque a ideia de quais informações são consideradas individualmente identificáveis mudou com os avanços da tecnologia.

Importante dizer, ainda, que a denúncia não ofereceu evidências de que o Google usou indevidamente as informações fornecidas pelo centro médico ou fez tentativas para identificar os pacientes.

Esse caso recente ilustra bem como a preocupação das pessoas com os riscos da reidentificação pode se tornar um grande entrave ao desenvolvimento tecnológico e de seus benefícios para a sociedade mesmo em se tratando de dados anônimos, uma vez que estas informações estariam em poder de um gigante da tecnologia que armazena diversos outros dados.

A Era da Informação e, mais especificamente, a internet como um de seus mais característicos instrumentos de proliferação da informação, implicam modificações significativas na forma como se regem e se regulam as relações sociais. O Direito não pode ser um instrumento estático, alheio às mudanças inerentes à evolução das relações humanas.

Os dados pessoais tornaram-se valiosos ativos para a economia. Em um país no qual não haja legislação específica atinente à proteção de dados, a coleta, o tratamento e o compartilhamento desses dados acabam sendo regulados pelo próprio mercado, o que, muitas vezes, acarreta abusos por parte dos agentes de tratamento, de modo que a privacidade dos indivíduos não recebe a tutela adequada.

Diante disso, surgem legislações sobre a proteção de dados pessoais, a exemplo do Regulamento Geral de Proteção de Dados (RGPD) e da Lei 13.709/2018 – Lei Geral de Proteção de Dados (LGPD), a qual ainda se encontra em *vacatio legis*. No entanto, trará alterações significativas na atuação daqueles que precisam tratar dados pessoais no desenvolvimento de sua atividade, razão por que se faz necessário o estudo crítico da legislação. Nesse cenário, questiona-se: a proteção dos dados pessoais é sempre um obstáculo à nova economia?

A utilização dos dados pessoais traz inúmeros benefícios não só às grandes organizações que lucram a partir desses dados, mas também para a sociedade, haja vista que esses dados são a principal matéria-prima de muitos serviços de utilidade pública. Por outro lado, o tratamento desses dados não pode gerar danos à privacidade dos indivíduos. Dessa forma, privacidade e avanços tecnológicos devem coexistir.

O presente trabalho se propõe a refletir se a Lei Geral de Proteção de Dados oferece algum mecanismo que possibilite tal coexistência. Para tanto, será realizada uma pesquisa bibliográfica/documental acerca do tema, em doutrina e legislação nacional e estrangeira, já que a experiência europeia em matéria de proteção de dados pessoais pode servir de norte à compreensão e à efetivação da temática ainda em desenvolvimento no Brasil.

2. O DIREITO FUNDAMENTAL À PROTEÇÃO DE DADOS PESSOAIS E A SUA NATUREZA JURÍDICA

Na sociedade da informação em que estamos, a todo momento, conectados, faz-se necessário que tenhamos ciência de que não agimos apenas passivamente, isto é, recebendo informações; ao contrário, diariamente alimentamos essa rede com dados sobre nosso modo de ser, escolhas, gostos pessoais etc.

Em alguns momentos, o fornecimento desses dados é mais perceptível, como quando utilizamos uma rede social ou enviamos um *e-mail*, no entanto, constantemente estamos fornecendo essas informações de maneira que, muitas vezes, nem nos damos conta, a exemplo de quando utilizamos um mecanismo de busca ou mesmo o serviço de localização por GPS do *smartphone*. Posteriormente, esses dados são compartilhados com os chamados "parceiros" das organizações, muitas vezes até sem nosso consentimento.

Nesse cenário, surgem alguns questionamentos: qual a natureza jurídica dos dados pessoais? Eles seriam uma "coisa", um bem, que pode ser comercializado? Quem os compra poderá usá-los independentemente da vontade da pessoa a que esses dados estão vinculados ou, pelo contrário, os dados pessoais seriam uma extensão da nossa personalidade? Além disso, existiria, no sistema jurídico brasileiro, um direito fundamental à proteção de dados pessoais?

A esse respeito, Schertel Mendes afirma que a informação pessoal possui um vínculo objetivo com a pessoa, revelando aspectos que lhe dizem respeito e, justamente por isso, diferenciam-se das demais informações. Dessa forma, uma vez que têm como objeto a própria pessoa, os dados pessoais "constituem um atributo de sua personalidade".[2]

Nesse sentido, "na Sociedade da Informação, a representação da pessoa em informações é a própria pessoa que se conhece *a priori*, eis que é primeiramente representada por informações",[3] de modo que, ainda que o dado possa dissociar-se do indivíduo e circular pela internet, sendo um dado pessoal e, portanto, permanecendo com a qualidade de identificação de um indivíduo, deve ser entendido como uma extensão da personalidade.[4]

Assim, tutelam-se os dados pessoais para proteger a pessoa que é seu titular, máxime quando se tem em mente que tais dados podem representar os aspectos mais íntimos do indivíduo. Desse modo, aumenta-se a compreensão do direito à proteção de dados pessoais como um pressuposto fundamental das sociedades democráticas, por permitir o livre desenvolvimento da personalidade dos indivíduos.[5]

A Convenção 108 do Conselho da Europa para a Proteção das Pessoas Singulares no que diz respeito ao Tratamento Automatizado de Dados Pessoais, de 1981, é considerada um importante marco no reconhecimento do direito à proteção de dados como fundamental por ser uma das primeiras que, em seu preâmbulo,[6] entende a proteção de dados como um pressuposto do estado democrático e, por isso, relaciona-se com a proteção dos direitos humanos e das liberdades fundamentais.[7]

Muitos instrumentos internacionais de proteção de direitos humanos preveem o direito à proteção de dados como uma extensão do direito à privacidade. Também a

---

2. MENDES, Laura Schertel. *Privacidade, proteção de dados e defesa do consumidor* – linhas gerais de um novo direito fundamental. São Paulo: Saraiva, 2014, p. 56.
3. PEZZELLA, Maria Cristina Cereser; GHISI, Silvano. A manipulação de dados pessoais nas relações de consumo e o sistema *"crediscore"*. *Civilista.com*, ano 4, n. 1, 2015. Disponível em: http://civilistica.com/a--manipulacao-de-dados-pessoais/. Acesso em: 12 jun. 2019, p. 19.
4. PASSOS, Bruno Ricardo dos Santos. O direito à privacidade e a proteção aos dados pessoais na sociedade da informação: uma abordagem acerca de um novo direito fundamental. 2017. Dissertação (Mestrado em Direito Público) – Programa de Pós-Graduação em Direito da Universidade Federal da Bahia, Salvador. Disponível em: https://repositorio.ufba.br/ri/handle/ri/22478. Acesso em: 12 jun. 2019
5. ARAÚJO, Alexandra Maria Rodrigues. As Transferências Transatlânticas de Dados Pessoais: o nível de proteção adequado depois de *Schrems*. *Revista Direitos Humanos e Democracia*, Unijuí, ano 5, n. 9, p. 201-236, jan./jun. 2017. Disponível em: https://www.revistas.unijui.edu.br/index.php/direitoshumanosedemocracia/article/view/6058. Acesso em: 12 jun. 2019, p. 207.
6. "Os Estados-membros do Conselho da Europa, signatários da presente Convenção: Considerando que a finalidade do Conselho da Europa é conseguir uma união mais estreita entre os seus membros, nomeadamente no respeito pela supremacia do direito, bem como dos direitos do homem e das liberdades fundamentais; Considerando desejável alargar a protecção dos direitos e das liberdades fundamentais de todas as pessoas, nomeadamente o direito ao respeito pela vida privada, tendo em consideração o fluxo crescente, através das fronteiras, de dados de carácter pessoal susceptíveis de tratamento automatizado; [...]".
CONSELHO da Europa para a proteção das pessoas singulares. *Convenção 108, de 1981*. Tratamento Automatizado de Dados Pessoais. Disponível em: https://www.cnpd.pt/bin/legis/internacional/Convencao108.htm. Acesso em: 25 set. 2019.
7. DONEDA, Danilo. A Proteção dos Dados Pessoais como um Direito Fundamental. *Espaço Jurídico*, Joaçaba, v. 12, n. 2, p. 91-108, jul./dez. 2011. Disponível em: https://dialnet.unirioja.es/descarga/articulo/4555153.pdf. Acesso em: 12 jun. 2019, p. 102.

jurisprudência do TJUE não faz uma distinção entre esses dois direitos. Contudo, há, na doutrina, uma discussão se o direito à proteção de dados pessoais seria autônomo. Essa corrente diferencia privacidade e proteção de dados por entender que este tutela qualquer informação que diz respeito a uma pessoa, ainda que não se incluam no âmbito do direito ao respeito à vida privada.[8]

Nesse sentido, Rodotá entende que o direito à proteção de dados não deve ser subordinado a nenhum outro. Para o autor, a Carta de Direitos Fundamentais da União Europeia distinguiu, acertadamente, o direito à proteção de dados pessoais do direito à vida privada e familiar. Isso porque este último consiste em impedir a interferência na vida privada e familiar de um indivíduo e, por conseguinte, reflete um componente mais individualista, sendo um tipo de proteção estático, negativo. Já o direito à proteção de dados pessoais estabelece regras sobre os mecanismos de processamento de dados, bem como estabelece a legitimidade para que uma autoridade tome medidas em sua defesa. Este seria um tipo de proteção dinâmico, que segue o dado em todos os seus movimentos.[9]

Por sua vez, Doneda afirma que, no direito brasileiro, o reconhecimento da autonomia do direito à proteção de dados deriva da consideração "dos riscos que o tratamento automatizado traz à proteção da personalidade à luz das garantias constitucionais de igualdade substancial, liberdade e dignidade da pessoa humana, juntamente com a proteção da intimidade e da vida privada".[10]

Mendes aduz que, no Brasil, o conceito de privacidade evoluiu, passando a abarcar a proteção de dados pessoais. Dessa feita, reconhece-se o direito fundamental à proteção de dados pessoais como uma dimensão da inviolabilidade dos direitos previstos pelo artigo 5º, X, da Constituição brasileira, quais sejam: intimidade e vida privada.[11] A esse respeito, foi aprovada no Senado Federal, em 2 de julho de 2019, a Proposta de Emenda à Constituição nº 17/2019, que visa incluir a proteção de dados pessoais entre os direitos fundamentais do cidadão elencados no artigo 5º da CF/1988. O texto agora tramita na Câmara dos Deputados.[12]

---

8. ARAÚJO, Alexandra Maria Rodrigues. As Transferências Transatlânticas de Dados Pessoais: o nível de proteção adequado depois de *Schrems*. *Revista Direitos Humanos e Democracia*, Unijuí, ano 5, n. 9, p. 201-236, jan./jun. 2017. Disponível em: https://www.revistas.unijui.edu.br/index.php/direitoshumanosedemocracia/article/view/6058. Acesso em: 12 jun. 2019, p. 206-208.
9. RODOTÀ, Stefano. *A vida na sociedade de vigilância* – A privacidade hoje. Rio de Janeiro: Renovar, 2008, p. 16-18.
10. DONEDA, Danilo. A Proteção dos Dados Pessoais como um Direito Fundamental. *Espaço Jurídico*, Joaçaba, v. 12, n. 2, p. 91-108, jul./dez. 2011. Disponível em: https://dialnet.unirioja.es/descarga/articulo/4555153.pdf. Acesso em: 12 jun. 2019, p. 102.
11. MENDES, Laura Schertel. *Privacidade, proteção de dados e defesa do consumidor* – linhas gerais de um novo direito fundamental. São Paulo: Saraiva, 2014, p. 170-171.
12. Art. 1º Inclua-se no art. 5º da Constituição Federal o seguinte inciso XII-A: Art. 5º [...]. XII-A – é assegurado, nos termos da lei, o direito à proteção de dados pessoais, inclusive nos meios digitais. [...]" (BRASIL. *Proposta de Emenda à Constituição 17, de 2017*. [...] Disponível em: https://legis.senado.leg.br/sdleg-getter/documento?dm=7925004&ts=1567535523044&disposition=inline. Acesso em: 25 set. 2019).

Também Mulholland entende que, muito embora a Constituição brasileira não preveja, expressamente, o direito à proteção de dados pessoais como uma categoria de direitos fundamentais, o *locus* constitucional desse direito é a tutela da privacidade, que tem seu conceito ampliado em razão de a evolução das formas de divulgação e apreensão de dados pessoais ter expandido as formas potenciais de violação da esfera privada, máxime pelo acesso não autorizado de terceiros a esses dados. Dessa feita, "a tutela da privacidade passa a ser vista não só como o direito de não ser molestado, mas também como o direito de controlar a circulação dos dados pessoais".[13]

Nessa mesma esteira, Anderson Schreiber afirma que, em uma "sociedade caracterizada pelo constante intercâmbio de informações, o direito à privacidade deve se propor a algo mais que àquela finalidade inicial, restrita à proteção da vida íntima", devendo abarcar também o direito do indivíduo de manter o controle sobre seus dados pessoais.[14]

Diante de toda a discussão exposta, comunga-se, neste trabalho, do entendimento de que a privacidade seria uma palavra guarda-chuva, a qual abriga distintos direitos da mesma família,[15] como o direito ao sigilo, o direito à intimidade, o direito à imagem, o direito à honra, o direito à proteção dos dados pessoais.

Dessa forma, entende-se que, na sociedade da informação, a privacidade não mais se limita ao direito de ser deixado só, alcançando novos contornos, alicerçados na autodeterminação informativa e no direito de cada indivíduo decidir quando e como dispor de suas informações. É nesse contexto que o direito à proteção de dados é reconhecido como um direito fundamental.

Feitas essas considerações, passa-se agora às questões conceituais relacionadas aos dados pessoais, porquanto indispensáveis à temática ora estudada.

3. DADOS PESSOAIS

A compreensão do conceito de dado pessoal[16] é fundamental para se verificar a abrangência material das legislações sobre proteção de dados pessoais, pois as leis sobre a matéria podem adotar uma concepção ampla ou restrita de dado pessoal,

---

13. MULHOLLAND, Caitlin Sampaio. Dados pessoais sensíveis e a tutela de direitos fundamentais: uma análise à luz da Lei Geral de Proteção de Dados (Lei 13.709/18). *Revista Direitos e Garantias Fundamentais*, Vitória, v. 19, n. 3, p. 159-180, set./dez. 2018. Disponível em: http://sisbib.emnuvens.com.br/direitosegarantias/article/view/1603. Acesso em: 12 jun. 2019, p. 171-172.
14. Apud ROCHA, Luiz A. C. B. L. M. da; FILPO, Klever P. L. Proteção do direito a vida privada na sociedade da hiperexposição: paradoxos e limitações empíricas. *Civilista.com*, ano 7, n. 1, 2018. Disponível em: http://civilistica.com/protecao-do-direito-a-vida-privada/. Acesso em: 12 jun. 2019, p. 7.
15. PEIXOTO, Erick L. C; EHRHARDT JÚNIOR, Marcos. Breves Notas sobre a Ressignificação da Privacidade. *Revista Brasileira de Direito Civil*, Belo Horizonte, v. 16, jan./jun. 2018. Disponível em: https://rbdcivil.ibdcivil.org.br/rbdc/article/view/230. Acesso em: 12 jun. 2019, p. 13.
16. Apesar de parcela da doutrina distinguir os conceitos de dado pessoal e informação, neste trabalho as expressões serão utilizadas como sinônimas.

o que, por conseguinte, impacta diretamente sobre quais dados são protegidos por cada legislação.

Numa definição restrita, são dados pessoais apenas aquelas informações que se relacionam a uma pessoa identificada, específica, isto é, o vínculo entre o dado e a pessoa a quem esse dado está associado é estabelecido de forma direta, imediata.[17]

Já a acepção ampla abrange também os dados que potencialmente permitam a identificação do titular da informação, ou seja, um dado será considerado pessoal se a partir dele existir a possibilidade de se individualizar a pessoa a quem ele se refere, ainda que indiretamente.[18] Nesse sentido, o conceito de dado pessoal pode ser entendido como os fatos, comunicações e ações que se referem a um indivíduo identificado ou identificável.[19]

No Brasil, a Lei Geral de Proteção de Dados Pessoais (LGPD), assim como o Regulamento Geral de Proteção de Dados da União Europeia (RGPD), adotou a concepção mais extensa de dado pessoal, definindo-o como a informação relacionada à pessoa natural identificada ou identificável.[20]

O RGPD, por sua vez, em seu artigo 4º, diz que é identificável uma pessoa singular que possa ser identificada, direta ou indiretamente, em especial por referência a um identificador, como um nome, um número de identificação, dados de localização, identificadores por via eletrônica ou a um ou mais elementos específicos da identidade física, fisiológica, genética, mental, econômica, cultural ou social dessa pessoa singular.

Pelos exemplos trazidos pelo RGPD percebe-se mais claramente como informações que só permitam a identificação do titular pela via indireta podem ser consideradas como dados pessoais, como no caso do IP de computador, pelo qual se pode chegar à identificação de alguém, ainda que seja necessária autorização judicial para isso.

Assim, estar-se-á diante de um dado pessoal quando a informação for relativa a uma pessoa singular identificada ou identificável, independentemente do suporte, incluindo som e imagem.[21]

---

17. BIONI, Bruno R. Xeque-Mate: o tripé de proteção de dados pessoais no xadrez das iniciativas legislativas no Brasil. *Privacidade e Vigilância*, USP, 2015. Disponível em: https://www.academia.edu/28752561/Xeque-Mate_o_trip%C3%A9_de_prote%C3%A7%C3%A3o_de_dados_pessoais_no_xadrez_das_iniciativas_legislativas_no_Brasil. Acesso em: 12 jun. 2019, p. 17.
18. MACHADO, Diego; DONEDA, Danilo. Proteção de Dados Pessoais e Criptografia: tecnologias criptográficas entre anonimização e pseudonimização de dados. *Revista dos Tribunais*, v. 998, Caderno Especial, p. 99-128, São Paulo: RT, dez. 2018. Disponível em: https://www.researchgate.net/publication/330401277_Protecao_de_dados_pessoais_e_criptografia_tecnologias_criptograficas_entre_anonimizacao_e_pseudonimizacao_de_dados. Acesso em: 12 jun. 2019, p. 106.
19. MENDES, Laura Schertel. *Privacidade, proteção de dados e defesa do consumidor* – linhas gerais de um novo direito fundamental. São Paulo: Saraiva, 2014, p. 55-56
20. Artigo 5º, I, da Lei 13.709/2018.
21. RIBEIRO, Florbela da Graça Jorge da Silva. *O Tratamento de Dados Pessoais de Clientes para Marketing*. 2017. Dissertação (Mestrado em Direito – Especialidade em Ciências Jurídico-Políticas) – Departamento de Direito da Universidade Autônoma de Lisboa, Lisboa. Disponível em: https://www.academia.edu/33292289/O_TRATAMENTO_DE_DADOS_PESSOAIS_DE_CLIENTES_PARA_MARKETING. Acesso em: 12 jun. 2019, p. 48.

4. DADOS PESSOAIS SENSÍVEIS E AS DIFICULDADES DE SUA DELIMITAÇÃO

Existem dados pessoais que podem ser utilizados com finalidades discriminatórias e que, por isso, merecem ser especialmente protegidos contra os riscos da circulação dessas informações, estabelecendo-se regras mais rigorosas para sua coleta, tratamento e armazenamento. Esses dados são classificados como "dados sensíveis".[22]

A esse respeito, o RGPD estabelece que merecem proteção específica os dados pessoais que sejam, pela sua natureza, especialmente sensíveis do ponto de vista dos direitos e liberdades fundamentais, dado que o contexto do tratamento desses dados poderá implicar riscos significativos para os direitos e liberdades fundamentais, estabelecendo-se, como regra geral, a proibição de tratamento desses dados.[23]

No Brasil, o artigo 5º, II, da LGPD dispõe que são sensíveis os dados pessoais sobre origem racial ou étnica, convicção religiosa, opinião política, filiação a sindicato ou a organização de caráter religioso, filosófico ou político, dado referente à saúde ou à vida sexual, dado genético ou biométrico, quando vinculado a uma pessoa natural.

A Lei 13.709/2018 traz uma seção específica acerca das particularidades no tratamento desses dados, tornando mais restritas as hipóteses de tratamento dos dados pessoais e exigindo que o consentimento do titular seja fornecido de forma específica e destacada, para finalidades específicas.

No que diz respeito aos dados sensíveis, surgem algumas questões relevantes, máxime na atualidade, em que uma vasta quantidade de dados é tratada e analisada por algoritmos: um dado pessoal é sensível em si, isto é, apenas por se relacionar à origem étnica ou convicção religiosa de um indivíduo, por exemplo, ou pela função que exerce? Um dado deve ser considerado sensível pelo simples fato de se encaixar no rol do artigo 5º, II, da LGPD, independentemente do contexto em que está inserido e da finalidade para que será utilizado? E se o dado pessoal, isoladamente, não disser respeito ao referido rol, contudo, ao ser combinado com outros dados, for capaz de revelar informações sensíveis sobre seu titular, este dado deverá ser considerado sensível e, portanto, receber o tratamento diferenciado previsto na LGPD, ou não?

No escândalo da Cambridge Analytica que foi tão noticiado em razão de supostamente ter influenciado as eleições americanas, os usuários do Facebook respondiam ao teste de personalidade "This is Your Digital Life", que consistia em perguntas sobre se os usuários eram ou não extrovertidos, vingativos, se concluíam os projetos que começavam, se se preocupavam constantemente, se gostavam de arte, entre outras questões acerca dos gostos e hábitos pessoais. Posteriormente, os resultados obtidos eram combinados com os dados extraídos dos perfis e amizades do Facebook,[24] que

---

22. RODOTÀ, Stefano. *A vida na sociedade de vigilância* – a privacidade hoje. Trad. Danilo Doneda e Luciana Cabral Doneda. Rio de Janeiro: Renovar, 2008, p. 96.
23. Considerando 51 do RGPD.
24. O GLOBO. *Psicólogo que criou aplicativo da Cambridge Analytica acreditava que sistema era legal*. 21 mar. 2018. Disponível em: https://oglobo.globo.com/mundo/psicologo-que-criou-aplicativo-da-cambridge-analytica-acreditava-que-sistema-era-legal-22510640. Acesso em: 11 jun. 2019.

incluíam detalhes sobre a identidade das pessoas, como o nome, a profissão e o local de moradia, além da rede de contatos.

Segundo informações divulgadas na mídia, esse teste foi respondido por mais de 270 mil pessoas. Como os dados dos amigos dos participantes também foram coletados, mais de 50 milhões de usuários foram afetados. Esses dados, então, foram vendidos à Cambridge Analytica e utilizados para criar e catalogar perfis das pessoas, de modo a se direcionar, de forma mais personalizada, materiais pró-Trump e mensagens contrárias à adversária dele.[25] Assim, os dados coletados, se considerados individualmente, não eram classificados como sensíveis, entretanto, foi possível fazer inferências sensíveis dos usuários do Facebook pelo contexto em que tais dados estavam inseridos.[26]

Nesse mesmo caminho, um estudo que analisou as interações dos usuários do Facebook por meio de curtidas em fotos, atualizações de *status* de amigos, páginas de produtos, esportes, músicos, livros e restaurantes concluiu que é possível inferir diversas informações sensíveis que os usuários acreditam ser privadas, como orientação sexual, etnia, opiniões religiosas e políticas e traços de personalidade, por meio de tais interações.[27]

Outro estudo, realizado por pesquisadores da Universidade de Stanford, demonstrou que os metadados do telefone de cada pessoa podem ser extremamente reveladores, permitindo uma série de inferências sensíveis a respeito das associações familiares, políticas, profissionais, religiosas e sexuais.[28] Metadados são dados sobre os dados[29].

Nesse estudo, os participantes instalavam um aplicativo chamado MetaPhone, o qual enviava para os pesquisadores informações sobre o histórico de chamadas dos usuários: números de telefone para quem os participantes ligaram, dia e horário das chamadas, quantas vezes ligaram para determinado número e quais as durações das chamadas. Em seguida, os pesquisadores combinaram os números de telefone

---

25. BBC BRASIL. *Entenda o escândalo de uso político de dados que derrubou valor do Facebook e o colocou na mira de autoridades*. 20 mar. 2018. Disponível em: https://www.bbc.com/portuguese/internacional-43461751. Acesso em: 11 jun. 2019.
26. Sobre o caso da Cambrigde Analytica, a Netflix lançou o documentário original "Privacidade Hackeada", o qual se encontra disponível na referida plataforma: https://www.netflix.com/br/title/80117542.
27. KOSINSKI, Michal; STILLWELL, David; GRAEPEL, Thore. Private traits and atributes are precictable from digital records of human behavior. *PNAS*, v. 110, n. 15, Califórnia, 9 abr. 2013. Disponível em: https://www.pnas.org/content/pnas/110/15/5802.full.pdf. Acesso em: 12 jun. 2019.
28. MAYER, Jonathan; MUTCHLER, Patrick. *MetaPhone*: The Sensivity of Telephone Metadata. 12 mar. 2014. Disponível em: http://webpolicy.org/2014/03/12/metaphone-the-sensitivity-of-telephone-metadata/. Acesso em: 12 jun. 2019. No mencionado estudo, os dados seriam o conteúdo das ligações, os metadados seriam as informações sobre a chamada, como data e duração da ligação.
29. MENEZES NETO, Elias J; MORAIS, José Luis B; BEZERRA, Tiago José S. L. O projeto de Lei de Proteção de Dados Pessoais (PL 5276/2016) no mundo do Big Data: o fenômeno da Dataveillance em relação à utilização de metadados e seu impacto nos direitos humanos. *Revista Brasileira de Políticas Públicas*, v. 7, n. 3, 2017. Disponível em: https://www.publicacoesacademicas.uniceub.br/RBPP/article/view/4840. Acesso em: 12 jun. 2019, p. 191.

destinatários da chamada com os diretórios públicos do Yelp e do Google Places para identificá-los. A partir disso, os pesquisadores conseguiram realizar uma série de inferências sensíveis acerca dos participantes.

Assim, por exemplo, se uma pessoa conversa durante muito tempo com uma instituição religiosa, é bem provável que ela professe determinada fé. Em outro exemplo, um participante conversou por muito tempo com o cardiologista, comunicou-se brevemente com um laboratório médico, recebeu ligações de uma farmácia e fez breves telefonemas para um serviço relacionado a um dispositivo médico usado para monitorar a arritmia cardíaca. Os pesquisadores puderam confirmar que esse paciente realmente possuía um problema de saúde.[30]

Os casos acima expostos demonstram que dados que, se considerados isoladamente, por si mesmos não são dados sensíveis, ao serem analisados em conjunto desempenham a função de dados sensíveis. Entretanto, a Lei Geral de Proteção de Dados traz uma definição de dados sensíveis que não leva em consideração a função que o dado exerce no contexto em que está inserido. Ao contrário, traz um rol de dados que, historicamente e pela sua natureza, são informações que podem gerar discriminação.

Essa técnica legislativa falha tanto por deixar de fora outros dados que podem gerar discriminação, como os relacionados à situação socioeconômica, bem como por desconsiderar que, a partir de dados pessoais não sensíveis, podem-se fazer inferências sensíveis, máxime na sociedade da informação, na qual os algoritmos e a inteligência artificial ampliam sobremaneira a capacidade de análise de dados.

A esse respeito, Mendes afirma que dados aparentemente insignificantes podem se tornar sensíveis, a depender do tratamento a que são submetidos. "Trata-se, na realidade, de um tratamento sensível dos dados, que é capaz de transformar dados inofensivos em informações potencialmente discriminatórias". Aduz, ainda, que não existem dados insignificantes no contexto do processamento eletrônico.[31]

Desse modo, conforme Ribeiro:

> Entende-se que a apreciação da natureza do dado sensível depende do tratamento automático que lhe é dado, por exemplo: um enfermeiro que presta apoio domiciliário a um idoso com a doença de Alzheimer incluindo a compra do medicamento com o seu cartão de débito e que o banco utiliza para construir o seu perfil de compras está a tratar dados sensíveis. A conexão entre o comprador e o produto não parece evidente, dado que há uma aquisição por conta de outrem. O dado que originalmente não é sensível, que depois de recolhido e tratado tem um determinado valor econômico, pode transformar-se em dado sensível dependendo da natureza da comunicação, isto é, o enfermeiro que mais tarde se dirige ao banco para celebrar um contrato de mútuo para

---

30. MAYER, Jonathan; MUTCHLER, Patrick. *MetaPhone*: The Sensitivity of Telephone Metadata. 12 mar. 2014. Disponível em: http://webpolicy.org/2014/03/12/metaphone-the-sensitivity-of-telephone-metadata/. Acesso em: 12 jun. 2019.
31. MENDES, Laura Schertel. *Privacidade, proteção de dados e defesa do consumidor* – linhas gerais de um novo direito fundamental. São Paulo: Saraiva, 2014, p. 76.

aquisição de habitação poderá ser confrontado com a recusa da celebração de um contrato de seguro associado ao mútuo devido à doença que foi incluída no seu perfil.[32]

Tendo em vista os efeitos nefastos que o tratamento e a utilização inadequada de informações sensíveis podem trazer aos titulares dos dados, faz-se necessário que a classificação de um dado como sensível ou não seja dinâmica e contextual, e que se considere o uso que se fará dos dados e quais as inferências que se pode obter a partir deles, razão por que é preciso investigar com mais profundidade os métodos de tratamento de dados.

5. MÉTODOS DE TRATAMENTO E A ABRANGÊNCIA DAS LEGISLAÇÕES SOBRE PROTEÇÃO DE DADOS

O desenvolvimento tecnológico e o aumento dos mecanismos utilizados para coleta de dados fazem surgir, de igual modo, a necessidade de ampliação de meios capazes de garantir a efetivação da privacidade das pessoas quando no processo de tratamento desses mesmos dados.

Quando o que está em jogo é a privacidade no âmbito da sociedade da informação e a ampla conectividade, o tratamento de dados ganha especial importância pois, a depender do tratamento conferido aos dados pessoais, pode-se atrair a tutela das legislações referentes à proteção de dados ou descaracterizá-los como dado pessoal e, consequentemente, afastar o alcance de normas de proteção de dados pessoais como a LGPD e o RGPD.

A Lei Geral de Proteção de Dados, em seu artigo 5º, X, define o tratamento de dados como toda operação realizada com dados pessoais. Oferece como exemplo as operações que se referem a coleta, produção, recepção, classificação, utilização, acesso, reprodução, transmissão, distribuição, processamento, arquivamento, armazenamento, eliminação, avaliação ou controle da informação, modificação, comunicação, transferência, difusão ou extração.

Por sua vez, o artigo 3º da LGPD dispõe que a lei deverá ser aplicada a qualquer operação de tratamento realizada por pessoa natural ou por pessoa jurídica de direito público ou privado, independentemente do meio, ou seja, dentro ou fora da internet, por meios digitais ou não.

Os métodos de tratamento utilizados podem ser automatizados ou manuais. Além disso, podem ser operações necessárias às finalidades para a qual os dados foram coletados ou operações que visam à proteção da privacidade dos titulares dos dados, como, por exemplo, a manipulação das informações para a eliminação ou

---

32. RIBEIRO, Florbela da Graça Jorge da Silva. *O Tratamento de Dados Pessoais de Clientes para Marketing*. 2017. Dissertação (Mestrado em Direito – Especialidade em Ciências Jurídico-Políticas) – Departamento de Direito da Universidade Autônoma de Lisboa, Lisboa. Disponível em: https://www.academia.edu/33292289/O_TRATAMENTO_DE_DADOS_PESSOAIS_DE_CLIENTES_PARA_MARKETING. Acesso em: 12 jun. 2019, p. 62.

modificação dos atributos que podem identificar o indivíduo: como a codificação, a pseudonimização e a anonimização, que serão discutidas adiante.

Ademais, podem ser operações que atraem a aplicação da LGPD, como a coleta de dados pessoais, como também manipulações que afastam a aplicabilidade da norma. Isso porque o artigo 12 da Lei 13.709/2018 estabelece que os dados anonimizados não serão considerados dados pessoais para os fins da lei, salvo quando o processo de anonimização ao qual foram submetidos for revertido, utilizando exclusivamente meios próprios, ou quando, com esforços razoáveis, puder ser revertido.[33]

Dessa forma, os dados pessoais podem ser tratados de modo a desvincular-se de seu titular, impossibilitando qualquer associação com um indivíduo específico ou, ainda, por meio de utilização de ferramentas, a exemplo da criptografia e da pseudonimização, as quais têm como objetivo prover maior segurança para os usuários de internet, dificultando a associação entre os dados e seu titular, mas possibilitando a reversão desse procedimento.

Ressalte-se que, a depender do tratamento conferido ao dado pessoal, ele pode perder essa característica e, portanto, sair do âmbito de proteção da legislação específica. Alguns procedimentos podem ser aptos a fazer com que o dado perca a identificabilidade, ao passo que outros, embora sejam importantes práticas para a proteção da privacidade, não são hábeis a impedir essa identificação.

Torna-se imperioso analisar até que ponto um dado pode ser considerado pessoal e se realmente há a possibilidade de se desvincular um dado pessoal de seu titular de forma irreversível, excluindo-o do alcance da tutela legal conferida aos dados pessoais. Para tanto, faz-se necessário diferenciar três desses métodos: a criptografia, a pseudonimização e a anonimização, verificando-se quais dessas técnicas afastam a aplicação da LGPD.

5.1 Criptografia, pseudonimização e anonimização: uma diferenciação necessária

A criptografia pode ser definida como uma técnica por meio da qual os dados são codificados e apenas aquele que tiver acesso à chave criptográfica pode decifrar aquela informação. No caso da criptografia ponta a ponta, somente emissor e destinatário têm acesso a essa chave e, como consequência, apenas eles podem ter acesso às informações enviadas e recebidas.[34]

---

33. Também o RGPD, em seu artigo 2º, 1, dispõe que seu âmbito de aplicação é o tratamento de dados pessoais, trazendo a ressalva de sua não aplicação a informações anônimas ou dados pessoais tornados anônimos, conforme explicita o "Considerando (26)".
34. MACHADO, Diego; DONEDA, Danilo. Proteção de Dados Pessoais e Criptografia: tecnologias criptográficas entre anonimização e pseudonimização de dados. *Revista dos Tribunais*, v. 998, Caderno Especial, p. 99-128, São Paulo: RT, dez. 2018. Disponível em: https://www.researchgate.net/publication/330401277 _Protecao_de_dados_pessoais_e_criptografia_tecnologias_criptograficas_entre_anonimizacao_e_pseudonimizacao_de_dados. Acesso em: 12 jun. 2019, p. 114.

A criptografia tem como objetivo assegurar um maior grau de segurança às comunicações ou transmissões de dados, minimizando ameaças advindas de pontos intermediários ou internos que se utilizem do mesmo serviço. Enfim, a criptografia visa a possibilitar maior grau de confidencialidade na troca de informações entre emissor e destinatário, dificultando o acesso a esses dados por pessoas que tentem o acesso de fora ou, ainda, por parte do próprio servidor da internet.[35]

Importa frisar, no entanto, que mesmo se o dado criptografado for interceptado por outrem, este terá dificuldade no acesso às informações criptografadas. Trata-se apenas de uma dificuldade e não de uma impossibilidade, pois, uma vez que existe uma chave, ela pode ser acessada e o processo de criptografia poderá ser revertido, verificando-se, aqui, a possibilidade de reidentificação do dado pessoal.

Já no que diz respeito à pseudonimização e à anonimização, ambos são métodos de tratamento que operam nos atributos de identificação, influindo na possibilidade de identificação de uma pessoa a partir de seus dados pessoais. Desse modo, somente a partir da análise do caso concreto, a depender do nível de dificuldade, tempo expendido, custos e atividades necessárias para identificar uma pessoa, é que poderá ser observado se estamos diante de pseudonimização ou da anonimização e, também, se são ou não dados pessoais as informações tratadas ou em tratamento.[36] Explica-se.

A pseudonimização é um instrumento utilizado para dificultar a identificação das pessoas quando no tratamento de dados pessoais.[37] Essa técnica se efetiva pela criação de pseudônimos, isto é, pela substituição de um atributo de um registro por outro[38]. Para essa substituição, pode-se recorrer à encriptação, ou seja, os dados encriptados, por meio de uma cifra, denominada chave criptográfica e conhecida apenas por quem está realizando o tratamento dos dados.[39]

---

35. MACHADO, Diego; DONEDA, Danilo. Proteção de Dados Pessoais e Criptografia: tecnologias criptográficas entre anonimização e pseudonimização de dados. *Revista dos Tribunais*, v. 998, Caderno Especial, p. 99-128, São Paulo: RT, dez. 2018. Disponível em: https://www.researchgate.net/publication/ 330401277_Protecao_de_dados_pessoais_e_criptografia_tecnologias_criptograficas_entre_anonimizacao_e_pseudonimizacao_de_dados. Acesso em: 12 jun. 2019, p. 114-115.
36. RIBEIRO, Florbela da Graça Jorge da Silva. *O Tratamento de Dados Pessoais de Clientes para Marketing*. 2017. Dissertação (Mestrado em Direito – Especialidade em Ciências Jurídico-Políticas) – Departamento de Direito da Universidade Autônoma de Lisboa, Lisboa. Disponível em: https://www.academia.edu/33292289/O_ TRATAMENTO_DE_DADOS_PESSOAIS_DE_CLIENTES_PARA_MARKETING. Acesso em: 12 jun. 2019, p. 55-56.
37. RIBEIRO, Florbela da Graça Jorge da Silva. *O Tratamento de Dados Pessoais de Clientes para Marketing*. 2017. Dissertação (Mestrado em Direito – Especialidade em Ciências Jurídico-Políticas) – Departamento de Direito da Universidade Autônoma de Lisboa, Lisboa. Disponível em: https://www.academia.edu/33292289/O_ TRATAMENTO_DE_DADOS_PESSOAIS_DE_CLIENTES_PARA_MARKETING. Acesso em: 12 jun. 2019, p. 59-60.
38. GRUPO DE TRABALHO DE PROTEÇÃO DE DADOS DO ARTIGO 29º. Parecer 05/2014 sobre as técnicas de anonimização. 10 abr. 2014. Disponível em: https://www.gpdp.gov.mo/uploadfile/2016/0831/ 20160831042518381.pdf. Acesso em: 10 jun. 2019, p. 22.
39. RIBEIRO, Florbela da Graça Jorge da Silva. *O Tratamento de Dados Pessoais de Clientes para Marketing*. 2017. Dissertação (Mestrado em Direito – Especialidade em Ciências Jurídico-Políticas) – Departamento de Direito da Universidade Autônoma de Lisboa, Lisboa. Disponível em: https://www.academia.edu/33292289/O_ TRATAMENTO_DE_DADOS_PESSOAIS_DE_CLIENTES_PARA_MARKETING. Acesso em: 12 jun. 2019, p. 59-60

Para que ocorra a pseudonimização, as informações do indivíduo não podem estar conectadas ao titular específico, a não ser que se recorra à utilização de informações suplementares, as quais devem ser mantidas separadas dos dados principais.[40] Desse modo, quando criados os pseudônimos, sua identidade não está associada a um indivíduo específico, a não ser que sejam reunidos condições e procedimentos que interliguem indivíduo e pseudônimo.[41] Verifica-se que aqui também há a possibilidade de a identificação do titular do dado vir a ocorrer.

Já a anonimização consiste na remoção ou na ofuscação de toda a informação pessoal de uma base de dados, com o objetivo de impedir a identificação dos indivíduos. Aplicam-se técnicas que pretendem tornar impraticável, ou razoavelmente impossível, a reidentificação, inclusive pelo próprio técnico que realizou a operação inicial.[42]

Para parte da doutrina, a pseudonimização se situaria num espaço entre o dado pessoal e o dado anônimo, submetendo-se ao regime de proteção conferido aos dados pessoais.[43] Tanto a LGPD quanto o RGPD tratam sobre a pseudonimização. Na LGPD, a pseudonimização é entendida como uma forma de tratamento de dados pessoais por meio do qual o dado não pode ser associado a um indivíduo, direta ou indiretamente, salvo pela utilização de informação suplementar mantida separadamente pelo responsável pelo tratamento, conforme disposto no artigo 13, § 4º, do referido diploma legal.

Por sua vez, o RGPD, em seu artigo 4º, 5, define a pseudominização; já o Considerando 26 enfatiza que dados pessoais que tenham sido pseudonimizados, mas que possam ser atribuídos a um indivíduo específico por meio da utilização de informações suplementares, devem ser considerados "informações sobre uma pessoa singular identificável", ou seja, deverão ser considerados dados pessoais, sendo, portanto, abarcados pela tutela desse regulamento.

---

40. MACHADO, Diego; DONEDA, Danilo. Proteção de Dados Pessoais e Criptografia: tecnologias criptográficas entre anonimização e pseudonimização de dados. *Revista dos Tribunais*, v. 998, Caderno Especial, p. 99-128, São Paulo: RT, dez. 2018. Disponível em: https://www.researchgate.net/publication/ 330401277_Protecao_de_dados_pessoais_e_criptografia_tecnologias_criptograficas_entre_anonimizacao_e_pseudonimizacao_de_dados. Acesso em: 12 jun. 2019, p. 112-113.
41. RIBEIRO, Florbela da Graça Jorge da Silva. *O Tratamento de Dados Pessoais de Clientes para Marketing*. 2017. Dissertação (Mestrado em Direito – Especialidade em Ciências Jurídico-Políticas) – Departamento de Direito da Universidade Autônoma de Lisboa, Lisboa. Disponível em: https://www.academia.edu/33292289/O_TRATAMENTO_DE_DADOS_PESSOAIS_DE_CLIENTES_PARA_MARKETING. Acesso em: 12 jun. 2019, p. 60-61.
42. PINHO, Frederico A. S. O. *Anonimização de bases de dados empresariais de acordo com a nova Regulamentação Europeia de Proteção de Dados*. 2017. Dissertação (Mestrado em Segurança Informática), Departamento de Ciência de Computadores, Faculdade de Ciências, Universidade do Porto. Disponível em: https://cracs.fc.up.pt/sites/default/files/MSI_Dissertacao_FINAL.pdf. Acesso em: 12 jun. 2019, p. 29.
43. MACHADO, Diego; DONEDA, Danilo. Proteção de Dados Pessoais e Criptografia: tecnologias criptográficas entre anonimização e pseudonimização de dados. *Revista dos Tribunais*, v. 998, Caderno Especial, p. 99-128, São Paulo: RT, dez. 2018. Disponível em: https://www.researchgate.net/publication/ 330401277_Protecao_de_dados_pessoais_e_criptografia_tecnologias_criptograficas_entre_anonimizacao_e_pseudonimizacao_de_dados. Acesso em: 12 jun. 2019, p. 60-61.

Como se vê, a pseudonimização deve ser entendida não como anonimização, senão como uma técnica que auxilia na proteção à privacidade, pois ela não serve para excluir dados de outras medidas de segurança, sendo até mesmo incentivadas medidas de cuidados com medidas técnicas e organizativas adequadas.[44]

O fato de não estarmos diante de dados irreversivelmente anonimizados não significa, no entanto, que criptografia e pseunimização devam ser rechaçadas, visto que se tratam de meios de assegurar maior segurança e, consequentemente, auxiliam na proteção aos dados pessoais e ao direito à privacidade.

Em relação à anonimização, o RGPD traz sua definição em seu Considerando 26, por meio do qual aduz que os princípios nele previstos, bem como todas as suas disposições, não dizem respeito a dados anônimos, sendo entendidos como dados que não podem ser relacionados a um indivíduo identificado ou identificável. No mesmo sentido, a LGPD define dados anônimos em seu artigo 5º, III, dispondo que dados anonimizados devem ser entendidos como aqueles cujo titular não possa ser identificado. Ambos os conceitos levam em consideração a utilização de meios razoáveis e disponíveis quando do tratamento para anonimização desses dados.

Dessa forma, dados anônimos são aqueles que não podem ser relacionados a um indivíduo específico, seja exclusivamente por meio dos dados ou combinando-os com outros dados, podendo ser utilizados diversos instrumentos para tornar o dado anônimo, a exemplo da encriptação.[45] O objetivo da utilização da anonimização é justamente desvincular os dados de seu titular de forma definitiva; seu fundamento é a proteção da privacidade do titular daqueles dados.[46]

A esse respeito, ainda, o Grupo de Trabalho do Artigo 29 da Diretiva 95/46/CE do Parlamento Europeu e do Conselho[47] emitiu parecer apresentando quatro características sobre anonimização: i) impossibilidade de identificação do titular dos dados de forma irreversível; ii) a utilização de qualquer meio para alcançar a anonimização;

---

44. RIBEIRO, Florbela da Graça Jorge da Silva. *O Tratamento de Dados Pessoais de Clientes para Marketing*. 2017. Dissertação (Mestrado em Direito – Especialidade em Ciências Jurídico-Políticas) – Departamento de Direito da Universidade Autônoma de Lisboa, Lisboa. Disponível em: https://www.academia.edu/33292289/O_TRATAMENTO_DE_DADOS_PESSOAIS_DE_CLIENTES_PARA_MARKETING. Acesso em: 12 jun. 2019, p. 60-61.
45. RIBEIRO, Florbela da Graça Jorge da Silva. *O Tratamento de Dados Pessoais de Clientes para Marketing*. 2017. Dissertação (Mestrado em Direito – Especialidade em Ciências Jurídico-Políticas) – Departamento de Direito da Universidade Autônoma de Lisboa, Lisboa. Disponível em: https://www.academia.edu/33292289/O_TRATAMENTO_DE_DADOS_PESSOAIS_DE_CLIENTES_PARA_MARKETING. Acesso em: 12 jun. 2019, p. 59.
46. MACHADO, Diego. Tutela jurídica da privacidade, anonimização de dados e anonimato na internet. 2018. Disponível em: https://www.researchgate.net/publication/328784970_Tutela_juridica_da_privacidade_anonimizacao_de_dados_e_anonimato_na_internet. Acesso em: 12 jun. 2019, p. 276-277.
47. O Grupo de Trabalho do Artigo 29 da Diretiva 95/46/CE era um órgão consultivo europeu independente em matéria de proteção de dados e privacidade cuja criação estava prevista no artigo 29 da mencionada Diretiva. O Grupo do Artigo 29 deixou de existir em 25 de maio de 2018 e foi substituído pelo Conselho Europeu de Proteção de Dados (EDPB), estabelecido pelo RGPD. Os documentos do Grupo de Trabalho do Artigo 29 podem ser encontrados em: https://ec.europa.eu/newsroom/article29/news-overview.cfm.

iii) a razoabilidade dos meios para reidentificação deve ser avaliada no contexto em que se situam; e iv) anonimização e fator de risco caminham juntos.[48]

A importância de definir o que são dados anonimizados situa-se em dizer o que são dados pessoais ou não, visto que tanto a RGPD quanto a LGPD tutelam apenas dados pessoais, não alcançando dados que não se relacionem a um indivíduo identificado ou identificável. Dizer o que são dados anônimos significa dizer o que não são dados pessoais.

Quando tratamos de dados anonimizados, a reidentificação deve ser considerada impossível de ocorrer ou, no mínimo, só poderá ocorrer por meio de utilização de instrumentos que superem a razoabilidade de instrumentos considerados no contexto da época da anonimização. Deve ser afastada a identificabilidade ou o risco de identificabilidade do titular dos dados.[49]

Não estando mais conectados a uma pessoa identificada, e não sendo mais possível que ocorra a identificação dessa pessoa, o dado pessoal submetido à anonimização perde sua característica de dado pessoal e, por consequência, afasta-se da tutela pelos dispositivos legais, a exemplo da RGPD e da LGPD. No entanto, isso não significa que ficarão nessa condição para sempre.

6. ANONIMIZAÇÃO: ENTRE RISCOS E BENEFÍCIOS

Estima-se que, até 2020, sejam criadas para cada pessoa em torno de 1,7 megabyte de novas informações por minuto e que se ultrapasse o volume de 40 zettabytes (o que equivale a 40 trilhões de gigabytes) de dados armazenados[50] em todo o mundo. Esses dados adquirem bastante relevância, pois seu tratamento adequado pode trazer muitos benefícios para o desenvolvimento da sociedade.

A enorme quantidade de dados produzida diariamente pelos estabelecimentos de saúde, por exemplo, pode ser tratada, analisada e utilizada para que os médicos tenham mais informações sobre os avanços das doenças e os melhores tratamentos, salvando vidas e melhorando a qualidade de vida de diversos pacientes.

Por sua vez, os milhares de gigabytes gerados diariamente pelas movimentações financeiras são analisados tanto para a identificação de atividades comerciais problemáticas, prevenindo fraudes, como para ajudar empresas a crescer e a fortalecer

---

48. MACHADO, Diego. Tutela jurídica da privacidade, anonimização de dados e anonimato na internet. 2018. Disponível em: https://www.researchgate.net/publication/328784970_Tutela_juridica_da_privacidade_anonimizacao_de_dados_e_anonimato_na_internet. Acesso em: 12 jun. 2019, p. 282.
49. MACHADO, Diego. Tutela jurídica da privacidade, anonimização de dados e anonimato na internet. 2018. Disponível em: https://www.researchgate.net/publication/328784970_Tutela_juridica_da_privacidade_anonimizacao_de_dados_e_anonimato_na_internet. Acesso em: 12 jun. 2019, p. 282.
50. MARR, Bernard. 20 fatos sobre a internet que você (provavelmente) não sabe. *Forbes*, 1 out. 2015. Disponível em: https://forbes.uol.com.br/fotos/20115/10/20-fatos-sobre-a-internet-que-voce-provavelmente-nao-sabe/. Acesso em: 12 jun. 2019.

a economia[51]. Os dados também são de grande importância nas análises estatísticas que serão utilizadas pelos governos para a elaboração dos seus planos de desenvolvimento, permitindo estimar, com um bom grau de precisão, relevantes variáveis como tamanho da população, taxa de emprego e desemprego e índices de inflação.[52]

Esses são somente alguns dos exemplos da relevância dos dados para a sociedade da informação. Impedir o tratamento desses dados significa obstaculizar o desenvolvimento da sociedade.

Obviamente, nem todos os dados que são produzidos são dados pessoais. Existem dados, por exemplo, que são produzidos pelo monitoramento climático por satélite ou pelo desempenho de turbinas de aviões e que não se relacionam com nenhuma pessoa natural identificável. No entanto, parcela bastante considerável dos dados produzidos são dados pessoais. A esse respeito, importa ressaltar que a maior parte das legislações sobre proteção de dados exige o consentimento do titular para que os dados sejam objeto de tratamento.[53]

Assim, aquele que pretende armazenar, tratar os dados pessoais e compartilhá-los deverá obter consentimento expresso dos titulares dessas informações. Na atualidade, em que a produção e o fluxo de dados são imensos, atender a essa obrigação nem sempre será tarefa fácil. Acontece que, como visto, o tratamento e o compartilhamento de dados não é algo que seja, por si mesmo, ruim. Os dados são hoje indispensáveis ao desenvolvimento da sociedade, e o seu tratamento pode propiciar diversos benefícios às pessoas.

É claro que na era do *big data* crescem os riscos à privacidade, no entanto, faz-se necessário ter em mente que, nesse contexto, não existem somente perigos ou apenas benefícios. É possível que o uso das informações e a privacidade dos titulares de dados não estejam em lados opostos, mas convirjam para que as pessoas possam se beneficiar do uso de suas informações sem ter seus direitos violados.

Nesse ponto reside a importância das legislações sobre a proteção dos dados pessoais: permitir o uso responsável das informações de modo a compatibilizar direitos fundamentais dos titulares dos dados com a utilização destes pelos agentes de tratamento. Entender a correta aplicação da LGPD bem como sua abrangência material é fundamental para impedir que se pense que a lei é um entrave a tudo, solicitando-se novos pedidos de consentimento que não sejam necessários, máxime porque seria impraticável exigir o consentimento para todas as situações de tratamento de dados.

A anonimização desponta como uma importante alternativa àqueles que precisarem coletar e tratar dados pessoais, além de ser um relevante mecanismo de proteção

---

51. BSA. Qual é o "x" da questão em relação a dados? *BSA.org - The Software Alliance*. Disponível em: https://data.bsa.org/wp-content/uploads/2015/10/BSADataStudy_br.pdf. Acesso em: 11 jun. 2019, p. 8.
52. IGNÁCIO, Sérgio Aparecido. Importância da estatística para o processo de conhecimento e tomada de decisão. *Revista Paranaense de Desenvolvimento*, n. 118, Curitiba, jan./jun. 2010. Disponível em: http://www.ipardes.pr.gov.br/ojs/index.php/revistaparanaense/article/view/89/645. Acesso em: 11 jun. 2019, p. 187.
53. Nesse sentido, artigo 7º, I, da Lei Geral de Proteção de Dados Pessoais.

da privacidade dos indivíduos. Ademais, as pessoas podem se mostrar mais dispostas a revelar mais dados se elas acreditarem que seus dados serão anonimizados.[54]

Como visto, por meio do processo de anonimização busca-se desvincular as informações identificativas contidas numa base de dados das pessoas a quem estas informações se referem. Essa prática fundamenta-se na proteção à privacidade da pessoa ou grupos de pessoas cujos dados serão anonimizados.[55]

Por décadas, acreditou-se que a privacidade poderia ser protegida a partir do emprego de técnicas simples de anonimização, ao tempo que a utilidade dos dados seria preservada, de modo que hoje a anonimização é onipresente[56]. Nesse contexto, "a crença na idoneidade da anonimização [...] se espraia por diversos ordenamentos jurídicos, de sorte a tornar-se parte integrante de leis de proteção da privacidade e de dados pessoais mundo afora".[57]

Apesar disso, a anonimização não é livre de riscos. Assim, alguns pesquisadores veem a anonimização como a chave para permitir o uso justo de dados pessoais, ao passo que outros atentam às suas falhas.

6.1 Os riscos da reidentificação

Os críticos da anonimização afirmam que uma base de dados anonimizados sempre poderá ser combinada com outras bases de dados, e essa agregação poderá levar à reidentificação dos dados. É o que se chama de entropia da informação.[58]

A esse respeito, Bruno Bioni comenta que, com o crescimento da cultura do *open data*, nossas vidas têm sido cada vez mais datificadas e nossas informações, dispersas e publicamente acessíveis na rede. A crescente interação das pessoas com o mundo *online* cria uma biografia digital de suas vidas que é compartilhada com inúmeros indivíduos que fazem parte desses "relacionamentos *online*".[59]

---

54. HARGITAI, Viktor; SHKLOVSKI, Irina; WASOWSKI, Andrzej. Going Beyond Obscurity: organizational approaches to Data Anonymization. *Proceedings of the ACM on Human-Computer Interaction*, v. 2, n. XSCW, nov. 2018. Disponível em: https://dl.acm.org/citation.cfm?id=3274335. Acesso em: 12 jun. 2019, p. 68.
55. MACHADO, Diego. Tutela jurídica da privacidade, anonimização de dados e anonimato na internet. 2018. Disponível em: https://www.researchgate.net/publication/328784970_Tutela_juridica_da_privacidade_anonimizacao_de_dados_e_anonimato_na_internet. Acesso em: 12 jun. 2019, p. 276.
56. OHM, Paul. Broken Promises of Privacy: responding to the surprising failure of anonymization. *UCLA Law Review*, n. 1701, 2010. Disponível em: https://www.uclalawreview.org/pdf/57-6-3.pdf. Acesso em: 12 jun. 2019, p. 1706.
57. MACHADO, Diego. Tutela jurídica da privacidade, anonimização de dados e anonimato na internet. 2018. Disponível em: https://www.researchgate.net/publication/328784970_Tutela_juridica_da_privacidade_anonimizacao_de_dados_e_anonimato_na_internet. Acesso em: 12 jun. 2019, p. 276.
58. OHM, Paul. Broken Promises of Privacy: responding to the surprising failure of anonymization. *UCLA Law Review*, n. 1701, 2010. Disponível em: https://www.uclalawreview.org/pdf/57-6-3.pdf. Acesso em: 12 jun. 2019, p. 1.749.
59. BIONI, Bruno R. Xeque-Mate: o tripé de proteção de dados pessoais no xadrez das iniciativas legislativas no Brasil. *Privacidade e Vigilância*, USP, 2015. Disponível em: https://www.academia.edu/28752561/Xeque-Mate_o_trip%C3%A9_de_prote%C3%A7%C3%A3o_de_dados_pessoais_no_xadrez_das_iniciativas_legislativas_no_Brasil. Acesso em: 12 jun. 2019, p. 29.

Nessa senda, Paul Ohm alerta, ainda, para o problema que ele denomina de *"accretion problem"*: uma vez que um adversário[60] tenha vinculado dois bancos de dados anonimizados, ele pode utilizar essas novas informações para abrir outros bancos de dados anônimos. Por conseguinte, eventos de reidentificação que exponham apenas informações não sensíveis também devem ser objeto de preocupação, haja vista que tais informações aumentam a capacidade de vinculação dos dados, o que expõe as pessoas a um potencial dano futuro.[61]

Arvind Narayanan e Vitaly Shmatikov afirmam que há um amplo espectro de características humanas que permitem reidentificação, como preferências de consumo, transações comerciais, navegação na *web* e históricos de pesquisa[62]. Por essa razão, para os autores:

> A versatilidade e o poder dos algoritmos de reidentificação implicam que termos como "pessoalmente identificável" e "quase identificadores" simplesmente não têm significado técnico. Enquanto alguns atributos podem identificar unicamente por si próprios, qualquer atributo pode ser um identificador em combinação com os outros. Considere, por exemplo, os livros que uma pessoa leu ou até mesmo as roupas em seu guarda-roupa: embora nenhum elemento seja um (quase) identificador, qualquer subconjunto suficientemente grande identifica exclusivamente o indivíduo.[63] (Tradução nossa)

Para ilustrar como os dados anonimização são suscetíveis de reidentificação, apresentam-se alguns casos a seguir.

6.1.1   Netflix Prize

No ano de 2006, a Netflix lançou o *Netflix Prize*, por meio do qual oferecia um prêmio no valor de $ 1.000.000,00 (um milhão de dólares), desafiando os concorrentes a aprimorarem seu algoritmo de recomendação de filmes (*Cinematch*). Para a realização da competição foram disponibilizadas avaliações de usuários dos serviços da empresa, coletados entre os anos de 1999 e 2005, os quais haviam sido submetidos à anonimização, segundo sua política de privacidade em vigor à época do tratamento dos dados. Foram disponibilizados, ao todo, mais de 100 milhões de avaliações feitas por mais de 480 mil assinantes da Netflix.[64]

---

60. Essa é a expressão correntemente utilizada na literatura científica para designar aquele que busca a reidentificação.
61. OHM, Paul. Broken Promises of Privacy: responding to the surprising failure of anonymization. *UCLA Law Review*, n. 1701, 2010. Disponível em: https://www.uclalawreview.org/pdf/57-6-3.pdf. Acesso em: 12 jun. 2019, p. 1746.
62. NARAYANAN, Arvind; SHMATIKOV. Privacy and Security: myths and fallacies of "Personally Identifiable Information". *Comunication of the ACM*, v. 53, n. 6, jun. 2010. Disponível em: https://pdfs.semanticscholar.org/44f3/2957fd4cdd2633b6d0cb744b3461f1b73124.pdf. Acesso em: 12 jun. 2019, p. 26
63. NARAYANAN, Arvind; SHMATIKOV. Privacy and Security: myths and fallacies of "Personally Identifiable Information". *Comunication of the ACM*, v. 53, n. 6, jun. 2010. Disponível em: https://pdfs.semanticscholar.org/44f3/2957fd4cdd2633b6d0cb744b3461f1b73124.pdf. Acesso em: 12 jun. 2019, p. 26.
64. NARAYANAN, Arvind; SHMATIKOV. Privacy and Security: myths and fallacies of "Personally Identifiable Information". *Comunication of the ACM*, v. 53, n. 6, jun. 2010. Disponível em: https://pdfs.semanticscholar.

Por meio do acesso aos dados disponibilizados pela Netflix, pesquisadores da Universidade do Texas realizaram um estudo que teve como objetivo verificar a técnica utilizada pela Netflix para a anonimização dos dados publicados de seus usuários. Como resultado, o estudo chegou às seguintes conclusões:

> Resultado do estudo: com oito avaliações de filmes – das quais se permitiu que duas fossem completamente erradas – e datas – com erro de até três dias, 96% dos consumidores da Netflix cujos registros foram lançados no conjunto dos dados puderam ser identificados de forma exclusiva; para 64% dos clientes, o conhecimento de apenas duas das avaliações e data foi suficiente para a desanonimização total. Além disso, se os filmes em questão não estiverem entre os cem mais bem classificados, então mesmo com um erro de 14 dias nas datas, o conhecimento aproximado de oito classificações (duas das quais estão erradas) reidentifica inteiramente 80% dos consumidores na base de dados.[65]

A reidentificação dos consumidores dos serviços da Netflix foi possível por meio do cruzamento de informações com uma plataforma de avaliações de filmes semelhante à Netflix, na qual os titulares dos dados também postavam suas avaliações. Com o auxílio de dados complementares, o anonimato, anunciado com segurança, foi violado.[66]

6.1.2 Compras no cartão de crédito

Trata-se de um estudo realizado pelo Instituto Tecnológico de Massachusetts (MIT) com o objetivo de analisar o poder dos metadados e do *big data*, visando verificar a efetividade da anonimização das informações contidas em metadados. Para o estudo foram analisados dados de cartões de créditos de mais de um milhão de pessoas, demonstrando que quatro compras são suficientes para reidentificar os indivíduos em 90% dos casos.[67]

O estudo foi realizado utilizando-se dados cedidos por um responsável pelo tratamento dos dados dos titulares dos cartões de crédito, com garantia de sigilo por parte dos pesquisadores. Não se referem a dados pessoais, a princípio, ou dados que tratem da intimidade de seus titulares. Embora tivessem acesso aos dados dos cartões (titulares, números etc.), os pesquisadores optaram por realizar o estudo sem acessar esses dados, utilizando-os, posteriormente, apenas para conferir os resultados alcançados pelo estudo. Dessa forma, com metadados, informações genéricas, foi

---

org/44f3/2957fd4cdd2633b6d0cb744b3461f1b73124.pdf. Acesso em: 12 jun. 2019, p. 1.
65. MACHADO, Diego. Tutela jurídica da privacidade, anonimização de dados e anonimato na internet. 2018. Disponível em: https://www.researchgate.net/publication/328784970_Tutela_juridica_da_privacidade_anonimizacao_de_dados_e_anonimato_na_internet. Acesso em: 12 jun. 2019, p. 277.
66. MACHADO, Diego. Tutela jurídica da privacidade, anonimização de dados e anonimato na internet. 2018. Disponível em: https://www.researchgate.net/publication/328784970_Tutela_juridica_da_privacidade_anonimizacao_de_dados_e_anonimato_na_internet. Acesso em: 12 jun. 2019, p. 277.
67. MONTJOYE, Yves-Alexandre; RADAELLI, Laura; SINGH, Vivek; PENTLAND, Alex. Unique in the shopping mall: On the reidentifiability of credit card metadata. *Science*, v. 347, n. 6.221, jan. 2015. Disponível em: https://www.researchgate.net/publication/271591449_Unique_in_the_shopping_mall_On_the_reidentifiability_of_credit_card_metadata. Acesso em: 12 jun. 2019.

possível fazer o caminho inverso da anonimização e alcançar os titulares dos dados, evidenciando a fragilidade do processo de anonimização.[68]

6.1.3 Identificação dos norte-americanos

Trata-se de estudo realizado por Latanya Sweeney, durante a década de 1990, nos Estados Unidos da América. Sweeney é cientista da computação na Universidade de Harvard. O objetivo da pesquisa foi testar a segurança dos processos de anonimização de dados pessoais.

A pesquisa foi realizada por meio do cruzamento de informações anonimizadas de saúde da população estadunidense com uma lista de dados referentes a eleitores cadastrados para votar. O cruzamento de poucas características, a exemplo de Código Postal, data de nascimento e sexo, permitiu reidentificar os indivíduos, titulares dos dados pessoais de saúde, de forma simples e muito precisa, resultando na possibilidade de identificação dos titulares de dados pessoais anonimizados em 87% dos casos, utilizando-se indicadores simples (Código Postal, data de nascimento e sexo). A reidentificação foi possível em 50% dos casos apenas pela utilização de lugar, sexo e data de nascimento (sem código postal), e em 18% dos casos, restringindo-se o condado do indivíduo, a reidentificação torna-se possível.[69]

No caso do estudo em comento, a autora utilizou informações que estavam sendo comercializadas pela indústria de saúde, dados estes que não continham nomes, endereços ou número de Seguro Saúde dos indivíduos, mas continham informações sobre diagnósticos, DSTs, uso de drogas, além de data de nascimento, sexo e Código Postal. As informações, em si, podem ser consideradas dados pessoais sensíveis, mas foram submetidas a tratamento para anonimização, de modo a não ser possível conectá-las aos seus titulares.[70]

Os dados pessoais sensíveis do sistema de saúde foram cruzados com dados adquiridos pela pesquisadora por apenas 20 dólares, uma lista de eleitores de determinada localidade, a qual continha dados como data de nascimento, sexo e Código Postal.[71] Dessa forma, com dados genéricos de duas listas distintas, foi possível rei-

---

68. MONTJOYE, Yves-Alexandre; RADAELLI, Laura; SINGH, Vivek; PENTLAND, Alex. Unique in the shopping mall: On the reidentifiability of credit card metadata. *Science*, v. 347, n. 6.221, jan. 2015. Disponível em: https://www.researchgate.net/publication/271591449_Unique_in_the_shopping_mall_On_the_reidentifiability_of_credit_card_metadata. Acesso em: 12 jun. 2019.
69. SWEENEY, Latanya. Simple Demographics Often Identify People Uniquely. *Carnegie Mellon University*, Pitsburgh, 2000. Disponível em: https://dataprivacylab.org/projects/identifiability/paper1.pdf. Acesso em: 12 jun. 2019, p. 2.
70. FORD FOUDATION. Advice to my younger self: Latanya Sweeney. *Ford Foundation*, 12 mar. 2019. Disponível em: https://www.fordfoundation.org/ideas/equals-change-blog/posts/advice-to-my-younger-self-latanya-sweeney/. Acesso em: 12 jun. 2019.
71. FORD FOUDATION. Advice to my younger self: Latanya Sweeney. *Ford Foundation*, 12 mar. 2019. Disponível em: https://www.fordfoundation.org/ideas/equals-change-blog/posts/advice-to-my-younger-self-latanya-sweeney/. Acesso em: 12 jun. 2019.

dentificar os titulares dos dados da primeira lista, a qual continha dados sensíveis, e associar a eles esses dados, violando sua privacidade.

Jane Yakowitz, embora não negue que realmente exista o risco da reidentificação, afirma que a utilidade social dos dados é muito desvalorizada pelos estudiosos da privacidade, bem como que estes riscos são insignificantes, não havendo ocorrências conhecidas de reidentificação indevida de um conjunto de dados de pesquisa. Para a autora, os riscos relacionados aos dados anonimizados são menores que outros riscos relacionados à informação, como o vazamento de dados e a pirataria, riscos estes que, por conveniência, são tolerados.[72]

Yakowitz aduz, ainda, que, caso se presuma que a anonimização dos dados é impossível, o futuro dos dados abertos e toda a sua utilidade social serão postos em questão, o que fará com que os indivíduos não queiram fornecer seus dados. Contudo, quase todos os debates recentes sobre políticas públicas se beneficiou da disseminação em massa de dados anônimos.[73]

Nesse sentido, o Parecer 5/2014, do Grupo de Trabalho de Proteção de Dados do Artigo 29, afirma que nenhuma técnica analisada no documento satisfaz completamente os critérios de anonimização eficaz, entretanto, os resultados das técnicas podem ser robustecidos por meio de um planejamento meticuloso na definição de qual técnica será utilizada, tendo em vista as peculiaridades da situação específica, bem como por meio da combinação de técnicas.[74] Assim, conclui que "as técnicas de anonimização podem fornecer garantias de privacidade e podem ser utilizadas para gerar processos eficazes de anonimização, mas apenas se a sua aplicação for adequadamente construída".[75]

O fato é que as legislações e os debates jurídicos sobre proteção de dados não têm ficado alheios aos riscos da reidentificação dos dados anonimizados, assim como também não são desprezados todos os benefícios que os dados anônimos proporcionam à sociedade. Nesse sentido, tanto a LGPD quanto o RGPD buscaram equilibrar essa questão a partir do critério da razoabilidade dos meios que podem ser utilizados para a reversão do processo de anonimização.

Dessa feita, "a função da anonimização deixa de ser determinada pela lógica do tudo ou nada",[76] de forma que não é a aplicação de uma técnica de anonimização

---

72. BAMBAUER, Jane R. Tragedy of the Data Commons. *Harvard Journal of Law and Technology*, v. 25, 19 mar. 2011. Disponível em: https://papers.ssrn.com/sol3/papers.cfm?abstract_id=1789749. Acesso em: 9 jun. 2019, p. 4.
73. BAMBAUER, Jane R. Tragedy of the Data Commons. *Harvard Journal of Law and Technology*, v. 25, 19 mar. 2011. Disponível em: https://papers.ssrn.com/sol3/papers.cfm?abstract_id=1789749. Acesso em: 9 jun. 2019, p. 9.
74. GRUPO DE TRABALHO DE PROTEÇÃO DE DADOS DO ARTIGO 29°. Parecer 5/2014 sobre as técnicas de anonimização. 10 abr. 2014. Disponível em: https://www.gpdp.gov.mo/uploadfile/2016/0831/20160831042518381.pdf. Acesso em: 10 jun. 2019, p. 26.
75. GRUPO DE TRABALHO DE PROTEÇÃO DE DADOS DO ARTIGO 29°. Parecer 5/2014 sobre as técnicas de anonimização. 10 abr. 2014. Disponível em: https://www.gpdp.gov.mo/uploadfile/2016/0831/20160831042518381.pdf. Acesso em: 10 jun. 2019, p. 3-4.
76. MACHADO, Diego. *Tutela jurídica da privacidade, anonimização de dados e anonimato na internet*. 2018. Disponível em: https://www.researchgate.net/publication/328784970_Tutela_juridica_da_privacidade_anonimizacao_de_dados_e_anonimato_na_internet. Acesso em: 12 jun. 2019, p. 282.

que, por si só, dispensará a aplicação das normas de proteção de dados. Havendo uma potencial identificabilidade do titular dos dados diante dos meios existentes de serem razoavelmente utilizados para tanto ou existindo um inaceitável risco da identificabilidade do dado, o ente responsável deverá cumprir os princípios e regras do direito de proteção dos dados pessoais.[77]

7. O CRITÉRIO DA RAZOABILIDADE E A NECESSIDADE DE UMA DEFINIÇÃO CONTEXTUAL DE DADOS ANONIMIZADOS

A Lei Geral de Proteção de Dados Pessoais reconhece que as técnicas de anonimização são, em algum grau, falíveis, de modo que sempre existirá a possibilidade de um dado seja atrelado a um indivíduo específico. No entanto, uma vez que esse fato poderia expandir imensuravelmente o espectro de incidência do conceito amplo de dados pessoais, há a necessidade de se estabelecer um filtro a fim de que nem toda e qualquer possibilidade seja suficiente para que se considere o dado identificável e, portanto, pessoal.[78]

Uma lei cujo conceito de dado pessoal se expandisse de tal forma tornar-se-ia "a lei de tudo", mas na prática seria muito difícil o seu cumprimento. Se não houvesse esse filtro, isso significaria que não existiriam dados anônimos, o que implicaria grandes obstáculos aos avanços tecnológicos e às vantagens que estes podem proporcionar ao desenvolvimento da sociedade. Assim, "o critério da razoabilidade nada mais é do que uma diretriz acerca do que venha a ser um risco aceitável em torno da reversibilidade do processo de anonimização, a fim de que os dados anonimizados estejam fora do conceito de dados pessoais".[79]

A esse respeito, a Lei 13.709/2018, em seu artigo 12, dispõe que os dados anonimizados não serão considerados dados pessoais, salvo quando o processo de anonimização ao qual foram submetidos for revertido, utilizando exclusivamente meios próprios, ou quando, com esforços razoáveis, puder ser revertido. Além disso, estabelece que a determinação do que seja razoável deve levar em consideração fatores objetivos, tais como custo e tempo necessários para reverter o processo de anonimização, de acordo com as tecnologias disponíveis, e a utilização exclusiva de meios próprios. Essa definição do que seja razoável está

---

77. MACHADO, Diego. *Tutela jurídica da privacidade, anonimização de dados e anonimato na internet.* 2018. Disponível em: https://www.researchgate.net/publication/328784970_Tutela_juridica_da_privacidade_anonimizacao_de_dados_e_anonimato_na_internet. Acesso em: 12 jun. 2019, p. 282.
78. BIONI, Bruno R. Xeque-Mate: o tripé de proteção de dados pessoais no xadrez das iniciativas legislativas no Brasil. *Privacidade e Vigilância*, USP, 2015. Disponível em: https://www.academia.edu/28752561/Xeque--Mate_o_trip%C3%A9_de_prote%C3%A7%C3%A3o_de_dados_pessoais_no_xadrez_das_iniciativas_legislativas_no_Brasil. Acesso em: 12 jun. 2019, p. 32.
79. BIONI, Bruno R. Xeque-Mate: o tripé de proteção de dados pessoais no xadrez das iniciativas legislativas no Brasil. *Privacidade e Vigilância*, USP, 2015. Disponível em: https://www.academia.edu/28752561/Xeque--Mate_o_trip%C3%A9_de_prote%C3%A7%C3%A3o_de_dados_pessoais_no_xadrez_das_iniciativas_legislativas_no_Brasil. Acesso em: 12 jun. 2019, p. 32.

de acordo com o Considerando 26 do Regulamento Geral de Proteção de Dados Pessoais.[80]

O contexto e as circunstâncias de um caso concreto influenciam diretamente a identificabilidade. A investigação, as ferramentas e as capacidades da tecnologia evoluem, razão por que não seria viável nem útil especificar, num rol taxativo, todas as hipóteses em que a identificação deixa de ser possível.[81] Não há uma unidade de medida para avaliar previamente o tempo ou o esforço necessários para a reidentificação após o tratamento dos dados.[82]

Posto isso, o critério para conceituar determinado dado como anonimizado é a segurança da preservação da sua dissociação em relação aos titulares, e isso envolve um exame das tecnologias e alternativas disponíveis.[83]

A LGPD, em seu artigo 12, § 3°, estabeleceu que a autoridade nacional poderá dispor sobre padrões e técnicas utilizados em processos de anonimização e realizar verificações acerca de sua segurança, ouvido o Conselho Nacional de Proteção de Dados Pessoais. Assim, na LGPD, quem dirá o que é ou não razoável será a Autoridade Nacional.

O Grupo de Trabalho de Proteção de Dados do Artigo 29 da Diretiva 95/46/CE, em seu Parecer 5/2014, sugere que, além dos meios, deve-se avaliar a probabilidade e a gravidade da identificação. Ademais, este Parecer apresenta importante reflexão acerca da obrigação do terceiro que fará o tratamento de dados anonimizados: os terceiros devem considerar os fatores contextuais e circunstanciais, incluindo as características específicas das técnicas de anonimização de dados pessoais aplicadas pelo responsável pelo tratamento de dados inicial, ao decidir como utilizar e, em especial, combinar tais dados anonimizados para fins próprios, de modo que sempre que tais fatores e características implicarem um risco inaceitável de identificação dos titulares dos dados, o tratamento deverá se sujeitar à legislação de proteção de dados.[84]

---

80. Para determinar se uma pessoa singular é identificável, importa considerar todos os meios suscetíveis de ser razoavelmente utilizados, tais como a seleção, quer pelo responsável pelo tratamento quer por outra pessoa, para identificar direta ou indiretamente a pessoa singular. Para determinar se há uma probabilidade razoável de os meios serem utilizados para identificar a pessoa singular, importa considerar todos os fatores objetivos, como os custos e o tempo necessário para a identificação, tendo em conta a tecnologia disponível à data do tratamento dos dados e a evolução tecnológica.
81. GRUPO DE TRABALHO DE PROTEÇÃO DE DADOS DO ARTIGO 29°. *Parecer 5/2014 sobre as técnicas de anonimização*. 10 abr. 2014. Disponível em: https://www.gpdp.gov.mo/uploadfile/2016/0831/20160831042518381.pdf. Acesso em: 10 jun. 2019, p. 9.
82. GRUPO DE TRABALHO DE PROTEÇÃO DE DADOS DO ARTIGO 29°. *Parecer 5/2014 sobre as técnicas de anonimização*. 10 abr. 2014. Disponível em: https://www.gpdp.gov.mo/uploadfile/2016/0831/20160831042518381.pdf. Acesso em: 10 jun. 2019, p. 30.
83. FRAZÃO, Ana. *A nova Lei Geral de Proteção de Dados*. 5 nov. 2018. Disponível em: http://anafrazao.com.br/files/publicacoes/2018-09-05-A_nova_Lei_Geral_de_Protecao_de_Dados_Repercussoes_para_a_atividade_empresarial_o_alcance_da_LGPD_Parte_II.pdf. Acesso em: 12 jun. 2019, p. 4.
84. GRUPO DE TRABALHO DE PROTEÇÃO DE DADOS DO ARTIGO 29°. *Parecer 05/2014 sobre as técnicas de anonimização*. 10 abr. 2014. Disponível em: https://www.gpdp.gov.mo/uploadfile/2016/0831/20160831042518381.pdf. Acesso em: 10 jun. 2019, p. 11.

8. CONSIDERAÇÕES FINAIS

s dados pessoais são uma extensão da nossa personalidade e, por isso, merecem ser tutelados, sendo a proteção desses dados um direito fundamental. Como visto, existe um conceito amplo e um restrito de dado pessoal. A Lei Geral de Proteção de Dados pessoais adotou a acepção ampla, de modo que os dados pessoais são aqueles relacionados a uma pessoa identificada ou identificável.

Os dados pessoais que podem ser utilizados com finalidades discriminatórias são classificados como sensíveis e recebem tratamento específico da legislação. Entretanto, para que a tutela desses dados pessoais seja adequada, faz-se necessário que a classificação de um dado como sensível ou não sensível seja dinâmica e contextual, considerando o uso que se fará dos dados e quais as inferências que se pode obter a partir deles.

A utilização dos dados pessoais traz inúmeros benefícios à sociedade. Por outro lado, na sociedade da informação crescem os riscos de danos à privacidade dos indivíduos. Privacidade e avanços tecnológicos devem coexistir, uma vez que impedir o tratamento dos dados pessoais significa obstaculizar o desenvolvimento da sociedade. Nesse ponto reside a importância das legislações sobre a proteção dos dados pessoais: permitir o uso responsável das informações sem, contudo, tornar-se um entrave a tudo.

Existem métodos de tratamentos que visam à proteção da privacidade dos titulares dos dados, como a codificação, a pseudonimização e a anonimização. Desses métodos, apenas a anonimização faz, de maneira eficaz, com que um dado perca a possibilidade de associação, direta ou indireta, a um indivíduo, tendo em conta a razoabilidade dos meios possíveis de ser utilizados para reidentificar esses dados.

Dito isso, a anonimização desponta como uma importante alternativa àqueles que precisarem coletar e tratar dados pessoais, uma vez que afasta a aplicabilidade da LGPD e permite a utilização dos dados sem lesionar a privacidade dos indivíduos. Entretanto, a anonimização é falível, existindo o risco da reidentificação. Atentas a isso, mas também tendo em vista todos os benefícios que os dados anonimizados proporcionam à sociedade, as legislações, a exemplo da LGPD, buscam equilibrar essa questão a partir do critério da razoabilidade dos meios que podem ser utilizados para a reversão do processo de anonimização.

No entanto, cabe aqui uma crítica. Tendo em vista os riscos inerentes à anonimização, excluir os dados anonimizados de qualquer proteção conferida pela Lei Geral de Proteção de Dados Pessoais não se mostrou a técnica legislativa mais adequada.

É claro que se exigir sempre o consentimento para a utilização dos dados anonimizados seria um entrave muito grande às inovações tecnológicas. Contudo, exigir dos responsáveis pelo tratamento de dados anônimos certas práticas conferiria mais proteção aos direitos fundamentais tutelados pela LGPD, de forma a garantir mais efetividade da legislação sem obstaculizar os avanços tecnológicos.

Nesse sentido, a LGPD poderia ter previsto, no setor privado, a publicidade do compartilhamento e uso que se faz dos dados anônimos, para que as pessoas e a Autoridade Nacional pudessem ter ciência e controle do que acontece com os dados depois de anonimizados.

Além disso, uma vez que as evoluções tecnológicas podem tornar uma técnica de anonimização falha, permitindo que a identificabilidade aconteça sem maiores esforços, um dado anonimizado pode voltar a ser um dado pessoal. Por essa razão, a Autoridade Nacional, ao dispor sobre os padrões e técnicas utilizados em processos de anonimização, bem como ao realizar verificações acerca de sua segurança, deverá levar em conta que a caracterização de um dado como anonimizado deve ser contextual.

Assim, caberá à Autoridade Nacional estabelecer procedimentos que sejam capazes de identificar novos riscos de reidentificação, bem como reavaliar, regularmente, a razoabilidade de utilização dos meios para os riscos já identificados. A Autoridade Nacional deverá avaliar, regularmente, se as medidas de segurança adotadas pelas organizações para os riscos identificados são suficientes. Essas medidas são necessárias para que, ao se verificar que o risco de reidentificação não é mais tolerável, os dados sejam imediatamente considerados pessoais e a LGPD lhes seja aplicável, permitindo que a privacidade das pessoas continue segura mesmo com a evolução das tecnologias.

A Lei 13.709/2018 tutelaria de uma melhor forma a privacidade das pessoas se não houvesse excluído completamente os dados anonimizados de seu escopo e, pelo contrário, tivesse exigido das organizações que manipulam dados anonimizados uma série de medidas para prevenir a reidentificação ou minimizar seus efeitos, responsabilizando os terceiros que lidassem com esses dados em caso de identificabilidade.

Entretanto, como a LGPD preferiu excluir os dados anonimizados de sua abrangência material, caberá à Autoridade Nacional, dentro de suas competências, adotar medidas que protejam os brasileiros dos riscos da reidentificação.

Em que pesem as críticas, as técnicas de anonimização, quando bem aplicadas, podem fornecer garantias de privacidade eficazes, não havendo ocorrências conhecidas de reidentificação indevida de um conjunto de dados de pesquisa. Dessa forma, o risco da reidentificação pode ser tolerado, haja vista que são muito menores que todos os benefícios que os dados anonimizados proporcionam à sociedade.

Assim, a anonimização dos dados pessoais pode ser vista como o caminho para que a privacidade e a utilização dos dados coexistam, de modo a se permitir que os direitos fundamentais dos indivíduos sejam assegurados sem, contudo, obstaculizarem os avanços tecnológicos e a nova economia.

ROBÔS COMO PESSOAS: A PERSONALIDADE ELETRÔNICA NA ROBÓTICA E NA INTELIGÊNCIA ARTIFICIAL

Sergio Marcos Carvalho de Avila Negri

Doutor e Mestre em Direito Civil pela UERJ. Especialista em Direito Civil pela *Università degli Studi di Camerino* (Itália). Professor Adjunto do Departamento de Direito Privado da Faculdade de Direito da Universidade Federal de Juiz de Fora-UFJF e membro do corpo docente permanente do Programa de Pós-Graduação *Stricto Sensu* em Direito e Inovação da mesma Instituição. E-mail: sergio.negri@ufjf.edu.br

1. INTRODUÇÃO

> A história universal talvez seja a história de umas tantas metáforas.
> Jorge Luis Borges.

No ensaio a Esfera de Pascal, o escritor Jorge Luis Borges relata que o filósofo grego Xenófanes, mestre de Parmênides, estava farto dos versos homéricos que vestiam os Deuses como seres humanos. Em contraposição aos traços antropomórficos, propôs aos gregos um só Deus, que era, na verdade, uma esfera eterna. A história seguiu o seu curso e os deuses exageradamente humanos foram rebaixados a ficções poéticas.

A metáfora antropomórfica não se restringe ao imaginário mítico ou religioso. Sophia, um robô humanoide com Inteligência Artificial, desenvolvido pela empresa Hanson Robotics, recebeu cidadania da Arábia Saudita em 2017. Embora vários entrevistadores tenham ficado impressionados com a sofisticação de suas respostas, o robô segue um algoritmo simples e a maior parte de suas declarações são creditadas a um texto previamente elaborado.

Assim como no ensaio de Borges, a robótica também pode ser pensada sem qualquer recurso antropomórfico, com outras metáforas, como, por exemplo, uma esfera. Roomba é um robô doméstico plano e redondo. Mesmo não possuindo habilidades sociais como Sophia, o fato desse aspirador robótico se movimentar por conta própria, seguindo um algoritmo simples, faz com que algumas pessoas passem a nomear o robô, conversar com ele e sentir-se mal quando o artefato ficava preso embaixo do sofá.[1]

Se, durante muito tempo, vigorou a ideia de que robôs e seres humanos deveriam ser separados, acentuou-se, principalmente na última década, uma tendência oposta: os seres humanos podem e devem compartilhar o mesmo ambiente que os artefatos robóticos. Como acompanhantes de idosos – e até mesmo de crianças com autismo –, artefatos cirúrgicos, entregadores ou seguranças, os robôs já começaram a entrar nos lares e nas vidas das pessoas.

Em razão da indefinição ontológica e jurídica acerca dessa tecnologia emergente, o Direito se vê obrigado a recorrer a velhas figuras, metáforas já conhecidas, que nos auxiliam a se aproximar, com certa familiaridade, daquilo que é novo e desconhecido. Em 2017, o Parlamento Europeu apresentou uma resolução com orientações sobre robótica, com uma proposta da criação de uma personalidade eletrônica para artefatos robóticos "inteligentes".[2] O presente artigo procura investigar essa proposta de criação de uma personalidade jurídica (eletrônica) para robôs com Inteligência Artificial (IA), destacando, para tanto, vários riscos e problemas presentes nesse tipo de iniciativa, tendo em vista, principalmente, a tendência atual de ampliação da subjetividade jurídica em vários ordenamentos.

2. DIREITO CIVIL E ROBÓTICA

A arquitetura das plataformas digitais é capaz, em certos casos, de influenciar a sociedade de forma mais direta e eficiente do que o próprio Direito. No crescente cenário de tecno-regulação, é importante ressaltar que programadores e engenheiros podem ter dificuldade em traduzir valores éticos e fundamentais em demandas que afetam decisivamente à vida das pessoas. Nesse sentido, Lagdon Winner, como lembra Ronald Leenes, já trabalhava com a dimensão política dos artefatos e citava, como exemplo, as absurdas construções urbanas estruturalmente elitistas de Robert Moses, em Nova Iorque, que foram projetadas para impedir fisicamente a passagem de transportes coletivos públicos até áreas nobres da cidade, uma vez que estes eram utilizados, predominantemente, pela população negra.[3]

Com o surgimento do ciberespaço, as Tecnologias da Informação e da Comunicação (TIC) passaram a ser entendidas como instrumentos capazes de condicionar comportamentos. A relação entre o Direito e os efeitos normativos da tecnologia foi consolidada como campo de estudo por autores como Reidenberg e Lessig[4]. Lessig apresenta o "código" – em suas palavras, o hardware e o software que formam o ciberespaço – como uma nova forma de regulação, pois define os termos em que as interações no ciberespaço ocorrem.[5] Desse modo, conforme o código muda, o caráter do ciberespaço também muda. A tecnologia sempre incorpora certas regras, que permitem determinado comportamento e inibem outro. Logo, as regras no ciberespaço são cada vez mais modeladas pela tecnologia, e não pelo Direito.

A robótica não pode ser vista como uma novidade. Na indústria, com destaque para a fabricação de automóveis, a robótica representa uma técnica já incorporada à produção, principalmente no que se refere à realização de tarefas rotineiras. Como ressalta Ugo Pagallo, há mais de cinquenta anos, "os robôs já se materializaram como uma máquina reprogramável, operando de maneira semi ou totalmente automática na realização de operações de fabricação e em outras tarefas industriais"[6]. Embora a robótica não se confunda com a IA, é inegável que, atualmente, esses campos se entrelaçaram cada vez mais, em razão, principalmente, da melhoria dos métodos probabilísticos, da disponibilidade crescente de enormes quantidade de dados e do aumento do poder computacional. Não se pode esquecer também da transformação mais recente de lugares e espaços em ambientes mais receptíveis à tecnologia de informação, como ocorre com o imaginário de cidades inteligentes.

A Resolução do Parlamento Europeu de 16 de fevereiro de 2017 estabeleceu que um robô será considerado inteligente quando possuir as seguintes características: a) existência de sensores capazes de permitir a troca de dados com o ambiente; b) capacidade de aprendizado com a experiência e interação com o meio; c) existência de um suporte material; d) capacidade de adaptação e) ausência de vida na acepção biológica.[7]

Dentre as recomendações sobre a constituição de um registro próprio, a formação de regimes de seguro e fundos de compensação, encontra-se a sugestão da criação de um estatuto jurídico de robôs para os artefatos mais complexos, os quais passariam a apresentar uma personalidade jurídica (eletrônica).

A personalidade eletrônica é apresentada como uma resposta aos problemas da responsabilidade civil, em razão de possíveis danos que possam ser causados pelos artefatos robóticos. Com efeito, nota-se uma confusão nessa forma de abordagem: a atribuição de uma suposta personalidade jurídica para robôs é tratada como se fosse uma decorrência automática do debate sobre a responsabilidade. Como notou o professor Ugo Pagallo, assim como não devemos confundir maçãs com laranjas, é importante separar as maçãs da responsabilidade e as laranjas da personalidade.[8] Além de cindir os debates, deve-se notar que a defesa ou a crítica da personalidade jurídica para robôs passa necessariamente pela compreensão do processo de atribuição de personalidade jurídica a sociedades empresárias, associações e fundações. Se o Direito não restringe a atribuição de personalidade jurídica ao ser humano, como poderíamos criticar a atribuição de personalidade jurídica a um robô com Inteligência Artificial? Devemos nos aproximar dos artefatos robóticos por meio de velhas categorias, como se os robôs fossem pessoas para o Direito?

---

6. PAGALLO, Ugo. Vital, Sophia, and Co. The Quest for the Legal Personhood of Robots. *Information*, 9, 230, 2018. p. 18.
7. UNIÃO EUROPEIA. *Resolução do Parlamento Europeu*, de 16 de fevereiro de 2017, com recomendações à Comissão Direito Civil sobre Robótica. 2017. Disponível em: http://www.europarl.europa.eu/doceo/document/TA-8-2017-0051_PT.html?redirect.
8. PAGALLO, Ugo. Vital, Sophia, and Co. The Quest for the Legal Personhood of Robots. *Information*, 9, 230, 2018.

3. A FALÁCIA ANDROIDE E A RETÓRICA ANTROPOMÓRFICA

3.1 Robôs como pessoas

Traçar a relação entre Direito e novas tecnologias não é uma tarefa fácil e, geralmente, essa aproximação não ocorre de maneira simples. Muitas vezes essa ligação é viabilizada por meio do uso de metáforas, que servem de instrumento para a concretização de um efeito retórico, equiparando diretamente conceitos diferentes. Richards e Smart explicam que, quando lidamos com diferentes tipos de robôs, há uma série de metáforas concorrentes, por isso, escolher quais delas serão utilizadas gera consequências de grande importância para o sucesso ou o fracasso de uma tentativa de regulação da robótica.[9]

Calo afirma que, atualmente, já estamos lidando com a escolha de metáforas para robôs, uma vez que drones já foram equiparados a "aeronaves", levando a severas limitações de uso.[10] Além disso, agências reguladoras nos Estados Unidos já compararam os robôs cirúrgicos com a cirurgia laparoscópica, que é minimamente invasiva, acelerando o processo de aprovação.

Uma metáfora particularmente sedutora, não só para o Direito, mas também para outros campos de estudo da robótica, é pensar robôs a partir de uma retórica antropomórfica, como se fossem pessoas. Se o imaginário sobre robôs é marcado pela presença de artefatos antropomórficos, como os androides dos filmes e da literatura, qual seria o problema de o Direito também recorrer a essa sutil comparação? Para compreender os riscos dessa retórica que projeta qualidades humanas nos robôs com IA, precisamos, antes, compreender melhor essa tecnologia.

Diante dos desafios trazidos pela disseminação de robôs inteligentes, que paulatinamente chegam ao mercado e, consequentemente, se tornam cada vez mais presentes na vida das pessoas, impactando também a esfera do Direito, Calo apresenta três características distintivas dos robôs: a materialidade, o comportamento emergente e o valor social.[11] Uma das principais característica de um robô é estar fisicamente incorporado ao mundo, o que lhe permite compartilhar o ambiente físico com os seres humanos. Como ressalta Mataric, a corporalidade significa também perceber outros corpos e objetos ao seu redor, daí porque uma das primeiras coisas que um robô deve internalizar ao ser programado é como evitar colisões, o que é feito com o auxílio de sensores, dispositivos físicos que permitem a um robô receber informações

---

9. RICHARDS, Neil M. SMART, William D. *How Should the Law Think About Robots?* maio, 2013. Disponível em SSRN: https://ssrn.com/abstract=2263563 ou http://dx.doi.org/10.2139/ssrn.2263563. Acesso em: 28/10/2019.
10. CALO, Ryan. Robotics and the lessons of cyberlaw. *California Law Review*, v. 103, n. 3, p. 513-563, Berkeley, jun. 2015.
11. CALO, Ryan. Robotics and the lessons of cyberlaw. *California Law Review*, v. 103, n. 3, p. 513-563, Berkeley, jun. 2015.

sobre si mesmo e sobre os objetos que o cercam.[12] Nesse sentido, ao contrário do que possa parecer, a incerteza faz parte da robótica e decorre do fato de que os robôs são mecanismos físicos que operam em situações nas quais será difícil saber com exatidão o seu próprio estado e o do seu ambiente.

A materialidade não se restringe a uma questão simplesmente estética. O modo como pensamos sobre os robôs (e seus operadores humanos) afetará também o seu design. Neste contexto, Richards e Smart questionam o que a sociedade espera dos robôs a partir de metáforas: seriam mordomos virtuais, animais de estimação virtuais ou filhos virtuais?[13] As respostas escolhidas para esses questionamentos afetarão a apresentação física do robô e sua configuração.

Apesar dos traços antropomórficos, Sophia, a robô humanoide, segue um programa simples. Nesse ponto, a metáfora pode se transmutar em uma falácia: a aparência humana pode nos levar a pensar em robôs como pessoas. Assim como nem todos robôs são androides, a ilusão provocada pelo antropomorfismo da forma pode ser perigosa quando pensamos em iniciativas regulatórias pautadas em falsas suposições sobre a capacidade dos próprios artefatos robóticos.

A projeção de característica humanas em robôs não depende, contudo, da sua forma. Mesmo quando um artefato robótico não tem formato antropomórfico, as pessoas projetam nessas tecnologias qualidades humanas, como consciência e inteligência. À medida que a autonomia do sistema aumenta, dificultando conexões entre as entradas (seus comandos) e o comportamento do robô, as analogias com os seres humanos são reforçadas, o que, por sua vez, pode prejudicar qualquer tentativa normativa, seja no que se refere ao debate da ética ou às questões jurídicas, como a determinação de quem seria o responsável por possível danos causados pelos artefatos robóticos.

3.2 A naturalização da autonomia e da consciência na robótica e na IA

No debate sobre a personalidade eletrônica, constata-se, comumente, a afirmação de que as normas legais já existentes seriam incapazes de retratar e, consequentemente, disciplinar robôs autônomos e inteligentes. A partir do momento em que se admite que os robôs atuais podem realizar comportamentos não previstos, apenas nos restaria reconhecer-lhes a personalidade jurídica (eletrônica). Esse tipo de raciocínio tem várias falhas. O primeiro problema refere-se à falta de determinação do significado de autonomia. Ao mesmo tempo, confunde-se autonomia com imprevisibilidade do resultado. Máquinas operadas a partir de controle humano direto podem ocasionar resultados imprevisíveis. Em uma perspectiva tecnológica, o termo autonomia poderia ser utilizado em aplicações robóticas em que se constata, em algum momento,

---

12. MATARIC, Maja J. *Introdução à robótica*. Trad. Humberto Ferasoli Filho, José Reinaldo Silva e Silas Franco. São Paulo: Editora Unesp, 2014.
13. RICHARDS, Neil M. SMART, William D, How Should the Law Think About Robots? maio, 2013. Disponível em SSRN: https://ssrn.com/abstract=2263363 ou http://dx.doi.org/10.2139/ssrn.2263363. Acesso em: 28 out. 2019.

teleoperação, telepresença ou supervisão humana? Um robô atuando sem um constante acompanhamento humano, mas controlado em um momento de necessidade poderia ser qualificado como autônomo? Nesse sentido, a ausência de especificação do termo autonomia contribui com a sua própria naturalização, ou seja, a autonomia é apresentada como um dado, como se fosse uma decorrência necessária da suposta inteligência desses sistemas.

Na tentativa de afastar essa imprecisão, Bertolini ressalta três significados para o termo autonomia quando se discute aplicações robóticas: a) autonomia como consciência ou autoconsciência, o que nos levaria a ideia de livre arbítrio e, consequentemente, a identificação de um agente moral; b) capacidade de interagir de forma independente no ambiente operacional; c) capacidade de aprender.[14]

Em termo filosóficos, a autonomia, em um sentido forte, guarda relação com a ideia de que a responsabilidade só pode ser atribuída a um agente moral. Assim como a subjetividade, a autonomia, nessa acepção, faz parte do discurso filosófico da modernidade. Os conceitos morais nos "tempos modernos" passaram a ser talhados para reconhecer a liberdade subjetiva do indivíduo em discernir como válido o que ele deve fazer. Ao romper com o paradigma da moralidade como obediência, Kant praticamente inventou a concepção da moralidade como autonomia.[15] A rejeição da desigualdade da qualidade moral torna cada um o seu próprio legislador, na medida em que toda a pessoa seria capaz de avaliar a sua própria ação, sem necessidade de qualquer interferência externa. Ainda que se possa criticar o forte componente antropocêntrico dessa ideia de autonomia, não há, atualmente, nenhum artefato robótico que atenda essas condições descritas, o que, a princípio, afastaria a qualificação de robôs como agentes autônomos em um sentido forte. Como o Direito não restringe a personalidade jurídica, enquanto aptidão para adquirir deveres e direitos, ao substrato humano, o debate ontológico acaba perdendo espaço quando confrontado com argumentos mais pragmáticos, como, por exemplo, a atribuição de personalidade jurídica a sociedades, associações e fundações.

Em um outro sentido, a autonomia poderia ser compreendida como a capacidade de realizar tarefas sem a supervisão humana. Trata-se de uma autonomia em sentido fraco. Do drone autônomo, passando pelos veículos sem motorista, até chegar ao aspirador de pó robótico, pode-se falar, nesses casos, em autonomia, em variados níveis, mesmo que o artefato robótico mostre-se vinculado a realizar determinada atividade em razão de meta previamente definida por um programador. Ainda que distante da ideia de uma concepção forte de agência, é inegável que se trata de uma aparência de agência, a qual, como já visto, tem a sua importância. Na clássica definição de Richards e Smart, os artefatos robóticos são analisados a

---

14. BERTOLINI, Andrea. Robots as Products: The Case for a Realistic Analysis of Robotic Applications and Liability Rules. *Law, Innovation And Technology*, [s.l.], v. 5, n. 2, p. 214-247, 30 dez. 2013.
15. SCHNEEWIND, J. B. *A invenção da autonomia*. Uma história da filosofia moral. Porto Alegre: Unisinos. 2005.

partir dessa sensação de agência, que não se confunde com o seu sentido forte.[16] Nesse aspecto, pode-se entender um robô como um sistema construído que exibe, ainda que apenas aparentemente, uma agência física e mental, mas não está vivo no sentido biológico, ou seja, é algo fabricado que se move pelo mundo (materialidade), parece tomar decisões racionais (autonomia fraca ou aparente) sobre o que fazer e é uma máquina.

Para evitar a retórica antropomórfica, Calo afasta o uso do termo "autonomia" e prefere utilizar o termo *comportamento de emergência*.[17] O comportamento emergente é encontrado em sistemas adaptativos complexos, nos quais há um comportamento global resultante da interação individual. Alguns exemplos podem ser vistos no mundo animal, como a revoada de pássaros, o cardume de peixes e o enxame de abelhas, que mostram a criação de padrões sem a existência de um comando central. O comportamento emergente é um fenômeno característico de sistemas adaptativos complexos.[18] É um tipo de comportamento global, que pode resultar de centenas e milhares de interações individuais simples. Criam a ilusão de uma coordenação central. Fala-se de comportamento emergente quando se observa um comportamento que não é explicitamente programado mas resulta da interação de mecanismos simples.

A noção de comportamento emergente está associada a uma perspectiva holística, na qual o comportamento do robô não se confunde com a simples soma das suas partes, criando, em algumas situações, a sensação de que o artefato realizou um comportamento inesperado, não programado. É interessante perceber que a surpresa pode depender da expectativa subjetiva do expectador. Mesmo assim, ainda que se adote a perspectiva do programador, não há como estabelecer de antemão todos os comportamentos que emergem da interação que ocorre apenas em determinado tempo e espaço da execução. Como ressalta Mataric, "o fato de que não podemos prever tudo com antecedência não significa que não podemos prever nada",[19] como, por exemplo, os riscos associados à utilização de artefato, como os robôs cirúrgicos, em um contexto de uso determinado. Desse modo, o *input* recebido pelo robô continua sendo determinante para o comportamento que ele irá apresentar, ainda que inesperado.

A autonomia pode ser associada também a uma suposta capacidade de aprender. A capacidade de um robô com IA adquirir e elaborar dados para realizar suas atividades poderia ser equiparada a um aprendizado real? Já existem artefatos robóticos

---

16. RICHARDS, Neil M. SMART, William D, *How Should the Law Think About Robots?* maio, 2013. Disponível em SSRN: https://ssrn.com/abstract=2263363 ou http://dx.doi.org/10.2139/ssrn.2263363. Acesso em: 28 out. 2019.
17. CALO, Ryan. Robotics and the lessons of cyberlaw. *California Law Review*, v. 103, n. 3, p. 513-563, Berkeley, jun. 2015.
18. DONEDA, Danilo Cesar Maganhoto et al. Considerações iniciais sobre inteligência artificial, ética e autonomia pessoal. *Pensar – Revista de Ciências Jurídicas*, [s.l.], v. 23, n. 04, p. 1-17, 2018. Disponível em: http://dx.doi.org/10.5020/2317-2150.2018.8257. Acesso em: 28 out. 2019.
19. MATARIC, Maja J. *Introdução à robótica*. Trad. Humberto Ferasoli Filho, José Reinaldo Silva e Silas Franco. São Paulo: Editora Unesp, 2014.

capazes de decidir de forma independente sobre o curso de uma ação sem qualquer intervenção humana. As regras que determinam a atuação e as decisões poderiam ser alteradas pelo próprio artefato robótico? Em que consiste esse aprendizado da máquina? Os sistemas de IA precisam da capacidade de adquirir seu próprio conhecimento, extraindo padrões de dados brutos. Esse recurso é conhecido como aprendizado de máquina. O processo de aprendizado, que poderá ser supervisionado ou não, permite que o próprio sistema faça a mesma tarefa de uma forma mais eficiente a cada tentativa, melhorando, assim, a sua experiência, de forma automática. Entre os tipos de aprendizado, destaca-se hoje o *deep learning*, que alcança grande poder e flexibilidade na tentativa de representação do mundo exterior com uma hierarquia alinhada de conceitos, permitindo assim a classificação de imagens, o reconhecimento da fala, a detecção de objetos, entre outros usos.

Conforme apontam Goodfellow, Bengio e Courville,[20] os primeiros algoritmos de aprendizado profundo que reconhecemos hoje foram pensados como modelos computacionais de aprendizado biológico, ou seja, modelos de como o aprendizado acontece ou pode acontecer no cérebro. O aprendizado profundo está intimamente associado à arquitetura das redes neurais artificiais (RNAs). Aqui se nota que o antropomorfismo não representa uma característica exclusiva da robótica. A Inteligência Artificial também foi historicamente conceituada em termos antropomórficos. Como ressalta Waltson (2019), além de sempre falar de máquinas que pensam e aprendem, o próprio nome Inteligência Artificial nos desafia a comparar reiteradamente os modos humanos de raciocínio com o comportamento dos algoritmos.[21] Da mesma forma que acontece com a pessoa jurídica, nem sempre é claro se essa linguagem é utilizada em sentido literal ou metafórico.

A metáfora antropomórfica esconde aspectos funcionais da inteligência artificial, fazendo com que essa retórica, que mimetiza qualidades e atributos humanos, possa comprometer o enfrentamento dos complexos desafios éticos colocados pelas tecnológicas emergentes. Na verdade, trata-se de um erro supor que esses algoritmos se confundem com a inteligência humana, haja vista que, embora eles superem a inteligência humana em certos aspectos, também falham em outros.[22] Mesmo não se podendo criticar a simples inspiração em modelos humanos para o desenvolvimento da Inteligência Artificial, é importante sempre tomar cuidado quando as diferenças são apagadas e começamos a pensar nas metáforas e analogias em seu sentido literal. Consequentemente, quando se pensa em qualquer tentativa de disciplinar ou regular a robótica mostra-se fundamental não confundir a existência de uma autonomia ou

---

20. GOODFELLOW, Ian. BENGIO, Yoshua. COURVILLE, Aaron. *Deep Learning*. Cambridge: MIT PRESS, 2016.
21. WATSON, D. The Rhetoric and Reality of Anthropomorphism in Artificial Intelligence. *Minds & Machines*, [s.l.], v. 29, n. 3, p. 417-440, 21 set. 2019. Disponível em: https://doi.org/10.1007/s11023-019-09506-6. Acesso em: 28 out. 2019.
22. WATSON, D. The Rhetoric and Reality of Anthropomorphism in Artificial Intelligence. *Minds & Machines*, [s.l.], v. 29, n. 3, p. 417-440, 21 set. 2019. Disponível em: https://doi.org/10.1007/s11023-019-09506-6. Acesso em: 28 out. 2019.

agência real com a sensação de autonomia ou agência. Infelizmente, a confusão entre a suposta agência dos artefatos com a sensação provocada pela tecnologia emergente conduz a uma naturalização da própria autonomia, como se todo robô com IA necessariamente estivesse, assim como acontece com o ser humano, tomando uma decisão de uma maneira específica e independente.

3.3 Robôs sociais, vulnerabilidade e valência social

É importante separar duas questões que se confundem nos debates sobre a personalidade jurídica de robôs com Inteligência Artificial. O antropomorfismo não depende das crenças que as pessoas possam ter sobre a natureza ontológica dos artefatos. Mesmo reconhecendo que os questionamentos atuais sobre o status dos robôs "inteligentes" possam impactar no modo como as pessoas refletem e se relacionam com esses artefatos, os debates sobre a suposta agência dos robôs ou sobre a possibilidade técnica do desenvolvimento de um sistema de Inteligência Artificial complexo, chamado de IA forte, podem não condicionar a disposição das pessoas em continuar a explicar o comportamento de um artefato robótico com base na atribuição de estados mentais. Isso ocorre em razão da particular valência social dessa tecnologia.

O valor social (ou valência social) relaciona-se com o fato de que os seres humanos mostram maior empenho social e fornecem estímulos diferentes quando lidam com robôs em comparação com outros bens. Essa característica pode estar ligada à materialidade, uma vez que a corporificação física do robô tende a fazer com que uma pessoa trate aquele objeto em movimento como se estivesse vivo.

Isto é ainda mais observável quando o robô possui características antropomórficas, pois a semelhança com o corpo humano faz com que pessoas passem a projetar emoções, sentimentos de prazer, dor e cuidado, além de desejos para constituir relacionamentos. Balkin entende que a projeção de emoções humanas em objetos inanimados não é um fenômeno recente na história humana, mas, quando aplicada aos robôs, acarreta inúmeras consequências.[23]

Calo elenca algumas consequências que podem ser geradas pela valência social, dentre elas, Balkin destaca quatro, são elas: (i) quanto mais antropomórfico é um robô, mais pessoas atribuem a culpa ao robô e não a uma pessoa que o usa; (ii) a presença de robôs em um sistema de vigilância aumenta a sensação subjetiva de que alguém está sendo observado; (iii) que os seres humanos assumem maiores riscos para preservar a integridade dos robôs antropomórficos do que para as coisas designadas como ferramentas; e (iv) que os seres humanos podem sofrer danos emocionais distintos pela perda de companheiros robóticos.[24]

---
23. BALKIN, Jack. The path of robotics law. *California Law Review Circuit*, v. 06, p. 50, Berkeley, jun. 2015.
24. BALKIN, Jack. The path of robotics law. *California Law Review Circuit*, Berkeley, v. 06, p. 50, Berkeley, jun. 2015.

A robótica não se mostra mais restrita à fábrica e ao laboratório. Os chamados robôs sociais são pensados exatamente para interagirem com seres humanos em ambientes não controlados. Para tanto, intensificaram-se os estudos e projetos que buscam o desenvolvimento de artefatos capazes de interações com as pessoas de forma mais natural possível. Os robôs sociais se caracterizam pela possibilidade, ainda que aparente, de transmitir emoções, incentivar e formar relacionamentos sociais, demonstrar personalidade, usar pistas naturais de comunicação e interagir socialmente com as pessoas. Já existe um campo próprio de estudo denominado IHR, Interação Humano-Robô, que procura, a partir da valência social, replicar nos artefatos robóticos uma variedade de sinais e marcadores presentes na comunicação humana, como expressões faciais e até mesmo a linguagem.

Ao lado dos robôs sociais, destaca-se também a robótica assistiva e de reabilitação. *Pearl, the Nursebot*, é um protótipo de assistente robótico móvel pessoal que pode reconhecer a fala, acompanhar pacientes e se comunicar via tela sensível ao toque.[25] Projetado na Carnegie Mellon University, a robô enfermeira está sendo preparada para lembrar pessoas de tomar os seus remédios e ajudá-las a se locomover em lares para idosos. Já os robôs de reabilitação foram pensados, a princípio, para auxiliar na movimentação de pacientes em recuperação. A robótica assistiva sempre teve um amplo alcance, abrangendo robôs de reabilitação, robôs para cadeiras de rodas, robôs companheiros e braços manipuladores. Pode-se falar também de uma robótica socialmente assistiva, termo utilizado para descrever artefatos cujo foco central, no lugar do contato físico, é alguma forma de interação social. Robôs já são utilizados para ajudar pacientes com acidente vascular cerebral (AVC) a realizar os seus exercícios, na assistência a idosos e no atendimento e educação de crianças e adolescentes, especialmente nos casos de condições específicas, como se tem defendido nas situações de autismo.

Segundo Sharkey, existem vários problemas éticos relacionados à utilização de robôs sociais por pessoas em situação de vulnerabilidade. No que se refere aos idosos, destacam-se: a) potencial redução do contato humano; b) aumento do sentimento de objetivação e perda do controle; c) perda da privacidade; d) perda da liberdade pessoal; e) engano e infantilização; f) incerteza em relação às circunstâncias em que os idosos podem e devem ter permissão para controlar os robôs.[26] Para Sparow, a utilização de robôs sociais com idosos revela um grave problema ético, na medida em que se pauta, principalmente no caso dos artefatos antropomórficos, na ilusão de uma interação social genuína.[27] Mesmo no caso de robôs de assistência relativamente simples, introduzidos nos lares de idosos para acompanhar o seu comportamento,

---

25. MATARIC, Maja J. *Introdução à robótica*. Trad. Humberto Ferasoli Filho, José Reinaldo Silva e Silas Franco. São Paulo: Editora Unesp, 2014.
26. SHARKEY, Amanda; SHARKEY, Noel. *Granny and the robots: ethical issues in robot care for the elderly*. Ethics And Information Technology, [s.l.], v. 14, n. 1, p. 27-40, 3 jul. 2010. Springer Science and Business Media LLC. Disponível em: http://dx.doi.org/10.1007/s10676-010-9234-6. Acesso em: 28 out. 2019.
27. SPARROW, R., SPARROW, L. In the hands of machines? The future of aged care. *Mind and Machine*, 2006.

pode-se falar de uma tecnologia que afeta decisivamente nas escolhas dessas pessoas, o que pode resultar em uma robótica autoritária.

Quando pensamos em robôs com inteligência artificial como se fossem pessoas, concebemos ao artefato um grau de agência e autonomia que não é simplesmente exagerado, trata-se, na verdade, de uma transferência, na qual perdemos parte da nossa própria autonomia. A proposta de uma personalidade eletrônica em nada ajuda no enfretamento desse problema. Pode, na verdade, agravá-lo, haja vista que mesmo que restrita ao Direito, a personalidade jurídica reforça a equiparação dissimulada que se projeta simbolicamente para outros campos. Se afastássemos os artefatos da ideia de pessoas, não correríamos o risco de abandonar a própria ética nessas interações, como se vê, por exemplo, com o avanço de robôs sexuais que reproduzem estereótipos misóginos presentes na sociedade? A valência social dos robôs com inteligência artificial nos mostra exatamente o contrário, que a ética pode e deve preceder à definição da natureza dessas tecnologias, pelo simples fato de que somos seres humanos, "com autonomia e regras morais, a lidar com esses artefatos ontologicamente indefinidos". [28]

4. PESSOAS ELETRÔNICAS COMO PESSOAS JURÍDICAS

4.1 Pessoa jurídica e o cálculo com conceitos

O principal argumento para a defesa da personalidade eletrônica está associado a uma análise pragmática ou funcional da personalidade jurídica. No mundo jurídico verbalizado, o termo pessoa jurídica refere-se a um centro autônomo de relações jurídicas. Se a personalidade jurídica já está desvinculada do substrato humano, não haveria como negar a personalidade aos robôs com IA em razão da inexistência de qualquer característica humana nesses artefatos. Nessa narrativa, a pessoa jurídica é apresentada como se não existissem problemas no processo de atribuição da personalidade jurídica às sociedades. A analogia com a pessoa jurídica exige, contudo, a compreensão da função desse termo na gramática jurídica.

A subjetividade transcendental, que marca o discurso filosófico da modernidade, foi transposta também para o discurso jurídico. O destaque conferido ao centro subjetivo de imputação abstrato decorre, como adverte Francesco Alcaro, da transposição de uma ilusão: "o indivíduo-sujeito de direito com todos os seus atributos seria capaz de modelar todo o sistema jurídico".[29] Enquanto, no plano filosófico, a filosofia da consciência privilegiou "a imediação da vivência subjetiva em relação à mediação discursiva".[30] No plano jurídico, processos de interação social, como a

---

28. CORTESE, João. Interação, indistinguibilidade e alteridade na Inteligência Artificial. *Teccogs: Revista Digital de Tecnologias Cognitivas*, TIDD | PUC-SP, São Paulo, n. 17, p. 95-112, jan-jun. 2018.
29. ALCARO, F. *Riflessioni critice intorno alla soggettività giuridicha*: significato di una evoluzione. Milão: Giuffrè, 1976.
30. HABERMAS, Jürgen. *O discurso filosófico da modernidade*. Trad. Luiz Sergio Repa e Rodnei Nascimento. São Paulo: Martins Fontes, 2002.

união de pessoas em torno de uma determinada iniciativa, passaram a ser retratados também pela interposição de uma subjetividade transcendental: a pessoa jurídica.

O discurso filosófico da modernidade não se estrutura apenas na subjetividade. A racionalização que se cristaliza em torno da organização da empresa capitalista e do aparelho burocrático do Estado também se mostra como uma característica essencial daqueles "novos tempos", com a institucionalização de uma ação econômica e administrativa com respeito aos fins. O Direito também passa por um processo de racionalização, cuja ideia central estaria na diferenciação e institucionalização de sistemas sociais autônomos, pensados como máquinas, já que fundados em si mesmos e governados por uma razão procedimental própria. A consolidação desse Direito formal não se esgota na previsão externa da administração da justiça ou na separação de poderes, exigindo também um controle interno, previsível, consubstanciado na ideia de que se "calcula com conceitos", como na matemática.

O termo pessoa jurídica se ajustava perfeitamente ao contexto de um Direito formal e controlável internamente por meio de conceitos abstratos. Mesmo atualmente, quando se constata que essa pretensão de uma máquina jurídica sempre foi ilusória e o Direito se revela incalculável, como apontou Natalino Irti, nota-se ainda que a pessoa jurídica conserva, em certa medida, sua inspiração original: o cálculo mediado por conceitos.[31]

4.2 Funções e ilusões da pessoa jurídica

A pessoa jurídica representa um atalho mental, um gatilho que facilita o acesso a um conjunto de situações complexas. Os atos praticados pelos sócios e administradores são unificados em torno da subjetividade abstrata, não havendo a necessidade de, em cada situação, referir-se a todo o conjunto de pessoas que se mostram contempladas pelo ordenamento particular da pessoa jurídica. Nesse sentido, é importante perceber a função heurística do termo pessoa jurídica, isto é, um atalho mental que permite, com informações simplificadas, julgamentos rápidos.

Como atalho mental, a personificação permite a alocação do patrimônio em centros autônomos, diferentes do complexo de relações jurídicas de cada sócio. A criação do novo sujeito facilita a compreensão da separação patrimonial em função de determinada finalidade. Cria-se, contudo, a ilusão de que a segregação patrimonial mostra-se dependente da subjetividade jurídica, como se a autonomia patrimonial somente pudesse ser explicada com a mediação da pessoa jurídica. Além da simplificação do complexo de relações e da alocação patrimonial de forma autônoma, o recurso à personificação também permite o acesso a um modelo de imputação particular de

---

31. IRTI, Natalino. *Un Diritto Incalcolabile.* Torino: Giappichelli. 2018.

atos praticados por sócios e administradores e confere, ao mesmo tempo, estabilidade ao modelo de coordenação que se desenvolve no interior da pessoa jurídica.[32]

No debate sobre a personalidade eletrônica, o processo de atribuição de personalidade jurídica às sociedades é apresentado como um modelo que justificaria o reconhecimento da subjetividade jurídica para robôs com inteligência artificial, como argumenta, por exemplo, Jacob Turner, que chega inclusive a sustentar que eventuais abusos, como a não responsabilização de programadores e engenheiros, poderiam ser combatidos por meio da desconsideração da personalidade jurídica.[33] Esse tipo de argumento demonstra como a analogia com o direito societário e com as sociedades personificadas é mobilizada sem que, para tanto, sejam apontados os problemas presentes no modelo da sociedade empresária personificada.

Como já havia denunciado Francesco Galgano no Direito italiano, existem várias desvantagens no processo de atribuição de personalidade jurídica às sociedades, as quais não são, até hoje, devidamente mensuradas.[34] Galgano apontava que o termo pessoa jurídica era utilizado, tanto por tribunais como juristas, como se existisse um ente único a ser protegido por trás do rótulo da pessoa jurídica.[35] Essa forma de abordagem gerava um grave problema: o tratamento unitário, além de distorcer a função do instituto, mascarava a diversidade de fenômenos que se articulavam em torno daquele termo. Da mesma forma, Ferro-Luzzi demonstrou como a ideia de atividade, fundamental para a compreensão do termo empresa, foi absorvida, de forma equivocada pela noção de uma subjetividade abstrata, o que, por sua vez, comprometeu a própria regulação do fenômeno empresarial por parte do Direito.[36] Segundo o autor italiano, o conceito de atividade depende de uma nova gramática jurídica, que se mostre capaz de desvincular culturalmente a ação da figura do sujeito abstrato titular de direitos e deveres.

O modelo da sociedade empresária personificada também contribuiu com uma indevida compreensão da limitação da responsabilidade dos sócios ao ocultar a transferência desigual do risco empresarial para terceiros. Se por um lado existem credores que podem proteger os seus próprios interesses, renegociando o risco com a sociedade, como acontece com uma instituição financeira, há, por outro, credores que se mostram impossibilitados de fazê-lo, como se nota, por vezes, com vítimas de um dano ambiental, como, por exemplo, os afetados pela mineração. A prevalência do modelo abstrato de subjetividade ensejou uma leitura unitária da própria autonomia patrimonial e, consequentemente, da limitação da responsabilidade, as quais se mostram indiferentes aos diversos créditos.

---

32. NEGRI, Sergio Marcos Carvalho de Ávila. As razões da pessoa jurídica e a expropriação da subjetividade. *Civilistica.com*, Rio de Janeiro, ano 5, n. 2, 2016.
33. TURNER, Jacob. *Robot Rules* – Regulating Artificial Inteligence. Londres: Palgrave Macmillan, 2019.
34. GALGANO, Francesco. Il costo della persona giuridica. *Rivista delle società*, Milão: Giuffrè, 1968. p. 1-16.
35. GALGANO, Francesco. Il costo della persona giuridica. *Rivista delle società*, Milão: Giuffrè, 1968. p. 1-16.
36. FERRO-LUZZI, Paolo. *I contratti associativi*. Milano: Giuffrè, 2001.

Se a personalidade eletrônica foi pensada em função dos problemas gerados pela necessidade de responsabilização pelos eventuais danos, deve-se recordar que há um descompasso entre o formato jurídico da sociedade personificada isolada e o protagonismo econômico da empresa plurisocietária. Trata-se de uma contradição interna do Direito, materializada na tensão paradoxal entre diversidade jurídica e unidade econômica. Para minimizar esse problema, o Direito foi buscar uma nova gramática, aproximando-se da figura de controle e direção, rompendo com o modelo de um sujeito abstrato, como ponto central no processo de responsabilização.

A criação de uma personalidade eletrônica pode acabar repetindo os mesmos problemas. No lugar de se reconhecer as particularidades das diferentes áreas de atuação de robôs com Inteligência Artificial, unificam-se essas diferentes relações em modelo jurídico único, pautado exclusivamente na figura de um sujeito abstrato. Esse é um erro frequente quando o Direito tenta se aproximar de novas tecnologias. No lugar da titularidade, os artefatos são, na verdade, determinados pelas destinações em concreto, não comportando, assim, generalizações abstratas e reduções unitárias, indiferentes aos variados usos. Seria possível comparar os problemas ocasionados pela utilização da robótica na medicina com os usos de drones para fins militares e de segurança? Da mesma forma a utilização de robôs sociais com pessoas vulneráveis suscitam problemas éticos específicos, os quais não podem ser comparados com a utilização da robótica para o transporte de mercadorias e pessoas.

A reponsabilidade centrada na personalidade desse novo sujeito, apoiada em um conceito de autonomia ainda discutível, pode ocultar os verdadeiros responsáveis pelos danos e pelo desenvolvimento dos artefatos, transferindo os riscos da atividade desenvolvida por programadores e engenheiros de computação para terceiros que compartilham os mesmos espaço com os robôs. Ao contrário do que afirma Turner, a anacrônica desconsideração não representa um instrumento adequado para remediar esses problemas, representado, na verdade, uma técnica que é a principal materialização do próprio unitarismo que marca todo o discurso da pessoa jurídica. Nota-se na própria resolução com recomendações para Direito Civil e Robótica uma confusão entre atribuição de personalidade e separação patrimonial. A criação de um fundo próprio para eventuais danos ocasionados não depende da criação de um novo sujeito, tendo em vista que a pessoa jurídica, ainda que associada à autonomia patrimonial, não tem o monopólio da destinação patrimonial. A crítica à personificação também não torna a destinação patrimonial a principal solução para o problema. É fundamental pensar em mecanismos de responsabilidade diferenciados, sensíveis aos diferentes usos dos artefatos robóticos e aos variados danos que possam ser eventualmente ocasionados.

4.3 Levando as metáforas a sério: novos sujeitos e o "jogo da imitação"

A proposta de criação de uma personalidade eletrônica se insere em um debate mais amplo: o reconhecimento de novas subjetividades e, consequentemente, novos atores jurídicos. Gunther Teubner lembra que, em 1522, ratos foram submetidos a um julgamento no tribunal eclesiásticos de Autun.[37] O individualismo metodológico que informa a personalidade jurídica a partir da modernidade impediu o reconhecimento dos direitos dos animais. Influenciado pelo processo de racionalização da ciência e da natureza, o número de atores no mundo jurídico foi, como sustenta o autor alemão, reduzido drasticamente como um desdobramento do discurso filosófico da modernidade. Dialogando com a Teoria dos Sistemas de Luhmann e com a sociológica de Latour[38], Teubner rechaça o antropocentrismo que estaria subjacente à análise psicológica e sociológica de uma ação intencional, na qual o único ator plausível seria o indivíduo humano.[39]

Em 2017, foi atribuída personalidade jurídica a um rio na Nova Zelândia. No mesmo ano, na Índia, um tribunal reconheceu a personalidade jurídica do Rio Ganges e Yamuna. Diversamente do caso Indiano e da Nova Zelândia, a Constituição do Equador apresentou uma proposta mais ousada. A previsão dos direitos da natureza foi apresentada como uma forma de se tentar caminhar de um antropocentrismo para um biocentrismo pautado na ideia de bem viver. Essa abertura para novas formas de subjetividades tem o mérito de tentar se desvincular do modelo individualista que está na base tanto da pessoa natural como da pessoa jurídica. Seria possível combater o antropocentrismo se valendo de um instrumento como a personalidade jurídica, principal representante do individualismo metodológico na gramática jurídica? Mesmo que essas iniciativas tenham grande importância em uma dimensão simbólica e cultural, ao reconhecer saberes de populações tradicionais e indígenas com uma nova cosmovisão, as novas personalidades podem acabar aprisionadas em uma velha gramática inspirada ainda em um modelo antropocêntrico, como as ideias de direito subjetivo e titularidade. O mesmo pode acontecer com a suposta personalidade eletrônica. Ainda que se evite a associação com a dicotomia pessoa natural e pessoa jurídica, os novos sujeitos se articulam por meio de velhos modelos que reforçam a já clássica modulação subjetiva do discurso jurídico.

Na lição de Rodotà, o problema está na perspectiva da própria ideia de um sujeito abstrato que informa qualquer processo de atribuição de personalidade jurídica.[40] Essa construção permitiu ao discurso jurídico liberar formalmente a pessoa, desligando-a artificialmente de suas condições econômicas, sociais e da própria natureza. Como resposta ao desprezo pelo concreto, nota-se a tentativa de reconectar a pessoa, em sentido material, ao seu contexto, com a reinvenção da pessoa, agora situada socioambientalmente e encarnada corporalmente.

---

37. TEUBNER, Gunther. Rights of Non-Humans? Electronic Agents and Animals as New Actors. *Journal of Law and Society*, v. 33, p. 497-521, 2006.
38. Para o desenvolvimento do pensamento de Bruno Latour na robótica ver: MAGRANI, Eduardo. *Entre dados e robôs: ética e privacidade na era da hiperconectividade*. Porto Alegre: Arquipelago, 2019.
39. TEUBNER, Gunther. Rights of Non-Humans? Electronic Agents and Animals as New Actors. *Journal of Law and Society*, v. 33, p. 497-521, 2006.
40. RODOTÀ, Stefano. *Il diritto di avere diritto*. Roma: Editori Laterza, 2015.

A armadilha da metáfora do sujeito abstrato é precisamente que ela tende a fundir pessoa e subjetividade jurídica ao não demonstrar as diferenças e, assim, a ocultá-las. No clássico estudo de Serick, há referência ao teratológico caso *People's Pleausure Park Co. v. Rohleder*, no qual um tribunal da Virgínia, em 1908, se perguntou literalmente qual seria a cor da pessoa jurídica ao enfrentar a questão se uma sociedade, enquanto centro autônomo de relações jurídicas, poderia ser constrangida pelas racistas leis do estado que proíbam negros de adquirir terras.[41] Na Alemanha, com a ascensão do nazismo, os tribunais também tiveram que analisar se as leis antissemitas poderiam ser aplicadas às sociedades controladas por judeus.[42]

No caso *Santa Clara County v. Southern Pacific Railroad*, o termo "pessoa", previsto na 14ª emenda da Constituição dos EUA, foi também associado a uma *corporation*, que poderia ser vista como um exemplo de um sujeito para o Direito.[43] No ano de 2014, em decisão controversa, a Suprema Corte dos EUA, recorreu ao argumento de que uma sociedade empresária, *Hobby Lobby*, poderia invocar a liberdade religiosa para não colaborar com o pagamento de um plano de saúde que permitiria o acesso, por parte das funcionárias, a drogas voltadas para a contracepção de emergência, com elevadas doses de estrogênio, conhecidas popularmente como pílulas do dia seguinte.[44] A acomodação da liberdade religiosa de uma sociedade empresária com fins lucrativos esbarra, contudo, em um ponto importante: milhares de mulheres empregadas por *Hobby Lobby* podem não compartilhar a mesma crença dos principais acionistas da sociedade. Diante desta situação, teria o tribunal optado pela tutela da posição jurídica dos controladores da sociedade em detrimento da autonomia privada das funcionárias? Para a juíza Ginsburg, voto vencido na ocasião do julgamento, não restava nenhuma dúvida: a opção pela extensão da liberdade religiosa para uma organização com fins lucrativos gerava um grave desequilíbrio no interior da empresa, ao privilegiar a crença dos controladores em detrimento da tutela dos direitos das mulheres que trabalhavam na sociedade em questão.[45]

No debate sobre os direitos da personalidade da pessoa jurídica e no dano moral da pessoa jurídica no Brasil nota-se uma aproximação, por vezes problemática, entre pessoa natural e pessoa jurídica.[46] Essa equiparação pode, como já destacado, negligenciar a diversidade de interesses que justificaram a personificação do ser humano

---

41. SERICK, Rolf. *Apariencia y realidad en las sociedades mercantiles*: el abuso de derecho por medio de la persona jurídica. Trad. José Puig Brutau. Barcelona: Ediciones Ariel, 1958.
42. SERICK, Rolf. *Apariencia y realidad en las sociedades mercantiles*: el abuso de derecho por medio de la persona jurídica. Trad. José Puig Brutau. Barcelona: Ediciones Ariel, 1958.
43. HALL, Kermit L. *The Oxford Companion to the Supreme Court of the United States*. Oxford: Oxford University Press, 2005.
44. NEGRI, Sergio Marcos Carvalho de Ávila. As razões da pessoa jurídica e a expropriação da subjetividade. *Civilistica.com*, Rio de Janeiro, ano 5, n. 2, 2016.
45. SCWARTZMAN, Micah. FLANDERES, Chad. ROBISON, Zoe. *The rise of corporate religious liberty*. New York: Oxford University Press, 2016.
46. TEPEDINO, Gustavo. A Tutela da Personalidade no Ordenamento Civil-constitucional Brasileiro. *Temas de Direito Civil*. 3. Rio de Janeiro: Renovar, 2004.

em relação à personificação das sociedades, fundações e associações. Assim como é importante criticar a fusão dissimulada entre pessoa e pessoa jurídica, deve-se também separar pessoa e personalidade jurídica e reconhecer que a expansão de novos sujeitos se refere apenas à segunda, a subjetividade jurídica.

Nesse contexto de novas subjetividades, o que se deve fazer? Embora controversa, a própria origem do termo personalidade jurídica, derivada do termo *persona*, é associada a uma metáfora, a máscara utilizada no teatro, permitindo ao ator a impostação da voz. Apesar dessa utilização remota, acredita-se ainda hoje na ilusória possibilidade de se proibir as metáforas, mesmo aquelas já incorporadas no interior da gramática jurídica. O nominalismo italiano, ao reconhecer que a pessoa jurídica representaria um instrumento linguístico, chegou quase a sugerir o seu fim, subestimando, assim, o poder e a função das metáforas. Mesmo não havendo como eliminá-las, sempre será possível fiscalizar o seu uso normativo, denunciando, em situações específicas, os abusos relacionados à utilização das metáforas e analogias em sentido literal.

Como ressalta Turner, um dos entusiastas da atribuição da personalidade jurídica para robôs, provavelmente, o reconhecimento de uma personalidade eletrônica aos robôs nos EUA ou na União Europeia influenciará outros ordenamentos.[47] A personalidade eletrônica poderá ser, assim, adotada por países que tradicionalmente importam modelos jurídicos, como é o caso do Brasil, cujo modelo de personalidade jurídica para as pessoas naturais nunca se realizou inteiramente. Desafios políticos, econômicos e sociais impediram, e ainda impedem, a construção de uma cidadania completa em vários países periféricos. Embora influenciados pelo discurso filosófico da modernidade, a adoção dos modelos jurídicos no Brasil ocorreu, em variadas situações, de forma particular e parcial, como em um verdadeiro jogo da imitação, um simulacro incompleto e tardio de expectativas nunca realizadas. Não podemos passar para novas subjetividades sem confrontar velhas promessas, como os problemas dos sujeitos, cujos direitos humanos não se concretizaram ainda, sob o risco de confundir pessoas e pessoas jurídicas. Talvez os robôs com inteligência artificial possam esperar pelos seus controversos direitos. Talvez só nos reste a tarefa, não menos importante, de ajustar os sujeitos, recolocar as máscaras e levar as metáforas a sério, isto é, continuar denunciando a aproximação não problematizada entre a metáfora pensada e a comparação disfarçada.

5. CONCLUSÃO

A frase, que já ser tornou um clichê, "os robôs estão chegando", não retrata perfeitamente a evolução dessa tecnologia. Se os robôs, na verdade, já chegaram, em que consistiria a tão alardeada revolução da robótica? Os artefatos robóticos, ao contrário do que acontecia anteriormente, estão cada vez mais integrados aos mesmos ambientes que os seres humanos, o que, por sua vez, pode acarretar grandes impactos,

---

47. TURNER, Jacob. *Robot Rules* – Regulating Artificial Inteligence. Londres: Palgrave Macmillan, 2019.

ainda não totalmente mensurados, como se observa na utilização dessas tecnologias na assistência médica e na assistência a idosos e crianças. O imaginário sobre robôs é intensamente marcado pela associação com artefatos antropomórficos, como os androides, que aparecem nos filmes e na literatura. Uma metáfora particularmente perigosa, para o Direito, é se render a esse simbolismo, projetando autonomia, consciência e outros atributos humanos aos artefatos robóticos. Frequentemente, os diferentes conceitos, originariamente fundidos em torno da metáfora, desaparecem, as diferenças são apagadas e as analogias ganham vida, passando a ser pensadas em seu sentido literal.

A discussão sobre os fundamentos ontológicos que separam pessoas e robôs tem se mostrado insuficiente para afastar a defesa da personalidade jurídica dos artefatos robóticos com Inteligência Artificial. Ora, se o Direito confere personalidade jurídica a patrimônios destinados a determinadas finalidades, como as fundações, não haveria dúvida de que a aptidão para adquirir direitos e deveres não representa uma exclusividade dos seres humanos. Nota-se, de fato, a prevalência de uma linha pragmática ou funcional da personalidade eletrônica, a qual, ao se afastar do debate filosófico centrado nas análises ontológicas, procura se pautar, principalmente, no modelo da sociedade limitada personificada. Essa mudança de enfoque, robôs como pessoas jurídicas, apresenta também problemas, que, na maioria dos casos, são negligenciados até mesmo pelos críticos da personalidade eletrônica. Isso ocorre principalmente em função da incorreta compreensão das razões presentes no processo de personificação das sociedades e do própria papel do termo pessoa jurídica na gramática do Direito.

No ensaio ficcional de Jorge Luis Borges, a substituição da metáfora antropomórfica pela esfera inspirou vários pensadores até se tornar um labirinto e um abismo para Pascal, que ao sentir o peso incessante do mundo físico, ajustou a sua metáfora, passando a afirmar que "a natureza é uma esfera infinita, cujo centro está em todas as partes e a circunferência em nenhuma".[48] Blaise Pascal, cujos estudos foram fundamentais para a computação, ficara também conhecido pela sua aposta em relação ao infinito. Nesse jogo de um único jogador, podemos refletir eticamente sobre a existência do indefinido, ainda que ela seja racionalmente inacessível. Da mesma forma, não precisamos esperar as definições ontológicas ou que esses artefatos robóticos passem a integrar definitivamente o cotidiano das pessoas para questionar problemas éticos relacionados a esse processo. Deveríamos nos preocupar com os robôs sociais? Quais os principais riscos associados à chamada robótica socialmente assistiva? Se por um lado a personalidade eletrônica contribui muito pouco com os problemas gerados pela aproximação, nada metafórica, entre robôs e humanos, reforça perigosamente, por outro, a ligação, nem sempre questionada, entre a retórica antropomórfica e a imitação dissimulada.

---

48. BORGES, Jorge Luis. La esfera de Pascal. *Nueva antologia personal*. Buenos Aires: Club Bruguera, 1980. p. 197.

A ETERNIZAÇÃO DA PERSONALIDADE CIVIL

Opinião

Gabriel Rocha Furtado

Doutor e Mestre em Direito Civil (UERJ). Professor Adjunto de Direito Civil (UFPI e iCEV). Advogado. E-mail: gabriel@rochafurtado.com.br.

Já é senso comum que a vida tem caminhado velozmente para os ambientes digitais, especialmente nos maiores centros urbanos. Há em curso uma virtualização do modo de viver. No direito civil, fala-se na criação de uma personalidade jurídica para robôs, dita eletrônica (ou *e-personality*). Esse movimento decorre do uso cada vez mais corriqueiro de inteligência artificial nas atividades econômicas as mais variadas, o que tem criado máquinas autômatas de uso tanto para a limpeza domiciliar quanto para diagnósticos médicos de alta complexidade.

Dada a capacidade de aprendizagem dos robôs de alta tecnologia, a União Europeia está desenvolvendo desde 2013 o *Human Brain Project (HBP)*, que tentará replicar o funcionamento do cérebro humano em um computador (simulador cerebral). Trata-se de uma infraestrutura de pesquisa que buscará auxiliar em avanços em neurociência, medicina e computação, desenvolvida sobre seis plataformas: (i) neuroinformática, (ii) simulação do cérebro humano, (iii) computação e análise de alta performance, (iv) informática médica, (v) computação neuromórfica, e (vi) neurorobótica. Cientistas da Universidade de Viena, na Áustria, conseguiram replicar em computador o sistema nervoso do verme *Caenorhabditis elegans*, que se comportou em ambiente virtual conforme biologicamente esperado.

Por conta de iniciativas como estas (há outras, de empresas privadas mundo afora), a Filosofia da Ciência tem questionado se não seria esse o caminho pelo qual as pessoas poderiam viver para sempre. Não de uma forma propriamente biológica, mas através da transferência de suas memórias (*mind-upload*) em um computador com tecnologia de inteligência artificial e de engenharia neuromórfica, no que tem sido chamado de "transumanismo". Em tese, isso seria plenamente possível após a construção de um *software* capaz de mimetizar comportamentos humanos a partir de precisos modelos eletrofísicos. É o que tem tentado, por exemplo, o *Future of Humanity Institute*, da Universidade de Oxford, na Inglaterra.

Tudo fica ainda mais incrível quando se imagina não apenas a transferência da memória de uma pessoa humana para um computador, com todas as possibilidades daí decorrentes (como novos aprendizados e vivências, por exemplo), mas também um futuro *download* de tais memórias novamente para um cérebro criopreservado, após décadas ou séculos. Há empresas muito avançadas no processo denominado de "vitrifixação", já capaz de preservar cérebro de coelhos e porcos a -122ºC sem a formação de cristais – o que em tese pode preservá-los indefinidamente sem danos. O potencial dessa técnica é imenso, sendo possível se imaginar, sem entrar em questões bioéticas, a preservação de um cérebro humano para futuro transplante ou implantação em um robô com forma humana, com a sequente transferência da memória virtual nesse cérebro criopreservado.

Se isso vier a se tornar factível, estaríamos talvez caminhando para uma ultrapassagem da já vanguardista personalidade eletrônica. Caminharíamos, sim, para a eternização da personalidade civil. A morte seria, portanto, apenas uma opção. As implicações no direito civil seriam imensas, demandando possivelmente a reconstrução de todo o sistema civilista.

RESPONSABILIDADE CIVIL E REGULAÇÃO DE NOVAS TECNOLOGIAS: QUESTÕES ACERCA DA UTILIZAÇÃO DE INTELIGÊNCIA ARTIFICIAL NA TOMADA DE DECISÕES EMPRESARIAIS

Chiara Spadaccini de Teffé

Doutoranda e Mestre em Direito Civil pela Universidade do Estado do Rio de Janeiro (UERJ). Foi professora substituta de Direito Civil na UFRJ e pesquisadora do Instituto de Tecnologia e Sociedade do Rio (ITS Rio). Atualmente, é professora de Direito Civil e de Direito e Tecnologia na faculdade de Direito do Instituto Brasileiro de Mercado de Capitais (IBMEC). É também professora em cursos do CEPED-UERJ, da Pós-graduação da PUC-Rio, da EMERJ, do Instituto New Law, do ITS Rio e da Pós-graduação em Advocacia Contratual e Responsabilidade Civil da EBRADI. Membro do conselho executivo da revista eletrônica *civilistica.com*. Coordenadora da Disciplina "Direito e Internet" do Instituto New Law. Membro do Fórum permanente de mídia e liberdade de expressão da EMERJ. Associada ao Instituto Brasileiro de Estudos em Responsabilidade Civil (IBERC). Parecerista de periódicos jurídicos e advogada. Endereço para acessar este CV: http://lattes.cnpq.br/8699457488409780. E-mail: chiaradeteffe@gmail.com

Filipe Medon

Doutorando e Mestre em Direito Civil pela Universidade do Estado do Rio de Janeiro (UERJ). Advogado. Professor em cursos de Pós-graduação do CEPED-UERJ e do Instituto New Law. Membro da coordenadoria editorial da Revista Eletrônica da Procuradoria Geral do Estado do Rio de Janeiro (PGE-RJ). Endereço para acessar este CV: http://lattes.cnpq.br/6042715589969669. E-mail: filipemedon@hotmail.com.

1. INTRODUÇÃO: INTELIGÊNCIA ARTIFICIAL E RESPONSABILIDADE CIVIL

Nos últimos anos, muito se tem discutido sobre as possibilidades de interação entre o ser humano e a inteligência artificial (IA), bem como acerca da regulação de novas tecnologias.[1] Sistemas e robôs comandados por IA vêm sendo utilizados diretamente em espaços públicos e domésticos, como também em ambientes empresariais, e a tendência é que essa interação se torne cada vez mais presente e sofisticada, fazendo parte tanto do dia a dia quanto dos mais variados ambientes de relações humanas. Diante disso, eventualmente, tais tecnologias terão que tomar

---

1. Artigo aceito para publicação na Revista de Estudos Institucionais (REI) em 2020, onde será publicado ainda inédito.

decisões e definir caminhos, os quais, muitas vezes, esbarrarão em questões éticas[2] e de responsabilidade dos agentes envolvidos.[3]

Questiona-se, com frequência, se seria necessário criar normas e institutos específicos para tratar de matérias relativas à inteligência artificial e robôs ou se deveriam ser aplicadas as normas já existentes para as novas situações. Os regimes de responsabilidade civil existentes seriam suficientemente maleáveis para lidar com os novos conflitos frutos da relação humano-IA? Ao mesmo tempo em que a tecnologia traz inquestionáveis benefícios, ela vem acompanhada de diversos questionamentos que se mostram bastante presentes na seara jurídica. Falar em IA é mais do que falar em automação e numa possível perda de empregos: é também falar de danos e, sobretudo, de quem responderá por eles e a qual título.

Contudo, essa tarefa nem sempre é simples, em razão da falta de amostras adequadas e dados confiáveis sobre os efeitos e interações das novas tecnologias a longo prazo na sociedade, nos mais variados ambientes e entre diversos sujeitos. A principal razão para isso é que nem sempre se tem dados, experiência e imaginação suficientes para prever quais impactos negativos podem ser associados a um determinado robô ou IA, o que prejudica, em parte, eventuais intervenções em termos normativos e regulatórios.[4] De todo modo, entende-se que as aplicações das normas jurídicas deverão se dar em diálogo com os debates mais recentes e de caráter multissetorial

---

2. "A utilização de dados pessoais para alimentar os novos sistemas de inteligência artificial e a sua utilização para tomar decisões proporcionam uma acurácia bastante significativa para um número crescente de aplicações. Isto abre espaço para, ao menos, dois temas centrais para os debates sobre autonomia e direitos fundamentais nos próximos anos: os efeitos que a utilização desses sistemas causarão para a pessoa e sua autonomia pessoal, bem como a necessidade de qualificar a natureza desses instrumentos e sistemas de inteligência artificial. Nesse debate, a necessidade de que sejam proporcionadas soluções que preservem os direitos fundamentais, dentro de um quadro de intenso desenvolvimento tecnológico e mesmo de questionamento de alguns institutos centrais do ordenamento jurídico, sugere a necessidade de recorrer à ética como instrumento capaz de encaminhar soluções que, eventualmente, e se for o caso, possam consolidar-se em alternativas legislativas posteriormente." (DONEDA, Danilo; MENDES, Laura Schertel; SOUZA, Carlos Affonso; ANDRADE, Norberto Nuno Gomes de. Considerações iniciais sobre inteligência artificial, ética e autonomia pessoal. *Pensar*, v. 23, n. 4, p. 1-17, Fortaleza, out./dez. 2018).
3. Sobre esse ponto, recorda-se fala de Ginni Rometty, diretora executiva da International Business Machines Corp. (IBM): "What is vital is to make anything about AI explainable, fair, secure and with lineage, meaning that anyone could see very simply see how any application of AI developed and why". Disponível em: https://www.forbes.com/sites/laurencoleman/2019/01/09/ces-2019-why-ibm-ceo-ginni-rommetys-opening-address-delivers/#1460654720d5. Acesso em: 28 jun. 2019.
4. "Não seria possível lidar com tantas e tão velozes inovações com base exclusivamente em regras codificadas ou estabelecidas em leis especiais. Isto porque a técnica regulamentar, por mais detalhada que seja, mostra-se insuficiente para solucionar problemas que, a cada dia, desafiam a imaginação do legislador e do magistrado. Daí a importância das cláusulas gerais e dos princípios que, de modo mais abrangente, permitem ao intérprete estabelecer padrões de comportamento coerentes com a tábua de valores do ordenamento. Esse processo de unificação do sistema jurídico só é possível mediante a aplicação direta das normas constitucionais. Somente estas, por sua posição hierarquicamente superior a todas as demais leis, conseguem exercer o papel de centralidade para a harmonização das fontes normativas, oferecendo segurança jurídica e preservando a unidade sistemática que caracteriza a própria noção de ordenamento" (TEPEDINO, Gustavo. *As tecnologias e a renovação do Direito Civil. Publicado em 12 de junho de 2019.* Disponível em: http://www.oabrj.org.br/colunistas/gustavo-tepedino/as-tecnologias-renovacao-direito-civil?fbclid=IwAR1PumT-lccIeKgJQzAbrV6o1Odgqzh1CkrA_va5UsHbu3RWyYgTkrn2V9M. Acesso em: 28 jun. 2019).

que estejam ocorrendo sobre o assunto e demais temas correlatos, como proteção de dados e cibersegurança.

No âmbito do Direito, parece adequada uma atuação tanto preventiva, buscando-se evitar ou minorar a ocorrência de danos, quanto *a posteriori*, isto é, quando o dano já foi causado e é preciso indenizar a vítima. Para isso, é necessário avaliar os deveres dos agentes envolvidos no desenvolvimento e aplicação da IA, bem como o regime e a estrutura de responsabilidade civil adequados nos casos de danos oriundos da IA. Exemplo desse trabalho pode ser realizado na hipótese de uma IA influenciar a tomada de decisões por parte de administradores de sociedades empresárias, as quais poderão impactar profundamente a estrutura da empresa, seus funcionários e seu valor no mercado.

Antes de se adentrar nesse debate, cabe ressaltar que a possibilidade de responsabilização, de um lado, poderá incentivar o desenvolvimento de bens e tecnologias mais seguros, claros e eficientes, mas, de outro, poderá acabar impactando negativamente as taxas de desenvolvimento de inovação e a adoção de novos negócios e tecnologias[5], o que seria nocivo para a sociedade de forma geral. Há, portanto, um delicado e importante equilíbrio de interesses a ser atingido.

Entende-se que uma abordagem jurídica pessimista para a evolução tecnológica pode prejudicar o desenvolvimento de novos instrumentos que, efetivamente, venham a atuar no sentido de melhorar a qualidade de vida da população e trazer decisões empresariais mais eficientes e de risco controlado. Adicionalmente, não é demais lembrar que a melhor estrutura de regulação para a IA não deverá contemplar apenas o Direito, devendo ser também inseridos nesse esquema o mercado, as normas sociais e a arquitetura.[6]

A atuação desses quatro elementos, operando de forma conjunta e relacionada, servirá tanto para incentivar quanto desestimular comportamentos de sujeitos e organizações, moldando estruturas e regulando situações. Nesse âmbito, princípios éticos, padrões técnicos e normas de estrutura menos fechada ajudarão a garantir que o desenho e o desenvolvimento de tais tecnologias sejam orientados pela preocupação com a pessoa humana e busquem promover uma IA segura, justa e inclusiva.

John McCarthy, conhecido como pai do termo Inteligência Artificial, assim a define: "a ciência e a engenharia de criar máquinas inteligentes, especialmente programas de computador inteligentes. Ela está relacionada à tarefa similar de utilizar computadores para entender a inteligência humana, mas a IA não tem que se confinar aos métodos que são biologicamente observáveis."[7] Já numa definição mais atual, de

---

5. Neste sentido, SCHELLEKENS, Maurice. Self-driving cars and the chilling effect of liability Law. *Computer Law & Security Review*, v. 31, n. 4, p. 506-517. 2015.
6. LESSIG, Lawrence. The Law of the Horse: What Cyberlaw Might Teach, 113 Harvard Law Review, p. 501-549, 1999. Disponível em: https://cyber.harvard.edu/works/lessig/finalhls.pdf. Acesso em: 13 out. 2018.
7. No original: "It is the science and engineering of making intelligent machines, especially intelligent computer programs. It is related to the similar task of using computers to understand human intelligence, but AI does

Jacob Turner, a inteligência artificial é compreendida como a habilidade de um ente não natural de fazer escolhas a partir de um processo de avaliação.[8-9]

As duas definições, contudo, não esgotam a amplitude da IA. Basta pensar que os carros autônomos, que pareciam ser uma imensa novidade, hoje já estão sendo considerados em certa medida uma tecnologia menos atual. Em alguns lugares se fala até em aviões sem pilotos comandados por IA.[10] Mas se engana quem pensa que os danos causados pela IA podem impactar apenas sistemas e robôs[11]: já se tem notícia, por exemplo, de acidentes em fábricas e ruas que foram fatais para vítimas humanas.[12]

O que fazer nesses casos? Quem será responsável pelos danos causados se os resultados das ações da máquina não eram passíveis de previsão nem mesmo por aqueles que a desenvolveram? Qual será o regime de responsabilidade civil a ser adotado: o subjetivo ou objetivo? Com base em qual norma jurídica? Aplicando-se a teoria do risco, qual modalidade se encaixaria melhor: o risco criado, proveito[13], profissional ou integral? Seria a teoria do risco do desenvolvimento aplicável aqui? Há muitas perguntas e, por enquanto, poucas respostas e certezas.

---

not have to confine itself to methods that are biologically observable." Disponível em: http://www-formal.stanford.edu/jmc/whatisai/node1.html. Acesso em: 07 fev. 2019.

8. No original: "Artificial Intelligence Is the Ability of a Non-natural Entity to Make Choices by an Evaluative Process" (TURNER, Jacob. Robot Rules. *Regulating artificial intelligence*. Palgrave Macmillan: Londres, 2019. p. 16).
9. A Inteligência Artificial tem por características principais: "i) o ímpeto de se auto aperfeiçoar; ii) o desejo de ser racional; iii) a busca pela preservação da utilidade de suas funções; iv) a prevenção da falsificação de seus resultados operacionais ou das suas propriedades funcionais; v) o desejo de adquirir recursos e usá-los de forma eficiente" (PIRES, Thatiane Cristina Fontão; SILVA, Rafael Peteffi da. A responsabilidade civil pelos atos autônomos da inteligência artificial: notas iniciais sobre a resolução do Parlamento Europeu. *Rev. Bras. Polít. Públicas*, Brasília, v. 7, n. 3, p. 244, 2017).
10. Disponível em: https://m.oglobo.globo.com/economia/nova-aposta-da-airbus-avioes-sem-piloto-23387151?utm_source=Facebook&utm_medium=Social&utm_campaign=O%20Globo. Acesso em: 07 fev. 2019.
11. Disponível em: https://olhardigital.com.br/noticia/robo-rebelde-morre-apos-ser-atropelado-por-carro-autonomo/81217. Acesso em: 19 fev. 2019.
12. "Robô agarra e mata trabalhador dentro de fábrica da Volkswagen", em 2015. Disponível em: http://g1.globo.com/mundo/noticia/2015/07/robo-agarra-e-mata-trabalhador-dentro-de-fabrica-da-volkswagen.html. "Carro autônomo da Uber "viu" vítima que atropelou e matou, mas decidiu não parar", em maio de 2018. Disponível em: https://tecnologia.ig.com.br/2018-05-07/acidente-carro-autonomo-uber.html. "Robô perfura spray acidentalmente e deixa 54 feridos em armazém da Amazon", em dezembro de 2018. Disponível em: https://canaltech.com.br/curiosidades/robo-perfura-spray-acidentalmente-e-deixa-54-feridos-em-armazem-da-amazon-128575/. Acesso em: 1º mar. 2019.
13. "(...) a conclusão mais razoável parece ser a de que a cláusula geral de responsabilidade objetiva dirige-se simplesmente às atividades perigosas, ou seja, às atividades que apresentam grau de risco elevado seja porque se centram sobre bens intrinsecamente danosos (como material radioativo, explosivos, armas de fogo etc.) seja porque empregam métodos de alto potencial lesivo (como o controle de recursos hídricos, manipulação de energia nuclear etc.) Irrelevante, para a incidência do dispositivo, que a atividade de risco se organize ou não sob forma empresarial ou que se tenha revertido em proveito de qualquer espécie para o responsável." (SCHREIBER, Anderson. *Novos paradigmas da responsabilidade civil*: da erosão dos filtros de reparação à diluição dos danos. 6. ed. São Paulo: Editora Atlas, 2015. p. 25).

Fala-se, por exemplo, na atribuição de responsabilidade a diversos sujeitos[14], tais quais: i) o titular de direitos de propriedade intelectual sobre a IA; ii) o produtor de um objeto dirigido por IA ou o projetista da IA; iii) o fornecedor, o vendedor ou o intermediário da IA; iv) o explorador da IA; v) o proprietário de um aparelho regido por IA; vi) o usuário da IA; vii) o treinador da máquina comandada por IA; e viii) os próprios robôs[15]. Diante da complexidade dos sistemas e das situações fáticas, num primeiro momento, não parece haver uma solução geral, mas sim casuística, a depender, por exemplo, dos agentes envolvidos e de seus respectivos deveres, bem como do tipo e do grau de autonomia da IA envolvida.[16]

O aumento da capacidade de processamento da inteligência artificial, os avanços em algoritmos e a maior disponibilidade de dados representam fatores essenciais para o desenvolvimento de ponto importante para a maior aplicação dessa tecnologia, qual seja, a velocidade para a tomada de decisões de qualidade. Afirma-se que, "Quanto mais avançadas e acessíveis se tornam as tecnologias de processamento e de armazenamento de dados, mais poderosos ficam os sistemas de Inteligência Artificial, simplesmente porque eles conseguem tomar decisões mais complexas em tempo hábil."[17] Nesse cenário, se os algoritmos representam o motor, por certo os dados são o combustível dessa revolução[18], tendo em vista o crescente volume de informações produzidas e disponíveis, as quais apresentam diversidade em termos

---

14. Cf. BONNET, Adrien. *La Responsabilité du fait de l'intelligence artificielle*. Banque de Memóires, Université Panthéon-Assas – Paris II, 2015. p. 36-38. VLADECK, David C. Machines without principals: liability rules and artificial intelligence. *Washington Law Review*, v. 89:117, 2014, p. 127.
15. SOUZA, Carlos Affonso Pereira de. O debate sobre personalidade jurídica para robôs. Errar é humano, mas o que fazer quando também for robótico? *Jota*, publicado em 10 de outubro de 2017. Ver mais em: BARBOSA, Mafalda Miranda. Inteligência Artificial, E-persons e Direito: desafios e perspectivas. *Revista Jurídica Luso Brasileira*, v. 3, n. 6, p. 1475-1503, 2017.
16. "Além do questionamento sobre a quem imputar a responsabilidade, costuma-se também levantar a importância do estabelecimento de uma espécie de seguro obrigatório para os fabricantes e usuários de determinadas tecnologias. No início de 2017, diante da complexidade de se atribuir responsabilidade pelos danos causados por robôs, o Parlamento Europeu adotou Resolução em que sugeriu o estabelecimento de um regime de seguros obrigatórios, conforme já acontece, por exemplo, com os carros tradicionais. No entanto, o mencionado seguro não deveria cobrir apenas os danos decorrentes de atos e falhas humanas. Um regime para a robótica teria que considerar todos os elementos potenciais da cadeia de responsabilidade. À semelhança do que acontece com os veículos motorizados, esse regime de seguros poderia ser complementado por um fundo de garantia de reparação de danos nos casos não abrangidos por qualquer seguro" (TEFFÉ, Chiara Spadaccini de. Quem responde pelos danos causados pela IA? *Jota*, publicado em 24 de outubro de 2017. Disponível em: https://www.jota.info/opiniao-e-analise/artigos/quem-responde-pelos-danos-causados-pela-ia-24102017. Acesso em: 23 fev. 2019.)
17. Panorama setorial da Internet. Inteligência Artificial e ética. ano 10, n. 2, p. 02, out. 2008.
18. "There is a saying in Silicon Valley that "Big Data is the new oil." What do people mean by this? Big Data is crucial to the use and development of algorithms and artificial intelligence ("AI"). Algorithms and AI are the machines; Big Data is the fuel that makes the machines run. Just as oil made machines and factories run in the Industrial Age, Big Data makes the relevant machines run in the Algorithmic Society." Numa tradução livre: Há um ditado no Vale do Silício de que "Big Data é o novo petróleo". O que as pessoas querem dizer com isso? O Big Data é crucial para o uso e o desenvolvimento de algoritmos e da inteligência artificial ("IA"). Algoritmos e IA são as máquinas; Big Data é o combustível que faz as máquinas funcionarem. Assim como o óleo fez as máquinas e fábricas funcionarem na Era Industrial, o Big Data faz com que as máquinas relevantes funcionem na Sociedade Algorítmica (BALKIN, Jack M. Free Speech in the Algorithmic Society: Big Data, Private Governance, and New School Speech Regulation. *Yale Law School: Faculty Scholarship*

de natureza, forma de captação e possibilidade de tratamento, insumos esses de relevância elevada para as técnicas de aprendizado de máquina.

Hoje se busca por meio de tais técnicas que a tecnologia seja autossuficiente e possa analisar uma dada situação de múltiplas perspectivas, com o máximo de dados, para tomar a melhor decisão estatisticamente comprovada. Assim, computadores e dispositivos conectados podem desempenhar suas funções sem que pareçam programados, bem como aprender durante o processo de uso, utilizando o máximo de informações que conseguirem captar e gerar.

A partir do aprendizado de máquina[19], muitas inteligências artificiais são capazes de se autoalimentar, criando novos padrões, o que se torna especialmente preocupante quando se percebe que, "com a habilidade de treinar a si mesma e acumular experiências, a IA pode tomar decisões independentemente da vontade de seu desenvolvedor e, inclusive, chegar a resultados sequer passíveis de previsão pelos seus programadores."[20] Essa imprevisibilidade é, sem dúvida, um dos atributos da IA que mais demanda atenção.

Diversos países já contam com planos e/ou regulações no campo da IA.[21] Destacam-se, dentre outros, China[22], Índia[23], Estados Unidos[24] e Canadá[25]. A Europa, por sua vez, conta também com estratégia para a Inteligência Artificial, adotada em abril de 2018, além de um plano coordenado elaborado com os Estados-Membros para promover o desenvolvimento e a utilização dessa tecnologia[26].

Series, n. 5160, 2018, p. 1154. Disponível em: https://digitalcommons.law.yale.edu/cgi/viewcontent.cgi?article=6159&context=fss_papers. Acesso em: 02 mar. 2019).

19. A técnica do *machine learning* ou aprendizagem de máquina "faz com que a máquina aprenda certas funções a ponto de conseguir agir sem a interferência humana" (NUNES, Ana Carolina de Assis. *Entre redes neurais naturais e artificiais*: estudo antropológico sobre humanidade e inteligência artificial em algumas revistas brasileiras. Dissertação de Mestrado. Universidade Federal de Goiás, Faculdade de Ciências Sociais, Programa de Pós-Graduação em Antropologia Social. Goiânia, 2018, p. 49).
20. PIRES, Thatiane Cristina Fontão; SILVA, Rafael Peteffi da. A responsabilidade civil pelos atos autônomos da inteligência artificial: notas iniciais sobre a resolução do Parlamento Europeu. *Rev. Bras. Polít. Públicas*, v. 7, n. 3, p. 243. Brasília, 2017.
21. Mais informações em: http://www.lawgorithm.com.br/2019-03-01-estrategias-ia/. Acesso em: 28 jun. 2019.
22. Disponível em https://multimedia.scmp.com/news/china/article/2166148/china-2025-artificial-intelligence/index.html. Acesso em: 20 fev. 2019. China's New Generation of Artificial Intelligence Development Plan. Disponível em: https://flia.org/notice-state-council-issuing-new-generation-artificial-intelligence-development-plan/. Acesso em: 20 fev. 2019.
23. National Strategy for Artificial Intelligence. Disponível em: http://niti.gov.in/writereaddata/files/document_publication/NationalStrategy-for-AI-Discussion-Paper.pdf. Acesso em: 20 fev. 2019.
24. Executive Order on Maintaining American Leadership in Artificial Intelligence (2019) Disponível em: https://www.whitehouse.gov/presidential-actions/executive-order-maintaining-american-leadership-artificial-intelligence/. Acesso em: 28 jun. 2019. The national artificial intelligence research and development strategic plan (2016). Disponível em: https://www.nitrd.gov/news/national_ai_rd_strategic_plan.aspx. Acesso em: 20 fev. 2019.
25. CIFAR Pan-Canadian Artificial Intelligence Strategy. Disponível em: https://www.cifar.ca/ai/pan-canadian-artificial-intelligence-strategy. Acesso em: 20 jun. 2019.
26. Disponível em: https://ec.europa.eu/portugal/news/boost-artificial-intelligence-made-europe_p. Acesso em: 19 fev. 2019.

Diante desse cenário, diversos pesquisadores vêm afirmando que o Brasil deveria desenvolver estratégias para o tema, a partir do reconhecimento de sua importância, construindo uma política nacional própria para essa área. No início de 2019, o Ministério da Ciência, Tecnologia, Inovações e Comunicações começou a ampliar projetos sobre IA e o Brasil, em maio do mesmo ano, aderiu aos princípios da OCDE (Organização para a Cooperação e Desenvolvimento Econômico) para a administração responsável de inteligência artificial. Esse teria sido o primeiro documento transnacional a incluir diretrizes para que os governos adotem sistemas de IA que respeitem os direitos humanos e valores democráticos. Os cinco princípios afirmam de forma resumida que:

> 1. AI should benefit people and the planet by driving inclusive growth, sustainable development and well-being. 2. AI systems should be designed in a way that respects the rule of law, human rights, democratic values and diversity, and they should include appropriate safeguards – for example, enabling human intervention where necessary – to ensure a fair and just society. 3. There should be transparency and responsible disclosure around AI systems to ensure that people understand when they are engaging with them and can challenge outcomes. 4. AI systems must function in a robust, secure and safe way throughout their lifetimes, and potential risks should be continually assessed and managed. 5. Organisations and individuals developing, deploying or operating AI systems should be held accountable for their proper functioning in line with the above principles.[27]

Em diálogo com os princípios acima, em 12 de dezembro de 2019, o Ministério da Ciência, Tecnologia, Inovações e Comunicações lançou consulta pública para a futura Estratégia Brasileira de Inteligência Artificial.[28] O objetivo é receber diversas contribuições para potencializar os benefícios da IA no Brasil e resolver problemas concretos. O documento propõe seis eixos verticais (educação e capacitação; força de trabalho; pesquisa, desenvolvimento, inovação e empreendedorismo; aplicação pelo governo; aplicação nos setores produtivos; e segurança pública) e três eixos transversais (legislação, regulação e uso ético[29]; aspectos internacionais; e governança

---

27. Disponível em: https://www.oecd.org/going-digital/forty-two-countries-adopt-new-oecd-principles-on--artificial-intelligence.htm. Acesso em: 28 jun. 2019.
28. Disponível em: http://participa.br/estrategia-brasileira-de-inteligencia-artificial/legislacao-regulacao-e-uso-etico. Acesso em: 18 dez. 2019.
29. Neste eixo, foram pontuadas as seguintes questões: a) De que maneira princípios éticos podem ser incorporados na pesquisa e na utilização de IA? b) Seria necessário estabelecer salvaguardas para o uso de IA em determinados campos particularmente sensíveis (por exemplo, no campo da segurança pública, na educação, na guerra ou na saúde)? c) Se sim, quais salvaguardas e de que forma podem ser estabelecidas? d) Quais deveriam ser os princípios éticos a serem observados no Brasil? e) Como é possível endereçar questões relacionadas à discriminação e ao viés em decisões tomadas por sistemas autônomos? f) De que maneira se pode promover uma IA eticamente responsável e centrada no ser humano? g) Reconhecendo que sistemas de IA podem ser utilizados em variados contextos, com diferentes níveis de risco para a esfera de direitos dos indivíduos (e.g. traduções automatizadas versus aplicações na medicina), em quais circunstâncias e contextos deve ser preservada a determinação humana em decisões tomadas por sistemas de IA? h) De que maneira é possível concretizar a ideia de explicabilidade em sistemas de IA? i) Em que medida a legislação brasileira requer atualização para endereçar as diferentes questões decorrentes da crescente adoção de sistemas autônomos em diferentes campos de aplicação? j) Faz sentido pensar na adoção de uma lei geral para tratar de IA, ou em atualizações pontuais à legislação existente? l) Em quais campos de aplicação de IA há necessidade mais premente de atualização das normas atualmente vigentes (por exemplo, no campo

de IA). As contribuições podem ser feitas a qualquer momento até o encerramento da consulta em 31 de janeiro de 2020.

Aponta Ronaldo Lemos que a IA deve ser vista como parte da infraestrutura de qualquer país, diante de sua capacidade de gerar externalidades positivas para as diversas atividades produtivas, tornando-as mais competitivas e eficientes. Recorda também a relevância dessa tecnologia para a segurança nacional: "países que não dominam inteligência artificial ficam cada vez mais para trás no terreno geopolítico."[30]

É possível, assim, afirmar que a ainda ausência de orientações mais objetivas e estruturadas sobre o tema leva a dúvidas acerca da legislação aplicável aos danos causados pelas inteligências artificiais, bem como em relação à possibilidade ou não do desenvolvimento de certos tipos de tecnologias, cabendo à doutrina e à jurisprudência a indicação de caminhos para se discutir os danos causados pela IA e a responsabilidade civil decorrente.

Vale lembrar que esses danos podem ocorrer nas mais diversas áreas. Desde o *chatbot*, que diz a uma criança que ela seria um demônio e que ele mataria toda a sua família,[31] até o carro autônomo que, efetivamente, já matou mais de uma pessoa.[32] Isso tudo sem mencionar, ainda, o papel de *bots* na disseminação de notícias falsas durante períodos eleitorais visando desinformar os cidadãos.[33]

Mais especificamente na seara empresarial, os danos podem ser de diversas naturezas, como se abordará de forma mais detida no próximo capítulo. Nesse sentido, pode-se falar tanto em danos causados a terceiros quanto à própria sociedade empresária. Desde *smart contracts* até algoritmos enviesados e preconceituosos na seleção de um currículo ou na tomada de uma decisão importante. E se os seres humanos já enfrentam dificuldades em monitorar e aplicar determinadas inteligências artificiais, o que se dirá do futuro onde milhões ou mais coexistirão juntas?[34]

---

da segurança pública, no campo dos veículos autônomos, no campo da saúde etc.)? m) Qual papel pode ser desempenhado por códigos de conduta, regras de boas práticas corporativas e padrões voluntários? n) Você considera importante que robôs gerem renda social (impostos, por exemplo) para suporte às necessidades dos humanos (por exemplo, aplicações em saúde, educação, requalificação)? o) Como deve ser tratada a responsabilidade civil, penal e administrativa por danos causados com uso da IA?

30. Disponível em: https://www1.folha.uol.com.br/colunas/ronaldolemos/2019/02/e-preciso-plano-de-inteligencia-artificial.shtml. Acesso em: 19 fev. 2019.
31. Disponível em: https://tecnologia.uol.com.br/noticias/redacao/2018/04/24/simsimi-app-de-conversa-com-inteligencia-artificial-e-risco-para-criancas.htm. Acesso em: 17 maio 2018
32. Uber chega a acordo com família de mulher morta por carro autônomo. Disponível em: https://www.theguardian.com/technology/2018/mar/29/uber-settles-with-family-of-woman-killed-by-self-driving-car. Acesso em: 19 fev. 2019. Ver mais em: https://g1.globo.com/carros/noticia/carro-autonomo-da-uber-atropela-e-mata-mulher-nos-eua.ghtml. Acesso em: 19 fev. 2019.
33. Disponível em: https://www.cnbc.com/2018/12/07/deepfake-ai-trump-impersonator-highlights-election-fake-news-threat.html. Acesso em: 07 fev. 2019.
34. Cf. MOKHTARIAN, Edmund. The Bot Legal Code: Developing a Legally Compliant Artificial Intelligence, *VAND. J. ENT. & TECH. L.*, v. 21, Edição 1, 2018. Disponível em: http://www.jetlaw.org/journal-archives/volume-21/volume-21-issue-1/the-bot-legal-code-developing-a-legally-compliant-artificial-intelligence/. Acesso em: 1º mar. 2019.

2. APLICAÇÃO DA INTELIGÊNCIA ARTIFICIAL EM DECISÕES EMPRESARIAIS

2.1 O uso de algoritmos e *big data* na tomada de decisões

Administrar ou gerenciar uma sociedade empresária envolve a tomada constante de decisões importantes. Decisões essas que podem comprometer todo um orçamento, prejudicar o bem-estar dos funcionários e ter impactos imensuráveis. Uma escolha ruim pode levar uma companhia à falência ou obrigá-la a cortar bruscamente gastos. Por isso, racionalizar os sistemas decisórios representa uma tarefa cada vez mais relevante. Sem dúvida, uma importante aliada para essa atividade é a Inteligência Artificial[35] que, através de seus algoritmos[36] e do *input* de dados fornecidos, será capaz de apresentar possíveis respostas, além de propor estratégias matematicamente mais vantajosas para os problemas em pauta. A promessa é ousada: acredita-se que a máquina pode falhar menos do que o ser humano.

Ao tratar da utilização de algoritmos para fins de melhorar o processo decisório, Ana Frazão afirma que:

> A exploração de algoritmos para tais fins encontra-se no contexto de um mercado multibilionário, cuja proposta é a de substituir as decisões humanas, consideradas naturalmente falhas e enviesadas, pelas escolhas algorítmicas, vistas como mais eficientes, objetivas e imparciais. Grandes empresas investem fortemente nesse segmento, não somente para ajudar clientes e consumidores – aí incluindo o próprio governo – em suas escolhas, como também para orientar seus próprios processos decisórios internos.[37]

O argumento central em defesa do uso da inteligência artificial é de que a máquina faria escolhas mais eficientes, objetivas e imparciais, ao passo que as decisões humanas tenderiam ao enviesamento e estariam mais sujeitas a falhas.

Ocorre que é preciso recordar que todo algoritmo precisa de um *input* inicial para funcionar. Em outros termos, isso significa que "a matéria-prima utilizada pelos

---

35. "Algorithms give computers guidance on how to solve problems. There is no artificial intelligence without algorithms. 'Algorithms are, in part, our opinions embedded in code.' They are 'often elegant and incredibly useful tools used to accomplish tasks". Numa tradução livre: Algoritmos fornecem aos computadores orientações sobre como resolver problemas. Não há inteligência artificial sem algoritmos. Algoritmos são, em parte, nossas opiniões incorporadas ao código. Eles são, muitas vezes, ferramentas elegantes e incrivelmente úteis usadas para realizar tarefas (MCKENZIE, Raub. Bots, Bias and Big Data: Artificial Intelligence, Algorithmic Bias and Disparate Impact Liability in Hiring Practices. *Arkansas Law Review*, v. 71, n. 2, 2018, p. 532-533).
36. Um algoritmo pode ser definido como um conjunto de regras que precisamente definem uma sequência de operações. Conjuntos de algoritmos podem ser usados para diversos fins, como o desenvolvimento de modelos de previsão de cenários e comportamentos. (Fonte: http://www.philiphanke.com/uploads/1/3/9/8/13981004/course_outline_-_algorithms_and_law.pdf. Acesso em: 19 fev. 2019). Ou, ainda, um conjunto de instruções matemáticas ou regras que, especialmente se dadas a um computador, ajudarão a calcular uma resposta para um problema. (Disponível em: https://dictionary.cambridge.org/dictionary/english/algorithm. Acesso em: 08 fev. 2019).
37. FRAZÃO, Ana. Algoritmos e inteligência artificial, *Jota*, publicado em 15 de maio de 2018. Disponível em: https://www.jota.info/opiniao-e-analise/colunas/constituicao-empresa-e-mercado/algoritmos-e-inteligencia-artificial-15052018. Acesso em: 08 fev. 2019

algoritmos para tais decisões é o *big data*, ou seja, a enorme quantidade de dados disponíveis no mundo virtual que, com o devido processamento, pode ser transformada em informações economicamente úteis"[38], elas, por sua vez, "servirão como diretrizes e critérios para o processo decisório algorítmico"[39].

E este *input* que forma o *big data* é, pelo menos no início, dado pelo ser humano. Assim, de nada adianta criar um algoritmo pretensamente neutro, se o banco de dados que o alimenta já nasce enviesado.[40] [41] Basta pensar no recurso do Google Fotos que identificou pessoas negras como sendo gorilas.[42] Ou mesmo no caso da IA da Microsoft, Tay, que em apenas algumas horas após estrear no Twitter emitiu declarações racistas, antissemitas, sexistas, conspiratórias e revisionistas, as quais poderiam até mesmo ser qualificadas penalmente como injúrias raciais, crimes de incitação ao ódio e discriminação racial.[43]

---

38. Id. Ibid.
39. Id. Ibid.
40. "(...) na medida em que são elaborados por homens, é inequívoco que a racionalidade limitada dos programadores pode transpor para as fórmulas dos algoritmos uma série de vieses e problemas cognitivos, os quais, diante da falta de transparência, não terão como ser objeto do devido escrutínio social, da crítica e do aprimoramento. A falta de transparência é ainda mais reforçada quando se sabe que tais algoritmos são aperfeiçoados a partir da inteligência artificial, por meio da qual, com a aprendizagem automática e com as redes neurais artificiais, mais e mais algoritmos se desenvolvem independentemente, aprimorando a si mesmos e aprendendo com os próprios erros" (FRAZÃO, Ana. Dados, estatísticas e algoritmos. *Jota*, publicado em 28 de junho de 2017. Disponível em: https://www.jota.info/opiniao-e--analise/colunas/constituicao-empresa-e-mercado/dados-estatisticas-e-algoritmos-28062017. Acesso em: 19 fev. 2019).
41. "(...) grande parte da literatura tem demonstrado o risco de discriminação inerente aos processos de tomada de decisão baseados em algoritmos, a qual ocorre, muitas vezes, de forma involuntária e sem o conhecimento dos tomadores de decisão (BAROCAS, 2015, p. 3). As razões pelas quais os algoritmos podem produzir resultados discriminatórios e prejudicar determinadas pessoas ou grupos sociais dividem-se em dois grandes grupos. Primeiramente, qualquer algoritmo só é tão bom quanto os dados que lhe servem como base (BAROCAS, 2015, p. 1). Isto é: a qualidade da decisão automatizada ("*output*"), baseada em um algoritmo, tem uma correlação direta com a qualidade dos dados que ele processa ("*input*"). Por isso, se o algoritmo se baseia em dados históricos repletos de preconceitos, ele reproduzirá, de forma automatizada, os mesmos padrões preconceituosos utilizados como base de seu processamento. Assim, é fácil perceber que, se forem utilizados no modelo estatístico dados com alto potencial discriminatório, tais como dados raciais, étnicos ou de orientação sexual, haverá um grande risco de que a decisão que resultará do processo automatizado (*output*) também seja discriminatória. (...) Em segundo lugar, é preciso observar que o próprio método utilizado nas decisões automatizadas – por meio da classificação e seleção dos indivíduos – gera um risco de se produzirem resultados discriminatórios, ainda que de forma não intencional" (DONEDA, Danilo; MENDES, Laura Schertel; SOUZA, Carlos Affonso; ANDRADE, Norberto Nuno Gomes de. Considerações iniciais sobre inteligência artificial, ética e autonomia pessoal. *Pensar*, v. 23, n. 4, p. 1-17, Fortaleza, out./dez. 2018).
42. Disponível em: https://www.tecmundo.com.br/google-fotos/82458-polemica-sistema-google-fotos-identifica-pessoas-negras-gorilas.htm. Acesso em: 17 maio 2018.
43. Em fevereiro de 2017, a Microsoft lançou Tay, sua inteligência artificial criada para interagir com os internautas de maneira totalmente autônoma. Somente algumas horas após sua estreia no Twitter, Tay emitiu declarações racistas, antissemitas, sexistas, conspiratórias e revisionista. Aqui, quem seria responsável pelo erro inumano de Tay (algoritmo de inteligência artificial): o designer, o usuário, o proprietário ou o *chatbot*? (SOULEZ, Marie. Questions juridiques au sujet de l'intelligence artificielle. *Enjeux numériques*, n. 1, março de 2018. p. 83. Disponível em: http://www.annales.org/enjeux-numeriques/2018/resumes/mars/15-en-resum-FR-AN-mars-2018.html#15FR. Acesso em: 14 fev. 2019).

A gravidade dessa utilização de dados pode ser bem compreendida na obra *Automating Inequality: How high-tech tools profile, police, and punish the poor*, na qual Virginia Eubanks lança luzes sobre a transformação ocorrida nas principais decisões que determinam a vida das pessoas: desde a seleção de currículos para uma vaga de emprego, chegando até os seguros, acesso ao crédito e a serviços do governo. Decisões que, até pouco tempo, eram tomadas exclusivamente por seres humanos acabaram sendo delegadas no todo ou em parte para sistemas automatizados de elegibilidade, algoritmos de ranking e modelos de risco preditivo, que acabam controlando desde a concessão de crédito a uma pessoa até quem tem mais chances de delinquir, com base na análise computadorizada de estatísticas.[44]

Percebe-se, assim, o potencial das decisões automatizadas de violarem direitos fundamentais, se tomadas sem o cumprimento de determinados parâmetros éticos e constitucionais que garantam sua transparência, possibilidade de controle, a participação do indivíduo no âmbito do processo decisório e a correção dos dados que serviam como *input* do algoritmo.

Nesse contexto, alude-se ao tratamento conferido ao tema pela Lei Geral de Proteção de Dados (LGPD, Lei n. 13.709/2018) que, na tentativa de conciliar a garantia do segredo industrial e empresarial, previu o direito de o titular dos dados solicitar a revisão de decisões tomadas[45] unicamente com base em tratamento automatizado de

---

44. "As decisões automatizadas, referentes a um indivíduo determinado, que se baseiam em um método estatístico para análise de grande volume de dados e informações, podem ter grande impacto sobre os direitos individuais, especialmente no que se refere à autonomia, igualdade e personalidade. Afinal, na sociedade atual, caracterizada pelas relações remotas, os dados pessoais acabam por se constituir na única forma de representação das pessoas perante as mais diversas organizações estatais e privadas, sendo determinantes para "abrir ou fechar as portas de oportunidades e acessos" (LYON, 2003, p. 27). Dessa forma, uma eventual representação equivocada em determinados contextos sociais – por meio de um equívoco do algoritmo ou dos dados em que o algoritmo se baseou – afetaria tanto a forma como o indivíduo se percebe como também o modo como a sociedade o enxerga e o avalia, afetando a sua integridade moral e a sua personalidade (BRITZ, 2008, p. 179). Ademais, se essa representação, conforme alertado por Lyon (2003), acarretar a perda de chances e oportunidades do indivíduo na sociedade, dar-se-á uma restrição indevida à sua autonomia, limitando a sua liberdade de ação, suas escolhas econômicas e até mesmo existenciais. Por fim, destaca-se também a possibilidade de violação do princípio da igualdade, na hipótese de que a classificação e seleção operada por algoritmos produza resultados desiguais para pessoas em situações semelhantes, afetando negativamente as suas oportunidades de vida na sociedade (LYON, 2003, p. 27)." (DONEDA, Danilo; MENDES, Laura Schertel; SOUZA, Carlos Affonso; ANDRADE, Norberto Nuno Gomes de. Considerações iniciais sobre inteligência artificial, ética e autonomia pessoal. *Pensar*, v. 23, n. 4, p. 1-17, Fortaleza, out./dez. 2018).
45. A sanção presidencial da Lei 13.853, de 8 de julho de 2019, parece ter derrubado a revisão das decisões automatizadas por pessoas naturais, assunto esse que causou controvérsia durante a tramitação da MP 869/2018. Segundo especialista, "esse é um veto que não leva em conta o risco e a importância da decisão para o cidadão. Mas havia muita pressão das associações que representam as empresas na área de TI para que a revisão pelo usuário fosse retirada. O veto consta das sugestões enviadas à Casa Civil pela Brasscom, Associação Brasileira das Empresas de Tecnologia da Informação e Comunicação. A entidade entende que a obrigatoriedade da revisão humana de decisões automatizadas tem "impacto perverso no desenvolvimento de startups e novos empreendedores no país, impactando também a adoção de ferramentas de Inteligência Artificial e Big Data essenciais para o sucesso da Transformação Digital da economia brasileira". Em um momento em que o mundo todo debate o uso ético da Inteligência Artificial, e formas de tentar minimizar os vieses da tecnologia, deixar aos cuidados de outro algoritmo a revisão de uma decisão automatizada é um

dados pessoais que afetem seus interesses, incluídas as decisões destinadas a definir o seu perfil pessoal, profissional, de consumo e de crédito ou os aspectos de sua personalidade. Segundo parte da doutrina, o artigo 20 da LGDP seria em certa medida a sede do "direito à explicação"[46], o qual derivaria do princípio internacionalmente reconhecido da transparência para o tratamento de dados pessoais[47].

Vale recordar que essa disposição na LGPD dialoga com o regulamento europeu de proteção de dados (*General Data Protection Regulation* – GDPR) que, em seu considerando 71, afirma que o titular dos dados deverá ter o direito de não ficar sujeito a uma decisão que avalie aspectos pessoais que lhe digam respeito, que se baseie exclusivamente em tratamento automatizado e que produza efeitos jurídicos que lhe digam respeito ou o afetem significativamente de modo similar, como a recusa automática de um pedido de crédito, por via eletrônica, ou práticas de recrutamento eletrônico sem qualquer intervenção humana.

O mencionado tratamento inclui a definição de perfis mediante qualquer forma de tratamento automatizado de dados pessoais para avaliar aspectos pessoais relativos a uma pessoa natural, em especial a análise e previsão de aspetos relacionados com o desempenho profissional, a situação econômica, saúde, preferências ou interesses pessoais, fiabilidade ou comportamento, localização ou deslocações do titular dos dados, quando produza efeitos jurídicos que lhe digam respeito ou a afetem significativamente de forma similar.

Afirma-se que tal tratamento deverá ser acompanhado de garantias adequadas, que deverão incluir informação específica ao titular dos dados e o direito de obter a intervenção humana, de manifestar o seu ponto de vista, de obter uma explicação

---

contrassenso, para dizer o mínimo. Já hoje não faltam casos nos quais as decisões automatizadas orientadas por modelos com viés, intencionais ou não, alimentados por dados incompletos, imprecisos ou tendenciosos, podem levar a estigmatização, à discriminação e à consolidação de preconceitos. O PLC aprovado em abril de 2019 transferia para a ANPD a responsabilidade de regulamentar os casos em que a revisão por pessoa natural. Um ponto considerado positivo, na época, mas que acabou criando outros problemas, na opinião do professor Danilo Doneda. O texto abria margem à interpretação de que a revisão por humanos só seria possível depois de regulamentada pela ANPD. O que nos deixaria dependentes de uma regulamentação, sem que a lei deixasse claro os critérios para esta regulamentação. Ainda assim, isso era melhor do que não poder ter humanos auditando algoritmos. A grande questão é que hoje os algoritmos da maioria das gigantes digitais e das empresas que já utilizam sistemas de Inteligência Artificial são considerados segredos industriais. Seria preciso haver um equilíbrio entre os direitos dos cidadãos e a preservação dos segredos industriais" (Disponível em: https://porta23.blogosfera.uol.com.br/2019/07/09/bolsonaro-sanciona-lei--que-cria-a-autoridade-de-dados-pessoais-com-14-vetos/?fbclid=IwAR0ihxRR9UQ5tPHHLFHnHkiGof-qJcZWLTmL5mu3bEqD3K4O7cgDMFC6-Cpk. Acesso em: 09 jul. 2019).

46. Debate-se, aqui, se deveria haver uma obrigatoriedade da revisão humana de decisões automatizadas. Sobre o assunto, conferir: MONTEIRO, Renato Leite. *Existe um direito à explicação na Lei Geral de Proteção de Dados do Brasil?* Artigo estratégico 39. Dezembro de 2018. FRAZÃO, Ana. O direito à explicação e à oposição diante de decisões totalmente automatizadas. *Jota*, publicado em 09 de julho de 2019. Disponível em: https://www.jota.info/opiniao-e-analise/colunas/constituicao-empresa-e-mercado/o-direito-a-explicacao-e-a-oposicao-diante-de-decisoes-totalmente-automatizadas-05122018. Acesso em: 27 jul. 2019.

47. Segundo o art. 5º, VI, da LGPD, o princípio da transparência representa "garantia, aos titulares, de informações claras, precisas e facilmente acessíveis sobre a realização do tratamento e os respectivos agentes de tratamento, observados os segredos comercial e industrial".

sobre a decisão tomada na sequência dessa avaliação e de contestar a decisão. Destaca-se que essa medida não deverá dizer respeito a uma criança, cuidado esse não disposto na lei brasileira.

Por fim, o Considerando 71 do GDPR dispõe que:

> A fim de assegurar um tratamento equitativo e transparente no que diz respeito ao titular dos dados, tendo em conta a especificidade das circunstâncias e do contexto em que os dados pessoais são tratados, o responsável pelo tratamento deverá utilizar procedimentos matemáticos e estatísticos adequados à definição de perfis, aplicar medidas técnicas e organizativas que garantam designadamente que os fatores que introduzem imprecisões nos dados pessoais são corrigidos e que o risco de erros é minimizado, e proteger os dados pessoais de modo a que sejam tidos em conta os potenciais riscos para os interesses e direitos do titular dos dados e de forma a prevenir, por exemplo, efeitos discriminatórios contra pessoas singulares em razão da sua origem racial ou étnica, opinião política, religião ou convicções, filiação sindical, estado genético ou de saúde ou orientação sexual, ou a impedir que as medidas venham a ter tais efeitos. A decisão e definição de perfis automatizada baseada em categorias especiais de dados pessoais só deverá ser permitida em condições específicas.[48]

Esse panorama permite concluir, parcialmente, que tão ou mais importante que o algoritmo é a base de dados a ele subjacente e o enviesamento que pode vir a reboque, o que realça ainda mais a necessidade de se efetivar a cartela de direitos e princípios fundamentais estabelecidos aos titulares dos dados na LGPD.

2.2 Exemplos da aplicação de inteligência artificial na tomada de decisões empresariais

Fundadas as premissas iniciais de que a adoção da IA vem agasalhar uma necessidade crescente de maior objetividade e eficiência decisória, bem como apontada a importância da base de dados que alimenta os algoritmos, cabe agora analisar possíveis exemplos da aplicação de inteligência artificial na tomada de decisões empresariais.

Para fins meramente didáticos, pode-se dividir a aplicação da IA no âmbito empresarial em duas grandes áreas: a utilização externa e a utilização interna. Isto é, pode-se utilizar a IA para fazer a interface com terceiros, a exemplo de robôs que atendem chamadas telefônicas ou *chatbots* em aplicativos e *sites*[49], como também para processos decisórios internos. A presente análise abordará com mais detalhe a última possibilidade.

Assim, é possível se pensar na utilização da IA em diferentes áreas de uma empresa: desde o *marketing*, havendo a análise de padrões de comportamentos para a realização de campanhas publicitárias[50], até a opção de decidir com quem contratar

---

48. Disponível em: https://eur-lex.europa.eu/legal-content/PT/TXT/?uri=celex%3A32016R0679. Acesso em: 27 jun. 2019.
49. Um exemplo a ser conhecido é o da Amazon Robotics que utiliza robôs para a interface com o público de consumidores. Ver mais em: https://www.amazonrobotics.com/#/vision. Acesso em: 14 fev. 2019.
50. Ver mais em: ZANATTA, Rafael A. F. Perfilização, *Discriminação e Direitos*: do Código de Defesa do Consumidor à Lei Geral de Proteção de Dados Pessoais. Disponível em: https://www.researchgate.net/publication/331287708. Acesso em: 27 jun. 2019.

ou como e onde investir, isto é, algoritmos que dizem, com base em dados, qual a melhor parceira para fazer negócios ou quais negócios valem o risco.

Especialistas sobre o tema elencaram as principais aplicações, a saber[51]: (i) melhoria na infraestrutura, soluções e serviços; (ii) aperfeiçoamento dos sistemas de defesa em cibersegurança; (iii) maiores benefícios em cuidados de saúde das pessoas; (iv) automação no processo de recrutamento de novos empregados; (v) interfaces de conversação inteligentes; (vi) redução no uso de energia e de custos; (vii) previsão de exploração de vulnerabilidades; (viii) melhoria na análise das respostas de consumidores a pesquisas de satisfação; (ix) previsão de mercado; (x) aceleração do processo de leitura, em comparação com seres humanos; (xi) melhoria na contabilidade e análise financeira; (xii) melhoria nas regras de cobrança dos consumidores; (xiii) melhor compreensão de intenções e comportamentos; e (xiv) revisão de propostas.

omo se vê, há variadas aplicações destinadas a elevar a eficiência na realização de atividades na e para a empresa, atividades essas que a força de trabalho humana poderia levar mais tempo para realizar ou para as quais seria necessário destacar um número mais alto de funcionários, por exemplo.

Diante desse panorama, é possível afirmar que os agentes empresariais podem ser, por vezes, em alguma medida, responsabilizados pela escolha do sistema operado pela Inteligência Artificial, pelo conjunto de informações e aplicações que fornecem ao banco de dados que alimentará o algoritmo e pela adoção de caminhos propostos pela IA de forma acrítica ou sem uma base maior de dados.

Ademais, é possível pensar numa responsabilização pela confiança depositada ou não depositada na escolha indicada pelo algoritmo. Explica-se: é possível ocorrer um dano não só em razão de o agente tomar uma decisão com base no caminho indicado pelo algoritmo, mas também por negligenciá-lo e atuar contrariamente a ele. Imagine-se, nesse sentido, que a companhia tenha deliberado que as decisões acerca da inabilitação de sociedades para se fazer negócios devam passar pela chancela de um algoritmo responsável por ranquear as sociedades e indicar quais não seriam boas – a partir de critérios previamente definidos – para realizar negociações. Assim, caso uma empresa fosse classificada como inadequada ou ruim e o agente empresarial contrariasse tal parecer e optasse por realizar o negócio, poder-se-ia pensar numa responsabilização pela sua conduta.[52]

---

51. Disponível em: https://www.forbes.com/sites/forbestechcouncil/2018/09/27/15-business-applications-for--artificial-intelligence-and-machine-learning/#1deb5e32579f. Acesso em: 14 fev. 2019.
52. "Uma nota explicativa do Secretariado da Uncitral, acerca da Convenção das Nações Unidas sobre Utilização de Comunicações Eletrônicas em Contratos Internacionais, estabelece, no seu artigo 12, o princípio de que a pessoa, natural ou jurídica, em cujo nome um computador foi programado, deve ser responsável por qualquer mensagem gerada pela máquina. Ou seja, a máquina que negocia vincula o seu proprietário ou a pessoa em nome de quem ela agiu. (...) Ou seja, a disposição garante que uma negociação eletrônica travada por uma IA seja considerada perfeita, reconhecendo como válida a manifestação de vontade por si exarada, bem como as obrigações daí decorrentes, sem reconhecer, contudo, a personalidade jurídica da IA, atribuindo a responsabilidade pelos seus atos à pessoa em cujo nome a IA agiu. Essa interpretação está em conformidade com a regra geral de que o operador de uma ferramenta é responsável pelos resultados

Fala-se hoje, até mesmo, numa aplicação perversa da inteligência artificial para a prática de condutas anticoncorrenciais.[53] A ideia é que a prática delitiva, que antes era realizada fisicamente por seres humanos, seja transferida para as máquinas, que passam a estabelecer a partir de análises comparativas e negociações o ajuste de preços:

> Sophisticated computers are central to the competitiveness of present and future markets. With the accelerating development of AI, they are set to change the competitive landscape and the nature of competitive restraints. As pricing mechanisms shift to computer pricing algorithms, so too will the types of collusion. We are shifting from the world where executives expressly collude in smoke-filled hotel rooms to a world where pricing algorithms continually monitor and adjust to each other's prices and market data.[54]

Isso evidencia o que se tem denominado por *mathwashing*, que pode ser definido como: "the assumption that algorithmic models don't have subjectivity baked into them because they involve math."[55] Ou seja, os agentes se esconderiam por trás da aparente neutralidade dos processos decisórios algorítmicos, reforçando mais uma vez a ideia de que a matemática suprimiria a subjetividade inerente às decisões humanas. Um exemplo bastante claro já foi apontado pela doutrina estrangeira: a seleção de novos empregados. A seguinte passagem é esclarecedora no que tange ao mecanismo de operação com IA:

> The definition of a desirable employee is challenging because it requires prioritization of numerous observable characteristics that make an employee "good." Employers tend to value action-oriented, intelligent, productive, detailoriented employees. This subjective decision opens the door to potential problems. Essentially, what makes a "good" employee "must be defined in ways that correspond to measurable outcomes: relatively higher sales, shorter production time, or longer tenure, for example". However, the subjective choices made both by the programmers and by the employer in previous hiring decisions are absorbed into the algorithm by way of the data that is used and the subjective labels placed on specific characteristics. Thus, when subjective labels

---

obtidos pelo seu uso, uma vez que a ferramenta não tem volição independente própria" (PIRES, Thatiane Cristina Fontão; SILVA, Rafael Peteffi da., op. cit., p. 247-248).

53. "Imagine-se o caso de um cartel implementado pelos algoritmos utilizados pelos diversos agentes econômicos de determinado mercado. Seria razoável considerar pelo menos culposa a conduta do agente que se utiliza, voluntariamente e sem os cuidados devidos, de mecanismos de tomada de decisão (como a precificação) que podem levar a práticas concertadas ou outros tipos de ilícito antitruste" (FRAZÃO, Ana. Algoritmos e inteligência artificial, *Jota*, publicado em 15 de maio de 2018).

54. Tradução livre: Computadores sofisticados são centrais para a competitividade dos mercados atuais e futuros. Com o desenvolvimento acelerado da IA, eles estão prontos para mudar o cenário competitivo e a natureza das restrições competitivas. À medida que os mecanismos de precificação mudam para os algoritmos de precificação de computadores, o mesmo também ocorrerá com os tipos de colusão. Estamos mudando de um mundo em que os executivos expressamente praticam a colusão em quartos de hotel cheios de fumaça para um mundo onde os algoritmos de precificação continuamente monitoram e se ajustam aos preços e dados de mercado um do outro (EZRACHI, Ariel; STUCKE, Maurice. Artificial Intelligence & Collusion: When Computers Inhibit Competition, *University of Illinois Law Review*, v. 2017, 2017, p. 1775. Disponível em: https://papers.ssrn.com/sol3/papers.cfm?abstract_id=2591874. Acesso em: 1º mar. 2019).

55. Tradução livre: a suposição de que modelos algorítmicos não possuem subjetividade incorporada a eles porque eles envolvem matemática (JOH, Elizabeth E. Feeding the Machine: Policing, Crime Data, & Algorithms. *J. William & Mary Bill of Rights Journal*, v. 26, Issue 2, Article 3, 2017, p. 292. Disponível em: https://scholarship.law.wm.edu/wmborj/vol26/iss2/3. Acesso em: 02 mar. 2019). Ver mais em: https://www.mathwashing.com/. Acesso em: 02 mar. 2019.

are applied, the results are skewed along the lines of those labels and the data that is utilized. Therefore, it is possible for algorithms and artificial intelligence to inherit prior prejudice and reflect current prejudices.[56]

A última frase do trecho acima vem ao encontro do que se tem defendido: os algoritmos podem herdar preconceitos, o que afasta a pretensa neutralidade que se atribui a eles, reforçando que tão ou mais importante que os algoritmos são os dados que os alimentam. E tais dados, geralmente, vêm de agentes, funcionários e prepostos empresariais, os quais podem ser responsabilizados também pela "má alimentação" aos algoritmos.

Resta ainda saber a extensão da delegação decisória para os algoritmos, isto é, pode o agente delegar completamente uma ação à máquina ou esta só deve fornecer elementos para análise consultiva do agente?

Em suma, pode-se dizer que a responsabilidade dos agentes empresariais reside, por exemplo, no grau de confiança que eles depositam no algoritmo comandado por inteligência artificial, nos dados que eles fornecem para alimentar as máquinas e, ainda, na obediência ou não aos comandos do algoritmo para a tomada de decisões.

2.3 Caminhos dentro da responsabilidade civil

Quando sistemas e robôs comandados por inteligência artificial tomam decisões e, em razão delas, causam danos a terceiros, evidencia-se a necessidade de se analisar qual sistema de responsabilidade civil deverá ser aplicado, bem como de se determinar o responsável pela reparação. Diante disso, na seara da responsabilidade civil, é possível pensar em alguns caminhos.

Inicialmente, pode-se cogitar da aplicação de um regime de responsabilidade semelhante àquele estabelecido pelo fato da coisa ou pelo risco (na forma do parágrafo único do art. 927 do Código Civil)[57]. No primeiro caso, o esquema seria próximo ao

---

56. Tradução livre: "A definição de um funcionário desejável é desafiadora porque requer a priorização de numerosas características observáveis que tornam um empregado "bom". Empregadores tendem a valorizar empregados orientados para a ação, inteligentes, produtivos, detalhistas. Essa decisão subjetiva abre as portas para problemas potenciais. Essencialmente, o que faz um "bom" empregado "deve ser definido de maneiras que correspondam a resultados mensuráveis: vendas relativamente mais altas, produção em mais curto tempo ou maior continuidade, por exemplo. "No entanto, escolhas subjetivas feitas tanto pelos programadores quanto pelo empregador em decisões de contratação anteriores são absorvidas pelo algoritmo com base nos dados que são usados e os rótulos subjetivos são colocados em características específicas. Assim, quando rótulos subjetivos são aplicados, os resultados inclinam-se ao longo das linhas desses rótulos e dos dados que são utilizados. Portanto, é possível que algoritmos e a inteligência artificial herdem preconceitos anteriores e reflitam preconceitos atuais" (MCKENZIE, Raub. Bots, Bias and Big Data: Artificial Intelligence, Algorithmic Bias and Disparate Impact Liability in Hiring Practices. *Arkansas Law Review*, v. 71, n. 2, 2018, p. 534).
57. Assim esclarecem Tepedino e Silva: "(...) o reconhecimento da configuração de atividades de risco a partir do emprego generalizado de sistemas de inteligência artificial parece a solução adequada, em linha de princípio, para o equacionamento da questão atinente à individualização do critério de imputação do regime de responsabilidade. O que não parece possível, ao revés, é a invocação indiscriminada e irrefletida da noção de atividade de risco. Deve-se, com efeito, lançar mão dos critérios desenvolvidos pela doutrina

aplicável para os animais[58]: seu dono ou detentor ressarcirá o dano por ele causado, a menos que prove culpa da vítima ou força maior. O art. 936, ao trazer apenas duas excludentes do dever de indenizar, introduz claramente hipótese de responsabilidade civil objetiva.[59] Aqui, "a responsabilidade distancia-se, de certa forma, do campo da guarda, em sua acepção clássica, e vai encontrar seu fundamento contemporâneo na teoria do risco, no sentido de que quem tem o uso do animal suporta o risco pelos danos que eventualmente venha a provocar".[60]

Dessa forma, o responsável pela IA teria que lidar com o risco decorrente da imprevisibilidade da atuação dela. No campo da responsabilidade civil objetiva, poder-se-ia pensar também na sua forma agravada para situações específicas. Em um cenário de riscos maiores, Fernando Noronha[61] entende que seria dispensável até mesmo o nexo de causalidade, desde que o risco fosse inerente à atividade geradora do dano. Para o autor, existiriam hipóteses especiais em que seria possível prescindir também de nexo de causalidade para se passar a exigir unicamente que o dano pudesse ser considerado risco inerente à própria atividade em causa, risco característico ou típico dela.[62]

Além disso, vale lembrar que, quando se tratar de relação de consumo, o Código de Defesa do Consumidor e sua consequente responsabilidade civil objetiva deverão ser aplicados para os casos em que o dano causado pela Inteligência Artificial puder

---

para a elucidação do que vem a ser atividade de risco para fins de incidência da correlata cláusula geral de responsabilidade objetiva. Há que se investigar detidamente, em cada atividade, à luz das especificidades dos respectivos sistemas e de seu contexto, a possibilidade de caracterização de atividade de risco" (TEPEDINO, Gustavo; SILVA, Rodrigo da Guia. Inteligência Artificial e elementos da responsabilidade civil. In: FRAZÃO, Ana; MULHOLLAND, Caitlin (Coord.). *Inteligência artificial e direito*: ética, regulação e responsabilidade. São Paulo: Ed. RT, 2019, p. 293-320).

58. ČERKA et al são contrários à equiparação de sistemas inteligentes a animais, diante da falta de bases similares para aproximá-los, já que as atividades de uma IA são baseadas num processo algorítmico que se avizinha mais do processo racional humano do que dos instintos e sentidos como dos animais. Assim, presume-se que uma IA possa vir, de certo modo, a compreender as consequências de suas ações, o que seria uma marca distintiva para o caso dos animais, levando a uma impossibilidade de se adotar um regime de responsabilidade civil objetiva, nos moldes da teoria da guarda de um animal (ČERKA, Paulius; GRIGIENÉ, Jurgita; SIRBIKYTÉ, Gintaré. Liability for damages caused by Artificial Intelligence. *Computer Law & Security Review*, v. 31, n. 3, p. 376-389, Elsevier, jun. 2015).
59. Enunciado 452 da V Jornada de Direito Civil do CJF: "A responsabilidade civil do dono ou detentor de animal é objetiva, admitindo-se a excludente do fato exclusivo de terceiro".
60. TEPEDINO, Gustavo; BARBOZA, Heloisa Helena; BODIN DE MORAES, Maria Celina. *Código Civil Interpretado conforme a Constituição da República*. 2. ed. Renovar: Rio de Janeiro, v. II, p. 846.
61. NORONHA, Fernando. *Direito das obrigações*. São Paulo: Saraiva, 2003. v. 1.
62. "A responsabilidade objetiva agravada insere-se no final de uma evolução que começou quando, num primeiro momento, se reconheceu que o requisito culpa não sempre era imprescindível para o surgimento da obrigação de indenizar: o exercício de determinadas atividades, suscetíveis de causar danos a terceiros, implicava, em contrapartida aos benefícios que elas proporcionavam ao agente, o ônus de suportar os danos que eventualmente fossem causados a outrem. Foi por isso que se construiu a teoria da responsabilidade objetiva. Agora estamos entrando num segundo momento, em que se verifica haver hipóteses especiais em que se prescinde também de nexo de causalidade, para se passar a exigir unicamente que o dano acontecido possa ser considerado risco próprio da atividade em causa" (NORONHA, Fernando. Desenvolvimentos contemporâneos da responsabilidade civil. Revista dos Tribunais, v. 761, p. 31-44, março de 1999).

ser enquadrado como vício ou fato do produto ou do serviço.[63] Alguns defendem até que deveria ser adotada como premissa a presunção de que qualquer dano causado pela IA seria necessariamente resultado de uma falha humana *res ipsa loquitur*[64], fosse ela uma falha de projeto, de fabricação, de montagem ou de informação acerca da segurança e do uso apropriado do produto.[65]

É o que defende David Vladeck[66], que formula uma solução, na linha da teoria do fato do produto, "por meio da presunção de existência de um defeito na IA, comprovada pela própria ocorrência do dano. Isto é, conclui-se que tanto a IA era defeituosa que o dano ocorreu".[67] Com isso, "o fornecedor da IA – no caso, o agente que explora a tecnologia – seria obrigado a reparar o dano, pois estaria na melhor posição para arcar com as perdas, fundamentando-se esse argumento no princípio da solidariedade social e do risco da atividade".[68]

Nessa ordem de ideias, Tepedino e Silva entendem tornar-se "induvidosa a possibilidade de responsabilização de todos os fornecedores integrantes da cadeia de consumo pelos danos decorrentes de fato do produto ou serviço – resguardada, em qualquer caso, a necessidade de aferição dos demais elementos relevantes para a deflagração do dever de indenizar".[69]

---

63. VLADECK, David C. Machines without principals: liability rules and artificial intelligence. *Washington Law Review*, vol. 89:117, 2014, p. 128-129
64. Segundo dicionário jurídico norte-americano, a expressão latina pode ser definida como "the thing speaks for itself". Afirma-se que: "In tort law, a principle that allows plaintiffs to meet their burden of proof with what is, in effect, circumstantial evidence. The plaintiff can create a rebuttable presumption of negligence by the defendant by proving that the harm would not ordinarily have occurred without negligence, that the object that caused the harm was under the defendant's control, and that there are no other plausible explanations". Disponível em: https://www.law.cornell.edu/wex/res_ipsa_loquitur. Acesso em: 27 jun. 2019.
65. PIRES, Thatiane Cristina Fontão; SILVA, Rafael Peteffi da, op. cit., p. 250.
66. "Of course, the solution suggested by existing law would be to hold the vehicle's manufacturer liable and let the manufacturer seek indemnity or contribution from other potentially responsible parties, if any. But that approach may be nothing more than an empty gesture. If it is in fact impossible to identify the cause of the accident, then the manufacturer would likely have no reasonable grounds for an indemnity or contribution action, and would thus be saddled with the entire judgment. That result might make sense if the manufacturer is in the best position to bear the loss. Otherwise, it might be fairer to apportion responsibility among all of the parties that participated in building and maintaining the vehicle's autonomous systems, on the ground that the cost of error is better spread among all potentially responsible parties or among the parties who could more efficiently guard or insure against the loss. The other approach would be to hold the vehicle itself responsible, assuming, of course, that the law is willing to confer legal 'personhood' on the vehicle and require the vehicle to obtain adequate insurance" (VLADECK, David C. Machines without principals: liability rules and artificial intelligence. *Washington Law Review*, v. 89:117, p. 128-129, 2014).
67. MULHOLLAND, Caitlin. Responsabilidade civil e processos decisórios autônomos em sistemas de Inteligência Artificial (IA): autonomia, imputabilidade e responsabilidade. In: FRAZÃO, Ana; MULHOLLAND, Caitlin (Coord.). *Inteligência Artificial e Direito*: ética, regulação e responsabilidade. São Paulo: Thomson Reuters Brasil, 2019, p. 341.
68. MULHOLLAND, Caitlin. Responsabilidade civil e processos decisórios autônomos em sistemas de Inteligência Artificial (IA): autonomia, imputabilidade e responsabilidade. In: FRAZÃO, Ana; MULHOLLAND, Caitlin (Coord.). *Inteligência Artificial e Direito*: ética, regulação e responsabilidade. São Paulo: Thomson Reuters Brasil, 2019, p. 341.
69. TEPEDINO, Gustavo; SILVA, Rodrigo da Guia. Inteligência Artificial e elementos da responsabilidade civil. In: FRAZÃO, Ana; MULHOLLAND, Caitlin (Coord.). *Inteligência artificial e direito*: ética, regulação e responsabilidade. São Paulo: Ed. RT, 2019. p. 293-320.

Há também autores que sugerem a aplicação da teoria do *deep pocket* que, em linhas gerais, prescreve que os agentes por trás de atividades consideradas perigosas deveriam compensar os danos causados à sociedade a partir dos lucros obtidos. Dessa maneira, o agente, seja ele qual for, que tiver o "bolso profundo", isto é, quem tiver a melhor capacidade para gerir os riscos dessas atividades perigosas deverá atuar como uma espécie de garantidor delas, o que se operaria preferencialmente por meio de um seguro obrigatório de responsabilidade civil.[70]

Importa registrar, ainda, que parte da doutrina discute se a crescente autonomia dos robôs e sistemas comandados por Inteligência Artificial deveria apartar a discussão da responsabilidade da lógica do defeito do produto/serviço. Haveria, pois, dois planos distintos.

Num primeiro, seria possível vislumbrar os danos causados por robôs autônomos que resultem de defeitos. Isso permitiria enquadrá-los como produtos que possam ter falhas de concepção, fabricação, informação (do fornecedor ao usuário final) ou de desenvolvimento. Nesse caso, seriam aplicadas as normas consumeristas relativas ao fato do produto ou do serviço, sem prejuízo da aplicação de outras normas.[71]

Num segundo plano, os danos não adviriam "de um defeito do robô, mas antes da autonomia que revela, ou seja, reconduz-se a uma ideia de 'não é defeito, é feitio'."[72] Daí a afirmação de que "os robôs com uma capacidade profunda de autoaprendizagem são imprevisíveis, pelo que uma resposta inesperada para uma situação específica pode não ser o resultado de uma falha do produtor".[73]

Nesse sentido, recorda-se questionamento apontado pela doutrina:

> A tomada de decisão da AI, a partir do self-learning poderia ser equiparado a um defeito de concepção imputável ao fornecedor? O defeito de concepção é caracterizado pelo erro de projeto ou pela escolha equivocada dos materiais a serem utilizados na fabricação do produto, de tal maneira que a insegurança está diretamente ligada, como o próprio termo explicita, à concepção ou idealização. Seria esse o caso da tomada de decisão da AI ou estar-se-ia tratando apenas de um desdobramento independente e autônomo a partir da nova realidade tecnológica?[74]

Diante dessa realidade, autores como Ugo Pagallo chegam a defender a necessidade de serem estabelecidos novos mecanismos para a responsabilidade civil:

> Contrary to the traditional viewpoint of robots as mere tools of the principal, so that humans should automatically be bound by all the operations of the artificial agent, new liability policies have to

---

70. ČERKA, Paulius; GRIGIENĖ, Jurgita; SIRBIKYTĖ, Gintarė. Liability for damages caused by Artificial Intelligence. *Computer Law & Security Review*, v. 31, n. 3, p. 376-389, Elsevier, jun. 2015.
71. CAMPOS, Juliana. A Responsabilidade Civil do produtor pelos danos causados por robôs inteligentes à luz do regime do Decreto-Lei 383/89, de 6 de novembro. *Revista de Direito da Responsabilidade*, ano 1, p. 712, 2019.
72. CAMPOS, Juliana. Op. cit., p. 712.
73. CAMPOS, Juliana. Op. cit., p. 712.
74. MAGRANI, Eduardo; SILVA, Priscilla; VIOLA, Rafael. Novas perspectivas sobre ética e responsabilidade de Inteligência Artificial. In: FRAZÃO, Ana; MULHOLLAND, Caitlin (Coord.). *Inteligência Artificial e Direito: ética, regulação e responsabilidade*. São Paulo: Thomson Reuters Brasil, 2019, p. 133-134.

be taken into account. Indeed, a number of cases have shown that third parties, rather than individuals bearing responsibility for the care of their agents, are in the best position to prevent harm or damages and, thus, such third parties are the least-cost avoider of the risk.[75]

Essa discussão abre espaço, ainda, para questionamentos mais profundos, como saber se as máquinas devem ou não ser concebidas como sujeitos de direito autônomos com direitos e deveres próprios.[76]

Discute-se, ainda, a possibilidade de adoção da teoria do risco do desenvolvimento[77] para os casos de danos causados pela IA[78]. Verifica-se que ela eventualmente poderá ser arguida para se tentar afastar a responsabilidade do fabricante ou proprietário de robôs e demais tecnologias dotadas de inteligência artificial. O risco do desenvolvimento tem como objetivo tratar daqueles riscos não cognoscíveis pelo mais avançado estado da ciência e da técnica no momento da introdução do produto ou serviço no mercado e que só vêm a ser descobertos após um período de uso do mesmo, seja em razão de acidentes e danos, seja por avanços nos estudos e testes realizados. Em razão da condição narrada, há quem entenda que, nessa hipótese, a responsabilidade do fornecedor deveria ser excluída. Isso ocorreria não porque o fornecedor falhou em seus deveres de diligência

---

75. PAGALLO, Ugo. *The Laws of Robots*: Crimes, Contracts and Torts. Law, Governance and Technology Series, v. 10, p. 212. Springer, 2013.
76. "(...) the distinction between robots-as-means and robots-as-agents in fact leaves room for further questions, such as whether these machines should be conceived as autonomous legal persons with rights and duties of their own." (PAGALLO, Ugo. *The Laws of Robots*: Crimes, Contracts and Torts. Law, Governance and Technology Series, vol. 10. Springer, 2013, p. 169).
77. "Ao contrário do que ocorre em outros países, nossa lei consumerista não menciona os riscos de desenvolvimento, que são aqueles riscos que, imperceptíveis devido ao estado da ciência no momento em que o produto ou serviço é colocado no mercado, vêm posteriormente a se revelar com o desenvolvimento do conhecimento técnico e científico" (SCHREIBER, Anderson. *Manual de Direito Civil Contemporâneo*. São Paulo: Saraiva Educação, 2018. p. 659).
78. Esclarece Caitlin Mulholland que "Nesse caso, a teoria do risco de desenvolvimento poderia ser resgatada como forma de embasar a atribuição de responsabilidade aos agentes empresariais que desenvolvem ou exploram a IA, justificando-a no princípio da solidariedade social. Seus elementos podem ajudar a criar uma teoria a ser aplicada a estes casos. São elementos do risco de desenvolvimento (i) o dano causado por um produto - que não é, em tese, defeituoso; (ii) a impossibilidade técnica objetiva de reconhecimento, tanto por parte do fornecedor quanto do consumidor, da defeituosidade e da potencialidade danosa do produto, no tempo da ocasião do dano; e (iii) o desenvolvimento tecnológico que identifica, posteriormente, um defeito do produto, gerador do dano. Esses requisitos, se aplicados às hipóteses de danos causados por IA autônoma, poderiam ser igualmente interpretados para fins de atribuição da obrigação de indenizar. Senão vejamos: (i) o dano é casualmente ligado a um sistema de IA; (ii) é virtualmente impossível identificar, no momento inicial de programação da IA, a previsibilidade e potencialidade danosa da aplicação do sistema; e (iii) o desenvolvimento da aprendizagem autônoma pela IA, que independe de interferência humana, causa efetivamente o dano a uma pessoa. A estes três elementos, soma-se um quarto que é (iv) a inviabilidade de explicação por um humano do processo que levou a IA a uma decisão autônoma geradora do resultado danoso, na medida em que esses processos de aprendizagem e decisão independem atuação e da racionalidade humana" (MULHOLLAND, Caitlin. Responsabilidade civil e processos decisórios autônomos em sistemas de Inteligência Artificial (IA): autonomia, imputabilidade e responsabilidade. In: FRAZÃO, Ana; MULHOLLAND, Caitlin (Coord.). Inteligência artificial e direito: ética, regulação e responsabilidade. São Paulo: Ed. RT, 2019. p. 335).

e segurança, mas sim porque a incognoscibilidade do defeito era absoluta diante do presente estado da arte.[79]

Nesse raciocínio, não haveria subversão de uma legítima expectativa de segurança do consumidor, visto que nenhuma expectativa poderia ser tida como legítima se pretende ir além do próprio estado mais avançado da tecnologia de sua época. Por outro lado, há quem entenda que sua aplicação poderia acabar permitindo que o consumidor arcasse sozinho com a incerteza da tecnologia adquirida. Além de não ter pleno conhecimento dos riscos e do grau de conhecimento alcançado pela Ciência, ele ainda assumiria integralmente os danos que viesse a sofrer decorrentes do uso normal do produto ou serviço.[80]

Acerca dessa questão, já se manifestou Mulholland:

> as mesmas críticas feitas à adoção da teoria do risco de desenvolvimento como fator de atribuição da obrigação de reparar o dano causado por um produto podem ser aplicadas ao reconhecimento da responsabilidade civil pelos danos ocasionados pela tomada de decisão autônomas por sistemas de IA, sendo o principal questionamento aquele que diz respeito ao delicado equilíbrio entre a atribuição de responsabilidade por meio de medidas regulatórias e o consequente e eventual risco de estagnação da inovação tecnológica. É possível que a adoção da teoria do risco de desenvolvimento nessas hipóteses gere um retrocesso em termos de desenvolvimento tecnológico, pois a gestão dos riscos não justificaria o investimento em sistemas totalmente autônomos.[81]

Em âmbito empresarial, em havendo transferência de capacidade decisória para algoritmos, sem os devidos cuidados, mostra-se possível trabalhar com estruturas de responsabilização, em casos de danos aos mais diversos sujeitos, como, por exemplo, a própria pessoa jurídica, os sócios, os empregados, os credores, os consumidores ou terceiros. Os entes coletivos têm o dever de se organizar corretamente[82], podendo ser especificamente responsabilizados quando deixarem de empregar meios de controle e precaução capazes de garantir que suas atividades sejam desenvolvidas de maneira lícita e que os riscos assumidos sejam ponderados e monitorados. Cobra-se, assim, atitude corporativa que adote todas as medidas organizativas razoáveis e indispensáveis para impedir delitos. A realidade multifacetada das relações e tomadas de decisões em uma corporação exige, portanto, a adoção de modelos organizativos.

---

79. Trecho extraído de: TEFFÉ, Chiara Spadaccini. Quem responde pelos danos causados pela IA? *Jota*, publicado em 24 de outubro de 2017. Disponível em: https://www.jota.info/opiniao-e-analise/artigos/quem-respon-de-pelos-danos-causados-pela-ia-24102017. Acesso em: 23 fev. 2019.
80. Ibidem.
81. MULHOLLAND, op. cit.
82. Cf. TIEDEMANN, Klaus. Punibilidad y Responsabilidad Administrativa de las Personas Jurídicas y de sus Órganos, *Revista Jurídica de Buenos Aires*, v. 2, Buenos Aires: Facultad de Derecho y Ciencias Sociales de la Universidad de Buenos Aires, 1988. FRAZÃO, Ana. Programas de *compliance* e critérios de responsabilização de pessoas jurídicas por ilícitos administrativos. In: ROSSETTI, Maristela; PITTA, Andre (Coord.). *Governança corporativa*: avanços e retrocessos. São Paulo: Quartier Latin, 2017. p. 23-57.

No que concerne ao administrador de sociedade, recorda-se da responsabilidade subjetiva por violação ao dever de diligência.[83] Conforme dispõe o art. 153[84] da lei das Sociedades por Ações (Lei n. 6.404/1976), o administrador tem obrigação de atuar com cuidado, atenção e zelo. No mesmo sentido, o artigo 1.011 do Código Civil afirma que o administrador da sociedade deverá ter, no exercício de suas funções, o cuidado e a diligência que todo homem ativo e probo costuma empregar na administração de seus próprios negócios.

Por sua posição, o administrador exerce competências funcionais, não podendo agir em proveito próprio. Os poderes de gestão que são conferidos a ele são para o atendimento exclusivo dos interesses da pessoa jurídica, sendo vedado agir em favor de si mesmo ou de terceiros.[85]

Para a doutrina, o administrador considerado diligente é aquele que emprega na condução dos negócios cautelas, métodos e recomendações próprios da ciência da administração. O dever de diligência relaciona-se, por isso, diretamente com os deveres de atuar em boa-fé e de informação. Busca-se, desse modo, impedir que os administradores coloquem na frente seus interesses pessoais em detrimento daqueles da sociedade ou que sejam negligentes ou imprudentes na administração da companhia.

Nesse sentido, um administrador diligente é entendido como íntegro, honesto e justo. Ao exercer suas funções, ele desempenha as atividades no interesse da companhia e de forma atuante, ágil e participativa, mas necessariamente também cuidadosa, cautelosa e com a presteza esperada de um administrador em posição e circunstâncias similares.

Com a inserção da Inteligência Artificial, a mencionada postura do administrador será essencial, pois, como aponta Frazão, "em qualquer circunstância de delegação de suas competências para sistemas de inteligência artificial, as decisões ou atos serão imputados ao administrador e o sujeitarão à responsabilidade pessoal"[86], já que foi ele quem encampou aquela decisão como se fosse sua.

O artigo 1.016 do Código Civil traz a cláusula geral de responsabilidade civil de administradores: "Os administradores respondem solidariamente perante a sociedade e os terceiros prejudicados, por culpa no desempenho de suas funções." Caminha, assim, ao encontro da norma prevista na lei das S.A. Nela, a regra é a de que

---

83. Cf. CARVALHOSA, Modesto; LATORRACA, Nilton. *Comentários à lei de sociedades anônimas*. São Paulo: Saraiva, 1997. v. 3. LAMY FILHO, Alfredo; PEDREIRA, José Luis Bulhões (Org.). *Direito das Companhias*. Rio de Janeiro: Forense, 2017.
84. Art. 153. O administrador da companhia deve empregar, no exercício de suas funções, o cuidado e diligência que todo homem ativo e probo costuma empregar na administração dos seus próprios negócios.
85. Art. 154. O administrador deve exercer as atribuições que a lei e o estatuto lhe conferem para lograr os fins e no interesse da companhia, satisfeitas as exigências do bem público e da função social da empresa. § 1º O administrador eleito por grupo ou classe de acionistas tem, para com a companhia, os mesmos deveres que os demais, não podendo, ainda que para defesa do interesse dos que o elegeram, faltar a esses deveres.
86. FRAZÃO, Ana. Responsabilidade civil de administradores de sociedades empresárias por decisões tomadas com base em sistemas de inteligência artificial. In: FRAZÃO, Ana; MULHOLLAND, Caitlin (Coord.). *Inteligência artificial e direito: ética, regulação e responsabilidade*. São Paulo: Ed. RT, 2019. p. 495.

o administrador não é pessoalmente responsável pelos atos que pratica no exercício regular de sua gestão, que são considerados como atos da sociedade e, portanto, a ela imputáveis. Todavia, ele responderá pessoalmente em dois casos: quando agir dentro de suas atribuições ou poderes, com culpa ou dolo, ou se agir com violação da lei ou do estatuto social. Entende-se que a disposição do artigo 158[87] é de ordem pública e tem como destinatária da tutela toda a sociedade e não apenas a companhia ou seus acionistas. O fim dessa responsabilidade é prevenir e obstar a ocorrência de atos ilícitos e reparar os prejudicados dos danos causados.

Uma vez que a responsabilidade civil dos administradores tem natureza subjetiva, afirma-se que a culpa deverá ser compreendida em seu sentido normativo e aferida à luz dos deveres de diligência e lealdade.

Anota-se que há atitudes que podem contribuir para uma atuação considerada diligente[88], as quais, por vezes, poderão servir como parâmetros para a análise de processos envolvendo a responsabilidade de administradores, a saber: a) tempo dedicado à função; b) tomada de decisões de maneira informada, refletida e desinteressada; c) participação ativa, analisando propostas, alternativas e riscos, a partir de seu alinhamento com a política e finalidade da companhia; d) compartilhamento de conhecimento e discussão com os demais administradores; e) assessorar-se com especialistas, principalmente quando as decisões dependerem ou envolverem especialidade, ponto esse através do qual a IA pode penetrar tanto para melhor informar e especializar o administrador quanto para propor estratégias e caminhos, devendo, porém, tal utilização da IA ser feita com a diligência esperada de um administrador, o qual deve se assegurar de que, de fato, ela tem qualificação necessária para desempenhar, total ou parcialmente, as tarefas a ela delegadas; f) delegação de tarefas com responsabilidade e supervisão; e) utilização de seu direito de confiar nos outros de forma limitada e cautelosa, situação essa em que também é possível se

---

87. Art. 158. O administrador não é pessoalmente responsável pelas obrigações que contrair em nome da sociedade e em virtude de ato regular de gestão; responde, porém, civilmente, pelos prejuízos que causar, quando proceder: I - dentro de suas atribuições ou poderes, com culpa ou dolo; II - com violação da lei ou do estatuto. § 1º O administrador não é responsável por atos ilícitos de outros administradores, salvo se com eles for conivente, se negligenciar em descobri-los ou se, deles tendo conhecimento, deixar de agir para impedir a sua prática. Exime-se de responsabilidade o administrador dissidente que faça consignar sua divergência em ata de reunião do órgão de administração ou, não sendo possível, dela dê ciência imediata e por escrito ao órgão da administração, no conselho fiscal, se em funcionamento, ou à assembleia geral. § 2º Os administradores são solidariamente responsáveis pelos prejuízos causados em virtude do não cumprimento dos deveres impostos por lei para assegurar o funcionamento normal da companhia, ainda que, pelo estatuto, tais deveres não caibam a todos eles. § 3º Nas companhias abertas, a responsabilidade de que trata o § 2º ficará restrita, ressalvado o disposto no § 4º, aos administradores que, por disposição do estatuto, tenham atribuição específica de dar cumprimento àqueles deveres. § 4º O administrador que, tendo conhecimento do não cumprimento desses deveres por seu predecessor, ou pelo administrador competente nos termos do § 3º, deixar de comunicar o fato a assembleia geral, tornar-se-á por ele solidariamente responsável. § 5º Responderá solidariamente com o administrador quem, com o fim de obter vantagem para si ou para outrem, concorrer para a prática de ato com violação da lei ou do estatuto.
88. A responsabilidade dos administradores e o dever de diligência. GT Interagentes, 2014. Disponível em: http://www.ibgc.org.br/userfiles/files/GT_Interagentes_Responsabilidade_Administradores.pdf. Acesso em: 02 mar. 2019.

pensar na aplicação da IA, quando, por exemplo, o administrador optar por seguir determinado caminho ou proposta sugerido pela tecnologia, devendo, para tanto, agir com prudência e cuidado na escolha da IA, em seu treinamento e na adoção de suas propostas, principalmente quando envolverem decisões determinantes para a companhia; e f) atuação conforme o que é razoavelmente esperado de uma pessoa em posição e situação similares.

Nesse sentido, acerca da responsabilidade civil em âmbito empresarial por uso de Inteligência Artificial e algoritmos para a tomada de decisões, ensina Frazão que:

> (...) é possível falar em ato ilícito, ainda que não doloso, quando a empresa (i) adota algoritmo sem saber como ele age – violação ao dever de diligência por tomar decisão não informada –; ou (ii) não toma as providências necessárias para, a partir do monitoramento dos resultados práticos da utilização dos algoritmos, evitar a colusão ou outros tipos de conduta anticoncorrencial – violação ao dever de diligência por ausência de controle de risco. Nesse caso, seria possível se cogitar da responsabilidade tanto da pessoa jurídica, como dos gestores. Na verdade, o próprio defeito de organização pode ser visto como uma violação ao dever de diligência, pois já se viu que, no atual contexto, este último ganha uma dimensão organizativa, relacionada ao compromisso de criar e manter organização eficiente e idônea para o controle do risco assumido. Logo, a violação do referido dever tanto poderá ensejar a responsabilidade civil, como também a responsabilidade no âmbito do direito punitivo.[89]

Em suma, responde o administrador tanto pela escolha quanto pelo monitoramento da IA.[90] Contudo, sendo o dever de diligência um dever de meio, uma vez cumprido adequadamente, a responsabilidade do administrador não será deflagrada mesmo se o sistema de IA aplicado causar danos. O dever de diligência não impõe que o administrador tome sempre a decisão mais acertada para o sucesso econômico da pessoa jurídica. Busca-se, aqui, cuidado com o processo decisório e com os recursos utilizados para tanto. É essencial que os administradores possam assumir determinados riscos com alguma tranquilidade, sob pena de sua atuação restar indevidamente engessada e de faltarem pessoas interessadas em ocupar tal posição, em razão do regime de responsabilidade imposto.

Ressalta-se, por fim, a necessidade de o administrador e demais agentes envolvidos nas decisões empresariais demandarem por mais transparência algorítmica, com o devido cuidado, claro, para que essa transparência respeite o sigilo que deve haver nos negócios. Além disso, recomenda-se também o desenvolvimento de estruturas

---

89. FRAZÃO, Ana. Algoritmos e inteligência artificial, *Jota*, publicado em 15 de maio de 2018.
90. "(...) não se pode afastar a responsabilidade pessoal dos administradores de sociedades empresárias por danos decorrentes de sistemas de inteligência artificial em razão da culpa *in elegendo* pela escolha da tecnologia. A partir do momento em que o administrador delega parte dos processos decisórios da sociedade empresária para um sistema de inteligência artificial, o mínimo que se espera é que tenha agido com prudência e cautela na escolha desse sistema" (FRAZÃO, Ana. Responsabilidade civil de administradores de sociedades empresárias por decisões tomadas com base em sistemas de inteligência artificial. In: FRAZÃO, Ana; MULHOLLAND, Caitlin (Coord.). *Inteligência artificial e direito*: ética, regulação e responsabilidade. São Paulo: Ed. RT, 2019. p. 506).

éticas corporativas para que as empresas aumentem os benefícios da IA e minimizem seus riscos e problemas. Como destaca doutrina:

> O desenvolvimento de uma estrutura ética corporativa ajuda as empresas a demonstrar como os dados que lhes são confiados são usados de maneira responsável. A ética é também uma ferramenta flexível, permitindo que as empresas alinhem e atualizem, continuamente, as práticas no ritmo do desenvolvimento tecnológico, abordando questões que vão além da estrita conformidade legal. O recurso à ética como quadro analítico e operacional reconhece que a legislação não cobre tudo (nem deveria), e que os quadros éticos corporativos podem desempenhar um papel importante na avaliação e decisão sobre o uso de dados e processos algorítmicos (...) a ética justifica e facilita o desdobramento de um conjunto de práticas corporativas adicionais que não derivam de obrigações ou exigências legais, permitindo que as empresas sigam os valores que definiram e cumpram a sua missão integralmente. Tais práticas corporativas podem incluir, entre outras, investimentos em programas sociais, compromisso com iniciativas de transparência e apoio a campanhas educacionais. A ética também pode ajudar as empresas a atender às expectativas e a seguir as recomendações dos órgãos reguladores, contribuindo para um relacionamento mais saudável e produtivo com essas entidades.[91]

Ao implantar sistemas algorítmicos, mostra-se essencial conhecer suas limitações e o que é efetivamente levado em conta para a tomada de decisões. Entender os limites dos algoritmos ajudará o agente a melhor julgar suas decisões e propostas, evitando, assim, visões simplistas e reducionistas, sob pena de tornar as pessoas, em certa medida, reféns de decisões tomadas na "caixa-preta" dos algoritmos, cuja opacidade é denunciada por Frank Pasquale em sua análise sobre os algoritmos secretos que acabam controlando o dinheiro e a informação na sociedade contemporânea.[92]

3. CONCLUSÃO

Como visto, os danos causados pela Inteligência Artificial já são realidade. Não se trata mais de uma projeção futurista de obras de ficção científica. Ao contrário, são danos que já estão causando repercussões na sociedade e, também, batendo às portas do Judiciário, o que reforça a necessidade de o Direito se precaver para dar uma resposta que, ainda que não consiga resolver todos os problemas, possa, ao menos, encontrar caminhos para reduzir os impactos.

Diversas são as searas afetadas, o que impõe uma análise multissetorial do problema, levando-se em conta as principais forças de regulação: arquitetura, normas sociais, mercado e Direito. É preciso entender as peculiaridades que as diversas inteligências artificiais impõem para melhor adequar as normas de responsabilidade civil aos problemas atuais e regular os novos conflitos e questões.

Neste campo, mostra-se importante reavaliar os esquemas de imputação de responsabilidade e os regimes impostos às relações, de forma a tanto incentivar a

---
91. DONEDA et al, op. cit., p. 14.
92. PASQUALE, Frank. *The Black Box Society. The Secret Algorithms That Control Money and Information*. Cambridge: Harvard University Press, 2015.

inovação e a aplicação da IA – de maneira ética, segura e inclusiva – quanto promover a adequada reparação dos danos causados.

Para tanto, além de um elevado investimento em capacitação dos profissionais, são sugeridos como instrumentos o desenvolvimento de estruturas éticas corporativas e uma agenda brasileira para a aplicação da inteligência artificial, que leve em conta considerações de ordem ética e os princípios e direitos fundamentais.

Não será fácil compreender as repercussões oriundas da transferência – em alguma medida – de decisões para algoritmos na sociedade e nos ambientes empresariais. Entretanto, a interação entre humanos e inteligências artificiais, bem como sua elevada aplicação, já é uma realidade e será cada vez mais intensa. Uma abordagem pessimista ou pouco preparada para a evolução tecnológica pode prejudicar o desenvolvimento de instrumentos que efetivamente venham a atuar no sentido de melhorar a qualidade de vida da população, a eficiência no ambiente produtivo e a qualidade das decisões empresariais.

O presente estudo pretendeu, assim, instigar o debate na seara da responsabilidade civil dos agentes empresariais pelos danos causados pela utilização de sistemas dotados de Inteligência Artificial. Longe de esgotar a análise, objetivou-se demonstrar que é preciso atentar, sobretudo, para o grau de autonomia destinado a tais sistemas, de maneira a se evitar que a delegação decisória à máquina, aparentemente neutra, objetiva e impessoal, venha a esconder algum enviesamento ou deturpação de dados.

Como exposto, tão ou mais importantes que os algoritmos são os dados, os quais servem de combustível para essa revolução, que, como esperado, já vem por vezes causando danos, os quais precisam de uma resposta da sociedade para se evitar um cenário de irresponsabilidade, mas, acima de tudo, para se permitir que a inovação aconteça. O novo pede passagem: cabe ao Direito acompanhá-lo.

A INCOMPATIBILIDADE DO SISTEMA *OPT OUT* ADOTADO NO CADASTRO POSITIVO DE CRÉDITO COM A ORDENAÇÃO BRASILEIRA

Lívia Barboza Maia

Doutoranda e Mestre em Direito Civil pela UERJ. Especialista em Direito da Propriedade Intelectual pela PUC-Rio. Professora nos cursos de Pós-Graduação *lato sensu* na PUC-Rio. Membro da Comissão de Direito Civil da OAB/RJ. Sócia de Denis Borges Barbosa Advogados.

1. INTRODUÇÃO

No ano de 2011, através da Lei 12.414, disciplinou-se a formação e consulta de banco de dados contendo informações de adimplemento (tanto de pessoas físicas quanto de pessoas jurídicas) para fins de formação de um histórico de crédito.

No ano de 2019, Lei Complementar 116 de 8 de abril, além de alterar Lei Complementar anterior alterou também a Lei 12.414/2011. A última alteração mencionada teve como finalidade dispor sobre os cadastros positivos de crédito e regular a responsabilidade civil dos operadores.

O presente artigo não tratará sobre históricos e eventuais motivos legislativos, suas nuances ou mesmo da responsabilidade civil dos operadores. Tem-se como objetivo tratar da compatibilidade com a ordenação brasileira do modo como há a inserção dos dados pessoais no Cadastro Positivo de Crédito como vigente hoje no Brasil.

Desde o ano de 2019, com implementação final no ano de 2020, o sistema de Cadastro Positivo de Crédito no Brasil optou por seguir uma modelo que comumente costuma estar atrelado à legislação estadunidense no que tange à inserção dos dados pertinentes aos cidadãos no cadastro. Como naquele país, por aqui está vigente o sistema *opt out*.

Como se verá no texto, no sistema *opt out* o dado da pessoa física ou jurídica é inserido por liberalidade daquele que coordena o banco de dado do Crédito Positivo. Acaso o titular do dado não queira fazer parte desse banco, ele deverá solicitar sua retirada.

Diante desse modelo adotado o presente artigo problematizará tal opção diante da legalidade constitucional e do sistema consumerista ora em vigor. Para tanto, far-se-á um paralelo com a jurisprudência pacificada no Superior Tribunal de Justiça, com tema já sumulado, sobre a proibição de envio de cartões de crédito aos consumidores sem a anuência ou requerimento dos mesmos.

2. CADASTRO POSITIVO DE CRÉDITO

"De há muito não basta somente elencar princípios constitucionais (importantes tanto na ordem econômica, quanto nos direitos fundamentais e cidadania); cumpre agora, mais do que antes, dar-lhes sentidos e fins."[1]

Ainda em meados do ano de 2019 entrou em vigor no Brasil o Cadastro Positivo de Crédito. Até então, o cadastro acessível era o negativo e, portanto, os fornecedoras de serviços/produtos tinham acesso às dívidas vencidas e não adimplidas pelos consumidores. Popularmente, essa negativação era chamada "nome sujo". O consumidor com "nome sujo" era aquele que tinha seu CPF negativado em um dos sujeitos protagonistas do *sistema* de proteção de crédito.

Até então, no sistema de cadastro negativo, o consumidor para ter seu CPF retirado da listagem precisava adimplir seu débito. Ou, ainda, havida a prescrição[2] do débito, na forma dos §§ 1º e 5º, do artigo 43 do Código de Defesa do Consumidor, quaisquer dos integrantes do Sistema de Proteção ao Crédito estará impedido de dificultar acesso a crédito junto a fornecedores. Na prática, após o prazo prescricional, de cinco[3] anos[4], o CPF do consumidor é retirado da lista de inadimplentes.

2.1 Do que trata o cadastro positivo de crédito

A finalidade do Cadastro Positivo de Crédito seria a reunião de informações sobre os pagamentos (a forma, o modo e eventuais moras) feitos pelos consumidores. Entre informações que seriam consideradas importantes e, portanto, constariam nesse cadastro está o histórico do CPF do consumidor. Esse histórico poderia conter, por exemplo, i) totais de financiamentos adquiridos pelo consumidor; ii) quantidade de parcelas das compras do consumidor; iii) valores de compras do consumidor; iv) comportamento de pontualidade; v) compromissos de contratação de crédito etc.

Dentro os objetivos[5] anunciados do Cadastro Positivo de Crédito estaria a perspectiva de redução das taxas de juros para 74% para pessoas acima de 18 anos de idade. A esperada redução nas taxas de juros estaria atrelada ao fato de o fornecedor antes

---

1. FACHIN, Luiz Edson. *Direito Civil*: sentidos, transformações e fim. Rio de Janeiro: Renovar, 2015, p. 185.
2. "A prescrição encontra sua principal razão justificadora na necessidade de segurança jurídica ou, como se dizia outrora, na exigência de "certeza do direito"." MORAES, Maria Celina Bodin de e GUEDES, Gisela Sampaio da Cruz. A prescrição e o problema da efetividade dos direitos. In: BODIN DE MORAES, Maria Celina (Coord.). *A juízo do tempo: estudos atuais sobre prescrição*. Rio de Janeiro: Processo, 2019, p. 5-38, p. 5.
3. Nesse sentido a Súmula 323 do STJ: "A inscrição do nome do devedor pode ser mantida nos serviços de proteção ao crédito até o prazo máximo de cinco anos, independentemente da prescrição da execução."
4. "Nome inscrito na Serasa. Prazo de prescrição. CDC. Não incidência. Precedentes. A prescrição a que se refere o art. 43, § 5º do Código de Defesa do Consumidor é o da ação de cobrança e não o da ação executiva. Em homenagem ao § 1º do art. 43 as informações restritivas de crédito devem cessar após o quinto ano do registro." STJ, 2ª Seção, Resp 472.203-RS, Min. Rel. Humberto Gomes de Barros, DJ 29.11.2004.
5. Disponível em: https://www.serasaexperian.com.br/blog/impactos-da-nova-regra-do-cadastro-positivo-para-as-areas-de-credito-tag-credito?gclid=EAIaIQobChMI4rGY3L615wIVEQeRCh3JoQO6EAAYAyA-AEgIHIPD_BwE. Acesso em: 21 set. 2019.

da oferta ter acesso a um histórico de consumo e pagamentos daquele consumidor. Ou seja, estaria o fornecedor com acesso mais completo para que possa efetuar sua análise de risco e, desse modo, poder ofertar (ou não) melhores taxas, parcelamentos e/ou acesso à crédito.

Através dos dados que serão ofertados pelo Cadastro Positivo de Crédito outros serviços poderão ser gerados em relação à compilação de dados para possível oferta de crédito. Esse é o caso, por exemplo, dos *scores*[6] de crédito. Trata de um cálculo onde mostra a pontuação da pessoa. Para essa pontuação são considerados dados como valores, hábitos de pagamento, gastos frequentes, percentual da renda do consumidor que já estaria comprometida e pontualidades.

Certo que a lei, em seu artigo 3º, previu a objetividade, clareza, veracidade e facilidade de compreensão das informações que estão armazenadas. Bem como proibiu-se informações que não estiverem relacionadas à análise de risco de crédito do consumidor, bem como as informações tidas como sensíveis. A lei entendeu como sensíveis as informações pertinentes à origem social, étnica, saúde, genética, orientação sexual convicções políticas, religiosas e filosóficas.

O que se percebeu com a análise exposta é que o sistema elaborado para o Cadastro Positivo de Crédito privilegia a chance de ser feita uma análise de risco pelo fornecedor, a possibilidade de o fornecedor poder ter alguma previsibilidade sobre o comportamento do consumidor.

Ainda que tal análise possa confluir em benefício do consumidor ao obter possíveis melhores taxas de juros e possíveis melhores acessos ao sistema de crédito; o sistema parece adotar lógica inversa daquela prevista em sede constitucional. Tal como formatado, bem como a forma de inclusão dos dados através do sistema *opt out* que a seguir será melhor detalhado, o Cadastro Positivo de Crédito privilegia a lógica patrimonial em detrimento da existencial.

2.2 Breves notas sobre o sistema *opt in*

O sistema *opt in* trata de opção na qual o titular do dado autoriza previamente que suas informações sejam utilizadas. Acaso esse fosse o sistema a ser utilizado no Cadastro Positivo de Crédito (como era a inicial redação do artigo 4 da Lei 12.414/2011

---

6. CORTAZIO, Renan Soares. *Banco de dados no Brasil*: uma análise do sistema *credit scoring* à luz da Lei n. 13.709/2018 (LGPD). "Nesse sistema são atribuídos pontos às informações, que são tratadas como variáveis de equação, mediante técnicas estatísticas desde a primeira metade do século XX já eram discutidas no exterior. Essa pontuação busca definir a probabilidade de um consumidor vir a ser considerado como "bom" ou "mau" pagador, a partir de algumas características analisadas. [...] A contar das teses estabelecidas pelo Superior Tribunal de Justiça nos Recursos Especiais repetitivos n. 1.419.697/RS e 1,457.199/RS, o posicionamento dos tribunais inferiores imediatamente convergiu para seguir a linha adotada pelo STJ, 67 considerando o *credit scoring* como uma prática comercial lícita, podendo ser utilizada, desde que se respeitem as regras estabelecidas no que diz respeito à privacidade das informações, acesso aos consumidores, transparência e informações disponíveis sempre que solicitadas, dentre outros." *Revista Eletrônica da Procuradoria Geral do Estado do Rio de Janeiro* – PGE-RJ, Rio de Janeiro, v. 2 n. 3, set./dez. 2019, p. 14-17.

– alterada pela Lei Complementar 166, de 2019) significaria que o consumidor deveria autorizar que suas informações sobre pagamentos, créditos, adimplementos etc. pudessem estar disponíveis no cadastro.

Atualmente na Europa vige – desde maio de 2018 – a GDPR, Regulamento 2016/679 do Parlamento Europeu e do Conselho de 27, de abril de 2016; trata a regulamentação de proteção das pessoas singulares no que diz respeito ao tratamento de dados pessoais e à livre circulação desses dados e revogou a Diretiva 95/46/CE (Regulamento Geral sobre a Proteção de Dados). Trecho interessante da mencionada lei é o fato de ela dever ser aplicada a todo e qualquer *"atividades de um estabelecimento de um responsável pelo tratamento ou de um subcontratante situado na União deverá ser feito em conformidade com o presente regulamento, independentemente de o tratamento em si ser realizado na União."*[7]

Através da GDPR vige hoje na Europa um sistema *opt in* no que tange aos dados pessoais. Portanto, a lei obriga que haja consentimento explícito do consumidor para que os dados possam ser utilizados e/ou tratados[8]. A lei foi elaborada de modo tão severo quanto à autorização expressa do titular do dado que uma vez conferida autorização para uso ela não poder tida como geral, o que significa dizer que modificando a finalidade[9] deverá ser recolhida outra autorização expressa do referente a essa nova finalidade.

2.3 Breves notas sobre o sistema *opt out*

O sistema *opt out* tem estreita relação com a legislação[10] estadunidense ele é tido como o modelo estadunidense de recebimento de e-mails. A Lei anti*spams*, Can-Spam

---

7. Regulamento 2016/679 do Parlamento Europeu e do Conselho de 27, de abril de 2016. Considerando número 22. Disponível em: https://eur-lex.europa.eu/legal-content/PT/TXT/?uri=uriserv:OJ.L_.2016.119.01.0001.01.POR&toc=OJ:L:2016:119:FULL. Acesso em: 11 out. 2019.
8. Artigo 4º. 11 "Consentimento» do titular dos dados, uma manifestação de vontade, livre, específica, informada e explícita, pela qual o titular dos dados aceita, mediante declaração ou ato positivo inequívoco, que os dados pessoais que lhe dizem respeito sejam objeto de tratamento". Regulamento 2016/679 do Parlamento Europeu e do Conselho de 27, de abril de 2016. Disponível em: https://eur-lex.europa.eu/legal-content/PT/TXT/?uri=uriserv:OJ.L_.2016.119.01.0001.01.POR&toc=OJ:L:2016:119:FULL. Acesso em: 11 out. 2019.
9. Artigo 5º, b. Recolhidos para finalidades determinadas, explícitas e legítimas e não podendo ser tratados posteriormente de uma forma incompatível com essas finalidades; o tratamento posterior para fins de arquivo de interesse público, ou para fins de investigação científica ou histórica ou para fins estatísticos, não é considerado incompatível com as finalidades iniciais, em conformidade com o artigo 89.º, n. 1 ("limitação das finalidades"). Regulamento 2016/679 do Parlamento Europeu e do Conselho de 27, de abril de 2016. Disponível em: https://eur-lex.europa.eu/legal-content/PT/TXT/?uri=uriserv:OJ.L_.2016.119.01.0001.01.POR&toc=OJ:L:2016:119:FULL. Acesso em: 11 out. 2019.
10. À título de curiosidade chegou-se a elaborar no Brasil o Projeto de Lei 6.210/2002 – atualmente arquivado – de autoria do Deputado Ivan Paixão do PPS/SE. O Projeto tinha por objetivo limitar o envio de mensagem eletrônica não solicitada (o famoso 'spam') por meio da Internet. O Projeto, ainda que numa curta redação, tinha semelhanças com o estadunidense. Também por aqui, ainda que sem nomear expressamente, elegeu-se o sistema *opt out* ao vedar repetição de e-mail sem prévia autorização do consumidor (no artigo 3º, I). Disponível em: http://imagem.camara.gov.br/Imagem/d/pdf/DCD05ABR2002.pdf#page=250. Acesso em: 10 dez. 2019.

Act, de 16.12.2003[11], o adotou expressamente. Naquela oportunidade buscou-se legislar sobre o envio de e-mails comerciais seja de anúncio ou promoção comercial de produto ou serviço. Nas suas considerações o Congresso informou que problemas associados ao rápido crescimento e, eventual, abuso no envio de e-mails comerciais não solicitados não poderia ser resolvido apenas com a promulgação de uma Lei Federal. Entendeu-se que o desenvolvimento e adoção de abordagens tecnológicas também seriam necessárias.

Uma das obrigações no envio desses e-mails comerciais seria a inserção do *opt out*. Tal se deve à opção que tais e-mails devem conferir ao consumidor de não mais receberam a comunicação eletrônica. Portanto, estabeleceu-se a regra de que as sociedades empresárias poderiam enviar comunicações eletrônicas com anúncios ou promoções comerciais sem que tivesse o consumidor anuído com tal recebimento. Entretanto, no e-mail deveria ter a opção de o consumidor ser excluído da lista de divulgação – essa opção de exclusão é o que denominam de *opt out*.

A praticidade na adoção desse sistema parece considerar[12] a faceta econômica e o desenvolvimento do mercado em detrimento do desenvolvimento e privacidade dos indivíduos.

Portanto, diante do exposto, pode-se concluir que no sistema *opt out* é o consumidor quem precisa informar que não pretende ser incluído em determinada listagem, por exemplo. O que significa dizer que há ou pode haver inserção automática e, acaso não agrade o consumidor esse pode pedir sua exclusão.

Desse modo foi elaborada a Lei do Cadastro Positivo de Crédito. Veja-se que em seu artigo 4º permitiu-se a abertura de cadastro em banco de dado contendo informações sobre adimplemento tanto de pessoas físicas quanto pessoas jurídicas. Acaso o titular do dado não queira ter suas informações expostas, deverá ele elaborar requerimento de exclusão.

3. A PACIFICAÇÃO NO STJ SOBRE O ENVIO DE CARTÕES DE CRÉDITO SEM ANUÊNCIA DO CONSUMIDOR

No que se refere ao envio de cartão de crédito sem solicitação ou anuência do consumidor vige, desde 2015, a Súmula 532 do Superior Tribunal de Justiça[13]. A Súmula entende como prática comercial abusiva o envio de cartão de crédito sem prévia

---
11. Disponível em: https://www.govinfo.gov/content/pkg/PLAW-108publ187/pdf/PLAW-108publ187.pdf. Acesso em: 30 jan. 2020.
12. SANTOS, Fabíola Meira de Almeida. *O marketing digital e a proteção do consumidor*. Dissertação apresentada como requisito ao grau de Mestre em Direito das Relações Sociais no Programa de Pós-Graduação *stricto sensu* da PUC-SP no ano de 2009, p. 131. Disponível em: https://tede2.pucsp.br/handle/handle/8538. Acesso em: 20 set. 2019.
13. "Constitui prática comercial abusiva o envio de cartão de crédito sem prévia e expressa solicitação do consumidor, configurando-se ato ilícito indenizável e sujeito à aplicação de multa administrativa. (Súmula 532, CORTE ESPECIAL, julgado em 03/06/2015, DJe 08/06/2015)." Disponível em: https://scon.stj.jus.br/SCON/sumanot/toc.jsp#TIT1TEMA0. Acesso em: 12 out. 2019.

e expressa solicitação do consumido. Para tanto, entendeu o Tribunal da Cidadania que o ato configuraria ilícito indenizável, além da sujeição à multa administrativa.

3.1 A prática de envio de cartões de crédito sem solicitação do consumidor

Até a edição da Súmula 532 do STJ não era incomum que consumidores recebessem em seus domicílios por via postal, sem que tivessem feito tal requerimento, cartões de crédito já com crédito de uso aprovado. Após o recebimento, bastaria que o consumidor ligasse para alguma central indicada na correspondência com objetivo de desbloquear o cartão de crédito. A conduta, por vezes, também estava mascarada no envio de um cartão de débito que também poderia ter a função crédito. Essa segunda função sendo opcional ao consumidor, bastando, para tanto, que o consumidor requeresse a liberação desse uso.

Naquela oportunidade apontaram-se benefícios na prática de envio sem solicitação do usuário. Segundo as operadoras de cartão de crédito a prática nada mais seria que uma oferta de serviço[14] e uma comodidade ao cliente. Esse não precisaria fazer a solicitação e passar pela aprovação de crédito até esperar a chegada de seu cartão. Bem como acaso o consumidor não quisesse aderir ao serviço, como o cartão era envido bloqueado bastaria que aquele que recebeu não ligasse para pedir o desbloqueio.

Nessa *antiga* prática pode-se verificar um paralelo na lógica de mercado adotada naquela oportunidade com a lógica de mercado adotada na opção pelo sistema *opt out* no Cadastro Positivo de Crédito. Em ambas não se preocupou com a privacidade do consumidor, com a vulnerabilidade, com a possível insuficiência de informações ao já inserir o consumidor no uso de um serviço não antes requerido.

Ao contrário privilegiou-se a ampla oferta de serviço sem que se garantisse a ciência do consumidor. Ao contrário, os fornecedores se pagavam à mera resposta de que seria mais prático ao consumidor simplesmente pedir sua exclusão sem qualquer ônus.

3.2 A fundamentação que originou a pacificação firmada em Súmula

A mencionada Súmula do STJ que pacificou o tema, segundo o sítio eletrônico do Tribunal Superior, tem dez precedentes[15] como origem. Em todos os precedentes

---

14. Foi essa a categorização feita pelo fornecedor, por exemplo, na ação que originou o RESP 1297675 SP, 2ª Turma, Rel. Ministra Castro Meira, Julgado em 27.08.2013, DJe 04.09.2013.
15. São os dez precedentes mencionados na Súmula 532 do STJ: REsp 1.261.513 SP, Rel. Ministra Mauro Campbell Marques, Segunda Turma, Julgado em 27.08.2013, DJe 04.09.2013; RESP 1297675 SP, Rel. Ministra Castro Meira, Segunda Turma, Julgado em 27.08.2013, DJe 04.09.2013; RESP 1061500 RS, Rel. Ministra Sidnei Beneti, Terceira Turma, Julgado em 04.11.2008, DJe 20.11.2008; AGARESP 152596 SP, Rel. Ministra Sidnei Beneti, Terceira Turma, Julgado em 15.05.2012, DJe 28.05.2012; AGARESP 105445 SP, Rel. Ministra Massami Uyeda, Terceira Turma, Julgado em 12.06.2012, DJe 22.06.2012; AGARESP 1199117 SP, Rel. Ministra Paulo De Tarso Sanseverino, Terceira Turma, Julgado em 18.12.2012, DJe 04.03.2013; RESP 514358 MG,

discutiu-se a licitude da prática de envio sem requerimento anterior do consumidor. A discussão e posterior pacificação do tema incluiu, ainda, o envio daqueles cartões com dupla função que teriam função débito e crédito. Ainda que a função débito tivesse sido requerida pelo consumidor esse pedido não legitimaria o envio da função crédito[16].

A aplicação do artigo 39[17], III, do Código de Defesa do Consumidor foi unânime em todos os dez precedentes que originaram a elaboração da Súmula 532 do Superior Tribunal de Justiça. O artigo do Código Consumerista veda que o fornecedor (de produtos ou serviços) envie ou entregue ao consumidor – sem que esse tenha previamente solicitado – produto ou serviço. A vedação está, inclusive, elencada como uma das práticas abusivas no código consumerista.

A alegação das operadoras de cartão de crédito no sentido de que os cartões enviados estariam com a função crédito inativa não foi relevante a conclusão[18] jurídica do Tribunal Superior. Pois, segundo decisão, a conduta continua sendo abusiva tendo em vista que também há de ser tutelado interesse do consumidor em fase pré-contratual.

Ainda, entendeu-se[19] que a prática do envio de cartão de crédito sem solicitação prévia do consumidor poderia configurar abuso do direito da atuação dos fornecedores. Situação essa que tenderia a configurar prática comercial contrária à boa-fé objetiva.

Importante salientar que a boa-fé é princípio que deve informar toda a relação negocial, em todas as suas fases. Isso quer dizer que ela deve estar presente na fase pré-negocial, e, portanto, se coaduna com a conclusão em outros acórdãos do Tribunal Superior sobre a matéria em que se afirmou que o consumidor também deveria ser tutelado nessa fase. Essa aplicação também consagra o que a doutrina denominou de obrigação como processo[20].

Rel. Ministra Aldir Passarinho Junior, Quarta Turma, Julgado em 16.03.2004, DJe 03.05.2004; AGARESP 33418 RJ, Rel. Ministra Isabel Gallotti, Quarta Turma, Julgado em 27.03.2012, DJe 09.04.2012; AGARESP 275047 RJ, Rel. Ministra Marco Buzzi, Quarta Turma, Julgado em 22.04.2014, DJe 29.04.2014; EDARESP 528668 SP, Rel. Ministro Luiz Felipe Salomão, Quarta Turma, Julgado em 19.08.2014, DJe 26.08.2014.

16. Como, por exemplo, a situação fática que deu origem ao REsp 1.261.513 SP, Rel. Ministra Mauro Campbell Marques, Segunda Turma, Julgado em 27.08.2013, DJe 04.09.2013.

17. "Mais uma vez a Lei n. 8.078 apresenta rol de condutas que é exemplificativo. É o que decorre da singela leitura do *caput* do art. 39. É verdade que essa redação do *caput* foi introduzida pela Lei n. 8.884, de 11 de junho de 1994 (a Lei Antitruste), e veio sanar uma aparente dificuldade que o veto ao inciso X da redação original teria trazido. [...] Essa taxatividade não seria verdadeira mesmo sem a nova redação. É que a norma protecionista deve ser tida como exemplificativa quando se trata de apresentar rol de ações, condutas ou cláusulas contratuais que violem direitos do consumidor. Essa teleologia decorre não só do sistema da lei consumerista como do próprio elenco dos direitos básicos do consumidor, disposto no art. 6º." NUNES, Luiz Antônio Rizzatto. *Comentários ao Código de Defesa do Consumidor*. 6. ed. rev., atual. e ampl. São Paulo: Saraiva, 2011, p. 567.

18. Como exposto no REsp 1.261.513 SP, Rel. Ministra Mauro Campbell Marques, Segunda Turma, Julgado em 27.08.2013, DJe 04.09.2013.

19. Como, por exemplo, como concluiu o AGARESP 275047 RJ, Rel. Ministra Marco Buzzi, Quarta Turma, Julgado em 22.04.2014, DJe 29.04.2014.

20. "A obrigação como processo movimenta-se na direção indicada por seu fim, que é a satisfação do crédito, pelo adimplemento ou outros modos de sua extinção." LÔBO, Paulo. *Direito Civil*: obrigações. 3. ed. São Paulo: Saraiva, 2013, p. 63.

Em termos de positivação, foi justamente com o advento do Código de Defesa do Consumidor, no ano de 1990, que a boa-fé objetiva foi expressamente positivada em que pese desde a década de 70 ela já fosse conhecida da doutrina brasileira[21]. Naquele diploma a boa-fé objetiva foi disposta em duas vertentes. A primeira, em caráter geral, atuando como princípio fundante da Política Nacional das relações de consumo. Na segunda, atua como critério de aferição da validade das cláusulas contratuais. Positivam esses momentos, respectivamente, o artigo 4, inciso III e o artigo 51, inciso IV.

No caso das decisões comentadas ao que tudo indica utilizou-se a função corretora contratual que, no plano da eficácia, trata do abuso do direito. O abuso do direito[22], conforme previsão legislativa do artigo 187 do Código Civil, trata do exercício *desmedido* de um direito subjetivo. Abusivo porque o direito, ainda que lícito, é exercido de maneira desconforme com a ordem jurídica.

A boa-fé em sua função limitadora age como padrão de comportamento esperado de forma a não somente realizar a obrigação e como prescreve a norma. Mas que nessa atuação o agente não aja com arbitrariedade no exercício de ser direito. Pois, ainda que aquele direito exista e seja possível de ser exercido ele deve ser feito com limites de forma a merecer a tutela do ordenamento, devendo, para tanto, estar em consonância com seus princípios e finalidades.

No que tange ao abuso do direito, similar ao movimento da boa-fé, o Código de Defesa do Consumidor reconheceu anteriormente ao Código Civil a figura do abuso do direito. Adstrito numa leitura atenta aos valores do direito civil-constitucional o conceito da teoria do abuso do direito se coaduna perfeitamente a finalidade do sistema. Com o abuso pretende-se que o exercício do direito não seja apenas lícito, mas que atenda a finalidade socioeconômica daquela regra[23].

A doutrina consumerista[24], em conformidade com a indicação da própria legislação, faz a leitura do artigo 39, III do CDC, em conjunto ao parágrafo único do mesmo artigo. Prevê o parágrafo único que os serviços e/ou produtos remetidos ou entregues ao consumidor sem prévia solicitação deverão se equiparar às amostras grátis. E, portanto, não haverá obrigação de pagamento por parte do consumidor.

---

21. DINIZ, Carlos Eduardo Iglesias. *A boa-fé objetiva no direito brasileiro e a proibição de comportamentos contraditórios*. 10 anos do Código Civil: aplicação, acertos, desacertos e novos rumos. Rio de Janeiro: EMERJ, 2013, v. 1, p. 62.
22. "Porém, a convivência em sociedade acarreta a imposição de limitações, de tal sorte que as pessoas devem exercitar os seus direitos consoante circunscrito pelo ordenamento jurídico, não podendo deles abusar." NANNI, Giovanni Ettore. Abuso do direito. In: LOTUFO, Renan e NANNI, Giovanni Ettore (Coord.). *Teoria geral do direito civil*. São Paulo: Atlas S.S., 2008, p. 738.
23. PERLINGIERI, Pietro. *O direito civil na legalidade constitucional*. Trad. Maria Cristina De Cicco. Rio de Janeiro: Renovar, 2008. p. 683.
24. BENJAMIN, Antonio Herman V.; MARQUES, Claudia Lima e BESSA, Leonardo Roscoe. *Manual de direito do consumidor*. 6. ed. rev., atual. e ampl. São Paulo: Ed. RT, 2014, p. 302.

Entretanto, no entendimento de Rizzatto Nunes[25] a solução do parágrafo único não resolve o problema no caso de envio dos cartões de crédito. Para o autor trata o caso de grave violação e com possibilidade de causar severos danos. Para ele, há as seguintes violações: privacidade ao manipular os dados sem autorização; imagem e nome pois ao ser enviado por via postal correu-se o risco de extravio e, por fim, a eventual possibilidade de com o extravio serem feitas compras por terceiros e ter o consumidor com nome estampado o nome negativado por débito que não realizou.

Outra conclusão a que chegou Rizzatto Nunes[26] é que acaso o consumidor – ainda que não tenha anteriormente solicitado o envio de cartão de crédito – opte por aceitar o serviço deverá ele gozar de anuidade gratuita. A conclusão se dá com a leitura do parágrafo único do artigo 39 do CDC. Inclusive, segundo o autor, por todo o tempo de uso do cartão o consumidor deverá gozar de anuidade gratuita.

Diante da conclusão do Superior Tribunal de Justiça, resumida em sua Súmula 532, verifica-se que naquela oportunidade o Judiciário vedou o uso de sistema *opt out* pelos fornecedores de cartão de crédito. Certo que em nenhum momento nas mencionadas decisões que geraram a Súmula o Tribunal utilizou o termo *opt out*, o que não descaracteriza a afirmação aqui defendida.

Ao decidir que as operadoras somente podem enviar cartão de crédito com a expressa prévia solicitação do consumidor, em verdade, o Tribunal informa que a adesão a um serviço deve ser anteriormente anuída pelo consumidor. Ou seja, deve o consumidor requerer a sua inclusão. E, assim, portanto, verifica-se que o Judiciário se posicionou pela adoção de um sistema *opt in* no caso de envio de cartões de crédito.

4. INCOMPATIBILIDADE DO SISTEMA *OPT OUT*

> "Qualquer eventual consideração de hipóteses particulares de direitos da personalidade não deve induzir ao pensamento de que a proteção da pessoa humana seja fragmentada."[27]

Em que pese ainda não haja decisão de Tribunal Superior vinculante no que tange à adoção do sistema *opt out* no Cadastro Positivo de Crédito, por óbvio que não se esperaria outra dinâmica eis que o cadastro é de recentíssima criação e vigência, é possível já traçar alguns comentários sobre a incompatibilidade com a atual ordenação brasileira.

Para tanto a análise deste artigo está focada sob o ponto de vista funcional e não estrutural do direito. Bem como, tem-se importante o precedente do STJ na afir-

---

25. NUNES, Luiz Antônio Rizzatto. *Comentários ao Código de Defesa do Consumidor.* 6. ed. rev., atual. e ampl. São Paulo: Saraiva, 2011. p. 572-573.
26. NUNES, Luiz Antônio Rizzatto. *Comentários ao Código de Defesa do Consumidor.* 6. ed. rev., atual. e ampl. São Paulo: Saraiva, 2011. p. 574.
27. DONEDA, Danilo. Os direitos da personalidade no novo Código Civil. In: TEPEDINO, Gustavo (Coord.). *A parte geral do novo Código Civil.* Estudos na Perspectiva Civil-Constitucional. 3. ed. rev. Rio de Janeiro: Renovar, 2007. p. 46.

mação de prática abusiva no envio de cartão de crédito sem anterior solicitação do consumidor. Isso porque, dessa maneira, já pode-se falar em precedente de matéria de relevância para o cenário consumerista adotando a proibição do sistema *opt out* na prática, já que não se menciona expressamente tal nomenclatura. Ainda, como se verá no próximo item não há compatibilidade da ordenação brasileira com o privilégio de direito patrimonial frente direito existencial.

A Constituição da República Federativa do Brasil, datada de 1988, protege expressamente o valor da personalidade, visto que a cláusula geral reconhece a dignidade da pessoa humana, em seu art. 1°, inciso III. Também o Código Civil de 2002, já esculpido sob a égide da repersonalização[28] do Direito, tutela plenamente tais direitos[29]. Nessa repersonalização[30] do sistema jurídico o *ser* passa a ocupar o centro dos interesses legitimamente resguardados, desse modo restaurando a ideologia iluminista[31] acerca da primazia da pessoa. Aliás, esse movimento faz com que importe menos ao Direito o *status* jurídico da pessoa – ou seja, sua posição ou não de titular e proprietário – e mais a tutela de sua dignidade, seus valores personalíssimos.

A intimidade e vida privada foram expressamente positivadas na Carta Magna como direitos fundamentais, artigo 5°, inciso X com a consequente previsão de dano material ou moral quando de sua violação.

4.1 Possibilidade de violação à valor da personalidade ao se adotar o sistema *opt out*

A adoção do sistema *opt out* no Cadastro Positivo de Crédito sucinta algumas discussões no tocante à valor da personalidade[32] sua possível violação. Bem como não se pode deixar de analisar eventual compatibilidade com o sistema consumerista vigente.

Em se tratando de valor da personalidade, podem-se destacar como características principais: serem inatos (essenciais à condição humana), extrapatrimoniais

---

28. "Propriedade, empresa, família, relações contratuais tornam-se institutos funcionalizados à realização da dignidade da pessoa humana, fundamento da República, para a construção de uma sociedade livre, justa e solidária, objetivo central da Constituição brasileira de 1988." TEPEDINO, Gustavo. *Temas de direito Civil*. Rio de Janeiro: Renovar, 2006, t. II, p. 341.
29. DONEDA, Danilo. Os direitos da personalidade no novo Código Civil. In: TEPEDINO, Gustavo (Coord.). *A parte geral do novo Código Civil*. Estudos na perspectiva civil-constitucional. 3. ed. rev. Rio de Janeiro: Renovar, 2007. p. 35.
30. FACHIN, Luiz Edson. *Teoria crítica do direito civil*. 3. ed. Rio de Janeiro: Renovar, 2012. p. 237.
31. "Talvez nós juristas não tenhamos plena consciência disso, mas ainda somos, em boa medida, os herdeiros e as vítimas da grande redução iluminista. "Iluminismo significa ampliação da capacidade humana de conceber e de reduzir a complexidade do mundo"". GROSSI, Paolo. *Mitologias jurídicas da modernidade*. Florianópolis: Fundação Boiteux, 2007, p. 63.
32. "A personalidade, portanto, não é um direito, mas sim, um valor (o valor fundamental do ordenamento) e está na base de uma série aberta de situações existenciais, nas quais se traduz a sua incessantemente existência mutável de tutela. Tais situações subjetivas não assumem necessariamente a forma do direito subjetivo e não devem fazer com que se perca de vista a unidade do valor envolvido." PERLINGIERI, Pietro. *O direito civil na legalidade constitucional*. Trad. Maria Cristina De Cicco. Rio de Janeiro: Renovar, 2008. p. 764-765.

(não são direito de valor pecuniário, apesar de sua violação ser capaz de gerar compensações monetárias), absolutos (por vigorarem *erga omnes*[33]), imprescritíveis, intransmissíveis (disposto no art. 11 do Código Civil esses direitos *nascem e morrem com aquela pessoa*[34]) e irrenunciáveis (previsto no art. 11 do Código Civil o seu titular não pode dispensá-los).

No que tange a sua positivação, é um direito essencialmente atípico por não possuir um rol *numerus clausus* tutelando simplesmente os valores da pessoa[35], sendo oriundos da cláusula geral da dignidade da pessoa humana[36]. Em razão das constantes mudanças por que passa a sociedade, nenhuma positivação conseguiria ser suficientemente exaustiva, por isso optou-se por tutelar "*o valor da pessoa sem limites*"[37] textuais e, dessa forma, poder os valores da personalidade abranger todas as manifestações do *ser*.

Com a fonte normativa dos valores da personalidade no Brasil positivada na Carta Magna, é recomendável que qualquer estudo sobre o tema seja sob a perspectiva civil-constitucional[38]. Ainda, conjuga-se essa perspectiva com o princípio da supremacia da constituição[39], através do qual se projeta a Constituição no centro do sistema jurídico, ou seja, como enunciado supremo do Estado. Também em consonância com a tradicional Pirâmide de Kelsen[40], que objetiva mostrar que uma norma é válida se estiver de acordo com a norma que lhe é superior.

Entretanto, ao se adotar o sistema *opt out* no Cadastro Positivo de Crédito inverteu-se a lógica e passou-se a tutelar situações existenciais sob um ponto de vista

---

33. ASCENSÃO, José de Oliveira. Pessoas, direitos fundamentais e direitos de personalidade. *Revista Trimestral de Direito Civil* – RTDC, ano 7, v. 26, p. 56, Rio de Janeiro: Ed. Padma. abr./jun. 2006.
34. SCHREIBER, Anderson. *Direitos da personalidade*. São Paulo: Atlas, 2011. p. 24.
35. MORAES, Maria Celina Bodin de. *Na medida da pessoa humana*: estudos de direito civil-constitucional. Rio de Janeiro, Renovar: 2010. p. 121.
36. "O princípio [da dignidade da pessoa humana] promove uma *despatrimonialização* e uma *repersonalização* do direito civil, com ênfase em valores existenciais e do espírito, bem como no reconhecimento e desenvolvimento dos direitos da personalidade, tanto em sua dimensão física como psíquica." BARROSO, Luís Roberto. *Curso de direito constitucional contemporâneo*: os conceitos fundamentais e a construção do novo modelo. 2. ed. São Paulo: Saraiva, 2010. p. 371.
37. PERLINGIERI, Pietro. *O direito civil na legalidade constitucional*. Trad. Maria Cristina De Cicco. Rio de Janeiro: Renovar, 2008. p. 764-765.
38. "Em consequência, transforma-se o direito civil: de regulamentação da atividade econômica individual, entre homens livres e iguais, para regulamentação da vida social, na família, nas associações, nos grupos comunitários, onde quer que a personalidade humana melhor se desenvolva a sua dignidade seja mais amplamente tutelada." BODIN DE MORAES, Maria Celina. A caminho de um direito civil constitucional. *Revista Estado, Direito e Sociedade*. v. 1, 1991, p. 9, publicação do Departamento de Ciências Jurídicas da PUC-Rio.
39. "Significa que a constituição se coloca no vértice do sistema jurídico do país, a que confere validade, e que todos os poderes estatais são legítimos na medida em que ela reconheça e na proporção por ela distribuídos." SILVA, José Afonso da. *Curso de direito constitucional positivo*. 22. ed. rev. e atual. Brasil: Malheiros, 2003. p. 45-46.
40. "A ordem jurídica não é um sistema de normas jurídicas ordenadas no mesmo plano, situadas umas ao lado das outras, mas é uma construção escalonada de diferentes camadas ou níveis de normas jurídicas." KELSEN, Hans. *Teoria pura do direito*. 6. ed. Trad. João Baptista Machado. São Paulo: Martins Fontes, 1999. p. 155.

utilitarista[41]. Sob esse ponto de vista, adotando-se como único ser humano aquele que será beneficiado com a oferta de crédito com taxas de juros mais baixas, por exemplo, seria adequada a defesa do sistema com o entusiasmo de os fornecedores poderem prever de forma mais realista os seus riscos. Isso porque com acesso aos dados de crédito do consumidor poderia ele ter uma menor assimetria informacional no momento da prestação de serviço.

O entusiasmo na adoção da medida, maior acesso dos fornecedores à dados sensíveis financeiros do consumidor com a expectativa de que esse banco de dados possa gerar eventual benefício ao consumidor, poderia, inclusive, ser equiparado àquele entusiasmo gerado com a permissão de cobrança de bagagem pelas companhias aéreas brasileiras.

Também objetivando benefício ao consumidor de redução nas passagens aéreas, no ano de 2016 a ANAC, Agência Nacional de Aviação Civil, editou a Resolução 400, de 13 de dezembro de 2016 em que se previu a possibilidade de as empresas aéreas cobrarem pelas bagagens despachadas. Entretanto, parte do Congresso[42] chegou a defender no ano de 2019 que não teria havido a anunciada redução nas passagens após a instauração de permissão para cobranças por bagagem despachadas.

Mas, claro, o texto faz um mero apontamento sobre tais situações (Cadastro Positivo e a nova política de cobrança de bagagens no Brasil) tendo em vista o fato de o Cadastro Positivo de Crédito ser ainda recém lançado e, portanto, não se pode – num juízo de *futurologia* – anunciar se houve ou não o cumprimento do objetivo benéfico ao consumidor.

Tema que não se pode olvidar quanto se trata do Cadastro Positivo de Crédito é a privacidade (se é que ela ainda resistiria) diante da compilação do banco de dados financeiros.

A privacidade ganha relevo jurídico sob a ótica discutida nos Estados Unidos da América do "direito a ser deixado só", através do artigo jurídico[43] estadunidense mais lido da história. Naquela época o tema era tratado sob o ponto de vista de um *individualismo exacerbado e mesmo egoísta*[44]. A privacidade era tida – em linhas gerais resumidas – como o direito de que a pessoa pudesse não se relacionar.

Do direito de ser deixado a só se propõe um salto para a conceituação de privacidade como direito à autodeterminação informativa, segundo doutrina de Stefano

---

41. "Essa visão de cooperação social é a consequência de se estender à sociedade o princípio da escolha de um único ser humano, e depois, fazer a extensão funcionar, juntando todas as pessoas numa só através dos atos criativos do observador solidário e imparcial. O utilitarismo não leva à sério a diferença entre as pessoas." RAWLS, John. *Uma teoria da justiça*. Martins Fontes: São Paulo, 2000, p. 29-30.
42. Disponível em: https://www1.folha.uol.com.br/mercado/2019/09/congresso-mantem-cobranca-por-bagagens-despachadas-em-voos-domesticos.shtml. Acesso em: 30 dez. 2019.
43. WARREN, Samuel; BRANDEIS, Louis. The right to privacy. *Harvard Law Review*, v. IV, p. 193 e ss. n. 5, dez. 1890.
44. DONEDA, Danilo. *Da privacidade à proteção de dados pessoais*. Rio de Janeiro: Renovar, 2006, p. 8-9.

Rodotà[45]. Segundo tal conceito[46], teriam os cidadãos o direito de controle sobre suas informações que estivessem circulando. Haveria, ainda, a possibilidade de questionamento sobre a finalidade de coleta do dado bem como sobre a necessidade de seu tratamento.

Já nesse ponto da privacidade é possível verificar a incompatibilidade da adoção do sistema *opt out*. Com a inclusão automática de dados financeiros da pessoa não se terá qualquer autodeterminação sobre o fluxo de suas informações.

O direito à autodeterminação informativa sobre dados pessoais, inclusive, foi tido como direito fundamental pelo Tribunal Constitucional Alemão[47]. Já no ano de 1983, no julgamento sobre a Lei do Censo, entendeu-se que deveria haver proteção das pessoas quanto às buscas ilimitadas, uso, armazenamento e transmissão de dados pessoais. As proteções mencionadas, frente ao estágio do processamento de dados, foram tidas como necessárias ao livre desenvolvimento da personalidade.

Com tais avanços verifica-se estar diante de um conceito de privacidade que não, além do tradicional o poder de exclusão, também deve abranger o controle das pessoas por seus dados e o possível tratamento conferido a eles. No que se refere a tratamento de dados a inserção dos dados financeiros do consumidor no Cadastro Positivo de Crédito pode gerar ainda uma outra preocupação, que seria a possibilidade de circulação de dado sensível.

O tratamento ou compilação de dados ainda que sejam de dados não sensíveis pode conseguir traçar "perfis" ou "comportamentos" das pessoas. O que justamente seria a finalidade do Cadastro Positivo de Crédito, pretende-se traçar perfil do consumidor no que tange ao seu comportamento de pagamentos. Entretanto, deve-se estar atento que a junção de dados não sensíveis pode se tornar conglomerado sensível[48].

No caso estudado nesse artigo entende-se haver sensibilidade na taxatividade que será dada ao consumidor frente ao seu histórico de pagamentos. Haverá, portanto, a classificação do "bom pagador" e do "mau pagador". Bem como, através desse estigma, a possibilidade de perpetuação da classificação gerando possibilidade de negativa de acesso à crédito ou mesmo do acesso a menores taxas de juros.

---

45. "Talvez seja possível traçar esquema deste processo, ressaltando que parece cada vez mais frágil a definição de 'privacidade' como o 'direito a ser deixado só', que decai em prol de definições cujo centro de gravidade é representado pela possibilidade de cada um controlar o uso das informações que lhe dizem respeito." RODOTÀ, Stefano. A vida na sociedade de vigilância: a privacidade hoje. Organização, seleção e apresentação de Maria Celina Bodin de Moraes. Trad. Danilo Doneda e Luciana Cabral Doneda. Rio de Janeiro: Renovar, 2008, p. 24.
46. RODOTÀ, Stefano. *A vida na sociedade de vigilância: a privacidade hoje*. Organização, seleção e apresentação de Maria Celina Bodin de Moraes. Trad. Danilo Doneda e Luciana Cabral Doneda. Rio de Janeiro: Renovar, 2008, p. 37.
47. SARMENTO, Daniel. Liberdades comunicativas e "direito ao esquecimento" na ordem constitucional brasileira. *Revista Brasileira de Direito Civil* – RBDCivil, v. 7, p. 190-232, Belo Horizonte, jan./mar 2016.
48. RODOTÀ, Stefano. *A vida na sociedade de vigilância*: a privacidade hoje. Organização, seleção e apresentação de Maria Celina Bodin de Moraes. Trad. Danilo Doneda e Luciana Cabral Doneda. Rio de Janeiro: Renovar, 2008, p. 77.

Através dos possíveis problemas afeitos à privacidade entende-se que o sistema *opt out* viola frontalmente o direito à privacidade à medida que insere dados do consumidor no Cadastro Positivo de Crédito sem que o titular pudesse anteriormente ter qualquer ingerência seja na inserção, seja na construção de seu próprio perfil.

4.2 Possibilidade de violação às regras consumeristas ao se adotar o sistema *opt out*

Um dos nortes que guiam o Código de Defesa do Consumidor é o reconhecimento do princípio da vulnerabilidade[49] do consumidor frente ao mercado de consumo, positivado no art. 4º, I do CDC. O sujeito vulnerável[50], bem como hipossuficiente[51], fez com o código buscasse estabelecer *preceitos para compensar essa vulnerabilidade*. O conceito se mostra tão ao caro ao sistema consumerista que hoje fala-se, também em categoria de hipervulnerabilidade como, por exemplo[52], o idoso consumidor.

Tem-se como vulnerável, portanto, o consumidor por este ser considerada a parte mais fraca na relação consumerista e que não detém o controle dos meios de produção. A partir dessa constatação pode o Direito prever mecanismos aptos à reduzir essa desigualdade[53]. A doutrina chega a elencar tipos de vulnerabilidade como, por exemplo: técnica; jurídica ou contábil e fática ou socioeconômica. Entretanto, bastaria qualquer das facetas para a verificação da presença da vulnerabilidade.

A vulnerabilidade se mostra de tamanha importância ao CDC que se chega a prever a inversão do ônus da prova, tendo em vista justamente a impossibilidade de o consumidor – tido, ainda como hipossuficiente – conseguir provar determinada situação.

Um sistema que adota como premissa a vulnerabilidade do consumidor, bem como direito básico à informação adequada (artigo 6º, III, do CDC), não pode ser compatível com o *opt out*, no qual o fornecedor sequer tem a obrigatoriedade de cientificar o consumidor de sua inserção.

---

49. "A vulnerabilidade do consumidor justifica a existência do Código. A hipossuficiência, por seu turno, legitima alguns tratamentos diferenciados no interior do próprio Código, como, por exemplo, a previsão de inversão do ônus da prova (art. 6º, VIII)." GRINOVER, Ada Pellegrini et. al. *Código brasileiro de defesa do consumidor*: comentado pelos autores do anteprojeto. 10. ed. rev., atual. e reform. Rio de Janeiro: Forense, 2011, v. I, p. 384.
50. OLIVA, Milena Donato. Desafios contemporâneos da proteção do consumidor: codificação e pluralidade de fontes normativas. *Revista Brasileira de Direito Civil* – RBDCivil, v. 16, p. 15-33, Belo Horizonte, abr./jun. 2018.
51. O presente artigo adota entendimento no qual não se verifica diferença ontológica entre hipossuficiência e vulnerabilidade. Assim entendeu CALIXTO, Marcelo Junqueira. O princípio da vulnerabilidade do consumidor. In: BODIN DE MORAES, Maria Celina (Coord.). *Princípios do direito civil contemporâneo*. Rio de Janeiro: Renovar, 2006, p. 326.
52. KONDER, Nelson Carlos. O segundo passo: do consumidor à pessoa humana. *Revista Brasileira de Direito Civil* – RBDCivil, v. 1, p. 277-280, Belo Horizonte, jul./set. 2014.
53. CALIXTO, Marcelo Junqueira. O princípio da vulnerabilidade do consumidor. In: BODIN DE MORAES, Maria Celina (Coord.). *Princípios do direito civil contemporâneo*. Rio de Janeiro: Renovar, 2006, p. 317.

Se se presume que o consumidor é vulnerável não se pode ver compatibilidade com inserção de suas informações financeiras em banco de dado que traçará seu perfil. Enquanto de outro lado o sistema se respalda com a justificativa de que pode o consumidor solicitar sua retirada. Não se sabe sequer se os consumidores foram efetivamente abastecidos com informações suficientes para entenderem do que se trata o banco de dados e quais as possíveis consequências da formação de seu histórico de pagamentos.

Ressalta-se que as medidas de redução de assimetria, previstas tanto na Carta Magna quando no Código de Defesa do Consumidor, em nada devem ser comparadas ao paternalismo.

De outro lado, ao permitir o *opt out* de inserção de dados no Cadastro Positivo retira-se do consumidor seu direito básico de liberdade de escolha na contratação, previsto no artigo 6º, II, do CDC. Pelo tempo em que os dados ficaram ali expostos aos fornecedores que quiseram acessar não teve o consumidor a escolha de que tais dados fizessem ou não parte da possível contratação de crédito.

5. CONCLUSÃO

Diante das reflexões expostas no presente trabalho concluiu-se pela incompatibilidade da adoção do sistema *opt out* no Cadastro Positivo de Crédito junto à ordenação brasileira. Isso porque, diante da análise funcional, verificou-se que a proteção conferida pela Constituição Federal e pelo Código de Defesa do Consumidor não coadunam com inserções de dados pessoais financeiros (que ainda que não sejam sensíveis, podem vir a se tornar com a compilação e formação de uma identidade do consumidor quanto a seus comportamentos de pagamento) sem que haja anuência prévia do consumidor, titular do dado.

Não se pode olvidar que em suas primeiras redações a lei referente ao Cadastro Positivo de Crédito, ao contrário, previu um sistema *opt in* e, assim, somente o consumidor que anuísse anteriormente teria seus dados expostos no Cadastro Positivo de Crédito. Ao que tudo indica houve baixa adesão e, por isso, houve a opção da nova e vigente redação pelo sistema *opt out*.

Não seria de se questionar talvez que a baixa adesão poderia simplesmente significar que o consumidor não optou por aderir a esse novo cadastro? E, portanto, a modificação legislativa teria vindo de modo a violar a liberdade de escolha do consumidor titular do dado pessoal.

De outro lado, em um sistema que privilegia a faceta existencial diante da patrimonial a adoção do sistema *opt out*, mais uma vez, não se mostra compatível. Esse sistema de inserção de dados sem anuência do titular, na verdade, privilegia o fornecedor que tende a economizar na implantação desse banco de dados. Isso porque, diante do avanço tecnológico que se vive, é óbvio se supor que a inserção dos dados deverá ser feita por robôs.

Ignorou-se, ainda, a vulnerabilidade do consumidor diante de dados do IBGE que demonstram que é baixo o índice de escolaridade[54] da população brasileira. E mesmo diante da outra parcela da população, além da presunção de vulnerabilidade, retirou-se a liberdade de fazer parte ou não de um cadastro que resume uma pessoa num histórico de pagamentos.

De outro lado, é possível que o precedente da proibição do envio de cartões de crédito sem prévia solicitação do consumidor demonstre que o Judiciário já demonstrou sua opção pela adoção do sistema *opt in* como o mais adequado à tutela do consumidor e seus dados pessoais.

---

54. Dados do IBGE, divulgados no ano de 2019, apontam que 35% da população brasileira com mais de 14 (quatorze) anos não completaram o ensino fundamental. Informação disponível em: https://g1.globo.com/educacao/noticia/2019/05/16/35percent-dos-brasileiros-com-mais-de-14-anos-nao-completaram-o-ensino-fundamental-aponta-ibge.ghtml. Acesso em: 01 jan. 2020.